→

DAVID YALLOP está considerado como uno de los mejores escritores de investigación del mundo. En el transcurso de su carrera, se ha entrevistado con algunos de los hombres más poderosos y peligrosos del mundo y ha destapado los casos más ocultos. Cada uno de sus libros ha explorado y buscado la verdad con gran precisión. Yallop es un creador de bestsellers. De su obra *En Nombre de Dios*, sobre el papado de Juan Pablo I, se han vendido seis millones de ejemplares y ha sido traducida a treinta idiomas.

El poder y la gloria

$\rightarrow$

DAVID YALLOP

El poder
y la gloria

$\rightarrow$

La historia oculta **del papado**
de **Juan Pablo II**

rayo | Planeta
www.harpercollins.com

Los libros de HarperCollins pueden ser adquiridos para uso
educacional, comercial o promocional. Para recibir más información,
diríjase a: Special Markets Department, HarperCollins Publishers,
10 East 53rd Street, New York, NY 10022.

Este libro fue publicado originalmente en inglés en el año 2007 por
Constable, una rama de Constable & Robinson Ltd. La traducción
al español fue originalmente publicada en el año 2007 en México por
Editorial Planeta Mexicana, S. A. de C.V.

PRIMERA EDICIÓN RAYO, 2008

ISBN: 978-0-06-156554-0

08   09   10   11   12   PDF/RRD   10   9   8   7   6   5   4   3   2   1

Índice

$\rightarrow$

A la memoria de mi madre,
Una Norah Stanton,
y de mi hijo, Stuart Adam,
muy pronto ido, muy pronto lejos.

→ Prefacio

En las primeras páginas de *En nombre de Dios*, agradecí públicamente a la gran cantidad de personas que me brindaron ayuda en
diversas formas durante la investigación para ese libro. Al hacerlo, sencillamente repetía un hábito de toda la vida. Tras mencionar a esos individuos, escribí lo siguiente:

> Entre aquellos a los que no he podido dar las gracias públicamente
> hay personas residentes en la Ciudad del Vaticano que contactaron
> conmigo e iniciaron mi investigación de los sucesos en torno a la
> muerte del papa Juan Pablo I, Albino Luciani. El hecho de que hom-
> bres y mujeres que viven en el corazón de la Iglesia católica roma-
> na no puedan hablar abiertamente ni ser identificados es un elo-
> cuente signo sobre el estado de cosas dentro del Vaticano.

La cacería por la jerarquía de la curia tras la publicación del libro no se limitó a informantes anónimos. El Vaticano también per-

siguió a algunos de aquellos a quienes yo había agradecido públicamente su colaboración. No sé precisamente cuántos se vieron afectados, pero entre ellos estuvo el padre Bartolomeo Sorge, SJ, director de *Civiltà Cattolica*, descrito por el vaticanólogo Peter Hebblethwaite como «un hombre de impecable ortodoxia y al mismo tiempo una influyente figura en la escena democristiana». Él fue trasladado de Roma a Palermo. El padre Romeo Panciroli llevaba mucho tiempo como jefe de prensa del Vaticano en el momento de mi investigación. Menos de seis meses después de la publicación inicial de *En nombre de Dios*, fue reemplazado por Navarro-Valls. Panciroli fue enviado a África. Uno de los primeros actos de Navarro-Valls fue retirar la vital *tessera* o tarjeta de prensa a Phillip Willan. Phillip, periodista *freelance*, había sido uno de mis principales investigadores e intérpretes. Un periodista en Roma sin acreditación del Vaticano se las ve negras. Es de presumir que se le declaró culpable por asociación. El hecho de que yo fuera el único responsable de lo escrito no contó para nada. Él quedó en hibernación casi dos décadas.

En la primavera de 1998 se publicó, con aprobación papal, un nuevo manual del Vaticano. En él se advierte a todo el personal de la Santa Sede que «revelar secretos pontificios es punible con el despido inmediato». A la luz de lo anterior, he llegado a la conclusión de que la abrumadora mayoría de quienes tan amablemente me ayudaron debe permanecer en el anonimato. En el libro se identifican varias fuentes no vaticanas, y una bibliografía da al lector un indicio de fuentes escritas.

En algún momento en el futuro próximo, el papa Juan Pablo II será beatificado. Poco después de ese hecho, se le canonizará. En vida se ensalzó mucho a Karol Wojtyla; en su muerte, la aclamación ha alcanzado tales niveles que la prematura santificación no puede estar muy lejos del papa del «país lejano».

El que alguna fue vez el quinto paso para la beatificación, la nominación de un *promotor fidei* —en lenguaje popular, el «abogado del diablo», un individuo cuyo deber era «señalar toda falta o punto débil en las evidencias aducidas, y poner todo tipo de objeciones»—, ha sido abolido. Fue revocado por Juan Pablo II. Aún estoy por oír una explicación satisfactoria que justifique esa abolición. ¿El precepto bíblico «Y conoceréis la verdad, y la verdad os hará libres» no tiene lugar ya dentro del cristianismo en el siglo XXI?

Cuando el proceso de beatificación recae en una figura tan controvertida como el desaparecido papa, una rigurosa investigación que ponga al descubierto cada faceta de la vida entera de Karol Wojtyla es de suma importancia. Es demostrable que la actual carrera a la santidad no contempla una indagación exhaustiva. Las clases y textos de Wojtyla de la década de 1950 sobre el marxismo y el comunismo en los que habló y escribió muy positivamente tanto del marxismo como de la teología de la liberación no van a ser considerados, al menos hasta cuanto podía saberse a fines de 2006. Cuán profundamente se investigarán las extravagantes afirmaciones que se han hecho sobre el papa Juan Pablo II —su lucha contra los nazis y luego contra el régimen comunista... su creación de Solidaridad... su hazaña de derribar el comunismo europeo—, así como otros aclamados aspectos de su papado, aún está por establecerse. Antes de fines de enero de 2006, el Vaticano ya había recibido más de dos millones de cartas concernientes a «la vida y virtudes del papa Juan Pablo II».

Al hablar ante un grupo de periodistas católicos en el Vaticano en diciembre de 2002, Karol Wojtyla comentó:

¿Qué significa para un católico ser periodista profesional? Un periodista debe tener el valor de buscar y decir la verdad, aun cuando la verdad sea incómoda o no se considere políticamente correcta...

Parte 1 $\rightarrow$

Capítulo 1 | ¿Voluntad de Dios? →

«Cuando un papa muere, hacemos otro.» Así reza un dicho popular en Roma. Y ahí estuvieron particularmente ocupados en 1978. Ése fue el año de tres papas. La muerte del papa Pablo VI el 6 de agosto de 1978 sorprendió a muy pocos observadores del Vaticano. En realidad, al iniciarse el decimosexto año de su pontificado, algunos reporteros empezaron a escribir en tiempo pasado. El papado de su sucesor, Albino Luciani, quien adoptó el nombre de Juan Pablo I, fue diferente.

Un mes después de su elección, Albino Luciani recibió un extenso y muy detallado informe preliminar, elaborado a petición suya por el cardenal Egidio Vagnozzi, sobre una investigación en torno a las finanzas del Vaticano. Vagnozzi había sido presidente de la Prefectura de Asuntos Económicos de la Santa Sede, ministro de Hacienda o auditor general desde fines de 1967. El papa Juan Pablo I consideró ese informe junto con la información adicional que había obtenido de los cardenales Benelli, Felici y el subsecretario de

Estado, el arzobispo Giuseppe Caprio. Tomó varias decisiones que sin duda habrían de tener un drástico efecto en la Iglesia, y notificó las reformas, ya avanzada la tarde del 28 de septiembre, a su secretario de Estado, el cardenal Villot. Horas después Albino Luciani había muerto, y las mentiras y encubrimientos en torno a la muerte del papa de los treinta y tres días habían comenzado.

Esa muerte dejó atónitos a los cardenales. Al reunirse en Roma en octubre para elegir a un nuevo papa, muchos estaban visiblemente alarmados. Albino Luciani —el papa Juan Pablo I— había sido asesinado.[1] Ningún cardenal pronunció esa conclusión en público, por supuesto; la línea oficial decretada por el secretario de Estado, el cardenal Jean Villot, se mantuvo más o menos firme durante el periodo de tres meses de *sede vacante* (trono vacío). Sin embargo, se hacían preguntas tras las puertas de la congregación general; la muerte del papa era tan siniestra como políticamente importante: de acuerdo con la constitución del Vaticano, todas las reformas de Luciani morirían con él a menos que su sucesor decidiera aplicarlas. Estaban en juego cuestiones tan relevantes como la disciplina en el interior de la Iglesia, la evangelización, el ecumenismo, la colegialidad, la paz mundial y un tema que preocupaba entonces a la mayoría de los cardenales: las finanzas eclesiásticas.[2] El hombre al que habían elegido había promovido de inmediato una investigación sobre ese asunto; ahora estaba muerto.

El cardenal Bernardin Gantin expresó los temores y confusiones de muchos cuando observó: «Andamos a tientas en la oscuridad». El cardenal Giovanni Benelli, un hombre que había estado particularmente cerca del «papa sonriente», no hizo el menor intento de ocultar lo que pensaba: «Estamos aterrados». Muchos cardenales estaban conmocionados no sólo por la súbita muerte de un hombre perfectamente sano de sesenta y tantos años de edad, sino también por las orquestadas mentiras propaladas por Villot y sus subordinados. Sabían que en el Vaticano se había puesto en marcha una simulación.

En Roma, en informes extraoficiales a reporteros, la maquinaria del Vaticano inventó rápidamente tres historias sobre el difunto papa. La primera —que alegaba mala salud— fue minuciosamente examinada en *En nombre de Dios*, al igual que la segunda maniobra, que intentaba demoler los notables talentos de Luciani y reducirlo a un sonriente papanatas. «En realidad es una bendición que haya muerto tan pronto; habría sido una vergüenza para la Iglesia.» Este ataque contra el difunto papa fue montado en particular por miembros de la curia romana. Como en el caso de las mentiras sobre su salud, muchos medios de comunicación cayeron en el engaño y reportajes directamente inspirados en esa desinformación aparecieron en la prensa de todo el mundo.

La tercera historia fue una perogrullada tradicional. La obra de Luciani estaba hecha: el Señor se lo había llevado. Así lo dijo el cardenal Siri: «(...) esta muerte no es un completo misterio ni un suceso totalmente oscuro. En treinta y tres días este pontífice completó su misión. (...) Con un estilo muy cercano al Evangelio, puede decirse que el papa Juan Pablo I inició una época. Lo hizo, y luego se marchó silenciosamente».

Parecidas fueron las palabras del cardenal Timothy Manning: «(...) dijo lo que tenía que decir, y después abandonó el escenario».

Otros príncipes de la Iglesia adoptaron una posición distinta:

¿Por qué las mentiras sobre su muerte? ¿Todas esas tonterías sobre operaciones? ¿Por qué mienten acerca de quién encontró el cadáver del papa? ¿Por qué las mentiras sobre lo que estaba leyendo? ¿Cuál es la verdad acerca de los cambios que iban a ocurrir a la mañana siguiente? ¿Los cambios en el Banco del Vaticano?

Villot obstruyó estas y muchas otras preguntas. Su encubridora respuesta, la de que «fue voluntad de Dios», convenció a muy pocos. La gélida reacción del cardenal Benelli fue: «Pensé que había sido voluntad de Dios que el cardenal Luciani fuera elegido». ¿El Señor lo había dado y el Señor lo había quitado?

En la ciudad del Vaticano, para la elección del nuevo papa se pusieron en marcha la intriga, la venganza, el rumor, el contra rumor y el linchamiento moral de costumbre. La curia fue implacable en su tarea de asegurar lo más posible que todos los rivales de su candidato, el reaccionario arzobispo de Génova, el cardenal Siri, quedaran en el olvido. Pero mientras arrasaba con la oposición, también organizaba estrategias de defensa por si su candidato no era elegido.

Antes de partir en el vuelo de las 7.30 a Roma desde Varsovia el 3 de octubre, Karol Wojtyla, el arzobispo de Cracovia, Polonia, interrumpió su programa de actividades para que le practicaran un electrocardiograma y llevar consigo los resultados. Esto habría podido parecer una medida de extremada prudencia en un cardenal que apenas había atraído un puñado de votos en el cónclave de agosto. Pero Wojtyla sabía que el Vaticano estaba propalando mentiras sobre el historial médico del difunto papa. Habría sido aún más fácil esparcir rumores sobre la salud de un candidato, y en especial de uno como él, cuyo historial médico revelaba un patrón de enfermedades. Ciertamente, algunos colegas de Wojtyla vieron sus acciones como señales de que sabía que no regresaría a Cracovia.

Los cinco días previos Wojtyla había pasado gran parte de su tiempo con su inapreciable amigo y aliado, el obispo Deskur, en Roma. Esta amistad databa de los años en que habían vivido juntos en un seminario secreto en Polonia, durante la guerra. Desde entonces, Deskur había guiado a Wojtyla por el laberinto de la política vaticana. Su ayuda nunca había sido más necesaria. Karol Wojtyla escuchaba con toda atención mientras Deskur enumeraba las fortalezas de un candidato rival o las debilidades de otro. Luego, Wojtyla comía con otros compatriotas, como el obispo Rubin. Esas reuniones despejaron en él toda duda de que esta vez era un candidato genuino. Quienes impulsaban su candidatura comprendieron que si los italianos no podían unirse alrededor de uno de sus contendientes, los cardenales a los que habían cabildeado se enterarían de una asombrosa alternativa. Karol Wojtyla se vio obligado a explotar entonces las habilidades actorales cultivadas en su juventud. Si por fuera era la imagen misma de la calma, su ser interno estaba alborotado por una perspectiva que cobraba creciente claridad ante él. ¡Cuánto de su vida anterior había sido un preámbulo para ese momento! Creía profundamente en la divina providencia, y una y otra vez ofrecía la intervención divina como explicación de su buena suerte. La Providencia, bajo la forma de un buen contacto, un patrono o un protector, visitó a Wojtyla con notable frecuencia.

En mayo de 1938, el arzobispo de Cracovia, Adam Sapieha, llegó a Wadowice para administrar el sacramento de la confirmación a quienes estaban a punto de graduarse. El estudiante al que se asignó la tarea de dar la bienvenida a Sapieha en nombre del colegio fue Karol Wojtyla, quien habló en latín. Cuando el joven terminó, había una expresión pensativa en el rostro del arzobispo. «¿Entrará en el seminario?», le preguntó al profesor de religión, el padre Edward Zacher.

El propio Karol respondió: «Voy a estudiar lengua y literatura polacas».

El arzobispo se decepcionó: «¡Qué lástima!».

Sapieha estaba destinado a ser uno de los primeros protectores de Wojtyla. Antes había habido otros, especialmente el padre de Karol. Cuando su progenitor murió, en febrero de 1941, la Providencia ya se había asegurado de que, aunque muchos miembros del grupo de amigos de ese veinteañero perecerían antes de terminada la Segunda Guerra Mundial, él sobreviviría; su profesora de francés, Jadwiga Lewaj, había sostenido una sigilosa conversación con su buen amigo Henryk Kulakowski, presidente de la sección polaca de Solvay, compañía química con una importante planta en Borek Falecki, suburbio de Cracovia. En esos días, todos los varones polacos fuertes y sanos eran candidatos a trabajos forzados en Alemania, o a laborar en fortificaciones fronterizas en el frente oriental. Cualquiera de ambas opciones conducía a una vida brutal, y generalmente breve. Trabajar en Solvay ofrecía una amplia gama de beneficios. Esa compañía era en cierto modo una ciudad autónoma, con casas, un quirófano con un médico residente, una cantina para el personal administrativo, una tienda y un gimnasio. Aparte de recibir un salario y cupones que podían canjearse por vodka en el mercado negro, Karol Wojtyla contaba en todo momento con la garantía de que no lo pasaría mal en la guerra: un *Ausweis*, o tarjeta de identidad, que indicaba que el portador trabajaba en una industria *kriegswichtig*, esencial para el esfuerzo bélico del Tercer Reich. La sosa cáustica que esa compañía producía tenía varios usos, uno de los cuales, no el menor, era la producción de bombas.

Fue en sus años en Solvay, durante la guerra, cuando surgió la vocación sacerdotal en Karol Wojtyla. En esa época el arzobispo Sapieha ya había creado un seminario secreto, y en agosto de 1944 Karol se trasladó con otros jóvenes a la seguridad de esa residencia. Wojtyla fue ordenado sacerdote el 1 de noviembre de 1946. Dos semanas después, Sapieha, recién ascendido a cardenal, lo envió a Roma a estudiar su primer doctorado. El arzobispo ya lo había escogido para otorgarle un trato de vía rápida. La especial consideración que se le mostraba se evidenció asimismo al brindarle fondos para que en las vacaciones pudiera viajar por Europa en compañía de otro sacerdote.

Wojtyla regresó a Cracovia en junio de 1948, tras obtener su doctorado con las más altas calificaciones en prácticamente todas las materias. Ahí el cardenal Sapieha continuó apoyando atentamente a su joven protegido: a siete meses como cura de pueblo le siguió un puesto como capellán estudiantil en la diócesis de San Florián, en Cracovia, donde Wojtyla consiguió rápidamente un devoto séquito de estudiantes universitarios. Esa posición también le dio la oportunidad de mezclarse con los elementos con más iniciativa de la sociedad de Cracovia. Wojtyla desplegó una notable capacidad para la formación de redes, y en esos años se forjaron amistades y contactos que durarían toda la vida.

Su protector, el príncipe-cardenal Sapieha, murió el 23 de julio de 1951, a la edad de ochenta y cinco años. El cardenal había visto algo especial en Karol Wojtyla desde su primer encuentro, en mayo de 1938. El arzobispo Baziak, ya establecido en Cracovia como sucesor de Sapieha, había hablado largamente sobre el futuro de Wojtyla con el príncipe-cardenal. Al parecer, se pasaron el testigo. Meses después, Baziak ordenó a Wojtyla tomar un permiso de dos años para estudiar otro doctorado. Esto lo capacitaría para dar clases en una universidad. Wojtyla se oponía a ese curso práctico. Quería permanecer en San Florián, donde su implicación con los estudiantes era cada vez mayor, pero Baziak fue inflexible y determinó que Wojtyla abandonara también la casa sacerdotal de San Florián, así como que precisara de su aprobación para toda labor pastoral que deseara emprender en ese periodo sabático de dos años. El doctorado adquirió prioridad, y condujo a una tesis, un título y un puesto como profesor universitario.

El propósito de Baziak era simple: combatir la oleada de represión comunista que se extendía por Europa oriental. Los comunistas pretendían colocar en gran cantidad de diócesis a pastores adjuntos que pertenecían a la policía secreta, para controlar inevitablemente la infraestructura de la Iglesia desde dentro. El sostenido conflicto entre la Iglesia y el Estado acerca de quién tenía derecho a nombrar obispos se intensificó. Los comunistas dieron con una solución radical: los obispos que no obtuvieran su aprobación serían forzosamente destituidos, o arrestados y encarcelados. En 1952, entre las víctimas estuvieron el obispo de Katowice, Stanislaw Adamski, y dos obispos auxiliares. En noviembre de ese año, el más reciente mentor y protector de Wojtyla, el arzobispo Baziak, y su obispo auxiliar, Stanislaw Rospond, fueron arrestados, hecho que sacudió hasta la médula a la comunidad católica de Cracovia. Karol Wojtyla no dijo nada, ni en público ni en privado, y dos días después de los arrestos se fue a esquiar a las montañas Marty. Dos semanas más tarde, el primado de Polonia, el arzobispo Wyszynski, fue informado de que el papa lo había nombrado cardenal. Era un ascenso muy merecido; al recibir esa noticia, Wyszynski acababa de condenar los arrestos de Baziak y su obispo desde un púlpito en Varsovia. La respuesta del régimen fue negar a Wyszynski el visado de salida, mezquino gesto que privó a aquél del honor de arrodillarse ante el papa mientras se le ponía el solideo púrpura sobre la cabeza.

La actitud del régimen ante la Iglesia era de esquizofrenia paranoide, pues iba de lo conciliatorio a lo cruel; los arrestos eran seguidos por los permisos para celebrar una gran procesión o peregrinación en la que Wyszynski era libre de pronunciar un discurso sobre los derechos humanos. En enero de 1953, la situación en Polonia alcanzó un nuevo nivel de barbarie cuando cuatro sacerdotes y tres trabajadores laicos de la archidiócesis de Cracovia fueron juzgados por un tribunal militar, acusados de colaborar con la CIA y de traficar ilegalmente con divisas. Tras un juicio de cinco días, que incluyó severas condenas al difunto cardenal Sapieha, el padre Jozef Lelito y dos de los trabajadores laicos fueron declarados culpables y sentenciados a muerte. Estas sentencias se conmutaron después, pero los siete hombres pasaron largas estancias en prisión.

En medio de esas turbulencias, Karol Wojtyla continuó con sus deberes pastorales en San Florián. Durante el año académico impartía clases de ética, organizaba retiros, celebraba misa, oía confesiones y estudiaba diligentemente para preparar su tesis. No obstante, no se implicó en absoluto en la lucha mortal de su Iglesia por proteger las libertades básicas. Por numerosos que fueran, los arrestos y encarcelamientos no pudieron incitarlo a protestar.

En cierto sentido, esto fue una repetición de su reacción ante la Segunda Guerra Mundial, cuando no participó en la resistencia armada e instó a sus amigos a hacer lo mismo, declarando que el ejército polaco había sido derrotado y era inútil combatir. Durante los tres últimos meses de 1939, los invasores alemanes se centraron en los enfermos mentales y las personas más vulnerables de Polonia. Empezaron por vaciar las clínicas psiquiátricas en el norte del país. Más de mil polacos fueron trasladados de varias clínicas a un bosque junto a la ciudad de Piasnica Wielki, donde murieron a balazos. Un año después, se declaró que trescientos ancianos serían llevados a la ciudad de Padernice. Esa ciudad no había existido nunca. Los camiones que los transportaban hicieron alto en una zona boscosa a las afueras de Kalisz. Ahí, los ancianos murieron asfixiados por el humo de los tubos de escape de los camiones, y fueron sepultados en los bosques de Winiary. Desde octubre de 1939, menos de un mes después de iniciada la ocupación alemana de Polonia, ya se creaban guetos para los judíos. A veces estos últimos eran apiñados en un sector de una ciudad históricamente ocupada por ellos, como en Varsovia, donde se les obligó a construir y pagar un muro alrededor del área que les fue asignada.

Justo en esos meses, Wojtyla escribió a su buen amigo Mieczyslaw Kotlarczyk:

> Antes que nada, debo decirte que me mantengo ocupado. En estos días algunas personas se mueren de aburrimiento, pero yo no; me he rodeado de libros y me sumerjo en las artes y las ciencias. Estoy trabajando. ¿Creerás que casi no tengo tiempo para nada más? Leo, escribo, estudio, pienso, hago oración, lucho conmigo mismo. A veces siento una gran opresión, depresión, desesperanza, maldad. Otras, es como si viera el amanecer, la aurora, una gran luz.

Sus cartas muestran una extraordinaria preocupación por sus actividades. Polonia sufría entonces la experiencia más penosa de su historia, pero ese graduado excepcionalmente dotado escribía cartas empalagosas que hacían pensar en los días en la universidad antes de la guerra.

Ya en la década de 1950, enfrentado al comunismo, Karol Wojtyla se había replegado de nuevo. Aun cuando su viejo amigo y maestro el padre Kurowski fue arrestado, él guardó silencio, y en sus textos y sermones nunca atacó directamente el comunismo. Este patrón de conducta siguió así a lo largo de los años cincuenta. En 1953 Wojtyla leyó su tesis, lo que hizo que le fuera concedido un segundo doctorado; en octubre empezó a dar clases de ética social en su antigua universidad, la Jaguelloniana. Realizó entonces numerosas excursiones con sus devotos estudiantes, a esquiar, remar y principalmente a pasear al aire libre. Era un caminante prodigioso; en una ocasión recorrió cuarenta kilómetros en un día. En julio de 1958, mientras disfrutaba de una de esas vacaciones en la región lacustre del norte de Polonia, recibió una citación para presentarse ante el cardenal Wyszynski. El arzobispo Baziak, que había impulsado silenciosamente su carrera, lo había recomendado a Wyszynski para el puesto de obispo auxiliar de Cracovia. El primado acababa de recibir la noticia de que el papa había aceptado la recomendación de ambos. Significativamente, el régimen comunista polaco también había aprobado el nombramiento.

Aunque era obvio que Wojtyla poseía una retahíla de logros académicos, la recomendación de Baziak ignoró su absoluta falta de experiencia administrativa, esencial para un obispo elegido por sufragio. Además, a causa de la línea académica en la que tanto el cardenal Sapieha como Baziak lo habían orientado, su experiencia pastoral era sumamente limitada. A los treinta y ocho años de edad, también era nada menos que diez años menor de lo normal para ser nombrado obispo. Fue entonces el obispo más joven de Polonia. En sí mismo, eso no estaba nada mal, pero tan temprano éxito en el mundo del sacerdocio católico, lleno de habladurías, puede resultar una desventaja.

La invectiva dentro de la jerarquía eclesiástica en Polonia puede medirse a partir de los archivos de la *Sluzba Bezpieczenstwa* (SB), la policía secreta. El régimen se mantenía muy bien informado. En un momento dado, más de mil sacerdotes trabajaban como espías e informantes del gobierno comunista polaco. En una escalofriante traición a la confianza, la confidencialidad de la confesión se infringía con regularidad. Los archivos revelan que al más preciado elemento entre los que trabajaban para los comunistas le fue encomendada la labor de espiar e informar sobre Karol Wojtyla.

Ese informante había sido directamente responsable del arresto y encarcelamiento del obispo de Katowice, Stanislaw Adamski, y dos obispos auxiliares en 1952, y en noviembre de ese mismo año del arresto del arzobispo Baziak y de su obispo auxiliar, Stanislaw Rospond. Hubo otras víctimas de la perfidia de ese sujeto, pero el hecho de que a Karol Wojtyla no se le tocara jamás un solo pelo revela bien a las claras su total rechazo a participar en esa época en la lucha de la Iglesia católica en Polonia. En 1958, aquel informante estaba en el lugar idóneo para proporcionar un detallado informe sobre la oposición a la que el arzobispo Baziak había tenido que hacer frente cuando decidió ascender a Wojtyla.

Ese espía particularmente apreciado por la policía secreta era el padre Wladyslaw Kulczycki. Durante la Segunda Guerra Mundial, Kulczycki estuvo activo en la clandestinidad polaca, actividad que condujo a su arresto y encarcelamiento por los nazis. Después de la guerra regresó a Cracovia, donde ocupó por poco tiempo el puesto de juez del tribunal de la curia. Conocía bien al primado de Polonia, y había cuidado del padre del cardenal Wyszynski. Sumamente instruido, había estudiado Derecho en Estrasburgo e Historia en París. La policía secreta polaca descubrió que estaba envuelto en una apasionada aventura amorosa y lo chantajeó para que se convirtiera en espía.

Apenas empezaba Wojtyla a amoldarse a su nuevo cargo cuando llegaron noticias inesperadas de Cracovia. El arzobispo Eugeniusz Baziak había muerto el 15 de junio de 1962. Su sucesor no fue anunciado públicamente hasta el 19 de enero de 1964. Esa demora de dieciocho meses fue debida únicamente a la obstinada intransigencia de dos individuos. El primado de Polonia estaba determinado a que prevaleciera su punto de vista, mientras que el número dos del régimen comunista, Zenon Kliszko, estaba igualmente decidido a lograr que su hombre dirigiera la archidiócesis de Cracovia. De hecho, Baziak nunca había sido reconocido por el régimen, y durante trece años había actuado oficialmente no como arzobispo, sino como administrador apostólico, medio del que se valió el régimen para humillar tanto al hombre como a su fe. El cardenal Wyszynski no compartía la veneración y admiración universales por Wojtyla de muchos de los compañeros de este último. En realidad, se ha sugerido que Wyszynski fue forzado por el régimen a tomar en 1958 la decisión de hacer obispo a Wojtyla. Sea cual fuere la verdad, el primado ciertamente no deseaba conceder un nuevo ascenso a Wojtyla, a quien consideraba poco más que un hombre ambicioso preocupado por establecer contactos. Lo que en particular inquietaba al primado era la altanería que el obispo Wojtyla había adoptado con otros miembros de la archidiócesis de Cracovia. «Wojtyla no debería olvidar que es sólo un administrador temporal, y que en consecuencia no debe dictar órdenes a quienes lo rodean», fue una observación reiterada de un miembro del círculo de Wyszynski grabada por la SB. Actuando conforme al protocolo tradicional, el cardenal Wyszynski propuso tres nombres a la consideración del gobierno polaco. Los tres habían sido previamente aprobados por el papa. El nombre de Wojtyla no estaba en la lista. Meses después la lista volvió a Wyszynski, con todos sus candidatos rechazados. Los archivos de la policía secreta polaca e información adicional de ex miembros del Partido Comunista revelan un rumor curiosamente irónico, por otra parte confirmado por el biógrafo papal George Weigel.[3] Un pensativo primado se retiró a su estudio, y al final tres nuevos nombres se enviaron al Vaticano para la aprobación papal, la cual fue remitida al gobierno polaco. Después de otros tres meses, la segunda lista volvió al cardenal Wyszynski; también esta vez el régimen reprobaba los tres nombres.

A fines del otoño de 1963, el padre Andrzej Bardecki, colaborador eclesiástico del periódico financiado por la Iglesia católica, *Tygodnik Powszechny*, recibió a un visitante en su oficina en Cracovia. El profesor Stanislaw Stomma encabezaba el minoritario Partido Católico en el parlamento polaco. Con un máximo de cinco miembros, en realidad no era más que una institución secundaria, pero servía a muchos propósitos útiles, no siendo el menor de ellos ser el hilo conductor entre los comunistas y la Iglesia católica. El profesor invitó tranquilamente al padre Bardecki a dar un paseo por la ciudad. Mientras caminaban, el profesor Stomma relató una conversación que había tenido recientemente con Zenon Kliszko, el número dos comunista. Kliszko le había preguntado quién era el mejor candidato para la vacante de Cracovia. «Yo le respondí firme y categóricamente que Wojtyla era el mejor, en realidad la única opción.» Kliszko sonrió satisfecho y replicó: «He vetado a siete hasta ahora. Estoy esperando a Wojtyla, y seguiré vetando nombres hasta lograr que sea él».

¿Por qué Wojtyla? El régimen lo consideraba políticamente ingenuo y un hombre que nunca había mostrado la intransigencia por la cual su primado era internacionalmente conocido, alguien que estaría abierto a prestarse a componendas. Ésta era una opinión basada en gran medida en la corriente de información que se recibía del preciado espía del régimen instalado en el corazón mismo de la archidiócesis de Cracovia. Un nombramiento como ése tenía considerables ramificaciones para el gobierno comunista de Gomulka. Los comunistas y la jerarquía católica se hallaban en un delicado equilibrio, y si no lograban coexistir existía la posibilidad real de que los tanques soviéticos aparecieran en las calles de Varsovia y Cracovia. Para que esto sucediera bastaba con un arzobispo recién nombrado que pugnara por labrarse un papel destacado en la escena internacional mediante tácticas de confrontación. El vocero Kliszko no quería a revolucionarios o agitadores políticos predicando en los púlpitos de las iglesias de Cracovia. Había estudiado el informe de la policía secreta (pues no era otra cosa que eso) sobre Wojtyla, y no vio en él nada que reseñar salvo la celebración de misas a medianoche en un campo en Nowa Huta y un sermón para conmemorar el centenario de la Revuelta de Enero contra los rusos en 1863. A Kliszko también lo tranquilizaron las actividades de Wojtyla durante la guerra, o más bien su ausencia; era un hombre que repetidamente se había negado a integrarse o ayudar al ejército guerrillero y que había confiado en la voluntad de Dios para sobresalir. A ojos de Kliszko, era sumamente improbable que Wojtyla hiciera causa común con cualquier facción disidente polaca que pudiera emerger.

El factor decisivo, sin embargo, había sido el muy detallado informe que Kliszko había pedido al principal agente del Partido Comunista en Cracovia, el padre Wladislaw Kulczycki. Las tácticas de Kliszko surtieron efecto. Cuando recibió una nueva nominación del cardenal, la lista contenía el nombre de Wojtyla. No todos los líderes comunistas podrían reivindicar el haber sido decisivos en la gestación de un papa, en particular un papa polaco. El 8 de marzo de 1964, Karol Wojtyla tomó posesión como arzobispo de Cracovia. Ya sólo estaba a dos escalones del trono de San Pedro.

Cuando el Concilio Vaticano II volvió a reunirse en octubre de 1964, Wojtyla, quien había conseguido hablar en la primera sesión como joven obispo auxiliar, se dirigió entonces al concilio como arzobispo. Sus ascensos habían reforzado su confianza y colaboró notablemente en varias de las declaraciones propuestas, en especial durante el debate en torno a la Declaración sobre la Libertad Religiosa, en el que argumentó que el opresivo edicto decimonoveno, según el cual «el error no tiene derechos», debía modificarse. Sus opiniones —muy en línea con los reformadores dentro del concilio— de que la tolerancia y la proclamación del derecho fundamental a la libertad de conciencia eran esenciales para que pudiera haber un diálogo significativo con otras Iglesias cristianas se reflejaron en la versión finalmente publicada de la Declaración sobre la Libertad Religiosa, *Dignitatis Humanae*.

En mayo de 1967, Pablo VI anunció el siguiente cónclave, o consejo de cardenales, y entre los nombres de los cardenales elegidos estaba el de Karol Wojtyla. Esta noticia de un nuevo ascenso llegó días después del cuadragésimo séptimo cumpleaños de Wojtyla y causó gran sorpresa en Polonia; él era extremadamente joven para recibir tal distinción. No se había presionado al papa para que nombrara a un segundo cardenal, y varios arzobispos eran más experimentados y de mayor edad. Y aunque se volvió a oír al propio agraciado murmurar algo sobre la Providencia, tal vez se tratara de razones más terrenales. En febrero de ese año Wojtyla había sido un miembro clave en las conversaciones ultrasecretas mantenidas en varios lugares de Polonia. Una delegación papal, encabezada por el entonces monseñor Agostino Casaroli y el viejo amigo de Wojtyla monseñor Deskur, había celebrado reuniones con funcionarios polacos, el primado y Karol Wojtyla. El principal tema de la agenda fue la posibilidad de establecer relaciones diplomáticas entre Polonia y el Estado Vaticano. Con excepción de Cuba, habría sido la primera vez que eso sucediera en un país comunista.

Dos meses después, el 20 de abril, después de que otro informe muy favorable sobre Wojtyla hubiera sido entregado al papa por Casaroli, el pontífice recibió al hombre de Cracovia en audiencia privada. Pablo VI quedó muy impresionado por su relativamente nuevo arzobispo; la medida de esa impresión se hizo públicamente evidente en mayo, cuando el relativamente nuevo arzobispo se convirtió en un recién nombrado cardenal.

Los biógrafos del papa han dedicado copiosas líneas a señalar que para entonces los comunistas ya se habían percatado desde hacía tiempo del grave error que habían cometido al orquestar el ascenso a obispo de Wojtyla y que, al anunciarse la noticia de su solideo púrpura, la perspectiva de tener un nuevo cardenal los disgustó sobremanera. Un informe confidencial escrito por miembros de la policía secreta polaca cuenta una historia muy distinta. Tal informe, fechado el 5 de agosto de 1967, apenas cinco semanas después de que Wojtyla fuera nombrado cardenal, se titula «Nuestras tácticas con los cardenales Wojtyla y Wyszynski». Se trata de una fascinante revelación de cómo percibían a esos dos individuos al menos algunos de los principales miembros del gobernante partido comunista. Los autores del informe sacaban provecho no sólo del padre Kulczycki, sino también de informes regulares de un gran número de empleados y espías del servicio secreto; asimismo, tenían acceso a evidencias adquiridas gracias a su sofisticado equipo de espionaje electrónico.

Como era previsible dado su largo historial de oposición, Wyszynski recibió pocos halagos:

El cardenal Wyszynski se formó en una familia tradicional de sirvientes de la Iglesia. En opinión del clero, ése es un tipo inferior de personas, y este estigma pesa en él hasta la fecha. (...) Forjó su «carrera científica» en la actividad anticomunista y textos anticomunistas que, en 1948, fueron decisivos en su ascenso a obispo. (...) Durante la guerra fría su posición se ha afianzado; es el abanderado del frente anticomunista.

Había mucho más del mismo estilo. La policía secreta veía a Wyszynski como un verdadero cínico:

Su concepto de un catolicismo superficial, emotivo y devoto es adecuado y provechoso desde el punto de vista de los intereses inmediatos de la Iglesia. Durante algunos años su consideración de la elite intelectual, la *intelligentsia* católica y el mundo laico como «elementos inciertos» ha hundido sus raíces en la realidad polaca. Para Wyszynski, de acuerdo con ese informe de la policía secreta, la fortaleza de la Iglesia en Polonia «ha residido durante siglos no en las élites, sino en las masas católicas».

El cardenal Wojtyla, por otro lado, era mucho más del gusto de los comunistas. Éstos escribieron aprobatoriamente sobre sus orígenes (ajeno al altar y la pila de agua bendita en el hogar de su infancia): «Una familia de la *intelligentsia*, de un medio religioso pero no devoto». Inevitablemente sus convicciones fueron mucho más firmes cuando llegaron los años de la guerra y más tarde: «Ascendió en la jerarquía de la Iglesia no gracias a una postura anticomunista, sino a valores intelectuales». A los comunistas les impresionó el éxito de Wojtyla como autor, y señalaron que su libro *Love and Responsibility* (*Amor y responsabilidad*) había sido traducido a gran número de idiomas. A ojos de los comunistas, Wojtyla tenía mucho a su favor.

Hasta ahora no ha participado en abierta actividad política antiestatal. Parece que la política es su lado débil... Carece de cualidades de organización y liderazgo, y ésta es su debilidad en su rivalidad con Wyszynski. [Las cursivas son mías.]

En ningún momento los archivos de inteligencia sobre Wojtyla indican que constituyera algo más que un ocasional alfilerazo en el aparato político del país. Ha sido retratado por el Vaticano, numerosos periodistas e incontables biógrafos como un hombre que se opuso resueltamente a los comunistas y los combatió a brazo partido en los años previos a su papado, pero los hechos muestran a un hombre que sobrevivió exitosamente a los comunistas polacos como había sobrevivido a la Segunda Guerra Mundial; es decir, mediante la prudencia y una completa ausencia de heroísmo.

La recomendación fue dar a Wojtyla todo el apoyo, incluso hasta el punto de asegurarse de que fuera manejado con sumo tacto. «Debemos asumir el riesgo de que cuanto menos lo presionemos, más pronto se producirá un conflicto (con Wyszynski).» A la inversa, los comunistas planeaban mantener un máximo de presión y desacuerdo con Wyszynski, quien, creían, terminaría por estallar al ver que al joven se le otorgaban todos los privilegios y respetos imaginables. A ojos de los comunistas, «Wyszynski había recibido el ascenso de Wojtyla al cardenalato con explícita renuencia». Así, había que humillar y acorralar al anciano en cada oportunidad, mientras que «debemos actuar positivamente en materias de prestigio que mejoren la autoestima de Wojtyla».

La «autoestima» de Karol Wojtyla se mantuvo a la altura de su irresistible ascenso a medida que, entre sus muchos otros deberes y actividades, comenzaba a prestar atención al mundo más allá de Polonia. En agosto de 1969 sustituyó al cardenal Wyszynski en un viaje de tres semanas a Canadá seguido por dos semanas en Estados Unidos. El primado se había mostrado reacio ante la perspectiva de tener que enfrentarse con una nueva experiencia: las conferencias de prensa; además, no sabía inglés. Wojtyla aprovechó la oportunidad y, acompañado de su capellán personal, el padre Stanislaw Dziwisz, y dos amigos, el obispo Macharski y el padre Wesoly, voló a Montreal. Ahí y en la ciudad de Quebec pudo relajarse en su relativamente fluido francés antes de continuar con un recorrido por siete ciudades predominantemente de habla inglesa. La mayor parte del tiempo, sin embargo, pudo emplear su lengua materna, ya que el propósito oficial del viaje era visitar comunidades polacas. Si algo aprendió Wojtyla en Canadá y luego en Estados Unidos fue el valor de las reuniones sociales y de los banquetes, así como de los hábitos de los anfitriones para el establecimiento de relaciones; al mejorar su inglés, también empezó a disfrutar de las conferencias de prensa.

En Estados Unidos su trabajo se limitó otra vez en gran medida a actividades con la comunidad polaca, pero el padre Wesoly recuerda que se aconsejó a Wojtyla visitar todas las ciudades en las que residiera un cardenal, consejo curioso a menos que el receptor tuviera la ambición de promover su carrera. Wojtyla no hizo todas esas visitas, pero progresó mucho en el empeño. En su estancia de dos semanas, aparte de sus muchas tareas oficiales en beneficio de los estadounidenses de origen polaco, logró entrevistarse con siete colegas cardenales. Tras volver a toda prisa a Roma, se entrevistó con muchos más en la sesión extraordinaria del sínodo de obispos.

El sínodo había sido convocado por el papa Pablo VI para tener la garantía de que las decisiones tomadas en las sesiones del Concilio Vaticano II fueran ejecutadas. Como de costumbre, Wojtyla no faltó a ninguna reunión. Había sido nombrado miembro no por su primado, sino por el papa Pablo VI, y, como otros gestos de este último, tal nominación se consideró posteriormente significativa. Los biógrafos de Wojtyla han afirmado que las acciones del papa Pablo VI eran indicios claros de que Wojtyla era su elegido, el hombre al que quería ver sucederlo en el trono de San Pedro. Lo cierto es que Pablo VI tuvo un gesto simbólico ante un público numeroso con Albino Luciani, el hombre que realmente lo sucedió, y en cualquier caso Pablo VI no habría de votar en el cónclave para elegir al nuevo papa.

Sin el beneficio de la visión retrospectiva, cualquier observador contemporáneo del cardenal Wojtyla en la década de 1970 lo habría juzgado un hombre cuyas ambiciones iban mucho más allá de lo que había logrado hasta entonces. Claro que Wojtyla no daba muestras públicas de su deseo de alcanzar el papado, lo cual habría sido fatal; pero, como antes, sus actos hablaban muy elocuentemente por él. El internacional sínodo de los obispos fue una asamblea más en la que Wojtyla estuvo presente en prácticamente todas las sesiones. Se le eligió y reeligió como miembro de todos los comités directivos entre los sínodos. En el sínodo de 1974 fue nombrado relator, el hombre que redacta el informe final, sobre el tema de la evangelización en el mundo moderno. Cuando se discutió el asunto de la evangelización en países comunistas y sociedades bajo influencia marxista, Wojtyla descartó las que consideró opiniones ingenuas y mal informadas de los delegados de Europa occidental y América Latina. Consideró que, para ellos, el marxismo era una «fascinante abstracción antes que una realidad cotidiana». Inevitablemente, no consiguió redactar un informe final aceptable para el sínodo. Más aún, había dado claras muestras de su ignorancia de que el comunismo tenía más de una cara, de que había distintas formas de marxismo y de que los términos del socialismo tenían diferentes efectos en Europa que en América Latina o el sur de Asia. Ésta fue una deficiencia que nunca remediaría, y con consecuencias desastrosas y de amplio alcance.

Los primeros viajes de Wojtyla a Canadá y Estados Unidos le dieron un afán por los viajes internacionales que nunca sería saciado. En febrero de 1973 representó a la Iglesia polaca en el Congreso Eucarístico Internacional de Melbourne. Ese mes también consiguió viajar a Nueva Zelanda, Papúa Nueva Guinea y Manila. Se reunió con comunidades polacas en al menos siete ciudades australianas. Ninguno de esos viajes, sin embargo, podría definirse como experiencia de aprendizaje; corresponden más exactamente al tipo de viaje «si hoy es martes, debo estar en París». Al viajar con frecuencia a Roma, Wojtyla se convirtió en una figura familiar no sólo en reuniones y conferencias, sino también en las estancias papales. Entre 1973 y 1975 fue recibido once veces por el papa en audiencias privadas, cifra sin precedente para un cardenal no residente. A principios de 1976 el papa concedió a Wojtyla un honor singular cuando le pidió dirigir el retiro de cuaresma de la curia.

Wojtyla era sumamente consciente de la oportunidad que se le presentaba. Muchos de los cardenales que en un futuro próximo elegirían al sucesor de Pablo VI estarían presentes. Para prepararse, se retiró veinte días a las montañas. Ahí, en un convento de las ursulinas, «escribía sus reflexiones hasta mediodía, iba a esquiar por la tarde y al anochecer volvía a escribir». El retiro de una semana de duración se celebró a puerta cerrada en la capilla de Santa Matilde del Vaticano, en presencia del papa. También estuvieron presentes la corte papal y más de cien miembros del núcleo mismo de la Iglesia católica romana, la curia romana. Éste era el gobierno central de una institución con un número de miembros cercano a la sexta parte del planeta. A un lado del altar, discretamente fuera de la vista, se sentaba el papa, de setenta y nueve años de edad y con mala salud, condición física a la que no ayudaba la camisa penitencial que usaba bajo sus vestiduras, una prenda hecha de ordinarias crines de caballo y púas que se incrustaban en su piel.

Los integrantes de la todopoderosa curia escuchaban tranquilamente sentados mientras el hombre de Cracovia hablaba, a sugerencia previa del papa, en italiano, sentado junto a una pequeña mesa con un micrófono frente a él, y empezaba con una cita del Antiguo Testamento: «Concédame Dios hablar según él quiere y concebir pensamientos dignos de sus dones, porque él es quien guía a la Sabiduría».[4] Muchos de los presentes conocían a Wojtyla, pero no bien; sólo su protector Andrzej Deskur, entonces arzobispo, podía hacer esa afirmación. Él había abierto puertas, concertado reuniones de comida, exaltado sigilosamente las capacidades de Karol Wojtyla desde los primeros días del Concilio Vaticano II. Más que nadie, él escuchó entonces con ansiosa anticipación a su buen amigo.

Wojtyla había elegido como tema central las aspiraciones inherentes a lo que consideraba el eje central del Concilio Vaticano II: *Gaudium et Spes*, alegría y esperanza, la constitución pastoral sobre la Iglesia en el mundo moderno. Fue una ejecución impresionante. La comunidad escuchaba y observaba desde su asiento mientras Wojtyla adquiría cada vez más seguridad en su dominio del italiano. La previa experiencia actoral del cardenal no la había empleado nunca antes a tan alto nivel. Una y otra vez él se valió de sus anteriores experiencias como actor en Wadowice. Una y otra vez la técnica de interpretación desarrollada por el grupo del Teatro de la Rapsodia, que se apoyaba más en la voz que en el cuerpo, llevó a Karol Wojtyla más allá de la comunicación existente entre actor y público. Entre los príncipes de la Iglesia que escuchaban a Wojtyla desarrollar su tema de que «es sólo en el misterio de la palabra hecha carne cuando el misterio del hombre realmente se esclarece» estaban el cardenal secretario de Estado, Jean Villot, francés cuyo gélido exterior ocultaba asimismo un gélido interior; Giovanni Benelli, número dos de la Secretaría de Estado y forjador de papas en ciernes; el cardenal Bernardin Gantin, de Benin, joven y fuerte; el cardenal Sergio Pignedoli, presidente de la Secretaría de los No Cristianos, «hijo amado» del papa Pablo VI y a quien muchos consideraban como su posible sucesor; el cardenal Sebastiano Baggio, prefecto de la Congregación de Obispos y un hombre que no abrigaba la menor duda sobre la identidad del siguiente papa: él mismo.

El cardenal Wojtyla hizo buen uso de otras habilidades y talentos mientras se explayaba en igual medida en los conocimientos que había adquirido durante sus años de prodigioso estudio. Citó un sinfín de fuentes, entre ellas el Antiguo y Nuevo testamentos, clásicos cristianos, filosofía contemporánea y literatura en general, de San Agustín a Hans Küng. Pero también demostró que era un hombre con tanta alma como cerebro. Hablando con gran poder y autoridad, se refirió a ese momento en que «un hombre cae de rodillas en el confesionario porque ha pecado. En ese momento él acrecienta su dignidad; el acto mismo de acudir nuevamente a Dios es una manifestación de la especial dignidad del hombre, de su grandeza espiritual, del personal encuentro entre el hombre y Dios en la íntima verdad de la conciencia».

Cuando estos sermones de cuaresma se publicaron tiempo después, los intelectuales de Cracovia quedaron impresionados, más que algunos de los oyentes de Wojtyla en el Vaticano, quienes consideraron la abundancia de fuentes citadas como «evocadora del examen profesional de un estudiante universitario». Pero algunos de los presentes en este grupo igualmente habrían reprobado a Dios si por casualidad él hubiera pronunciado un sermón. Wojtyla regresó a Roma en marzo y abril para dar conferencias sobre filosofía. En septiembre volvió de nuevo, esta vez a Roma y Génova, para dar más conferencias y ser objeto de más atención pública.

En julio de 1976, Karol Wojtyla realizó su segunda visita a Estados Unidos. La razón oficial fue asistir al Congreso Eucarístico Internacional de Filadelfia. También esta vez dispuso de pasaporte por cortesía del gobierno comunista, que intentaba sembrar disensión entre el cardenal primado Wyszynski y el cardenal Wojtyla. Pero esta política oficial de divide y vencerás no produjo en absoluto los resultados deseados. Aunque la suya estaba lejos de ser la más fácil de las relaciones, Wyszynski y Wojtyla habían desarrollado respeto y confianza mutuos a través de los años. A ello contribuyó en gran medida que desde el principio Wojtyla hubiera mostrado invariable deferencia por Wyszynski, y que en varias ocasiones hubiera demostrado su lealtad al anciano. Aunque el primado sentía una enorme desconfianza hacia los intelectuales, terminó por apreciar en Wojtyla algunas de sus cualidades, entre las que estaba una aguda astucia innata.

Mientras Wojtyla se encontraba en Estados Unidos, la doctora Anna-Teresa Tymieniecka, coautora con él de la versión en inglés de su obra filosófica *The Acting Person* (*Persona y acción*), volvió a contribuir a la carrera del cardenal. Ella ya había sido responsable de llevar su libro original a un público mucho más amplio. Wojtyla afirmó en el prefacio de la obra que había «intentado afrontar cuestiones concernientes a la vida, la naturaleza y la existencia del Hombre en forma directa, como se presentan al Hombre en su lucha por sobrevivir y mantener la dignidad del ser humano, aunque desgarrado entre su muy limitada condición y sus supremas aspiraciones a ser libre». En Polonia el libro había sido en gran medida ignorado por los filósofos católicos colegas de Wojtyla hasta la aparición de la animosa y vivaz doctora Anna-Teresa; en su colaboración con Wojtyla en la edición en lengua inglesa, la doctora tuvo éxito en la verdaderamente formidable tarea de liberar la mente de él para que pudiera expresar lo que en realidad quería decir, algo que no había conseguido en la versión original de la obra.

Concluida la nueva edición, la doctora Anna-Teresa estaba determinada a presentar al autor al público estadounidense. Esto incluyó concertar para él una conferencia en Harvard, una reunión en la Casa Blanca con el presidente Ford y una gran campaña de relaciones públicas con los medios de comunicación, en la que se le describió como un distinguido cardenal polaco considerado por al menos algunos comentaristas europeos como aspirante al papado. Wojtyla no opuso resistencia a nada de esto, aunque se vio obligado a cancelar el té vespertino con el presidente a causa de un compromiso previo. No tuvo el menor problema con que en la reunión de Harvard el esposo de la doctora Tymieniecka lo presentara como «el próximo papa». *The New York Times* quedó lo bastante impresionado como para publicar un artículo sobre Wojtyla. Anna-Teresa consideraba que Wojtyla era «como Cristo» y estaba lleno de sabiduría, aunque con una grave deficiencia: le alarmaba su ignorancia sobre la democracia occidental y su desconocimiento del poder del sistema opuesto al comunismo. Él le había dejado claro, durante sus muchas reuniones, que el gobierno comunista en Europa oriental no podía ser derrotado, que era inexpugnable. Le pareció que Wojtyla sentía desdén por Occidente, en particular por Estados Unidos, al que juzgaba carente de moral. Su preocupación era compartida por el profesor Hendrik Houthakker, de Harvard, quien había intentado en vano abrir los ojos de Wojtyla a los méritos del capitalismo y la democracia. Si esta antipatía por Estados Unidos hubiera llegado al conocimiento público, cualquier posibilidad de alcanzar el papado habría desaparecido para Wojtyla. Anna-Teresa trabajó larga y arduamente para disuadirlo de revelar sus verdaderas opiniones sobre este asunto.

Y tuvo mucho éxito, pero no completo. Wojtyla había sopesado a Estados Unidos, y lo había hallado imperfecto. Cuando regresó a su país, criticó abiertamente la cultura estadounidense y cuanto percibía como superficial. En una entrevista con *Tygodnik Powszechny* mostró no sólo un grave prejuicio contra Estados Unidos, sino también una profunda ignorancia:

El hecho de pertenecer a una nación de padres y antepasados cala hondo en la conciencia del hombre, que reclama la verdad sobre sí mismo. Al no aceptar esa verdad, el hombre sufre una necesidad básica y está condenado a algún tipo de conformismo. (…) Éste es un problema real en la estructura de la sociedad estadounidense. El alcance de este problema está demostrado hoy por la así llamada «cuestión negra». No he visto a ningún estadounidense medio, aun del tipo WASP, mencionar las palabras «nación estadounidense» con la misma convicción con que un polaco cualquiera en Polonia habla de la nación polaca. [No existen evidencias de que, en el momento de hacer estos comentarios, el cardenal Wojtyla conociera a un solo estadounidense «medio».]

El domingo 6 de agosto, a las 21.40, murió el papa Pablo VI. El trono estaba vacío. Tras un papado de treinta y tres días y el asesinato del papa Juan Pablo I, se hallaba vacante de nuevo.

Intrigas y más intrigas acerca de quién ocuparía el trono vacante se fraguaban en discretas reuniones. La muerte de Juan Pablo I dejó a la Iglesia en un estado de paroxismo. La mayoría de los hombres procedentes de América Latina querían más de lo mismo, otro Luciani; querían control de natalidad, una Iglesia de los pobres y una amplia reforma del Banco del Vaticano. Algunos de los europeos querían todo eso más una aceleración de las reformas que el Concilio Vaticano II había prometido. Otros, como los cardenales alemanes y polacos, consideraban que esas reformas conciliares se aplicaban ya a pasos agigantados, y querían reducir la velocidad de todo este proceso. El cardenal Benelli, quien había trabajado con tanto ahínco para asegurar la elección de Albino Luciani, trabajaba ahora con igual tenacidad para que se le eligiera a él. Otros príncipes de la Iglesia tenían agendas muy diferentes: concertada a toda prisa, en una reunión en el Seminario Francés se expuso la necesidad de encontrar un candidato para impedir la elección del conservador cardenal Siri. Entretanto, en una cena en el convento de las felicianas en la Via Casaletto, otros planeaban la promoción de la candidatura del cardenal Wojtyla.

La conexión polaca demostró ser una poderosa jugada táctica cuando el cardenal Franz König, de Viena, y el cardenal John Krol, de Filadelfia, empezaron a utilizar los teléfonos. Krol era un formidable personaje con incomparable experiencia política. Sus poderosos amigos incluían a tres ex presidentes estadounidenses —Johnson, Nixon y Ford— y al futuro presidente, Ronald Reagan. Su objetivo fue ablandar a los demás cardenales estadounidenses. El primero en recibir ese tratamiento fue el cardenal Cody, de Chicago, y en este caso Krol empujaba una puerta ya abierta, pues Cody se había alojado con Wojtyla en Cracovia y un papa polaco sería aclamado por el gran número de inmigrantes polacos en Chicago. Sobre todo, la victoria de Wojtyla bien podía salvar la posición de Cody; el difunto papa había decidido destituirlo, pues Cody estaba sumido hasta la coronilla en la corrupción. König, mientras tanto, avanzaba en una dirección muy diferente: Stefan Wyszynski. Sondeó cautelosamente a éste sobre la posibilidad de un candidato polaco. El primado desestimó la idea. «Sería una gran victoria para los comunistas que se me trasladara permanentemente a Roma.» König señaló en forma cortés que de hecho había dos cardenales polacos. Wyszynski se quedó perplejo. Al fin se recuperó lo suficiente para desechar por completo la idea. «Wojtyla es desconocido. La idea es impensable. Los italianos querrán otro papa italiano, y así debe ser. Wojtyla es demasiado joven para tomarlo siquiera en consideración.» Wojtyla, entretanto, descubría que tenía mucho en común con varios purpurados con quienes no se había reunido antes, como el cardenal Joseph Ratzinger, de Alemania.

Los italianos apenas si esperaron al cónclave: hacían trizas reputaciones y destrozaban solvencias morales, al amparo del solideo púrpura. Deseaban en efecto otro papa italiano, pero algunos querían a Siri, otros a Benelli; otros más estaban comprometidos con Poletti, Ursi o Colombo. En la semana anterior al cónclave, la curia romana montó una gran ofensiva a favor de su «hijo predilecto», Giuseppe Siri. Quienes buscaban un carro al cual saltar empezaron a moverse en dirección a Siri. En cierto momento pareció que se necesitaría un milagro para detener a Siri; y ese milagro ocurrió puntualmente. Siri había concedido una entrevista a un reportero de su confianza de la *Gazzetta del Populo*. Una condición de la entrevista fue que no se publicaría hasta que los cardenales estuvieran en el cónclave y fuera imposible tomar contacto con ellos. El reportero de la *Gazzetta*, según un rumor de la Ciudad del Vaticano, contactó a su buen amigo el cardenal Benelli y le describió los puntos sobresalientes de la entrevista. A instancias de Benelli o no, el reportero incumplió el compromiso y, justo un día antes de que se les encerrara en la Capilla Sixtina, los cardenales conocieron los principales puntos de la entrevista. Siri había desdeñado el papado de Luciani y ridiculizado al difunto papa al sostener que había presentado como su primer discurso un texto escrito para él por la curia. Luego había sido igualmente crítico con el cardenal Villot, secretario de Estado y *camerlingo*. También había desestimado el concepto de colegialidad. La entrevista le costó varios votos, pero hubo igualmente partidarios de Siri que, convencidos de que todo el asunto había sido ideado por el principal rival de aquél, juraron votar contra Benelli pasara lo que pasara.

Mientras la noticia de la entrevista de Siri volaba por el palacio apostólico, Karol Wojtyla estaba preocupado por una tragedia personal. Su amigo durante más de treinta años, el obispo Deskur, había sido hospitalizado de urgencia tras sufrir un severo ataque de apoplejía. Wojtyla se había precipitado a su lado, y al día siguiente, sábado 14 de octubre, celebró misa en bien de su afligido amigo, quien yacía paralizado y prácticamente sin habla. La candidatura de Wojtyla le debía a Deskur más que a nadie, y éste había trabajado incansablemente a lo largo de los años para promover la carrera de aquél. Deskur había seguido organizando eventos a favor de Wojtyla prácticamente hasta la víspera del cónclave: un almuerzo el 9 de octubre con invitados como el cardenal Nasalli Rocca; otro el 11 de octubre con el purpurado Cody; llamadas telefónicas al secretario de Benelli para concertar alojamiento; una reunión mantenida para tranquilizar a un contacto alemán sobre la continuidad. Ahora el destino de Wojtyla estaba en manos de otros. Al iniciarse la votación el 15 de octubre, estalló una prolongada y muy amarga lucha entre los partidarios de Benelli y la facción de Siri. Tales maquinaciones contrastaban fuertemente con las discretas negociaciones en torno a Luciani, elegido en uno de los debates más breves en la historia del Vaticano.

Sería lógico suponer que, ya que Juan Pablo I había sido la clara opción de la abrumadora mayoría, poco más de dos meses después se habría buscado a otro de la misma línea: un hombre auténticamente humilde y modesto que deseara una Iglesia pobre para los pobres de la Tierra. Cuando Luciani declinó la suntuosidad de la coronación papal, dijo: «Nosotros no tenemos bienes temporales que intercambiar ni intereses económicos que discutir. Nuestras posibilidades de intervención son específicas y limitadas y de carácter especial. No interfieren con los asuntos puramente temporales, técnicos y políticos, los cuales son materia de los gobiernos de ustedes».

Así, en un gesto drástico demostró que el eterno anhelo de poder temporal de la Iglesia estaba abolido. Éste era presumiblemente el tipo de hombre que los príncipes de la Iglesia intentaban hallar entonces por segunda vez. Al cabo del primer día lo seguían buscando, después de cuatro votaciones. Al día siguiente, tras otras dos, no estaban más cerca de encontrarlo. Giovanni Benelli —quien, aunque no una réplica de Luciani, era el que con mayor probabilidad lo habría seguido en el mismo camino de reforma financiera— llegó a estar a nueve votos de la necesaria mayoría, pero nada más.

El almuerzo del segundo día dio lugar, tras un enérgico cabildeo de Franz König y John Krol, a una candidatura de compromiso, Karol Wojtyla. En esa comida, después de la sexta votación, el cardenal Wojtyla fingió la consabida preocupación y conmoción por el creciente respaldo en su favor; también empezó a considerar qué nombre usaría si se le elegía. Tenía particular inclinación por el de Estanislao, en homenaje a San Estanislao de Cracovia, el héroe espiritual de Polonia, martirizado en 1079, pero varios de quienes habían manejado su candidatura consideraron que al menos una ilusión de continuidad era deseable. Durante el recuento de la decisiva octava votación, Wojtyla sacó papel y lápiz y empezó a escribir rápidamente. Al final de esa votación, el trono era suyo. Preguntado si aceptaba el nombramiento, hizo una pausa que pareció demasiado larga. Algunos de los cardenales que aguardaban temieron que estuviera a punto de rechazar el supremo cargo. En realidad estaba componiendo su respuesta en latín. «Conociendo la gravedad de estos tiempos, comprendiendo la responsabilidad de esta elección, poniendo mi fe en Dios, acepto.» Interrogado acerca de con qué nombre quería ser conocido, hubo otra pausa interminable antes de que respondiera: «A causa de mi reverencia, amor y devoción a Juan Pablo I, y también a Pablo VI, quien ha sido mi inspiración y fortaleza, adoptaré el nombre de Juan Pablo.»

Con cierta renuencia siguió a Luciani en el rechazo de la opulenta coronación tradicional, con ondeantes plumas de avestruz y la tiara papal incrustada de esmeraldas, rubíes, zafiros y diamantes. Otra de las calladas innovaciones de Albino Luciani, la negativa a referirse a sí mismo usando el regio «nosotros», fue sin embargo rápidamente abandonada. Las pequeñas cosas y el silencio habían sido reemplazados por la suntuosidad y la majestad. La elección de Wojtyla dio origen al instante a una especulación general sobre qué clase de papa sería. ¿Recogería el desafío póstumo de Luciani y ejecutaría las diversas reformas? Un hecho fue obvio desde el principio mismo de este papado: el cardenal Bernardin Gantin expresó con toda exactitud el temor y confusiones de muchos de sus compañeros cardenales cuando observó: «Andamos a tientas en la oscuridad». La mayoría de los cardenales aún estaban conmocionados y aturdidos por la súbita muerte de Albino Luciani. Estos sujetos estaban mal preparados para elegir al sucesor del hombre al que menos de dos meses antes habían saludado como «el candidato de Dios». El cardenal Ratzinger dijo que la prematura muerte de Luciani creaba condiciones para «la posibilidad de hacer algo nuevo». El cardenal Baum, de Washington, declaró: «La muerte [de Luciani] es un mensaje del Señor absolutamente extraordinario. (...) Fue una intervención del Señor para enseñarnos algo». Éstos eran los razonamientos de hombres que se esforzaban por entender un desastre.

Si acaso los cardenales habían elegido a un gran papa en ciernes, eso se debía casi por entero a la suerte, y muy poco a su juicio o conocimiento colectivo de Karol Wojtyla. De igual manera, como lo demuestran las actividades electorales anteriores al cónclave, la elección de Wojtyla no debió nada a la Providencia. Abundaban ironías por todos lados: Benelli fue rechazado en parte a causa de que era demasiado joven a sus cincuenta y siete años; Wojtyla tenía cincuenta y ocho. Quienes se enorgullecían de haber frenado la candidatura de Siri descubrirían que en muchos sentidos habían elegido una versión polaca de Siri. Quienes deseaban otro Albino Luciani terminarían por darse cuenta de que éste era irreemplazable. Los que votaron por Wojtyla para conseguir un papado colegiado se encontraron con que habían elegido a un autócrata.

A las 18.45 del lunes 16 de octubre de 1978, las puertas que conducen al balcón del segundo piso sobre la plaza de San Pedro se abrieron de par en par, y por segunda ocasión en siete semanas el cardenal Felici emergió para anunciar a la multitud que estaba abajo, y a la mucho mayor audiencia más allá de los confines de Italia: «*Annuncio vobis gaudium magnum: Habemus Papam!*». La multitud rugió y aplaudió en señal de aprobación. «¡Tenemos papa!» Quién era él carecía de importancia en ese momento; lo que importaba era que el terrible vacío se había llenado. Cuando Felici dio a conocer el nombre del «cardenal Wojtyla» a la muchedumbre, hubo sorpresa: «¿Quién? ¿Es negro? ¿Es asiático?».

El padre Andrew Greeley, escritor y conocido sociólogo católico que se encontraba abajo entre la multitud, recordaría después la reacción de quienes lo rodeaban:

Cuando expliqué que no, que no era negro ni asiático, sino polaco, se quedaron atónitos. Aquélla era una multitud contrariada y enojada. Nada de la alegría de la elección de Luciani. No hubo vítores. Hubo abucheos, aunque principalmente un silencio absoluto y mortal.

Treinta minutos después, Wojtyla apareció en el balcón para ejecutar el ritual de la bendición papal. Funcionarios menores de la curia le dijeron que sólo bendijera a la multitud y volviera dentro. Wojtyla los ignoró. Viejo guerrero, el cardenal Wyzynski guardaba silencio al fondo, pero su presencia dio al más joven el apoyo moral que necesitaba para ese crucial primer encuentro con el público. El actor profundamente metido en el personaje se mostró a la altura del desafío. Sus palabras no fueron comentarios improvisados, sino los pensamientos que había garabateado mientras seguían contándose votos en la última votación. En un gesto ideado para ganarse a la gente, Wojtyla habló en italiano. «¡Alabado sea Jesucristo!» Muchos en la multitud respondieron automáticamente: «Ahora y siempre».

La grave y poderosa voz de Wojtyla, amplificada por el micrófono, llegó a todos los rincones de la plaza:

A todos nos aflige aún la muerte del amadísimo papa Juan Pablo I. Y ahora los muy reverendos cardenales han llamado a un nuevo obispo a Roma. Lo han llamado de un país lejano, lejano pero siempre muy cercano por la comunión en la fe y la tradición cristianas.

Tal vez para ese momento ya había inspirado simpatía, ya había causado buena impresión en la mayoría de quienes lo escuchaban abajo, en la plaza. Él continuó impecablemente en la lengua materna de su audiencia:

Temí aceptar el nombramiento, pero lo acepté en el espíritu de obediencia a nuestro Señor y con absoluta confianza en su madre, la santísima Madonna. Aun si no puedo explicarme bien en su —en *nuestra*— lengua italiana, si cometo un error, corríjanme.

Ese pequeño tropiezo deliberado fue un golpe maestro; Wojtyla ya tenía a la gente en la palma de la mano.

Así, me presento ante todos ustedes para confesar nuestra fe común, nuestra esperanza, nuestra confianza en la madre de Cristo y la Iglesia, y también para reemprender el camino, el camino de la historia y de la Iglesia, y comenzar con la ayuda de Dios y la ayuda de los hombres.

Wojtyla había llegado al papado con sus habilidades interpretativas intactas y debidamente cultivadas. Lo único que había cambiado era la magnitud de la audiencia. Aquel pequeño «error» produjo risas benévolas en la multitud; la referencia a la «Madonna» suscitó vítores; la referencia a que él procedía de un país «lejano» fue recibida con simpatía, sin que sus graves implicaciones se consideraran en ese primer atardecer de otoño en la plaza de San Pedro. Lejos de ahí, sin embargo, la elección de Wojtyla y sus posibles repercusiones eran seguidas con gran atención. En prácticamente todas las capitales del mundo, presidentes, primeros ministros y secretarios generales solicitaban detallados documentos informativos. Agencias de inteligencia, ministerios de Asuntos Exteriores y departamentos de Estado trabajaron hasta tarde. En el Kremlin había consternación; en la Casa Blanca, regocijo.

En Varsovia la noticia fue recibida con estupefacta incredulidad. Prácticamente de la noche a la mañana la elección de Karol Wojtyla transformó las actitudes y expectativas de los fieles católico-romano-polacos. La autoridad moral de la Iglesia en la patria de Wojtyla creció desmesurada e inmediatamente. La respuesta del régimen no tardó en llegar. El ministro de Defensa, Wojciech Jaruzelski, se sintió agraciado. Uno de sus compatriotas ocupaba el trono de San Pedro. Polonia debía compartir ese glorioso momento. El secretario general, Edward Gierek, tuvo una reacción similar; volviéndose hacia su esposa, comentó: «Un polaco ha sido elegido papa. Es un gran acontecimiento para el pueblo polaco, y una gran complicación para nosotros».

Al día siguiente, un extenso telegrama de felicitación, firmado por Gierek, el presidente polaco Henryk Jablonski y el primer ministro Piotr Jaroszewicz, fue enviado al nuevo papa. Con un ojo puesto en una extremadamente nerviosa Moscú, los firmantes no dejaron de atribuir ese logro a fuerzas distintas a la voluntad de Dios.

Por primera vez en siglos, un hijo de la nación polaca —que funda la grandeza y prosperidad de su patria socialista en la unidad y colaboración de todos sus ciudadanos— ocupa el trono papal (…) el hijo de una nación conocida en el mundo entero por su especial amor a la paz y su estricto apego a la cooperación y amistad de todos los pueblos (…) una nación que ha hecho contribuciones universalmente reconocidas a la cultura humana. (…) Expresamos nuestra convicción de que esas grandes causas serán atendidas mediante el establecimiento de relaciones más profundas entre la República Popular de Polonia y la capital apostólica.

Por el momento, la política vaticana de *Ostpolitik* estaba sin decidir. ¿Continuaría Wojtyla los esfuerzos de sus predecesores de apertura y ampliación de relaciones con el bloque oriental, o la Iglesia volvería a su posición de abierta hostilidad previa al Concilio Vaticano II?

He aceptado con especial gratitud las felicitaciones y buenos deseos, llenos de cortesía y cordialidad, que me fueron enviados por las más altas autoridades de la República Popular de Polonia. En ocasión de la elección de un hijo de Polonia para lel trono de San Pedro, me identifico de todo corazón con mi amada Polonia, patria de todos los polacos. Espero de verdad que Polonia siga creciendo espiritual y materialmente, en paz y justicia y en respeto al hombre (…).

Así, el nuevo papa mostró a la cúpula polaca que el nacionalismo era uno de los elementos que los unían. Para Polonia al menos, la política de *Ostpolitik* continuaría a toda vela.

Mientras el papa se ocupaba de la naturaleza de la futura relación entre Roma y Varsovia, la oficina de prensa del Vaticano, asistida por otros elementos de la curia, estaba muy atareada reescribiendo el pasado de Wojtyla. Para el cardenal Villot, un hombre que ya había demostrado notable habilidad para ocultar la verdad concerniente a la muerte del papa Juan Pablo I, una maniobra de desinformación referente a hechos ocurridos durante la Segunda Guerra Mundial era un asunto relativamente simple. Pocos, si acaso alguien, tendrían la información necesaria para refutar a la oficina de prensa del Vaticano o a fuentes anónimas dentro de la curia.

Aunque los detalles oficiales de la vida de Wojtyla contenidos en, por ejemplo, *L'Osservatore Romano* eran verídicos, fueron una pieza maestra de brevedad al tratar los años de Karol Wojtyla durante la guerra. Villot, ya familiarizado con los informes del Vaticano sobre Wojtyla, sabía mejor que la mayoría de sus colegas cardenales que en la elección de ese hombre se escondía tanto un potencial de triunfo como de fracaso. Utilizada eficazmente por los comunistas, la verdad podía crear tal aura de negatividad en torno a ese nuevo papado que reparar el daño podía implicar una batalla de años. Ahí estaba la cuestión de la inexistente asistencia de Wojtyla a los judíos durante la guerra. Él no había alzado nunca la mano para salvar una sola vida o para asistir a un miembro de una raza señalada para el exterminio masivo. También estaba la cuestión del trabajo de Wojtyla durante la guerra para la East German Chemical Works, antes llamada Solvay, trabajo que le había merecido la especial protección del Tercer Reich porque se lo consideraba vital para el esfuerzo bélico. Hechos como éstos podían ser fácilmente manipulados por los enemigos de la Iglesia. Villot y sus colaboradores procedieron con extraordinaria presteza. Sus mentiras engañaron tanto a experimentados reporteros en el Vaticano como a ingenuos.

El padre Andrew Greeley era uno de los primeros, antiguo observador del Vaticano autor de una columna que aparecía en más de un centenar de publicaciones y que se difundía regularmente desde Roma. Greeley se convenció de la veracidad del material biográfico que recibió de la oficina de prensa del Vaticano. No fue el único; también el Religious News Service, AP, *Time*, *Chicago Sun Times*, NBC News, el *Examiner* de San Francisco y *The Times* de Londres aceptaron la historia de las actividades de Wojtyla durante la guerra. Greeley escribió:

Cuando era joven en la Segunda Guerra Mundial, Wojtyla participó en un movimiento clandestino que asistía a los judíos. Él les ayudaba a encontrar alojamiento, adquirir documentos de identificación falsos y escapar del país. Fue incluido en la lista negra por los nazis por ayudar a los judíos, y una de las razones de que permaneciera en la clandestinidad fue evitar que los nazis lo arrestaran.

Después de la guerra defendió a los judíos que permanecían en Cracovia contra el antisemitismo de los comunistas. Ayudó a organizar la guardia permanente del cementerio judío de Cracovia después de que éste fuera profanado por matones dirigidos por la policía secreta. El cardenal apeló a los estudiantes de la Universidad de Cracovia para que limpiaran y restauraran las lápidas deshonradas. En 1964, en la fiesta de Corpus Christi, condenó al gobierno comunista por su antisemitismo. En 1971 habló en la sinagoga de Cracovia durante la fiesta del sabbath celebrada la noche de un viernes (...)

Pese al hecho de que una de las fuentes del padre Greeley fue un agente en Roma de la Liga contra la Difamación de los Judíos, no hay una sola palabra de verdad en el informe anterior. Más de veinte años después de iniciado el papado de Wojtyla, la página en Internet del Vaticano seguía citando a otra organización judía, B'nai B'rith, como fuente de esas fantasías. Pero B'nai B'rith no tenía ninguna evidencia para justificar las afirmaciones realizadas en el pasaje citado, y además ha negado ante el autor de este libro que alguna vez haya hecho las aseveraciones que se le atribuyen.

De tanto repetirse, las mentiras se convierten en verdades. Lo que le fue suministrado a Greeley también les fue facilitado a muchos otros reporteros y periodistas, quienes también emplearon esta información. Esto dio así la vuelta al mundo. Algunas de las verdaderas actividades de Wojtyla durante la guerra, en particular la realidad de sus años en la planta de Solvay, también fueron pasadas por la máquina fabricante de mitos. El hecho de que se le había privilegiado y protegido se reemplazó con relatos de trabajos forzados, mientras que su salario, la cantina del personal, el gimnasio, la tienda de la compañía y los demás beneficios no figuraron en los comunicados de prensa del Vaticano. Karol Wojtyla nunca instigó ni alentó esas fantasías, pero tampoco él ni ninguno de los alrededor de cincuenta polacos de su confianza que fueron rápidamente trasladados a las habitaciones papales y varios sectores de la curia romana las corrigieron jamás.

El régimen comunista polaco estaba preparado para mostrarse en gran medida positivo ante la elección de Wojtyla:

> El concordato en el que trabajaron el secretario general y Pablo VI continuará. Habrá relaciones diplomáticas entre nosotros y la Santa Sede. Mejor, mucho mejor que sea Wojtyla, no Wyszynski.

Moscú, sin embargo, reaccionó con una mezcla de alarma, paranoia y pesimismo. Algunos en el politburó soviético vieron la elección de Wojtyla como una forma de golpe de Estado organizado por una camarilla que incluía al consejero de Seguridad Nacional de Estados Unidos, Zbigniew Brzezinski, el cardenal Krol y los líderes de Alemania Occidental. Las raíces polacas de Brzezinski y Krol se veían como «significativas», conclusión respaldada en un subsiguiente informe de la KGB. Los alarmistas consideraron probable una llamada a las armas del papa a sus compatriotas hasta que leyeron los archivos del servicio secreto polaco sobre Wojtyla previos a su elección. Los pesimistas vieron el posible fin de la iniciativa vaticana de *Ostpolitik* aun después de haber estudiado la cálida respuesta de Wojtyla al telegrama de felicitación de Varsovia.

Cuando Moscú supo que el papa hablaba de visitar Polonia a principios de 1979, el líder soviético Leonid Brezhnev telefoneó de inmediato al secretario general Gierek en Varsovia. Gierek recordaría más tarde:

> Me dijo que se había enterado de que la Iglesia había invitado al papa a Polonia y que quería conocer mi respuesta.
> —Lo vamos a recibir apropiadamente.
> —Yo le aconsejo que no lo reciba, porque usted va a tener un grave problema con esto.
> —¿Cómo puedo no recibir a un papa polaco si la mayoría de mis

compatriotas son católicos y para ellos su elección es un gran acontecimiento? Además, ¿se imagina usted la reacción de la nación si le cierro la frontera al papa?

—Él es un hombre prudente; comprenderá. Podría declarar públicamente que no le será posible ir por estar enfermo.

La conversación se hizo cada vez más áspera hasta que Brezhnev gritó: «¡Gomulka era mejor comunista que usted, porque no recibió a Pablo VI en Polonia, y nada terrible sucedió!». Gierek se negó a ceder y por fin, antes de colgar estrepitosamente el teléfono, el líder de la Unión Soviética remarcó: «Haga lo que quiera, pero ojalá que usted y su partido no lo lamenten después».

Brezhnev y el politburó asimilaban aún el contenido del primero de varios informes sobre Wojtyla. El autor de ese informe, Oleg Bogomolov, director del Instituto para el Sistema Socialista Mundial, había sido seleccionado para la tarea por Yuri Andropov, director de la KGB.

Bogomolov juzgó a Wojtyla como:

(...) un cardenal que siempre había asumido posiciones de derecha, pero que había instado a la Iglesia a evitar ataques frontales al socialismo. Prefiere, en cambio, una transformación gradual de las sociedades socialistas en sistemas plurales liberal-burgueses. Inicialmente, el nuevo papa dependerá de la curia, que sin duda tratará de someterlo a su influencia. Pero el temperamento independiente y la energía de Juan Pablo II indican que muy pronto comprenderá las cosas y se librará de los guardianes de la ortodoxia en la curia.

Mientras el mundo fuera del Vaticano seguía preocupado por las implicaciones del nuevo papado, el hombre en el centro de esas especulaciones se familiarizaba con su puesto. El interés en Karol Wojtyla era intenso; en la ceremonia en la que tomó posesión de su cargo, el 22 de octubre, más de doscientas mil personas se apretujaron en la plaza de San Pedro. Esta plaza se llenaba regularmente de miles para el ángelus dominical del papa. Aparte de su valor como novedad, Wojtyla también se puso a disposición de los medios, que no se cansaban de informar sobre él, aunque estrictamente en sus términos. Al mezclarse libremente con los medios en el palacio apostólico y responder casualmente en varios idiomas, se le preguntó si una conferencia de prensa como ésa se repetiría alguna vez. «Veremos cómo me tratan ustedes», replicó. Ningún papa había usado antes de esa manera a los medios.

Inicialmente fue lento para dar indicios públicos del tipo de papado que sería el suyo. Las señales públicas eran escasas y muy espaciadas: no se relajaría la estricta regla de completo celibato de los sacerdotes; él quería ver a curas, monjas y los demás religiosos con sus hábitos en todo momento. «Esto les recuerda su vocación.» Precisamente, Wojtyla dio al cardenal Villot en privado una serie de muy poderosas y sostenidas demostraciones del tipo de papa que sería. La primera cuestión fue el concepto democrático del reparto de poder y de la toma de decisiones, que la Iglesia católica romana, en particular desde el Concilio Vaticano II, llamaba «colegialidad». Villot, que había sido reconfirmado como secretario de Estado, conversó con Wojtyla sobre sus opiniones del sínodo de obispos, creado por Pablo VI. Este consejo no dio poder a los obispos, pero al menos les otorgó un papel consultivo. Puesto que el sínodo sólo se reunía cada tres años y los temas que se discutían, usualmente uno o dos por sesión, eran elegidos por el papa, se trataba en realidad de un recurso para que el Vaticano asegurara que todo el poder real siguiera residiendo en las manos papales.

Villot quiso saber si Wojtyla se inclinaba por permitir a los obispos de la Iglesia la libertad de establecer un órgano permanente que trabajara en consonancia con el papa, al modo en que un gobierno, al menos en teoría, trabaja en consonancia con un primer ministro o presidente. El papa rechazó esa idea en el acto. «El papa seguirá siendo el supremo y único legislador, con el consejo ecuménico», declaró. El consejo ecuménico, la gran asamblea de los obispos, no podía reunirse, desde luego, sin autorización del papa. Éste aseguró a Villot que consultaría a dicho consejo con más frecuencia que Pablo VI, pero que «no hay necesidad de hacer obligatoria esta consulta». Wojtyla había pasado casi toda su vida bajo algún tipo de régimen totalitario. En ese momento señalaba su intención de seguir viviendo bajo un sistema de esa clase, con él mismo como autócrata. La colegialidad posconciliar seguiría siendo una ilusión.

Como segunda cuestión, Villot conversó con Wojtyla sobre los cambios que el difunto papa Juan Pablo I había estado a punto de aplicar en el momento de su súbita muerte. Ahí estaba la reunión que Albino Luciani había estado especialmente decidido a celebrar con el Comité Especial Americano sobre Población; Luciani estaba firmemente convencido de que una forma de anticoncepción artificial debía hallarse a disposición de la feligresía católica romana. Wojtyla le dijo a su secretario de Estado que no volviera a programar esa reunión con el comité. Tal reunión no tendría lugar ese año, ni el siguiente ni nunca. El colérico rechazo de la posibilidad de diálogo era totalmente predecible. Wojtyla y su propio comité de Cracovia se habían jactado de elaborar al menos el 60 por ciento de *Humanae Vitae* con su prohibición del control artificial de la natalidad. «Roma ha hablado. El caso está concluido.»

Otras reacciones de Wojtyla a cambios propuestos por su predecesor, reformas que habían estado a horas de convertirse en realidad, fueron menos predecibles. El problema de la vacante en Irlanda fue uno de los muchos que mostraron diferencias reales entre los dos papas.

La actitud de la Iglesia ante el Ejército Republicano Irlandés (IRA) había sido desde tiempo atrás un asunto muy debatido. Muchos consideraban que la Iglesia católica había sido menos que directa en su condena de la persistente carnicería en Irlanda del Norte. Semanas antes de la elección de Luciani, el arzobispo O'Fiaich había llegado a los titulares de los diarios con su denuncia de las condiciones en la prisión de Maze, Long Kesh. O'Fiaich había visitado esa prisión y hablado después de su «impacto por el hedor y suciedad de algunas celdas, con restos de alimentos podridos y excrementos humanos esparcidos en las paredes».

Había mucho más del mismo estilo. En ninguna parte de su muy extensa declaración, entregada a los medios de prensa con considerable profesionalismo, el arzobispo reconoció que las condiciones de dicha cárcel habían sido creadas por los propios presos.

Irlanda estaba sin cardenal, lo cual fue fuente de enorme presión sobre Luciani. Algunos elementos estaban a favor del ascenso de O'Fiaich; otros creían que su previo ascenso a la archidiócesis de Armagh ya había demostrado ser un absoluto desastre.

Albino Luciani había considerado el informe sobre O'Fiaich y los archivos acerca de Irlanda. Tenía sacerdotes dentro del Vaticano que eran firmes republicanos, como el arzobispo O'Fiaich. Archivos que exhibían una extraordinaria imagen de connivencia entre sacerdotes irlandeses y el IRA: casas de seguridad, apoyo logístico, suministro de coartadas. El informe más impactante concernía a la asistencia que el padre James Chesney había prestado al equipo de terroristas del IRA responsable de los atentados en Claudy en 1972. Nueve civiles murieron, y la participación del padre Chesney fue encubierta por una alianza profana entre el cardenal William Conway, entonces primado de toda Irlanda, y el entonces secretario de Irlanda del Norte, William Whitelaw. Un ejemplo angloirlandés de *Realpolitik*. Había otros horrendos ejemplos del papel jugado por sacerdotes católicos en ataques del IRA. Y entonces se pedía a Luciani que respaldara esa línea ascendiendo al arzobispo O'Fiaich. Luciani había devuelto los informes a su secretario de Estado con una sacudida de cabeza y este breve epitafio: «Creo que Irlanda merece algo mejor.» La búsqueda de un cardenal se prolongó. Continuaba al morir Juan Pablo I. Wojtyla leyó los mismos archivos y pronto concedió el puesto a O'Fiaich.

Después estaba el caso del notoriamente corrupto cardenal Cody, de Chicago. El cardenal Cody había usado indebidamente fondos eclesiásticos mucho antes de llegar a Chicago. En junio de 1970, siendo tesorero de la Iglesia estadounidense, invirtió ilegalmente dos millones de dólares en acciones de Penn Central. Días más tarde el precio de esas acciones se vino abajo y la compañía quebró. Cody sobrevivió a ese escándalo, pero entonces procedió a enemistarse con un importante sector de su diócesis de Chicago, de

2,4 millones de personas. Sacerdotes a los que consideraba «prelados problema», hombres alcohólicos, seniles o sencillamente incapaces de rendir, eran avisados de su destitución con apenas dos semanas de anticipación y luego echados a la calle. Cody cerró las escuelas de estudiantes negros, alegando que su diócesis no podía permitirse administrarlas, pese a que los ingresos anuales de ésta eran de alrededor de trescientos millones de dólares. Era fantasioso, un mentiroso compulsivo y un paranoico. Incluso colmó de regalos a una amiga íntima, hacia la que supuestamente transfirió cientos de miles de dólares, y también desvió grandes sumas a su hijo, por medio de los negocios de seguros de la diócesis. Pablo VI se había resistido a exigirle la renuncia, limitándose a pedirle a través de intermediarios que se hiciera a un lado. El cardenal se había negado a hacerlo, y permaneció desafiante en su cargo. Albino Luciani consideró el informe de Cody.

Luciani determinó que el cardenal Cody debía marcharse, aunque se le daría la oportunidad de hacerlo con elegancia. Tenía setenta y cinco años de edad y estaba enfermo: excelentes razones para el retiro. Si Cody seguía negándose a moverse, se nombraría a un coadjutor. Pero Luciani también murió antes de que esta decisión pudiera aplicarse. Cuando el nuevo papa consideró el informe de Cody, éste se enteró inevitablemente de ello. Recordó al papa las grandes cantidades que había recaudado entre sus fieles polacos en Chicago, y luego se adelantó a los acontecimientos haciendo una nueva gran contribución para «la Patria». Recordó a todos sin excepción su estrecha amistad con Wojtyla. Ignorando el consejo de todos y cada uno de sus asesores, ignorando el contenido de aquel informe, Wojtyla mostró una desconcertante debilidad. Ofreció a Cody un puesto en Roma. Éste lo rechazó y el caso se cerró; no se tomaría ninguna medida contra el cardenal Cody.

Además, el Vaticano estaba aparentemente repleto de masones. La francmasonería había sido estrictamente prohibida por una sucesión de papas desde hacía cientos de años. Luciani había recibido una lista secreta de 121 supuestos masones, muchos de los cuales trabajaban cerca de él en el Vaticano. Tomó de forma fehaciente cartas en el asunto. En su reunión con Villot del 28 de septiembre, notificó a su secretario de Estado varios cambios y transferencias. Cada uno implicaba la destitución de un hombre incluido en la lista de los francmasones del Vaticano.

Los cambios y reformas de los que Juan Pablo I conversó con el cardenal Jean Villot en el que resultó ser el último día de su vida incluían la limpieza de ese establo del rey Augías en el que se había convertido el Banco del Vaticano. Bajo la presidencia del arzobispo Paul Marcinkus, este banco había participado en una retahíla de transacciones corruptas y criminales. En ese momento, tras un reinado incuestionado desde 1969, Marcinkus iba a ser devuelto al lugar del que había partido: Chicago. También se optaría por jubilar a sus socios en el crimen Luigi Mennini, monseñor Donato de Bonis y Pelligrino de Strobel, todos ellos altos ejecutivos del banco. Todos tendrían que abandonar sus puestos de inmediato. Juan Pablo I informó a Villot que Marcinkus sería reemplazado por el experto y honesto monseñor Giovanni Angelo Abbo, secretario de la Prefectura de Asuntos Económicos de la Santa Sede.

Horas después de haber dado a su secretario de Estado esas y otras instrucciones sobre las reformas inmediatas, el papa estaba muerto. Todos los archivos y documentos, incluido el informe del cardenal Vagnozzi sobre el Banco del Vaticano, fueron entregados a Karol Wojtyla. Éste fue informado por su secretario de Estado, el cardenal Jean Villot, de los cambios que Luciani había estado a punto de hacer.

Wojtyla rechazó cada uno de esos cambios y reconfirmó en sus puestos a todos aquellos hombres del Banco del Vaticano. Marcinkus se vio así en libertad de continuar sus actividades con Roberto Calvi, ayudándolo en particular en el incesante saqueo del Banco Ambrosiano. La magnitud definitiva de ese robo ascendería a mil trescientos millones de dólares.

Según los términos bajo los que el Banco del Vaticano fue creado por Pío XII durante la Segunda Guerra Mundial, las cuentas debían limitarse en gran medida a órdenes e institutos religiosos. Cuando Karol Wojtyla dio luz verde para que todo siguiera igual, sólo 1.047

cuentas correspondían a esa categoría. Otras 312 pertenecían a parroquias y 290 más a diócesis. Las 9.351 restantes eran propiedad de diplomáticos, prelados y «ciudadanos privilegiados». Entre los ciudadanos privilegiados había criminales de toda laya.

Había importantes políticos de todas las tendencias, una amplia variedad de miembros de P2 (la logia masónica italiana), industriales, reporteros, editores y miembros de familias de la mafia como los Corleone, Spatola e Inzerillo. También miembros de la camorra napolitana. Todos usaban al Banco del Vaticano para blanquear las ganancias de sus diversas actividades criminales. Licio Gelli asistía a la familia Corleone en sus inversiones vaticanas, y miembros del clan Magliana se ocupaban de las cuentas en el Banco del Vaticano del principal operador financiero de la mafia, Pippo Calo.[5] La puerta de Santa Ana era una vía muy transitada merced a los portadores de maletines con el dinero de las ganancias del narcotráfico, que pasaban entre los guardias suizos y subían las escaleras camino del banco. Algunos mafiosos eran tradicionalistas. No confiaban en las transferencias electrónicas.

Los cajeros del Banco del Vaticano eran siempre corteses, estaban siempre atentos a las necesidades de sus clientes habituales. Después de todo, el banco cobraba una comisión adicional por manejar las cuentas de los «ciudadanos privilegiados».

No es de extrañar que el secretario de Estado Villot (cuyas propias manos distaban mucho de estar limpias) se mostrara consternado con el completo rechazo de Wojtyla a cada uno de los cambios y reformas propuestos por Luciani. En algunos de esos asuntos, el control de natalidad, por ejemplo, Villot estaba en sintonía con Wojtyla; pero en las diversas reformas vaticanas —la destitución de Cody, la completa depuración del Banco del Vaticano—, él sabía mejor que nadie que las propuestas de Luciani eran una necesidad urgente. Apenas siete días después de iniciado el nuevo papado, Villot le dijo tranquilamente a un amigo, el sacerdote francés Antoine Wenger:

El nuevo papa tiene gran fuerza de voluntad y determinación. En el curso de la primera semana de su pontificado, ha tomado decisiones en las que atender prudentes consejos no habría estado fuera de lugar.

Roberto Calvi, Licio Gelli y Umberto Ortolani, tres hombres que se beneficiaron enormemente de la súbita muerte del papa Juan Pablo I, se habían marchado al extranjero en agosto de 1978. Permanecieron en América del Sur durante el breve pontificado de Albino Luciani. Calvi volvió finalmente a casa tras la elección de Wojtyla, aunque sólo después de que el nuevo papa hubiera reconfirmado a Marcinkus como presidente del Banco del Vaticano.

El 30 de octubre de 1978, tras una larga demora Calvi tuvo una reunión con el inspector del Banco de Italia, Giulio Padalino. El respiro concedido por la súbita muerte de Luciani parecía ser temporal. Calvi, fijos los ojos en el piso de su oficina, se negó una vez más a dar respuestas directas a varias preguntas. El 17 de noviembre llegó a su fin la inspección del Banco de Italia al Banco Ambrosiano, el «banco de los curas», como lo conocían familiarmente los muchos religiosos que tenían cuentas en él.

A pesar de la fraudulenta carta de Marcinkus y sus colegas del Banco del Vaticano concerniente a la propiedad de Suprafin, la misteriosa compañía con un apetito voraz de acciones del Banco Ambrosiano; pese a las mentiras y evasivas de Roberto Calvi; pese a toda la ayuda de su protector Licio Gelli, los inspectores del Banco de Italia vieron que había mucha podredumbre en el imperio de Calvi.

Gelli *el Titiritero* telefoneó a Calvi a su residencia privada. Usando su nombre en clave, le dijo a Calvi, quien ya se revolcaba en un lodazal de negocios de la mafia/Banco del Vaticano/P2, que estaba muy peligrosamente cerca de ahogarse por segunda vez en unos meses. Con Luciani en la tumba y un complaciente Wojtyla en el trono, Calvi, Gelli y Ortolani habrían podido suponer razonablemente que toda nueva amenaza a la continuidad de su fraude multimillonario sería menor: un soborno aquí y un favor prestado allá. Todo esto era parte de la vida diaria en el mundo de la banca italiana. Días después de que el inspector Giulio Padalino entregara su informe al director de Inspección del Banco de Italia, Mario Sarcinelli, una copia estaba en manos de Gelli en Buenos Aires, no proveniente de los inspectores del banco, sino por cortesía de la red de Gelli en P2. Éste avisó a Calvi de que el banco estatal estaba a punto de enviar dicho informe a los magistrados de Milán, y en concreto al hombre al que Gelli había predicho, en septiembre anterior, que se le asignaría la investigación criminal, el juez Emilio Alessandrini.

Calvi y su imperio estaban otra vez al borde del abismo. No podrían comprar a Alessandrini. Con mucho talento y valiente, éste representaba una muy seria amenaza no sólo para Calvi, Ortolani y Gelli, sino también para Marcinkus y ese otro gran salvador del Vaticano Inc., Michele Sindona. Si Alessandrini actuaba como era de esperar, Calvi estaría terminado y el obispo Marcinkus y las actividades criminales del Banco del Vaticano quedarían al descubierto, aun con la poderosa protección de Karol Wojtyla. Gelli y Ortolani no podría acceder a esa fuente de gracia que el Ambrosiano representaba. Sindona, quien combatía entonces la extradición desde Estados Unidos, se vería de vuelta en Milán de un momento a otro.

El nuevo papa siguió ignorando «prudentes consejos». En la primera semana de noviembre tomó otra decisión que asombró a su secretario de Estado y a muchos otros miembros del Vaticano. Esta vez no revocó órdenes de Juan Pablo I, sino de Pablo VI. Al hacerlo, optó por ignorar un extraordinario volumen de evidencias compilado durante cuatro años por orden directa del papa Pablo VI. El asunto tenía que ver con el santuario de Nuestra Señora de Czestochowa, en Jasna Gora, Polonia, dirigido por los padres paulinos. Entre otras actividades, estos padres también administraban una réplica de dicho santuario en Doylestown, Filadelfia. Esta actividad secundaria había conducido a un equipo de investigadores del Vaticano, por órdenes directas del papa Pablo VI, hasta las oficinas de dicha orden en Estados Unidos. Los investigadores establecieron que el superior de la orden, el padre Michael M. Zembruski, y sus favoritos dentro de la congregación habían infringido sus votos de pobreza y vivían a lo grande, con el uso de tarjetas de crédito, cuentas de ahorro, inversiones secretas y grandes préstamos. El padre

Michael tenía una amante, así como varios Cadillacs. Había usado donativos para hacer inversiones ilegales en dos hospitales, un cementerio, una escuela de artes y oficios, una fábrica de equipos aeronaúticos, una fundición y otras empresas. Esas inversiones estaban orientadas a obtener las máximas exenciones fiscales para la orden. Los investigadores del Vaticano también establecieron que ésta había recaudado doscientos cincuenta mil dólares entre los feligreses católicos para la celebración de misas, curiosa restauración de una práctica medieval, salvo que en Filadelfia los padres gastaban ese dinero y no se molestaban en celebrar misas. Los investigadores descubrieron otro fraude por el que se obtuvieron cuatrocientos mil dólares más en contribuciones para la instalación en el santuario de placas conmemorativas en bronce. También esta vez los fondos se gastaron. No se instaló ninguna placa. Los timos eran incontables, y las malversaciones elevadas. Los padres paulinos se hicieron con una parte sustancial de veinte millones de dólares recaudados en donativos de caridad. El padre Michael obtenía multimillonarios préstamos bancarios. Su protección era una carta de garantía del padre George Tomzinski, su superior en Polonia y superior general de la orden paulina en todo el mundo.

Esa carta, en realidad una autorización para gastar la totalidad de los bienes de la orden paulina, valorados por el padre Tomzinski en quinientos millones de dólares, no soportaba el menor análisis, pero eso no impidió que el cardenal primado de Polonia, Stefan Wyszynski, y Karol Wojtyla se apresuraran a intervenir en favor de un hombre que era una deshonra para los padres paulinos. En 1976 los investigadores del Vaticano, con la aprobación del papa Pablo VI, expulsaron al padre Michael Zembruski de la orden. Wyszynski y Wojtyla volaron a Roma y procedieron a reescribir el veredicto. Presionaron con éxito al papa Pablo VI y sus asesores en el Vaticano para revocar las decisiones. Posteriormente, el cardenal Wyszynski expulsó a todos los miembros importantes de la orden que habían cooperado en la investigación. Su acción, sin embargo, era ilegal conforme al derecho canónico, y, poco antes de morir, el pontífice había nombrado un comité para examinar de nuevo todo el asunto. A menos de tres semanas de haber asumido el cargo papal, Wojtyla disolvió ese comité y emitió una directiva confidencial que avalaba la ilegal expulsión por Wyszynski de hombres que habían sido culpables de decir la verdad.

La curia romana se quedó atónita. Altos funcionarios del gobierno vaticano vieron en ello un abuso extremo de la autoridad papal en nombre del nacionalismo polaco. Otros, entre ellos varios cardenales, interpretaron las acciones del nuevo papa, junto con su negativa a depurar el Banco del Vaticano, como una evidencia de algo mucho más perturbador. Empezaron a considerar la posibilidad de haber colocado en el trono de Pedro a un hombre voluntarioso, corrupto y potencialmente muy peligroso.

Quienes habían sostenido que el desenfrenado nacionalismo de Wojtyla era la clave no tuvieron que ir lejos en busca de evidencias. Aparte del muy cuestionable apoyo que había dado a Wyszynski y a una orden religiosa polaca sumamente corrupta, estaba su insistencia en que Marcinkus siguiera dirigiendo el Banco del Vaticano. Marcinkus había recaudado millones de dólares para la Iglesia polaca, y su ascendencia lituana le concedía una profunda conexión histórica con Polonia. Los observadores de Polonia dentro de la curia también apuntaban al alud de cartas y comunicados entre Wojtyla y sus compatriotas, los mensajes urgentes al régimen comunista, a los católicos de Cracovia, a la Iglesia polaca. De nuevo surgió el asombro en la curia cuando Wojtyla anunció su deseo de visitar Polonia para la fiesta de San Estanislao, el 8 de mayo. Esto se hizo sin ninguna negociación, fuente de perplejidad tanto para Edward Gierek y su politburó como para la maquinaria vaticana.

La preocupación de Karol Wojtyla por Polonia fue evidente inmediatamente después de su primera misa como papa, cuando, en lugar de ocuparse en asuntos de Estado, dedicó gran parte del día a conversar y convivir con algunos de los cuatro mil hombres y mujeres de su país a quienes se permitió salir de Polonia para la ocasión. Entre cantos nacionales les dijo que «los ojos del mundo están puestos en la Iglesia polaca». En la primera semana de noviembre se reunió con una delegación de la Universidad de Lublin, y de nuevo envolvió al Todopoderoso en la bandera polaca. Su elección, declaró, «fue un don del Señor a Polonia». Un mes después el Vaticano resonó con canciones tradicionales de Polonia cuando, junto con un grupo de sacerdotes de su patria, el papa cantó en honor de la fiesta de San Nicolás. En la primera semana de enero, mientras celebraba misa para los polacos residentes en Roma, ensalzó el sacrificio supremo de San Estanislao como «fuente de la unidad espiritual de Polonia».

El papa había establecido muy rápidamente una rutina. Su aposento, en la esquina del tercer piso del palacio apostólico del Vaticano, era austero. Contenía una cama, dos sillas tapizadas de respaldo recto y un escritorio. Aparte de un pequeño tapete cerca de la cama, el piso de parquet estaba desnudo. En las paredes había algunos iconos sagrados de su patria. Sus días comenzaban a una hora en que la mayor parte de Roma aún dormía, a las 5.30. A las 6.15 ya estaba en su capilla privada, orando y meditando ante su altar, sobre el que colgaba un gran crucifijo de bronce. Cerca se hallaba una copia del icono más preciado de Polonia, la Virgen Negra de Czestochowa. A veces Juan Pablo se postraba ante el altar; otras, se sentaba o arrodillaba con los ojos cerrados, la frente entre las manos, la cara desfigurada como por un gran dolor. Un miembro del Vaticano observó: «Toma muchas decisiones de rodillas».

El papa celebraba misa a las 7 y, después de una silenciosa acción de gracias de unos quince minutos, saludaba al puñado de visitantes que habían asistido a la misa, algunos de los cuales eran invitados a desayunar con el pontífice.

Cada mañana antes de sus audiencias privadas y generales, Wojtyla dedicaba dos horas a escribir y reflexionar sobre importantes decisiones a las que tenía que hacer frente. Luego, a las 11, uno de los secretarios papales le recordaba que era la hora de sus audiencias privadas.

Su relativa indiferencia por la comida era un hábito de toda la vida. La conversación fue siempre más estimulante para Wojtyla que las calorías. Como observó el periodista polaco Marek Skwarnicki: «El almuerzo es para los obispos. La cena para los amigos».

La privacidad del papa era celosamente protegida por un séquito principalmente polaco que, con el paso del tiempo, fue preocupándose cada vez más con la sombría idea de que, con su elección, Karol Wojtyla había escogido su última morada en la Tierra.

Tras el almuerzo y un solitario paseo por la terraza del palacio apostólico, el papa retornaba a su despacho para trabajar en los varios informes preparados por la Secretaría de Estado. A última hora de la tarde se reunía con miembros de su círculo íntimo, los cardenales Sodano, Ratzinger o Battista Re.

Después de la cena, una segunda serie de informes llegaba de la Secretaría de Estado y, después de trabajar en ellos, Wojtyla dedicaba las últimas horas de su día a la oración y a diversas lecturas.

El año de los tres papas llegó a su fin mientras Karol Wojtyla desplegaba sus habilidades lingüísticas desde el balcón papal. Dirigió a la gente ahí reunida, y a la mucho mayor audiencia que lo veía en millones de televisores en todo el mundo, una empalagosa felicitación navideña en múltiples idiomas.

Creía que todo lo ocurrido ese año se debía a la Providencia. Otros, tanto príncipes de la Iglesia como del resto del mundo, estaban menos seguros de eso.

| Capítulo 2 | «Depende de qué teología | → |
| | de la liberación...» | |

El predecesor de Wojtyla, el papa Juan Pablo I, Albino Luciani, había dictado, de la siguiente forma, una sentencia pública de muerte contra el Vaticano Inc., y había puesto fin al ansia de poder temporal de la Iglesia católica romana:

Nosotros no tenemos bienes temporales que intercambiar ni intereses económicos que discutir. Nuestras posibilidades de intervención son específicas y limitadas y de carácter especial. No interfieren con los asuntos puramente temporales y técnicos que son materia de los gobiernos de ustedes. Así, nuestras misiones diplomáticas ante sus más altas autoridades civiles, lejos de ser reliquias del pasado, son un testimonio de nuestro profundo respeto por el legítimo poder temporal, y de nuestro vivo interés en las causas humanas que el poder temporal está destinado a promover.

Al negarse a confirmar las reformas de Luciani y destituir a Marcinkus y sus amigos, Wojtyla reactivó el interés de la Iglesia en la adquisición de bienes por cualquier medio, pero ¿qué haría con la posición política del Vaticano en el mundo?

La Santa Sede no había sido percibida como participante en el escenario internacional desde la pérdida de los Estados pontificios en 1870. La última vez que se le había pedido servir como mediadora en un conflicto internacional había sido en 1885, cuando Alemania y España se disputaban la propiedad de las islas Carolinas. Sólo tras la firma del Tratado de Letrán en 1929 Pío XI aceptó que el papado se había reducido a un Estado de 0,44 kilómetros cuadrados. Así pues, Albino Luciani se había limitado a reconocer la realidad de la pérdida del poder temporal, de acuerdo con la mayoría de los miembros de la Iglesia. Pero no Karol Wojtyla. A lo largo de su carrera en Polonia, Wojtyla había evitado en gran medida la política. En su pontificado, sin embargo, el poder espiritual y el temporal se volverían indivisibles. Karol Wojtyla aspiró a ser el papa más político en la memoria viva, y el mayor evangelizador desde los evangelistas.

Esa aspiración tuvo un modesto inicio. Antes de la Navidad de 1978, el Vaticano había sido abordado por Chile y Argentina para que actuara como mediador en una disputa fronteriza en el canal del Beagle. Después de varias semanas en las que el emisario papal, el cardenal Antonio Samore, conversó discretamente con ambas partes para establecer algunas reglas básicas, el 6 de enero de 1979 se anunció que esas dos naciones habían solicitado formalmente la mediación del Vaticano. Ambos países se habían comprometido a no recurrir a las armas durante las negociaciones. Las conversaciones produjeron finalmente un acuerdo, y un significativo golpe maestro para el nuevo papado.

Cuando, a mediados de enero de 1979, el papa Juan Pablo II se preparaba para su inminente viaje a México, dos pisos abajo, en el Banco del Vaticano, Marcinkus tenía otras preocupaciones. Los círculos financieros de Milán hervían otra vez de rumores sobre *el Caballero* Roberto Calvi. El juez Alessandrini, tras estudiar detenidamente un resumen de un informe de quinientas páginas de extensión, había ordenado al teniente coronel Crestam, comandante de la policía fiscal de Milán, realizar una visita, largo tiempo aplazada, junto con un equipo completo, al Banco Ambrosiano. La instrucción del juez perseguía una revisión punto por punto de las muchas irregularidades criminales detalladas en aquel informe. Fuera de los círculos oficiales, nadie tuvo acceso a la orden dada por el juez al director de Inspección Financiera; es decir, nadie aparte de Calvi y Gelli.

El 25 de enero de 1979, el papa Juan Pablo II partió de Roma en su primera visita a América Latina. Su destino era un país con una incómoda relación con la Iglesia católica. México era, oficialmente, un Estado laico con una Constitución anticlerical. Cuando se produjo la visita papal, las órdenes religiosas aún tenían prohibido vestir hábito en público. La Santa Sede no tenía relaciones diplomáticas con México, y la invitación inicial al papa no había procedido del presidente mexicano, sino de los obispos del país, que oficialmente no existían, un hecho surrealista en una nación con cerca de sesenta millones de católicos.

El padre Marcial Maciel, fundador de una orden en rápido crecimiento, los Legionarios de Cristo, conocía casualmente al secretario particular del presidente. Wojtyla llamaría a esto Providencia. Ciertamente, el padre Maciel terminaría por considerar su intervención a favor del papa como lo mejor que hubiera hecho en la vida. El presidente José López Portillo fue persuadido para expedir la invitación al papa, aunque dejó claro que Wojtyla no sería recibido como jefe de Estado y que tendría que obtener un visado como cualquier otro mortal.

Cuando el papa besó el asfalto mexicano y se puso de pie, se topó con la elevada figura del presidente López Portillo. Como cualquier político astuto, éste percibió una marejada de entusiasmo nacional y dio la bienvenida a Wojtyla al país. No había banderas, bandas de música ni guardias de honor a los que pasar revista, pero el presidente invitó al papa a reunirse más tarde con él en el té vespertino. Se había previsto un acto discreto, pero, desafortunadamente para el gobierno anticlerical, nadie se lo hizo saber a la población católica. En el aeropuerto, una banda comenzó a tocar, multitudes contenidas lejos de la pista cruzaron las barreras, se arrojaron rosas al paso del papa y, como por arte de magia, éste de pronto ya se había puesto un sombrero, imagen que en un instante dio la vuelta a México y el mundo. El automóvil papal tardó más de dos horas en recorrer los quince kilómetros hasta la ciudad de México. Grandes multitudes, estimadas en más de un millón de personas, se amontonaron a ambos lados del camino; la mayoría ondeaba banderas con los colores de la Santa Sede, un río blanco y amarillo que gritaba: «¡Viva el papa! ¡Viva México!».

La mañana del 29 de enero, el papa, al hablar ante empobrecidos indígenas en el sur de México, se pronunció contra las muchas injusticias que sufrían esas personas, y llamó a las «clases poderosas a actuar para aliviar ese sufrimiento». Simultáneamente, a miles de kilómetros de distancia, en Milán, una de esas clases poderosas, el crimen organizado de Italia, actuaba para proteger sus intereses. El juez Emilio Alessandrini dio a su esposa un beso de despedida, y luego llevó a su joven hijo a la escuela. Tras dejar a éste, se dirigió a su oficina. Segundos antes de las 8.30 se detuvo en el semáforo de la Via Muratori. Aún veía la luz roja cuando cinco hombres se acercaron a su automóvil y empezaron a disparar. Más tarde, un grupo de terroristas de izquierda llamado Prima Linea se atribuyó la responsabilidad de su asesinato. Ese grupo también dejó un panfleto sobre el homicidio en una cabina telefónica en la Estación Central de Milán. Ni la llamada telefónica ni el panfleto brindaron una razón clara del crimen.

La versión era improbable: un grupo de izquierda asesina a un juez famoso en toda Italia por sus investigaciones sobre el terrorismo de derecha. En realidad, grupos como Prima Linea y las Brigadas Rojas no mataban meramente por razones políticas o ideológicas. Podían ser comprados, y frecuentemente lo eran. Los numerosos vínculos entre esos grupos en las décadas de 1960 y 1970 han sido abundantemente documentados.

Marco Donat Cattin, el segundo hombre en abrir fuego contra el desprotegido e indefenso juez, observó tiempo después: «Esperamos a que los periódicos dieran la noticia del ataque, y en los obituarios del magistrado nos enteramos de los motivos que habían justificado la agresión». ¡Qué horror que Cattin y demás tengan que admitir que lo único que los motiva es el dinero!

El asesinato del papa Juan Pablo I había comprado a Marcinkus, Calvi, Sindona y sus amigos de P2 un momentáneo respiro. La elección de Karol Wojtyla había resuelto el problema de ser puestos al descubierto desde dentro del Vaticano. Ahora, el asesinato de Emilio Alessandrini había eliminado esa misma amenaza por parte de las autoridades italianas. La investigación que él había ordenado continuó, aunque con notoria parsimonia.

Sin embargo, en el Banco de Italia, Mario Sarcinelli y el gobernador del banco, Paolo Baffi, estaban determinados a que la larga y compleja investigación efectuada el año anterior no resultara un esfuerzo vano.

Roberto Calvi fue citado de nuevo a un interrogatorio en el banco central. Sarcinelli le preguntó muy rigurosamente sobre Suprafin, la relación de su banco con el Banco del Vaticano y su propia relación con el obispo Marcinkus. Muerto Alessandrini, Calvi era otro; sus ojos, que antes estudiaban el pavimento durante los interrogatorios, ahora miraban fríos e impávidos, y toda la antigua arrogancia había regresado. Calvi se negó rotundamente a contestar las preguntas del director de Inspección, pero en él no quedó la menor duda de que el banco central no había tirado la toalla.

Ni en sus mejores sueños los funcionarios del Vaticano que acompañaban al papa habrían podido prepararse para la reacción de México a su visita. En Roma había habido multitudes desde el inicio del pontificado, para el ángelus diario y en las audiencias públicas semanales, pero la plaza de San Pedro sólo tenía cabida para un limitado número de personas. Ahora, el Vaticano y el expectante mundo veían por primera vez el poder no sólo de ese papa nuevo y desconocido, sino también de la fe y la Iglesia a las que representaba. Las cosas habrían de ser así durante los seis días del viaje. El torrente de adrenalina que esa reacción producía no se limitaba al papa y su séquito. Muchos medios informativos, tanto mexicanos como extranjeros, prestaron atención a la emoción y efervescencia del momento. Sólo unos cuantos informaron sobre la respuesta del papa a la principal pregunta que había de abordar en ese primer viaje: «¿Y la teología de la liberación?».

Severo el rostro, como si hubiera sido desafiado por un alumno atrevido, Wojtyla respondió: «Depende de qué teología de la liberación. Si hablamos de la teología de la liberación de Cristo, no de Marx, estoy totalmente a favor de ella».

La teología de la liberación y el marxismo significaban algo diferente en cada país latinoamericano. Lo que sin embargo coincidía era el cambio en la posición de la Iglesia. Antes del Concilio Vaticano II, la Iglesia se había aliado tradicionalmente con los ricos y los poderosos, y a los regímenes de derecha y las dictaduras militares que los sostenían. Después del Concilio Vaticano II, declaraciones como *Dignitatis Humanae* y *Gaudium et Spes* comprometieron a la Iglesia a rechazar el orden imperante de las juntas militares y a abrazar a los pobres en una activa lucha por la libertad, la paz, la justicia y los principios básicos contenidos en la Declaración Universal de los Derechos Humanos de 1948 de la Organización de las Naciones Unidas.

La teología de la liberación exploraba, para la mayoría de la gente de entonces, la relación entre la teología cristiana y el activismo político —particularmente en las áreas de la justicia social y los derechos humanos— teniendo como eje la imagen de Jesús como liberador. Hacía énfasis en las partes de la Biblia en las que la misión de Jesús se describía en términos de liberación. Algunos de sus seguidores en América Latina habían añadido a la teología conceptos marxistas. La principal figura del movimiento era el padre Gustavo Gutiérrez. Antes de salir de Roma, el papa había leído la obra de Gutiérrez sobre el tema, y habría tenido que advertir que no había una sola referencia a una relación entre marxismo y teología de la liberación. La aplicación de la teología a la lucha por la justicia social y los derechos humanos básicos aspiraba a mejorar la condición humana de América Latina, no sólo de los trescientos millones de católicos de la región. Se trataba de una oportunidad histórica para que las masas escaparan de sus condiciones infrahumanas y se libraran de una situación en la que la Iglesia tenía derechos, pero sus fieles no.

En Brasil, una dictadura militar había tomado el poder en 1964. A ello le habían seguido las consabidas represiones, como el asesinato al azar de opositores al régimen; la tortura; la rígida censura; la desaparición de liberales, sindicalistas, intelectuales y abogados, y la pasmosa pobreza de las masas. En 1979, dictaduras similares también gobernaban en Chile, Argentina, Bolivia, Ecuador, El Salvador, Honduras, Nicaragua y Paraguay. En el propio México, el Partido Revolucionario Institucional (PRI) gobernante se había aferrado corruptamente al poder durante más de cincuenta años.

En muchos países el clero había protestado contra los sostenidos abusos de un poder alcanzado por medios criminales. Muchos sacerdotes pagaron con su vida el apoyo a los pobres. En San Salvador, el padre Octavio Ortiz Luna fue asesinado la semana anterior al vuelo del papa a México, cuarto homicidio de este tipo en tres años y segundo en un mes. Una semana después, mientras el papa hablaba en Puebla, seiscientas monjas y curas y más de dos mil campesinos, obreros y estudiantes marcharon en silencio; su única bandera proclamaba «Basta ya». Marcharon por la capital de El Salvador hasta la iglesia del Rosario, de la que el año anterior más de un centenar de fieles habían sido echados con gases lacrimógenos y después masacrados. Ese mismo año, otros veintisiete sacerdotes habían sido arrestados, torturados y expulsados. Más tarde, en Puebla, el arzobispo de El Salvador, Óscar Romero, diría ante una audiencia que contaba con el papa:

Hay una lamentable división entre los obispos. Algunos piensan que no hay persecución. Creen en la seguridad que les da privilegios, o que les ofrece aparente respeto. De igual forma, otros que disfrutan de una posición privilegiada en el país no quieren perder las amistades que tienen, y así sucesivamente. Por lo tanto, no demandan la reforma que tanto urge al país.

En la semana de la conferencia de Puebla, obispos de Brasil publicaron en São Paulo un informe que detallaba diez años de persecución por la junta militar de su nación, lo que incluía el hostigamiento de religiosos y laicos que trabajaban con los pobres de Brasil. Ese estudio indicaba que treinta obispos habían sido hostigados, y nueve de ellos arrestados, mientras que 113 religiosos y 273 laicos también habían sido arrestados: treinta y cuatro sacerdotes habían sido torturados, y siete asesinados. En la década transcurrida entre la conferencia de Medellín en 1968 y la reunión de Puebla de enero de 1979, decenas de miles de personas habían sido asesinadas por las juntas militares de América Latina. Entre ellas se contaban más de ochocientos cincuenta sacerdotes y monjas. La minoría que en la reunión de obispos de 1968 había apoyado a los pobres se había convertido en mayoría en Puebla. Después de celebrar una misa al aire libre, el papa se retiró a hablar en una sesión a puerta cerrada, a la que se impidió el acceso del público y los medios. El discurso que pronunció ahí sería uno de los más importantes de su papado. Wojtyla tocó en él un tema crucial no sólo para su inmediata audiencia y el subcontinente latinoamericano, sino también para todos los países del planeta en los que la Declaración Universal de los Derechos Humanos de la ONU aún no se había aplicado.

Karol Wojtyla tocó por primera vez ese tema en 1939. La primera semana de noviembre de ese año, al escribir a su amigo y mentor Mieczyslaw Kotlarczyk —la persona que encendió originalmente en él la pasión por el teatro—, se refirió a su creciente conciencia de cómo había sido para la mayoría la vida en Polonia durante los primeros veinte años de su vida:

Hoy, tras reflexionar, comprendo con toda claridad que en nosotros vivía la idea de Polonia por ser una generación romántica, pero que en realidad Polonia no existía, porque los campesinos eran asesinados y encarcelados por exigir justos derechos al gobierno. *Los campesinos tenían razón de protestar, y tenían la ley de su lado, pero la nación era engañada y embaucada.*

Y continuó: «Los hijos de esos campesinos han sido perseguidos por vientos hostiles en todo el mundo, como en los días de los partisanos». En conclusión, observó, «se han marchado, para no pudrirse en las cárceles de la patria».

Wojtyla volvió a ese tema en una obra de teatro, *Our God's Brother* (*Hermano de nuestro Dios*), con mucho la más interesante que escribió. En ella describe con compasión y discernimiento lo que décadas después se llamaría «teología de la liberación». Empezó esa obra en 1945, en el seminario clandestino del arzobispo Sapieha, y trabajó intermitentemente en ella hasta 1950, cuando Polonia vivía bajo el comunismo ateo. La obra pregunta: ¿es justificable la violencia revolucionaria? Frente a la opresión y la tiranía, la explotación y la injusticia manifiesta, ¿cómo debe reaccionar el individuo?

La obra confirmaba una vez más el dilecto quietismo religioso de Wojtyla para alcanzar la meta de la «libertad». Sin embargo, también justificaba plenamente la insurrección violenta de los creyentes.

En el curso de las clases que Karol Wojtyla impartió en las universidades Jaguelloniana y de Lublin entre 1953 y 1960, el hombre a quien a la larga se juzgaría como profundamente opuesto a todo lo marxista mostró gran simpatía tanto por el marxismo como por el movimiento comunista. En un texto escrito cuando tenía treinta y tantos años de edad,[1] observó:

En el movimiento comunista contemporáneo, la Iglesia ve y reconoce una expresión de metas en gran medida éticas. (...) Pío XI ha escrito que la crítica del capitalismo, y la protesta contra la explotación humana del trabajo humano, son indudablemente «la parte de verdad» que contiene el marxismo. (...) Cada persona tiene el innegable derecho a luchar por defender lo que en justicia le pertenece. (...) Cuando una clase explotada no recibe en forma pacífica la parte del bien común a la que tiene derecho, tiene que seguir un camino diferente.

Para evitar malentendidos acerca de ese «camino diferente», el futuro papa dejó claro que la sociedad «tiene el estricto derecho, e incluso el deber» de asegurar la justicia por medio del gobierno, la capacidad para controlar el abuso y reconocer el error. La ausencia de esos elementos cruciales da al pueblo el derecho a la resistencia pasiva; y si esto falla, a la «resistencia activa contra un poder legal pero injusto».

Ahora, sus oyentes en Puebla y más allá esperaban la respuesta papal de Wojtyla a la insurrección violenta y al fenómeno conocido como teología de la liberación.

Wojtyla empezó explorando el papel del sacerdote:

Como pastores, ustedes saben muy bien que su principal deber es ser maestros de la verdad; no de una verdad racional humana, sino de la verdad que procede de Dios. Esa verdad incluye el principio de la auténtica liberación humana: «Conoceréis la verdad, y la verdad os hará libres».[2]

Luego desarrolló su tema inicial de «la verdad sobre Jesucristo». Y continuó:

Hoy en día, en muchos lugares encontramos un fenómeno que no es nuevo. Encontramos «relecturas» del Evangelio que son producto de especulaciones teóricas más que de una auténtica meditación sobre la palabra de Dios y un genuino compromiso evangélico. Esas relecturas causan confusión en cuanto que se apartan de los criterios centrales de la fe de la Iglesia, y algunas personas tienen la temeridad de transmitirlas como catequesis a comunidades cristianas.

Entre los ejemplos de esas «relecturas», el papa citó los siguientes:

Hay personas que pretenden describir a Jesús como un activista político, como un luchador contra la dominación romana y las autoridades, e incluso como alguien implicado en la lucha de clases. Esta concepción de Cristo como figura política, como revolucionario, como el subversivo de Nazaret, no concuerda con el catecismo de la Iglesia.

Las personas que veían a Jesús como activista político, sugirió, «confunden el insidioso pretexto de los acusadores de Jesús con la actitud de Jesús mismo». Para Juan Pablo II, Cristo no era político, sino alguien que «rechaza inequívocamente el recurso a la violencia». Ante los obispos que lo escuchaban, se explayó en «la verdad sobre la misión de la Iglesia». Ésta era preservar la fe que le había sido confiada, y en la que sostenía su autoridad. No debía haber doble magisterio, doble jerarquía ni autoridad rival. La evangelización era «la misión esencial», y ésta sólo podía cumplirse mediante «el sincero respeto al sagrado magisterio, un respeto basado en la clara comprensión de que, al someterse a él, el Pueblo de Dios no acepta la palabra de seres humanos, sino la auténtica palabra de Dios».

Wojtyla invocó las «fórmulas dogmáticas enunciadas hace un siglo por el Vaticano I» para justificar la aceptación universal de la autoridad de la Iglesia. La más significativa de esas fórmulas fue la declaración de la infalibilidad papal.

Luego llamó la atención sobre el fomento de una actitud de desconfianza hacia la Iglesia «institucional» u «oficial», que los críticos juzgaban «alienante» y contra la que una «Iglesia del pueblo, nacida del pueblo y compuesta por los pobres» operaba como rival. Él deseaba unidad de mensaje y acción. Después pasó al área en la que esa unidad se veía más seriamente en peligro a causa de las variadas reacciones de los obispos ante las condiciones humanas que se vivían en América Latina:

La dignidad es aplastada cuando no se mantiene la debida consideración por valores como la libertad, el derecho a profesar la propia religión, la integridad física y psíquica, el derecho a las necesidades básicas de la vida y el derecho a la vida misma. En el nivel social y político, es aplastada cuando los seres humanos no pueden ejercer su derecho a participar, cuando son sometidos a injustas e ilegítimas formas de coerción, cuando son sometidos a tortura física y psíquica, etcétera.

No soy ajeno a los muchos problemas en esta área que hoy se vivían en América Latina. Como obispos, ustedes no pueden dejar de preocuparse por ellos.

Aceptó plenamente que la Iglesia debía involucrarse en la defensa o promoción de la dignidad humana, pero aseguró que había parámetros claros.

[La Iglesia] lo hace de acuerdo con su misión. Porque aunque esa misión sea de carácter religioso, *y no social ni político*, ella no puede menos que considerar a las personas humanas en términos de su ser integral.

El papa citó luego la parábola del buen samaritano como el modelo a seguir para atender todas las necesidades humanas. Así, frente a la extraordinaria serie de problemas representados por la cárcel, el hambre y una total y absoluta ausencia de derechos humanos, la respuesta correcta era tender una mano de auxilio, aunque siempre dentro del marco cristiano. «*La Iglesia* —declaró el papa— *no necesita entonces recurrir a sistemas ideológicos para amar, defender y colaborar en la liberación del ser humano.*» [Las cursivas son mías.]

La Iglesia hallaba inspiración, como depositaria de su mensaje cristiano:

(...) para actuar en favor de la hermandad, la justicia y la paz, y contra toda forma de dominación, esclavitud, discriminación, violencia, ataques a la libertad religiosa y agresión contra seres humanos, así como cualquier cosa que ataque a la vida.

El papa no explicó con precisión cómo las acciones de los obispos transformarían la miserable existencia de sus fieles, pero se refirió a «la constante preocupación de la Iglesia por la delicada

cuestión de la propiedad de bienes». Comparó la creciente riqueza de unos cuantos con la creciente pobreza de las masas y observó: «Es entonces cuando la enseñanza de la Iglesia, que dice
que hay una *hipoteca social* en toda propiedad privada, adquiere
un carácter urgente». [Las cursivas son mías.]

Antes de volver a describir elocuentemente el «gran aumento de las
violaciones a los derechos humanos en muchas partes del mundo»,
recordó otra vez a los obispos la solución. «Llegaremos a los seres humanos; alcanzaremos la justicia por medio de la evangelización».

El papa abordó finalmente el debatido tema de la teología de la
liberación. No consintió mencionarla por su nombre, así que tuvo
que recurrir a vaticanismos:

> Los compromisos pastorales en este campo deben nutrirse de una
> correcta concepción cristiana de liberación. La Iglesia (...) tiene el
> deber de proclamar la liberación de millones de seres humanos (...)
> el deber de contribuir a hacer posible esa liberación.

Citaba directamente la exhortación apostólica *Evangeli Nun-
tiandi* de Pablo VI, y continuó con la advertencia de Paulo:

> (...) pero también tiene el correspondiente deber de proclamar la
> liberación en su más profundo y pleno sentido, el sentido procla-
> mado y realizado por Jesús. Esa más plena liberación es «libera-
> ción» de todo lo que oprime a los seres humanos, pero especial-
> mente liberación del pecado y el mal, en la alegría de conocer a Dios
> y ser conocido por él (...).

Hay muchos signos —continuó— que nos ayudan a distinguir
cuándo la liberación en cuestión es cristiana y cuándo, por otro lado, se basa en ideologías que la vuelven inconsistente con la visión
evangélica de la humanidad, las cosas y los acontecimientos. El contenido proclamado por el aspirante a evangelizador era una buena
guía. ¿La liberación era fiel a la Palabra de Dios? ¿A la tradición vi-
viente de la Iglesia? Y, más significativamente aún, ¿a su magisterio? ¿A la suprema autoridad papal?

Desde la posición de una jerarquía católica autocrática, éste fue un hábil, deliberado y brillante ataque a la teología de la liberación; más todavía por no nombrar nunca al «enemigo». Procedía de un hombre que creía, y creía profundamente, que el marxismo no podía ser derrotado, pero tal vez sí contenido en ciertas áreas ya muy afectadas, como Europa oriental. El papa no entendía que las ideas marxistas en América Latina no eran aquellas con las que él había vivido en Polonia durante tantos años. No advertía que el fundador de la teología de la liberación había rechazado por completo todo vínculo con el marxismo. Y aun si lo advertía, casi seguramente habría mantenido su ataque. Cualquier cosa que pareciera desafiar la autoridad de la Iglesia, que en última instancia era la *suya* propia, era «el enemigo». Sus últimas palabras sobre el tema fueron una advertencia directa contra el activismo político lanzada a quienes le estaban escuchando:

Los deberes y actividades seculares corresponden propia, aunque no exclusivamente, a los laicos. Es necesario evitar suplantarlos, y estudiar seriamente cuándo ciertas maneras de sustituirlos conservan su razón de ser. ¿No son acaso los laicos los que están llamados, en virtud de su vocación en la Iglesia, a hacer una contribución en las áreas política y económica, y a estar efectivamente presentes en la salvaguarda y promoción de los derechos humanos? [Las cursivas son mías.]

Karol Wojtyla fue ampliamente considerado durante su papado como uno de los grandes comunicadores del siglo XX. Su producción fue prodigiosa: millones de palabras dichas y escritas, sermones, encíclicas, libros, vídeos y discos. Qué proporción de esa producción era claramente comprendida, sin embargo, es discutible. Aunque se le esperaba con ansia, su discurso en Puebla sorprendió y confundió a muchos en su amplia audiencia mundial. Deleitó a Pinochet y los demás dictadores militares y sus escuadrones de la muerte en América Latina. Emocionó a los regímenes comunistas en Europa, particularmente en su país natal, donde el secretario general Gierek brindó con champaña mientras leía en su periódico de Varsovia: «El papa Juan Pablo II ha subrayado que la tarea del clero es trabajar en el campo religioso y no participar en política, porque la Iglesia no es un movimiento social, sino un movimiento religioso».

La interpretación colectiva de ese discurso por los medios de comunicación comunistas fue exactamente la misma que la de la mayor parte de la prensa secular. En palabras del editorial del *New York Times* del 30 de enero, el papa había «rechazado la participación, y más todavía la acción, política de la Iglesia (...) y hablado clara y rotundamente contra el concepto de "teología de la liberación"». Entre los laicos que compartían esta apreciación del discurso estaban algunos de los hombres cercanos a Ronald Reagan, el gobernador de California. A estos individuos se les conocería después como «el gabinete en la sombra» de Reagan, el comité directivo que plantearía su campaña para las elecciones presidenciales de 1980. El voto católico siempre era importante; y según su interpretación de los comentarios del papa en Puebla, Ronald Reagan y sus asesores concluyeron que aquél era un hombre con el que se podía tratar.

Había dos razones fundamentales para la hostilidad del papa contra la teología de la liberación. Primero, su conocimiento de América Latina, sus opiniones y sus prejuicios estaban completamente determinados y moldeados por sus asesores en el Vaticano, hombres sumamente conservadores con un deseo irresistible de que continuara el orden que imperaba en gran parte del subcontinente. Los arreglos de la Iglesia católica con las juntas militares gobernantes, como había observado el arzobispo Romero de El Salvador, convenían a la mayoría de los obispos. «Creen en la seguridad que les da privilegios, o que les rinde aparente respeto.» Segundo, esos hombres también sufrían una profunda paranoia, que se extendía a las altas esferas de las oficinas vaticanas de la Secretaría de Estado, donde había una creencia ampliamente sostenida de que países como México estaban al borde de «una revolución radical y antirreligiosa».

A fin de suavizar sus censuras a la teología de la liberación, justo al día siguiente de su discurso de Puebla el papa pronunció un mensaje asombrosamente radical en Oaxaca, en el sur de México, ante un público principalmente compuesto por campesinos y obreros indígenas pobres. Las condiciones de vida de estos últimos eran representativas de las de la abrumadora mayoría de los trescientos veinte millones de latinoamericanos. Las estimaciones del número de personas presentes variaron de veinticinco mil a más de quinientas mil, dependiendo del supuesto especialista que proporcionara el dato. La situación de los indígenas fue expuesta al papa por el campesino zapoteca Esteban Fernández, elegido para recibirlo en nombre de los suyos: «Le damos la bienvenida y lo saludamos con alegría», empezó. Luego, mirando directamente al papa, continuó: «Sufrimos mucho. El ganado vive mejor que nosotros. No podemos manifestarnos, y tenemos que guardarnos el sufrimiento en el corazón. No tenemos trabajo, y nadie nos ayuda. Pero ponemos a sus órdenes la poca fuerza que tenemos. Santo Padre, pídale al Espíritu Santo que socorra a sus pobres hijos».

La muchedumbre se mantenía detrás de una alambrada. Muchos no entendían el español de Wojtyla, y algunos se molestaron y empezaron a retirarse mientras Wojtyla hablaba de «la preocupación universal de la Iglesia» y su admiración por el modo de vida de los indígenas. «Los amamos, y amamos su cultura y tradiciones. Admiramos su maravilloso pasado, los alentamos en el presente y tenemos grandes esperanzas en su futuro.» Tras expresar su deseo de ser la «voz de los sin voz», empezó a enumerar los derechos de los pueblos indígenas de México: «El derecho a ser respetados; el derecho a no ser despojados; el derecho a que las barreras que fomentan la explotación sean destruidas; el derecho a una ayuda efectiva». A fin de poder alcanzar esos derechos, sería «necesario realizar drásticas transformaciones». Para ese momento, el papa ya había conseguido toda la atención de su público. Nadie en una posición de significativa autoridad les había dicho nunca a esas personas pobres y desdichadas que sus tierras les debían ser devueltas. «Para el cristiano no es suficiente denunciar la injusticia. Está llamado a ser testigo y agente de la justicia.»

El papa llamó a la acción, pero no de la Iglesia ni de los indígenas mexicanos. La acción debía provenir de quienes «son responsables del bienestar de las naciones, las clases poderosas (...) los más capacitados». Entretanto, quienes sufrían no debían «abrigar sentimientos de odio o violencia, sino dirigir su mirada al Señor». Esta llamada a las armas sería seguramente ignorada por las élites gobernantes de América Latina. La solución papal era ilusoria, pero al menos el pontífice había identificado precisa y públicamente algunos de los terribles problemas que aquejaban al subcontinente.

Tras su retorno al Vaticano a principios de febrero, el consenso alrededor del papa era que el viaje había sido un rotundo éxito. Se estimó que el total de personas que lo habían oído o visto ascendía a cinco millones.

Entre el público que lo había escuchado en Puebla, la reacción fue menos que efusiva. Los únicos elogios incondicionales procedieron de los obispos partidarios del orden imperante, ya fuera la versión mexicana de democracia o la del general Pinochet. Entre los cardenales liberales —hombres como Aloisio Lorscheider y Paulo Arns, de Brasil, que habían contribuido a la elección de Wojtyla— había desaliento. Wojtyla había tenido mucha razón al comentar, poco después del cónclave: «Los eminentes cardenales que me escogieron no sabían qué clase de hombre habían elegido». Lo estaban descubriendo rápidamente.

Karol Wojtyla había comenzado a trabajar en su primera encíclica inmediatamente después de su elección como papa. Fue publicada en marzo de 1979. *Redemptor Hominis* (El redentor del hombre) era la recapitulación de una labor de treinta años en torno a su tema central, un análisis de la condición humana o, como el papa lo describiría más tarde, «un gran himno de alegría por el hecho de que el hombre ha sido redimido por Cristo, redimido en espíritu y en cuerpo». Su inherente alegría es uno de los elementos más atractivos de esta encíclica, aunque intentar un detallado análisis de un tema tan vasto con apenas veinticuatro mil palabras, aun con la ayuda de un ejército de archivistas vaticanos y varios colaboradores cercanos, demuestra un aplomo desmedido. El resultado no recibió una aclamación unánime en la prensa católica. La reacción de un reseñista resulta ilustrativa: «A juzgar por esta traducción, el papa no es un escritor consumado, y ni siquiera un pensador coherente. Esta encíclica es un remiendo de partes inconexas. (...) Esperanza, optimismo, fortaleza y las demás cualidades personales del papa se transmiten en esta disertación, pero aun así ésta contiene suficientes cortes, discontinuidades argumentales y elementos de pensamiento "anticuado" para dar a teólogos, liturgistas, intelectuales y comentaristas mucho de que escribir y algunas cosas de las cuales quejarse. El lenguaje sexista justifica estas quejas».

El papa abarcó demasiado en el documento. Escribió sobre la necesidad de los derechos humanos, sobre la libertad religiosa y sobre sus experiencias en Polonia, e hizo una enérgica condena de la carrera armamentista. A todo lo largo del documento opuso a la Iglesia con el mundo secular, al individuo con la comunidad, al espíritu con la materia, al cristiano con el humanista y al mundo sobrenatural con el natural. Esta encíclica fue fundamentalmente un apasionado ruego a los católicos para que pusieran a Cristo en el centro de su vida. El papa rindió tributo en ella al hombre al que sucedió:

Elegí los mismos nombres de mi amado predecesor, Juan Pablo I. En realidad, tan pronto como él anunció al Sacro Colegio cardenalicio el 26 de agosto de 1978 que deseaba ser llamado Juan Pablo —doble nombre sin precedente en la historia del papado—, vi en ello un claro presagio de gracia para el nuevo pontificado. Puesto que ese pontificado duró apenas treinta y tres días, me corresponde no sólo continuarlo, sino también, en cierto sentido, retomarlo desde su punto de partida. Esto se confirma con mi selección de esos dos nombres.

Estas palabras estaban en franca contradicción con los actos de Wojtyla. Para que hubiera habido continuidad, habría sido necesario que él aplicara los cambios e iniciativas frustrados por el asesinato de Albino Luciani. Por el contrario, cada uno de ellos fue rechazado por el hombre que ahora decía ser el continuador del programa de Luciani.

La misma semana en que se publicó la encíclica, murió el cardenal Jean Villot. Como *camerlingo* —jefe suplente de la Iglesia—,

Villot había orquestado la simulación tras el asesinato de Juan Pablo I. Retiró objetos de la recámara papal, la medicina junto a la cama, las notas concernientes a las transferencias y nombramientos papales de manos del difunto pontífice. También retiró el arma aún humeante: el informe de Vagnozzi. Había impuesto un voto de silencio a la corte papal acerca del descubrimiento del cadáver, y sustituido la verdad por un relato absolutamente ficticio para consumo público. Pidió que se llevaran a cabo una serie de conversaciones «extraoficiales». Miembros de confianza de la curia telefonearon a contactos de la prensa y tejieron una trama de mentiras sobre la salud del difunto papa. Esta operación fue tan bien ejecutada que aun hoy, pese a contar con informaciones verídicas sobre la salud de Albino Luciani, las mismas viejas mentiras siguen siendo repetidas por los embaucados.

En lugar de Villot, como secretario de Estado Karol Wojtyla nombró al arzobispo Casaroli, el hombre que con Pablo VI había creado la versión de *Ostpolitik* del Vaticano, el cultivo de buenas relaciones de trabajo con el bloque oriental. Casaroli y el difunto papa habían alcanzado considerable éxito en varias áreas, Polonia entre ellas. Al morir Pablo VI, el Vaticano estaba cerca de establecer relaciones diplomáticas con Polonia. Luego, con el hombre de Cracovia al timón, había aparecido un signo de interrogación concerniente a las futuras relaciones con el bloque oriental en general.

Horas después de la elección de Wojtyla había quedado claro que, al menos en ciertas áreas, ése sería un papado intervencionista. Sobre todo, Wojtyla quería hacerse cargo personalmente de la política exterior. Y la clave para eso era, en su mente, Polonia.

Veteranos de la curia habían observado con interés la creciente agitación entre el grupo que había viajado a México como parte del séquito papal. A fines de febrero, las habitaciones papales se llenaban otra vez de expectación. Después de muy delicadas negociaciones entre el Vaticano, por un lado, y el gobierno y la Iglesia polacos, por el otro, quedó definido el siguiente viaje al extranjero: Polonia. Todas las partes implicadas en las negociaciones eran sensiblemente conscientes de que la Unión Soviética observaba con suma atención. Al comentar acerca de esa atmósfera, un importante miembro de la curia recordó:

> Pronto nos dimos cuenta de que esos preparativos para los diversos viajes al extranjero, y en realidad también los días inmediatamente posteriores al retorno del Santo Padre, representaban excelentes oportunidades. Si había un problema difícil o una decisión desagradable que tomar, ésos eran los mejores momentos para resolverlos. Era tal la euforia y agitación en esos periodos que el pontífice firmaba cualquier cosa y aceptaba las sugerencias más sorprendentes.

El papa quería estar en Polonia para celebrar la fiesta de San Estanislao, el 8 de mayo. Sería el noveno centenario de su martirio. Un papa polaco deseaba pisar el suelo patrio y rendir debido homenaje a un santo patrono que había sido uno de los padres fundadores de la Iglesia y la nación polacas, un hombre sacrificado por no someterse a un déspota. El simbolismo en el contexto entonces vigente en ese país era demasiado obvio. Brezhnev y los demás miembros del politburó soviético creían en la «teoría del dominó» tan firmemente como los estadounidenses. Sólo diferían en la identidad de las piezas. Si un Estado comunista caía en manos de la democracia y el «capitalismo» occidentales, los demás podían caer a continuación. Polonia había sido la más probable primera pieza durante un tiempo, antes siquiera de que un papa polaco entrara en la ecuación.

Tras un largo regateo, se acordó que, en vez de viajar dos días en mayo, el papa iría nueve en junio. Visitaría seis ciudades en lugar de dos. Los comunistas habían perdido rotundamente el primer set. Poco después de ese acuerdo, el cardenal Wyszynski anunció que el episcopado polaco prolongaría un mes las celebraciones del aniversario de San Estanislao. Éstas terminarían entonces el 10 de junio, el mismo día en que, por extraordinaria coincidencia, concluiría la visita de Wojtyla.

El papa deseaba visitar el santuario de la Virgen María en Piekary, algo que había hecho con regularidad mientras residía en

Cracovia. Ese santuario está en Silesia, entonces dominio personal del secretario general Gierek, y éste no quería al papa en sus terrenos. Al papa se le impidió también ir a Nowa Huta. El régimen aún guardaba amargos recuerdos de la intervención de Wojtyla en esa monstruosa ciudad expresamente construida a las afueras de Cracovia, consistente en enormes bloques de edificios de apartamentos que asemejaban muebles archivadores que llegaran hasta el cielo. Esa ciudad carecía, muy deliberadamente, de iglesia. Ésta era una omisión que había llevado al entonces obispo Wojtyla a celebrar la santa misa en la helada Nochebuena de 1959 a campo abierto. Wojtyla había regresado cada uno de los años siguientes, y pedido continuamente permiso al régimen para construir una iglesia. Tras su ascenso a cardenal en junio de 1967, el régimen, como parte de su estrategia para crear disensión entre él y el primado polaco Wyszynski, otorgó pronto el permiso de construcción para la nueva iglesia. El dichosamente ignorante Wojtyla vio ese permiso como un triunfo personal.

Permitir al papa visitar Nowa Huta y celebrar misa en la iglesia local nunca se contempló. La cobertura de los medios de comunicación fue otro tema de largo e intenso debate. Estas negociaciones particulares se prolongaron en exceso, y no se resolvieron hasta muy poco antes de iniciarse la visita papal. Mientras que la Iglesia polaca exigía un tipo de cobertura de televisión y de acceso para los medios que se había negado durante treinta años, Gierek y su gobierno tenían que hacer frente a presiones contra la cobertura televisiva por parte de sus vecinos, Rumanía, Checoslovaquia y la aún soviética Lituania, donde la gente podía captar la señal de la televisión polaca. Finalmente, el gobierno razonó que cuanta mayor cobertura de televisión diera al viaje, más probabilidades había de reducir las multitudes. Accedió entonces a la cobertura nacional de televisión de la llegada, la partida y otros eventos específicos, en tanto que otras partes del viaje serían cubiertas por la televisión y la radio regionales. El control de las multitudes a lo largo del viaje se dejó enteramente en manos de la Iglesia católica.

En la facción de línea dura del régimen se discutía la conveniencia de sabotear el viaje papal. Se consideraron diversas actuaciones, como filtrar desde archivos de la policía secreta información que causaría considerable bochorno al Vaticano. Se argumentó que revelar la verdad de las actividades del papa durante la guerra, su trabajo a favor del Tercer Reich, lo «bien» que se lo había pasado en la guerra y su negativa a unirse a la resistencia armada podía poner serias trabas en la trayectoria de Wojtyla. Otros recordaron el escándalo de la «carta del perdón» de 1965, que Wojtyla había escrito con la colaboración de otros dos obispos polacos. Dicha carta, dirigida a todos los obispos alemanes, era una invitación a asistir a las celebraciones del milenio cristiano de Polonia en 1966. Sin embargo, causó profunda ofensa e indignación en Polonia, porque Wojtyla había intentado abrir «un diálogo a nivel de obispos» para resolver la cuestión del territorio alemán al este de los ríos Odra y Neisse, el cual había sido arrebatado a Alemania y cedido a Polonia en compensación por la pérdida por ésta, a manos de los rusos, de una vasta extensión del este de su territorio. Tras detallar varios de los horrores perpetrados por Alemania contra Polonia durante la Segunda Guerra Mundial, entre ellos la muerte de más de «seis millones de ciudadanos polacos, principalmente de origen judío», los autores de la carta habían declarado en su último párrafo: «Perdonamos y pedimos perdón». La ira nacional que esta carta suscitó en Polonia no se redujo a los comunistas; muchos fieles católicos se sintieron igualmente consternados. Wojtyla no hizo nada por aliviar esa situación. Como amargo fin de una controversia que se prolongó durante meses, censuró airadamente a quienes lo criticaron; se consideró un hombre extremadamente agraviado. Al final, sin embargo, el secretario general Gierek, enterado de lo que se discutía, desechó las sugerencias de los miembros de la línea dura.

En las semanas previas a la visita de junio, la euforia y la agitación invadieron el Vaticano. El 8 de mayo Wojtyla dirigió una carta apostólica desde Roma, *Rutilans Agmen* (Bando rutilante), a la Iglesia polaca. El martirio de Estanislao era uno de los testimonios de ese «bando rutilante» de los que la Iglesia había extraído su fuerza a lo largo de los siglos, y seguía estando «en la raíz de los asuntos, experiencias y verdades» de la nación polaca. El nacionalismo polaco se desplegó de nuevo ocho días después, cuando el primado polaco, Wyszynski, llegó a Roma con más de seis mil polacos expatriados del mundo entero para una solemne conmemoración del aniversario del santo. Dos días más tarde, Wojtyla y Wyszynski encabezaron la conmemoración del trigésimo quinto aniversario de la batalla de Monte Cassino, sostenida durante la Segunda Guerra Mundial, en la que fuerzas polacas, junto con tropas británicas, tomaron lo que quedaba de ese arruinado monasterio benedictino tras un enconado cerco de cinco meses. Habiendo evitado la arena política durante la mayor parte de su vida, el papa Karol Wojtyla recuperaba el tiempo perdido, y una espléndida oportunidad de asumir un papel político le aguardaba en su patria.

Había salido de Polonia como un cardenal desconocido por el mundo; ocho meses después, en junio de 1979, volvía como una de las personas más conocidas del planeta. Juan Pablo II bajó la escalerilla del avión de Alitalia y, repitiendo el gesto originalmente exhibido en México y República Dominicana, se arrodilló y besó el suelo. En ese momento, las campanas de la Iglesia comenzaron a repiquetear en toda Polonia, mientras Wojtyla se levantaba para encontrarse con el presidente polaco, Henryk Jablonski, y al cardenal Wyszynski. Las palabras de bienvenida de estos últimos fueron breves pero corteses. En respuesta, Wojtyla dio las gracias a ambos y luego miró directamente a la multitud que había ido a recibirlo.

Amados hermanos y hermanas, queridos compatriotas: los saludo en este día tan especial con las mismas palabras que pronuncié el 16 de octubre del año pasado para saludar a los presentes en la plaza de San Pedro: ¡alabado sea Jesucristo!

Nueve días de libertad habían comenzado. Este viaje oficial fue fascinante, hasta el grado de que el diario del partido comunista, *Trybuna Ludu*, observó: «Es difícil saber dónde termina la labor pastoral y dónde comienza la política». No obstante, el régimen comunista mantuvo su esquizofrénica actitud ante la Iglesia durante toda la visita, alternando entre el relajamiento y la represión. Ordenó a equipos de televisión mantener al papa en un estricto primer plano para suprimir a los cientos de miles de personas que flanqueaban las calles de Varsovia mientras aquél era conducido a la ciudad, y también al más de un millón reunido para oírle decir misa. Contra este absurdo, el régimen proporcionó generosamente helicópteros para que el papa volara por el país, mantuvo invariablemente en segundo plano a las fuerzas de seguridad y no hizo ningún intento por impedir las grandes multitudes.

Horas después de su llegada, Wojtyla ya estaba en la reconstruida catedral de San Juan, que había sido totalmente arrasada tras el levantamiento de Varsovia de 1944. Los polacos habían peleado por cada banco, por cada metro de la nave, contra las fuerzas alemanas. Mezclando nacionalismo con fundamentalismo cristiano, el papa recordó a la comunidad esa épica y valerosa batalla en tan terrible desventaja, peor aún cuando Stalin negó a los polacos la ayuda del Ejército Rojo o de las fuerzas aliadas. Cuando el papa se refirió a la destrucción de Varsovia y a «la inútil espera de ayuda del otro lado del Vístula» (referencia directa a la Unión Soviética y sus fuerzas), hubo una instantánea reacción entre los miembros del politburó que veían la transmisión por televisión en las oficinas del partido. Stanislaw Kania, importante miembro del politburó, telefoneó al presidente de la televisión estatal y le ordenó apagar el micrófono asignado al papa. Maciej Szczepanski se negó a ejecutar la orden. Comprendiendo que esto tendría repercusiones políticas, informó al secretario general Gierek de su negativa. Gierek, un comunista totalmente comprometido, lo felicitó: «Hizo usted muy bien, Maciej. Siga haciendo su trabajo como hasta ahora». Fue un momento eminentemente polaco.

Felizmente ajeno a eso, el papa prosiguió en su sedicioso camino. «Estar en esta catedral reconstruida es recordar lo que Cristo dijo una vez: "Destruid este Santuario y en tres días lo levantaré".»[3] Y luego se metió un poco en política:

La historia de la salvación no es algo que haya ocurrido en el pasado; la historia de la salvación es el dramático contexto en el que Polonia ha seguido viviendo su vida nacional. ¿No recuerda acaso nuestra tradición que Estanislao dijo en una ocasión al rey Boleslaw: «Destruye esta Iglesia, y Cristo la reconstruirá a través de los siglos»?

Wojtyla y su comunidad sabían cuál era el equivalente moderno de ese histórico opresor. Más tarde, el papa se reunió con varios representantes del opresor en el palacio del Belvedere, la residencia oficial del presidente polaco. Wojtyla y Wyszynski intercambiaron formalidades con el presidente Jablonski y el secretario general Gierek. El papa dirigió la conversación. Habló de la necesidad de la «colaboración voluntaria», y de la de terminar con «todas las formas de colonialismo económico o cultural». Aseguró que la Iglesia no «desea privilegios», sino sólo la libertad para «cumplir su misión evangélica y moral».

Permítanme seguir considerando el bien de Polonia como el mío propio, y seguir sintiendo mi participación en él tan profundamente como si aún viviera en este país y fuera un ciudadano de este Estado. (...) Permítanme seguir sintiendo, pensando y esperando en ese bien, y orar por él.

Esos nueve días se convirtieron rápidamente en un viaje triunfal. Varsovia dio paso a Gniezno, pequeña ciudad con una población de apenas cincuenta y ocho mil personas donde un millón de polacos esperaban al papa. Ahí, éste volvió a mezclar nacionalismo, política y fundamentalismo cristiano en su discurso. Subrayando la importancia de la educación religiosa para los niños, comparó la negación de esta última con el abuso infantil y citó a San Lucas: «Más le vale que le pongan al cuello una piedra de molino y sea arrojado al mar que escandalizar a uno de estos pequeños». Gniezno dio paso a su vez a dos días en Czestochowa y el Santuario de la Virgen Negra, y a otro millón de peregrinos. Luego vinieron cuatro días en la «amada Cracovia» de Wojtyla y sus alrededores, entre ellos su lugar de nacimiento, Wadowice. Karol Wojtyla había vivido en Cracovia cuarenta años, catorce de ellos como arzobispo. Había estado a la cabeza de una vasta y caótica archidiócesis con más de un millón y medio de católicos. Para atender sus necesidades tanto espirituales como temporales, había dispuesto de la ayuda de mil quinientos sacerdotes, un número similar de monjas y hermanos y unos doscientos seminaristas. Movilizado contra esta fuerza estaba el Estado comunista, que, sin que Wojtyla lo supiera, había hecho todo lo posible por complacerlo. Y ahora que era papa, sin embargo, el régimen se enfrentaba a la realidad de su propia creación, que movilizaba a millones de hombres y mujeres de su país como el gobierno no podría hacerlo jamás. La mayor ironía de la vida de Karol Wojtyla es que, sin la intervención de los comunistas, nunca habría sido papa. Volver a su lugar de nacimiento lo hizo también retornar al lado oscuro de la historia reciente de Polonia.

Aparte de los sedientos de poder en la jerarquía de la Iglesia, muchos otros habían intervenido asimismo en esos hechos. Al recorrer Cracovia, el papa se topó con varias personas de su pasado, y con recordatorios de otras que ya no se contaban entre los vivos: su profesora de francés, Jadwiga Lewaj, quien le había conseguido un empleo en Solvay, y una tarjeta de identidad que declaraba que el portador ejecutaba un trabajo vital para el esfuerzo bélico del Tercer Reich. El presidente de la planta de Solvay, Henryk Kulakowski, y el director de operaciones en Cracovia, el doctor Karl Föhl, se habían tomado la molestia de emplear y proteger a cerca de un millar de personas, un considerable número de estudiantes y titulados. Estos sujetos habían sido vistos por Kulakowski y Föhl como parte del futuro de Polonia. Kulakowski y Föhl habían tendido la mano y ofrecido un refugio no sólo a individuos que quizá volarían alto, sino también a un buen número de desamparados que, de lo contrario, habrían sido reclutados para realizar trabajos forzados, seguidos de una muerte temprana. Sin embargo, no habría ningún reconocimiento en la posguerra para esos dos hombres valientes y arrojados. Algunos comunistas que trabajaron en Solvay los acusaron de colaboracionistas, y los enviaron a morir a la Unión Soviética. El hecho de que todos los que habían trabajado en la planta de Solvay durante la guerra habían sido colaboracionistas fue ignorado.

La planta de Solvay seguía funcionando cuando se produjo la visita papal en 1979, y sus vías del tren seguían siendo un elemento vital. Durante los años de la guerra, ésa había sido la razón de que los nazis concedieran tan alto valor a la planta de Solvay: la línea y estación ferroviarias ubicadas en el corazón de las instalaciones de Solvay, en el suburbio Borek Falecki de Cracovia. Muchas personas afirmarían, una vez terminada la guerra y ya expuesto al mundo el absoluto horror del Holocausto, que no sabían, no tenían la menor idea, ni por un momento imaginaron que el genocidio hubiera estado en la agenda del Tercer Reich. Nadie que hubiera vivido en Cracovia habría podido pretextar algo así. Los trenes atravesaban la ciudad. La línea ferroviaria que atravesaba la fábrica de Solvay, la línea considerada vital para el esfuerzo bélico alemán por transportar tropas, provisiones y municiones al frente oriental, también atravesaba la fábrica de Solvay en dirección al oeste, a Auschwitz, requisito igualmente vital para asegurar que otra parte de las aspiraciones del Tercer Reich, el Holocausto, pudiera cumplirse. El profesor Edward Görlich, quien trabajó en el laboratorio de Solvay y se hizo buen amigo de Karol Wojtyla, insiste en que, por útiles que hayan sido los productos de sosa, la razón de que esa fábrica tuviera la designación de *kriegswichtig* y fuera vital para el esfuerzo bélico fue la existencia de la línea ferroviaria.

Después de Borek Falecki, la estación de la fábrica de Solvay, sólo había una parada en dirección oeste: Auschwitz. La única vía de salida de Auschwitz para la abrumadora mayoría de esas almas desdichadas era la chimenea de cremación. Cuando el viento soplaba desde el oeste, los ciudadanos de Wadowice y Cracovia rápidamente podían identificar, después de la entrada en vigor de la Solución Final durante el verano de 1941, el olor de carne humana quemada.

Con una sola excepción, la experiencia entera tanto para el papa como para quienes fueron a oírlo, a orar con él, a cantar con él o simplemente a vitorearlo fue de alegría. La excepción fue su viaje a Auschwitz. Grandes multitudes flanquearon el camino por el que el convoy del papa fue conducido a ese campo. Él bajó y atravesó las puertas con la infame exhortación *Arbeit macht frei* (El trabajo los hará libres). Recorrió los impecables caminos de grava del campamento hasta que llegó al bloque 11, donde entró en la celda 18. Uno de sus ocupantes había sido el padre Maximilian Kolbe. Kolbe se ofreció a tomar el lugar de un hombre casado, sabiendo que al hacerlo moriría.

El papa se arrodilló en oración y contemplación como lo había hecho tantas veces en años anteriores. No se oyó un solo ruido en ese momento en Auschwitz. Besó el piso de cemento donde la vida de Kolbe se había consumido, y luego dejó ahí un ramo de flores y un cirio pascual. Fuera de ese bloque estaba el «Muro de la Muerte». Antes de orar en él con el cardenal de Alemania Occidental, Hermann Volk, el papa vio y abrazó a Franciszek Gajowniczek, de setenta y ocho años de edad, cuya vida fue salvada por el autosacrificio del padre Kolbe. Entre los ejecutados por el pelotón de fusilamiento estaban hombres que Wojtyla había conocido: el grupo detenido al azar una tarde en un café de Cracovia, los sacerdotes salesianos de la iglesia local de Wojtyla, su buen amigo y compañero seminarista Szczesny Zachuta, muerto a tiros tras ser sorprendido ayudando a judíos a obtener documentos de bautismo para salvarlos de la deportación y la muerte. Evidentemente, nadie sabía ni le había dicho a Wojtyla nada de esto antes de su visita. Él ciertamente no hizo ninguna referencia a estos sucesos.

Para continuar el recorrido por la peor de las pesadillas, Karol Wojtyla siguió las vías del tren por las que 1,2 millones de personas habían sido transportadas a su muerte. Ahí se había construido un altar. La cruz sobre éste tenía encima un aro de alambre de púas, y de uno de sus brazos colgaba una réplica de un trozo de la tela rayada utilizada para confeccionar los uniformes del campo. Entre los presentes había ancianos sobrevivientes de Auschwitz que vestían sus ropas de prisioneros de guerra. El sacerdote y los obispos que asistieron al papa en el altar eran hombres que habían sobrevivido a la reclusión en campos como ése durante la guerra. En su sermón, Karol Wojtyla llamó a ese lugar «el Gólgota de los tiempos modernos». A quienes podía sorprenderles que hubiera ido a ese sitio «erigido sobre la crueldad», les explicó simplemente:

Era imposible para mí no venir aquí como papa. Me postro ante todas las inscripciones que, una tras otra, guardan la memoria de las víctimas de Oswiecim en su lengua. Polaco, inglés, búlgaro, gitano, checo, danés, francés, griego, hebreo, yídish, español, flamenco, servocroata, alemán, noruego, ruso, rumano, húngaro, italiano y holandés.

Me detengo en particular ante la inscripción en hebreo. Esta inscripción despierta el recuerdo del pueblo cuyos hijos e hijas fueron destinados al exterminio total. Ese pueblo tiene su origen en Abraham, nuestro padre en la fe, como lo expresó Pablo de Tarso. El propio pueblo que recibió de Dios el mandamiento «No matarás» experimentó en sí mismo, en un grado muy especial, lo que significa matar. Nadie puede pasar con indiferencia junto a esta inscripción.

De acuerdo con la estimación de la Iglesia, el papa fue visto en persona por más de un tercio de la población polaca: trece millones de individuos. A través de la televisión, fue seguido prácticamente por la nación entera. Durante nueve días, la gente no sólo había expresado su fe. Al llenar iglesias, congregarse en santuarios sagrados y entonar canciones tradicionales, hizo palpable un masivo rechazo al régimen y el comunismo, y produjo una expresión de orgullo nacional en el papa polaco. Después de haber recomendado a los obispos y sacerdotes de América Latina que no se metieran en política, el papa había transmitido en Polonia un mensaje muy diferente: «Participen en política, siempre y cuando combatan el comunismo». Esto no se expresó nunca en forma directa, pero lo comprendieron enseguida Ronald Reagan, quien preparaba su candidatura para la presidencia, y el líder soviético Leonid Brezhnev.

Edward Gierek y su politburó suspiraron aliviados cuando el séquito papal partió a Roma. Al pasar los días vieron con agrado que no había huelgas, manifestaciones ni brotes contrarrevolucionarios que arrasaran el país. Muy rápidamente, la mayoría de las evidencias visibles de la visita del papa se habían desvanecido, pero los recuerdos de esos nueve días permanecieron grabados en la psique misma de Polonia. Sobre todo, en esos nueve días Karol Wojtyla había logrado volver a encender en el corazón y la mente de muchos millones de polacos una dignidad personal y la posibilidad de abrigar esperanzas.

El viaje de cinco días de Karol Wojtyla a Estados Unidos en octubre de 1979 fue como si un grupo de rock hubiera tomado el país por asalto. La revista *Time* llamó al papa «Juan Pablo Superestrella». Pero era una superestrella que mantenía sus iniciales y profundas reservas frente al modo de vida y al pueblo estadounidenses. Wojtyla hipnotizó a muchos con su extraordinario carisma, pero las palabras que pronunció mostraban con frecuencia un agudo contraste con el aura física. Las multitudes fueron seducidas por el hombre, pero muchos de los que realmente escucharon y analizaron sus palabras quedaron menos impresionados.

El viaje a Estados Unidos comenzó con el pie izquierdo antes siquiera de iniciarse propiamente. A mediados de septiembre, el Vaticano anunció que se les impediría a las mujeres distribuir la Sagrada Comunión en una misa que el papa celebraría durante su estancia en ese país. Esta decisión provocó una inmediata y airada protesta. Desde hacía años, en esa nación había ido en aumento el apoyo a la apertura para las mujeres de todos los ministerios de la Iglesia. Muchas monjas, expresando su ardiente feminismo, querían mucho más que actuar como simples sirvientas en una misa papal. Los críticos del papa se habrían irritado aún más si hubieran estado presentes cuando el obispo Paul Marcinkus, en su papel de director escénico de ese viaje y guardián del papa, conversó con colegas estadounidenses sobre los preparativos de dicha misa. Cuando ellos le informaron sobre la intención de que las mujeres asistieran al papa durante la misa, Marcinkus estalló: «¡Nada de tías! ¡Eso sí que no!».

El 2 de octubre, Karol Wojtyla habló ante la Asamblea General de la ONU. En un enérgico discurso que tuvo los derechos humanos como tema central, el papa hizo constante referencia al «documento fundamental» que era la piedra angular de la ONU: la Declaración Universal de los Derechos Humanos. Habló de su reciente viaje a su patria, y en particular de su visita a Auschwitz, describiendo los campos de extinción como «una señal de advertencia sobre el actual camino de la humanidad, para que cualquier clase de campo de concentración en cualquier parte de la Tierra sea abolida de una vez por todas». «El auténtico genocidio» ocurrido en Auschwitz y los demás campos de exterminio de la Segunda Guerra Mundial había sido «la inspiración y cimiento de la Organización de las Naciones Unidas. La Declaración Universal era una deuda con millones de hermanos y hermanas nuestros». Y continuó:

(…) Si la verdad y principios contenidos en este documento fueran olvidados o ignorados, y se perdiera por tanto la genuina evidencia que los distinguió cuando fueron tan penosamente gestados, el noble propósito de las Naciones Unidas podría tener que afrontar la amenaza de una nueva destrucción.

Wojtyla condenó la prolongación moderna de «los diversos tipos de tortura y opresión, ya sea física o moral, practicados bajo cualquier sistema en cualquier país; este fenómeno es aún más inquietante si ocurre bajo el pretexto de la seguridad interna o de la necesidad de preservar una paz aparente».

Para el biógrafo papal George Weigel, este discurso marcó el punto «en el que la Iglesia católica se comprometió inequívocamente con la causa de la libertad humana y la defensa de los derechos humanos básicos como las metas primarias de su participación en la política mundial».

Poco antes de su viaje a Polonia, Wojtyla había eliminado perentoriamente toda esperanza para un significativo porcentaje del clero. En su mensaje mundial del Domingo de Ramos a los sacerdotes, declaró que el celibato era «un tesoro especial» al que la Iglesia católica «mantendrá fidelidad». Habló de sacerdotes que «no simplemente tienen el poder de formar y gobernar al pueblo sacerdotal», sino de los que además «se espera un cuidado y compromiso mucho mayores y diferentes a los de los laicos». En otros países europeos y en Estados Unidos, esas opiniones parecieron a muchos fieles una curiosa forma de elitismo religioso procedente de una época remota. Más aún, casi al mismo tiempo el papa inició el rechazo en masa de solicitudes clericales de laicización, dispensa papal que libera a los sacerdotes de sus obligaciones sagradas y les permite volver al estado laico.

Las actitudes del papa ante ciertas cuestiones solían ser contrarias a sus llamamientos a favor de los derechos humanos universales. Aunque elogiaba los diversos papeles de las mujeres en la sociedad y dentro de las órdenes religiosas, simultáneamente reiteraba que la prohibición por el Vaticano de la píldora anticonceptiva y el rechazo a aceptar o considerar la incorporación de las mujeres al sacerdocio eran asuntos no negociables.

En sus viajes hablaba a menudo del derecho a un salario digno, pero no lo aplicaba en el Vaticano, donde hasta cuatro mil trabajadores no tenían sindicatos ni representantes democráticos. A principios de 1974, un grupo de empleados del Vaticano, que dijeron estar «en graves dificultades económicas», habían escrito al papa Pablo VI.

Esos hombres y mujeres llevaba décadas siendo mal pagados. Su carta comenzaba con la reformulación de una verdad fundamental: «La figura del papa es el único caso en el mundo en el que la verdad que predica como jefe de la Iglesia puede comprobarse directamente en su labor como jefe de Estado».

La injusticia en el Vaticano, como observaron los autores de la carta, podía corregirse «sólo con un acto de justicia soberana». Habiendo dejado claro que únicamente el papa podía satisfacer su solicitud de manera positiva, continuaron:

El principal motivo de que hayamos escrito esta carta es la urgente necesidad de resolver el problema de los extremadamente bajos salarios de los empleados del Vaticano, quienes, como siempre, sin tener ningún derecho a hablar, se ven obligados a pedir en voz baja ante oídos sordos que no tienen el menor deseo de escucharlos.

Los servidores civiles del Vaticano concluyeron con un recordatorio de que la solución estribaba «en la voluntad de enfrentarse a estos problemas con —antes incluso que justicia y honestidad— conciencia cristiana, para lo cual sería suficiente recordar lo que los Evangelios dicen sobre "un salario justo", que es en esencia lo que nosotros pedimos».

Cinco años después, mientras Juan Pablo II se ponía de pie para iniciar un muy extenso discurso en la ONU sobre los derechos humanos, el personal del Vaticano seguía esperando una respuesta.

El último día de un viaje en el que parecía haber habido de todo menos un pronunciamiento significativo de las mujeres, el papa estuvo en el Santuario Nacional de la Inmaculada Concepción en Washington. A punto de dirigirse a una comunidad compuesta en su mayoría por cinco mil monjas, fue presentado por la hermana Theresa Kane, superiora general de las Hermanas de la Misericordia de la Unión en Estados Unidos y presidenta de la Conferencia General de Religiosas.

La hermana Kane dejó claro que no carecía de amor ni respeto por el Santo Padre.

Nuestros corazones saltan de júbilo al darle la bienvenida. (...) Como mujeres, hemos oído el enérgico mensaje de nuestra Iglesia sobre la dignificación y veneración de todas las personas. Como mujeres, hemos meditado sobre esas palabras. Nuestra reflexión nos lleva a afirmar que la Iglesia, en su afán de ser fiel a su llamado a la veneración y dignificación de todas las personas, debe responder ofreciendo la posibilidad de que las mujeres, como personas que somos, seamos incluidas en todos los ministerios de la Iglesia.

Vestida con ropa común y hablando con serenidad, la diminuta figura de la hermana Kane creó una atmósfera electrizante. El papa parecía confuso, y sus manos, preparadas para el modesto agradecimiento de costumbre, se agitaron inseguras. La hermana Kane llamó su atención sobre el «intenso sufrimiento y dolor que forma parte de la vida de muchas mujeres en Estados Unidos». «Como mujeres —observó—, hemos oído el enérgico mensaje que la Iglesia predica sobre los derechos humanos.» Sus peticiones de que esos derechos humanos se extendieran a las mujeres provocaron un atronador aplauso del público, que entendió claramente que no se refería sólo a las mujeres en las órdenes religiosas o al asunto de la ordenación femenina.

Las palabras de la hermana Kane llegaron a muchos de quienes estaban escuchando, tanto en la sala como fuera. No todos estuvieron de acuerdo con ella, desde luego, y en un posterior anuncio que ocupaba un cuarto de página en *The Washington Post* muchos firmantes se disculparon con el papa por la «rudeza que ante él había exhibido en público la hermana Theresa Kane», quien «no sólo fue impertinente con el Santo Padre, sino que además ofendió a los millones que lo amamos y aceptamos gustosamente sus enseñanzas». Sin embargo, una encuesta de la NBC realizada la víspera de la visita papal sugería que la hermana Kane no carecía de apoyo. Esa encuesta indicó que el 66 por ciento de los católicos estadounidenses no estaba de acuerdo con la posición de la Iglesia sobre el control de la natalidad, que el 50 por ciento disentía sobre el aborto, el 53 por ciento sobre el celibato clerical, el 46 por ciento sobre la ordenación de mujeres y el 41 por ciento sobre la infalibilidad papal.

Aparte de provocar un debate nacional, la hermana Kane estimuló a muchos de los comentaristas profesionales que habían cubierto ese viaje papal a examinar ese tema con mayor realismo de lo que antes lo hubieran hecho. Los críticos consideraron, tal como el papa había reiterado desacertadamente en *Time*, «la idea de que el cristianismo es un conjunto de creencias fijas más que una fe que debería adaptarse a las circunstancias modernas». Los defensores de Wojtyla declararon que éste reformulaba las verdades básicas de la fe cristiana, las cuales no podían negociarse. Otros creían que Wojtyla daba un giro particular a las verdades eternas, reescribiendo el Evangelio según Juan Pablo II.

El articulista de temas religiosos de *Newsweek*, Kenneth Woodward, al escribir esta vez en el *National Catholic Reporter*, fue uno de los muchos que hicieron lo posible por entenderse con el papa al terminar su viaje. En el lado positivo, Woodward consideró que el discurso sobre los derechos humanos en la ONU había mostrado al papa en su elemento, aunque nada de lo contenido en él habría sorprendido a quien hubiera leído su encíclica de marzo o conociera suficientemente la tradición católica sobre el humanismo. Otros aspectos positivos incluían «la virtud de alentar a los demás a hacer lo que en su fuero interno quieren hacer, es decir, a librarse de su pesimismo, letargo y narcisismo y a comprometerse con alguna forma de servicio a otras personas». La descripción hecha por Billy Graham de Juan Pablo II como «*el* líder moral de nuestro tiempo» fue para el redactor de *Newsweek* «más bien un comentario sobre la falta de calidad del liderazgo».

En el lado negativo, Woodward fue devastador:

Wojtyla hizo retroceder cien años el movimiento ecuménico, y eso es conservador. Resultó evidente que este hombre no escucha. (...) No se puede saber de dónde obtuvo su información sobre este país, que era inexacta. En Nueva York elogió a la gente por apoyar la estructura familiar, lo contrario de lo que en realidad hace este país. No me da la impresión de que Wojtyla sea una persona particularmente cordial. Sus gestos con los niños me parecieron tiesos, la conducta de un actor, no de un abuelo.

Tras enumerar otras deficiencias que percibió en el papa, Woodward concluyó con una observación que muchos terminarían por compartir:

Lo que yo encontré en las declaraciones del papa, e incluso en sus maneras, fue una falta de empatía por los cristianos que luchan por ser buenos católicos: parejas casadas que se enfrentan al problema del control de la natalidad, o personas divorciadas que se vieron envueltas en matrimonios muy difíciles.

Opiniones como éstas no fueron exclusivas de periodistas atentos y bien informados; muchos observadores fueron igualmente críticos. Más significativamente aún, los críticos del papa captaron en forma intuitiva el desdén de éste por Estados Unidos y todo lo estadounidense. Antes de su visita a ese país, Wojtyla no había obtenido sino aclamación y adoración en México, Polonia e Irlanda. Es probable que esas intensas experiencias hubieran provocado que en Estados Unidos se olvidara de lo que tenía que decir y que su actuación se viera también afectada de vez en cuando. Como más de un actor antes de él, culpó de eso a su público. Miembros de su séquito personal sugirieron en el vuelo de regreso a casa que el viaje a Estados Unidos había sido hasta entonces el más superficial de los viajes papales. De vuelta en Roma, él desestimó a la hermana Kane y sus partidarios. Observó que estaban «irritados y exacerbados por nada». Tras un año en el cargo, la mayoría de los observadores pensaban que el papa Juan Pablo II había fortalecido a la derecha con prácticamente todo lo que había dicho. Se le describía de diversas maneras, como «un gran éxito de taquilla» pero también como «un tanque que aplasta toda oposición».

Para mediados de 1979 había emergido una amenaza más contra el obispo Marcinkus, esta vez no procedente de Calvi, sino de Michele Sindona. El antiguo «salvador de la lira» había combatido desde 1976, por todos los medios a su disposición, la extradición de Estados Unidos a Italia. Entre esos medios estaba el ponerle precio a la cabeza del asistente del fiscal del distrito John Kenny, el fiscal jefe en el juicio de extradición. Los amigos mafiosos de Sindona intentaron explicarle que aunque matar a un fiscal en Milán podía retrasar un caso, generalmente tenía el efecto contrario en Nueva York. El contrato de cien mil dólares era tentador, pero no hubo quien lo aceptara.

Un problema adicional para Sindona, y como consecuencia para Marcinkus y otros empleados del Banco del Vaticano, fue la investigación por el síndico del Estado de uno de los bancos de Sindona, la Banca Privata Italiana. Giorgio Ambrosoli era, como Emilio Alessandrini, un hombre valiente e incorruptible. Nombrado por el Estado en septiembre de 1974, para finales de mayo de 1979 ya había desentrañado todo el edificio criminal tan astutamente creado por Sindona.

El «aparcamiento» de acciones, las recompras, las increíbles transferencias a través de múltiples compañías, el blanqueo de dinero, la exportación ilegal de divisas y, sobre todo, los vínculos que lo unían a Calvi, Marcinkus y esos otros hombres de confianza del Vaticano, monseñor De Bonis, Massimo Spada, Luigi Mennini y Pelligrino de Strobel: todos los chanchullos que Sindona había puesto en marcha con el Banco del Vaticano habían sido durante años una sangría para la lira italiana. En cualquier juicio de Sindona en Italia, Giorgio Ambrosoli sería el testigo estrella. Antes de eso estaba destinado a asumir dicho papel cuando Sindona fue procesado en Nueva York por noventa y nueve cargos de fraude, perjurio y malversación de fondos bancarios. Tales acusaciones se debieron al desplome de un banco suyo, el Franklin First National, con pérdidas superiores a los dos mil millones de dólares, por entonces la mayor quiebra bancaria en la historia de Estados Unidos.

El 9 de julio de 1979, el juez nombrado para instruir el caso estadounidense contra Sindona había dispuesto que Ambrosoli hiciera una declaración jurada en Milán. Ese mismo día, William Arico, el hombre contratado para matar a Ambrosoli, se hallaba también en esa ciudad, hospedado en el hotel Splendido junto con sus cinco cómplices. Sus armas incluían una ametralladora M11 provista de silenciador y cinco revólveres P38. Arico alquiló un Fiat y empezó a seguir a Giorgio Ambrosoli. El primer día de la toma de declaración fue nefasto para los abogados de Sindona. Esperaban demostrar lo absurdo de los cargos contra su cliente en Nueva York. Cuatro años de trabajo, más de cien mil hojas de notas meticulosamente preparadas y la mente de un abogado de talento excepcional empezaron a revelar la pasmosa verdad frente a un grupo de abogados estadounidenses.

Sin saber que era seguido, Ambrosoli se fue a otra reunión, esta vez con el director del Departamento de Investigación Criminal de Palermo, Boris Giuliano. El jefe de la policía siciliana había recuperado documentos del cadáver de un ejecutor de la mafia, Giuseppe Di Cristina, hombre que había trabajado para las familias Gambino, Inzerillo y Spatola. Esos documentos remitían con gran exactitud a una serie de transacciones que indicaban que Sindona había blanqueado ingresos de la venta de heroína en nombre de esas familias de la mafia transfiriéndolos del Banco del Vaticano a su Amincor Bank en Suiza. Tras una prolongada charla, Ambrosoli y Giuliano acordaron una reunión de mayor calado una vez que el primero hubiera terminado de testificar ante los abogados estadounidenses.

Horas más tarde, Ambrosoli todavía no había terminado con Sindona. Sostuvo una larga conversación telefónica con el teniente coronel Antonio Varisco, jefe del servicio de seguridad en Roma. El tema fue el asunto que Varisco investigaba entonces: la P2.

Al día siguiente, al reanudar su declaración, Ambrosoli dejó caer la primera de un gran número de bombas. Al detallar cómo la Banca Cattolica del Veneto había cambiado de manos, afirmó que Sindona había pagado una «comisión de intermediación de 6,5 millones de dólares a un banquero milanés y un obispo estadounidense», Calvi y Marcinkus. Para el 11 de julio Ambrosoli había terminado su declaración, y se acordó que regresaría un día después para firmar el acta de su testimonio y que la semana siguiente estaría disponible para preguntas y aclaraciones de los fiscales estadounidenses y los abogados de Sindona.

Poco antes de la medianoche del 11 de julio, Ambrosoli llegó a la puerta de su apartamento. Su esposa lo saludó por la ventana. Estaban a punto de celebrar una cena tardía. Cuando el abogado se acercó a la puerta, Arico y dos de sus ayudantes aparecieron entre las sombras. De la oscuridad se oyó una pregunta.

—¿Giorgio Ambrosoli?

—Sí.

Arico apuntó a quemarropa, y al menos cuatro balas de la P38 perforaron el pecho de Ambrosoli. Murió instantáneamente.

A las 6.00 del día siguiente, Arico estaba en Suiza. Cien mil dólares fueron transferidos de una cuenta de Sindona en Banca del Gottardo a una de Arico a nombre de Robert McGovern en el Credit Suisse de Ginebra. El número de la cuenta era 415851-22-1.

El 13 de julio de 1979, menos de cuarenta y ocho horas después del asesinato de Giorgio Ambrosoli, el teniente coronel Antonio Varisco era conducido en un BMW blanco por el Lungotevere Arnaldo da Brescia en Roma. Eran las 8.30. Un Fiat 128 blanco se detuvo junto a él. Una escopeta recortada apareció por la ventanilla. Se dispararon cuatro tiros y el teniente coronel y su chófer murieron. Una hora después las Brigadas Rojas se «atribuyeron» la responsabilidad.

El 21 de julio de 1979, Boris Giuliano entró al Lux Bar, en Via Francesco Paolo Di Biasi, en Palermo, para tomar un café matutino. La hora: 8.05. Después de tomar su café, se dirigió a la caja a pagar. Un hombre se acercó y le disparó seis tiros. La cafetería estaba llena a esa hora. Posteriores interrogatorios policiales establecieron que nadie había visto nada. Nadie había oído nada. El puesto de Boris Giuliano pasó a manos de Giuseppe Impallomeni, miembro de P2.

Estas muertes, como la de Ambrosoli, habían comprado a Marcinkus y sus amigos del Vaticano más tiempo, y esto significaba más dinero. Gracias a eso pudieron concentrarse en la reunión de cuatro días sobre la crisis económica de la Iglesia a la que el papa había convocado a todos los cardenales en noviembre.

Desafortunada, o tal vez afortunadamente, las actividades de esos individuos en el Banco del Vaticano no tuvieron ningún impacto en las finanzas generales de la Iglesia. El Banco del Vaticano, o Instituto de Obras de Religión (IOR), es el banco del papa, y todas las ganancias derivadas de esa fuente van a parar directamente a él, para que las use como mejor le parezca. Jamás ha sido publicada una sola cuenta que cubra las operaciones del Banco del Vaticano. Todas las cifras divulgadas que declaran los estados anuales siempre excluyen específicamente al Banco del Vaticano.

La reunión de noviembre de todos los cardenales fue convocada con muy poca anticipación y trastornó los planes de muchas personas. Ésa no era una buena manera de tratar una amplia gama de asuntos, desde las finanzas de la Iglesia hasta la reforma de la curia, para los que se precisaba de una detallada preparación. El único asistente que no canceló compromisos previos fue el hombre que convocó la reunión. El papa se ausentó durante gran parte de uno de los cuatro días de trabajo para pasar tiempo con los trabajadores del ferrocarril de Roma. No había nada inusual en ese comportamiento. Su indiferencia por el tiempo, su impuntualidad y su total desconsideración por los inconvenientes que con frecuencia causaba a los demás eran bien conocidas en Cracovia.

Durante su discurso de apertura ante los cardenales, el papa se limitó prácticamente a generalidades. «Es obvio que la posibilidad de la Iglesia de ofrecer aportaciones económicas en relación con las muchas y muy diferentes necesidades en las diversas partes del mundo es limitada.» Luego, con un ojo puesto en mayores contribuciones de los países ricos, continuó: «Aquí también se debe subrayar que esta solidaridad de la Iglesia *ad extra* requiere solidaridad desde dentro». Momentos después volvió a este tema. «En este campo, la Iglesia "rica y libre", si es que puede usarse esta expresión, tiene enormes deudas y compromisos con la Iglesia "pobre y oprimida", si es que también puede usarse esta expresión.»

Cerca del fin de su discurso, el papa se refirió de nuevo al tercer tema por discutir:

Teniendo en cuenta los diferentes campos de actividad de la Sede Apostólica, que tenían que haberse desarrollado en relación con la puesta en práctica del concilio y en relación con las tareas presentes de la Iglesia en la esfera de la evangelización y el servicio a las personas en el espíritu del Evangelio, es necesario formular la cuestión de los recursos económicos. En particular, el Sacro Colegio cardenalicio tiene el derecho y el deber de poseer un conocimiento exacto del estado actual de la cuestión.

Un «estado actual de la cuestión» que se atuviera a los hechos, explicando por qué se asesinaba a individuos en Milán, Roma y Palermo para proteger al Banco del Vaticano, pero eso no se reveló a los cardenales. La verdad y los hechos fueron sumamente escasos en las subsiguientes discusiones sobre las finanzas de la Santa Sede, como puede deducirse del posterior informe del cardenal Krol a los obispos estadounidenses acerca de las sesiones.

La presentación de la situación financiera de la Santa Sede demostró, sin ninguna sombra de duda, que la Iglesia católica es en efecto la Iglesia de los pobres. El informe también demostró que la época de las fábulas y los mitos, como hizo notar el Santo Padre en su charla final, no es algo del pasado.

Ahí donde el papa iba, sus cardenales obedientemente le seguían. En consecuencia, todos los datos sobre la riqueza del Vaticano fueron rechazados como «fábulas».

Un asunto específico para los cardenales fue la difícil situación de los empleados del Vaticano. Como lo expresó el cardenal Krol:

Si tenemos en cuenta que el número de empleados del Vaticano es superior a tres mil, la mayoría de ellos laicos con obligaciones familiares, la Santa Sede sería irresponsable si no se ocupara de este problema financiero, que afecta a la vida diaria de tantas personas.

Y continuó:

Cabe señalar que el presupuesto total de la Santa Sede es inferior al de la totalidad de las instituciones católicas de algunas de las grandes diócesis [de Estados Unidos]. De hecho, es muy probable que haya algunas instituciones católicas de salud o educativas que tengan presupuestos más altos y mayores recursos.

En 1979, las inversiones financieras de la Santa Sede (contradiciendo las fábulas) se hallaban distribuidas en varias instituciones.

Ahí estaba la Administración del Patrimonio de la Santa Sede (APSS), con sus secciones Ordinaria y Extraordinaria. La Sección Ordinaria era una prueba de la riqueza de las diversas congregaciones, tribunales y oficinas. Específicamente, poseía gran cantidad de los bienes inmuebles del papado. Tan sólo en Roma, éstos ascendían a más de cinco mil apartamentos alquilados. En 1979, los activos brutos de esta sección eran superiores a los mil millones de dólares.

La Sección Extraordinaria, el otro banco del Vaticano, era tan activa en sus especulaciones bursátiles diarias como el IOR (el así llamado Banco del Vaticano) controlado por Marcinkus. Se especializaba en el mercado de divisas y trabajaba muy de cerca con el Credit Suisse y la Société des Banques Suisses. Sus activos brutos a fines de 1979 eran superiores a los mil doscientos millones de dólares.

El Banco del Vaticano, que Marcinkus dirigía, tenía activos brutos superiores a los mil millones de dólares. Sus beneficios anuales eran en 1979 superiores a los ciento veinte millones de dólares, el 85 por ciento de los cuales iban a parar directamente al papa para que los empleara como mejor le pareciera. Una cifra adicional para ubicar las «fábulas» en su debido contexto: a finales de 1979, y tan sólo en Alemania Occidental, la Iglesia católica recibía dos mil millones de dólares del Estado como parte del impuesto eclesiástico anual. Para finales de 1979, los funcionarios del Vaticano que en marzo habían escrito directamente al papa seguían esperando respuesta. Aunque el papa y el cardenal Krol se habían valido de la situación apremiante del personal del Vaticano como recurso para arrancar más dinero a las diócesis ricas de todo el mundo, no había habido ningún aumento salarial.

A finales de 1979, el papa Juan Pablo II, a su regreso de Estados Unidos, mostró por primera vez su actitud ante los teólogos que disentían de sus opiniones. Como obispo recién nombrado en el Concilio Vaticano II, Wojtyla había admirado a Hans Küng, teólogo suizo que impartía clases en la Universidad de Tubinga, Alemania. Küng poseía una mente prodigiosa e, inusualmente para un teólogo avanzado, sus textos eran accesibles y fáciles de entender. Era un hombre que había marcado una época de pensamiento en la

Iglesia en un momento crucial. Era inevitable que, siendo de ideas avanzadas, Hans Küng entrara rápidamente en conflicto con la postura autoritaria tradicional del papa Juan Pablo II. Küng no aceptaba sin reservas la doctrina de la infalibilidad papal, y citaba numerosos ejemplos de errores históricos de la Iglesia católica romana. Éstos iban desde «la condena de Galileo» hasta la «condena de los derechos humanos, y en particular de la libertad de conciencia y religión». Hans Küng creía que era urgente que la Iglesia reconsiderara su prohibición del control artificial de la natalidad, y perseguía una Iglesia católica que creyera en la democracia.

Como papa, Wojtyla esperaba la incondicional aceptación de su autoridad. No sabía lo que era vivir en una democracia, y desde el principio de su papado dejó claro que pretendía ejercer el poder, no compartirlo. El Santo Oficio o, para citar su nombre moderno, la Congregación de la Doctrina de la Fe, anunció que Küng «ya no debía ser considerado como teólogo católico». Podría seguir dando clases, pero ya no sería profesor de teología católica. Küng se vio solo de pronto, sin el peso de la autoridad. Pero no carecía de partidarios, a diferencia del dominico francés Jacques Pohier, quien había cuestionado la resurrección de Cristo y perdido por lo tanto su licencia para enseñar o dictar conferencias públicas en 1978. El caso de Küng se volvió *cause célèbre*, con protestas por su silenciamiento en toda Europa. A principios de enero de 1980 había esperanzas de que la prohibición le fuera levantada, pero la brecha entre el teólogo y el Vaticano seguía siendo infranqueable.

Entretanto, Juan Pablo II y la curia tuvieron que encargarse de un peligroso brote de democracia en la Iglesia holandesa. Tras el Concilio Vaticano II, los holandeses habían encabezado a las iglesias católicas europeas en la introducción de una amplia variedad de reformas democráticas e ilustradas. Habían reducido las distinciones entre el sacerdote y la comunidad; los laicos, en particular las mujeres, ayudaban a preparar la liturgia y daban clases de Biblia y catecismo; durante la misa ayudaban a la comunión, y con frecuencia leían la Biblia. Sacerdotes y monjas estaban organizados en consejos democráticos que formulaban recomendaciones a los obispos; dirigían protestas contra la instalación de nuevos misiles estadounidenses en Europa y se oponían a las dictaduras del Tercer Mundo. Para principios de 1980, era obvio que el estilo holandés de catolicismo era todo un éxito. Los católicos habían adelantado a los protestantes como el mayor grupo religioso en el país.

Sin embargo, en Holanda había una minoría conservadora, tanto entre el sector laico como en el clero, que se había mantenido unida en su reprobación de tales actividades. Esa minoría era apoyada por elementos de la curia. Hasta la elección de Wojtyla, estos elementos estaban en minoría, y en consecuencia no tenían poder. La elección de Wojtyla cambió ese equilibrio de poder de la noche a la mañana. El papa convocó a los obispos holandeses a un sínodo especial. A las reuniones, celebradas a lo largo de dos semanas, asistieron el papa y altos miembros de la curia. Desde el principio los obispos holandeses habían sido informados por el secretario del sínodo, el padre Joseph Lescrauwaet, de que se hallaban bajo el «ministerio de la autoridad». Cuando ese comentario llegó a oídos al papa, éste reconoció a un alma gemela y ascendió al padre Lescrauwaet a obispo auxiliar.

Todos los cambios que los obispos holandeses habían introducido fueron prohibidos, mientras que la autoridad tradicional del obispo sobre el sacerdote y del sacerdote sobre el laico se reafirmó. Se prohibió a los miembros laicos de la Iglesia tomar parte en cualquier actividad, y se estableció que no debía haber participación en asuntos políticos ni consejos democráticos. El control de la Iglesia holandesa pasó entonces a la curia, que aprobaría o rechazaría las cuestiones más importantes. Los siete obispos holandeses fueron encerrados hasta que firmaron las cuarenta y seis proposiciones de repudio de las posturas que habían adoptado desde el Concilio Vaticano II. Esto se hizo en absoluto secreto. Intentando justificar lo ocurrido, el papa dijo a los periodistas:

Estoy seguro de que ustedes entenderán que la Iglesia, como todas las familias, al menos en ciertas ocasiones, necesita tener momentos de intercambio, discusión y decisión que tengan lugar en la intimidad y la discreción, para permitir que los participantes sean libres y respeten a personas y situaciones.

Cinco años después, el profundo y extendido malestar aún era evidente cuando el papa visitó Holanda. Hubo muchas protestas por la visita, y algunas se volvieron violentas, pues los católicos holandeses sentían que habían sido humillados junto con sus obispos. Podían verse carteles hostiles en todas partes. «Lárgate, Juan Pablo. Escondes a Jesús», decía uno de ellos. Si el papa se había quedado consternado frente a la diminuta figura de la hermana Kane en su viaje a Estados Unidos al escuchar su serena y cortés petición de cambio, no queda menos que preguntarse qué pensó al escuchar los categóricos discursos de bienvenida con que lo recibieron. Un misionero le preguntó directamente: «¿Cómo podemos tener credibilidad al predicar el Evangelio de liberación cuando se hace con un dedo acusador y no con una mano tendida?». La hostilidad y falta de cordialidad holandesas afectaron al papa. Dijo a las multitudes que comprendía sus sentimientos, pero las dejó con la misma sensación de profunda humillación mientras se llevaba consigo la convicción de que lo que había experimentado en ese viaje no tenía nada que ver con él y todo se debía a los graves excesos provocados por el Concilio Vaticano II.

Sentado pacientemente en el Vaticano durante este episodio estaba otro obispo que esperaba ser atendido por el papa. También la democracia se hallaba en el núcleo de las aflicciones de este hombre, no en cuanto a la necesidad de mayor democracia dentro de su iglesia, sino a la absoluta falta de democracia de base en su país.

El arzobispo Óscar Romero era un improbable candidato al martirio heroico. Hombre tranquilo y conservador de Ciudad Barrios, en el montañoso sureste de El Salvador, cerca de la frontera con Honduras, Romero nació el 15 de agosto de 1917 y era el segundo de siete hijos. A los trece años de edad ya tenía la vocación sacerdotal y se educó en un seminario en San Miguel antes de estudiar en la capital, San Salvador, y después, durante varios años, en Roma, durante la guerra. Reclamado en San Miguel por su obispo en enero de 1944, fue nombrado secretario de la diócesis, cargo que mantuvo los veintitrés años siguientes. Para febrero de 1977 había avanzado, de forma lenta y poco espectacular, hasta convertirse en arzobispo de San Salvador. Como no había abrazado por completo los radicales cambios liberales del Concilio Vaticano II, la opinión general era que ahí había un hombre seguro, una persona tranquila que apoyaría el orden imperante en un país gobernado por una junta militar de derecha con la ayuda de escuadrones de la muerte. Asistían y encubrían al ejército los ricos terratenientes, así como la abrumadora mayoría de los obispos católicos romanos, quienes suponían que Romero era uno de ellos.

En el mes posterior a su nombramiento, dos hechos transformaron radicalmente al nuevo arzobispo. Una muchedumbre de trabajadores agrícolas descontentos y sus familias fueron brutalmente atacados por soldados en la plaza central de la capital, prácticamente ante Romero. Alrededor de cincuenta hombres, mujeres y niños, todos ellos desarmados, fueron abatidos a tiros por quejarse de la corrupta elección del último dictador militar. La policía despejó la plaza disparando contra la multitud y regó con agua después para eliminar los rastros de sangre. Luego, el 12 de marzo de 1977, un sacerdote radical amigo de Romero, el padre Rutilio Grande, fue asesinado en Aguilares. Dos de sus feligreses también fueron asesinados, un anciano y su nieto de siete años. El crimen del padre Grande había sido su constante defensa de los campesinos en su lucha por derechos fundamentales, que incluían su aspiración a organizar cooperativas agrícolas. Grande había declarado públicamente que los perros de los grandes terratenientes comían mejor que los niños campesinos cuyos padres trabajaban en sus campos. La noche de los asesinatos, Óscar Romero se trasladó de la capital a El Paisnal para ver los tres cadáveres. La comunidad del padre Grande llenaba la iglesia del lugar. Había perdido a su defensor, y el arzobispo vio una pregunta muda en muchos de los ojos que lo miraban. Respondió con sus acciones posteriores; sería su voz mientras siguiera respirando en este mundo.

En un año, más de doscientas de las personas que habían visto en silencio entrar a Romero en la iglesia del pueblo estaban muertas. Al proseguir la matanza, más de setenta y cinco mil salvadoreños fueron asesinados. Un millón huyeron del país y otros tantos se quedaron sin hogar en un país con una población de menos de cinco millones de habitantes, más del 99 por ciento de ellos católicos romanos. No se hizo ninguna investigación oficial del homicidio de los tres asesinados en El Paisnal. La autorización para llevar a cabo esas investigaciones estaba por supuesto en manos de los perpetradores.

Romero se lanzó al ataque desde el púlpito, desde las radios no controladas por el gobierno, con su pluma; en todos los espacios a su disposición acusaba, identificaba e imploraba. Quería saber dónde habían ido los «desaparecidos» de El Salvador. Quería saber quién controlaba a los escuadrones de la muerte que asesinaban una y otra vez con impunidad. Preguntó quién les daba órdenes a los soldados que asolaban el campo, quién había permitido al ejército matar por capricho, asesinar sin razón. También organizó un grupo de jóvenes abogados en un intento por obtener cierto grado de justicia para las víctimas. Cualquiera que protestara por mejores salarios, un mejor nivel de vida, era invariablemente arrestado y acusado de subversión. La oposición durante el surgimiento del arzobispo Romero se estaba constituyendo en el Frente Democrático Revolucionario, el FDR. Éste era una mezcla de democristianos, socialdemócratas y comunistas. La mayoría de los comunistas habrían tenido grandes dificultades para distinguir entre Karl Marx y Groucho Marx, pero, como sus otros colegas en el FDR, tenían una idea muy clara de cuál era su enemigo.

Poco después del asesinato del padre Grande y sus dos feligreses, Romero anunció que, como gesto de solidaridad con los sermones de Grande, se negaría a aparecer en cualquier ceremonia pública con miembros del ejército o del gobierno hasta que la verdad en torno al triple asesinato fuera oficialmente establecida y el verdadero cambio social hubiera empezado. Esto lo convirtió al instante en héroe del pueblo y enemigo de la junta militar y los políticos. Las homilías de Romero en la radio se volvieron de audición obligatoria. Su voz llegaba hasta los más alejados rincones del país, y aseguraba a sus oyentes que no podía prometer que las atrocidades cesarían, pero que la Iglesia de los pobres, ellos mismos, sobreviviría.

Si algún día nos quitan la emisora de radio (...) si no nos dejan hablar, si matan a todos los sacerdotes y también al obispo, y los dejan a ustedes sin sacerdotes, cada uno de ustedes deberá convertirse en micrófono de Dios, cada uno de ustedes deberá convertirse en profeta.

Entretanto, el gobierno estadounidense de Carter seguía suministrando ayuda militar, al tiempo que declaraba su firme compromiso con los derechos humanos. En 1980, Romero escribió al presidente Carter pidiéndole detener la ayuda militar, porque «está siendo usada para reprimir a mi pueblo».

En vez de ello, la prensa controlada por el gobierno siguió atacándolo. Con una sola excepción, sus compañeros obispos lo denunciaron ante Roma, acusándolo de haberse aliado con elementos comunistas, reprobándolo por alentar activamente la teología de la liberación. Los amigos de derecha de esos obispos en el Vaticano se aseguraron de que el papa fuera permanentemente informado no sólo de los hechos, sino también de esas acusaciones, que tocaban profundamente ciertas fibras del pontífice. Antes de enero de 1979 Wojtyla no había estado nunca en América Latina, y no sabía nada sobre la verdadera condición del subcontinente, así que dependía por completo de los informes que se le suministraban. Habiendo vivido tanto tiempo bajo un régimen comunista, era especialmente vulnerable a la sugerencia de que todo crítico del *establishment* era agente del comunismo. El papa leyó los informes, cuidadosamente seleccionados por varios departamentos de la curia, que decían que Romero había sido excesivamente influido por el movimiento de la teología de la liberación, que existía el grave peligro de que el país cayera en manos de los comunistas y de que el marxismo reemplazara a la fe. Tras la conferencia de Puebla en enero de 1979, cuando el arzobispo Romero cobró conciencia de la campaña que se libraba en su contra, no sólo en su país sino también en el Vaticano, pidió una audiencia con el papa.

En el Vaticano se le dio un trato vergonzoso. Le hicieron esperar cuatro semanas y se le pusieron todas las trabas imaginables para que el papa no lo recibiera. Esperaban que Romero se cansara de esperar. No lo conocían. Por fin fue recibido por el papa el 7 de mayo de 1979. Llevaba consigo siete gruesos expedientes de evidencias trabajosamente reunidas para la entrevista. Romero, como muchos otros obispos en Puebla, había esperado que el papa condenara públicamente el asesinato de sacerdotes y otros religiosos y las masacres de pobres que ocurrían en América Latina. Habían salido muy decepcionados de la conferencia de Puebla.

Con su fardo bajo el brazo, Romero fue escoltado hasta el papa. Empezó entonces a pintar una imagen de su país: el 2 por ciento de la población poseía el 60 por ciento de la tierra; el 8 por ciento de la población recibía el 50 por ciento de la renta nacional. Cerca del 60 por ciento de la población ganaba menos de diez dólares al mes; el 70 por ciento de los niños menores de cinco años estaban desnutridos. La mayoría de la población rural tenía trabajo sólo durante un tercio del año. Romero le mostró al papa fotografías de sacerdotes asesinados y campesinos mutilados. Le dijo lo que a todas luces era obvio: «En El Salvador la Iglesia es perseguida».

El papa respondió:

—Bueno, ahora no lo exagere. Es importante que comience a dialogar con el gobierno.

—Santo Padre, ¿cómo puedo buscar un entendimiento con un gobierno que ataca al pueblo, que mata a sus sacerdotes, que viola a sus monjas?

—Bueno, debe encontrar un terreno común con él. Sé que es difícil. Entiendo claramente lo difícil que es la situación política en su país, pero me preocupa el papel de la Iglesia. No sólo debe interesarnos defender la justicia social y el amor a los pobres; también debe preocuparnos el peligro de que los comunistas exploten la situación. Eso sería malo para la Iglesia.

Romero continuó:

—En mi país es muy difícil hablar de anticomunismo, porque el anticomunismo es lo que la derecha predica, y no por amor a los sentimientos cristianos, sino por la egoísta preocupación de promover sus intereses.

El papa previno a Romero contra el uso de estos hechos. Su consejo a su arzobispo fue que operara como él mismo lo había hecho en Cracovia:

—Le recomiendo que haga uso de gran equilibrio y prudencia, especialmente al denunciar situaciones concretas. Es mucho mejor apegarse a principios generales. Con acusaciones concretas se corre el riesgo de cometer errores o equivocaciones.

Para Romero fue obvio que el papa estaba fuertemente influido por los negativos e inexactos informes que le habían enviado los obispos que preferían cenar con la junta militar a compartir el pan con los pobres. Exhibiendo una absoluta ignorancia de la situación a la que Romero hacía frente en El Salvador, el papa habló de cuánto más difíciles habían sido las cosas en Cracovia, donde él se había enfrentado a un gobierno comunista. Wojtyla habló de la importancia de la unidad con los demás obispos, comparando así la mezquindad clerical polaca con los adversarios de Romero, quienes frecuentaban regularmente a psicópatas que llegaban satisfechos a la mesa tras haber asesinado a un grupo más de descontentos. Aquél no fue el mejor momento del papa.

A finales de enero de 1980, Romero tuvo una segunda audiencia con el papa. Una vez más intentó valientemente atraérselo como aliado. Una franca condena del Santo Padre contra las atrocidades del gobierno de El Salvador tendría sin duda un efecto electrizante en ese país católico. Y resonaría además en el mundo entero. Esa presión obligaría seguramente a los gobernantes y a los ricos terratenientes de El Salvador a hacer una pausa para reflexionar. Pero Romero sólo recibió nuevas obviedades. El papa concluyó su segunda audiencia con un amigable abrazo y estas palabras: «Rezo todos los días por El Salvador».

Sin embargo, Wojtyla sabía muy bien, antes de ese segundo encuentro con Romero, que, aparte de rezar a diario por El Salvador, casi se habían completado los planes para alejar al arzobispo de su patria y su pueblo. El papa había sido persuadido por la camarilla derechista del Vaticano, que incluía al entonces prefecto de la Congregación de la Doctrina de la Fe, el cardenal Franjo Seper, de «reasignar» a Romero. Tal era el estilo del Vaticano: transfiere el «problema» a otro lugar y el problema dejará de existir. Menos de dos meses después, el 24 de marzo, el arzobispo Óscar Romero recibió un balazo en el pecho mientras celebraba misa en la capilla del hospital de la Divina Providencia en San Salvador. Cayó al suelo y, antes de morir ahogado en su propia sangre, perdonó a su asesino. Poco antes de su asesinato, se había ausentado unas horas de San Salvador para caminar por una playa con otro sacerdote. Mientras veía las olas, preguntó a su amigo:

—¿Tienes miedo a la muerte?

El amigo, pensando mostrar solidaridad cristiana, aseguró:

—No.

—Yo sí —dijo Romero—. Mucho.

El suyo fue un asesinato profesional encargado y pagado por el mayor Roberto d'Aubuisson, a quien nunca se acusó de ese crimen. Él y el escuadrón de la muerte bajo su control siguieron matando a muchos miles de ciudadanos. Tras su muerte, D'Aubuisson fue declarado culpable del homicidio del arzobispo Romero por una Comisión de la Verdad de la ONU. En 1999, el recién elegido presidente de El Salvador invocó la memoria no de Romero, sino de Roberto d'Aubuisson. El papa nunca reconoció a Romero como mártir y siguió dando crédito a la «teoría» propuesta por el cardenal López Trujillo de que Óscar Romero fue asesinado por izquierdistas que deseaban provocar una revuelta.

Cuando se produjo el asesinato del arzobispo Romero, un juez italiano comentó en una carta al *Corriere della Sera* que era obvio que al papa le gustaba viajar, y preguntó:

¿Por qué entonces este papa viajero no partió de inmediato a El Salvador para tomar el cáliz que cayó de manos de Romero y continuar la misa que el arzobispo asesinado había empezado?

La reacción del Vaticano ante el homicidio de Romero fue mínima. El papa se limitó a condenar ese «sacrílego asesinato» con la «más profunda reprobación», como informó *L'Osservatore Romano*. Para representarlo en el funeral del arzobispo envió al cardenal Ernesto Corripio Ahumada, de México. Lo que sucedió en el funeral fue narrado en la revista *America* por el padre James L. Conner, presidente de la Conferencia Jesuita en Washington.

Todo transcurrió pacíficamente a lo largo de una sucesión de oraciones, lecturas e himnos hasta el momento de su homilía en que el cardenal Ernesto Corripio Ahumada, de México, delegado personal del papa Juan Pablo II, comenzó a elogiar al arzobispo Romero como un hombre de paz y enemigo de la violencia. De repente, una bomba hizo explosión al otro lado de la plaza, aparentemente frente al Palacio Nacional, un edificio gubernamental. Luego, claros y nítidos disparos resonaron en las fachadas que rodeaban la plaza. Al principio, la petición del cardenal de mantener la calma pareció tener un efecto tranquilizador. Pero cuando resonó otra explosión, cundió el pánico, y la gente rompió filas y echó a correr. Algunos se dirigieron a las calles laterales, pero otros miles subieron precipitadamente las escaleras y entraron como pudieron a la catedral.

Como uno de los sacerdotes concelebrantes, yo había estado desde el principio dentro de la catedral. Vi entonces a la aterrada multitud irrumpir por las puertas hasta llenar cada centímetro. Al mirar a mi alrededor, de pronto me di cuenta de que, aparte de las monjas, sacerdotes y obispos, los dolientes eran los pobres y desvalidos de El Salvador. No había representantes del gobierno de esa nación ni de otros países. La ceremonia había comenzado a las 11, y ya era más de mediodía. Pasamos la hora y media o dos horas siguientes apretujados en la catedral, algunos agazapados bajo los bancos, otros aferrándose de miedo entre ellos, otros más rezando en silencio o en voz alta.

Los bombazos eran cada vez más cercanos y frecuentes, hasta que la catedral empezó a vibrar. ¿Se vendría abajo todo el edificio, o un hombre armado con una ametralladora aparecería en una puerta para disparar contra la multitud? Una niña campesina de unos doce años llamada Reina, vestida de domingo a cuadros marrones y blancos, se aferró desesperadamente a mí y me gritaba: «¡Padre, téngame!» Sufrimos ese horror de bombas, balas y pánico —para entonces ya metían cadáveres al interior de la catedral— cerca de dos horas. En ciertos momentos fue imposible no preguntarse si nos matarían a todos.

La maldad florece más en una cultura que promueve la indiferencia. Mientras el arzobispo Romero era rápidamente olvidado en el Vaticano, sus enemigos prosperaban. Uno de ellos era Alfonso López Trujillo. Como organizador de la conferencia de Puebla, López Trujillo fue sorprendido con las manos en la masa conjurando para inclinar el resultado de esa reunión en favor de la facción ultraderechista de los obispos. Cuatro años después, Juan Pablo II lo ascendió y lo hizo cardenal. En 1990 llegó otro ascenso cuando se le nombró presidente del Consejo Pontificio para la Familia. Este importante puesto otorgó a López Trujillo la ejecución de la campaña de «cultura de vida» del papa contra el control artificial de la natalidad y el aborto. Este cardenal terminó por ser ampliamente reconocido como uno de los favoritos del papa, y por ser considerado un serio candidato para el siguiente cónclave «en un futuro próximo».

Para abril de 1980, la Secretaría de Estado estaba profundamente inmersa en las últimas etapas de planificación del nuevo viaje del papa al extranjero, programado para el mes siguiente. Se trataba de un viaje relámpago a África, donde el papa pronunciaría cincuenta extensos discursos a lo largo de diez días a medida que visitaba Zaire, el Congo, Kenia, Ghana, Burkina Faso y Costa de Marfil. Mientras tanto, lo que preocupaba al secretario de Estado, el cardenal Casaroli, eran los compañeros de viaje del papa, y si entre ellos estaría el obispo Paul Marcinkus.

La larga pelea de Michele Sindona por no ir a prisión ya fuera en Estados Unidos o Italia se aproximaba peligrosamente a la derrota a principios de febrero de 1980. Su juicio en Nueva York estaba a punto de empezar. El Vaticano cerró filas en torno a su causa. El obispo Marcinkus y los cardenales Caprio y Guerri habían accedido a ayudar a su abogado defensor prestando declaraciones en vídeo. Intrigada por lo que esos devotos hombres podrían tener que decir sobre Sindona, la fiscalía estatal no había puesto ninguna objeción contra lo que en realidad era una práctica muy inusual. Lo normal es que los testigos prestaran declaración bajo juramento en un tribunal frente al juez y el jurado. El juez del caso, Thomas Griesa, un hombre al que hasta ese momento Sindona no había podido eliminar, ordenó a los abogados de la defensa que volaran a Roma el 1 de febrero. Al día siguiente, poco antes de que se prestaran las declaraciones, intervino el secretario de Estado Casaroli. No se haría ninguna declaración.

Se sentaría un mal precedente. Se ha hecho demasiada mala publicidad en torno a esas declaraciones. Estamos muy disgustados por el hecho de que el gobierno estadounidense no conceda reconocimiento diplomático al Vaticano.

La decisión de Casaroli no se basaba, por supuesto, en ninguna de las objeciones formales que planteó. Se basaba en considerar las consecuencias de que Sindona fuera declarado culpable después de que tres prelados de alto rango de la Iglesia católica romana hubieran declarado bajo juramento que era tan puro como la nieve. Se les tacharía de mentirosos y, peor aún, todos los magistrados italianos demandarían la misma cooperación del Vaticano.

Esto llevaría a su vez a una violación expresa del Tratado de Letrán, que concedía a los cardenales inmunidad contra el arresto en Italia. El siguiente paso sería entonces un público examen del entramado empresarial del Vaticano. Esto conduciría inevitablemente hasta el banco de los papas.

Casaroli había salvado astutamente al Vaticano en el último minuto. Al hacerlo, había pasado por encima de una decisión del papa, quien había accedido gustosamente a la solicitud de que Marcinkus y los demás dijeran al mundo cuánto apreciaban a Sindona.

El 27 de marzo de 1980, Michele Sindona fue declarado culpable de sesenta y cinco cargos, entre ellos fraude, conspiración, perjurio, falsificación de datos bancarios y malversación de fondos. Tras recuperarse de un fallido intento de suicidio, el 13 de junio fue sentenciado a veinticinco años de cárcel y al pago de una multa de más de doscientos mil dólares.

El secretario de Estado Casaroli sabía que el papa Juan Pablo I había estado a punto de destituir al obispo Paul Marcinkus justo cuando se produjo su súbita muerte. También que, pese a que había dispuesto de las evidencias sobre el Banco del Vaticano y su serie de prácticas criminales, Juan Pablo II había declinado reemplazar a un hombre al que seguía teniendo en alta estima. Casaroli habló discretamente con un contacto en SISMI, el servicio italiano de inteligencia. Solicitó la más completa información disponible sobre Marcinkus y todos sus socios de negocios. Mientras el cardenal Casaroli intentaba impedir que el Banco del Vaticano se precipitara al borde del escándalo público, otros en Ciudad del Vaticano tenían preocupaciones más prosaicas. A las habitaciones privadas del papa llegó una segunda carta de unos muy exasperados empleados.

Santo Padre: ¿no cree usted que entre un viaje y otro podría volver a la Tierra, materialmente y entre nosotros, para resolver, entre tantos otros problemas, los que nosotros tenemos, y que son de su exclusiva competencia como jefe de Estado? En el segundo milenio, con tanto «progreso», justicia social, sindicatos y encíclicas papales, si nosotros queremos resolver nuestros problemas tenemos que escribirle al papa, porque todas las demás vías nos están vedadas.

En África, durante una inevitable reunión con misioneros polacos en Zaire, Wojtyla aludió directamente a los descontentos en las filas del Vaticano.

Algunas personas creen que el papa no debería viajar tanto. Que debería quedarse en Roma, como antes. A menudo oigo ese consejo, o lo leo en los periódicos. Pero aquí los lugareños dicen: «Gracias a Dios que usted está aquí, porque sólo viniendo podría saber de nosotros. ¿Cómo podría ser nuestro pastor sin conocernos? ¿Sin saber quiénes somos, cómo vivimos, cuál es el momento histórico por el que pasamos?». Esto me confirma en la creencia de que es el momento de que los obispos de Roma se vuelvan sucesores no sólo de Pedro, sino también de San Pablo, quien, como sabemos, nunca podía quedarse quieto y estaba siempre en movimiento.

Durante su viaje a Brasil, el papa visitó una de las favelas de Río. Enfrentado a la pobreza de las ciudades perdidas que lo rodeaban por todas partes, tomó un anillo de su dedo y lo donó a la diócesis local. Era un regalo que el papa Pablo VI le había hecho al nombrarlo cardenal. Sin duda ese objeto tenía un enorme valor sentimental para Karol Wojtyla; pero como contribución para resolver los problemas que veía a su alrededor, aportó poco más que un momento dramático y una oportunidad de foto para los medios.

En el Vaticano, las «responsabilidades exclusivas» del papa aún estaban a la espera de un gesto suyo menos público. En la última carta, los empleados del Vaticano habían hablado de obtener del papa cierto grado de «justicia social». Ése fue un tema que el papa usó durante su viaje a Brasil. En São Salvador da Bahia, región del país a la que durante décadas se le había negado su parte de los fondos del gobierno central, instó a los adinerados de la sociedad brasileña a hacer algo por los pobres. Llamó a los políticos, los ricos, los privilegiados, la élite del país a construir un «orden social basado en la justicia».

A corto plazo, la abrumadora mayoría de los viajes papales tuvo gran impacto, y las multitudes establecían vínculos temporales con el hombre del país lejano. Pero su efecto a largo plazo en la mayor parte de la gente fue mínimo. El hombre era amado, el mensaje ignorado. La abrumadora mayoría de los católicos romanos ha demostrado ser muy resistente a las enseñanzas del papa Juan Pablo II. Un significativo conjunto de evidencias confirma que, de hecho, habían rechazado sus enseñanzas sobre varios asuntos clave. Por lo que se refiere a conocer a «los lugareños», un recorrido de una hora por una favela, una breve escala en São Salvador, un discurso y un saludo y de ahí hacia el siguiente lugar de un apretado itinerario no son sólo actos irrelevantes, sino también superficiales y condescendientes.

Karol Wojtyla aún estaba en Brasil el 1 de julio de 1980. Ese mismo día, en su amada y muy añorada patria, el régimen comunista tomó una decisión de rutina que desencadenaría una serie de hechos trascendentales. Anunció nuevos aumentos de precios de la carne y otros productos básicos.

Capítulo 3 — Una revolución muy polaca →

Las directrices económicas de un sistema socialista de planificación central impuestas en Polonia desde Moscú después de la Segunda Guerra Mundial estaban en caída libre desde mucho antes
de 1980; pero el aumento de precios de la carne y de los alimentos básicos el 1 de julio de 1980 tuvo una inmensa repercusión en
Polonia. El precio de la carne había dejado de ser desde hacía mucho tiempo una mera cuestión de oferta y demanda. La estabilidad del precio de la carne y otros productos alimenticios se había
convertido en la garantía de la estabilidad socioeconómica. Era el
factor esencial en un pacto con la clase obrera, una promesa implícita de que el precio de la carne se mantendría en los niveles
de 1970; pero ese pacto se remontaba a una fecha anterior.

En junio de 1956, los obreros de la compañía constructora Stalin (invariablemente llamada compañía Cegielski por los no comunistas), en Poznan, tomaron las calles para protestar por una
situación económica que se había deteriorado durante años hasta

volverse insoportable. Una creciente multitud portaba toscas banderas y pancartas de factura casera que proclamaban «Pan y libertad».

Se sacaron los tanques contra la multitud. Las ametralladoras barrieron las calles. Pasaron dos días antes de que la ciudad volviera a la calma. Al menos cincuenta y cuatro personas murieron, y cientos más sufrieron heridas.

La de Poznan fue la mayor confrontación que el comunismo había encarado desde el fin de la Segunda Guerra Mundial, y para Polonia fue un momento histórico decisivo. Aparte de muertos y heridos, también fue inevitable que hubiera detenidos y presos, pero los comunistas aprendieron una verdad básica: es posible encarcelar a un hombre, pero no la idea que expresó.

El 12 de diciembre de 1970, en medio de la avalancha prenavideña, el secretario general Gomulka apareció en la televisión y la radio para difundir la noticia de un aumento de precios. Tranquilizó amablemente a la nación con el argumento de que el aumento promedio era de «sólo un 8 por ciento»; pero, como siempre en el caso de un político, y en particular de un político comunista, la trampa estaba en los detalles. El precio de la harina de trigo aumentaría un 16 por ciento, el del azúcar un 14 por ciento y el de la carne un 17 por ciento. El lunes siguiente, tres trabajadores de los astilleros Lenin de Gdansk marcharon al edificio del comité del Partido Comunista en esa ciudad para exigir la anulación de los aumentos. Sus demandas fueron rechazadas, y se les ordenó volver al trabajo. Pero no estaban con ánimos de retirarse tranquilamente a los muelles ni a ninguna otra parte. Furiosas multitudes de trabajadores empezaron a recorrer las calles de Gdansk; la milicia de la ciudad no pudo controlar la situación y el tumulto general fue en aumento.

Al día siguiente las protestas se extendieron a Gdynia, Szczecin y Elblag. El ejército y la policía, actuando bajo órdenes concretas del gobierno central, empezaron a ametrallar a los manifestantes, y mataron a cuarenta y tres trabajadores de los astilleros mientras que más de mil personas resultaron heridas, doscientas de ellas de gravedad. Soldados y policías armados polacos habían vuelto a matar a trabajadores polacos, pese a que muchos de ellos, como los asesinados en Gdynia, no habían hecho otra cosa que tratar de obedecer el llamamiento hecho en televisión por el viceprimer ministro, Stanislaw Kociolek, de volver al trabajo. El ejército se había apostado en el puente cerca de la línea ferroviaria de Gdynia Stocznia, por donde los trabajadores tenían que pasar de camino al astillero Comuna de París, así que el propio ejército les impidió ir a trabajar. Poco después llegaron más trabajadores, procedentes de la estación del ferrocarril; sin saber de la violencia, los recién llegados empezaron a caminar de forma precipitada. A las 6.05 de la mañana el ejército abrió fuego. Dieciocho individuos perdieron la vida en Gdynia ese día, trece cerca del astillero y cinco en las calles. El más joven tenía quince años, el mayor treinta y cuatro.

Frente a un país al borde de la insurrección nacional, Gomulka fue hospitalizado de urgencia el 20 de diciembre, «a causa de un ligero ataque de apoplejía», y Edward Gierek lo reemplazó como secretario general del régimen. Mientras visitaba a un sacerdote enfermo en un hospital de Cracovia, Karol Wojtyla se enteró de la destitución de Gomulka. El padre Jan Jakubczyk le refirió la declaración que había oído en un boletín de radio. Cuando terminó, Wojtyla guardó silencio largo rato antes de observar: «Realmente Dios actúa de forma misteriosa».

La Iglesia de Dios había estado ausente en Gdansk, Gdynia, Szczecin y Elblag. También los intelectuales habían faltado a las barricadas. Permanecían firmemente detrás de las puertas de sus institutos y universidades. Aquélla había sido, de principio a fin, una protesta obrera. Las vacaciones navideñas dieron lugar inevitablemente a un alto temporal de las protestas. Entre los que tuvieron entonces una oportunidad de reflexionar estaba el cardenal primado Wyszynski. Posteriormente, éste habló con Karol Wojtyla para asegurarse de que ambos predicaban el mismo sermón desde el púlpito. Para Wojtyla sería una especie de primer discurso político, la primera vez que pronunciaría en público desde el púlpito una crítica contra el régimen comunista. Wyszynski pidió amplias reformas y enumeró seis derechos básicos que todo ciudadano polaco merecía, entre ellos «el derecho a información veraz, a la libre expresión de opiniones y demandas, a la alimentación, a un salario digno y decente». Hizo de forma serena esas diversas solicitudes fundamentales, y al mismo tiempo instó a la moderación a los trabajadores. Era sumamente consciente de que el destino de Polonia se hallaba en el filo de la navaja.

Wojtyla en Cracovia también habló de los acontecimientos en la costa de Gdansk. «Fueron sucesos trágicos. ¡La medida de la tragedia que se desató esos días es que sangre polaca fue derramada por polacos!» También enumeró las seis demandas: «El derecho a la alimentación, el derecho a la libertad (...) a una atmósfera de genuina libertad, sin trabas, y no cuestionada ni amenazada en ningún sentido práctico; una atmósfera de libertad interior, ausencia de temor a lo que puede pasar si se actúa de una manera determinada o se hace acto de presencia en algún lugar».

Tanto el régimen como la Iglesia católica habían creído equivocadamente que la antorcha de la protesta de 1956 se había extinguido. Pero en 1970 había vuelto a encenderse en forma espontánea en los astilleros y las fábricas. La conciencia de los obreros había emergido, y esta vez los hechos no serían borrados de la historia de la nación. Un joven electricista en particular, miembro del comité de huelga de los astilleros Lenin, estaba profundamente comprometido con la causa de que los muertos fueran recordados; su nombre era Lech Walesa.

En junio de 1976, el régimen comunista en Polonia demostró que, como Gomulka antes que él, había olvidado lo que sucedía cuando el gobierno central aumentaba los precios de los alimentos. Así, de un lado a otro del país los trabajadores se declararon inmediatamente en huelga, y los astilleros del Báltico volvieron a ser ocupados. Se formaron comités de huelga.

Desde la fábrica de tractores en Ursus, cerca de Varsovia, varios miles de trabajadores le dieron sabor internacional a esa acción obrera. Marcharon a las líneas ferroviarias transcontinentales y se pararon frente al expreso París-Moscú.

En Radom, al suroeste de la capital, los obreros optaron por montar una forma más tradicional de protesta. En una acción evocadora de las iniciales protestas en Poznan en 1956, los huelguistas marcharon a las oficinas del partido comunista y les prendieron fuego. Esa misma noche, un aprensivo primer ministro Jaroszewicz anunció la anulación del aumento de precios. Pero la policía y las fuerzas de seguridad suelen exigir un pago, en particular cuando una protesta tiene éxito.

Esta vez en Radom y Ursus, los trabajadores tuvieron que hacer frente al acoso de dos filas de «camaradas» que esgrimían cachiporras. La policía, con el humor negro que caracteriza a sus agentes en todas partes, llamaba a esta práctica «el camino de la salud». Varias multas y sentencias de cárcel fueron impuestas por los tribunales y muchos miles fueron despedidos, pero los precios se mantuvieron sin cambios. Se permitió que la economía de Alicia en el País de las Maravillas de Polonia se tambaleara. Los precios se congelaron en los niveles de 1967. El gobierno siguió comprando a los obreros con aumentos salariales pagados con cuantiosos préstamos extranjeros. No había la menor esperanza de pagar esos préstamos con ingresos de las exportaciones, ya que casi nadie en el exterior quería automóviles o herramientas eléctricas polacos.

A diferencia de las protestas de 1970, los choques de junio de 1976 entre los trabajadores de Radom y Ursus y la policía sirvieron de estímulo para que varios intelectuales de Polonia se involucraran. En noviembre se formó un Comité para la Defensa de los Trabajadores (*Komitet Obrony Robotnikow*, KOR por sus siglas en polaco). Su homólogo católico (KIK), que tenía a Wojtyla como capellán, comenzó a ayudar activamente a individuos que eran explotados por el Estado. Grupos especiales de respuesta rápida cuya agenda era contradecir la propaganda comunista con información objetiva empezaron a celebrar seminarios en algunas iglesias y monasterios de Cracovia.

Siempre pragmático, a finales de ese año —en el que se había vuelto a ver un amplio descontento civil—, Wojtyla recordó en su sermón de Año Nuevo a sus fieles su gran proximidad a Rusia.

No podemos ser polacos irreflexivos: nuestra posición geográfica es demasiado difícil. Por lo tanto, todos los polacos tenemos la obligación de actuar con responsabilidad, especialmente en el momento presente. Sin embargo, tenemos que luchar por el derecho fundamental a definir quién forma la nación, qué es el Estado, como lo hicimos en los primeros meses de este año.

Entonces, en 1980, el régimen comunista volvió a demostrar su incapacidad colectiva para aprender de sus errores.

El secretario Gierek calculó que toda reacción hostil a las subidas de precios podría comprarse con aumentos salariales en industrias destacadas como las de los mineros, los obreros de los astilleros y otros sectores clave: la antigua y exitosa técnica comunista de divide y vencerás. Pero estaba equivocado.

Tres instituciones en particular se cercioraron de que las protestas de 1980 fueran diferentes a las anteriores. El KOR desempeñó un papel crucial en la segunda mitad de 1980; en segundo término, Lech Walesa, el joven electricista que había sido miembro del comité de huelga de los astilleros Lenin en 1970; el tercer elemento humano en el extraordinario drama que se desarrollaba fue la Iglesia católica polaca, bajo la forma del primado Stefan Wyszynski y sus obispos. En previas confrontaciones con el régimen, obreros e intelectuales no se habían unido; pero tras los terribles choques entre los trabajadores y el régimen en Radom y Ursus en junio de 1976, varios importantes intelectuales se habían sentido impelidos a participar en la lucha.

Los miembros fundadores del KOR incluían al ex miembro del partido comunista Jacek Kuron, al historiador judío Adam Michnik y a un antiguo disidente no comunista, Jan Jozef Lipski. El KOR empezó a establecer contacto directo con los trabajadores y a recolectar dinero para ayudar a familias cuyos miembros habían sido despedidos, arrestados, heridos o muertos. El KOR también recaudó fondos para pagar abogados defensores. Se recolectaba dinero no sólo en Polonia, sino también en Estados Unidos y Europa occidental. Se establecieron cuentas bancarias en el extranjero, y posteriormente se enviaban fondos al KOR por varios conductos. Después de junio de 1980, otras fuentes de fondos para el KOR, los diversos comités obreros y la Iglesia católica polaca incluían al gobierno de Carter a través de la CIA y al Vaticano mediante Roberto Calvi y su amplia variedad de canales de blanqueo de dinero.

La participación del Vaticano en esa ilícita e ilegal transferencia de fondos no ocurrió sin beneficios para el presidente del Banco del Vaticano, el obispo Marcinkus. El surgimiento de Solidaridad y su necesidad de apoyo extranjero, legal e ilegal, ocurrieron al mismo tiempo que el cardenal Casaroli se enteraba —por medio de su contacto en SISMI, el Servicio de Inteligencia Italiano de Información y Seguridad Militar, el general Pietro Musumeci, director de la sección interna— de muchas cosas sobre Calvi, Sindona e inevitablemente el obispo Marcinkus. Sin embargo, Musumeci tuvo un problema particular cuando llegó el momento de informar al secretario de Estado del Vaticano sobre las actividades criminales de miembros de P2 y el director del Banco del Vaticano. El general también era miembro de P2.

Musumeci era demasiado inteligente para dar buenas referencias de Marcinkus; así pues, mientras se guardaba la versión íntegra de esa historia de horror, proporcionó a Casaroli datos y detalles más que suficientes para asegurar la que habría sido una vacante instantánea en el puesto de presidente del Banco del Vaticano. El cardenal Casaroli ya tenía un informe muy detallado preparado por el cardenal Vagnozzi, pero éste no había sido suficiente para que el papa destituyera a Marcinkus. Armado ahora con información adicional, Casaroli hizo un nuevo intento. Para su sorpresa, el papa siguió negándose a deponer a Paul Marcinkus. «En este momento particular, eminencia (...). Con incertidumbres en Polonia (...) la inapreciable contribución del obispo (...)». La conexión polaca le había sido muy útil a Marcinkus en el pasado con Wojtyla. Y ahora le salvaba el cuello una vez más. El papa volvió a proteger a un hombre culpable, según todas las evidencias disponibles, de una vasta serie de graves delitos financieros. El papa no podía justificar su decisión con el argumento de que Marcinkus estaba excepcionalmente colocado para canalizar la ayuda a Polonia. Aparte de las fuentes ya referidas, había abundantes opciones. Otras organizaciones empezaron a emerger entre 1976 y 1980; a veces sus agendas convergían, en otras ocasiones los diversos grupos se oponían férreamente entre sí. El KOR y «Joven Polonia» compartían aspiraciones, y para 1978 financiaban en secreto al clandestino Sindicato Libre del Báltico, cuyos miembros incluían a futuros líderes de Solidaridad como Lech Walesa y Anna Walentynowicz. El abierto activismo del KOR fue particularmente efectivo, y la organización intentó basar sus acciones sobre todo en derechos existentes que el régimen hubiera optado históricamente por subestimar. Esos derechos eran garantizados por la Constitución polaca y el Acuerdo de Helsinki, firmado por todos los países del bloque soviético en agosto de 1975. El KOR también se apoyaba en los derechos laborales fundamentales igualmente reconocidos por ese bloque a través de varios acuerdos internacionales certificados por la Organización Internacional del Trabajo (OIT) en Ginebra. La OIT proporcionaría otra inapreciable vía de fondos y equipo para ayudar a la emergente Solidaridad. Estas muy astutas tácticas del KOR para actuar en el marco de derechos legalmente reconocidos servirían luego de modelo al movimiento disidente checo, Carta 77.

Joe Hill, un legendario activista sindical, proclamó memorablemente ante sus seguidores mientras se preparaba para enfrentarse a un pelotón de fusilamiento en Salt Lake City en 1915: «No me lloren. Organícense». El KOR y las demás organizaciones se tomaron en serio esa proclama en los años previos a julio de 1980. Muchos de sus miembros fueron frecuentemente golpeados, arrestados y encarcelados, y privados de toda una serie de derechos fundamentales. Su persistencia cuando tenían todo en contra es un testimonio de su valor, compromiso y empecinamiento polaco.

Lech Walesa no creó solo Solidaridad, como tampoco agrupó y organizó solo a los trabajadores ni fue el único líder de los huelguistas. En realidad, algunos de sus más cercanos aliados terminarían por considerarlo un comunista infiltrado. Pero Walesa le dio a la lucha, en un periodo crucial, un rostro humano, una personalidad. Los trabajadores de los astilleros de Gdansk podían relacionarse e identificarse con él, pero lo mismo podían hacer los medios de comunicación occidentales y el mundo que observaba los acontecimientos. Hoy, más de un cuarto de siglo después, pocos fuera de Polonia recuerdan otros nombres, como los de Anna Walentynowicz, Joanna y Andrzej Gwiazda, Alina Pienkowska, Bogdan Borusewicz, Bogdan Lis y Ewa Ossowska. También muchos otros hicieron una valiosa contribución a la victoria final.

Al anunciarse el aumento de precios el 1 de julio, hubo inmediatos paros laborales en protesta. Las protestas se extendieron rápidamente; el 11 de julio los altos directivos de varias plantas, como acerías y fábricas de tractores, fueron trasladados a Varsovia por vía aérea. Gierek y otros miembros del gobierno les informaron de que volvería a usarse la ya probada y segura táctica: industrias clave recibirían aumentos salariales de un 10 por ciento o más. Contenedores repletos de carne se enviarían rápidamente a los principales puntos neurálgicos. Sería la antigua fórmula comunista de divide y vencerás, literalmente engordada.

Lo que hizo diferentes a esas protestas fue que la red de información se encargó de que las noticias volaran por todo el país. La tradicional estrategia del régimen comunista —total supresión de noticias— fue derrotada por un solo teléfono de un apartamento de Varsovia. En él el miembro del KOR Jacek Kuron, ayudado por un estudiante de inglés del grupo Solidaridad Estudiantil de Cracovia, mantuvo un puntual y permanente seguimiento de la huelga y actuó como un centro de distribución de noticias fidedignas. Junto con las noticias se difundían los paros y las huelgas. Del apartamento de Kuron salía información no sólo para colegas que operaban con otros teléfonos en toda Polonia, sino también para corresponsales y radios occidentales. Estaciones como BBC World Service, en Londres, y Radio Free Europe, en Munich, difundían durante horas la información, en polaco. Al terminar la primera semana de agosto, ya se habían producido ciento cincuenta huelgas.

No obstante, Edward Gierek partió para sus vacaciones anuales en Crimea. Seguro de que su filosofía de divide y vencerás ganaría la partida, dio garantías a uno de sus compañeros de vacaciones, el presidente soviético Leonid Brezhnev, de que el politburó polaco tenía la situación totalmente bajo control. Una semana después, el 14 de agosto, trabajadores de los astilleros Lenin en Gdansk iniciaron una sentada dentro de las instalaciones. Sus demandas iniciales eran modestas: querían la reincorporación de una popular obrera, Anna Walentynowicz, y un aumento salarial compensatorio de mil zlotys para neutralizar el aumento de precios. Esas limitadas ambiciones aumentarían a veintiún demandas, que incluían el derecho a formar sindicatos libres, el derecho de huelga, el respeto a la libertad de palabra, prensa y publicación y otras libertades que acabarían con el control del comité central del Partido Comunista Polaco sobre el país.

El 15 de agosto, el primado Wyszynski no había hecho ninguna referencia en su sermón a los acontecimientos que se desenvolvían en Gdansk y otras ciudades, sino que optó por celebrar el aniversario de la victoria del mariscal Pilsudski sobre los rusos en 1920. Dos días después, el 17 de agosto, sabedor de que el gobierno polaco seguía negándose a celebrar negociaciones abiertas con el comité de los huelguistas encabezado por Lech Walesa, el primado abordó la realidad obrera. En un sermón en el santuario mariano de la baja Silesia, habló del «tormento y desasosiego de la nación» y rindió tributo a «los trabajadores que luchan por sus derechos sociales, morales, económicos y culturales». La red de televisión, controlada por los comunistas, excluyó esas frases de su sermón, pero transmitió de buena gana en el noticiero otra parte, en la que Wyszynski había llamado a los trabajadores a mostrar «calma y buen juicio».

El 20 de agosto, durante una audiencia general de visitantes predominantemente polacos en el Vaticano, el papa habló en su lengua polaca mientras recitaba dos oraciones sagradas para pedir a Dios que protegiera a su patria. Concluyó:

Estas oraciones indican lo unidos que estamos aquí en Roma con nuestros hermanos polacos, y con la Iglesia en particular, cuyos problemas están cerca de nuestro corazón y para los que buscamos la ayuda del Señor.

Ese mismo día envió mensajes al cardenal Wyszynski en Varsovia, el cardenal Macharski en Cracovia y el obispo Stefan Barela en Czestochowa. En esas tres cartas, el papa alineó cautelosamente a la Iglesia católica con los huelguistas.

Ruego por que, una vez más, el episcopado, con el primado a la cabeza, pueda ayudar a la nación en su lucha por el pan de cada día, la justicia social y la salvaguarda de su inviolable derecho a su propio modo de vida y su realización.

Para el 20 de agosto, sin embargo, había mucho más en juego que las generalidades esbozadas en las cartas del papa a sus obispos en Polonia. Pese a que una gran fotografía del pontífice se había colocado en las puertas de los astilleros de Gdansk, en realidad él era un espectador que contemplaba desde la distancia cómo se desenvolvía una revolución en su patria. Tres días antes de su mensaje, el comité de huelga había presentado las históricas veintiún demandas que cambiarían el curso de la historia de Polonia. Los obispos polacos se mostraban igualmente vacilantes frente a la realidad de lo que estaba en juego. El día en que el papa envió sus cartas cuidadosamente redactadas, catorce líderes disidentes, entre ellos los del KOR Kuron y Michnik, fueron arrestados. Pero para entonces el servicio de información del KOR había acumulado fuerza vital propia, y los arrestos tuvieron escaso efecto.

El 22 de agosto, el viceprimer ministro Jagielski accedió finalmente a iniciar negociaciones. Tres días antes, la huelga había estado cerca del desplome total, pero ahora los trabajadores habían logrado un avance importante. Su posición había adquirido fuerza cuando quedó claro que los astilleros Warski, en Szczecin, rechazaban la estrategia de Gierek de un aumento salarial del 10 por ciento y abrazaban las demandas de Gdansk. Un tercer comité de huelga interfabril se había formado en la importante ciudad industrial norteña de Elblag. Representaba a más de diez mil trabajadores, y envió una delegación a Gdansk para declarar que se guiaría por las decisiones tomadas en los astilleros Lenin por Walesa y sus compañeros negociadores. Otras huelgas ocurrían en Varsovia, Ursus, Nowa Huta, Bydgoszcz y Torun. Esto comenzaba a tomar la apariencia de un movimiento nacional unificado. El 22 de agosto, el mismo día en que el régimen finalmente inició negociaciones con el comité de huelga, un grupo de intelectuales llegó a Gdansk para ayudar y asesorar a los trabajadores. Entre ellos estaban Tadeusz Mazowiecki, director de la revista mensual católica *Wiez-Link*, y Bronislaw Geremek, destacado medievalista. Esto habla elocuentemente de la sagacidad del poco instruido Walesa, quien conocía el valor de tales hombres. «Nosotros sólo somos obreros —les dijo—. Los negociadores del gobierno son hombres preparados. Necesitamos a alguien que nos ayude.» Así nació lo que después se conocería como la Comisión de los Expertos.

Al día siguiente, el obispo Kaczmarek, que había negociado el derecho a que se celebrara misa diaria en los astilleros Lenin, emitió una declaración pública de apoyo a los trabajadores. Ese día arrancaron también las conversaciones, con el comité de huelga de un lado de la mesa y con la comisión del gobierno encabezada por el viceprimer ministro Jagielski del otro. Mientras tanto, el secretario general Edward Gierek, en su afán de neutralizar a la Iglesia católica, tuvo una reunión de cuatro horas con el cardenal Wyszynski. Pidió al primado que colaborase en desactivar una situación potencialmente explosiva. Todos eran más que conscientes de la posibilidad de la intervención soviética. Gierek dio garantías al primado de que, mientras él siguiera siendo secretario general, no se usaría la fuerza contra los «trabajadores de la costa», y de que, aunque «se ejercen grandes presiones sobre nosotros, y sobre mí en lo personal, no tengo ninguna intención de capitular».

El 26 de agosto, cuando las negociaciones mantenían un delicado equilibrio, el primado pronunció un sermón en Jasna Gora, en el primer día de Nuestra Señora de Czestochowa. Pidió «calma, equilibrio, prudencia, sabiduría y responsabilidad a toda la nación polaca». Tras observar que ninguno de los implicados en la disputa carecía de culpa, el cardenal instó a los huelguistas a volver al trabajo, advirtiendo que las huelgas prolongadas representaban una gran amenaza para el futuro de la nación.

Gierek observó posteriormente que el primado «se puso de nuestro lado». Gran parte de la nación coincidió con ello. Wyszynski manifestaría más tarde que sus palabras habían sido tergiversadas para transmitir un significado muy diferente de su intención. En efecto, la versión íntegra del discurso mostraba a un hombre profundamente preocupado porque su país aprendiera al menos algunas lecciones de su historia. Al referirse a los impetuosos días posteriores a la Primera Guerra Mundial, el cardenal Wyszynski había dicho: «Recordemos lo difícil que fue recuperar la independencia después de ciento veinticinco años de subyugación. Y que mientras dedicábamos mucho tiempo a discusiones y disputas internas, un gran peligro nos amenazaba, y amenazaba nuestra independencia». Su explicación de que su sermón había sido distorsionado por el régimen fue dejada de lado, y un hombre que tanto había hecho no sólo por su Iglesia sino también por su país quedó desacreditado a ojos de los demás, incluido al menos un individuo que debía haber desconfiado menos de él, Juan Pablo II.

El papa reprendió verbalmente al primado polaco. Apoyándose en un tergiversado informe del sermón, al día siguiente Wojtyla entró en cólera. Desde la seguridad y comodidad de su residencia de verano de Castelgandolfo, desdeñó al cardenal Wyszynski, por tratarse de un «anciano» que ya no tenía «sentido de orientación» respecto a los acontecimientos. El papa no tenía la menor idea acerca de las intenciones soviéticas mientras desempeñaba el papel del valiente patriota muy lejos de la realidad de una patria ocupada y con dos divisiones del ejército soviético allí instaladas. En vez de ello, el 27 de agosto confió «los grandes e importantes problemas de nuestro país» a Nuestra Señora de Czestochowa.

Sin ningún conocimiento de primera mano, había insultado al primado de Polonia. Una serie de documentos ultrasecretos de los archivos de la antigua Unión Soviética y de los antiguos países del Pacto de Varsovia recientemente publicados confirma la sabiduría y prudencia del cardenal Wyszynski, y su agudo «sentido de orientación» respecto a los acontecimientos. En su lugar, era el papa el que parecía haber perdido contacto con la realidad de la vida en un país ocupado. Esos documentos confirman asimismo que Edward Gierek no había sido del todo honesto con Wyszynski sobre la no utilización de la fuerza. En realidad, Gierek había dirigido la creación de un grupo de trabajo, cuyo nombre en clave era Lato-80, verano 80. Bajo la responsabilidad del viceprimer ministro, el general Boguslaw Stachura, se había creado un plan para desplegar comandos en helicópteros militares para asaltar los astilleros Lenin. A esto le seguirían arrestos masivos, e indudablemente la muerte de todos los cabecillas.

Stanislaw Kania y miembros más razonables del gobierno desestimaron esa sangrienta solución por considerarla una fantasía, y se le preguntó al general «si también se proponía enviar a sus paracaidistas armados con metralletas a todas las áreas de agitación obrera donde los huelguistas persistieran en sus demandas». Kania y los moderados fueron indudablemente influidos por la entonces última contribución importante de la Iglesia católica polaca a la resolución de la crisis. Un comunicado del influyente Consejo del Episcopado Polaco, encabezado por Wyszynski, se publicó el 27 de agosto.

Se señala y recuerda enérgicamente a todos que el respeto a los inalienables derechos de la Nación es la condición de la paz interna. Entre esos derechos están: el derecho a Dios, a la plena libertad cívica, incluida la libertad religiosa y la libre actividad de la Iglesia, y a la verdadera, no sólo declarativa, tolerancia de opiniones.

Este equivalente de una Declaración de Independencia polaca de finales del siglo XX en un país ocupado y asediado por todas partes por el poder de la Unión Soviética enumeró una larga lista de derechos fundamentales. Entre ellos estaban:

(...) el derecho a la verdad (...) al pan de cada día (...) a la propiedad individual y a la administración de la tierra en granjas que incluyan granjas privadas (...) a una justa remuneración del trabajo (...) el derecho de asociación, a la independencia de los organismos representantes de los trabajadores y a la autogestión (...).

Ese eficaz documento, elaborado por el primado y sus obispos, desmintió las afirmaciones del régimen de que Wyszynski y la Iglesia apoyaban al gobierno comunista. Reveló a los críticos del primado, no sólo en Polonia sino también en el Vaticano, que el politburó polaco y el resto del mundo comunista se enfrentaban entonces no a una minoría en Polonia, sino a la vasta mayoría.

El Acuerdo, como se le llamó desde siempre al ser firmado y refrendado por Lech Walesa y su equipo y el viceprimer ministro Jagielski y sus colegas negociadores el último día de agosto, contenía frases y demandas que habrían sido inimaginables a principios de ese mes. «Sindicatos independientes y autónomos. (...) Garantía del derecho de huelga. (...) Respeto a la libertad de expresión. (...) Liberación de todos los presos políticos (...).» Fue un acuerdo ampliamente reconocido como el más significativo acontecimiento en Europa oriental desde el fin de la Segunda Guerra Mundial.

Muchos habrían podido reclamar legítimamente parte del crédito de lo alcanzado; pero la idea de que Juan Pablo II fue en gran medida responsable de eso es una fantasía perpetrada por el Vaticano y varios biógrafos papales después de ocurridos los hechos, fantasía que el propio papa desechó. Tadeusz Mazowiecki, quien, a diferencia del papa y sus biógrafos, estuvo en el corazón mismo de la lucha como miembro del equipo de asesores clave de Lech Walesa y los demás trabajadores, observó:

(...) queríamos cerciorarnos de que eso no terminaría en un baño de sangre. La determinación de los obreros de mantener una actitud pacífica ante cualquier provocación violenta fue decisiva. El papel del cardenal Wyszynski fue muy significativo. Y una parte del papel del KOR, el método que la clase obrera usó para luchar, el método pacífico, fue muy importante para evitar un derramamiento de sangre.

Como se ha demostrado en este relato, el papa dijo poco en público, y no mucho más en privado, sobre esa histórica lucha durante el mes de agosto. La contribución de Karol Wojtyla en ese lapso fue, en efecto, principalmente simbólica. El muy denostado cardenal Wyszynski y sus obispos, en cambio, habían desempeñado finalmente un papel clave en el drama. Durante la noche del 17 de agosto, la agencia de prensa soviética Tass divulgó afirmaciones de que elementos subversivos antisocialistas operaban en la región costera del este de Polonia, maniobra de propaganda que bien habría podido anunciar la aparición de tanques en las calles de Gdansk. El cardenal Wyszynski envió al profesor Romuald Kukolwicz al politburó del Partido Comunista Polaco como su representante personal. El profesor llevaba consigo un ofrecimiento para mediar entre la comisión del gobierno y el comité de huelga interfabril de Walesa. El ofrecimiento fue aceptado y, la mañana del 28, Kukolwicz, junto con otro representante del cardenal, el profesor Andrzej Swiecicki, voló a Gdansk. El profesor Kukolwicz había sido uno de los asesores privados de Wyszynski desde 1972. Había sido enviado por el primado a los astilleros Lenin desde el 21 de agosto, y desde entonces rara vez se separó de Walesa. Tres días después, los acuerdos tanto de Szczecin como de Gdansk se habían firmado.

Si Lech Walesa y su comité hubieran podido oír la discusión del politburó polaco poco antes de la firma del Acuerdo, se habrían dado cuenta de la fragilidad de éste. Tras rechazar la sugerencia de enviar comandos con órdenes de matar a todos los líderes de la huelga, el politburó aceptó, en palabras de Gierek, «elegir el menor de los males, firmar el acuerdo y después encontrar la manera de incumplirlo». Esa duplicidad recibió la cálida aprobación de sus amos soviéticos.

Una semana antes de alcanzados los Acuerdos de Gdansk y Szczecin, el politburó soviético estableció una comisión especial sobre Polonia. Su primer informe «ultrasecreto» ilustra la profunda ansiedad de los dirigentes de la Unión Soviética. Para cuando Brezhnev, Andropov y los demás altos miembros del comité central se reunieron a principios de septiembre de 1980, ya se había obtenido un tercer acuerdo entre el gobierno polaco y el comité de huelga interfabril (al que se conoce invariablemente por sus siglas en polaco como MKS), esta vez en beneficio de los mineros del carbón de la ciudad de Jastrzebie, en Silesia. El informe secreto contenía la esencia del plan de contraataque de los soviéticos: «Reclamar las posiciones perdidas entre la clase obrera y el pueblo». También incluía estrategias más siniestras, envueltas en eufemismos del politburó: «Si las circunstancias lo justifican, sería aconsejable usar los medios administrativos contemplados».

Los soviéticos ya habían presionado a los polacos para que destituyeran al primer ministro Edward Babiuch; en septiembre, también Edward Gierek había sido destituido de su cargo. El nuevo primer ministro era Jozef Pinkowski; el nuevo secretario general, Stanislaw Kania. Éste creía necesario planear un contraataque nacional a gran escala contra el movimiento de Solidaridad, que se había extendido rápidamente por todas partes. En los dieciséis días posteriores a la firma del Acuerdo de Gdansk, Solidaridad había alcanzado un número de afiliados superior a tres millones de personas. Para el 24 de septiembre se había puesto fin a la redacción de los estatutos para promulgar el acuerdo, y éstos fueron debidamente presentados al tribunal provincial de Varsovia para su ratificación. El cambio revolucionario no se limitaba a los miembros de Solidaridad; los agricultores de Polonia anunciaron que ellos también querían un sindicato independiente y autónomo; lo mismo hicieron los estudiantes, las universidades, las escuelas profesionales, los escritores, los periodistas, los médicos, los arquitectos y los economistas. Solidaridad era algo más que un nuevo sindicato: ya se había convertido en un estado mental nacional.

Para fines de septiembre era obvio que las antiguas técnicas comunistas de dilación, ofuscación y obstruccionismo hacían todo lo que podían por neutralizar el acuerdo. Aunque la santa misa se había transmitido por la radio estatal, a Solidaridad se le seguía negando el acceso a los medios. Los aumentos salariales se concedían lentamente o no existían, y muchos de los demás puntos acordados no se estaban aplicando. Por lo tanto, Solidaridad llamó a una huelga nacional singularmente polaca: sólo una hora el viernes 3 de octubre, entre el mediodía y la una, en determinadas fábricas, trabajos y departamentos. En ciertos lugares sólo un hombre hizo huelga una hora, sosteniendo la bandera nacional en la puerta de la fábrica. Esta acción obrera demostró que al régimen y a la Iglesia se había unido ya Solidaridad como una organización que disponía de apoyo nacional incondicional.

En el Vaticano, un titubeante papa aún necesitaba un poco de convencimiento. Tadeusz Mazowiecki, miembro del consejo de expertos que había guiado a Walesa y sus compañeros trabajadores por las cruciales negociaciones de agosto, fue a Roma a principios de octubre. Ésa fue la primera conversación del papa con alguien que realmente había estado en los astilleros Lenin desde cerca de tres meses antes, y él tenía urgentes preguntas sobre Solidaridad. «¿Durará? ¿Tiene futuro este movimiento?» Mazowiecki tranquilizó al papa: «Sí, durará. Tiene verdadero futuro».

El tribunal de Varsovia seguía considerando la ratificación de los estatutos que Lech Walesa había presentado cuando la Conferencia de Obispos Polacos ofreció otro gesto de apoyo nacional: el 16 de octubre emitió una declaración en la que llamaba a la plena aplicación de lo que se había acordado conjuntamente en Gdansk. El primado Wyszynski complementó esto días después reuniéndose con otro de los líderes de Solidaridad en Varsovia, Zbigniew Bujak. Después de manifestarle que él y el sindicato contaban con el apoyo incondicional de la Iglesia, el primado declaró: «Estoy con ustedes». Dos días más tarde, el cardenal Wyszynski voló a Roma para asistir a las últimas sesiones del sínodo sobre la familia e informar al papa.

En Polonia, los líderes de Solidaridad se adelantaron a los acontecimientos. Kania sabía que disponía del apoyo del mando soviético, sólo para descubrir que, a través de Walesa y su comité, los agricultores privados ya exigían un sindicato independiente. Asimismo, a la lista de demandas de Solidaridad se añadieron otros cuatro puntos de los acuerdos del verano: acceso a los medios de comunicación masiva, aumentos salariales, existencias en las tiendas y fin a la «represión» contra los activistas sindicales y de la oposición.

En cuanto a la cuestión de fondo de que el acuerdo no debía alterarse y los estatutos debían legalizarse sin cambios, ambas partes convinieron en acatar el fallo de la Corte Suprema sobre el recurso de Solidaridad. Cuando los negociadores del gobierno rechazaron algunos de los otros puntos que habían aceptado apenas una hora antes, una oleada de furia recorrió el país. Graves fisuras empezaron a aparecer en el antes unido frente que Solidaridad había presentado. Observadores occidentales comenzaron a hablar por primera vez de «halcones» y «palomas», o «radicales» y «moderados». Con muchos millones de miembros, el incipiente movimiento contenía todas esas categorías y muchas más. Walesa y su grupo de asesores se oponían a toda acción de huelga hasta después de que la Corte Suprema anunciara su decisión, el 10 de noviembre. No prevalecieron sus opiniones, y se pusieron en marcha preparativos para una huelga nacional, sin importar la decisión, para el 12 de noviembre.

Las condenas de Solidaridad por otros países del bloque oriental crecieron en volumen e intensidad. En Alemania Oriental y Checoslovaquia, los medios orquestados por Honecker y Husak eran particularmente virulentos. Las palabras «violencia», «disolución», «provocación», «vandalismo» y «hooliganismo» se usaban con regularidad en el diario comunista checo *Rudé Právo* para describir a Solidaridad. Otros titulares comunistas sugerían una gigantesca conspiración para lograr la elección de Karol Wojtyla como papa antes de orquestar esa contrarrevolución en Polonia. «¿A quién aplaude Wall Street? ¿A quién aplaude la Casa Blanca? Con la bendición del Vaticano. Con el BND [servicio de inteligencia de Alemania Occidental] contra Polonia. La CIA financia al sindicato de Walesa.» En Estados Unidos la CIA entregaba informes diarios al presidente sobre la creciente actividad militar soviética. Desde mediados de octubre habían notado que los soviéticos parecían estar preparando a varias divisiones en el oeste de la URSS y poniéndolas en estado de alerta. El consejero de Seguridad Nacional, Zbigniew Brzezinski (el hombre sospechoso en el mundo comunista de haber orquestado personalmente la elección del papa), estaba seguro de que los soviéticos invadirían Polonia o bien orquestarían un golpe interno y pondrían al mando a un régimen de línea dura.

El 10 de noviembre la Corte Suprema de Polonia anunció su decisión. Las cláusulas adicionales que tanto habían ofendido a Walesa y su comité fueron eliminadas de los estatutos, aunque colocadas junto con los siete primeros puntos del Acuerdo de Gdansk como apéndice. El cardenal Wyszynski ofreció una fiesta al satisfecho Walesa y los demás líderes de Solidaridad, en la que habló de sus experiencias antes de la Segunda Guerra Mundial, cuando había sido capellán sindical. Al comentar su viaje a Roma, les dijo que el papa tenía ya en sus manos un gran álbum de fotografías que cubría los momentos clave de la huelga de Gdansk. Wyszynski dio asimismo prudentes consejos; en referencia al régimen comentó: «No pidan mucho demasiado pronto». Pensaba que los soviéticos, tanto como el politburó polaco, bien podían sentirse provocados por esa victoria particular; tenía razón. No sólo a Leonid Brezhnev y su politburó, sino también a los mandos comunistas de toda Europa oriental, les enfureció que el Partido Comunista hubiera sido relegado a un apéndice de los estatutos. Brezhnev se encolerizó aún más cuando se enteró, por boca de su embajador en Polonia, Boris Aristov, de que eso había sido un hecho consumado antes de que la Corte Suprema orquestara la farsa de anunciar su decisión «independiente». Aristov había intervenido personalmente en un vano intento por lograr que ese trato se eliminara antes de que se hiciera público, pero sin éxito.

Solidaridad canceló pronto su huelga nacional, y la reacción de los medios occidentales fue resumida por *The New York Times*, que describió a Solidaridad como «un poderoso movimiento obrero que había forzado al gobierno a ceder». El 12 de noviembre, al dirigirse a peregrinos polacos al final de su audiencia general semanal, el papa dijo que deseaba «expresar mi júbilo por lo logrado en nuestra patria en días recientes». Envió «bendiciones con todo mi corazón» a los nuevos sindicatos. Para terminar, expresó la esperanza de «que la madurez que ha caracterizado en los últimos meses la conducta de nuestros compatriotas y de la sociedad, así como de las autoridades, continúe prevaleciendo».

El 15 de noviembre, el papa y su séquito partieron del Vaticano a un nuevo viaje al extranjero, una visita de cuatro días a Alemania Occidental. Esta visita suscitó reacciones variadas; la línea oficial fue expresada por el viejo amigo de Karol Wojtyla y editor Jerzy Turowicz, quien, como reportero de *Tygodnik Powszechny*, de Cracovia, hizo notar que «la presencia del papa destruyó manidos estereotipos y cambió la imagen del papado y la Iglesia católica». Este comentario era válido desde cierta perspectiva. Ute Ranke-Heinemann, la teóloga luterana e hija del ex presidente alemán Gustav Heinemann, sin embargo, fue una de las que, entre un gran número de alemanes occidentales, condenaron el dispendio de diez millones de dólares «para un espectáculo piadoso» cuando la vida de tantos seres humanos hambrientos habría podido salvarse con ese dinero. Dijo Ranke-Heinemann: «Los derechos de los pobres tienen prioridad sobre la devota curiosidad de la sociedad de consumo. Tan sólo los nuevos reflectores frente a la catedral de Colonia han costado setenta y cinco mil dólares». El cardenal Höffner, una de las personas influyentes de Alemania durante la campaña para la elección de Wojtyla, se indignó por las protestas. «¿Cómo podemos hablar de una cosa tan mundana como el dinero cuando se trata de la peregrinación espiritual del Vicario de Cristo a este país?» Su intervención no hizo sino atizar el fuego de las quejas. Tanto católicos como protestantes críticos calcularon el costo combinado de los altares exteriores en Colonia y Fulda en más de quinientos mil dólares.

Contra el telón de fondo de esas quejas, los comentarios del papa durante sus sermones acerca del desempleo y de la necesidad de compartir los limitados recursos del mundo en forma equitativa fueron recibidos con algo menos que un sincero entusiasmo. Pisó tierra más firme cuando aseveró que la guerra «jamás volvería» a dividir a Europa. Tales sentimientos, pronunciados por un polaco en suelo alemán, contenían una intensidad especial: «La pavorosa destrucción, los indescriptibles sufrimientos de tantos, el desprecio al hombre, no deben repetirse jamás en esta generación, ni en este continente ni en ningún otro». Por estas observaciones el papa recibió un gran aplauso.

A unos cuantos kilómetros de distancia, en Alemania Oriental, sin embargo, el líder del Estado comunista y su politburó instaban en ese preciso momento no sólo a sus amos soviéticos, sino también a los demás miembros del Pacto de Varsovia, a infligir nuevos sufrimientos a la nación polaca.

→ ¿UNA INVASIÓN SOVIÉTICA?

A principios de noviembre, Leonid Brezhnev había escrito a los secretarios generales de Checoslovaquia, Alemania Oriental, Bulgaria y Hungría para pedirles que renunciaran a un porcentaje del volumen de las remesas de petróleo que esperaban recibir al año siguiente de la Unión Soviética. La diferencia se vendería en el mercado mundial para recaudar divisas fuertes para Polonia y mantener a flote la economía de este último país. Honecker, de Alemania Oriental, instó a Brezhnev a adoptar «medidas colectivas para asistir a nuestros amigos polacos en la superación de la crisis». Tras observar que el «oportuno consejo» de Brezhnev a los mandos polacos no había tenido la «decisiva influencia que todos habíamos esperado», Honecker instó a una inmediata invasión soviética. Había llegado a la conclusión varios meses antes de que Polonia en

1980 era una repetición idéntica de Checoslovaquia en 1968. Compartían esta conclusión los líderes de Bulgaria, Checoslovaquia y Hungría. El comunismo había respondido a la Primavera de Praga con una salvaje y brutal represión. En la opinión colectiva de esos cuatro jefes de gobierno, Polonia demandaba la misma respuesta.

A medida que se producían nuevas confrontaciones entre las autoridades gubernamentales polacas y los sindicatos, con frecuentes sentadas, la temperatura volvió a subir. Una huelga de dos horas de los trabajadores del ferrocarril el 24 de noviembre inquietó en particular al presidente Brezhnev y su politburó. Como la Unión Soviética tenía cerca de medio millón de soldados estacionados en Alemania Oriental, sin un sistema ferroviario operativo en Polonia esos soldados perderían contacto con su patria.

En Estados Unidos, el memorándum de alerta del día siguiente, un informe ultrasecreto de inteligencia para el presidente y aproximadamente ciento cincuenta particulares con la debida autorización de seguridad, fue una sombría lectura para Jimmy Carter:

El régimen polaco se enfrenta al más grave desafío a su autoridad desde el fin, en agosto, de las huelgas en la costa del Báltico. (...) Las demandas de la sección de Solidaridad en Varsovia van mucho más allá de lo que nuestros analistas de inteligencia creen que el régimen puede aceptar.

Ésta era precisamente la situación que el prudente cardenal Wyszynski había aconsejado evitar a Walesa y su comité. Ese informe de inteligencia recordó asimismo al presidente que, aunque aún no había ninguna evidencia de movilización soviética a gran escala, los ejercicios militares del mes anterior habían dejado a los soviéticos bien situados para activar una rápida fuerza de invasión. Todos los documentos importantes confirman que si, en efecto, el ejército soviético hubiera entrado en Polonia, la respuesta de Estados Unidos habría sido muy limitada. Documentos del Departamento de Estado hablan de «la ruptura de la distensión política (...) una reducción de la cooperación Este-Oeste en Europa».

La inteligencia estadounidense seguía consolándose con la falta de movimientos significativos de tropas mientras noviembre llegaba a su fin. Ese alivio se alteró un tanto el 29 de noviembre, cuando la comandancia general del grupo de fuerzas soviéticas para Alemania Oriental anunció el cierre hasta el 9 de diciembre de prácticamente toda la frontera de Alemania Oriental con Polonia. Simultáneamente, a todo el personal de defensa aérea de Alemania Oriental se le cancelaron sus permisos para el mismo periodo. Mientras el gobierno de Carter dudaba acerca de la respuesta apropiada, el consejero de Seguridad Nacional Brzezinski se sentía menos inhibido y advirtió abiertamente a los medios de las «calamitosas consecuencias de una intervención militar soviética».

Durante los primeros días de diciembre, el presidente Carter escribió a la primera ministra británica Thatcher, el canciller de Alemania Occidental Schmidt y el presidente francés Giscard d'Estaing para compartir sus preocupaciones por las diversas actividades de las fuerzas militares soviéticas y de Europa oriental. «(...) La situación en Polonia ha entrado en su etapa más crítica. (...) Los preparativos para una posible intervención han progresado más que en cualquier periodo anterior.» En esa carta notificó que el gobierno estadounidense «aprovechará todas las oportunidades de expresar a los líderes soviéticos nuestra más profunda preocupación por una posible intervención militar suya en Polonia», y pidió a los líderes aliados «consultarnos muy de cerca sus acciones para impedir la intervención soviética». Al día siguiente, el director de la CIA Turner escribió a Carter: «Soy de la opinión de que los soviéticos preparan sus fuerzas para la intervención militar en Polonia. No sabemos, sin embargo, si han tomado la decisión de intervenir o aún intentan una solución política». El presidente, a pesar de los apremios de Brzezinski, siguió abordando con serenidad la crisis polaca. No prestaba atención a las filtraciones a los medios de comunicación de detalles «extraoficiales» de inteligencia sobre los preparativos soviéticos para la intervención.

El ritmo había vuelto a intensificarse para el 3 de diciembre, pues la inteligencia estadounidense informó a Carter de que las fuerzas soviéticas habían sido alertadas de un posible movimiento en el curso de los cinco días siguientes. El presidente Carter respondió con una declaración pública que expresaba «preocupación por los acontecimientos en Polonia» y una carta privada a Brezhnev que advertía que las relaciones con Estados Unidos «se verían adversamente afectadas» si se usaba la fuerza en Polonia. Pero Brezhnev no escuchó.

Dos días más tarde, una reunión de los países del Pacto de Varsovia tuvo lugar en Moscú, para aprobar la inminente invasión de Polonia. Sólo dos jefes de Estado se opusieron a la intervención soviética, el rebelde líder rumano Nicolae Ceaucescu y el secretario general polaco Stanislaw Kania, quien en ese foro se veía rodeado de franca animadversión. Mientras Honecker, de Alemania Oriental; Zhivkov, de Bulgaria; Husak, de Checoslovaquia, y Kadar, de Hungría, escuchaban a Kania intentar lo imposible, veían al perfecto chivo expiatorio para todo lo que aquejaba a sus países. Kania recordó a sus interlocutores un poco de la historia reciente de Polonia: Poznan en 1956, Gdansk en diciembre de 1970 y Radom y Ursus en 1976. Ninguno de esos sucesos, por supuesto, era culpa de Kania, pero sirvieron para ilustrar que el nacimiento de Solidaridad había seguido a un largo periodo de gestación, y todo ello no bajo un papa polaco, sino bajo una sucesión de italianos. Con la intención de frustrar los designios de sus enemigos en la sala, habló de las medidas entonces consideradas por el régimen polaco, incluida la aplicación de la ley marcial. Reveló la operación que en esos días se planeaba y ponía en práctica, de armar a miembros de confianza del partido para que pudieran operar como una milicia independiente del ejército.

Se han puesto en marcha preparativos para arrestar a los contrarrevolucionarios más activos. (...) La situación en «Solidarnosc» es muy complicada. Su líder Walesa en realidad sólo es un títere, aunque muchas personas trabajan para acrecentar su popularidad. Podría decirse que es una persona astuta pero medio estúpida dirigida por otros. Personas que colaboran con el KOR ejercen influencia en Solidarnosc. Queremos separar a Solidarnosc del KOR. Ya nos hemos puesto manos a la obra. (…) Los jóvenes tienen mucha influencia sobre la actividad de Solidarnosc. Éste ya no es un «Comité para la Defensa de los Derechos de los Trabajadores»; es la anarquía.

Kania minó inteligentemente el argumento a favor de la invasión soviética de varias maneras, e intentó persuadir a sus pares de que el régimen polaco sabía lo que debía hacer:

Sería mejor para Polonia, y para el futuro de todos nuestros países socialistas, que esos problemas se resolvieran internamente, sin la «ayuda» de nuestros vecinos amantes de la libertad.

Muchos de los oradores, entre ellos el presidente Brezhnev, identificaron el papel de la Iglesia católica polaca como un factor clave. Durante sus conclusiones finales, Brezhnev observó:

Está claro para nosotros que una confrontación con la Iglesia sólo empeoraría la situación. Pero con esto en mente, debemos influir tanto como sea posible en los círculos moderados de la Iglesia católica para que adopten nuestra dirección, e impedir que se alíen estrechamente con las fuerzas extremistas antisocialistas y con quienes desean la caída del socialismo en Polonia para tomar el poder.

Al final Brezhnev dio marcha atrás en sus planes de llevar a cabo una invasión. El compromiso de Kania con la aplicación de la ley marcial y la preocupación por una posible revuelta polaca de grandes proporciones habían frenado la mano soviética. No obstante, la movilización de tropas soviéticas continuó, para asegurar que los líderes polacos estuvieran expuestos a la máxima presión.

Carter seguía haciendo una lectura deficiente de los servicios de inteligencia de su país, y hasta el 8 de diciembre informó a los líderes occidentales que había una «probabilidad suficientemente alta de una intervención armada soviética, así que, en mi opinión, las naciones occidentales deben dar todos los pasos posibles para influir en la toma soviética de decisiones, a fin de impedir la entrada de fuerzas soviéticas en Polonia». El 7 de diciembre, el consejero de Seguridad Nacional Brzezinski había telefoneado al papa para informarle de que la invasión soviética de Polonia era inminente. Más de una década después, algunos observadores seguían insistiendo en que estas acciones de Carter habían detenido una invasión que en realidad ya había sido abortada una semana antes. Se afirma igualmente que la intervención del papa fue crucial. Pero como se ha demostrado en este relato de los hechos, Wojtyla no realizó ninguna intervención en absoluto con anterioridad a la reunión del 5 de diciembre en Moscú. Se ha sostenido incluso que amenazó con abandonar el Vaticano y ponerse al frente del ejército polaco para combatir a las hordas soviéticas invasoras. Esta noticia falsa salida del Vaticano carece de todo fundamento.

La única acción de Juan Pablo II fue escribir una carta a Brezhnev el 16 de diciembre, más de dos semanas después de que el politburó soviético hubiera cancelado la invasión propuesta. Recordó al líder soviético las pérdidas sufridas por Polonia durante la Segunda Guerra Mundial y que, al igual que la Unión Soviética, Polonia era uno de los firmantes del Acta Final de Helsinki, acuerdo que contenía disposiciones sobre la soberanía y la no intervención. La carta del papa, escrita en una combinación de lenguaje diplomático y vaticanismos, era una confusa solicitud para que la Unión Soviética se apegara al principio de la no intervención. Como en el caso de la carta del presidente Carter, Brezhnev la ignoró, y ni siquiera acusó recibo.

El efecto sobre la nación polaca, una vez que se filtró la noticia sobre la cumbre del 5 de diciembre, fue instantáneamente tranquilizador. Ese mismo día Solidaridad emitió una declaración para confirmar que no había huelgas en Polonia ni se planeaba ninguna; Walesa y sus comités retrocedían desde el borde mismo del abismo. El 10 de diciembre, mientras discutían a puerta cerrada cuál debía ser su curso de acción en el caso de una invasión —que todos se presentaran a trabajar, pero para llevar a cabo la «resistencia pasiva»—, emitieron un sereno comunicado en el que llamaron a una «alianza social que represente prudencia, sentido común y responsabilidad». Esto fue suficientemente anodino para complacer hasta a la más rabiosa mente del politburó. A ello le siguió una declaración muy conciliadora del cardenal Wyszynski, que los agradecidos medios controlados por el Estado difundieron repetidamente en toda la nación. En ella se aplaudía el «proceso de renovación», pero se advertía que la nación «necesita antes que nada paz interna, para estabilizar la vida social en una atmósfera de reconstrucción de la confianza mutua».

La moderación también fue muy evidente en el último acontecimientos significativo de un año repleto de ellos. El 16 de diciembre los terribles finales de las revueltas de 1956, 1970 y 1976 fueron apropiadamente recordados, junto con el Agosto Polaco de 1980. La culpa que había corroído a Lech Walesa desde la muerte de sus camaradas en los astilleros Lenin en 1970 finalmente se calmó. Por fin los caídos tenían un digno monumento permanente. Durante horas, la multitud no cesó de aumentar. Mineros de Silesia con sus tradicionales gabanes negros largos y *czapka* con plumas, empleados de los ferrocarriles de Lublin y conductores de autobuses de Pulawy formaron parte de una muchedumbre de ciento cincuenta mil personas tan apiñadas que casi llegaban al área frente a la puerta principal de los astilleros Lenin. Destacándose entre la multitud, tres largos postes de acero coronados por cruces que ostentaban anclas negras se elevaban cuarenta metros en el oscuro cielo de invierno. Los tres actores principales del drama polaco se hallaban ahí; el Estado estaba representado por el presidente Henryk Jablonski, la Iglesia por el cardenal Franciszek Macharski, de Cracovia, y los trabajadores por el líder sindical Lech Walesa.

Después de un minuto de silencio, las campanas de las iglesias de la ciudad empezaron a repiquetear, y en el puerto gimieron las sirenas de los barcos. Los nombres de quienes habían muerto en Gdansk y Gdynia en 1970 se leyeron en voz alta. Después de nombrar a cada uno, la multitud exclamaba: «¡Sí, sigue entre nosotros!». Walesa encendió una llama conmemorativa, que pese a la llovizna ardió brillantemente. «Este monumento fue erigido para los que perdieron la vida, a modo de reprobación para quienes están en el poder. Encarna el derecho de los seres humanos a su dignidad, el orden y la justicia.» Una vez que el cardenal celebró la misa, el discurso de Lech Walesa fue la serenidad personificada. Él sabía lo cerca que habían estado de una intervención soviética. «Nuestro país necesita paz interna —dijo Walesa—. Los exhorto a ser prudentes y razonables.»

Al mes siguiente, enero de 1981, Walesa, acompañado no sólo por una delegación de Solidaridad de dieciocho miembros, sino también por su esposa y su padrastro, hizo su primer viaje al extranjero, al Vaticano. Aunque no había desempeñado un papel directo en el Agosto Polaco, el papa, por el solo hecho de su nacionalidad, era un poderoso símbolo externo. Cualquier polaco que hubiera sido líder espiritual de mil millones de católicos romanos no habría podido dejar de azuzar la conciencia del mundo acerca de Polonia. Esto se habría aplicado sin importar quién fuera ese hombre; pero con el insuperable carisma de Wojtyla, este factor se incrementó.

Debió de ser un momento definitivo en el trayecto de Karol Wojtyla por la vida. Él se había comprometido con la lucha de su pueblo en su búsqueda de derechos humanos básicos y justicia social. Lo había hecho más allá de las creencias religiosas. Muchos de los involucrados en Gdansk y las regiones circundantes no eran católicos. En realidad, muchos de ellos seguían siendo comunistas comprometidos. Cientos de miles que se integraron posteriormente a Solidaridad eran comunistas. Wojtyla, como papa, declaraba que la Iglesia, en esa lucha particular al menos, ya no era excluyente, ya no limitaba su apoyo a los católicos, sino que lo extendía a todos los participantes en esa batalla crucial.

Sin embargo, el esclarecimiento papal respecto a la lucha por los derechos humanos básicos y la justicia social seguía limitándose a Europa oriental. Simultáneamente, la gente seguía muriendo a millares en América Central y del Sur. Algunos, como los polacos, eran comunistas. Muchos, también como los polacos, no lo eran. La diferencia fundamental entre la lucha que Wojtyla abrazaba y la que rechazaba era el «enemigo» en Polonia. En este caso se trataba de un régimen comunista. En gran parte de América Central y del Sur se trataba en cambio de dictaduras de derecha, con frecuencia apoyadas por el gobierno de Estados Unidos. Ni siquiera el saliente presidente Carter, el defensor de los derechos humanos, se había opuesto al envío de ayuda militar para apuntalar a las juntas militares. Jimmy Carter y el gobierno de Reagan entrante no veían nada paradójico en esas medidas de política exterior, aunque ciertamente veían muchos comunistas, tanto reales como imaginarios.

Para Lech Walesa y su delegación, aquéllos fueron momentos conmovedores. Aparte de varias reuniones públicas con el papa, también hubo conversaciones privadas, no sólo con él, sino también con el secretario de Estado Casaroli y otros funcionarios del Vaticano. Entre los temas tratados estuvieron las necesidades de Solidaridad. Una inmensa organización nacional surgida de la noche a la mañana y que había adquirido una afiliación de muchos millones necesitaba no sólo recursos financieros, sino también el engranaje esencial para el funcionamiento de la maquinaria: equipos de comunicaciones, ordenadores, teléfonos, fotocopiadoras, faxes, impresoras. Solidaridad ya había empezado a obtener cierta ayuda a través de un amplio espectro de organizaciones sindicales y obreras internacionales, como la TUC de Gran Bretaña y la AFL-CIO, el movimiento obrero estadounidense. También había empezado a fluir dinero vía las oficinas en Bruselas de la Confederación Mundial del Trabajo y la Confederación Internacional de Sindicatos Libres.

En esa etapa, Solidaridad necesitaba la capacidad para comunicarse, informar, organizar. El apoyo moral era bueno, ya fuera religioso o secular; pero lo que Solidaridad necesitaba desesperadamente era apoyo logístico. Ninguna de esas necesidades prácticas fue directamente satisfecha por el papa, quien sólo ofreció apoyo moral. Tadeusz Mazowiecki, miembro de la delegación de Solidaridad, recordó:

El papa hablaba sobre Solidaridad directamente con algunos de los padres fundadores de esta organización, pero sentí que también hablaba más allá de nosotros, al mundo en general. Dijo: «Solidaridad es un movimiento que no sólo lucha contra algo, sino que también lucha por algo.» Dejó en claro que veía a Solidaridad como un movimiento por el cambio pacífico.

El asunto de la supuesta intervención del papa para impedir la invasión soviética salió nuevamente durante la visita de Solidaridad. Un diplomático francés no identificado fue ampliamente citado al afirmar que el papa le había dicho: «Si los rusos hubieran invadido Polonia, yo habría ido allá de inmediato». Observadores del Vaticano, entre ellos el generalmente bien informado Peter Hebblethwaite, especularon sobre un pacto secreto Wojtyla-Brezhnev, fundamentándose en el mucho más moderado lenguaje usado por Lech Walesa desde mediados de diciembre. En cuanto a la amenaza papal: «El papa nunca diría algo así, aun si ésta fuera su intención», dijo el padre Pierfranco Pastore, subdirector de la oficina de prensa del Vaticano, «y nada indica que haya tenido esa intención». Sin embargo, esa historia salió de algún lado, y tenía suficiente atractivo para ser repetida.

Aun antes de que el grupo de Lech Walesa volviera a casa desde Roma, la situación en Polonia se había deteriorado. Estallaban huelgas por varios motivos, desde una demanda inmediata de que no se trabajara los sábados hasta la exigencia de un sindicato estudiantil independiente. El 26 de enero empezó una huelga en la provincia de Bielsko Biala, cerca de la frontera con Checoslovaquia, que rápidamente se extendió a más de ciento veinte plantas. Las implicaciones de esta acción particular eran explosivas: los huelguistas exigían la renuncia del gobernador provincial y sus dos ayudantes, a los que acusaban de corrupción, transacciones financieras ilícitas y fraudes administrativos. Era un desafío directo a la cadena de mando del régimen. Esas huelgas eran igualmente perjudiciales para el comité de huelga de Solidaridad. Habían sido convocadas para resolver asuntos locales pero sin hacer referencia o tener la aprobación de la Comisión Nacional Coordinadora en Gdansk, que intentaba desalentar a secciones locales de emprender acciones unilaterales. Como observó un funcionario de Solidaridad: «Queremos detener esta huelga contra la corrupción, porque de lo contrario todo el país tendría que declararse en huelga».

Todos los esfuerzos por hallar una salida fracasaron, y de nuevo ambas partes apelaron al primado. El cardenal Wyszynski, ya entonces en la etapa terminal de un cáncer de estómago, se abrió paso una vez más entre la confusión y, ayudado por varios de sus obispos, ofreció una solución aceptable para las dos partes. Mientras el primado viviera, siempre habría, al parecer, una solución aceptable, pero el tiempo de vida que le quedaba al cardenal, de setenta y nueve años, era desesperadamente breve. Reconociendo esto, Solidaridad trabajaba dieciséis horas diarias o más, tratando desesperadamente de asegurar que el régimen polaco no se viera empujado a declarar la ley marcial.

La Iglesia polaca se involucró por completo en las diversas negociaciones; el representante de confianza del primado, Kukolwicz, encabezó las discusiones con Solidaridad en Bydgoszcz, mientras el primado, pese a su enfermedad, tomaba parte en conversaciones sobre la crisis con líderes gubernamentales en Varsovia. Sin embargo, resultó ser una tarea formidable tender puentes entre las demandas de Solidaridad y las concesiones del primer ministro, el general Jaruzelski, en tanto que Kania pensaba que las cosas podían resolverse sin echar abajo el edificio entero del gobierno. En vísperas de una huelga de cuatro horas, el cardenal escribió en su cuaderno: «La situación en el país es peligrosa. Se está creando una atmósfera de desesperación».

Ese mismo día, 26 de marzo, Wyszynski y el primer ministro tuvieron una reunión de tres horas y media en la que Jaruzelski expuso sus argumentos esenciales. Se buscaría la manera de otorgar reconocimiento oficial al sindicato campesino si, a cambio, Solidaridad retiraba su demanda de que se investigara a los responsables de los ataques contra sus miembros en Bydgoszcz. Jaruzelski estaba tan sorprendido de lo ocurrido como Walesa y su comité, e incluso algo más. El ataque contra los miembros de Solidaridad había tenido el propósito de minar la autoridad del primer ministro y el secretario general, Kania. Una investigación a fondo implicaría casi sin duda a los principales miembros de la línea dura del Ministerio del Interior, y aseguraría la presencia de tanques soviéticos en Varsovia antes siquiera de que cualquiera de esos jefes pudiese ser acusado. Igualmente, el general advirtió al primado: «Si la huelga general indefinida llegara a ocurrir, provocaría como poco la declaración de la ley marcial, y los tanques soviéticos estarían aquí de todas maneras».

En diciembre anterior, cuando su país estaba en gran peligro, el papa, aunque detalladamente informado tanto por el primado como por el consejero de Seguridad Nacional de Estados Unidos, Zbigniew Brzezinski, había guardado silencio. Su única contribución, la carta a Brezhnev, no había sido escrita o enviada hasta semanas *después* de que Brezhnev y los demás miembros del politburó soviético hubieran descartado una intervención militar. En ese momento Juan Pablo II parecía mucho más preocupado por la redacción de una carta diferente, una epístola apostólica para nombrar a dos santos del siglo IX, Cirilo y Metodio, copatronos de Europa. Aparentemente, la idea se había ido gestando en él durante más de un año. Cuando la crisis polaca volvió a hervir hasta acercarse al punto de ebullición durante los tres primeros meses de 1981, Wojtyla no se afanó más allá de las expresiones de apoyo pronunciadas en la visita de Walesa en enero. No fue hasta un día después de que Solidaridad prácticamente paralizara al país durante cuatro horas el 27 de marzo cuando el papa se sintió motivado a escribir al cardenal Wyszynski.

Su carta hablaba de su «profunda preocupación por los sucesos en mi amado país», que se había convertido en «el centro de atención del mundo entero». Wojtyla escribió acerca de las voces que le llegaban de varias partes de Polonia que «acentúan el deseo de trabajar y no de ir a la huelga», aunque la inminente huelga nacional contaba con un abrumador apoyo en todo el país. El papa abogaba por la «comprensión mutua, el diálogo, la paciencia y la perseverancia», y añadió, con un ojo puesto en las maniobras militares que tenían lugar entonces en la frontera del país: «Los polacos tienen el innegable derecho a resolver sus problemas por sí solos, con sus propios esfuerzos (…)». Terminaba su carta al cardenal Wyszynski diciéndole que estaría con él en espíritu de rodillas ante la imagen de Nuestra Señora de Jasna, pues «una vez más le confío a ella este difícil e importante momento en la vida de nuestro común país».

El cardenal Wyszynski, en lo más álgido de la crisis, dio pasos más prácticos. Intensificó su presión sobre Walesa y su comité. Tras la parálisis del país por efecto de la huelga de cuatro horas, la siguiente ronda de conversaciones entre el gobierno y Solidaridad ocurrió ya bien entrada la noche, sólo para terminar una vez más en un estancamiento.

La nueva ronda de negociaciones del 28 de marzo también concluyó «sin el acuerdo esperado». Sumamente alarmado, el primado hizo caso omiso de las protestas de sus médicos y llamó a Lech Walesa y a toda la Comisión Nacional Coordinadora de Solidaridad a su residencia en Varsovia. Wyszynski no dejó ninguna duda en su audiencia de la gravedad de la crisis:

La situación es cada vez más complicada no sólo interna, sino también externamente. Hablemos entre nosotros como polacos, ciudadanos de este país, responsables de él no sólo en conjunto, sino también en lo individual. (…) Nunca me perdonaría la muerte de un solo polaco a causa de mi negligencia, de cualquier otra razón o como resultado de acciones irresponsables. (…) ¿Es correcto satisfacer las demandas de hoy, por justas que sean, arriesgándonos a poner en peligro nuestra libertad, nuestra integridad territorial? ¿No es mejor lograr algo hoy y decir sobre el resto: «Caballeros, volveremos sobre este asunto después»?

El cardenal de setenta y nueve años se sirvió de cada gramo de su decreciente fuerza para proteger a su país. Habiendo sido perseguido por los nazis, encarcelado por los comunistas y frecuentemente aislado por varios papados, estaba más que calificado para transmitir a sus interlocutores la fórmula de la supervivencia en un Estado totalitario. Hizo hincapié ante la nueva generación en que se debía dar prioridad a demandas que fortalecieran las actividades y organización de Solidaridad antes que pedir cosas específicas, como aumentos salariales y sábados libres. «Las demandas económicas —razonó el primado— deben recibir menos prioridad, y las demandas administrativas más. No soy una persona melodramática, pero insisto en que la situación es peligrosa. Por lo tanto, creo que si alargamos nuestras demandas más allá de cierto punto, podríamos lamentar después las consecuencias que provoquemos para Polonia.»

Las palabras del primado dejaron una profunda impresión en Walesa. Mientras Wyszynski y otros altos miembros de la Iglesia polaca hacían sus mayores esfuerzos por distender la situación, los miembros de la línea dura de los politburós tanto polaco como soviético echaban más leña al fuego. La agencia de noticias soviética Tass informó el domingo 29 de marzo desde Polonia, en una noticia totalmente ficticia, de que «elementos subversivos que operan en la provincia de Kielce bloquearon la autopista E-7 entre Suchedniow y Laczna; todas las señales de caminos en esa región han sido destruidas. En Varsovia y otras ciudades, fuerzas antisocialistas intentaron tomar oficinas de correos. En la capital polaca lograron tomar una estación transmisora de televisión durante cierto tiempo». Eran invenciones; pero como todavía estaban en marcha las maniobras Soyuz 81 en las fronteras polacas, se trataba de una invención muy peligrosa. La desinformación de este tipo persistió, proporcionada a Tass por Vitali Paulou, jefe de la KGB en Varsovia.

En las primeras horas del lunes 30, el mortalmente enfermo Wyszynski fue despertado por un miembro del gobierno polaco. Su mensaje fue sucinto: «Si la huelga general no es desconvocada para la medianoche de hoy, el Consejo de Estado proclamará la ley marcial». Para subrayar su afirmación, entregó al cardenal una copia de un cartel con la proclamación impresa.

Mientras la totalidad de la clase obrera de la nación hacía los últimos preparativos para la huelga general, Lech Walesa planeaba aparcar a un lado la arduamente ganada democracia de los ocho meses anteriores. Tras cerciorarse de que varios de sus colegas más combativos permanecieran en Gdansk «para supervisar los preparativos de la huelga», él negoció por sí solo un arreglo. La huelga general fue «suspendida»; habría una investigación sobre las palizas de Bydgoszcz y los responsables serían castigados. Solidaridad Rural no sería reconocida de inmediato, pero el gobierno aceptaba actuar como si ya lo hubiera sido hasta que terminara el proceso formal de registro. No se hizo ninguna mención a las demás demandas de Solidaridad. Walesa declaró que habían conseguido «una victoria del 70 por ciento». Muchos, incluidos miembros clave de su comité, discreparon por completo. Algunos renunciaron; otros se convencieron de que Walesa no era sino un agente de la KGB. Más de veinticinco años después siguen convencidos de eso.

Es sumamente irónico que, prácticamente después de haber excluido a todo su comité de lo que se convirtió en una negociación individual con el viceprimer ministro Mieczyslaw Rakowski, Walesa persuadiera a Andrzej Gwiazda de anunciar en televisión los términos del acuerdo a una nación asombrada. Cualesquiera que hubieran sido los motivos de Walesa, es incuestionable que el arreglo de último minuto salvó sangre y vidas polacas. Sólo un puñado de personas sabían cuánto había estado en juego.

El 2 de abril, un satisfecho y muy aliviado cardenal Wyszynski recibió a los líderes triunfantes de la entonces ya oficialmente reconocida Solidaridad Rural en su residencia en Varsovia. Habló largamente ante los ahí reunidos. Moriría menos de dos meses después, así que ésos fueron momentos preciosos no sólo para él, sino también para los privilegiados que lo oyeron destilar la sabiduría, los valores y las experiencias de toda una vida. Sus comentarios de ese día son una revelación excepcional sobre la filosofía de la Iglesia polaca.

El ser humano es una persona social, *persona socialis*. Esto significa que posee una naturaleza social, disposición social, competencia social, expectativas sociales y necesidades sociales. Ésta es la base de la filosofía social y la enseñanza social católicas. Todo se desprende de esto. Toda autoridad debe afirmar y aceptar esto. No es deber de la autoridad confirmarlo, porque los atributos del ser humano no necesitan confirmación.

Luego, en clara alusión al régimen comunista, observó:

Hay doctrinas y sistemas sociales que no toman esto en cuenta y mantienen que todos los derechos son concedidos por el Estado. ¡Pero no es así! El ser humano no requiere que se le otorguen derechos que son sus derechos fundamentales como persona; estos derechos no pueden ser cuestionados, simplemente los posee.

Esa noche el cardenal ansiaba que los agricultores fueran plenamente conscientes de la significación de lo que habían logrado. También se empeñó en subrayar el vital papel de los agricultores en Polonia, que la tierra que esos hombres poseían y trabajaban era el verdadero tesoro de la nación.

Los alemanes sólo querían nuestra tierra, no a nosotros. Si el suelo está cubierto de hierba, ni siquiera las peores tormentas la moverán. Cuando está desnudo, es fácil conquistarlo.

Deploró el traslado desde las áreas rurales a las ciudades.

Esta política es un crimen. Es urgente detener ese proceso y poblar el campo. Tengo una recomendación para ustedes, queridos amigos: no permitan que la tierra les sea arrebatada.

Habló de la importancia del movimiento de Solidaridad en general y de sus extraordinarios logros en tan poco tiempo. «Tiene autoridad, así que podemos decir que, además de la autoridad del

Partido, también hay autoridad social en Polonia.» Se abstuvo de mencionar el tercer poder en el país, el que él representaba. Estaba determinado a que sus interlocutores aprendieran la lección en la que él había recalcado a Solidaridad.

Una y otra vez le explicó a Lech Walesa:

En unos cuantos meses ustedes han logrado mucho más que incluso la maquinaria política más eficiente. (...) Ahora deben ajustar su organización, fortalecerse, crear una administración sindical, capacitar a la gente para que alcance esas metas, darle educación sobre política, ética social, políticas agrícolas.

Era un programa que, de llevarse a cabo, podía conducir a la victoria final contra el régimen comunista. El cardenal Wyszynski aludió a la recompensa.

Tarde o temprano, las demandas socioeconómicas no serán las únicas que logre este vasto movimiento de Solidaridad obrera y la Solidaridad del Sindicato de Agricultores Individuales. ¡Seguramente ustedes también lograrán otras aspiraciones!

Pero antes de esa hora dorada, habría momentos muy oscuros.

Capítulo 4 | Cita en la plaza de San Pedro →

En los primeros meses de 1981, el papa Juan Pablo II seguía sin convencerse de que el comunismo podía ser vencido; parecía que aún se aferraba a las opiniones que había expresado a mediados de la década de 1970 al hablar del régimen comunista en Europa oriental con su buena amiga y colega profesional Anna-Teresa Tymieniecka. Consideraba que el régimen comunista era invencible y desdeñaba a Estados Unidos por «inmoral, quizá amoral».

El 23 de abril, los vínculos que el papa había comenzado a forjar con los «inmorales, amorales» Estados Unidos se fortalecieron enormemente. Ese día sostuvo una reunión en su estudio con William Casey, el director de la CIA. Tal clase de reuniones estaba lejos de ser nueva. Los vínculos entre los servicios de inteligencia estadounidense y el Vaticano se remontaban a la Segunda Guerra Mundial. Bill Donovan, director de la OSS (organización antecesora de la CIA), era un frecuente visitante de la biblioteca papal de Pío XII y de las oficinas de su subsecretario de Estado, monseñor Giovanni Battista Montini, el futuro papa Pablo VI.

Ésa no era una reunión de crisis. Tampoco había una urgente preocupación por los sucesos que ocurrían en Polonia. Cuando se produjo esa reunión habían transcurrido más de tres semanas desde la última crisis en ese país. Apenas la semana anterior, el 17 de abril, el sindicato de campesinos de Polonia había llegado finalmente a un pleno acuerdo con la comisión gubernamental que allanó el camino para el registro formal del sindicato el 10 de mayo, cumpliendo así la promesa hecha por el general Jaruzelski. La reunión del 23 de abril entre Casey y el papa fue para discutir objetivos de mediano y largo plazo no en Polonia, sino en otras esferas de interés mutuo. Inevitablemente, al principio de esta lista estaban la Unión Soviética y el comunismo mundial. El análisis de Casey acerca de la Unión Soviética era de dudoso valor para el papa. A lo largo de toda su etapa como director de la CIA, Casey demostraría una alarmante ingenuidad. La reunión en el Vaticano entre el director de la agencia de inteligencia más antigua del mundo y el de la más avanzada tecnológicamente sería la primera de varias visitas de Casey. La CIA sólo tenía una importante persona útil en Polonia, el coronel Ryszard Kuklinski, quien tarde o temprano sería descubierto o forzado a huir del país. Para el Vaticano, cada sacerdote, cada monja —aparte de los que espiaban para los comunistas— representaba una posible fuente de información. Si el papa estaba preparado para cooperar, la CIA y el gobierno de Reagan bien podían llegar hasta el corazón y la mente del régimen polaco, y averiguar asimismo algo de lo que sucedía en el politburó soviético.

Para ser aparentemente tan dispares, esos hombres tenían mucho en común. Educado por los jesuitas, Casey, como Karol Wojtyla, había adoptado desde sus días de estudiante un profundo apego a la Virgen María; estatuas de María y Jesús podían encontrarse por toda la casa de Casey en Long Island. Como Karol Wojtyla, Casey no sólo se inclinaba a la derecha en la lucha contra «el enemigo», sino que además apoyaba y defendía la posición de esa tendencia política con todas sus fuerzas. Como Wojtyla, había apoyado al fascista Franco durante la guerra civil española. La Falange podía ser de fascistas, pero eran fascistas católicos que combatían a los comunistas. El director de la CIA había considerado incluso al alcohólico senador Joseph McCarthy esencial en la lucha contra «el enemigo». En esa época veía con ojos muy favorables a varias dictaduras de derecha. Él y otros importantes miembros del gobierno de Reagan terminarían por saber que ésa era otra posición que compartían con el Santo Padre. La clara y persistente hostilidad del papa contra la teología de la liberación podía cimentar la relación con el gobierno de Reagan.

En esta reunión no se habló de derechos humanos, los cuales no eran ya la principal prioridad de la política exterior estadounidense. Para el papa, que procedía de un país ocupado, los derechos humanos eran de primordial importancia, pero no estaba claro cuán enérgica o consistentemente lucharía por ellos. Era sincero en la defensa de los derechos humanos de sus compatriotas polacos, pero ¿mostraría el mismo entusiasmo para defender los derechos de los oprimidos en El Salvador, Zaire, Corea del Sur, Chile y Filipinas? ¿Intentaría convencer al gobierno de Reagan, tan ansioso de obtener su aprobación, de que los derechos humanos eran un asunto vital?

Antes de la visita de Casey, había habido tiempo más que suficiente para que la Secretaría de Estado del Vaticano reflexionara sobre algunas de las primeras señales emitidas por el nuevo gobierno. En la semana posterior a los comentarios de Haig sobre los derechos humanos, el general Chun Doo Hwan, presidente de Corea del Sur, fue el primer jefe de Estado en ser recibido por el presidente Reagan en la Casa Blanca. El año anterior había habido continuas manifestaciones estudiantiles en ese país contra un régimen gubernamental corrupto que ejercía el mando sin haber recurrido a las urnas.

El 22 de febrero de 1981, el gobierno de Reagan levantó las sanciones económicas contra Chile y su dictadura militar y la invitó a participar en ejercicios navales interamericanos. El 3 de marzo

Reagan envió veinticinco millones de dólares de suministros y personal militar estadounidense a El Salvador conforme a su autoridad ejecutiva, eludiendo así la necesidad de obtener la aprobación del Congreso.

El 9 de marzo, en directa contravención de una política que durante veinte años había prohibido todo contacto militar con el régimen racista de Sudáfrica, la embajadora estadounidense ante la Organización de las Naciones Unidas, Jeane Kirkpatrick, mantuvo reuniones con funcionarios militares sudafricanos. Dos días más tarde, Estados Unidos votó contra una resolución de la ONU que condenaba las violaciones de los derechos humanos en El Salvador. El 15 de marzo, el «presidente» (dictador militar) de Argentina, el general Roberto Viola, fue invitado a Estados Unidos. Tanto en Chile como en Argentina había una censura total, escuadrones de la muerte y un creciente número de desaparecidos. El 21 de marzo, el consejero de Seguridad Nacional, Richard Allen, anunció que las futuras relaciones con Sudáfrica debían depender de los intereses de Estados Unidos, no de la reprobación estadounidense del *apartheid*.

Era fácil entender por qué el gobierno de Reagan buscaba la aprobación de su política exterior por parte del líder espiritual y moral de casi una quinta parte del planeta, pero ¿qué ofrecía a cambio? ¿Qué podía esperar obtener el papa del presidente Reagan y su gabinete?

La recompensa más sugestiva era poder influir en la política de Estados Unidos en toda una serie de asuntos. A la Santa Sede podría serle de gran utilidad la posibilidad de persuadir a Reagan de sostener con ella plenas relaciones diplomáticas. Eso elevaría enormemente la posibilidad de que el papa influyera y alterara la política de Estados Unidos en cuestiones como el aborto y el control artificial de la natalidad. Abiertos tales canales diplomáticos, el Vaticano tendría constante e inmediato acceso al Departamento de Estado, y a través de él al Despacho Oval.

Cuando se produjo la visita de Casey, el papa ya se había incorporado públicamente al debate sobre el aborto, no en Estados Unidos, sino en su propia puerta. Italia celebraría dos referéndums el 17 de mayo, ambos sobre el aborto. Tres años antes, Italia, un país que oficialmente contaba con un 99,8 por ciento de católicos romanos, había puesto patas arriba la enseñanza de la Iglesia sobre el aborto y votado por su legalización por razones de salud física ó psicológica, cuando el embarazo provocara graves problemas económicos, sociales o familiares, o si el feto sufría malformaciones.

El primer referéndum permitiría que se pudiera practicar un aborto legal. Sus partidarios sostenían que muchas mujeres no podían practicar el aborto permitido por la ley dado que un significativo número de médicos podían recurrir a una «cláusula de conciencia» para eludir el sistema del Estado. El segundo referéndum, apoyado por el movimiento pro-vida, en gran medida católico, era un intento por hacer mucho más restrictiva la posibilidad del aborto. Éste sólo sería permitido si el embarazo o el parto implicaban grave riesgo para la vida de la madre o si había claras evidencias médicas de serios peligros para su salud física.

Karol Wojtyla se había opuesto profunda y enconadamente a la legalización del aborto desde sus primeros días como sacerdote. Su posición fue poderosamente reforzada cuando vio una película, tomada con una cámara interna, de un niño en la matriz en el momento de ser abortado. Para Wojtyla, el aborto era un crimen contra la naturaleza y contra Dios que no podía justificarse nunca. Se había enfrentado continuamente al tema en Polonia, pero eso había sido en su propio país. Aunque los problemas eran los mismos, en Roma requerían de una táctica más sutil. Como extranjero, el papa debía saber que toda intervención en una cuestión nacional podía ser vista como interferencia en los asuntos internos de Italia. Mucho antes del día de la consulta, la mayoría de los partidos políticos italianos ya acusaban al papa precisamente de esa interferencia. Él había empezado con toda cautela, esperando hasta que los obispos italianos dejaran en claro su posición a mediados de marzo. Éstos dijeron a sus comunidades que habrían preferido un referéndum sobre la cuestión de la total abolición del aborto; recomendaron que los católicos votaran por la resolución tomada por pro-vida, ya que ésta era «el mal menor». En boca de los obispos, este consejo era «gravemente obligatorio»: no un consejo, sino una orden.

El domingo siguiente, 22 de marzo, con la voz vibrándole de controlada emoción, el papa leyó la declaración de los obispos en la plaza de San Pedro. Había retornado al debate italiano sobre «el asesinato del niño por nacer». Volvió a la forma interrogativa que tanto le agradaba. También al uso del regio «nosotros» en vez del «yo» que su predecesor Albino Luciani había abandonado.

Si aceptáramos el derecho a quitar el don de la vida a los que no han nacido aún, ¿cómo podríamos defender el derecho del hombre en otras situaciones? ¿Seremos capaces de detener el proceso de destrucción de la conciencia humana?

El domingo 10 de mayo, justo una semana antes del referéndum, Juan Pablo II se refirió, ante una enorme concentración en la plaza de San Pedro, a la ya próxima votación: «Ésta es una causa sagrada. Los que se oponen a nosotros se han hundido en la insensibilidad moral y la muerte espiritual».

Para el papa no era cuestión de limitar las categorías de mujeres que podían abortar de forma legal. Temblando de cólera, requirió la completa prohibición del aborto. Éste no debía estar nunca a disposición de ninguna mujer, ni siquiera una víctima de violación, ni siquiera una niña o una monja. Los derechos del niño por nacer trascendían a todos los demás derechos. En esos y muchos otros terribles casos reales, la posición del papa era, y seguiría siendo hasta su muerte, que nadie, excepto el niño por nacer, tiene ningún derecho. Aunque los asuntos tratados eran muy diferentes, Wojtyla mostró la misma certidumbre que en la controversia sobre la carta en la que se exigía a los obispos alemanes que pidieran perdón a Polonia. Él tenía la razón, y sus críticos no sólo estaban equivocados, sino que además eran groseramente impertinentes al desafiarlo. Durante todo su aprendizaje, el papa parecía haber omitido una simple lección impartida en todas las escuelas católicas romanas en la primera mitad del siglo XX: «Cuando tienes la razón, puedes permitirte mantener la calma. Cuando no la tienes, no puedes permitirte perderla».

Muchos en la curia romana que conocían a Italia y su gente mucho mejor que ese hombre «de un país lejano» estaban muy inquietos. Si el papa se había equivocado gravemente al desetimar la opinión de la gente ante la cuestión del aborto, al adoptar esa postura pública corría el riesgo de sufrir una profunda humillación personal y, más allá de eso, el riesgo de un daño permanente al papado y la fe católica romana.

Tres días después de su acometida contra el aborto, el papa se sentó a la hora del almuerzo del 13 de mayo de 1981 a la que debía haber sido su última comida sobre la Tierra. El menú, como siempre, era una afortunada mezcla culinaria, en parte italiana y en parte polaca. En una ocasión en la que se le preguntó si la cocina en la corte papal era buena, el ya desaparecido cardenal francés Louis-Marie Bille contestó: «Viniendo de Lyon, esa pregunta me es difícil de responder. Digamos que hay suficiente número de calorías». Miembros de la corte se afanaban alrededor del papa y sus tres invitados en el comedor del tercer piso del palacio apostólico.

Cada papa lleva inevitablemente consigo al menos algunos elementos de su vida anterior. Éstos sirven como constantes recordatorios vivientes de tiempos pasados pero aún rememorados. Pablo VI se rodeó de lo que la curia romana llamaba malintencionadamente «la mafia de Milán»; Juan Pablo I se llevó de Venecia sólo dos recuerdos humanos: la hermana Vincenza, su ama de llaves durante veinte años, y el joven e inexperto padre Diego Lorenzi, que llegó como secretario suplente. Juan Pablo II era atendido por un séquito ferozmente protector procedente en gran medida de su patria: cinco monjas del Sagrado Corazón de Jesús de Cracovia para cocinar sus alimentos y encargarse de su lavandería; la hermana Emilia Ehrlich, quien desde hacía largo tiempo le había enseñado inglés a Wojtyla; el padre Magee, quien singularmente servía a su tercer papa, y sobre todo «Monsignor Stanislaw», Stanislaw Dziwisz, también de Cracovia.

Dziwisz había trabajado con el papa desde mediados de la década de 1960. Oficialmente, era el principal secretario privado, cuyas funciones quedaban absolutamente en el aire. Pero a lo largo de los años se había desarrollado entre ellos una relación padre/hijo. El papa confiaba en Dziwisz más que en cualquier otra persona viva, y a su vez Dziwisz creía que su papel era asegurar que las órdenes, instrucciones y deseos del papa se hicieran realidad. No siempre tenía éxito, pero no era por falta de esfuerzo. Nadie llegaba al papa sin pasar por Dziwisz, lo cual era otra razón para que la curia romana desplegara su endémica malevolencia. «El otro papa» era uno de sus más corteses epítetos para el portero papal.

En cierto sentido, esa comida del 13 de mayo era una comida de trabajo. Los principales invitados eran el médico francés profesor Jérôme Lejeune y su esposa, Birthe. El muy distinguido doctor Lejeune, a menudo llamado «el padre de la genética moderna», era el hombre que había descubierto la etiología genética del síndrome de Down. Como Juan Pablo II, se oponía apasionadamente al aborto y al control artificial de la natalidad. Fue la película de Lejeune *The Silent Scream* (*El grito silencioso*), de un feto «dentro de la matriz en el momento de ser abortado», la que tan profundamente había impactado al papa. Predeciblemente, gran parte de la conversación durante el almuerzo se centró en ese tema, y en el nombramiento del profesor Lejeune como primer presidente del instituto pontificio para estudios sobre el matrimonio y la familia. El referéndum sobre el aborto era un grave problema que demandaba la urgente atención del papa el 13 de mayo de 1981. Pero no era el único.

Para mayo de 1981, el riesgo financiero de las compañías fantasma propiedad del Vaticano que Roberto Calvi controlaba de manera subrepticia era superior a los setecientos cincuenta millones de dólares. El ministro de Hacienda italiano, Beniamino Andreatta, había dicho recientemente en secreto que el Vaticano debía retirarse de inmediato de sus diversos acuerdos de negocios con Calvi y el Banco Ambrosiano. Andreatta realizó una discreta visita al ministro de Exteriores del Vaticano, el cardenal Casaroli, y reveló detalles del concluyente informe del Banco de Italia de 1978. Aunque desconocía el compromiso del Banco del Vaticano con Calvi y el Banco Ambrosiano, estaba al tanto de algunas de las actividades de Calvi, y sabía también de los lazos de éste con Licio Gelli y Umberto Ortolani.

El devoto Andreatta instó al cardenal a romper inmediatamente todas las relaciones con el Banco Ambrosiano, «antes de que sea demasiado tarde». Casaroli le recordó delicadamente que hablaban del «banco del papa» y que, pese a los apremios de Casaroli y otros, el papa se había negado a destituir a Marcinkus; hasta que esto sucediera, nada podía hacerse para terminar la relación del Vaticano con «el banco de los curas» en Milán.

Ninguno de esos hombres sabía, mientras estaban tranquilamente sentados conversando en las oficinas de la Secretaría de Estado, que su conversación era pura especulación, porque para mayo de 1981 se había vuelto imposible para el Vaticano cortar aquellos vínculos. A través de una serie de compañías en Panamá y Liechtenstein, el Vaticano había adquirido más del 16 por ciento del Banco Ambrosiano. Disperso el resto de las acciones del banco entre pequeños accionistas, el Vaticano —y en última instancia al papa— poseía entonces una participación mayoritaria.

Aunque Marcinkus había sido capaz de desenredar las cuerdas que lo ligaban inextricablemente con Roberto Calvi, había otros problemas concomitantes. La principal función del Banco del Vaticano era ofrecer servicios bancarios a órdenes e institutos religiosos. En términos oficiales, era prácticamente imposible que un laico abriera una cuenta en el banco. Para mayo de 1981, había más de doce mil cuentas corrientes. Una minoría de ellas cumplía los reglamentos del banco; las 9.351 restantes eran propiedad de «ciudadanos privilegiados», entre los que estaban miembros de las familias de la mafia Gambino, Inzerillo y Spatola, que usaban sus cuentas para blanquear ganancias de sus ilegales actividades de narcotráfico, secuestro y otras ocupaciones del crimen organizado.

Los «ciudadanos privilegiados» también incluían a la familia mafiosa Corleone. Su agente en el Banco del Vaticano era el propio Titiritero, Licio Gelli. Francesco Mannoia, principal experto en refinamiento de heroína al servicio de la familia Corleone, era uno entre los varios allegados a esa familia que se enteraron de ese arreglo por boca del entonces padrino de Sicilia, Stefano Bontate. Más tarde testificaría acerca de ese adicional vínculo entre la mafia y el Banco del Vaticano.

Ese arreglo mutuamente conveniente llegó a un dramático fin en 1981, cuando oficiales de policía irrumpieron en la palaciega villa de Gelli en Arezzo y en su oficina en la fábrica textil Gio-Le. Lo que encontraron fue una caja de Pandora de corrupción y escándalo. En la caja fuerte de Gelli estaban los nombres y códigos masónicos de 962 miembros de P2. También había numerosos documentos e informes gubernamentales secretos. La lista de miembros de P2 era un verdadero *Quién es quién* de Italia: cincuenta generales y almirantes, presentes y pasados miembros del gabinete, industriales y periodistas, incluido el director del diario más prestigioso de Italia, el *Corriere della Sera*, y varios miembros de su equipo. Había asimismo treinta y seis parlamentarios, estrellas de la música pop, expertos, oficiales de policía y miembros de cada uno de los servicios secretos italianos. Era un Estado dentro del Estado.

Muchos han dicho que Gelli planeaba apoderarse de Italia. Falso: se *apoderó* de Italia. El único elemento que faltaba en villa Wanda era el Gran Maestro de la logia. Los arreglos para la redada policial habían sido ultrasecretos, lo que significa que sólo oficiales de policía de confianza y Licio Gelli fueron informados de ellos. Gelli tomó un avión a América del Sur.

El escándalo no sólo derribó al gobierno italiano; también dio considerable impulso a la investigación del magistrado de Milán sobre Roberto Calvi. Ya con un nuevo juez investigador, Gerardo d'Ambrosio, la red volvía a empezar a cerrarse alrededor de Calvi, y esta vez Gelli no estaba ahí para corromper valientemente a todos. Para el 13 de mayo de 1981, los que estaban preparados para ponerse de pie y defender públicamente a Calvi ya habían pagado sus deudas. Bettino Craxi, líder del Partido Socialista, y Flaminio Piccoli, presidente de los democristianos, se presentaron en el Parlamento e hicieron comentarios favorables sobre Calvi y su banco. Era lo menos que podían hacer, en vista de los millones que Calvi había derramado en las cuentas bancarias de sus partidos.

El vuelo de Gelli a Uruguay privó al menos a un sector mafioso de su agente número uno, pero otros miembros de la Cosa Nostra pudieron recurrir sin mayores problemas a los servicios de un hombre honorable y en el que se podía confiar para asegurar que su dinero llegara sin contratiempos a su destino previsto en su cuenta en el Banco del Vaticano.

A finales de abril de 1981, la mafia Trapani, con sede en la costa occidental de Sicilia, tenía un problema. Francesco Messina Denaro, abogado y jefe de la mafia en la cercana Campobello di Mazara, era prófugo de la justicia. Cuando se produjo su rápida desaparición, custodiaba unos diez mil millones de liras (seis millones de dólares). Ese dinero, ingresos del narcotráfico, pertenecía a la familia Trapani. Ésta tenía que trasladarlo a un lugar para esconderlo antes de que los policías que buscaban a Denaro tropezaran con dicha suma. El clan Trapani sabía cuál era el lugar que necesitaba, pues lo usaba con frecuencia. Tras coger un avión a Roma, tres allegados a esa familia de la mafia más un cuarto hombre, luego despectivamente descrito como «tan sólo un hombre corrupto», fueron recibidos en el aeropuerto de Fiumicino por tres limusinas. Vincenzo Calacara, uno de los miembros de la mafia que escoltaban el dinero, testificó tiempo después que entre los prelados de alto rango que aguardaban para reunirse con la mafia siciliana estaba el hombre que se hacía cargo del dinero: el obispo Paul Marcinkus.

El grupo fue conducido a Roma por la Via Cassia, «hasta la oficina del notario público Alfano». Ahí el obispo Marcinkus, todavía apretando la valija con los seis millones de dólares, y otro sacerdote entraron a la oficina del notario, mientras Calacara y sus colegas regresaban al aeropuerto internacional. El IOR podía ser el «banco del papa», pero también lo era de la mafia.

Cuando el papa y sus invitados comenzaron a almorzar, la oficina del secretario de Estado, el cardenal Agostino Casaroli, en el segundo piso del palacio apostólico, estaba desierta. Casaroli iba de camino a Nueva York, un grato descanso de los problemas que entonces le preocupaban. En particular, estaba sumamente inquieto por un asunto que el papa ignoraba a propósito: el indomable cardenal Wyszynski agonizaba. Desde principios de mayo su estado de salud había empeorado, y ya no podía celebrar misa a diario. Había luchado contra esa enfermedad terminal igual que como había librado cada batalla a lo largo de su vida: con fe, extraordinaria resolución y gran valor. Pero Wyszynski era una persona realista y, aceptando que su muerte no estaba lejos, puso el diario manejo de los asuntos de la Iglesia en manos del obispo Bronislaw Dabrowski, junto con el sucesor de Karol Wojtyla en Cracovia, el cardenal Franciszek Macharski. ¿Quién debía reemplazar al cardenal Wyszynski? El primado, con un mínimo de asistencia papal, había librado una y otra vez a Polonia del precipicio. Dado que los soviéticos no cesaban de ladrar a favor de que se declarara la ley marcial, el ajuste de cuentas y la represión, y sobre todo la destrucción de Solidaridad, ¿qué debía hacer exactamente Karol Wojtyla para ayudar al sucesor de Wyszynski? ¿Y quién exactamente debía intentar suceder a esa leyenda?

Otro problema que requería urgente atención concernía a las constantes insinuaciones que el Vaticano estaba recibiendo del gobierno de Reagan. ¿Cuán profundamente debía involucrarse la Santa Sede en una relación con el gobierno de una de las dos superpotencias del mundo? La visión del mundo de Juan Pablo II difería muy marcadamente, en varias áreas clave, de la del secretario de Estado. Eso era inevitable si se comparaba a Casaroli, el muy experimentado ministro del Exterior, con Wojtyla, un hombre que, con la excepción de su breve estancia en Roma en la década de 1940, nunca en su vida había vivido fuera de Polonia. Casaroli había descubierto que este papa en realidad escuchaba mucho menos de lo que parecía. Creía que la incorporación del papa a la arena política en Italia, de manera tan pública y beligerante, a propósito del aborto, sería probablemente muy contraproducente, y había intentado protegerlo. En cuanto a la floreciente relación con Estados Unidos, Casaroli ya estaba muy familiarizado con las medidas de política exterior del nuevo gobierno de ese país. Algunas concordaban con posiciones del Vaticano, pero otras estaban llenas de peligros para la Iglesia católica romana. Esta relación sería un problema a largo plazo.

Otro problema duradero que exigía la inmediata atención papal era el Estado de la Ciudad del Vaticano mismo. Pocas comunidades daban cabida a tan extraordinaria serie de problemas y formas de corrupción en apenas 0,44 kilómetros cuadrados. Su funcionariado tenía una muy arraigada resistencia al cambio; la curia había luchado enconadamente desde la retaguardia contra toda forma de modernización. En teoría, el papa era el gobernante absoluto de la gran Iglesia mundial, tanto como de su dominio personal al otro lado del río Tíber. En realidad, durante más de quinientos años el control italiano sobre el gobierno central de la Iglesia había sido muy firme. Muchos en la curia veían al papa como una figura transitoria, mientras que ellos estaban ahí para siempre. Éste era un problema que Karol Wojtyla estaba decidido a atacar, pero que para mayo de 1981 aún aguardaba su atención.

Era comprensible que el más enérgico de los papas hubiera mentido sobre las reformas de la curia. El problema tenía muchas facetas. La carrera y el ascenso eran de suma importancia, pues cada seminarista estaba determinado a ser obispo. Subir por el escalafón requería encontrar un protector; también requería adoptar «los cinco noes»: «No pienses. Si piensas, no hables. Si hablas, no escribas. Si piensas y hablas y escribes, no firmes. Si piensas, hablas, escribes y firmas, no te sorprendas». Subir por el escalafón con la ayuda de un protector requería asimismo con frecuencia participar en una activa relación homosexual. Las estimaciones de homosexuales practicantes en la ciudad del Vaticano iban del 20 a más del 50 por ciento. La ciudad también alojaba a facciones como las sectas de miembros del Opus Dei, y a francmasones y fascistas. Estos últimos podían encontrarse en particular entre los sacerdotes, obispos y cardenales de América Latina.

Un problema trascendía a todos los demás en mayo de 1981. Habían empezado a llegar cartas, peticiones, demandas y solicitudes del continente africano, de Estados Unidos, de América Latina, de Canadá, de toda Europa, de cada país del planeta donde había un número significativo de fieles. Muchas daban precisos y exactos detalles, otras presentaban alegatos; otras más contenían declaraciones juradas, pero todas tenían un tema fundamental: el abuso sexual.

En cada caso, los supuestos perpetradores eran sacerdotes, obispos y miembros de las comunidades religiosas. Ningún niño, parecía, era demasiado joven, ninguna mujer inviolable. Las quejas contra obispos eran ulteriormente dirigidas al secretario o prefecto de la Congregación de los Obispos, las que implicaban a sacerdotes a la Congregación del Clero y las que implicaban a las diversas órdenes religiosas a la Congregación de Institutos de Vida Consagrada y Sociedades de Vida Apostólica.

El secretario asignaba cada carta al correspondiente miembro del personal. El archivista asignaba a la carta un número de protocolo y anotaba su fecha, remitente, diócesis y origen y tema. Como corresponde a una curia romana con siglos de experiencia, las cartas eran impecablemente procesadas en el sistema. Se emprendían acciones mínimas. Si el obispo de la diócesis desconocía la queja, se le ponía al tanto de ella. En esa etapa, el obispo usualmente aplicaba «el sistema del secreto». Éste siempre había tenido éxito en el pasado, y el obispo sólo era responsable ante el papa.

A las 17.00, el 13 de mayo la plaza de San Pedro estaba repleta de peregrinos, paseantes y turistas. Un joven estaba particularmente ansioso de poder ver de cerca al papa. Pasó junto a la ambulancia estacionada, lista para tratar las indisposiciones habituales en las reuniones multitudinarias. En un jeep descubierto, el papa era conducido alrededor de la plaza por segunda vez. Detrás de él iba sentado monseñor Stanislaw Dziwisz. El papamóvil redujo la velocidad mientras el papa devolvía a una niña, a la que había sostenido, a brazos de su madre. Al tiempo que se erguía, rosadas las mejillas y exudando buena salud, un brazo aparentemente sin cuerpo salió bruscamente entre la multitud a unos cuatro metros y medio del jeep. La mano en el extremo de ese brazo sostenía no una cámara, sino una pistola automática Browning de 9 mm. Se dispararon dos tiros. Uno le dio al papa en el abdomen tras rozar el dedo índice de su mano izquierda, y salió por su espalda para caer a los pies de su secretario. El otro le dio en el codo derecho, quemándole la piel, y luego continuó su trayectoria, hiriendo a una monja. Hubo un momento de atónita incredulidad. Dziwisz vio al papa tambalearse, pero no había ningún rastro de sangre en su vestidura blanca.

—¿Dónde? —preguntó.

—En el estómago —respondió el papa.

—¿Duele?

—Sí.

Colocándose de pie detrás del papa, el mucho más bajo Dziwisz lo sostuvo para que no cayera mientras el jeep se acercaba a la ambulancia estacionada frente al puesto de primeros auxilios.

La ambulancia, parte de los servicios de la Cruz Roja que siempre estaban presentes en tales ocasiones, ofreció sólo breve socorro al papa. Carecía de tanques de oxígeno y equipo, lo que hizo necesaria un segundo y muy doloroso traslado a otra ambulancia. En el trayecto al hospital Gemelli, Karol Wojtyla perdía y recuperaba el conocimiento. Su secretario lo oía repetir continuamente entrecortadas jaculatorias. «¡María, madre mía! ¡María, madre mía!»

Hay dos fuentes testimoniales para lo que sigue: una es el padre Dziwisz, la otra el cirujano que operó al papa, Francesco Crucitti. En el hospital pronto fue evidente para los médicos que la vida del papa peligraba. Su presión arterial había caído drásticamente, su pulso era para entonces débil y titubeante. El sacramento último de la extremaunción le fue administrado por su hijo putativo, Stanislaw Dziwisz. Externamente, sus lesiones parecían superficiales. Pero cuando Francesco Crucitti hizo la primera incisión, se sobresaltó al encontrar sangre por todas partes.

Un poco después y habría sido demasiado tarde —recordó Crucitti—. La hemorragia le estaba quitando la vida al papa. (...) Había perdido entre dos y medio y tres litros de sangre. Poco más de la cuarta parte de su sangre le mantenía apenas con vida. El colon había sido perforado; había cinco heridas en el intestino delgado. Cincuenta y cinco centímetros de intestino le fueron extraídos durante la operación, de cinco horas y veinte minutos.

Cuando la noticia de la agresión dio la vuelta al mundo, el poder de la oración fue sometido a una severa prueba. La bala que había entrado en el estómago pasó a unos milímetros de la aorta central. Si hubiera chocado con ésta, la muerte habría sido instantánea. Al salir del cuerpo, la bala había sorteado la espina dorsal. La perdurable y a menudo repetida creencia de Karol Wojtyla en la Providencia y la oración fue triunfalmente reivindicada esa tarde de mayo.

Dos horas después de que el avión del secretario de Estado hubiera aterrizado en Nueva York, Casaroli embarcó en un vuelo de regreso a Roma, diciendo a los periodistas: «Mi deber es estar con el Santo Padre». Mientras la lenta y difícil recuperación del papa continuaba, la vida en el mundo fuera del hospital Gemelli seguía su curso. Cuatro días después del ataque, con Karol Wojtyla aún en la lista crítica de la unidad de cuidados intensivos, Italia votó sobre la cuestión del aborto que el papa había pugnado tan apasionadamente por derribar. Para el movimiento pro-vida en general, y para el papa en particular, el voto fue una sorprendente derrota. La propuesta de pro-vida que habría restringido el aborto a casos que implicaran peligro para la vida o salud física de la madre fue masivamente rechazada por el 70 por ciento de los votantes, pese a las amonestaciones en el púlpito de sacerdotes y obispos italianos en el sentido de que el «sí» era «gravemente vinculante para la conciencia cristiana», y pese a la declaración de Juan Pablo en la plaza de San Pedro ante la concentración pro-vida del domingo anterior al referéndum de que aquélla era «una causa sagrada». Fue precisamente una humillación pública que la curia romana ya había predicho en privado. El corresponsal en el Vaticano Peter Hebblethwaite escribió: «La inmensa popularidad de Juan Pablo, su manifiesto atractivo sobre las masas, no significa que la gente escuche lo que dice, y menos aún que lo obedezca. Le gusta el cantante, no la canción».

En Polonia, el atentado contra la vida del papa provocó inicialmente un casi sentimiento unánime de repugnancia y horror, que se convirtió después en abatimiento general. Los impetuosos días inaugurales del surgimiento de Solidaridad se olvidaron mientras la nación se enfrentaba a un futuro en el que nada era seguro salvo la creciente escasez y las cada vez más largas colas. El cardenal Wyszynski había tenido toda la razón al aconsejar a Solidaridad: «No pidan más de lo que les puedan dar». El nivel de vida caía ante los ojos mismos de una nación que tan recientemente había creído entrar en la Tierra Prometida. Solidaridad exigía cada vez más y el gobierno salía con evasivas, de manera que ambas partes evitaban magistralmente la realidad. Mientras tanto, el papa, *su* papa, yacía indefenso en una cama de hospital. Pero entonces, como suele suceder, hubo una tragedia mayor para Polonia.

El 28 de mayo murió el cardenal Stefan Wyszynski. Con su muerte terminó una época extraordinaria. El primado había llegado a su cargo en 1948, en un momento de aguda crisis tanto para la Iglesia como para el país. Contra formidables obstáculos, había sorteado muchas aguas traicioneras. Una medida de sus logros se aprecia en la reacción en la Polonia controlada por los comunistas, en la que las autoridades ordenaron un periodo de luto nacional de cuatro días como tributo al cardenal. Una declaración conjunta firmada por el presidente del Consejo de Estado, Henryk Jablonski; el secretario general, Stanislaw Kania, y el primer ministro, el general Wojciech Jaruzelski, rindió tributo al cardenal. Estos individuos elogiaron su patriotismo e instaron al gobierno a perseverar en sus esfuerzos por mejorar la relación entre la Iglesia y el Estado. Reconocieron a Wyszynski como un «gran político, un hombre de gran autoridad moral reconocida por la nación» y con un profundo conocimiento del «proceso histórico y la responsabilidad cívica», que con su ejemplo había «creado un modelo de cooperación entre la Iglesia y los Estados socialistas».

El funeral del primado, al que asistieron prácticamente todos los comunistas de alto rango, fue transmitido en directo por la radio y la televisión del Estado durante más de cinco horas. La misa de réquiem, que reunió a más de un cuarto de millón de personas, fue celebrada por el enviado personal del papa, el secretario de Estado cardenal Casaroli. En su sermón, éste describió a Wyszynski como «un hombre de indestructible esperanza, alimentada por la fe en la virtud de su pueblo», un hombre que tenía «sólo dos grandes pasiones en la vida: la Iglesia y Polonia». En un mensaje especial, el papa pidió que el periodo de luto nacional se extendiera a treinta días, como «un periodo de oraciones especiales, paz y reflexión».

Éste fue un intento directo por evitar más confrontaciones entre Solidaridad y el régimen antes del congreso del Partido Comunista en julio. Menos de una semana después de la petición del papa, la Comisión Nacional Coordinadora de Solidaridad anunció una huelga de dos horas para el 11 de junio. La causa difícilmente requería una acción tan urgente, pero era una señal de que los responsables del violento ataque de marzo contra miembros de Solidaridad en Bydgoszcz tenían que ser castigados. La poderosa influencia de la Iglesia que Wyszynski había dejado como valiosa herencia era inmediatamente derrochada por sus sucesores. Había una desesperada necesidad de llenar el vacío dejado por la muerte del primado, pese a lo cual la tardanza en el nombramiento de un sucesor se prolongó aún más.

En Roma, dentro del Vaticano se hablaba de una milagrosa intervención que había salvado la vida del papa. Para otros, las razones eran más claras y prosaicos. Varios neoconservadores estadounidenses sencillamente lo *sabían*; el atentado había ocurrido en el cuarto mes de la presidencia de Reagan. Desde el principio mismo, varios miembros de ese gobierno intentaron vincular el atentado para matar al papa con la Unión Soviética. El secretario de Estado Haig, el director de la CIA William Casey, el ex consejero especial Zbigniew Brzezinski y otros hombres menos relevantes estaban convencidos de que Mehmet Agca, miembro de un grupo fascista de extrema derecha llamado los Lobos Grises, trabajaba en realidad para los servicios secretos búlgaros, que a su vez actuaban bajo las órdenes de la KGB. Este escenario presentaba varias ventajas para sus partidarios. El gobierno de Reagan había hecho del terrorismo global su prioridad número uno; si el vínculo de la KGB podía sostenerse en pie, resultaría mucho más fácil lograr el objetivo del presidente de incrementar notablemente los recursos militares en Estados Unidos y el despliegue de misiles nucleares en Europa occidental. Como posible sucesor del achacoso Leonid Brezhnev, Yuri Andropov, director de la KGB, era un blanco ideal. Convertirlo en un leproso moral antes de que tomara posesión del despacho de secretario general sería mejor todavía que matarlo.

Estas acusaciones aparecieron impresas por primera vez en septiembre de 1982, cuando Andropov acababa de emerger como fuerte candidato para el liderazgo soviético, en un extenso artículo en *Reader's Digest* de la egregia Claire Sterling, la autora favorita para antes de dormir del director de la CIA William Casey y el secretario de Estado Alexander Haig. Aunque la CIA no había presentado aún una sola evidencia que vinculara a los soviéticos con el ataque de Agca, William Casey quería creer en la versión de Sterling, y no cesaba de presionar a sus analistas para que encontraran esa firme evidencia; nunca lo hicieron. El artículo de Sterling fue seguido por una modesta saga de libros, programas especiales de televisión y artículos periodísticos que hacían felizmente la vista gorda ante evidencias muy poderosas. En todo caso, las ignoraban o rechazaban.

Si efectivamente Agca había actuado en nombre de los búlgaros y la KGB, era el más incompetente asesino jamás empleado por una agencia de inteligencia. Su plan no había cubierto lo básico siquiera. Llegó a Roma en enero para llevar a cabo un reconocimiento, y se hospedó en el hotel Sia de la Via Cicerone, a diez minutos a pie del Vaticano. Asistió a una audiencia papal en la Sala Nervi, y su plan para el ataque de mayo se basó en el supuesto de que ahí sería donde dispararía contra el papa; nadie le dijo que, a partir de la primavera, la curia transfería las audiencias a la plaza de San Pedro para dar cabida a las grandes multitudes.

Al llegar a San Pedro a las 16.45 el 13 de mayo, Agca se desconcertó. ¿Una audiencia al aire libre? Tendría que improvisar. Deambuló por la plaza, deteniéndose en el obelisco que marcaba su centro. Preguntó a un monje benedictino, el padre Martino Siciliani, por dónde aparecería el papa, y se dirigió a la puerta de bronce. Poco después de las 17.00 apareció el papa, al otro lado de la plaza, por la Puerta de las Campanas. Esto, no hace falta decirlo, no olía a plan de la KGB. Ese lugar era el único por el que era prácticamente imposible escapar después. La idea de que los soviéticos habrían aprobado un escenario así y de que agentes de Bulgaria lo habrían aceptado es absurda.

La supuesta conexión búlgara no apareció durante diecisiete meses, el tiempo que Agca tardó en «decidirse» a revelar su existencia. Durante esos diecisiete meses recibió la visita de oficiales de inteligencia italianos en varias ocasiones. Entre los numerosos documentos y fotografías que los oficiales de inteligencia le mostraron había fotos y una amplia variedad de detalles de los tres búlgaros que Agca mencionó e identificó *posteriormente* como sus socios de conspiración. Estas revelaciones ocurrieron más de tres meses después de que Agca hubiera sido juzgado por el intento de asesinato. Al principio de su juicio, insistió firmemente en que había actuado solo. Luego anunció que no tomaría parte en el juicio y despidió a su abogado. Al cabo de tres días en el banquillo fue sentenciado a cadena perpetua, con opción a libertad condicional en treinta años. Su única posibilidad para salir antes era hacer un trato con los servicios de inteligencia italianos. Dos de los búlgaros mencionados por Agca habían vuelto a casa; el tercero —Sergei Antonov, subdirector de Balkan Air— había esperado amablemente de mayo de 1981 a noviembre de 1982 en Roma hasta que Agca lo denunció, momento en el cual los italianos lo arrestaron.

El motivo del asesinato, de acuerdo con Sterling *et al.*, era impedir que el papa cumpliera su amenaza, ya contenida en una carta de 1980 a Brezhnev, de dejar el Vaticano y retornar a Polonia para ponerse a la cabeza de su pueblo si los soviéticos invadían su patria. Esa carta no se escribió jamás, y esa amenaza no se hizo nunca.

Parte de la misma teoría sostenía también que, como creador del movimiento de Solidaridad, Juan Pablo II representaba una amenaza permanente para los intentos soviéticos de volver a la situación anterior a agosto de 1980 en Polonia, así que la única solución era hacerlo matar. Pero como los datos anteriores demuestran ampliamente, el papa no tuvo absolutamente nada que ver con la creación de Solidaridad, y prácticamente nada que ofrecer a ese movimiento en su inicial y desesperada lucha por sobrevivir.

Un problema adicional para los teóricos de la conspiración es una carta escrita por Mehmet Agca después de haberse fugado de una cárcel turca (donde cumplía una sentencia de cadena perpetua por el asesinato del director del periódico *Milliyet*). Escribió a *Milliyet* sobre la próxima visita del papa a Turquía.

Temiendo la creación de una nueva potencia política y militar en Oriente Medio por Turquía, junto con sus hermanos los Estados árabes, el imperialismo occidental se ha (…) precipitado sobre Turquía, bajo la forma de un líder religioso, el comandante de cruzada Juan Pablo. A menos que esta inoportuna e insensata visita sea pospuesta, con toda seguridad yo dispararé contra el papa.

Esta carta fue publicada en noviembre de 1979, nueve meses antes de la huelga en los astilleros de Gdansk que condujo a la creación de Solidaridad.

Lejos de ser un agente de los soviéticos o de los búlgaros, Mehmet Alí Agca aborrecía el sistema político de unos y otros tanto como odiaba el modo de vida estadounidense. Una nota encontrada inmediatamente después de su arresto en la plaza de San Pedro describía la agresión como un acto político, una protesta contra «la muerte de miles de personas inocentes por dictaduras y el imperialismo soviético y estadounidense». Agca era antes que nada un nacionalista turco de derecha que respaldaba por completo el fascismo de su grupo, los Lobos Grises. La pistola Browning de 9 mm con la que le disparó al papa no fue puesta en su mano por una agencia búlgara o soviética, sino por el líder de los Lobos Grises, Omer Bagci.

Durante el juicio de 1985 contra los tres mencionados agentes búlgaros, el principal, en realidad el único, testigo en su contra fue Agca, trasladado desde su celda carcelaria para confirmar la sarta de acusaciones que había hecho a lo largo de los años. El argumento de una conspiración soviético-búlgara fue cuesta abajo desde el primer día, cuando el testigo estrella Agca declaró ser Jesucristo. El juicio terminó con la recomendación de la fiscalía de absolver a los búlgaros por falta de pruebas. No había otra opción, en vista del hecho de que en ningún momento durante la investigación de cuatro años había habido un solo testigo que apoyara las afirmaciones de Agca. Aun así, los neoconservadores se aferraron obstinadamente a su desacreditada y fatalmente urdida tesis.

En mayo de 1981 Yuri Andropov tenía muchas más cosas en la mente que al papa Juan Pablo II. El mes anterior había llegado a una conclusión alarmante, basada en análisis de la KGB sobre el gobierno de Reagan, que entonces llevaba cuatro meses. En mayo de 1981, en un discurso secreto en una importante conferencia de la KGB en Moscú, Andropov electrizó a una nutrida asamblea al declarar que «el gobierno estadounidense se prepara activamente para la guerra nuclear, y existe la posibilidad de que un ataque nuclear que les permita efectuar el primer golpe haya sido diseñado por Estados Unidos. El politburó soviético ha determinado que la progresiva obtención de información y datos militares y estratégicos concernientes a ese ataque preventivo, ya sea por Estados Unidos o la OTAN, será la prioridad absoluta de las operaciones de la inteligencia soviética».

Su público escuchó pasmado cuando reveló que por primera vez la KGB y la GRU (inteligencia militar soviética), tras años de sospecha y hostilidad mutuas y de independencia celosamente guardada, colaborarían en una operación conjunta de inteligencia con nombre en clave RYAN (*raketo-yadernoe napadenie*, ataque con misiles nucleares). Como doble agente, Oleg Gordievsky reveló que, aunque el director de la KGB reaccionó alarmado ante varias medidas de Reagan, la iniciativa de RYAN procedió del más alto mando militar, concretamente del ministro de Defensa, el mariscal Ustinov. La grandiosa Guerra de las Galaxias de Reagan sirvió para confirmar los temores rusos.

Con este telón de fondo, la idea de que la KGB o algún miembro del politburó soviético aprobasen el asesinato del papa es disparatada.

El atentado contra Juan Pablo II podría haber tenido un móvil menor en la idea de «una gran Turquía», pero la aspiración predominante de Agca era la publicidad, y no sólo para los Lobos Grises, sino, sobre todo, para sí mismo. Logró su meta. Mientras se regodeaba con la atención de los medios mundiales, su imaginación se desbocó. Afirmó:

Soy Jesucristo. El Vaticano sabe que esto es verdad. La orden de matar al papa provino de la embajada soviética en Sofía. El primer secretario de la embajada soviética pagó tres millones de marcos. (…) Fui responsable de los bombazos en las emisoras de radio financiadas por Estados Unidos en Munich en 1980.

Es evidente, sin embargo, que el papa fue extremadamente afortunado al sobrevivir; que su supervivencia fuera debida a intercesión divina bien de la mano de Dios o bien de la de María es un asunto muy distinto. El papa nunca albergó ninguna duda sobre la razón de su supervivencia. Como observó al escritor francés André Frossard, «una mano disparó y otra guió la bala». Estaba convencido de que sabía qué mano lo había salvado. El ataque del 13 de mayo ocurrió en el aniversario de la festividad de Nuestra Señora de Fátima. En 1917 en Fátima, Portugal, la Madre de Jesucristo se apareció a tres niños e hizo tres profecías secretas. En mayo de 1994, en esa misma festividad, el papa dijo de su supervivencia: «Fue la mano de una madre la que guió la trayectoria de la bala y, en medio de sus dolores, el papa la detuvo en el umbral de la muerte». La bala que había estado tan cerca de quitar la vida al papa al pasar por su cuerpo fue obsequiada al obispo de Leiria-Fátima, quien la hizo colocar en la corona de la estatua de María que domina el santuario portugués.

Aun antes de la muerte del papa Juan Pablo II, el 1 de abril de 2005, hubo llamamientos para que se le otorgara el título de «Juan Pablo Magno», honor que en el pasado sólo ha sido concedido de forma póstuma. Tras su muerte, la histeria y hagiografía colectivas fueron ilimitadas. «Papa de papas»... «uno de los mayores papas en los dos mil años de historia de la Iglesia»... «el más grande papa que haya habido jamás»... «el mayor líder espiritual del siglo XX»... «sin él no habría terminado el comunismo»... «el papa que cambió al mundo»... «Éste fue un hombre que derribaba imperios»... «El pontífice más significativo desde San Pedro»... «El marco de referencia de Juan Pablo II fue el mismo que el de la Declaración de Independencia de Estados Unidos».

Aun antes de su funeral, hubo un clamor de que debía santificársele al instante, y su ex secretario proporcionó detalles de la milagrosa curación de un hombre que padecía un tumor cerebral en etapa terminal. Durante esa milagrosa segunda vida que comenzó el 13 de mayo de 1981, ¿qué logró el papa Juan Pablo II?

Poco después de la agresión, se hizo evidente que otros compartían la creencia del papa en la Intervención Divina. El subdirector del periódico del Vaticano *L'Osservatore Romano*, el padre Virgilio Levi, aseguró a sus lectores que el papa Juan Pablo II fue salvado de la muerte porque fue «protegido por Nuestra Señora de Fátima. Esto no es producto de la imaginación piadosa». El cardenal Ugo Poletti, al hablar en una concentración en la plaza de San Pedro, se refirió al «demente acto que fue dirigido contra el Dios al que el papa representa, y contra la humanidad a la que él ama como padre». Monseñor Stanislaw Dziwisz, el secretario del papa, coincidió en que la supervivencia del papa era «realmente milagrosa» y señaló:

El Santo Padre vio todo esto [su supervivencia] como una señal del cielo, y nosotros —los médicos incluidos— lo consideramos un milagro. Todo pareció ser guiado por una mano invisible. Nadie habló de un milagro, pero todos pensábamos en eso. Por ejemplo, el dedo lesionado se recuperó por sí solo. Durante la operación, nadie se preocupó de él. Pensaban amputarlo. Un entablillado ordinario y las medicinas destinadas a la salud general del paciente fueron suficientes para curarlo. Sin embargo, la segunda articulación se había roto. Ahora está perfectamente bien otra vez.

De ser cierto esto, entonces al papa Juan Pablo II le fue concedida una segunda vida por Dios. Una existencia que debía haber terminado cinco días antes de su sexagésimo primer cumpleaños se extendió milagrosamente. Ese don, si no único, es muy raro; si Juan Pablo II estaba en lo correcto, ese don le fue otorgado no a una desconocida, impotente nulidad, sino a un jefe de Estado, al líder moral de la quinta parte del planeta, un líder moral con una obra inconclusa. ¿Cómo usó este hombre, visto por la feligresía católica romana como el representante de Dios en la Tierra, esa segunda vida? Sus numerosos viajes al extranjero —un centenar para junio de 2003— están bien documentados; y sus encíclicas, sus libros, sus exhortaciones después de los sínodos, las constituciones apostólicas, las epístolas apostólicas y las cartas, mensajes, sermones y admoniciones adicionales, si bien no habían sido leídos y estudiados por la vasta mayoría de los católicos romanos, sí habían sido muy bien publicitados.

Nada de esa gigantesca cantidad de material revela cómo se enfrentó y trató el papa con los muchos problemas que encaraba en la víspera de su «segundo nacimiento». ¿Qué hizo respecto a la corrupción financiera en el Vaticano? ¿Y los muchos asuntos pendientes de resolver en su patria? ¿Cuál fue su posterior relación con Solidaridad? ¿Qué acción emprendió ante el antisemitismo institucionalizado en la Iglesia católica? ¿Y el creciente papel político que había adoptado? ¿La relación de la Iglesia con Estados Unidos? ¿Qué pasos dio para corregir los muchos mitos y fantasías que desde el principio mismo de su papado fueron diseminados primero por el Vaticano y después por incontables periodistas y escritores como verdades irrefutables? ¿Cuál fue exactamente su papel en el derrumbe de la Unión Soviética y el comunismo europeo? Sobre todo, había una necesidad verdaderamente desesperada de que el papa actuara contra los abusos sexuales de sacerdotes, obispos y cardenales contra niños, adolescentes, monjas y otros religiosos en todo el mundo.

Parte 2

| Capítulo 5 | El Vaticano Inc. I | → |

La corrupción es difícil de combatir, porque adopta muchas formas diferentes: cuando se ha eliminado en un área, brota en otra. Se necesita valor sólo para denunciarla. Para eliminarla, junto con la resuelta determinación de las autoridades, se necesita el generoso apoyo de todos los ciudadanos, sostenido por una firme conciencia moral.

(Del discurso «De la justicia de cada uno procede la paz para todos» del papa Juan Pablo II, 1 de enero de 1988)

Después del ataque contra el papa, pocas personas pudieron haber rezado más fervientemente por su plena recuperación que Roberto Calvi, el obispo Paul Marcinkus y Licio Gelli, quienes conocían los arreglos entre el Banco del Vaticano y el Banco Ambrosiano. En septiembre de 1978, para que la multimillonaria estafa que había estado en marcha durante seis años pudiera continuar, había sido vital eliminar al papa Juan Pablo I. Karol Wojtyla fue un perfecto reemplazo de Juan Pablo I y, de octubre de 1978 al 13 de mayo de 1981, siguió protegiendo y apoyando al obispo Paul Marcinkus.

Siete días después de que el papa fue herido en la plaza de San Pedro, el presidente del Banco Ambrosiano, Roberto Calvi, fue arrestado. Su arresto fue resultado del descuido de su gran protector, Licio Gelli. La redada de la policía había revelado documentos que comprometían a Roberto Calvi, parte de los informes de chantajes de Gelli. Desesperada por desviar la culpa o al menos tener a alguien que la compartiera con el aterrado banquero, la familia Calvi empezó a telefonear a Marcinkus. Por fin el hijo de Calvi, Carlo, logró comunicarse con él. Intentó convencerlo de que admitiera públicamente su participación: «El Vaticano es su propio jefe. Puede proporcionar información de forma voluntaria», sugirió Carlo Calvi a Marcinkus. Pero recibió una respuesta cortante: «Si el IOR acepta cualquier responsabilidad, no sólo saldrá perjudicada la imagen del Vaticano. También tú perderás, porque nuestros problemas también son tus problemas».

Y sí que lo eran; ambos bancos se habían entrelazado durante años. El obispo Marcinkus estaba en un aprieto: decir la verdad haría caer sobre el Vaticano la ira de Italia; la alternativa era dejar a Calvi en posición vulnerable, con la esperanza de que la profunda y continua participación del Vaticano permaneciera en secreto y de que, después del juicio de Calvi, éste pudiera retornar a sus actividades normales. El obispo Marcinkus optó por esta última opción. Indudablemente basó su decisión en el hecho de que las acusaciones contra Calvi sólo afectaban a dos de sus incontables transacciones ilegales, cuando Calvi se había vendido a sí mismo acciones en Toro y Credito Varesino a precios sumamente inflados. Esto había afectado a la salida ilegal de divisas de Italia, delito por el cual los magistrados de Milán esperaban obtener una condena. Marcinkus razonó que si todos mantenían la calma, el juego podía continuar. A Calvi, en la prisión de Lodi, no le impresionaron los mensajes de su optimista socio en el Vaticano. Los banqueros internacionales sacudieron incrédulos la cabeza mientras Calvi seguía dirigiendo el Banco Ambrosiano desde la cárcel.

El 7 de julio de 1981, el gobierno italiano acusó a Michele Sindona de ordenar el asesinato de Giorgo Ambrosoli. La reacción de Calvi ante la noticia fue particularmente interesante: trató de suicidarse la noche siguiente. Ingirió cierta cantidad de barbitúricos y se cortó las venas. Más tarde admitió que había actuado en un momento «(…) de lúcida desesperación. Porque no había una sola traza de justicia en todo lo que se hacía contra mí. Y no estoy hablando del juicio». Si realmente hubiera querido terminar con su vida, simplemente habría tenido que obtener la cantidad de dedalera recomendada por Gelli haciéndola meter de contrabando en la prisión. Los jueces de su caso no se impresionaron.

El 20 de julio fue sentenciado a cuatro años de cárcel y al pago de una multa de dieciséis mil millones de liras. Sus abogados interpusieron de inmediato una apelación y fue liberado bajo fianza. En el curso de la semana posterior a su liberación, el consejo de administración del Banco Ambrosiano lo reconfirmó unánimemente como presidente del banco y le brindó una ovación de pie. Mientras los banqueros internacionales seguían sacudiendo incrédulos la cabeza, tal como Marcinkus había predicho, Calvi retornó en efecto a sus actividades normales. También el Banco de Italia le permitió retomarlas, en tanto que el gobierno italiano no hacía nada por evitar el extraordinario espectáculo de un hombre condenado por delitos bancarios que dirigía uno de los mayores bancos del país. Un banquero puso objeciones: el gerente general del Ambrosiano, Roberto Rosone, solicitó al Banco de Italia aprobar la destitución de Calvi y reemplazarlo por el ex presidente, Ruggiero Mozzana. El Banco de Italia declinó intervenir.

La segunda amenaza para el imperio bancario de Calvi procedió de sus propias sucursales en Perú y Nicaragua. Para combatirla, Calvi consiguió la ayuda de Marcinkus, quien había declinado darle cualquier apoyo, público o privado, durante su juicio. Ahora estaba a punto de brindarle toda la asistencia necesaria para asegurar que el fraude criminal perpetrado por ambos se mantuviera en secreto. Durante el periodo del juicio de Calvi, el Vaticano anunció que el papa Juan Pablo II había nombrado una comisión de quince cardenales para estudiar las finanzas de la Iglesia católica romana. La función de esa comisión era recomendar mejoras para incrementar los ingresos del Vaticano. El obispo Paul Marcinkus no fue incluido como miembro de la comisión, pero obviamente creía que, como director del Banco del Vaticano, de cualquier manera podía hacer una eficaz contribución.

Marcinkus sostuvo varias reuniones secretas con Calvi, que dieron lugar a la admisión oficial por el Banco del Vaticano de un aumento en su deuda viva de cerca de mil millones de dólares. Ésta era la suma adeudada a los bancos de Calvi en Perú y Nicaragua a causa de una serie de grandes préstamos. Los valores que respaldaban esa enorme deuda eran insignificantes. Esos bancos latinoamericanos, pese a ser subsidiarios de Calvi, mostraban por fin un poco de independencia. Querían mayor cobertura. ¿Quién pagaría la cuenta en caso de incumplimiento? ¿Quién exactamente poseía esas misteriosas compañías panameñas que habían recibido los préstamos? ¿Quién había pedido prestado tanto con tan poco? Los peruanos estaban particularmente angustiados, pues habían prestado unos novecientos millones de dólares.

En agosto de 1981, Calvi y Marcinkus perpetraron su mayor fraude. A los documentos relacionados se les conocería como «cartas de conformidad». Estas cartas fueron escritas en papel con membrete del «Istituto per le Opere di Religione», Ciudad del Vaticano, y fechadas el 1 de septiembre de 1981. Se enviaron al Banco Ambrosiano Andino en Lima, Perú, y al Banco Comercial del Grupo Ambrosiano en Nicaragua. Siguiendo instrucciones del obispo Paul Marcinkus, fueron firmadas por Luigi Mennini y Pelligrino De Strobel. Decían así:

Caballeros:
Se confirma que, directa o indirectamente, controlamos las siguientes entidades:

Manic S.A., Luxembrugo

Astolfine S.A., Panamá

Nordeurop Establishment, Liechtenstein

U.T.C. United Trading Corporation, Panamá

Erin S.A., Panamá

Bellatrix S.A., Panamá

Belrose S.A.

Starfield S.A., Panamá

También confirmamos que estamos al tanto de la deuda de estas entidades con ustedes a 10 de junio de 1981, de acuerdo con los estados de cuenta adjuntos.

Las cuentas adjuntas demostraban que la «deuda» con tan sólo la sucursal de Lima era de novecientos siete millones de dólares.

Estas revelaciones permitieron a los directores de los bancos en Nicaragua y Perú relajarse. Contaban ya con una clara admisión de que esas inmensas deudas eran responsabilidad del Banco del Vaticano, y de que la Iglesia católica romana quedaba como garante. Ningún banquero podía desear mayor seguridad.

Había sólo un pequeño problema: los directores en Perú y Nicaragua sabían sólo la mitad de la historia. Había otra carta, ésta de Roberto Calvi al Banco del Vaticano, fechada el 27 de agosto de 1981. Esta carta estuvo en las seguras manos de Marcinkus antes de que éste reconociera que el Banco del Vaticano era responsable de la deuda de mil millones de dólares. La carta de Calvi hacía una solicitud formal de las cartas de conformidad en las que el Vaticano admitiría ser dueño de las compañías de Luxemburgo, Liechtenstein y Panamá. Esta admisión, aseguró Calvi al Vaticano, «no entrañaría ninguna responsabilidad para el IOR». Su carta concluía con un párrafo que confirmaba que, pasara lo que pasara, el Banco del Vaticano «no sufrirá ningún daño ni pérdida futuros». De ahí que el Banco del Vaticano fuera secretamente absuelto de una deuda que estaba a punto de admitir.

Para que la carta secreta de Calvi a Marcinkus tuviera validez legal, su existencia y contenido preciso habrían tenido que revelarse a los directores en Perú y Nicaragua. Además, el arreglo entre Calvi y Marcinkus habría tenido que ser aprobado por la mayoría de los directores en Milán. Más todavía, para llegar a un acuerdo legal, habría sido esencial que todos los accionistas del Banco Ambrosiano, incluidos los numerosos pequeños accionistas en el área de Milán, hubieran tenido conocimiento del contenido de las dos cartas. Las dos cartas y el acuerdo entre Calvi y Marcinkus constituyen un caso claro de fraude criminal cometido por ambos. El 28 de septiembre de 1981, tercer aniversario de la muerte del papa Juan Pablo I, Marcinkus fue ascendido por el sucesor de Luciani. Fue nombrado pro presidente de la Comisión Pontificia para el Estado de la Ciudad del Vaticano. Esto lo convirtió prácticamente en gobernador de la Ciudad del Vaticano. Aún conservaba su posición como director del Banco del Vaticano, y el nuevo puesto lo elevó de forma automática a arzobispo.

Mientras tanto, Calvi se había enterado por vez primera de las investigaciones del secretario de Estado, el cardenal Casaroli, sobre las actividades conjuntas del Banco del Vaticano y el Banco Ambrosiano. El contacto de Casaroli en la inteligencia italiana también era, después de todo, miembro de P2. Cuando además se le notificó a Roberto Calvi que la investigación del Vaticano se remontaba al breve pontificado del papa Juan Pablo I, se alarmó sobremanera.

Mi anterior libro *En nombre de Dios* llegaba a la conclusión de que el papa Juan Pablo I había sido asesinado. Algunos en el Vaticano observaron que las evidencias «carecían de un arma humeante». De hecho, la evidencia crucial, los informes sobre la corrupción financiera que Albino Luciani estudiaba antes de su muerte, desapareció por órdenes del cardenal Villot. Roberto Calvi descubrió algo de esa «arma humeante» a fines de 1981. Era el informe de Vagnozzi, el informe elaborado por órdenes del papa Juan Pablo I sobre el Banco del Vaticano y temas conexos. Calvi sabía ahora que, con base en el *dossier*, informes adicionales y el conocimiento por Luciani de seis años de la conexión entre Marcinkus-Calvi, la noche del 27 de septiembre de 1978 el papa Juan Pablo I había dado órdenes a su secretario de Estado, el cardenal Jean Villot, de que destituyera a Marcinkus del Banco del Vaticano a la mañana siguiente. Justo unas horas después, el saludable y en absoluto anciano papa estaba muerto.

Juan Pablo I se había llevado a la tumba gran parte de sus conocimientos personales, pero el *dossier* de Vagnozzi seguía existiendo. Continuaba siendo una poderosa denuncia de corrupción bancaria, pero, sobre todo, era la evidencia material del motivo para asesinar a un papa. Tan pronto como Calvi se enteró del informe, sintió la urgencia de adquirirlo. Operando a través de intermediarios y de un ex senador, supo que un experto en asuntos vaticanos, Giorgio Di Nunzio, tenía una copia que estaba dispuesto a vender. Calvi negoció la reducción del precio de tres a 1,2 millones de dólares. Una vez adquirido el informe, Roberto Calvi lo conservó para sí el resto de su vida.

En ese momento, pese a las muchas exigencias que pesaban sobre su tiempo y sobre el dinero del Ambrosiano, Roberto Calvi respondió todavía a otra petición de ayuda: del papa Juan Pablo II en persona. Para finales de 1981, la situación en Polonia se había deteriorado gravemente. Un importante miembro de Solidaridad voló a Roma por «asuntos del sindicato», y en la embajada estadounidense aleccionó a un sindicalista italiano, Luigi Scricciolo, y al embajador de Estados Unidos, el general Vernon Walters. El principal elemento en la agenda fue la necesidad de organizar la financiación del reforzado movimiento de Solidaridad. El general Walters tuvo después una reunión con el papa, en la que sostuvieron una amplia conversación que inevitablemente incluyó la situación polaca. Posteriormente, el obispo Paulo Maria Hnilica, actuando como emisario personal del papa Juan Pablo II, tuvo un encuentro con Calvi. El resultado fue el inicio de una operación encubierta para canalizar dinero a Polonia. Calvi y Marcinkus activaron el plan a principios de 1982. Calvi comentó luego esta maniobra de blanqueo de dinero de inspiración papal con su amigo y socio Flavio Carboni, quien grabó en secreto la conversación. En la cinta se oye claramente a Calvi:

Marcinkus debe cuidarse de Casaroli, quien encabeza al grupo que se opone a él. Si Casaroli conociera a alguno de los banqueros de Nueva York que trabajan para Marcinkus, enviando dinero a Solidaridad, el Vaticano se desplomaría. O incluso si Casaroli encontrara sólo una de esas hojas de las que yo sé (...) adiós Marcinkus. Adiós Wojtyla. Adiós Solidaridad. La última operación sería suficiente, la de veinte millones de dólares. También se lo he dicho a Andreotti, pero no está claro de qué lado está él. Si las cosas en Italia marchan de cierta manera, el Vaticano tendrá que alquilar un edificio en Washington, detrás del Pentágono. Muy lejos de San Pedro.

Los pagos secretos al movimiento de Solidaridad estaban destinados a convertirse en un tema de gran controversia en años posteriores. Vastos montos de dinero desaparecieron en alguna parte entre Italia y Polonia. Si alguien, aún vivo, sabe la verdad sobre los millones del Banco Ambrosiano y dónde fueron a parar exactamente, ése es Licio Gelli. Tras el derrumbe del banco de Calvi, Gelli observó sucintamente: «Si alguien busca los millones que faltan, debe asomarse a Polonia».

Mientras Calvi se atareaba en enero de 1982 organizando el desplazamiento ilegal de millones de dólares en nombre de Juan Pablo II, el papa recibió una carta de un grupo de accionistas milaneses. Fechada el 12 de enero de 1982, la carta era larga, con una muy detallada lista de apéndices. Los firmantes estaban particularmente inquietos por el hecho de que el antes formal y devotamente católico y romano Banco Ambrosiano y el Banco del Vaticano hubieran formado una alianza *non-sancta*. Se quejaban en la carta:

El IOR no sólo es accionista del Banco Ambrosiano. También es socio y aliado de Roberto Calvi. Un creciente número de casos revelan que Calvi está ligado con la más degenerada francmasonería (P2) y con círculos de la mafia, por haber heredado el manto de Sindona. Esto ha vuelto a hacerse con la participación de personas generosamente apoyadas y protegidas por el Vaticano, como Ortolani, quien se mueve entre el Vaticano y poderosos grupos en el submundo internacional.

Ser socio de Calvi significa ser socio de Gelli y Ortolani, puesto que ambos lo guían e influyen fuertemente en él. El Vaticano es entonces, le guste o no, a través de su asociación con Calvi, también socio activo de Gelli y Ortolani.

Esta carta contenía una petición de ayuda al papa Juan Pablo II para que les orientara. Aunque éste hablaba muchos idiomas, incluido el italiano, los milaneses tomaron la precaución de hacer traducir la carta al polaco, y también dieron los pasos necesarios para asegurar que ni la curia en general ni el secretario de Estado en particular pudieran impedir que la carta llegara al papa. A pesar de sus esfuerzos, la carta fue ignorada. Los accionistas milaneses ni siquiera fueron honrados con un agradecimiento formal.

Aunque el papa rehusó hacer una declaración pública sobre las actividades de Roberto Calvi, Marcinkus no tenía inhibiciones. En marzo de 1982 concedió una rara entrevista a la revista italiana *Panorama*. Sus comentarios sobre su socio Roberto Calvi fueron particularmente iluminadores, justo ocho meses después de que Calvi fuera multado con 13,7 millones de dólares y sentenciado a cuatro años de cárcel y sólo siete meses después de que el Vaticano y Marcinkus (según la versión del Vaticano) hubieran descubierto, para su horror, que Calvi había cogido más de mil millones de dólares y dejado al Vaticano pagar la cuenta. «Calvi merece nuestra confianza», declaró Marcinkus.

Yo no tengo ninguna razón para dudar. No tenemos ninguna intención de ceder al Banco Ambrosiano acciones en nuestro poder; y además, tenemos otras inversiones en este grupo, por ejemplo en Banca Cattolica, que van muy bien.

Aunque el papa no pudo prestarse a dar a Calvi un voto público de confianza, en privado respaldaba por completo esa duradera relación del Vaticano, e incluso preveía dar a Calvi total control sobre las finanzas del Vaticano. La esposa de Calvi, Clara, declaró bajo juramento que, por esa época, el papa concedió a Calvi una audiencia privada en la que hablaron del problema de la multimillonaria deuda del Vaticano (contraída en gran medida a causa de Calvi, Gelli, Ortolani y Marcinkus) y en la que, según Clara Calvi, el papa le hizo a Calvi una promesa: «Si usted puede sacar al Vaticano de esta deuda, podría tener pleno control de la reconstrucción de nuestras finanzas».

No obstante esa extraordinaria aprobación papal, Calvi sabía muy bien que necesitaba la confianza de los accionistas. Su posición se veía aún más amenazada por el hecho de que su vicepresidente en el Banco Ambrosiano, Roberto Rosone, estaba de parte de los supuestos reformadores. Comentó por lo tanto la situación con su buen amigo y compañero miembro de P2 Flavio Carboni. La gama de «amigos» y contactos de Carboni era amplia. Incluía a hombres como los dos jefes del hampa de Roma, Danilo Abbruciati y Ernesto Diotavelli.

La mañana del 7 de abril de 1982, Rosone salió de su apartamento minutos antes de las 8.00. Afortunadamente para Rosone, vivía por casualidad justo encima de una sucursal del Ambrosiano, que, como todos los bancos italianos, todavía a principios de la década de 1980 era protegida las veinticuatro horas del día por guardias armados. Cuando Rosone salió a la calle, un hombre se acercó y empezó a disparar. Herido en las piernas, Rosone se desplomó sobre el pavimento. Los guardias armados respondieron. Momentos después, también el agresor yacía muerto en el suelo. Su nombre era Danilo Abbruciati.

Al día siguiente de ese intento de asesinato, Flavio Carboni pagó al capo superviviente del hampa de Roma quinientos treinta mil dólares. Simultáneamente, Roberto Calvi apareció junto al lecho de su herido vicepresidente con el obligado ramo de flores. «¡Madonna! ¡Qué mundo de locos! Quieren asustarnos, Roberto, para poner las manos sobre un grupo que vale veinte billones de liras.»

Un mes después del intento de asesinato de su ayudante, las tuercas se apretaron aún más sobre Calvi. Consob, la agencia reguladora de la bolsa de valores de Milán, lo forzó al fin a inscribir públicamente sus acciones en el mercado bursátil. Tal inscripción representaría la mayor pesadilla para un hombre cuyo principal talento era hacer desaparecer dinero de los activos del Ambrosiano. A fines de mayo, el Banco de Italia escribió a Calvi y sus directores. Solicitó que el consejo de administración entregara un informe completo sobre préstamos al extranjero del Grupo Ambrosiano. El consejo, en una lamentablemente tardía muestra de oposición a Calvi, votó once contra tres a favor de cumplir la solicitud del banco central.

Licio Gelli, quien había regresado en secreto de Argentina a Europa el 10 de mayo, también imponía exigencias a Calvi. Gelli buscaba en el mercado más misiles Exocet para ayudar a su país de adopción en su guerra de las Malvinas con el Reino Unido. Dado que el grueso de los bienes de Argentina en el extranjero habían sido congelados y estaba vigente un embargo oficial de armas, Gelli se vio obligado a recurrir a los traficantes de armas en el mercado negro, quienes mostraron cierto escepticismo sobre su capacidad para pagar lo que ofrecía por los mortíferos misiles. Ofrecía cuatro millones de dólares por misil, con un pedido mínimo de veinte. A seis veces el precio oficial, había considerable interés en el pedido, siempre que Gelli reuniera el dinero necesario. Los traficantes de armas lo conocían bien, pues ya antes había adquirido equipos de radar, aviones, armas, tanques y los Exocets originales a nombre de Argentina. Ahora necesitaba urgentemente al menos ochenta millones de dólares, mientras la guerra de las Malvinas seguía pendiente de un hilo.

Así, Calvi —quien ya hacía malabares con las necesidades del papa Juan Pablo II, su clientela de la mafia, sus airados accionistas, los perros guardianes de Consob en la bolsa de valores de Milán, un recalcitrante consejo de administración y un asesino incompetente que había conseguido hacerse matar— encontró una vez más a Gelli con la mano tendida. Calvi vio sólo dos posibilidades de sobrevivir. O bien el Vaticano le ayudaba a llenar el creciente agujero que estaba apareciendo en los activos del Banco, o bien Gelli, el Titiritero, debía demostrar que seguía controlando la estructura del poder italiano y salvar de la ruina a su tesorero de P2. Calvi discutió las opciones con Flavio Carboni, quien continuaba grabando en secreto sus conversaciones.

De los comentarios de Calvi se deduce claramente que consideraba que el Banco del Vaticano debía llenar el gran agujero del Banco Ambrosiano, si no por otra razón porque estaba legalmente obligado a hacerlo. Observó Calvi:

> El Vaticano debe honrar sus compromisos vendiendo parte de la fortuna controlada por el IOR. Es un patrimonio enorme. Lo estimo en diez mil millones de dólares. Para ayudar al Ambrosiano, el IOR podría empezar por vender en paquetes de mil millones cada vez.

Si había un laico en el mundo que conociera el monto de la fortuna del Vaticano, ése debió ser Roberto Calvi. Estaba al tanto de prácticamente todos sus secretos financieros. Durante más de una década, había sido el hombre al que el Vaticano recurría en materia financiera. Anteriormente señalé que cuando Albino Luciani fue elegido papa en 1978, la fortuna controlada por las dos secciones de la Administración del Patrimonio de la Santa Sede (APSS) y el Banco del Vaticano se estimaba conservadoramente sobre unos tres mil millones de dólares. A principios de 1982, sin embargo, el muy conservador Roberto Calvi valoraba tan sólo el patrimonio del IOR en diez mil millones de dólares.

Explayándose en el tema de su conversación con Flavio Carboni, Roberto Calvi escribió al papa Juan Pablo II el 5 de junio: «(...) He pensado mucho, Su Santidad, y he llegado a la conclusión de que usted es mi última esperanza (...)». Le advirtió del inminente desplome del Banco Ambrosiano y predijo que, en todo caso, «la Iglesia sufrirá el mayor daño». Enumeró apenas unas cuantas de las operaciones financieras que había respaldado en nombre del Vaticano, en Oriente, Occidente y América del Sur, donde había «creado bancos para financiar el esfuerzo de detener la expansión de ideologías marxistas». Se quejó amargamente de que la «autoridad por la que siempre he mostrado el mayor respeto y obediencia», el Vaticano, «me haya traicionado y abandonado». La misiva era una desesperada petición de ayuda. Como los devotos accionistas católicos de Milán, Calvi se cercioró de que la carta llegara a manos del papa y, como la de esos accionistas, su carta fue ignorada.

Pese a la formidable variedad de problemas a los que hacía frente en ese tiempo, Roberto Calvi estaba inicialmente tranquilo cuando yo lo entrevisté por teléfono la noche del 9 de junio de 1982. Cuando preguntó cuál era el tema central del libro y yo le contesté: «Es un libro sobre la vida del papa Juan Pablo I, el papa Luciani», su actitud sufrió súbitamente un completo cambio. La tranquilidad y el control se desvanecieron, para ser reemplazados por un torrente de ruidosos comentarios. Su voz cobró un acento exaltado y emotivo. Mi intérprete empezó a traducirme esa corriente de palabras. «¿Quién lo envió contra mí? ¿Quién le dijo que hiciera esto? Siempre pago. Siempre pago. ¿Cómo conoce usted a Gelli? ¿Qué quiere? ¿Cuánto quiere?» Protesté que no conocía a Licio Gelli. Calvi apenas había dejado de escucharme antes de volver a empezar. «Quienquiera que sea usted, no escribirá ese libro. No puedo decirle nada. No vuelva a llamarme. Nunca.»

Ocho días después, el cadáver de Roberto Calvi fue encontrado colgando bajo el puente Blackfriars de la ciudad de Londres. Días más tarde se descubrió un agujero en el Banco Ambrosiano de Milán por valor de mil trescientos millones de dólares. El jurado del juez de instrucción que consideró en primer término la muerte de Calvi emitió un veredicto de suicidio. La vista se redujo a un solo día, faltaron testigos clave y varios de los testigos que sí declararon obviamente mintieron bajo juramento. Apenas pudo introducirse una ínfima parte de las importantes pruebas de fondo. La verdad es que Calvi fue «suicidado» por sus amigos de P2, un ejemplo más de los muy altos riesgos que esperan a quien persigue una carrera en la banca italiana.

Tras las subsiguientes indagaciones, investigaciones, al menos dos exhumaciones del cadáver de Calvi y varias autopsias adicionales, en febrero de 2003, casi veintiún años después, una investigación judicial en Roma llegó a la conclusión de que Roberto Calvi en realidad había sido asesinado. En octubre de 2005, el buen amigo y socio de Calvi Flavio Carboni, el ex director financiero de la mafia Pippo Calo y Ernesto Diotavelli fueron juzgados por el asesinato del hombre al que el papa deseaba que controlara las finanzas del Vaticano. Quizá pronto nos enteremos oficialmente de la identidad del alto funcionario del Vaticano que estuvo presente cuando se tomó la decisión de asesinar a Roberto Calvi.

Después de la muerte de Calvi, hubo un muy publicitado asedio contra el Banco Ambrosiano. Menos publicitado —en realidad totalmente secreto— fue el asedio de los titulares de cuentas del Banco del Vaticano en el *establishment* italiano, quienes estaban al tanto de la relación entre el banco del papa y Calvi. Muchos, tanto dentro como fuera del gobierno italiano, sabían que Calvi había recibido ayuda en la ejecución para hacer desaparecer miles de millones de dólares. Los nombres de Licio Gelli y Umberto Ortolani fueron rápidamente colocados en la lista junto a los de otros, como el arzobispo Marcinkus, pero el Vaticano se deslindó por completo del asunto y declaró que Marcinkus difícilmente conocía a Calvi. El Banco del Vaticano no era responsable de un solo centavo del dinero que faltaba. La curia romana rehusó aceptar los documentos judiciales que el gobierno italiano trató de entregar no sólo a Marcinkus, sino también a otros tres funcionarios del Banco del Vaticano.

Para septiembre de 1982, Marcinkus, el hombre que nunca se separó del papa durante sus anteriores visitas de ese mismo año a Gran Bretaña y Argentina, se había convertido en virtual prisionero del Vaticano. Fue reemplazado como organizador y avanzadilla de los viajes papales internacionales, pero el papa se negó a sustituirlo en el banco. Marcinkus continuó trabajando como director del banco, cuyos propios abogados, después de ser repetidamente presionados por el gobierno italiano, crearon una comisión investigadora.

Esto se prolongó caprichosamente, pero las evidencias de total complicidad entre el banco y los planes criminales de Calvi fueron abrumadoras. Parte de ellas se han consignado en estas páginas, y una cantidad mucho mayor en *En nombre de Dios*. Prediciblemente, los que más se beneficiaron de las consecuencias fueron los abogados. Aparte de los que participaron en la investigación sobre el Banco del Vaticano, estaban los que asistieron a la Ciudad del Vaticano en una segunda investigación, y luego los que ayudaron al gobierno italiano con una tercera.

La investigación de Ciudad del Vaticano comprendió una comisión «objetiva» de «cuatro expertos». Dos de ellos, con su sola presencia, socavaron seriamente los eventuales hallazgos. Uno era Philippe de Weck, ex presidente de UBS Zurich, el banco entonces en poder de cincuenta y cinco millones de dólares del dinero robado a nombre de Licio Gelli, de más de treinta millones de dólares del dinero robado a nombre del desaparecido Roberto Calvi y de Flavio Carboni, y de dos millones de dólares del dinero robado a nombre de la amante austriaca de Carboni, Manuela Kleinszig. Philippe de Weck también estaba en el centro de lo que los franceses llamaron «el asunto de los aviones *husmeadores*», por el que el gobierno francés sufrió una estafa de al menos sesenta millones de dólares en la década de 1980 a causa de un artefacto aéreo que podía «olfatear» petróleo y minerales, y submarinos nucleares. Esta estafa estaba relacionada con una compañía de Calvi, Ultrafin. De Weck también estaba estrechamente asociado con el Opus Dei, que desempeñaría un papel clave en sucesos posteriores.

Otro miembro de la comisión del Vaticano era Hermann Abs, director del Deutsche Bank de 1940 a 1945. El Deutsche Bank fue el banco de los nazis en la Segunda Guerra Mundial, en realidad la caja de Hitler. Durante ese periodo, Abs también estuvo en el consejo de administración de IG Farben, conglomerado químico e industrial que prestó apoyo incondicional a los esfuerzos bélicos de Hitler. Abs había participado asimismo en reuniones del consejo de IG Farben en las que se discutió el empleo de la esclavitud laboral en una planta de caucho de Farben situada en el campo de concentración de Auschwitz. La idea de que el banquero de Hitler investigara al banco de Dios provocó amplias protestas. Llovieron cartas e informes sobre el presidente Reagan a finales de 1982, en especial de comunidades judías indignadas. El Simon Wiesenthal Centre de Los Ángeles presentó, en un informe de trescientas sesenta páginas de extensión, una historia de Abs que demostraba abrumadoramente su ineptitud para desempeñar esa responsabilidad y en el que se concluía:

Hermann J. Abs, funcionario clave de la maquinaria de guerra nazi, no tiene la *acreditación moral* para representar a una *institución espiritual* como el Vaticano. Sea cual fuere la experiencia que pudiera aportar en el campo financiero, se ve irrevocablemente anulada por su activa participación en el Tercer Reich, régimen universalmente condenado por el brutal asesinato y tortura de millones de hombres, mujeres y niños inocentes. [Las cursivas son del original.]

Como suele suceder con las cartas e informes incómodos, el Vaticano ignoró esas demandas. Funcionarios vaticanos adoptaron el punto de vista de que Abs, quien había llegado ampliamente recomendado por el cardenal alemán Höffner, no había suscitado protestas al servir durante diez años como observador del Vaticano en la Comisión Internacional de Energía Atómica. Sostuvieron que la suya era una de «las mejores mentes en el negocio bancario». Una copia del informe de Wiesenthal se entregó a monseñor Jorge Mejía, secretario de la Comisión de Relaciones Religiosas con el Judaísmo de la Santa Sede. Mejía comentó la controversia con el papa y eso fue todo.

Los «cuatro expertos» del Vaticano concluyeron convenientemente que el «Banco del Vaticano no tuvo ninguna responsabilidad en el derrumbe, como tampoco obligaciones financieras con el quebrado Banco Ambrosiano». Al mismo tiempo, el Colegio cardenalicio se reunió en Roma en un consistorio extraordinario. El propósito de esas reuniones, raramente convocadas, fue brindar a los cardenales una oportunidad de ofrecer consejo al pontífice. Inevitablemente, la agenda estuvo dominada por la quiebra del Banco Ambrosiano y las implicaciones no sólo para el Banco del Vaticano, sino también para el Estado del Vaticano entero. Los cardenales sabían que el veredicto de «inocente» de los «cuatro expertos» no era el fin del asunto, sino sólo una señal fijada por el Vaticano como posición inicial de negociación con el gobierno italiano. Se había hablado mucho de que las finanzas de la Iglesia se verían afectadas por la quiebra del Ambrosiano, pero ésa era otra posición de negociación. De hecho, sus bancos y fuentes de inversión estaban repletos de dinero.

Como en agosto y octubre de 1978, también esta vez, en noviembre de 1982, muchos cardenales querían saber por qué el arzobispo Marcinkus seguía dirigiendo el banco. Sus preguntas fueron acalladas por quienes sabían que era el papa y sólo el papa quien había bloqueado constantemente la destitución de Marcinkus. El consistorio también se ocupó de la reforma de la curia romana, ambición igualmente fútil mientras Wojtyla estuvo en el poder. Un residente del Vaticano observó amargamente acerca de esta situación: «El Santo Padre suele hablar de reformar la curia. Pero sólo hablar. No hay acción, sólo palabras». En su discurso de clausura, el papa se refirió a las muchas preguntas públicas que se hacían sobre el Banco del Vaticano y su relación con el Ambrosiano de Calvi. Dijo:

La exacta naturaleza de esa relación debe abordarse con gran prudencia. (...) Es una cuestión compleja que ahora se sopesa en todas partes. El Vaticano está preparado para hacer todo lo que sea necesario para resolver este asunto con el ánimo de que se revele toda la verdad.

Esta declaración no impidió que el papa y sus principales asesores siguieran oponiéndose a todos los esfuerzos del gobierno italiano y su Departamento de Justicia por interrogar al presidente del Banco del Vaticano, el arzobispo Paul Marcinkus, y a sus colegas en el banco, Luigi Mennini y Pelligrino De Strobel. Los tres eran buscados por la judicatura italiana para ser sometidos a juicio, pero los asesores del papa bloquearon el acceso a ellos durante años.

El papa se mostró dichosamente tranquilo ante el escándalo y los millones desaparecidos. Conversando con colegas cercanos, se rió mientras señalaba: «No puedo esperar para ver cómo salen de esto». El «ellos» implícito en cuestión eran ciertos miembros de la curia. La idea de que en última instancia era su banco y de que por lo tanto él tenía responsabilidades legales y morales jamás se le ocurrió a Wojtyla.

Mientras el papa hablaba de su deseo de que se revelara toda la verdad, Marcinkus devolvía en secreto miles de millones de liras a los bancos italianos del grupo Ambrosiano. Ayudado por Mennini y De Strobel, sus esfuerzos por ocultar el alcance de sus actividades criminales empezaron menos de un mes después del asesinato de Roberto Calvi. A Banca Cattolica del Veneto se le debían treinta y un millones de dólares, y la primera parte hizo su viaje de regreso a Venecia el 15 de julio de 1982. Para cuando Marcinkus había terminado esa maniobra particular, el monto con interés había ascendido a más de treinta y cinco millones de dólares. Cuando el periódico del Vaticano, *L'Osservatore Romano*, anunció el 17 de octubre: «El Instituto de Obras Religiosas no recibió ninguna cantidad de dinero del grupo Ambrosiano ni de Roberto Calvi, y por lo tanto no hay nada que devolver», el arzobispo Marcinkus estaba devolviendo el botín tan rápidamente como le era posible. Una suma adicional de cuarenta y siete millones de dólares regresó a la oficina central del Ambrosiano en Milán. Estaban además los doscientos trece millones que el Banco del Vaticano debía a los bancos de Calvi en Perú y Nassau, pero sólo podía lavar determinada cantidad de dinero cada vez, con tantos ojos como tenía sobre él. El papa, entretanto, tranquilizaba a sus preocupados visitantes con un «estoy seguro de que todo se resolverá felizmente».

La resolución tardó mucho tiempo en llegar. Los medios de comunicación italianos se dieron un festín mientras los titulares demandaban: «Santo Padre, devuélvanos nuestros millones». Las negociaciones continuaron a lo largo de 1983 y al año siguiente, muy lejos del escrutinio público. Unos meses antes del segundo aniversario del asesinato de Calvi y la posterior quiebra de su imperio, se anunció un acuerdo entre el Vaticano y el gran consorcio de bancos internacionales desplumados por Calvi. Para mediados de mayo de 1984, los detalles del acuerdo estaban claros. Los bancos internacionales recuperarían aproximadamente dos terceras partes de los seiscientos millones de dólares que habían prestado a la compañía tenedora de Calvi en Luxemburgo. De esa suma, doscientos cuarenta y cuatro millones serían pagados por el Banco del Vaticano.

El cardenal Casaroli se había desempeñado extremadamente bien como principal negociador del Vaticano. Había instado —en realidad insistido— al Vaticano para que ofreciera una recompensa significativa. El Vaticano hizo el pago el 30 de junio de 1984 «sobre la base de inocencia», aunque «reconociendo la participación moral». Los doscientos cuarenta y cuatro millones se reunieron fácilmente. Marcinkus vendió primero Vianni, una compañía constructora. En 1980 había vendido dos millones de acciones de Vianni a una compañía fantasma panameña, Laramie, que ya era propiedad del Banco del Vaticano. El dinero para pagar la venta inexistente de los dos millones de acciones, veinte millones de dólares, había procedido de Calvi. Ahora, en 1984, Marcinkus vendió otra vez esas mismas acciones más cuatro millones de acciones adicionales, renunciando así al control del Vaticano sobre Vianni. Logró a cambio sesenta millones de dólares.

La venta del Banco di Roma per Svizzera en Lugano liberó fondos adicionales, y el resto del pago de compensación a los bancos europeos procedió de la propia sociedad secreta del Vaticano: el Opus Dei. El Opus Dei negociaba con Roberto Calvi cuando se produjo el asesinato de éste. La secta estaba preparada para adquirir el control del Banco Ambrosiano y cubrir el agujero de mil trescientos millones de dólares.

Quienes ordenaron el asesinato de Roberto Calvi no habían creído en las promesas del banquero milanés de que se encontraría

dinero y todas las deudas serían cubiertas. Muerto Calvi y el agujero a la vista, para septiembre de 1982 algunos de los principales
miembros del Opus Dei habían asegurado al papa que, una vez retirados los escombros y aclarado el costo para el Vaticano, el Opus
Dei estaría ahí con los fondos necesarios. A cambio de poner sobre la mesa el resto del dinero, el Opus Dei obtuvo algo que había
anhelado durante años. El papa no esperó siquiera a que se resolvieran los asuntos financieros. En el curso de los dos meses posteriores al ofrecimiento del Opus Dei, el papa Juan Pablo II otorgó
reconocimiento a la secta como «prelatura personal». Esta categoría aseguraba que tal sociedad ultrasecreta no sería responsable
ante nadie en las iglesias católicas romanas que no fuera el papa
y sólo el papa. Ningún obispo local podría imponer disciplina ni
sancionar al Opus Dei. De la noche a la mañana, el Opus Dei se
había convertido en realidad en un movimiento mundial sin diócesis específica. Y eso es lo que sigue siendo hasta ahora.

Tras el multimillonario arreglo de mediados de 1984, corrió el
rumor en Ciudad del Vaticano de que el arzobispo Paul Marcinkus sería destituido antes de fin de año. Un presidente del banco
que había participado en el criminal derrumbe de una retahíla de
bancos y contraído en su propio banco deudas que alcanzaban los
cientos de millones de dólares difícilmente podía esperar una bo-
nificación de fin de año. Pero una vez más el papa rehusó destituir
a Marcinkus. En su defensa, se argumentó que Paul Marcinkus
era un «banquero virgen», un hombre decente que había sido engañado por criminales. Pero en realidad, en una década de asociación con Calvi, las tácticas de Marcinkus habían exhibido una
inteligencia extremadamente astuta y engañosa. Después del asesinato de Calvi, él había lavado grandes sumas de dinero en secreto para devolverlas a los acreedores del Banco Ambrosiano y ocultar la magnitud de sus crímenes.

Tampoco, hay que decirlo, el papa era un inocente en cuestión
de finanzas. El cardenal Edmund Casimir Szoka, antiguo arzobispo de Detroit, era director de la Prefectura de Asuntos Económicos de la Santa Sede (la Secretaría de Hacienda de la Iglesia ca-

tólica) cuando hizo estos comentarios sobre el papa: «Es muy agudo, entiende rápidamente las cifras y la contabilidad. La sigue de cerca, hace preguntas. No se olvide que él fue obispo de una diócesis, y que alguna vez tuvo responsabilidades similares». Aunque la carrera religiosa de Wojtyla hubiera transcurrido sin contar con una cuenta bancaria o con fondos personales, era muy hábil para las cuestiones financieras. Las necesidades de su enorme archidiócesis de Cracovia demandaban una experiencia de muy alto nivel. La fortuna de la diócesis era considerable; lamentablemente, era rica en bienes y pobre en efectivo. Los problemas de liquidez eran constantes. Pese a todas esas dificultades y muchas otras, la archidiócesis de Cracovia bajo Karol Wojtyla no sólo sobrevivió, sino que además prosperó financieramente. Durante el periodo entero del episcopado de Wojtyla, ni un solo programa o iniciativa tuvo que abandonarse por falta de fondos. Ésta fue una verdadera proeza, que concedió a Karol Wojtyla amplia formación en contabilidad y finanzas antes de convertirse en papa.

Entretanto, *el Tiburón* Michele Sindona, saludado por el papa Pablo VI como el salvador del Vaticano, cumplía una sentencia de veinticinco años de cárcel que había comenzado en junio de 1980. Se le había declarado culpable de sesenta y cinco cargos, entre ellos fraude, conspiración, perjurio, falsificación de cuentas bancarias y malversación de fondos, en el que fue en su tiempo el mayor desastre bancario en la historia de Estados Unidos. Para 1984, se había acomodado a la rutina carcelaria en el estado de Nueva York. Estaba buscado en varios lugares por otros supuestos crímenes, de muchos de los cuales yo lo había acusado públicamente. En septiembre de 1984, el Departamento de Justicia juzgó que las evidencias de esos crímenes concretos eran tan contundentes que Sindona fue extraditado a Milán para ser juzgado por acusaciones de quiebra fraudulenta de su propio imperio financiero y del asesinato por contrato de Giorgio Ambrosoli.

A la luz de mi argumento central en *En nombre de Dios* de que el papa Juan Pablo I fue envenenado, la primera reacción de Sindona tras enterarse de que sería extraditado a Milán fue particularmente interesante.

> Si finalmente llego allá, si nadie me liquida antes —*y ya he oído decir que me van a dar una taza de café envenenado*—, convertiré mi juicio en un verdadero circo. Lo diré todo. [Las cursivas son mías.]

En la prisión de Milán recibió la visita de otros miembros de P2. Posteriormente cambió de opinión acerca de decirlo todo. Solicitó que su juicio sobre las acusaciones de fraude procediera sin su presencia en el tribunal. Sorprendentemente, su solicitud fue satisfecha. En 1985, un tribunal de Milán lo declaró culpable de quiebra fraudulenta y lo sentenció a un periodo de quince años de prisión. El 18 de marzo de 1986, otro tribunal de Milán lo declaró culpable de ordenar el asesinato de Giorgio Ambrosoli y fue sentenciado a cadena perpetua. Antes de que pudiera comenzar cualquiera de esas sentencias, tuvo que regresar a Estados Unidos para que cumpliera el resto de la sentencia inicial de veinticinco años. Frente a la constatación de que sin duda moriría en la cárcel, este hombre de sesenta y seis años tomó una decisión. Incumpliría su juramento de *omertà* de la mafia. Lo diría todo. Fuentes de inteligencia de la policía italiana me avisaron de que Sindona pretendía intercambiar información sobre una amplia variedad de sucesos, incluidas las circunstancias en torno a la muerte de Albino Luciani, el papa Juan Pablo I.

El jueves 20 de marzo, después de tomar su café del desayuno, gritó: «¡Me envenenaron!». Murió dos días después, el 22 de marzo.

El asesinato de Sindona es un ejemplo clásico del poder de P2. Temiendo que se atentara contra su vida, Sindona había sido alojado en una cárcel de máxima seguridad. Era sometido a constante vigilancia por televisión las veinticuatro horas, nunca había menos de tres guardias con él y sus alimentos y bebidas llegaban a la prisión en envases sellados.

Luigi Mennini, director administrativo del Banco del Vaticano, fue más afortunado que Calvi y Sindona. En julio de 1984 fue sentenciado por un tribunal de Milán a siete años de cárcel tras ser condenado por fraude y otras acusaciones relacionadas con *Il Crack* Sindona. Mennini —un hombre descrito por socios cercanos como «experto en traficar y especular. Su conducta era la de un jugador compulsivo que apuesta con dinero ajeno»— permaneció bajo la protección del papa, al igual que sus compañeros ejecutivos del Banco del Vaticano Marcinkus y Pelligrino De Strobel.

La doble moral siguió imparable durante el resto de la década. de 1980. Mientras continuaba ofreciendo refugio a condenados y fugitivos de la justicia italiana, el papa Juan Pablo II sermoneaba a los suizos sobre ética bancaria. En julio de 1984 les dijo: «El mundo de las finanzas también es un mundo de seres humanos, nuestro mundo, sujeto a la conciencia de todos nosotros». Al tiempo que el Santo Padre condenaba rotundamente el *apartheid*, el Banco del Vaticano prestaba en secreto ciento setenta y dos millones de dólares a agencias oficiales del régimen sudafricano del *apartheid*.

Aunque su red masónica P2 estaba teóricamente en ruinas, Licio Gelli siguió dando muestras de su resistencia. En agosto de 1982 empezó a tener problemas con una de sus cuentas bancarias secretas en Suiza. Cada vez que Gelli, aún en América del Sur, intentaba transferir fondos, la cuenta no hacía la operación como se esperaba. El banco USB en Ginebra le notificó que tendría que presentarse personalmente. Usando uno de los varios pasaportes falsos que la junta militar argentina había creado para él, voló a Madrid y luego a Ginebra el 13 de septiembre de 1982. Presentó debidamente su documentación y se le pidió esperar. Minutos después fue arrestado. Su cuenta había sido congelada a petición del gobierno italiano.

La cuenta en cuestión había sido creada para Gelli por Roberto Calvi, y el banquero milanés había dejado más de cien millones de dólares en ella. En el momento de su arresto, Gelli intentaba transferir a Uruguay los cincuenta y cinco millones que quedaban en la cuenta. Empezaron los procedimientos de extradición, pero, como ocurría siempre cuando estaba implicado un miembro de P2, tardaron mucho tiempo. Para el verano de 1983, Gelli seguía luchando contra la extradición desde la cárcel suiza de Champ Dollon. Con unas elecciones generales inminentes en Italia, la investigación parlamentaria sobre P2 fue suspendida, lo que permitió a los democristianos presentar al menos cinco miembros de P2 en la elección.

La señorita Tina Anselmi, quien había presidido la comisión parlamentaria, fue interrogada acerca de sus opiniones sobre P2 tras un intensivo estudio de dos años. Dijo:

> P2 no está muerta en absoluto. Aún tiene poder. Trabaja en las instituciones. Se infiltra en la sociedad. Tiene dinero, medios e instrumentos aún a su disposición. Todavía tiene centros de poder en plena operación en Sudamérica. También sigue siendo capaz de condicionar, al menos en parte, la vida política italiana.

Las evidencias confirmaban abrumadoramente la validez de las declaraciones de la señorita Anselmi. Cuando la noticia del arresto de Gelli se dio a conocer en Argentina, el almirante Emilio Massera, miembro de la junta gobernante local, comentó: «El señor Gelli ha prestado un inapreciable servicio a Argentina. Este país tiene mucho que agradecerle y siempre estará en deuda con él». El almirante Massera, como el general Carlos Suárez Mason, primer comandante del ejército, y José Rega, el organizador de los escuadrones de la muerte en Argentina, eran miembros de la sección argentina de P2. En Uruguay, los afiliados de P2 contaban con el ex comandante en jefe de las fuerzas armadas, el general Gregorio Álvarez.

Si alguien en Italia u otra parte consideraba que Tina Anselmi se contentaba con lograr puntos políticos antes de una elección, debe haber recibido una sorpresa el 10 de agosto de 1983. Licio Gelli escapó. Las autoridades suizas, tratando de esconder su honda vergüenza, echaron toda la culpa a un guardia corrupto, Umberto Cerdana, quien oficialmente aceptó de Gelli un irrisorio soborno de poco más de seis mil libras esterlinas. Gelli fue conducido primero a Francia por su hijo en un BMW alquilado, y luego ambos fueron trasladados por un inocente piloto de helicóptero a Montecarlo, donde Gelli esperaba obtener tratamiento dental de emergencia. Su búsqueda de un dentista lo llevó a Uruguay, en un yate perteneciente a Francesco Pazienza, hombre que afirmaba haber sido buen amigo del desaparecido Roberto Calvi. Gelli se estableció finalmente en un rancho unos kilómetros al norte de Montevideo. Era buscado en muchos países, acusado de muchos crímenes, pero la gran cantidad de información que tan diligentemente había adquirido a lo largo de los años aseguró su continua protección.

En las elecciones italianas de junio de 1983, el señor Bettino Craxi, uno de los muchos beneficiarios de la generosidad de Calvi, se convirtió en primer ministro. Informado de la fuga de Gelli, dijo: «La huida de Gelli confirma que el Gran Maestro tiene una red de poderosos amigos». Cuán poderosos son lo ha demostrado una y otra vez *l'intoccabile* (el intocable). Un nuevo arresto era seguido de una nueva apertura de la puerta de la celda. Cuando por fin fue puesto tras las rejas a principios de 1999, solicitó y se le otorgó el cambio de una prisión a su villa a causa de su salud.

Durante todo este tiempo, con los asesinatos, las prisiones, las multas, las persecuciones, el escarnio de los medios, los «Tres del Vaticano» siguieron en sus puestos, haciendo dinero para el papa, pese a la condena universal de su banco y su personal ejecutivo. Wojtyla se atuvo a su propio consejo, dado a Marcinkus cuando su banquero llegó quejándose de la «persecución» de sus críticos: «Ignórelos».

Capítulo 6 | Política papal I: ¿una Santa Alianza? →

Pocos papados han inspirado tantos mitos como el pontificado Juan Pablo II. Uno de los más perdurables concierne a su papel, junto con el presidente de Estados Unidos Ronald Reagan, en el desplome del comunismo en Europa a finales del siglo xx. Escritores serios han sugerido que esos dos hombres conspiraron para causar la destrucción del imperio soviético: el papa, prácticamente creando por sí solo Solidaridad, y el presidente estadounidense inundando Polonia en secreto con millones de dólares para sostener la creación de Wojtyla. La verdad, sin embargo, es algo menos espectacular.

Desde sus orígenes mismos, Estados Unidos ha sido un país predominantemente protestante, gobernado por protestantes, con una histórica desconfianza y hostilidad hacia los católicos romanos. Incluso John F. Kennedy, el único católico romano hasta la fecha que haya sido elegido presidente de ese país, tuvo mucho cuidado en mantener en su equipo el mínimo número de compañeros de fe y en mantener a su Iglesia a cierta distancia del gobierno.

Aunque no era católico romano, Ronald Reagan contaba a muchos que lo eran entre sus más cercanos amigos y conocidos. Su gabinete incluía a un desproporcionado número de ellos: Haig, Donovan, Bennett, Heckler, Clark. Entre los miembros de su equipo de redactores de discursos y los empleados de la Oficina de Relaciones Públicas estaban Peggy Noonan, Pat Buchanan, Linda Chavez, Bob Reilly, Carl Anderson y Tony Dolan, todos ellos católicos romanos devotos y practicantes. También estaban el consejero de Seguridad Nacional Richard Allen, el director de la CIA William Casey, William Clark, Vernon Walters y Ed Rowny. William Clark, quien fue por turnos secretario del Interior y consejero de Seguridad Nacional, mantenía una amistad particularmente estrecha con Ronald Reagan.

El 11 de febrero de 1981, el presidente Reagan nombró a William Wilson su representante personal ante la Santa Sede. Wilson, buen amigo de Reagan durante muchos años, era miembro de la leal camarilla de asesores personales de Reagan. Su periodo en el Vaticano no fue del todo apreciado allá. Días después de su llegada, supuestamente hizo saber que tenía una lista negra personal de sacerdotes y obispos de países de América Latina que el gobierno de Reagan deseaba ver destituidos de su cargo. La Secretaría de Estado no se inmutó con la presión ejercida. El caso fue filtrado por un funcionario del Vaticano a un diario italiano, y luego vehementemente negado por William Wilson. Éste empezó a interesarse en cambio en una amplia variedad de actividades en nombre del gobierno de Reagan, medrando para obtener apoyo incondicional para la dictadura militar chilena de Pinochet y la junta militar argentina, así como para las políticas estadounidenses sobre muchos otros asuntos que involucraban a los países latinoamericanos, Oriente Medio, la financiación de los rebeldes afganos, la situación de la Iglesia ucraniana y Polonia.

Doce meses después de haber sido nombrado para el puesto, Wilson había logrado desconcertarse incluso a sí mismo. Un memorándum del empleado del Consejo de Seguridad Nacional Dennis Blair al director de ese organismo, William Clark, para solicitar a éste una reunión con Wilson, explica:

> El principal objetivo de su reunión con Bill es reconstruir su cadena de mando. No tiene claro de quién debe recibir instrucciones, con embarazosos resultados diplomáticos. Esto ha sido un problema durante meses, pero fue puesto de relieve por el incidente de los comentarios del presidente sobre la carta del papa en su conferencia de prensa del 20 de enero.

Los «embarazosos resultados diplomáticos» eran las muy públicas demostraciones de frecuentes malentendidos, confusión y total incomprensión. Algunos de los más espectaculares ocurrieron a propósito de Polonia. Como ya se señaló, en abril de 1981 el papa tuvo la primera de una serie de reuniones con el director de la CIA William Casey. Esas reuniones forman parte importante del mito en torno a la relación Wojtyla-Reagan. Ciertamente había un intercambio de opiniones y puntos de vista. Esos dos hombres tenían mucho en común, desde su profundo odio al comunismo hasta su admiración por dictadores de derecha como Marcos de Filipinas y Pinochet de Chile, al que consideraban un baluarte contra el comunismo ateo. Sin embargo, el intercambio de información de inteligencia que Casey supuestamente buscaba del papa y sus funcionarios en la Secretaría de Estado nunca se materializó. Como siempre, el Vaticano no quiso enseñar sus cartas.

Juan Pablo II ciertamente despreciaba el comunismo, pero nunca se sintió encantado por el capitalismo y el modo de vida estadounidense. Siempre experimentó profunda desconfianza de Estados Unidos, y veía a la mayoría de los países occidentales como decadentes y moralmente inferiores a Polonia. Sus opiniones sobre esas materias eran bien conocidas, y le causaban continuas fricciones con su secretario de Estado, el cardenal Casaroli.

Cuando se produjo la primera visita de Casey, Juan Pablo II estaba preocupado por el problema que se le avecinaba con la inminente muerte del cardenal Wyszynski y el nombramiento de su sucesor. El papa intentó explotar la memoria de Wyszynski en el funeral del primado para lograr un respiro. Pidió que el periodo de luto de cuatro días se extendiera a treinta, el cual debía ser «un periodo de oraciones especiales, paz y reflexión». Esto fue visto por muchos observadores como un directo intento del papa por impedir nuevas confrontaciones entre el régimen y Solidaridad antes del ya próximo congreso del partido comunista en julio. La petición papal fue desestimada días después, cuando el 4 de julio la Comisión Nacional Coordinadora de Solidaridad llamó a una huelga nacional de dos horas en un plazo de siete días. La situación mostraba inquietantes semejanzas con los sucesos anteriores a la invasión soviética de Checoslovaquia en junio de 1968.

Cuando los dirigentes del Partido Comunista de Polonia buscaron la ayuda de la Iglesia católica, como lo habían hecho tantas veces en vida del cardenal Wyszynski, tuvieron que entenderse con el ex asesor del cardenal, el doctor Romuald Kukolwicz. Se contactó con los obispos reunidos en Roma; éstos sólo pudieron repetir la solicitud del papa de treinta días de luto nacional. El papa titubeó durante seis semanas, y sólo nombró al obispo Glemp como primado polaco después de que sobre él se ejercieran grandes presiones para que nombrara a «alguien —cualquiera—, pero antes del 14 de julio», fecha en la que estaba previsto el inicio del congreso del Partido Comunista Polaco. A Jozef Glemp resultaría quedarle grande la silla. La influencia de la Iglesia en Polonia siguió disminuyendo. Las peticiones de Glemp de detener todas las acciones de protesta fueron ignoradas.

En el verano de 1981, la vida para los ciudadanos de Varsovia o para quienes tenían que ir a un mercado de Cracovia se volvió cada vez más deprimente. Las diversas concesiones conquistadas en la impetuosa segunda mitad de 1980 parecían ya insignificantes. Las colas para los ya racionados productos básicos eran cada vez más largas. Las huelgas eran frecuentes, y las marchas contra la carestía un acontecimiento habitual. La absoluta censura estatal de los medios de comunicación, de los que estaban excluidos todos los portavoces de Solidaridad, apretaba las tuercas aún más si cabe. La Unión Soviética les dio otro par de vueltas en la primera semana de septiembre, cuando inició grandes ejercicios navales y militares de nueve días en el Báltico. Usando más de sesenta barcos y unos veinticinco mil efectivos, esos ejercicios incluyeron desembarcos en las costas de Letonia y Lituania. Simultáneamente, *Rudé Právo*, el diario del Partido Comunista de Checoslovaquia, publicó noticias en la portada en las que se anunciaba que Solidaridad estaba afinando sus planes para tomar el poder en Polonia. Esas actividades habían sido ideadas para coincidir con el inicio del primer congreso nacional de Solidaridad, previsto en Gdansk para el 5 de septiembre.

El abismo que entonces mediaba entre la Iglesia y Solidaridad quedó demostrado cuando los delegados adoptaron como mensaje «Al pueblo trabajador de Europa oriental». En él se atacaba a la esencia misma del comunismo, pues, aludiendo a los trabajadores de Albania, Bulgaria, Checoslovaquia, Alemania Oriental (la RDA), Rumanía, Hungría «y de todos los pueblos de la Unión Soviética», se ofrecía «respaldo a todos los que han decidido seguir el camino difícil y luchar por unos sindicatos libres». Esta ingenuidad política no consiguió amigos en el Vaticano. En cuanto a los soviéticos, éstos dijeron al régimen polaco que el congreso entero de Solidaridad era «una repugnante provocación». Más importante aún, llamaron al partido y al gobierno polacos a dar «pasos firmes y radicales».

Algo terriblemente inevitable comenzaba a asomar en el dividido país. La crisis provoca curiosas alianzas. La Iglesia católica polaca y el gobierno, encabezado por el general Jaruzelski, así como las alas moderadas tanto del gobernante Partido Comunista, el PZPR (Partido Obrero Unido Polaco), como de Solidaridad, instaban a ser tolerantes en la negociación. Los miembros de la línea dura tanto del partido como de Solidaridad estaban resueltos a continuar la confrontación. La actividad diplomática entre Varsovia y Roma empezó a acelerarse. Sugerencias para compartir el poder eran difundidas por, entre otros, el primer ministro: «Una gran coalición de los comunistas, la Iglesia católica y Solidaridad» era una propuesta que se barajó numerosas veces, pero, predeciblemente, la Iglesia vacilaba al respecto.

Los biógrafos del papa Juan Pablo II, incluido el personalmente autorizado George Weigel, coinciden en que, pese al nombramiento del obispo Glemp como primado, «(...) todos sabían que, con la muerte del cardenal Wyszynski, el primado de facto de Polonia estaba en Roma». Siendo ése el caso, el papa debía haber mantenido un muy estricto control de una situación que no cesaba de deteriorarse.

Si hubo un momento en que el papa debió darse por aludido, fue cuando el primer ministro Jaruzelski propuso la idea de «una gran coalición» de comunistas, la Iglesia y Solidaridad. Lech Walesa, sus asesores del KOR y otras importantes figuras de Solidaridad vieron eso como una trampa para controlar su movimiento, en tanto que la Iglesia polaca se volvió a Roma. El papa rehuyó ese compromiso político tanto en público como en privado. El primado de facto dejó pasar una oportunidad histórica. Decididos, Glemp, Jaruzelski y Walesa celebraron una reunión sin precedente el 4 de noviembre, para buscar soluciones a la crisis. Se intercambiaron opiniones, pero siguieron sin alcanzarse soluciones.

En el Vaticano, el papa, al hablar ante miembros del KOR y otros intelectuales polacos con lazos con Solidaridad, se refirió al hecho de que el movimiento por la libertad era irreversible, aunque su comportamiento contradijo sus palabras. Tadeusz Mazowiecki recordó: «Recuerdo que le dije que teníamos que regresar rápido. Habíamos recibido preocupantes noticias de Polonia. Su respuesta fue: "Sí, todos tienen prisa. Todos deben regresar". Estaba muy preocupado».

Lo que se necesitaba en ese momento no eran apretones de manos, sino una iniciativa política, como lo habría sido una invitación papal a Walesa, Glemp y Jaruzelski a reunirse en el Vaticano con Wojtyla, o con su secretario de Estado Casaroli, en papel de intermediario honesto, para arrancar un compromiso en esa situación crítica; pero el hombre adecuado para ese tipo de iniciativa, el cardenal Wyszynski, estaba muerto y en su tumba.

El 24 de noviembre, fueron enviadas fuerzas militares a dos mil enclaves importantes de Polonia. Se anunció que la razón de ese movimiento nacional de tropas era coordinar planes para el invierno. Sin importar lo que pueda pensarse de esa declaración, era totalmente cierta. El 26 de noviembre la Iglesia polaca emitió un comunicado que indicaba que tanto Roma como la Iglesia nacional eran plenamente conscientes de lo que estaba en juego. «El país se enfrenta a la amenaza de una guerra civil y la pérdida de todas las conquistas ya alcanzadas.»

Los obispos declararon que la única esperanza para una solución pacífica era la unidad nacional. Condenaron a las autoridades por estorbar el proceso de «tender puentes entre el gobierno y el pueblo. (...) Ninguna comprensión o reconciliación será posible sin libertad de expresión». Se produjeron más declaraciones de similar calado. No obstante, tan sólo en noviembre hubo ciento cinco huelgas de duración indefinida, y se planeaban ciento quince más. Ninguna de estas acciones, sin embargo, fue mencionada en el comunicado de la Conferencia Episcopal. La salvación de Polonia requería con urgencia de los líderes, en particular del «primado de facto» Juan Pablo II. Lech Walesa admitiría después que para la primera semana de diciembre había perdido el control de los acontecimientos. «Adopté una posición dura contra mis convicciones, para no aislarme.» Otros en el movimiento, entre ellos Jacek Huron y Adam Michnik, seguían oponiéndose férreamente a «la posición dura», pero las voces de sensatez y razón no eran numerosas en noviembre de 1981. El general Jaruzelski planeaba quizá un golpe militar desde 1980. Entretanto, él y quienes lo rodeaban eran inexorablemente empujados a actuar de forma aislada contra su propio pueblo por el politburó soviético, que temía un efecto dominó en los países del Pacto de Varsovia.

El papa, mientras tanto, parecía estar completamente absorto en una totalmente distinta batalla de poder con la orden jesuita, al tiempo que, en la residencia del primado, Glemp no dejaba de torturarse pensando en lo que Wyszynski habría hecho. En sólo seis meses, gran parte del legado de Stefan Wyszynski a su país se había dilapidado. El 27 de noviembre el episcopado insistió en que alguna forma de acuerdo nacional era la única solución. Glemp se ofreció como mediador. La respuesta del comité central del Partido Comunista fue nula, y al día siguiente de la propuesta del arzobispo Glemp instruyó a su grupo parlamentario para que presentara una ley que prohibiera todas las huelgas. El 3 de diciembre, el comité central de Solidaridad respondió. Amenazados todos los acuerdos arduamente alcanzados en 1980, declaró que si el Parlamento aprobaba esa ley, llamaría a una huelga general de veinticuatro horas en toda Polonia.

Glemp volvió a intentarlo el 5 de diciembre, reuniéndose con Lech Walesa a fin de hallar una salida al *impasse*. Walesa lo rechazó, como era de esperar. La sección en Varsovia de Solidaridad llamó a protestas coordinadas en todo el país para el 17 de diciembre, contra la intención del régimen de «resolver los conflictos por la fuerza». Dos días después, Glemp hizo un nuevo intento. En ese mismo periodo el papa estuvo muy ocupado en asuntos más urgentes, como la bendición de un mosaico de María para conmemorar el 750.º aniversario de la muerte de Santa Isabel de Hungría.

Poco más de dos años antes, el papa polaco había recibido de su nación, durante su visita de nueve días, la más extraordinaria demostración del lugar tan destacado que ocupaba en el corazón y la mente de su pueblo. Si durante el otoño de 1981 él hubiera optado por comprometer al general Jaruzelski en un diálogo directo y le hubiera demostrado al primer ministro polaco que había una tercera vía y que mediante la serena diplomacia y la mediación era posible llegar a un arreglo aceptable, un gradual acuerdo de trabajo con el movimiento de Solidaridad habría creado una oportunidad histórica, no sólo para Polonia, sino también para todo el bloque soviético europeo. Lo que iba a ocurrir en 1989 y 1990 habría podido adelantarse seis años o más. Lejos de provocar el fin del imperio soviético, el papa, con su inacción, su indecisión, su incapacidad para aplicar la doctrina Wyszynski, lo prolongó.

El arzobispo Glemp había entendido claramente las señales. En una reunión en noviembre con Francis Meehan, embajador de Estados Unidos en Polonia, dijo que había «muchas posibilidades de que se impusiera la ley marcial». Meehan transmitió debidamente esta observación a Washington. De hecho, el concepto de ley marcial no existía en las leyes polacas. Lo que se declaró fue «un estado de guerra». El 7 de diciembre, en contra de las instrucciones del papa en octubre, Glemp arremetió denodadamente contra las agitadas aguas de la política polaca. Envió una carta a cada uno de los diputados del Sejm; una segunda al primer ministro, el general Wojciech Jaruzelski; una tercera a Lech Walesa, y una cuarta al Sindicato Estudiantil Independiente. De diferente manera, las cuatro cartas perseguían el mismo fin: el compromiso y la conciliación. El encomiable esfuerzo de Glemp fue desdeñado. El 11 de diciembre, la Comisión Nacional de Solidaridad se reunió para sostener una conferencia de dos días en los astilleros Lenin de Gdansk. En un acto de autoengaño, esa comisión, después de un largo y a menudo acalorado debate y pese a fuertes objeciones de sus asesores de la Iglesia católica, llamó a un referéndum para el 15 de enero de 1982, para pedir a la nación un voto de censura al gobierno.

Al terminar la reunión, los delegados se dieron cuenta de que no funcionaban las líneas de teléfono, télex y fax. Habían sido cortadas tres minutos antes de la medianoche, no sólo en la sala de la conferencia, sino en toda Polonia, lo que representó la desconexión simultánea de 3.439.700 teléfonos privados.

El gobierno podía haber tenido dificultades para dirigir al país, pero su golpe militar fue un modelo de eficiencia. A la medianoche, la ZOMO, la policía antidisturbios, irrumpió en las oficinas de Solidaridad en Varsovia. Los arrestos masivos ya habían comenzado, y continuaron toda la noche. La policía de seguridad había proporcionado a esas unidades de la milicia la última dirección conocida de cada ciudadano polaco, tanto en el país como en el extranjero. Cuatro mil personas desaparecieron antes del amanecer. El Comité Nacional Coordinador de Solidaridad, que acababa de terminar de redactar las cuatro preguntas que planeaba hacer a la nación el 15 de enero, fue sacado de la cama en un hotel de Gdansk a las 2.00 Lech Walesa fue aprehendido en su casa y enviado en un avión a Varsovia. La primera pregunta del abortado referéndum nacional era: «¿Es usted partidario de expresar un voto de censura en el gobierno del general Wojciech Jaruzelski?».

Poco antes de la 1.00, el papa recibió una llamada telefónica de Emil Wojtaszek, embajador de Polonia en Italia. Éste dijo al papa que el general Jaruzelski se había visto en la necesidad de imponer «medidas temporales de emergencia» de naturaleza limitada; «temporales» era la palabra polaca para dieciocho meses. El papa también fue notificado de que se esperaba que la Iglesia desempeñara un papel clave en la mediación para eliminar las medidas «lo más pronto posible».

A las 6.00, Jaruzelski apareció en la televisión y la radio nacionales. Desechando la terminología del partido, informó a la nación de que había habido un golpe militar, que el partido comunista ya no dirigía al país y que toda actividad sindical estaba prohibida; miembros del ejército fueron nombrados en los ministerios gubernamentales, en las provincias, las ciudades, las fábricas. Para garantizar el cumplimiento de las órdenes del Consejo Militar, habría toque de queda desde el crepúsculo al amanecer, prohibición de reuniones públicas, prohibición del uso de uniformes e insignias específicos, y la libertad de movimiento se restringiría severamente. El internamiento masivo ya era una realidad, habría estricta censura del correo y las telecomunicaciones y se cerrarían las fronteras de la nación. Polonia estaba en guerra consigo misma. El país y su gente sufrirían enormemente en los años venideros, a causa, entre otros motivos, de la falta de voluntad de los pocos que habían estado en posición de salvar a Polonia de esa caída al precipicio.

El general Jaruzelski, primer ministro, secretario general y jefe de las fuerzas armadas, desempeñó a la perfección el papel de un hombre que había optado por el menor de dos males. La ley marcial era preferible a la «intervención» de la Unión Soviética. Dos días antes, el 10, el politburó soviético había estado en una sesión en la que el primer tema por discutir había sido Polonia y la solicitud de Jaruzelski de mil quinientos millones de dólares de ayuda adicional para el primer trimestre de 1982. Esa solicitud se había hecho suponiendo que los soviéticos proporcionasen ayuda en los mismos niveles de 1981. Resulta muy claro, a partir de muchos documentos del politburó, que desde 1981 los soviéticos habían vinculado la ayuda adicional a la iniciativa polaca de suprimir a Solidaridad. En julio de 1981, el ministro soviético del Exterior, Gromyko, había dicho a Kania y Jaruzelski que «la naturaleza de las relaciones económicas, políticas y de otro orden entre la Unión Soviética y Polonia dependerá de la forma que tomen las cosas en Polonia». Brezhnev reiteró esta fórmula al hablar con Kania ese mismo mes, y nuevamente en agosto, en una conversación con el líder de Alemania Oriental, Honecker.

Aunque los soviéticos difícilmente podían permitirse esa generosidad, estaban más que dispuestos a concederla si el ejército y las fuerzas de seguridad polacos efectuaban el golpe de Estado sin ninguna ayuda militar externa. Sin embargo, hasta la víspera misma de la declaración de la ley marcial, Jaruzelski había buscado mucho más que un considerable aumento de la ayuda extranjera. En la reunión del politburó del 10 de diciembre, el director de la KGB, Yuri Andropov, se quejó de que «Jaruzelski ha sido más que persistente haciéndonos demandas económicas, y ha hecho depender la puesta en práctica de la «Operación X» [el golpe militar] de nuestra disposición a ofrecer apoyo económico; más aún, yo diría que *ha planteado la cuestión, aunque indirectamente, de recibir también asistencia militar*».

Momentos después, Yuri Andropov hizo una declaración profética verdaderamente extraordinaria. Se refirió a una reunión entre Jaruzelski y tres altos funcionarios soviéticos del día anterior, y a la comprensión por Jaruzelski de lo que uno de ellos, Kulikov, había dicho sobre la asistencia militar soviética.

Si el camarada Kulikov realmente habló de la introducción de tropas, creo que cometió un error. *No podemos arriesgarnos a dar ese paso. No pretendemos introducir tropas en Polonia. Ésta es la posición apropiada y debemos apegarnos a ella hasta el final. No sé cómo resultarán las cosas en Polonia; pero aun si cae bajo el control de Solidaridad, así será.* Y si los países capitalistas se abalanzan sobre la Unión Soviética, y ustedes saben que ya han llegado a un acuerdo sobre una extensa variedad de sanciones económicas y políticas, eso será muy oneroso para nosotros. Debemos preocuparnos sobre todo por nuestro país y el fortalecimiento de la Unión Soviética.

Andropov, director de la KGB, conocía muy bien la realidad a la que se enfrentaba la Unión Soviética. Había sido el principal defensor de la desastrosa invasión de Afganistán. Para fines de 1981, este último país se había convertido en el Vietnam de la Unión Soviética. El ruinoso costo de la guerra y una débil economía interior significaban que las sanciones occidentales podían paralizar al bloque comunista entero.

Momentos después, Andrei Gromyko, el gran sobreviviente, intervino. «Ningún miembro del politburó estará presente. No se enviará un solo soldado. La ayuda económica se considerará más tarde. Una declaración de apoyo se hará en un momento y fecha aún por determinar». Un angustiado Jaruzelski no pudo ocultar su enfado al responder: «Se están distanciando de nosotros». En realidad, esa distancia había existido desde que los soviéticos abandonaron sus planes de invadir Polonia el año anterior. El derrumbe de la alguna vez muy poderosa Unión Soviética podría remontarse entonces a esa falta de voluntad en diciembre de 1980.

«No teman», las primeras palabras que el papa pronunció públicamente después de su elección, fue un mensaje que había llevado a Polonia en junio de 1979. Este mensaje había sido cálidamente abrazado por la mayoría del país. La mañana del domingo 13 de diciembre de 1981, muchos en Polonia temían seriamente lo peor. Había soldados por todas partes. Incluso los presentadores de noticias de la televisión vestían uniforme. El control de los medios por la junta militar era total, y surgían los más descabellados rumores para llenar el vacío. A ello se sumaban el toque de queda, las tarjetas de identidad y los arrestos instantáneos. Por tercera vez en nuestro tiempo, Polonia era un país ocupado, aunque esta vez los ocupantes procedían de dentro. La nación polaca se volvió, como lo había hecho tantas veces en el pasado, a su fe, a su Iglesia. La noche del domingo, el arzobispo Glemp habló en la iglesia jesuita de María, patrona de Varsovia, en el barrio antiguo de la ciudad. Fue un sermón que el ejército, que controlaba la televisión y la radio, transmitiría varias veces.

(...) En nuestro país la nueva realidad es la ley marcial. (...) La autoridad deja de ser una autoridad de diálogo entre ciudadanos (...) y se convierte en una autoridad equipada con los medios de coacción sumaria y que exige obediencia. La oposición a las decisiones de la autoridad bajo la ley marcial podría causar coerción violenta, incluido el derramamiento de sangre, porque la autoridad tiene las armas a su disposición. (...) Las autoridades consideran que la excepcional naturaleza de la ley marcial está dictada por una necesidad mayor; que es la elección de un mal menor. Dando por supuesto lo acertado de ese razonamiento, el hombre de la calle se subordinará a la nueva situación.

La Iglesia «recibió con dolor el cese del diálogo». Pero para el arzobispo lo más importante era evitar el derramamiento de sangre: «No hay nada de mayor valor que la vida humana. Voy a suplicar, aun si tengo que hacerlo de rodillas: no inicien una guerra de polacos contra polacos».

Días después, otros obispos polacos, sorprendidos por el colaboracionista y apaciguador mensaje que escondía el sermón de Glemp, pasaron a la acción. Un violento ataque contra la junta militar se hizo público en un comunicado del episcopado a todo el país. Cuando en Varsovia se supo que nueve mineros y cuatro policías de seguridad habían muerto y treinta y siete mineros habían resultado heridos durante un ataque de la ZOMO contra los individuos que realizaban una sentada en la mina de carbón de Wujek, en Katowice, el arzobispo Glemp, bajo presión del general Jaruzelski, retiró el comunicado.

Hablando en polaco durante su tradicional ángelus dominical de mediodía siete horas antes del sermón de Glemp, Juan Pablo II sabía muy bien que sus palabras serían oídas en directo en Polonia por la radio del Vaticano.

Los acontecimientos de las últimas horas me obligan a dirigir mi atención una vez más a la causa de nuestra patria y a llamar a la oración. Les recuerdo lo que dije en septiembre. No puede derramarse sangre polaca, porque ya se ha derramado demasiada, especialmente durante la guerra. Debe hacerse todo lo necesario para construir pacíficamente el futuro de nuestra patria. Confío Polonia y todos mis compatriotas a la Virgen María, quien nos fue dada para nuestra protección.

Días más tarde, en una audiencia general, el papa respaldó enérgicamente el sermón dominical de Glemp.

La resistencia contra el golpe fue amplia y variada, e incluyó sentadas, protestas callejeras y la negativa a cooperar con el ejército. Manifestantes en fábricas, minas, acerías y pozos fueron objeto de exceso de violencia, aunque no por parte del ejército, sino de miembros de la ZOMO, que disfrutaban infligiendo una violencia extrema sin temor al castigo. Frente a ella estaba el pueblo desarmado, mal preparado, sin líderes y frecuentemente atemorizado, que sin embargo mostraba un asombroso valor. Sin sus líderes de Solidaridad, ni sus cabecillas intelectuales y nada de la infraestructura de comunicación necesaria para montar una resistencia nacional coordinada, la nación experimentaba un despertar espiritual interno. Muchas personas no eran particularmente devotas, y su constante presencia en la iglesia a menudo tenía menos que ver con la fe cristiana que con el deseo de vejar al régimen comunista: ONI, ELLOS.

La nación polaca ciertamente iba a necesitar fortaleza espiritual para soportar la oscuridad. La represión, dada la gravedad de los hechos acaecidos la noche del 11 de diciembre de 1981, produjo la muerte de al menos ciento quince personas y el encarcelamiento de hasta veinticinco mil. Pero lo que era inconcebible para el papa a principios de noviembre se volvió un imperativo menos de una semana después de declarada la ley marcial. Empezó un diálogo secreto entre el papa y el general mientras intercambiaban con regularidad cartas privadas escritas a mano.

Aparte de las periódicas visitas al Vaticano del director de la CIA, William Casey, otro miembro del gobierno de Reagan, el general Vernon Walters, también tuvo una serie de reuniones con el papa. La primera ocurrió el 30 de noviembre de 1981, justo once días antes del golpe militar en Polonia. Walters había sido nombrado embajador itinerante por el presidente Reagan en junio de 1981. Su principal tarea, que había desempeñado para varios presidentes anteriores, era servir de enlace con una amplia variedad de jefes de Estado. Devoto católico, se había educado en varios países, como Francia y el Reino Unido, donde asistió al Stonyhurst College. Políglota aventajado, dominaba el francés, el español, el portugués, el italiano, el alemán, el holandés y el ruso. Dirigió las negociaciones con los norvietnamitas y los chinos en París de 1969 a 1972. Como subdirector de la CIA de 1972 a 1976, reclutó a varios importantes agentes de la CIA, como el rey Hasán de Marruecos y el rey Husein de Jordania. El general Pinochet, de Chile, había sido buen amigo suyo desde que ambos eran comandantes. Ferdinando Marcos, de Filipinas, era otro agente de la CIA que Walters había reclutado. Después de William Casey, al papa debió parecerle que Walters era la personificación misma del refinamiento.

Bajo las órdenes directas del secretario de Estado Haig, la principal tarea del general Walters era persuadir a varios jefes de Estado de apoyar cualquier posición o política estadounidense que se pusiera sobre el tapete. La propuesta del papa era totalmente distinta. Cuando se produjo la primera audiencia del general Walters con él, Polonia estaba al borde de un golpe militar. El agente de la CIA allí, el coronel Kuklinski, después de transmitir a Washington los planes de control absoluto del régimen polaco, había huido del país el 7 de noviembre, y mucho antes de que Walters apareciera en las habitaciones papales ya había sido interrogado por Langley.

El 13 de noviembre el superior de Walters, el secretario de Estado Haig, había advertido al presidente Reagan que el aplastamiento de Solidaridad, y con él el de la ascendente democracia polaca, estaba muy cerca. La mañana después de la reunión de Walters con el papa, Haig prosiguió con una petición aún más urgente al presidente: «(...) Toda nuestra tradición y nuestros intereses de seguridad dictan una resolución inmediata (...)». Sin embargo, resulta muy claro, a partir del mensaje secreto que Walters envió a Haig inmediatamente después de salir del Vaticano y dirigirse a la embajada estadounidense en Roma, que Polonia apenas fue una referencia pasajera hacia el final de la reunión del papa con Walters. «Yo dije: "Polonia es el gran dilema soviético". El papa contestó que los soviéticos sólo piensan en términos de fuerza militar. Todos sus planes se basan en la amenaza o uso de la fuerza.»

El general Walters había iniciado la reunión explicando la «naturaleza de mi labor como embajador itinerante». Luego continuó con detalles de sus recientes viajes a América del Sur y África. Informó al papa de sus conversaciones de mayo con funcionarios chilenos para discutir la disputa del canal de Beagle entre Chile y Argentina, asunto en el que el Vaticano actuaba como mediador. Walters habló al papa de las actividades estadounidenses en América Central.

Expliqué nuestros esfuerzos por mejorar la situación de los derechos humanos sin causar contraproducentes molestias a los gobiernos haciendo de voceros de sus errores. En realidad la violencia aumentó en los años en que Estados Unidos usó la condena pública de los gobiernos para intentar reformar sus acciones.

La versión del general Walters acerca de la participación estadounidense en América Central es notable a la luz de la situación de la región, la cual se examinará más adelante. «En El Salvador sólo tenemos cincuenta efectivos militares de seguridad; los soviéticos tienen más de trescientos sólo en Perú. Éstos son más de los que Estados Unidos tiene en toda América Latina, excluyendo la base en Panamá.» El papa no discrepó de ninguna de esas afirmaciones. En realidad, asintió y le dijo a Walters: «Sí, sé que ésa es la situación». Lo cierto es que ésa distaba mucho de ser la situación. El general había omitido referirle al papa el número de soldados estadounidenses estacionados en Panamá. Eran diez mil. Omitió mencionar los veinticinco millones de dólares adicionales en ayuda militar que el gobierno de Reagan había entregado a la junta militar de El Salvador dos meses después de haber tomado posesión de su cargo. Esa ayuda militar seguiría aumentando. Tan sólo en 1984 llegó a más de quinientos millones de dólares.

El general también olvidó mencionar a los diecisiete mil contras apoyados y financiados por Estados Unidos y estacionados en el sur de Honduras, desde donde libraban una guerra contra el democráticamente electo gobierno de Nicaragua. Había mucho más acerca de la ayuda militar estadounidense a diferentes regímenes centroamericanos que el general evitó mencionar. En gran medida combatiente de la guerra fría, Walters habló en cambio de «las tropelías cubanas y soviéticas en la región. (...) Los nicaragüenses tienen armas de 152 mm, tanques de factura soviética y pilotos entrenados en Bulgaria. Nosotros buscamos una solución pacífica que no ponga en peligro la vida y libertad del pueblo latinoamericano».

Walters censuró a los sectores del clero y las diversas órdenes religiosas que, al igual que un significativo número de la población —en algunos casos la mayoría—, se oponían a las políticas de Estados Unidos, a la presencia de asesores militares y efectivos de seguridad de ese país y al uso de armas estadounidenses para sostener esas políticas. «Los religiosos nos han ocasionado problemas. Desafortunadamente, algunos ayudan a los guerrilleros, y por lo tanto tienden a minar la credibilidad de muchos religiosos en el área.» Walters fue particularmente crítico con los jesuitas. Esto tocó una cuerda muy receptiva en el papa, quien apenas un mes antes, tras una larga y continua batalla con los jesuitas, había puesto a su propio candidato a cargo de la orden, un acto de intervención sin precedentes.

Vernon Walters aprovechó entonces la oportunidad para elogiar el papado de Wojtyla mientras recordaba haber estado en la plaza de San Pedro cuando el hombre de Polonia fue elegido. Luego siguió el breve intercambio sobre Polonia consignado antes y la reunión terminó.

Los autores del libro *His Holiness*, Bernstein y Poletti, afirman que durante esta primera reunión entre el general Walters y el papa se habló mucho sobre Polonia, y que en ella se le mostraron al papa varias fotografías tomadas por satélite de grandes movimientos de tropas de países del Pacto de Varsovia a la frontera polaca, «(...) decenas de miles de soldados trasladados de sus cuarteles en la URSS, Alemania Oriental y Checoslovaquia a la patria del papa». Cuentan que se dijo al papa cuántas divisiones habían movilizado los soviéticos para enviar a Polonia.

Es difícil creer que el general Walters hubiera sido tan inepto, tan incompetente como para haber descrito ese alarmante y aterrador escenario al papa. Lo que las fotografías deben haber mostrado eran los movimientos de tropas del Pacto de Varsovia y los movimientos de tropas soviéticas que tuvieron lugar un *año antes, en diciembre de 1980*. Ninguna de tales actividades ocurrió en la segunda mitad de 1981. En efecto, la ausencia de tal actividad en las semanas anteriores al golpe militar, como ha observado un importante historiador de la guerra fría, el profesor Mark Kramer, «fue una de las razones de la complacencia de Estados Unidos». De la información de inteligencia de Kuklinski, Walters no dijo de hecho una palabra. De la certeza, basada en toda la inteligencia disponible, de que Jaruzelski estaba a punto de declarar la ley marcial, silencio total.

Después de su audiencia, el general Walters, a petición del papa, habló largamente con el secretario de Estado del Vaticano, el cardenal Casaroli. Fuentes de su departamento han confirmado que él no tuvo información de Walters que indicara lo cerca que estaba Polonia el último día de noviembre de la toma del poder por el ejército. De hecho, el secretario de Estado Haig había tomado la decisión de no notificar a Solidaridad los planes de Jaruzelski. Temía que hacerlo condujera a «incitar la resistencia violenta cuando Estados Unidos no tenía intención de prestar ayuda». Notificárselo al papa era, en opinión del gobierno de Reagan, tanto como notificárselo a Solidaridad. La solución aplicada fue no informar a nadie.

La falta de comunicación entre Washington y el Vaticano habría de convertirse en un hecho recurrente a lo largo de los años, y el problema no sería exclusivo de uno solo de los lados. Una semana después de la declaración de la ley marcial, el 17 de diciembre, el presidente Reagan envió un cable al papa. Él o sus asesores consideraron que quizá habían dado con una manera de remediar la situación de Polonia. Reagan «instó enérgicamente» al papa «a valerse de la gran autoridad que usted y la Iglesia poseen en Polonia para instar al general Jaruzelski a aceptar una conferencia en la que participen él mismo, el arzobispo Glemp y Lech Walesa». Reagan sugirió también que Jaruzelski debía ser instado a permitir que Walesa tuviera a su lado ocho o diez asesores de su elección, para dar seguridades al pueblo polaco de «que actúa como agente libre». El propósito de esa reunión, explicó el presidente estadounidense, sería buscar un terreno común «para eliminar la ley marcial y restaurar la paz social». El presidente Reagan no había sido avisado por el papa de que en realidad él ya había iniciado ese diálogo, en secreto, dos días antes.

El 29 de diciembre el presidente Reagan anunció gran cantidad de sanciones comerciales y económicas contra la Unión Soviética y Polonia. La víctima sería castigada junto con el agresor. El papa recibió una carta de Reagan el día del anuncio que explicaba las medidas y le pedía instar a otros países occidentales a unirse a Estados Unidos en la imposición de sanciones. El 6 de enero, un importante miembro de la curia, Achille Silvestrini, entregó al enviado William Wilson la respuesta del papa. No contento con transmitirla a la Casa Blanca, Wilson no pudo resistir añadir la interpretación extraoficial de la carta tanto suya como de Silvestrini al remitirla a Reagan. La carta había pasado por varias versiones, estaba muy cuidadosamente formulada y evitaba con sumo tacto decir que el papa aprobaba la acción de aplicar severas sanciones contra su país. Wojtyla expresó «aprecio» por las medidas «humanitarias» en nombre del pueblo polaco. El enviado Wilson notificó al presidente que Silvestrini le había dicho que los «informes de prensa que sugerían que la Santa Sede reprobaba las acciones estadounidenses de imposición de sanciones contra la Unión Soviética y Polonia eran falsos».

En la conferencia de prensa en la Casa Blanca del 20 de enero, el presidente Reagan declaró que el papa le había escrito aprobando las sanciones. Reagan hizo eso pese al hecho de que, desde la imposición de las sanciones, el papa había respaldado una declaración de los obispos polacos opuesta a las sanciones de Estados Unidos con el argumento de que éstas castigarían al pueblo sin modificar la situación. El 18 de enero, la comisión conjunta del gobierno y la Iglesia en Polonia emitió un comunicado en el que no sólo se condenaban las sanciones por ser contrarias al interés de Polonia, sino que además se las juzgaba contraproducentes para los esfuerzos por superar la crisis. El 21 de enero Casaroli autorizó la publicación de la carta del papa al presidente estadounidense para ilustrar que Reagan se había extralimitado seriamente.

Los medios de comunicación se echaron encima del presidente, a cuyo consejero de Seguridad Nacional, William Clark, le fue notificado lo siguiente por el empleado de la Casa Blanca Dennis Blair:

Sería recomendable que usted le mencionara personalmente al presidente que, en el caso de cartas de jefes de Estado amigos, es más seguro ponerse de acuerdo con el remitente antes de hablar en público del contenido.

Éste fue uno de los «embarazosos resultados diplomáticos» concernientes a la estancia del enviado William Wilson en Roma. Habría más. Una cosa era que el papa dijera en una reunión privada que apoyaba plenamente las sanciones estadounidenses y otra muy distinta compartir esa información con el público en general, particularmente con el público polaco.

Wojtyla se involucró por sí solo en otro apremiante asunto de aquellos días. Reagan sabía que a finales de noviembre de 1981 el papa estaba en ciernes de escribir una carta a los líderes tanto estadounidense como soviético sobre la carrera armamentista nuclear. Aunque notificó al papa las aspiraciones de su país de buscar «reducciones verificables (...) de armas tanto nucleares como convencionales», Reagan argumentó que Estados Unidos tenía que «mantener un equilibrio militar para disuadir la agresión. (...) Estamos muy preocupados por la sostenida acumulación soviética de fuerza militar y su disposición a emplearla». En ese entonces, como lo establecen las copias de documentos del politburó de ese periodo, el imperio soviético ya sufría la hemorragia financiera que lo conduciría a una lenta e inevitable muerte. Si apenas una fracción del presupuesto de cuarenta mil millones de dólares que Estados Unidos despilfarraba en la CIA y sus otras catorce agencias de inteligencia hubiera redundado en información veraz sobre la situación de la URSS, habría podido impedirse una década de gasto desenfrenado.

En una carta al embajador Wilson, el secretario de Estado Haig observó:

Nos complace el interés del papa en las negociaciones. (...) Sería engañoso, creemos, dar a entender en cualquier forma que Estados Unidos y la Unión Soviética son igualmente responsables de haber creado las condiciones que entrañan un peligro de guerra nuclear. Esperaríamos que Su Santidad concediera el debido peso a esta consideración al determinar los medios más apropiados de dar expresión a las opiniones de la Iglesia.

Esta carta era un burdo intento de influir no sólo en el pensamiento papal, sino también en las conclusiones de la Academia

Pontificia de Ciencias. Una delegación de ese augusto órgano estaría en la Casa Blanca a mediados de diciembre para presentar al presidente de Estados Unidos un informe sobre las consecuencias del uso de armas nucleares. Haig dejó claro a William Wilson que el gobierno estadounidense recibiría de buena gana detalles del contenido de ese informe antes de la reunión. Lo que preocupaba enormemente al gobierno de Reagan era conservar a la Iglesia católica del lado de la posición oficial estadounidense sobre el armamento nuclear. La mayoría de los obispos estadounidenses eran sumamente críticos con las propuestas del gobierno. Si el papa podía ser persuadido de convencer a los obispos, entonces la vida tanto en el interior como en el exterior sería infinitamente más fácil para el presidente.

Lo que Reagan, Haig y los demás altos miembros del gobierno de Estados Unidos realmente temían era a la Academia Pontificia. Ésta no era un grupo secundario de izquierdistas idealistas que pudiera menospreciarse. En él había profesores del Instituto Tecnológico de Massachusetts, profesores de genética y bioquímica y salud pública y un total de catorce estadounidenses. Otros miembros del grupo procedían de Italia, la Unión Soviética, Francia y Brasil. Cada uno era un reconocido y renombrado experto en su campo. Un mes antes de que la delegación del Vaticano se reuniera con el presidente de Estados Unidos y le entregara una copia de su informe, uno de sus miembros, Howard Hiatt, profesor de salud pública de la Universidad de Harvard, publicó un artículo en la revista de la Asociación Médica Estadounidense titulado «Prevención de la más reciente epidemia». Este artículo ofrecía un devastador análisis, desde el punto de vista médico, de la locura y futilidad de la guerra nuclear:

De acuerdo con informes de prensa, el presidente Reagan recibió una transfusión de ocho unidades de sangre [tras el intento frustrado de asesinato]. Si cada víctima en Washington de un ataque nuclear necesitara esa misma cantidad de sangre (una víctima de quemaduras probablemente necesitaría mucho más), los requerimientos de sangre de Washington excederían los 6,4 millones de unidades. Además, obviamente sería imposible proporcionar el personal y equipo indispensables para administrar tal cantidad de sangre. (Para ubicar ese número en su contexto, las reservas de sangre de la región noreste de la Cruz Roja estadounidense en un día concreto del mes pasado fueron de aproximadamente once mil unidades. El monto total de sangre obtenida en todo Estados Unidos durante 1979 fue de catorce millones de unidades.) Ésta es simplemente una pequeña ilustración de la futilidad de sugerir que podemos manejar las abrumadoras necesidades médicas que se desprenderían de un ataque nuclear.

El artículo dejó ciertamente una profunda y duradera impresión en el presidente Reagan. Éste hizo específica referencia a él en uno de sus mensajes al papa Juan Pablo II. El informe presentado a Reagan por el grupo del Vaticano y la descripción contenida en él de las repercusiones de un ataque nuclear eran una enérgica denuncia del así llamado «equilibrio del terror». Aunque el papa sentía absoluto horror por las consecuencias de un conflicto nuclear, su posición sobre el asunto no siempre era consistente. Reagan, astuto político bajo su apariencia informal, siguió cortejando a los católicos romanos de Estados Unidos. En abril de 1982 dijo ante la Asociación Nacional de Educación Católica:

Les agradezco su ayuda para hacer que la política estadounidense refleje la voluntad de Dios (...) Y espero recibir nuevos consejos de Su Santidad el papa Juan Pablo II durante la audiencia que tendré con él en junio.

Estos dos hombres, que habían sobrevivido por igual a intentos de asesinato poco más de un año antes, se reunieron en el Vaticano la primera semana de junio de 1982. Israel eligió ese mismo día para invadir Líbano, país cuya comunidad cristiano-maronita constituía una preocupación especial para la Santa Sede. Un párrafo adicional fue rápidamente añadido al discurso que Reagan pronunció en la biblioteca papal, para agregar el Líbano a la lista de serias «preocupaciones» junto con América Latina y Polonia. En América Latina, afirmó Reagan, «queremos trabajar de cerca con la Iglesia para ayudar a promover la paz, la justicia social y la reforma, y para impedir la propagación de la represión y la tiranía atea».

Otro país que realmente luchaba contra la tiranía atea recibió inevitablemente una mención especial.

> Buscamos un proceso de reconciliación y reforma que conduzca a un nuevo amanecer de esperanza para el pueblo de Polonia, y seguiremos reclamando el fin de la ley marcial, la liberación de todos los presos políticos y la reanudación del diálogo entre el gobierno polaco, la Iglesia y el movimiento de Solidaridad, que habla por la vasta mayoría de los polacos. Habiendo negado ayuda financiera al opresivo régimen de Polonia, Estados Unidos seguirá prestando al pueblo polaco tanto apoyo en alimentos y mercancías como sea posible a través de organizaciones eclesiales y privadas (...).

De esa observación particular nació otro de los mitos de ese papado. Varios biógrafos papales, vaticanólogos y miembros no identificados del gobierno de Reagan adujeron después que entre los frutos de la «alianza secreta» entre el papa y el presidente Reagan estaba un compromiso de Estados Unidos para gastar todo lo que fuera necesario a fin de mantener viva a Solidaridad. El dinero y suministros canalizados por la CIA a Solidaridad se han valorado entre cincuenta y cien millones de dólares. A eso hay que añadir los fondos desviados por Roberto Calvi al sindicato polaco, una partida de cincuenta millones de dólares, y cantidades adicionales por valor de al menos otros cincuenta millones de dólares. Que la CIA y otros elementos tanto en Estados Unidos como en Europa se sumaran a la causa es indiscutible. La verdadera cuestión es la magnitud real de las cantidades canalizadas hacia el sindicato y su destino.

Las partidas supuestamente donadas a través de la CIA, la organización sindical estadounidense AFL-CIO y la Fundación Nacional por la Democracia fueron lavadas, se dice, a través de una cuenta en un banco comercial, pero tanto Andrzej Gwiazda, uno de los antiguos líderes de Solidaridad, como Janusz Paulubicki, ex tesorero de Solidaridad, han rechazado las afirmaciones de pagos de cualquier cifra que se sitúe siquiera entre los cincuenta y cien millones. La verdadera cifra del periodo íntegro de 1982 a 1989 fue significativamente de menos de nueve millones de dólares. En cuanto a los millones que Roberto Calvi saqueó del Banco Ambrosiano e insistió en que había enviado a Polonia, funcionarios del Banco de Italia han confirmado poseer evidencias inapelables de que esas transferencias efectivamente se realizaron, pero han declinado revelar la identidad de los titulares que recibieron dichas transferencias. Licio Gelli, quien, a través de la ilegal logia masónica italiana P2, ejerció durante décadas más control en Italia que cualquier gobierno, siempre ha mantenido: «Si buscan los millones desaparecidos del Banco Ambrosiano, asómense a Polonia». Dónde buscar exactamente no ha quedado nunca claro, pero la Iglesia católica polaca sería un excelente lugar donde empezar. Tal investigación debería comenzar con preguntas a un tal obispo Hnlica.

El general Czeslaw Kiszcak, ministro del Interior durante los años de la ley marcial, ha confirmado que en Solidaridad se habían «introducido agentes. (...) Cerca del 90 por ciento de los fondos que llegaron de Occidente pasaron por nuestras manos. Ciertamente, parte de ese dinero fue suministrado por la CIA, pero si eso se hubiera sabido, algunos de nuestros intelectuales no lo habrían tocado. El dinero siempre se canalizó usando a otra organización como tapadera. Nunca tomamos nada; habríamos podido hacerlo, pero ésa es una maniobra que sólo puede hacerse una vez, y luego habríamos perdido el canal de información».

Las divisas fuertes se usaban principalmente para imprimir libros y folletos, cuidar de las familias de presos políticos y financiar a fugitivos que cambiaban de apartamento y automóvil para evitar ser identificados.

En octubre de 1982, el general Vernon Walters estaba de regreso en el Vaticano para instruir al papa, al secretario de Estado Casaroli y al arzobispo Silvestrini sobre Oriente Medio, Polonia y el problema del desarme nuclear. Si el papa y sus colegas tenían algún recelo por la política exterior estadounidense en Oriente Medio, guardaron un silencio diplomático, permitiendo a Walters compartir temporalmente el derecho a la infalibilidad del papa.

Sobre las cuestiones nucleares, Walters sostuvo que la posición de Estados Unidos era singularmente razonable, mientras que los soviéticos seguían siendo agresivos o poco sinceros. Predicaba a los conversos. En sus telegramas al secretario de Estado Haig en los que refirió sus comentarios al papa, cada párrafo terminaba con un comentario recurrente: «Él estuvo totalmente de acuerdo».

Esta reunión fue posteriormente recogida en el propio periódico del Vaticano, *L'Osservatore Romano*, y llamó la atención de varios miembros del Congreso de Estados Unidos, entre ellos Patricia Schröder, quien preguntó al presidente: «¿Es una nueva estrategia política de su gobierno pedir a potencias extranjeras que intercedan en asuntos políticos internos?». Schröder citó luego noticias recientes que indicaban que «el propósito de la visita de Walters fue convencer al papa de desviar los esfuerzos de los obispos católicos romanos estadounidenses que cuestionan la moralidad de las armas nucleares». Ella quería saber si ése había sido en efecto el principal propósito de la reunión y procedió a preguntar: «En el futuro, ¿se seguirá solicitando la intervención papal para aplastar al movimiento pacifista? ¿Quiere esto decir que usted no puede detener al movimiento pacifista de este país?».

En su respuesta, el Departamento de Estado confirmó que esa reunión había tenido lugar y observó: «Sin embargo, ellos no hablaron de las discusiones de los obispos católicos romanos sobre la disuasión nuclear estadounidense. De hecho, ni los obispos estadounidenses ni la carta propuesta fueron tema de conversación». Pero el Departamento de Estado ocultó la verdad a Schröder, porque la mayor parte de los cuarenta minutos que Walters pasó con el papa se dedicó, en palabras del propio general, a «la información sobre el SS20 y toda la cuestión nuclear». En cuanto a los obispos estadounidenses, muchos de ellos sumamente críticos con la posición del gobierno sobre estos temas, Vernon Walters poseía demasiada experiencia diplomática para intentar pedir directamente al papa que ayudara a «aplastar al movimiento pacifista». Walters era un vendedor consumado, aunque en este caso tenía un cliente bien dispuesto. Aunque Karol Wojtyla creyó durante casi toda su vida que el comunismo no podía ser derrotado, si el gobierno de Reagan estaba preparado para combatirlo, él lo habría alentado. Ese aliento habría terminado por incluir cierta presión sobre los obispos estadounidenses para que acataran sus órdenes.

Aquéllos fueron tiempos muy agitados para los responsables de la política exterior estadounidense. De las muchas partes del planeta en las que el gobierno de Reagan tenía intereses especiales, ninguna era más importante que América Central. Una visita de nueve días del papa a la región estaba programada para principios de marzo de 1983. Inevitablemente, el general Vernon Walters apareció en el Vaticano a fines de febrero para ofrecer al cardenal Casaroli y a monseñor Carlos Romeo, el especialista del Vaticano en América Central, una descripción general de la región e información país por país. También estuvieron presentes el ubicuo enviado presidencial William Wilson y el arzobispo Silvestrini, secretario del Consejo de Asuntos Públicos. Walters insistió en que «compartimos metas con la Santa Sede. Nos oponemos a dictaduras tanto de izquierda como de derecha. Percibimos un camino intermedio. Democracias plurales, reforma social, tranquilidad interna, reconciliación y prevención de otra Cuba».

No hizo ningún intento de abordar algunas de las notorias contradicciones respecto de esa meta común que existían en la región. Una de ellas era la represiva dictadura militar en Argentina, responsable de la desaparición de más de treinta mil civiles. Ése era un régimen con muy firmes lazos con el gobierno de Reagan, tan firmes que cuando el Congreso estadounidense restringió severamente el número de efectivos militares que el presidente Reagan podía enviar legalmente a El Salvador, las fuerzas armadas de Buenos Aires estuvieron encantadas de completar el número.

En El Salvador, un régimen de derecha era ayudado por el gobierno de Reagan con ayuda económica, armas y «asesores» militares mientras pugnaba por sofocar a una insurgencia de izquierda. «Estados Unidos considera de vital importancia seguir prestando asistencia a El Salvador y otros países de la región —dijo el general Walters al secretario de Estado del Vaticano y sus colegas—. No permitiremos que los guerrilleros tomen el poder a tiros en América Central.» La política estadounidense desembocó directamente en una siniestra alternativa, en la que unas setenta y cinco mil personas murieron en El Salvador.

En Nicaragua, los sandinistas habían derrocado al dictador Anastasio Somoza, respaldado por Estados Unidos, en julio de 1979, poniendo así fin a más de cuarenta años de opresivo gobierno de esa familia. En un informe del Departamento de Estado preparado en la década de 1930 para el presidente Roosevelt en el que se hablaba del primer Somoza, se observó: «Tal vez sea un hijo de puta, pero es nuestro». Cuando sucedió la revolución, un núcleo duro de unos diecisiete mil guardias nacionales y los oficiales más cercanos a Somoza huyeron a Honduras. Ésos eran los hombres que habían cumplido las órdenes del dictador, las muertes, las violaciones, la represión, la continua desaparición de disidentes. En 1981, el presidente Reagan ordenó la financiación encubierta de este grupo, para entonces ya conocido como los contrarrevolucionarios, la contra. A su parecer, Reagan combatía así al comunismo.

Cuando se supo que Estados Unidos estaba detrás de la creación y financiación de la contra, el gobierno de ese país afirmó que su razón para apoyar a la contra era detener el flujo de armas de Nicaragua a los guerrilleros de El Salvador. Estos dos países no tenían frontera común, y las únicas armas que se «encontraron» fueron las sembradas por la CIA. El número de serie de los M16 se rastreó hasta la reserva de control del gobierno estadounidense. Las bajas entre los que apoyaban la revolución empezaron a aumentar. Para fines del segundo periodo presidencial de Reagan, casi cuarenta mil personas habían sido asesinadas.

Nicaragua y El Salvador estaban en el programa de la visita del papa. También estaba Guatemala, donde un devoto psicópata cristiano «convertido», el general Efraín Ríos Montt, había tomado el poder en marzo de 1982. Sus escuadrones de la muerte eran responsables de cientos de asesinatos cada semana. La ONU estimaría ulteriormente que las tropas de Ríos Montt habían masacrado a un mínimo de cien mil personas. Los guerrilleros invariablemente descritos por el gobierno de Reagan como marxistas eran en gran medida campesinos mayas que luchaban por la tierra que se les había prometido a principios de la década de 1950, promesa que condujo directamente al derrocamiento del líder electo que la había hecho. Este golpe fue financiado por la CIA y organizado en nombre de los intereses comerciales de Estados Unidos. El nuevo régimen no cumplió la promesa. Treinta años después, los campesinos seguían luchando, seguían sin tierra y seguían muriendo. El 4 de diciembre de 1982, después de una reunión con el general Efraín Ríos Montt, el presidente Reagan elogió al dictador por estar «totalmente dedicado a la democracia», y añadió que al régimen de Ríos se le iba a «dar un buen empujón». Se aseguró asimismo de que siguiera recibiendo armas y dinero encubiertos.

En su reunión con el Vaticano en febrero de 1983, el general Walters descuidó mencionar todas esas intromisiones de Estados Unidos en América Central. También olvidó mencionar los cincuenta millones de dólares adicionales en provisiones y personal militar estadounidense que el presidente Reagan había enviado a El Salvador por decisión ejecutiva, eludiendo así la necesidad de aprobación del Congreso. Se obvió asimismo en la memoria que en marzo de 1981 Estados Unidos había votado contra una resolución de la Comisión de Derechos Humanos de la ONU que condenaba los abusos y violaciones de los derechos humanos en El Salvador. También olvidó mencionar que el gobierno de Reagan había renovado la ayuda militar a Guatemala y la ayuda financiera y militar a Chile, Argentina, Paraguay y Uruguay, países todos ellos bajo dictaduras militares y con numerosas denuncias contra los derechos humanos.

Cuando Karol Wojtyla fue elegido papa en octubre de 1978, su conocimiento de América Latina era escaso. Dependía en alto grado, en cuanto a información, del cardenal Sebastiano Baggio, prefecto de la Congregación de los Obispos y presidente de la Comisión Pontificia para América Latina. El principal papel de esta comisión era vigilar la actividad de la Conferencia Episcopal Latinoamericana (CELAM) y ayudar a la Iglesia de la región con personal y medios económicos. Esto dio un enorme poder a Baggio, un hombre que había abrigado ambiciones de ascender al trono papal hasta su doble derrota en 1978. Cuando se produjo el ascenso de Karol Wojtyla, la experiencia personal de Baggio pertenecía en gran medida al pasado.

Entre 1938 y 1946 Baggio había sido un joven diplomático del Vaticano en tres países latinoamericanos. A ello le siguió una estancia de dos años en Colombia como encargado de negocios y luego, entre 1953 y 1969, un puesto como nuncio en Chile y más tarde otro como nuncio, esta vez en Brasil. Su política era de derecha, sus juicios y opiniones reaccionarios y su influencia en la interpretación de asuntos latinoamericanos del Vaticano, y por lo tanto en el papa, decisiva. En sus diversas tareas lo asistía un buen amigo, el arzobispo Alfonso López Trujillo, hombre aún más derechista y crítico vociferante de la teología de la liberación. Desde el momento en que este último se convirtió en secretario general de la CELAM, purgó la organización de todos aquellos que tuvieron vínculos con cualquier versión de la teología de la liberación. Escribió: «La teología de la liberación empieza con buenas intenciones, pero termina en el terror». En un documento de trabajo para Puebla, la primera reunión de la CELAM a la que asistiría el papa, en 1979, López Trujillo respaldó a los diversos regímenes militares de América Latina. «Esos regímenes militares surgieron en respuesta al caos social y económico. Ninguna sociedad puede admitir un vacío de poder. Frente a tensiones y desórdenes, recurrir a la fuerza es inevitable.» Karol Wojtyla tenía mucho en común con hombres como Baggio y López Trujillo, al menos en lo referente a la toma de posición ante regímenes militares. Desde la década de 1930, el futuro papa había sido un entusiasta partidario del general Franco durante la guerra civil española.

En 1990, cuando López Trujillo era arzobispo de Medellín, doscientos profesionales católicos laicos colombianos escribieron al Vaticano solicitando una visita canónica de un miembro importante del Vaticano para «esclarecer actos antievangélicos, algunos de ellos cuestionables ante el derecho canónico, otros ante los tribunales penales». Declararon que estaban «escandalizados» por el «estado de orfandad» de la Iglesia de Medellín y el comportamiento de su pastor, López Trujillo. Pero el papa no investigó esos alegatos para establecer si eran verídicos; a sus ojos, López Trujillo no podía hacer ningún mal. En 1985, éste había concedido un apoyo adicional a las dictaduras militares de América Latina ideando la Declaración de los Andes, la cual condenaba la teología de la liberación en términos tan encrespados que el teólogo chileno Ronaldo Muñoz la describió como «una virtual incitación a la represión, y de naturaleza criminal». Posteriormente, cuando fuerzas de seguridad de Pinochet arrestaron al director jesuita de la revista *Mensaje* a causa de sus críticas contra el gobierno, el ejército citó la Declaración de los Andes para justificar el arresto, arguyendo que la propia Iglesia había desautorizado la postura del director, el padre Renato Hevia.

Las opiniones de extrema derecha de López Trujillo no eran una excepción dentro de la jerarquía católica latinoamericana. El arzobispo Darío Castrillón Hoyos, uno de sus *protégés*, era otro prelado colombiano con una estrecha relación con el narcotraficante Pablo Escobar. Aceptaba parte de las ganancias del tráfico mundial de cocaína de Escobar que éste daba como caridad, argumentando que así garantizaba que al menos algo de esos cientos de millones de dólares no se gastaría en prostitución. Definía a todos los teólogos de la liberación como terroristas revolucionarios, calumnia que molestaba y ofendía profundamente a muchos. Pero lo más importante era que los ataques de Castrillón no sólo daban credibilidad a los regímenes de derecha de la región; también los alentaban a tomar medidas aún más drásticas, y elevaron el índice de asesinatos en el subcontinente de modo escalofriante.

Otros clérigos apreciados por regímenes derechistas latinoamericanos eran el cardenal chileno Jorge Medina, el cardenal brasileño Lucas Moreira, los cardenales italianos Angelo Sodano y Pio Laghi y el cardenal alemán Höffner. A finales de 1998, cuando el general Pinochet fue arrestado y temporalmente detenido en Reino Unido, los amigos del ex dictador le manifestaron rápidamente su apoyo, entre ellos los individuos mencionados arriba y otros funcionarios de alto rango del Vaticano de mentalidad similar. Los amigos y admiradores de Pinochet en la Santa Sede, en particular el secretario de Estado Sodano, persuadieron al papa para que aprobara una carta al gobierno británico instándolo a liberar a Pinochet. Al interceder por éste, Sodano, los demás cardenales y el mismo papa hacían caso omiso de la historia del general, que incluía su ilegal toma del poder en 1973 (con importante respaldo de Estados Unidos) y el asesinato del presidente democráticamente electo, seguidos de diecisiete años en los que al menos cuatro mil chilenos fueron eliminados, más de cincuenta mil torturados, cinco mil «desaparecidos» y cientos de miles encarcelados o exiliados.

Después de años de protección de la camarilla del Vaticano, que consideraba al general un devoto católico romano, y de años de argumentar senilidad tanto mental como física, los médicos determinaron a finales de 2005 que Pinochet estaba capacitado para ser sometido a juicio. Interrogado por un juez chileno sobre los miles de civiles chilenos que fueron asesinados durante los años de la junta militar, el general contestó: «Sufro por esas pérdidas, pero Dios hace proezas; él me perdonará si me excedí en algo, lo cual no creo haber hecho».

La camarilla vaticana, conocida en el Vaticano como «los fascistas», vio con agrado a muchas dictaduras de derecha durante el pontificado de Juan Pablo II. Ni siquiera los dictadores militares argentinos resultaban cuestionables. Cuando el arzobispo Laghi fue destinado a Argentina en la década de 1970, el terror del ejército estaba en su apogeo. Como nuncio papal, no fue el único en realizar actividades irregulares en su estancia en Buenos Aires. En 1976, durante los primeros meses de la dictadura militar, pronunció un discurso ante el ejército en el que citó la teoría de la guerra justa de la Iglesia católica y la usó para aprobar la campaña militar contra los disidentes. Raramente alguno de los obispos argentinos denunció las diarias violaciones de los derechos humanos. Varios sacerdotes acompañaban a presos torturados en su último viaje, bendiciéndolos y administrándoles los últimos sacramentos antes de que sus cuerpos esposados fueran arrojados desde helicópteros militares al Atlántico Sur. Al menos treinta mil «enemigos del Estado» fueron asesinados por la junta militar entre 1976 y 1983. Ésta fue la misma junta que el papa Juan Pablo II visitó en 1982 después de su viaje a Gran Bretaña, para asegurarse de que se viera actuar al Vaticano de forma imparcial.

Los discursos y sermones del papa durante su visita a ese país no hicieron ninguna mención directa a «los desaparecidos»; tampoco tuvo tiempo durante su viaje de hablar con alguna organización de derechos humanos, aunque se reunió con el dictador militar de turno, el general Galtieri.

El poder e influencia de aquella camarilla en las altas esferas de la Iglesia católica no se limitaba a codearse con asesinos. En 1981, la Conferencia de Obispos de Canadá se vio en completo y total acuerdo con las otras tres principales fuerzas religiosas. El asunto que unió a las iglesias católica romana, protestante, anglicana y ortodoxa de Canadá también había inspirado una oposición unida de católicos, protestantes y judíos en Estados Unidos. Todos ellos se unieron contra la reactivación por el gobierno de Reagan del suministro de asistencia militar y financiera al régimen de El Salvador. La reacción del Vaticano, también esta vez organizada por el cardenal Baggio y sus amigos de mentalidad similar a la suya, fue una carta confidencial al ministro de Asuntos Extranjeros del gobierno canadiense, Mark MacGuigan. En ella se aconsejaba al ministro ignorar la decisión de la Conferencia de Obispos de Canadá de condenar la intervención estadounidense en El Salvador, declarando que no representaba la posición de la Santa Sede, la cual era de apoyo a la «opinión del gobierno estadounidense» sobre el asunto. El ministro, antes abiertamente opuesto a la acción estadounidense, cambió de forma drástica a «yo ciertamente no condenaría toda decisión que tome Estados Unidos de enviar armas ofensivas».

Simultáneamente, el nuncio papal en Estados Unidos, el arzobispo Pio Laghi, tenía «constantes» conversaciones con los obispos estadounidenses. Esas conversaciones suavizaron las críticas anteriores. En El Salvador mismo, el régimen recibió gran aliento de las intervenciones del Vaticano, y los asesinatos continuaron.

En marzo de 1980, el arzobispo primado de El Salvador, Óscar Romero, había sido asesinado a sangre fría mientras celebraba la santa misa en la capilla de un hospital. Le dispararon mientras alzaba la hostia frente a la comunidad. Éste fue un homicidio especialmente espantoso e irreverente, pero que fue pronto superado por el régimen.

El 2 de diciembre, cuatro misioneras fueron asesinadas en el camino a Santiago Nonualco. Las cuatro, tres monjas y una trabajadora social, eran ciudadanas estadounidenses. Los perpetradores eran miembros de las fuerzas de seguridad del régimen gobernante. Trascendió que las cuatro mujeres habían sido repetidamente violadas por las fuerzas de seguridad. Estos crímenes ocurrieron en los últimos días de la presidencia de Carter. Estados Unidos suspendió toda asistencia a El Salvador, dada la sospecha de que estaba involucrada la seguridad del Estado. Trece días después se reanudó la ayuda económica. El juez nombrado para investigar los homicidios fue asesinado una semana después del suceso. Una investigación patrocinada por la ONU concluyó que los asesinatos habían sido planeados con toda anticipación, y que se había perpetrado un encubrimiento que abarcaba al jefe de la Guardia Nacional, dos oficiales investigadores, miembros del ejército salvadoreño y varios funcionarios estadounidenses.

Pese al hecho de que el Departamento de Estado de Estados Unidos recibió evidencias que implicaban claramente a importantes miembros del ejército salvadoreño, no emprendió otra acción que montar una campaña de desprestigio contra las mujeres fallecidas. La embajadora de Reagan en la ONU, Jeane Kirkpatrick, observó: «Esas monjas no eran sólo monjas. Eran activistas políticas, y deberíamos ser muy claros sobre eso».

La imagen de monjas armadas, con exceso de celo político y parapetadas en barricadas no prosperó del todo en la prensa estadounidense, pero el gobierno de Reagan siguió prestando a El Salvador asistencia tanto económica como militar. Veintiséis años después, esas muertes siguen resonando. Muertas, esas monjas se han convertido en poderosos símbolos de una gran verdad, y para muchos esas cuatro mujeres sirven como testimonio de los cientos de miles que murieron en aquellas décadas.

Durante su reunión de finales de febrero sobre América Central con los principales asesores del papa, el general Walters, como correspondía a un embajador, justificó las medidas de política exterior de Reagan en El Salvador con lenguaje elegante: «Buscamos una vía intermedia. Democracias plurales. Reforma social. Tranquilidad interna. Reconciliación y la prevención de otra Cuba».

En un momento anterior de su primer periodo presidencial, Reagan lo había dicho más bruscamente:

América Central está simplemente demasiado cerca y los intereses estratégicos en ella son demasiado altos como para que ignoremos el peligro de que tomen el poder ahí gobiernos con lazos ideológicos y militares con la Unión Soviética. (…) Los teóricos militares soviéticos quieren destruir nuestra capacidad para reabastecer a Europa occidental en caso de una emergencia. Quieren atraer nuestra atención y nuestras fuerzas a nuestra propia frontera sur (…).

Aparte de destinar mil quinientos millones de dólares para ayuda militar y económica a El Salvador y de crear a la contra y financiarla ilegalmente como frente terrorista contra los sandinistas de Nicaragua, el gobierno de Reagan erigió al ejército de Honduras como cortafuegos contra la difusión de la revolución en la región, dio apoyo encubierto al ejército genocida de Guatemala en su guerra contra su propio pueblo y estableció bases militares secretas en Costa Rica para respaldar el esfuerzo bélico de Reagan contra Nicaragua.

En 1984, el compromiso financiero de Estados Unidos con el régimen militar de El Salvador ascendió a un total de 576,1 millones de dólares. Derrochando más dinero útil tras haber malgastado tanto, el aparentemente indestructible Henry Kissinger volvió a salir a la luz. Fue encargado por el presidente Reagan de estudiar opciones «para mejorar la situación en América Central». El informe de su comité, que no sorprendió absolutamente a nadie, estuvo «en gran medida de acuerdo con la política vigente del gobierno en América Latina». Kissinger recomendó duplicar el paquete de «ayuda» a la región de cuatro mil a ocho mil millones de dólares. Apenas nada de esa extraordinaria generosidad llegó a los pobres. Los datos que el arzobispo Romero había dado al papa en mayo de 1979 seguían en vigor a mediados de la década de 1980. En El Salvador, un 2 por ciento de la población continuaba poseyendo más del 60 por ciento de la tierra, y un 8 por ciento de la población seguía recibiendo la mitad de la renta nacional. Mientras tanto, un 58 por ciento de la población seguía ganando menos de diez dólares al mes. Dos tercios de la población urbana continuaban careciendo de servicios de alcantarillado, un 45 por ciento seguía sin agua potable regular, un 70 por ciento de los niños menores de cinco años estaban desnutridos y la ingesta calorífica diaria promedio, de 1.740 unidades, unos dos tercios de la necesaria para sustentar a un ser humano, seguía siendo la tasa de consumo más baja en el hemisferio occidental.

A principios de marzo de 1983, el papa salió de Roma y voló a ese torbellino en el que se había convertido América Central. Este viaje demostraría que, en esa área al menos, había una perfecta armonía entre ciertas mentes. Mientras el presidente Reagan veía soviéticos detrás de cada árbol, piedra y arbusto latinoamericanos, el papa veía teólogos de la liberación. Aparentemente, Solidaridad era deseable en Polonia, pero no en América Latina.

En Costa Rica, donde empezó su viaje, el papa dijo a su audiencia que había ido «a compartir el dolor» de América Central, y que esperaba proporcionar una voz para las torturadoras imágenes de la vida diaria, para «las lágrimas o las muertes de los niños, de las largas hileras de huérfanos, de los muchos miles de refugiados, exiliados o desplazados en busca de hogar, de los pobres sin casa ni trabajo». Repitió su a menudo expresada opinión de que era misión de la Iglesia corregir los males sociales, pero sólo de acuerdo con los principios cristianos. Rechazó las ideologías tanto de la izquierda como de la derecha, rechazó tanto el capitalismo como el comunismo, y subrayó que era importante que cada nación «haga frente a sus problemas con un diálogo sincero, sin influencia extranjera».

En Nicaragua, la segunda escala del papa, se topó con un país en total conmoción. Los sandinistas en el gobierno combatían a los contras respaldados por Estados Unidos, y eran constantemente atacados por mercenarios entrenados y financiados por la CIA. La Iglesia católica nicaragüense estaba encarnizadamente dividida entre la jerarquía tradicional y sus seguidores, en gran medida antisandinistas, y la Iglesia «popular», que mezclaba el cristianismo con retazos de teología de la liberación y una versión latinoamericana de marxismo. El arzobispo de Managua, Miguel Obando y Bravo, había emergido como símbolo de la oposición de clase media al gobierno sandinista.

En la fila de nicaragüenses que esperaban para saludar a Wojtyla en el aeropuerto de Managua estaba al menos uno de los sacerdotes que eran también ministros del gobierno. El papa lo humilló públicamente, agitando el dedo contra la figura arrodillada mientras amonestaba al sacerdote, el ministro de Cultura, Ernesto Cardenal Martínez, exigiendo: «Regularice su postura con la Iglesia. Regularice su postura con la Iglesia». La imagen dio la vuelta al mundo y fue ampliamente interpretada como un áspero reproche. Más tarde, durante una misa televisada al aire libre en un parque, se registraron algunas de las imágenes más extraordinarias de ese papado. Cuando el papa, leyendo un texto preparado, empezó a condenar a la «Iglesia popular» por «absurda y peligrosa», los sandinistas en las filas delanteras comenzaron a criticarlo. «Queremos una Iglesia aliada con los pobres», respondieron. Esto provocó a su vez a los partidarios del pontífice. «¡Viva el papa!», corearon. Pronto todos participaban en el improvisado debate.

El papa Juan Pablo II nunca fue un hombre que mostrara la menor consideración por la disidencia religiosa. Visiblemente enojado, gritó a la comunidad: «¡Silencio!». Pareció desconcertarle que sus airadas órdenes no hubieran silenciado a la comunidad y de nuevo gritó: «¡Silencio!». A un grupo que coreaba: «¡Queremos paz!», le gritó en respuesta: «La Iglesia es la primera que quiere la paz». Gran parte de la misa después del sermón no pudo oírse a causa del griterío. Una semana después de que el papa hubiera partido de Nicaragua, la línea había quedado claramente trazada. La jerarquía católica empezó a mostrar mucha menos tolerancia con el gobierno y con los católicos que apoyaban la revolución. Uno de los sacerdotes más progresistas del país, el padre Uriel Molina, recordó un ultimátum que él y otros sacerdotes prorrevolucionarios recibieron del obispo auxiliar Bosco Vivas: «O están conmigo, el arzobispo y el papa, o pueden buscarse otra diócesis».

En El Salvador, el papa insistió en visitar la tumba del arzobispo Óscar Romero, y en la posterior misa al aire libre proclamó a Romero como «un celoso y venerado pastor que intentó detener la violencia. Pido que su memoria sea siempre respetada y que no se permita que intereses ideológicos traten de distorsionar su sacrificio como pastor entregado a su rebaño». El papa retornó a su solución para poner fin a los conflictos que convulsionaban a la región. «El diálogo es la respuesta.» Tampoco esta vez explicó cómo efectuar ese diálogo. Adoptó un postura similar en Guatemala, donde alentó a los indígenas a «formar asociaciones para la defensa de sus derechos». Ése había sido precisamente el «crimen» por el que seis «subversivos» fueron ejecutados la víspera de su visita. Bajo el anterior régimen de Lucas García, un mínimo de treinta y cinco mil ciudadanos habían sido asesinados en cuatro años. Desde que el general Ríos Montt había tomado el poder, exactamente un año antes de la visita del papa, habían sido ejecutadas entre diez mil y quince mil personas, en su mayoría indígenas.

Este viaje papal alivió a muchos, pero los que tal vez se mostraron más satisfechos fueron las camarillas derechistas del Vaticano y el gobierno de Reagan, en particular el Departamento de Estado y la CIA. La inicial reacción del papa en 1979 contra todo lo relacionado con la teología de la liberación se había endurecido en los años siguientes. En su primera década él había silenciado a importantes teólogos liberales. Cerró seminarios progresistas, censuró textos eclesiásticos y ascendió repetidamente a clérigos muy conservadores a puestos con gran poder. Silenció muy eficazmente la voz de quienes en la Iglesia católica hablaban a favor de los pobres de América Latina. Sobre las actividades del gobierno de Reagan en América Central, varios de los mensajes enviados al Departamento de Estado por el general Vernon Walters demuestran que invariablemente la posición del papa y sus asesores del Vaticano era en esencia idéntica a la estadounidense. El propio papa se encargó de confirmarlo. En una conversación a principios de 1985 con el cardenal Bernardin de Chicago, el papa dijo: «No comprendo por qué la jerarquía estadounidense envía a obispos a visitar Cuba y Nicaragua. Ni entiendo por qué los obispos no apoyan las medidas de su presidente en América Central».

Habiendo advertido al clero de América Latina de la necesidad de «no meterse en política» y «regularizar su posición con la Iglesia», el siguiente viaje del papa fue al país donde él y muchos otros sacerdotes y obispos estaban metidos hasta el cuello en política: Polonia.

La ley marcial o, para usar el término polaco, *stan wojenny*, el estado de guerra, era en muchos sentidos precisamente eso. El país estaba bajo el total control de la fuerza de ocupación. Que fuera una fuerza de ocupación polaca de ninguna manera reducía la opresión. Tras la «introducción» de la ley marcial, al menos trece mil personas fueron recluidas durante cierto tiempo en campos de internamiento en toda Polonia. Los tribunales emitieron más de treinta mil sentencias de cárcel «relativas a acusaciones de naturaleza política», y más de sesenta mil personas fueron multadas por «participar en diversas formas de protesta». Incontables sujetos fueron «despedidos del trabajo» o «expulsados de escuelas profesionales, universidades y otras instituciones» por «actividades políticas». Toda forma de sindicato fue declarada ilegal. El régimen, con un ojo puesto en el reblandecimiento de las sanciones occidentales, ocasionalmente hacía un gesto conciliatorio y autorizaba la liberación anticipada de presos. El 1 de mayo de 1982, mil personas fueron liberadas, aunque semanas después se las arrestó de nuevo, junto con doscientos más. Todas ellas fueron acusadas de «asociación y disturbios», sentenciadas y devueltas a prisión.

El mayor legado de los muchos integrantes de Solidaridad era continuamente mostrado ante los ojos de la nación. Aunque los líderes del sindicato seguían en la cárcel y el sindicato mismo había sido prohibido, el florecimiento de Solidaridad había dejado una huella permanente en el país. El reloj no podía dar marcha atrás; por brutales que fueran sus condiciones, por baja que fuera su moral, millones llevaban en su mente los recuerdos del verano de 1980. El régimen lo aprendió lentamente, pero al final Jaruzelski y los demás llegarían a la conclusión de que las ideas no pueden ponerse tras las rejas; que no es posible encerrar los recuerdos en campos de internamiento.

Los diversos informes ultrasecretos de la CIA sobre Polonia correspondientes a 1982 pintan una sombría imagen de la incapacidad de la Iglesia católica para desempeñar un papel significativo en los hechos.

(...) Pese a su inigualable autoridad moral, sin embargo, la Iglesia carece de fuerza para guiar los acontecimientos. Algunos de sus líderes temen que los miembros de la línea dura del gobierno y el partido aprovechen la situación para amenazar el acceso de la Iglesia a los medios y la libertad de enseñar el catecismo. (...) La influencia de la Iglesia probablemente sea más débil entre los jóvenes, el grupo más proclive a participar en la resistencia violenta. (...) El arzobispo Glemp parece frustrado con la intransigencia de los líderes de Solidaridad, en particular Lech Walesa. (...) Glemp adoptó una posición vacilante. (...) También teme minar al premier Jaruzelski, al que ve como moderado. (...) El arzobispo, sin embargo, carece de la autoridad del desaparecido cardenal Wyszynski, y su táctica ha sido impugnada por otros prelados. (...) Es probable que el papa respalde la continuación de la estrategia de Glemp, quizá con algunas modificaciones. El pontífice sería reacio a hacer caso omiso de sus antiguos colegas (...).

Antes de los sucesos de diciembre de 1981, el Vaticano y el régimen polaco habían negociado una nueva visita del papa en 1982. El gobierno polaco indicó discretamente a la Iglesia que la situación del país carecía de la necesaria estabilidad para recibir una visita papal. El papa, sumamente consciente de que podía provocar una reacción incontrolable en suelo polaco, accedió a esperar hasta 1983. El viaje y los posibles beneficios para ambas partes inquietaban en extremo a muchas mentes mientras las negociaciones diplomáticas procedían a puerta cerrada. El 10 de noviembre murió en Moscú Leonid Brezhnev. Lech Walesa fue liberado justo al día siguiente, y el 31 de diciembre de 1982 el general Jaruzelski anunció la suspensión, aunque no el fin formal, del «estado de guerra». El ritmo de las negociaciones para la visita papal se aceleró. La Iglesia polaca presentó la lista de las dieciséis ciudades que el papa deseaba visitar.

El régimen rehusó considerar la posibilidad de que cualquier parte del norte de Polonia figurara en el itinerario. También solicitó todos los textos que el papa pensaba leer, para disponer de ellos con anticipación. El Vaticano se negó. Pidió que se declarara una amnistía general antes de la visita; el régimen respondió con la promesa de hacerlo, aunque sólo cuando la ley marcial se diera formalmente por finalizada, y así continuaron las negociaciones. Uno de los muchos asuntos espinosos se debía al deseo del papa de reunirse con Lech Walesa. «¿Por qué quiere reunirse con ese sujeto?» y «¿Se refiere al hombre de la gran familia?». Fueron dos de las reacciones del ministro del Interior polaco, el general Kiszczak, quien encabezaba el equipo negociador del régimen. «¿Por qué querría el papa reunirse con el ex líder de la antigua Solidaridad?», fue otra.

El papa estaba decidido. Cedió a una demanda del régimen, y dijo que a cambio no sólo se reuniría con el general Jaruzelski, sino que además pronunciaría un discurso e intercambiaría regalos con él. El general se adelantó a los acontecimientos; quería dos reuniones con el papa. En su opinión, eso daría mayor legitimidad al régimen. Luego de considerables titubeos, la Santa Sede accedió. Lo que se escribiera y transmitiera de la visita papal sería estrictamente controlado y, a diferencia del viaje de 1979, el control de las multitudes estaría totalmente en manos del Estado. Karol Wojtyla regresaría a una patria sumamente agitada, que, aparte de los problemas ya apuntados, tenía una Iglesia muy dividida.

Glemp había ignorado las repetidas peticiones de Solidaridad, que para entonces ya operaba como un movimiento clandestino, para que actuara como intermediario entre el movimiento sindical y la Iglesia en Roma. Solidaridad creía que la Iglesia debía desempeñar un importante papel en esa etapa crucial. El primado, ya cardenal, nunca respondió las cartas. Con otros jóvenes sacerdotes, el carismático padre Jerzy Popieluszko se convirtió en héroe nacional con su mezcla de filosofía gandhiana de resistencia no violenta y sus llamamientos estilo Martin Luther King para llegar a una «decisión». «¿Qué lado tomarás? ¿El lado del bien o el lado del mal? ¿El de la verdad o el de la falsedad? ¿El del amor o el del odio?». Mientras Popieluszko impulsó a su pueblo, el primado, sentado en su biblioteca, se preguntaba qué habría hecho el cardenal Wyszynski.

El papa también regresaba a un movimiento de Solidaridad profundamente desmoralizado. El llamamiento del sindicato a una huelga nacional en noviembre había sido un vergonzoso fracaso. Sus prensas estaban muy ocupadas. Se difundía el mensaje revolucionario, pero a veces los líderes aún en libertad temían visiblemente que nadie lo escuchara. Durante su visita de ocho días a mediados de junio, el papa tuvo que hacer un supremo ejercicio de funambulismo. Uno que estaba plagado de grandes riesgos y que no requería el casi frontal ataque de un Popieluszko, sino algo que transmitiera el mismo mensaje con mayor sutileza. Pronto recibió indicios de la necesidad de seguir con esa táctica. El día de su llegada, habló en la catedral de San Juan en Varsovia de por qué había ido en ese momento a Polonia.

Para colocarme bajo la cruz de Cristo (...) en especial con quienes padecen más intensamente la amargura de la desilusión, la humillación, el sufrimiento de ser privados de su libertad, de ser agraviados, de ver pisoteada su dignidad. (...) Agradezco a Dios que el cardenal Wyszynski haya sido librado de tener que presenciar los dolorosos hechos relacionados con el 13 de diciembre de 1981.

Sin embargo, los censores suprimieron este comentario en todos los informes de prensa.

A una multitud de más de medio millón de personas en Czestochowa, Wojtyla les predicó después el mensaje del Evangelio, con notas actuales a pie de texto. «El amor de Cristo es más poderoso que todas las experiencias y desilusiones que la vida pueda preparar para nosotros.» Habló de alcanzar una «mayor libertad» antes de que sea posible perseguir la reforma del aparato político. Dijo a su audiencia que debía «llamar al bien y el mal por su nombre». Se refirió a la «fundamental solidaridad entre los seres humanos». El mensaje fue exactamente el mismo que no cesaba de transmitir en Varsovia el padre Popieluszko, pero esta vez acompañado por la autoridad moral del papa.

El quinto día de su viaje, en una enérgica defensa de la trayectoria de Solidaridad, habló de los hechos anteriores a diciembre de

1981, los cuales atañían principalmente al «orden moral (…) y no sólo a la mayor remuneración del trabajo». Recordó que «esos hechos estuvieron libres de violencia». Observó que «el deber de trabajar corresponde a los derechos del trabajador», los que incluían «el derecho a un salario justo, a un seguro contra accidentes relacionados con el trabajo y a no trabajar en domingo». Luego citó al hombre al que en su petulancia había subestimado como «anciano», el cardenal Wyszynski, defendiendo el derecho a crear organizaciones sindicales libres.

Cuando el derecho de asociación de los individuos está en juego, deja de ser un derecho otorgado por una persona. Es un derecho inherente a los individuos. Por eso el Estado no nos concede este derecho. El Estado tiene simplemente el derecho de proteger ese derecho, para que no sea quebrantado. Este derecho ha sido concedido a los individuos por el Creador, que hizo del hombre un ser social.

En sus reuniones privadas con el general Jaruzelski, el papa no tuvo necesidad de invocar al Todopoderoso. Les facilitó enormemente las cosas a Jaruzelski y sus colegas. Quería el fin oficial de la ley marcial y que se declarara una amnistía general; además, que se renovara la legalización de Solidaridad. La mayor concesión, a la que Jaruzelski había accedido antes de la visita papal, fue que la ley marcial se levantara formalmente semanas después de la partida del papa, pero un diálogo entre el régimen y los «antiguos» líderes de Solidaridad no estaba en la agenda de entonces.

Uno de los últimos actos de ese viaje fue el encuentro de Wojtyla con Lech Walesa. La Iglesia polaca, y Glemp y sus asesores en particular, habían convencido al papa de posponer ese encuentro hasta el último momento, argumentando que de lo contrario se exageraría la importancia de un hombre cuyos quince minutos de fama ya habían pasado. Lo que realmente molestaba a Glemp era que los medios occidentales habían concedido demasiada importancia al encuentro Wojtyla-Walesa.

Reveladores detalles de ese encuentro, sin embargo, fueron recogidos en el periódico oficial del Vaticano, *L'Osservatore Romano*, por su subdirector, monseñor Virgilio Levi, hombre cuyas fuentes eran irreprochables. Levi confirmó que a Walesa se le había retirado del juego como participante significativo. Se le concederían «grandes honores», pero jamás volvería a dirigir Solidaridad. Levi confirmó que, a cambio del levantamiento de la ley marcial, el papa había ayudado formalmente a reducir el perfil del menudo electricista de Gdansk.

Cuando esa nota se publicó en el periódico del Vaticano, y luego en los medios de todo el mundo, la reacción en las estancias papales fue muy similar a la ocurrida cuando el embajador Wilson reveló que el papa aprobaba las sanciones de Reagan aplicadas a Polonia. El papa se puso furioso por el informe, pero no porque sus actos se hubieran malinterpretado, sino porque la interpretación correcta se había hecho pública. Veinticuatro horas después, *L'Osservatore Romano* necesitaba un nuevo subdirector.

El 22 de julio terminó formalmente la ley marcial en Polonia. El 5 de noviembre, Lech Walesa, descartado por muchos tanto en el régimen como en el Vaticano, obtuvo el Premio Nobel de la Paz. Siete años más tarde fue elegido presidente de Polonia.

Mientras 1983 llegaba a su fin, la Casa Blanca anunció que estrecharía sus lazos con el Vaticano hasta alcanzar plena categoría diplomática. Esperando la artillería de los críticos, a quienes ya les había preocupado el nombramiento por el presidente de William Wilson como su representante especial en el Vaticano en febrero de 1981, la Casa Blanca salió en su propia defensa antes del ataque. En la conferencia de prensa en la que se realizó ese anuncio en diciembre de 1983, el secretario de prensa, Larry Speakes, declaró en sus palabras iniciales: «Nosotros no promovimos activamente esta ley, la cual fue abrumadoramente aprobada tanto en la Cámara de Representantes como en el Senado, pero vemos varias ventajas en política exterior que pueden extraerse de ella».

De hecho, la idea había nacido en la Casa Blanca, como lo confirma un memorando fechado el 12 de julio de 1982 del subsecretario de Estado, Elliott Abrams, al consejero de Seguridad Nacional, William Clark:

> (...) Hay sustanciales beneficios políticos y humanitarios que se obtendrían del otorgamiento de pleno reconocimiento diplomático al Vaticano. (...) Si anunciáramos nuestra intención de hacerlo ahora, se acentuaría nuestro apoyo a la Iglesia católica como una fuerza por la libertad bajo el presente papa. (...) Esto podría indicar que existe mayor comprensión entre el gobierno de Reagan y el papa que la que hay con algunos obispos católicos radicales en Estados Unidos sobre asuntos como la distensión nuclear. Sobra decir que también existen significativos beneficios políticos.

Y sí que los había, al menos en el mensaje que se enviaría al electorado de Estados Unidos en el año de elecciones presidenciales de 1984. El voto católico siempre es un factor importante en esas elecciones. La referencia a la postura de los obispos estadounidenses ante la cuestión nuclear, sin embargo, tocaba un asunto larga y altamente debatido. El papa no compartía las opiniones de la mayoría de los obispos estadounidenses sobre la cuestión nuclear. Sus obispos querían que Estados Unidos renunciara a ser el primero en usar armas nucleares, y eran escépticos ante el concepto de disuasión mutua. Más aún, eran muy críticos ante la intensificación armamentista del gobierno de Reagan y su apoyo al concepto de guerras nucleares limitadas. El gobierno había optado por ignorar el consejo de sus propios científicos sobre esta última teoría. Ellos habían argumentado que una guerra nuclear nunca podía ser «limitada», y que la «intensificación hasta una guerra total» sería inevitable. El papa, por otro lado, creía en el concepto de disuasión. No creía en el desarme unilateral, y se apegaba a la teoría católica tradicional de la guerra justa.

Sus opiniones coincidían exactamente con las de los cardenales de Alemania Occidental y Francia. El cardenal germano occidental Joseph Höffner estaba particularmente ocupado promoviendo la línea de Reagan y atacando a los obispos estadounidenses.

En privado, el papa simpatizaba mucho con sus argumentos, pero públicamente aspiraba a mantener una estudiada neutralidad. El gobierno de Estados Unidos esperaba que el pleno reconocimiento diplomático fuera el medio para empujar al papa a asumir una posición pública que le fuera favorable en torno a esos asuntos.

Prácticamente todas las demás religiones importantes terminaron por protestar contra la promoción del Vaticano. James Baker y Edward Meese escucharon con atención los diversos argumentos, respondieron cortésmente las preguntas e intentaron tranquilizar a las diversas delegaciones con la explicación de que los nuevos estatutos entre la Santa Sede y Estados Unidos «no violan de ninguna manera las restricciones constitucionales sobre la separación de la Iglesia y el Estado». Habiendo despachado a las delegaciones, y seguro de que la Iglesia católica no tendría ninguna injerencia ni influencia en ningún aspecto de la política del gobierno estadounidense, el Departamento de Estado cedió a la presión del Vaticano y accedió a una franca prohibición del uso de fondos estadounidenses de ayuda por parte de otros países o por organizaciones internacionales de salud para la promoción del control de la natalidad o el aborto. El gobierno de Estados Unidos anunció su cambio de política en la Conferencia Mundial de Población en la ciudad de México en marzo de 1984. Se retiró la financiación a, entre otras, dos de las organizaciones de planificación familiar más grandes del mundo, la Federación Internacional de Planificación de la Familia y el Fondo de Población de las Naciones Unidas. El embajador Wilson confirmó más tarde que la «política estadounidense fue modificada a causa de que el Vaticano no estaba de acuerdo con ella».

Ése fue sólo uno de varios casos en que el Vaticano influyó en la política de Estados Unidos, pero fue sin duda el de mayor alcance. Como deja en claro el memorando de 1982 de Elliott Abrams, el gobierno estadounidense esperaba una compensación, en particular en el tema de las armas nucleares. El papa, el cardenal Casaroli y el delegado papal en Estados Unidos, Pio Laghi, estaban totalmente preparados para ejercer presión sobre los recalcitrantes obispos acerca de la cuestión nuclear, pero sólo en privado. Públicamente, el cardenal Casaroli notificó al embajador Wilson en octubre de 1983 que «la Santa Sede conoce la postura estadounidense en las negociaciones sobre la reducción de armas, pero nuestra petición tanto a la Unión Soviética como a Estados Unidos debe ser imparcial». Como de costumbre, Casaroli dio a entender después, de forma extraoficial, que la carta que se había enviado a ambos países estaba «principalmente dirigida a los soviéticos».

El gobierno de Reagan tuvo mucho más éxito con la Iniciativa de Defensa Estratégica del presidente, popularmente conocida como Guerra de las Galaxias. La Academia de Ciencias del Vaticano había reaccionado al anuncio de esa surrealista intensificación de la carrera armamentista en marzo de 1983 con un largo y detallado estudio, que había culminado en un informe sumamente crítico. Esto provocó una avalancha de actividad. Presiones entre otros de Vernon Walters, el vicepresidente George Bush, el director de la CIA William Casey y, en última instancia, el presidente Reagan, persuadieron a la larga al papa para que no se publicara ese informe.

En relación con América Central, era fácil obtener el respaldo del Vaticano a la política del gobierno estadounidense, porque la opinión del papa sobre esa parte del mundo coincidía con la de Reagan. El papa veía todas las insurgencias de esa región como una amenaza al orden establecido, o sea a la Iglesia católica romana. El presidente Reagan las veía como una amenaza a Estados Unidos. Sus políticas contaban con plena aprobación papal. En cuanto a Polonia, sin embargo, había una sorpresiva diferencia fundamental. El papa había creído en principio que las sanciones de Reagan eran una reacción adecuada a la ley marcial. Cuando ésta fue revocada, el papa creyó que las sanciones serían retiradas. Su pueblo sufría. Pero Reagan quería algo más que el fin de la ley marcial. Quería que los líderes de Solidaridad y el KOR fueran liberados simultáneamente.

El comunismo y sus múltiples amenazas eran temas recurrentes del general Vernon Walters en sus conversaciones con el papa. En su siguiente reunión con éste, en diciembre de 1984, entre los temas abordados estuvieron los acontecimientos en Chile y Filipinas. Walters, dando voz a la posición del Departamento de Estado, observó:

> No debemos permitir que los comunistas lleguen al poder usando a los genuinos partidos democráticos, sólo para excluirlos una vez en el cargo. (...) Estados Unidos recibiría con beneplácito toda iniciativa que ayudara a Chile a una suave transición a la democracia.

Ambos conversaron sobre el probable escenario que podía seguir a la muerte o destitución en Filipinas de Ferdinand Marcos, quien disponía del respaldo de Estados Unidos. El papa preguntó a Walters sobre el ascenso de Corazón Aquino, viuda del asesinado líder de la oposición, Benigno Aquino. «Creo que ella sería totalmente inaceptable como sucesora de Marcos.» Nuevamente, Walters expresaba no sólo la posición del Departamento de Estado, sino también la del presidente. A juzgar por el trato que el papa dio al cardenal Sin de Filipinas, hechos posteriores parecerían confirmar que Wojtyla compartía la opinión del general.

En marzo de 1985, el director de la CIA William Casey recibió de una fuente de inteligencia en la Unión Soviética la noticia de que el líder de la nación, Konstantin Chernenko, había muerto, pero que la noticia estaba siendo ocultada. Casey, con tantos medios y recursos a su disposición, carecía de una segunda fuente a la cual recurrir en busca de confirmación. Tres días después se mostraba más y más inquieto ante la posibilidad de que la información que se había apresurado a proporcionar al presidente fuera incorrecta.

El 10 de marzo se anunció que, en efecto, Chernenko había muerto, y que su sucesor era Mijaíl Gorbachov. Casey notificó al presidente que cualquier diferencia entre Gorbachov y sus tres predecesores, Brezhnev, Andropov y Chernenko, sería sólo superficial. El director de la CIA predijo que Gorbachov, el más joven entre ellos, de sólo cincuenta y cuatro años, «únicamente exportará subversión y problemas con más entusiasmo». Era un juicio completamente equivocado del director de la agencia de inteligencia más cara del mundo. La misma agencia que se había asegurado de que sus opiniones, ecuánimes o no, fueran siempre susurradas al Santo Padre. En una conversación con el cardenal Bernardin en el verano de 1985, el papa dejó ver muy claramente que apoyaba por completo las acciones del gobierno de Reagan en América Central y esperaba que sus obispos estadounidenses hicieran lo mismo.

Durante la agitación previa a la cumbre Reagan-Gorbachov en Ginebra en noviembre de 1985, el gobierno de Estados Unidos hizo su mayor esfuerzo por asegurar que la opinión católica romana apoyara su posición oficial en las próximas negociaciones de reducción de armas. Particular esfuerzo se hizo respecto a la posición de varios cardenales. Una sugerencia hecha al consejero de Seguridad Nacional, Bud McFarlane, por el Departamento de Estado fue invitar a los cardenales estadounidenses Law y O'Connor a una reunión en la Casa Blanca con el presidente. «(...) Esa invitación sería vista positivamente por la comunidad católica estadounidense, mejoraría nuestras relaciones con el Vaticano y contribuiría a nuestros esfuerzos por influir en las declaraciones de los obispos sobre asuntos de seguridad nacional (...).» Al dar las gracias a quien había propuesto la idea, Ty Cobb, Bud McFarlane le informó de que había transmitido la idea y que los responsables de programar las actividades del presidente tratarían de dar cabida a esa reunión. Y continuó:

Law ha sido un firme defensor de nuestras políticas de seguridad nacional, pero no nos sorprende la postura de O'Connor sobre el misil MX. Usted me indicó que esos dos cardenales (Law y O'Connor) y Bernardin son ahora los líderes de la Iglesia católica en Estados Unidos. ¿Cree usted que eso es un buen augurio para nuestras políticas de defensa?

Uno bien podría pensar que McFarlane y Cobb hablaban de los respectivos méritos de tres senadores estadounidenses antes que de importantes miembros de una organización religiosa.

Otro príncipe de la Iglesia bajo escrutinio crítico fue el cardenal Jaime Sin, de Filipinas. Causó alarma al papa, su secretario de Estado el cardenal Casaroli y el nuncio papal en Filipinas, el arzobispo Bruno Torpigliani, tanto como al Departamento de Estado. El nuncio papal era un ávido partidario del régimen de Marcos y amigo cercano de Imelda, la esposa del dictador. El arzobispo trabajó arduamente durante varios años tratando de debilitar al cardenal Sin, cuyo crimen eran sus constantes intentos por proteger a filipinos de a pie de los peores excesos de un régimen brutal. Cuando Sin empezó a apoyar también a la oposición a Marcos y a trabajar por la reforma social en el país, la familia Marcos aprovechaba cualquier oportunidad para atacarlo. Imelda informaba al nuncio de la más reciente supuesta provocación del cardenal, y el nuncio telefoneaba entonces al secretario de Estado para quejarse, tras de lo cual Casaroli intentaba controlar las actividades del cardenal Sin. Esto se convirtió en algo habitual.

La opinión del papa acerca del cardenal fue manipulada tal como lo fueron sus opiniones sobre muchas otras personas a lo largo de los años, y el Vaticano no perdió oportunidad de humillar a un hombre que reaccionaba ante un régimen despótico de forma similar a la del cardenal Wyszynski en Polonia. El papa mostró una vez más una doble moral preocupante. Lo que se aplaudía en Polonia se condenaba en Filipinas.

El papa advirtió a Sin que daba mal ejemplo al involucrarse tanto en la política de su país. Esto después de que hubiera quedado claramente demostrado ante el mundo que el cardenal contaba con el respaldo de sus obispos y de la abrumadora mayoría del pueblo filipino. Sucedió también después de que Marcos, pese a haber llevado a cabo un gran fraude electoral, hubiera sido derrotado en las urnas y Corazón Aquino, la mujer desdeñada por el general Vernon Walters, se hubiera convertido en presidenta.

El presidente Reagan cambió pronto de caballos, dio pleno reconocimiento diplomático al nuevo gobierno y reconoció a la señora Aquino como jefa legal del país. En lugar de aclamar públicamente el extraordinario valor de su cardenal, el papa, el secretario de Estado e inevitablemente los «fascistas» trataron al cardenal Sin con desprecio.

Dos obispos del Tercer Mundo que trabajaban en Roma por aquel entonces recordaban así esos sucesos:

> La Secretaría de Estado fue bombardeada todos los días durante varios años por Torpigliani, quien estaba a la entera disposición de la familia Marcos y el régimen gobernante. (...) Se hacía la vista gorda ante la tortura, los escuadrones de la muerte, toda forma de represión. Regularmente pedía a Casaroli que persuadiera al Santo Padre de poner un coadjutor (un obispo que para efectos prácticos dirigiera la archidiócesis del cardenal) en Manila. Casaroli se resistía, pero se cercioraba de que el Santo Padre estuviera al tanto de las continuas quejas. Trataban muy mal al cardenal Sin. Un hombre menos fuerte se habría desplomado (...).

Todo ello por mantener una posición moral que era aclamada en el mundo entero. Cuando el cardenal Sin murió, en junio de 2005, el papa Benedicto XVI, un hombre que no había hecho nada para apoyar a Sin en 1986, ensalzó al difunto cardenal por su «incansable compromiso con la difusión del Evangelio y la promoción de la dignidad, el bien común y la unidad nacional del pueblo filipino». Los «fascistas» no estaban solos en su intento de detener la irresistible marea del cambio que se agitaba en varias partes del mundo. Ellos y otros en el Vaticano seguían aferrándose al deseo de que el antiguo orden, siempre y cuando fuera un orden de derecha, no cambiara. Otros se adherían con igual tenacidad a opiniones y posiciones concernientes al comunismo europeo cada día más insostenibles.

Para marzo de 1986, el líder soviético Mijaíl Gorbachov había alcanzado considerable éxito convenciendo a Occidente de que el Imperio del Mal se encontraba realmente bajo una nueva administración. Margaret Thatcher observó acertadamente de Gorbachov que «es un hombre con el que puedo tratar». Pero los combatientes de la guerra fría se resistían a morir. El presidente Reagan seguía rodeado de hombres que no cesaban de insistir en que prácticamente todos los males del mundo podían atribuirse a la Unión Soviética. En una reunión en marzo de 1986 con el papa, Walters dedicó los treinta minutos íntegros del encuentro a dictar una conferencia antisoviética, aunque casi al final fue obligado a admitir que «rara vez puede atribuirse un acto específico de terrorismo directamente a los soviéticos».

Walters no recogió en su informe secreto al secretario de Estado de Estados Unidos si el papa hizo preguntas o señaló la contradicción de un Estado soviético entregado al terrorismo mundial y que simultáneamente hacía esfuerzos históricamente excepcionales por poner fin a la guerra fría. En poco más de un año el líder soviético tendría éxito en este último propósito, y al hacerlo iniciaría la caída de las piezas del dominó comunista en toda Europa.

La reunión del general Walters de marzo de 1986 con el papa sería la última concertada por el embajador Wilson. Éste había llevado una vida muy grata desde el momento en que su buen amigo lo había nombrado para el puesto del Vaticano en febrero de 1981. Que hubiera sobrevivido ahí poco más de cinco años dice mucho del sentido de lealtad de Ronald Reagan. Algunos de los tropiezos de William Wilson ya han sido consignados en este capítulo.

Excepcionalmente, a Wilson se le había permitido romper las reglas habituales de conducta de los diplomáticos estadounidenses y seguir trabajando como miembro del consejo de administración de la Pennzoil Corporation. Era especialmente valioso para esta compañía, a causa de su permanente acceso a Libia durante un periodo en el que Estados Unidos aplicó estrictas sanciones económicas contra ese país. Fue ese vínculo el que finalmente arruinó a Wilson.

El gobierno de Reagan nunca logró su primordial ambición en su relación con el Vaticano de persuadir al papa para que comprometiera públicamente a la Iglesia con la posición estadounidense sobre armas nucleares, pero eso no fue por falta de esfuerzo. Al iniciarse las conversaciones para la reducción de armas, en Ginebra y luego en Reikiavik, las negociaciones se tambalearon únicamente a causa de la intransigencia de Estados Unidos en cuanto al programa de la Guerra de las Galaxias: los estadounidenses rehusaban abandonar el proyecto, los soviéticos insistían en que el programa se cancelara. El presidente Reagan justificó una vez más su posición en un telegrama al papa. «(...) Este programa no amenaza a nadie. Tales tecnologías ofrecen la esperanza de contar con la disuasión bélica sobre una base más segura y estable. ¿No es mejor salvar vidas que vengarlas?» En las oficinas del secretario de Estado hubo estupefacción. ¿Cómo podían los estadounidenses gastar billones de dólares en un concepto que no podría probarse nunca a menos que alguien intentara iniciar una guerra nuclear?

En octubre de 1986, pocos días después de que la cumbre de Reikiavik hubiera terminado en estancamiento, el secretario de defensa de Estados Unidos, Casper Weinberger, se reunió con el papa para comentar las implicaciones de la posición estadounidense sobre la reducción de armas y justificar una vez más el valor de la Guerra de las Galaxias. «No buscamos una ventaja militar unilateral por medio de la Iniciativa de Defensa Estratégica, sino que de hecho hemos ofrecido compartir los beneficios con los soviéticos.» El papa expresó su aprecio por esa información, observando que «aunque busco seriamente la paz, no soy un pacifista unilateral».

El papa también aprovechó la oportunidad durante esa reunión para plantear una de sus mayores preocupaciones: las perdurables sanciones económicas y comerciales que Estados Unidos había impuesto a Polonia. Tras haber reflexionado sobre ello, había llegado a la conclusión de que las sanciones eran malas para Polonia, y durante años intentó persuadir al gobierno de Reagan de levantarlas. El 24 de diciembre de 1986, exactamente cinco años después de la imposición de las sanciones, volvió a intentarlo, esta vez mientras hablaba ante la comunidad polaca de Roma.

Quisiera que nadie siguiera viviendo sin los necesarios medios materiales y enfrentado a las preocupaciones diarias de la vida; quisiera que Polonia fuera la «casa de la libertad», donde todos estuvieran sujetos a la misma ley y compartieran las mismas obligaciones. Quisiera que, con adecuados esfuerzos en esta dirección, Polonia pudiera avanzar otra vez en el camino que conduce a la plena y fructífera cooperación y al intercambio de bienes en todos los sectores.

Este discurso fue extensamente citado en los medios italianos. El nuevo embajador de Estados Unidos en el Vaticano, Frank Shakespeare, envió por cable una copia al Departamento de Estado. También fue ampliamente comentado en las estancias papales el 13 de enero de 1987 cuando el papa recibió al general Jaruzelski. Ambos eran optimistas sobre la posibilidad de que las sanciones de Estados Unidos fueran levantadas en un futuro muy próximo. En el mes de septiembre anterior, el régimen comunista había anunciado una amnistía general y liberado a 229 presos políticos, que representaban el cuerpo y alma de Solidaridad. Por primera vez desde la declaración de la ley marcial, y aunque Jaruzelski aún privaba al movimiento de toda legalidad, la esencia de éste estaba viva, en buen estado y activa mediante sus muchas publicaciones clandestinas y las estaciones de radio financiadas por la CIA y Radio Vaticano.

El papa y el general hablaron largamente de Gorbachov. Jaruzelski había pasado muchas horas de conversación con el líder soviético y estaba sumamente impresionado. Refirió su creencia de que con esa nueva generación de líderes soviéticos, «a los que debemos apoyar, hay grandes posibilidades para Europa y el mundo». El papa también sabía, a través de los continuos informes que recibía del cardenal Glemp y miembros de la jerarquía polaca, que el general Jaruzelski hacía avanzar cautelosamente a Polonia. Las muestras de tolerancia no estaban ocurriendo de la noche a la mañana, pero ocurrían. Justo un mes después, el 19 de febrero, el presidente Reagan anunció el levantamiento de las sanciones que había impuesto contra Polonia. Al dar entre sus razones la de que «la luz de la libertad brilla en Polonia», Reagan volvía a ser culpable de creer en ilusiones.

En la primera semana de junio de 1987, el presidente estadounidense hizo su segunda visita al Vaticano. En su discurso de bienvenida, el papa comentó: «La Santa Sede no tiene ambiciones políticas, pero considera parte de sus misiones en el mundo estar vitalmente preocupada por los derechos humanos y la dignidad de todos, en especial los pobres y los que sufren».

Oficialmente, como había dicho el papa, la Iglesia es una organización carente de ambición política; en secreto, sin embargo, y a veces no tanto, siempre tiene una agenda política. Si una institución está «vitalmente preocupada por los derechos humanos y la dignidad de todos, en especial los pobres y los que sufren», y luego pone su preocupación en acción, está políticamente comprometida. Para subrayar la actividad de la Santa Sede, el día de esa visita presidencial una reunión totalmente reservada tuvo lugar entre el secretario de Estado, el cardenal Casaroli, el secretario del Consejo de Asuntos Públicos de la Iglesia, el arzobispo Achille Silvestrini, su subsecretario, monseñor Audrys Backis, y una delegación estadounidense que incluía al consejero de Seguridad Nacional, Frank Carlucci, y a su asistente, Tyrus Cobb, el senador Howard Baker, líder de la mayoría republicana en el Senado, el embajador Frank Shakespeare, y otros funcionarios estadounidenses. Entre los temas abordados estuvieron Polonia, la deuda del Tercer Mundo, América Latina, Gorbachov y la Unión Soviética, e Israel.

Acerca de América Latina, el cardenal dijo a sus visitantes que el Vaticano deseaba ver una «verdadera democracia» en cada país latinoamericano, pero que eso significaba democracia «en el más pleno sentido de la palabra, lo cual incluye sociedades social y económicamente justas». Expresó inquietudes por el futuro de la religión en la región, en particular en los países más pobres, donde la pobreza y la injusticia podían llevar a los fieles, e «incluso a algunos clérigos, al socialismo». El Vaticano también estaba preocupado «por quienes propugnan la teología de la liberación» y estaba particularmente inquieto por «México, donde creemos que es posible una revolución radical y antirreligiosa». Casaroli dijo que «Estados Unidos tiene una especial responsabilidad en América Latina como el "hermano mayor" de la región. Uno puede elegir a sus amigos, pero no a su hermano».

Su conversación sobre Gorbachov y los grandes obstáculos a los que se enfrentaba al tratar de introducir cambios en la URSS suscitó en Carlucci la extraordinaria sugerencia de que las reformas de Gorbachov «se parecen a las de Kruschev». Este desdén por el líder soviético estaba muy en línea con la opinión del director de la CIA, William Casey, el embajador del Departamento de Estado el general Walters y muchos de sus colegas en el gobierno.

En el verano de 1987, la participación política de la Santa Sede continuó a todo tren. Incluyó un persistente diálogo secreto entre el general Jaruzelski y el papa, en el que el general actuaba como intermediario extraoficial al trabajar asiduamente por acercar al papa y a Mijaíl Gorbachov. Esto llevaría tiempo, pero ya cada líder estaba sumamente interesado en saber del otro. La participación política del Vaticano también incluyó a Nicaragua y Haití, mientras el Departamento de Estado presionaba todas las teclas imaginables para persuadir al papa de que permitiera al cardenal Obando permanecer en Nicaragua en octubre en vez de asistir a un sínodo de obispos en Roma. La CIA, el Departamento de Estado y numerosos embajadores más el presidente apelaron al secretario de Estado Casaroli, el ministro de Exteriores del Vaticano y, finalmente, a través de Reagan, al papa. El tráfico de mensajes secretos de ese periodo muestra una desenfrenada paranoia. El gobierno estadounidense temía que si el cardenal, en gran medida su hombre en Managua, marchaba a Roma, los sandinistas bloquearían su regreso, y temían que sin la presencia de Obando en las conversaciones de paz entre el gobierno sandinista y la contra, ésta, que contaba con el apoyo de Estados Unidos, no pudiera prevalecer. Por fin, después de cuatro diferentes solicitudes de ese gobierno y de la directa intervención de Reagan, el papa cedió, y el cardenal Obando volvió a casa tras sólo una semana de ausencia.

El Departamento de Estado tuvo menos éxito en su intento de lograr que el papa volara a Haití en un «viaje adicional mientras visitaba Miami en septiembre». Estos dos incidentes y el tenor de los mensajes respectivos son muy evocadores del lenguaje usado para describir a los cardenales estadounidenses cuando se habló de la idea de contar con tres de ellos en un almuerzo presidencial.

El papa debería volver a considerar este asunto [la agitación en Haití]. (...) Sería particularmente útil que el Santo Padre ayudara directamente de nuevo a dirigir la atención haitiana a la cooperación y a un acuerdo que conduzcan a elecciones en un ambiente de tranquilidad interna. Unas cuantas palabras en creole y en francés tendrían un positivo impacto.

Esta consideración del papa como poco más que un embajador ambulante estadounidense que tuviera que seguir al pie de la letra sus instrucciones y su libreto parece directamente sacada de una novela de Graham Greene.

En el mundo real, Estados Unidos y la Unión Soviética firmaron en diciembre de 1987 un tratado formal sobre limitación y control de armas. Éste fue el primer acuerdo de ese tipo en la era nuclear. Los rusos accedieron a destruir cuatro veces más proyectiles nucleares, mil quinientos, que Estados Unidos, trescientos cincuenta. Gorbachov, el hombre al que el gobierno de Estados Unidos había menospreciado tan fácilmente, había efectuado lo que nadie se había atrevido siquiera a imaginar que fuera posible. A causa de Mijaíl Gorbachov, millones de personas habían aprendido sus dos primeras palabras de ruso, palabras que Gorbachov usaba con frecuencia para describir sus políticas: *perestroika*, reestructuración económica, y *glasnost*, apertura. En esos días, en el tratado sobre el armamento nuclear, Occidente tenía un ejemplo práctico de ambas palabras.

El papa, un hombre mucho mejor informado sobre el líder ruso que el presidente Reagan, había seguido muy de cerca las negociaciones sobre armas. También estudió el discurso que Gorbachov pronunció en las Naciones Unidas el día de la firma del tratado. Gorbachov había sorprendido a su audiencia al anunciar que, aparte de la reducción de armas, acababa de aceptar reducir notablemente las tropas y armas en Europa oriental. Así, el Ejército Rojo se reduciría en Europa en al menos medio millón de soldados y diez mil tanques. Explicando su razonamiento, observó: «Aunque la Revolución rusa cambió radicalmente el curso del desarrollo mundial, hoy nos enfrentamos a un mundo diferente, para el que buscamos un mundo diferente en el futuro». Y continuó, con una sinceridad nunca antes vista en un líder soviético: «Las sociedades cerradas son imposibles, porque la economía mundial se está convirtiendo en un solo organismo». Sobre los derechos del individuo, Gorbachov consideró la libertad de decidir como «obligatoria». Para el atento papa y muchos otros de todo el mundo, Mijaíl Gorbachov estaba proclamando el fin de la guerra fría.

El costo para ambas superpotencias había sido inimaginablemente alto. Los intentos de la Unión Soviética por igualar el gasto estadounidense en la carrera armamentista habían llevado al hundimiento de la economía y a unas infraestructuras sumidas en el caos. Estados Unidos, bajo el presidente Reagan, llevó a cabo el mayor esfuerzo militar en tiempo de paz de su historia. Luego estaba el desarrollo de la Iniciativa de Defensa Estratégica o programa de la Guerra de las Galaxias, diseñado para proteger a Estados Unidos contra ataques de misiles. El coste financiero para ese país fue astronómico. La deuda nacional se triplicó durante los años de Reagan, pasando de novecientos mil millones a 2,7 billones de dólares, y el déficit comercial se cuadruplicó. Cuando Reagan dejó el cargo, tan sólo los pagos de intereses de la deuda ascendían al 14 por ciento del presupuesto federal, y la deuda aumentaba en doscientos mil millones de dólares al año. Reagan había puesto una camisa de fuerza financiera no sólo a sus sucesores, sino al parecer también a varias generaciones de estadounidenses aún por nacer.

Esa estrategia de alto costo indudablemente había acelerado las condiciones en la Unión Soviética que permitieron que el realismo de Gorbachov prevaleciera sobre los soviéticos de línea dura. Las medidas de política exterior de Reagan en otras áreas, como Oriente Medio y América Latina, también fueron de alto costo en todos los sentidos, pero en gran medida resultaron un fracaso. Oriente Medio había sido mayormente abandonado, legado que en última instancia terminaría por asediar a Estados Unidos. América Latina era en gran medida una zona catastrófica. Pasarían muchos años antes de que la región se recuperara de los acuerdos basados en la política de tierra quemada de Reagan.

Los informes al papa de funcionarios estadounidenses disminuyeron aún antes de que el presidente Reagan abandonara su cargo en enero de 1989. Las consultas sobre políticas estadounidenses también se convirtieron en una curiosidad del pasado. El papa y sus principales funcionarios fueron ignorados en tal grado que hubo quejas de la Santa Sede durante la guerra del Golfo de 1990-1991 por el hecho de que ni el secretario de Estado Baker ni ningún otro miembro importante del gobierno considerara necesario solicitar una audiencia con el papa o una cita con el secretario de Estado. En realidad, tal indiferencia se había manifestado durante años.

Las siguientes cartas formaban parte de un abundante material, unos novecientos documentos, obtenidos de los papeles personales del presidente Ronald Reagan.

DELICADO – MANÉJESE CON DISCRECIÓN
6 de septiembre de 1985
INTERÉS EN UN DIÁLOGO DISCRETO –
PAPA JUAN PABLO II CON MCFARLANE
El papa Juan Pablo II sigue muy preocupado por los siguientes asuntos:

Acontecimientos en Polonia.
«Teología de la liberación» y su impacto en los acontecimientos en América Latina.

Acontecimientos en África y cómo corregir la manipulación de principios cristianos.

Papel de la Iglesia católica en Estados Unidos.

Asuntos de política exterior con impacto en los respectivos intereses del Vaticano y Estados Unidos.

Por el momento el papa cree que sus problemas con la curia —particularmente con el cardenal Agostino Casaroli y el arzobispo Achille Silvestrini— son tales que la calidad de su diálogo con Estados Unidos no es la deseable. En un intento por corregir esto, el papa ha autorizado a uno de sus secretarios personales —Emery Kabango— a realizar discretos sondeos sobre la posibilidad de abrir un diálogo por medio de un canal secreto con McFarlane. Esta decisión fue tomada porque McFarlane impresionó al Santo Padre y a Kabango con su sinceridad y receptividad en una reunión previa. También fue influida por la creencia de que se precisaba de un sistema de comunicación de dos niveles para que el papa pudiera eludir las restricciones de la vida política vaticana, las opiniones de grupos particulares de interés y consideraciones de seguridad que afectan a la privacidad de su diálogo.

Kabango ha pedido a su vez un confidente de confianza que evalúe las perspectivas para la apertura de ese canal. Ésta es la génesis de este memorando, pues el emisario se encuentra actualmente en Estados Unidos y está disponible para una reunión para abundar en esta cuestión.

Se entiende que McFarlane podría tener dificultades para viajar. Pero si fuera a Roma, estaría garantizada una discreta reunión personal con el papa.

Se solicita una muestra de interés o desinterés en este sondeo del Vaticano.

DELICADO – MANÉJESE CON DISCRECIÓN

15 de octubre de 1985

EL VATICANO SIGUE INTERESADO EN TENER UN DIÁLOGO DISCRETO – PAPA JUAN PABLO II CON MCFARLANE

El 8 de octubre de 1985 se celebró una reunión en el Vaticano con monseñor Emery Kabango, uno de los secretarios personales del papa Juan Pablo II. La conversación tuvo lugar en un ala de las habitaciones privadas del Santo Padre y duró setenta y cinco minutos. El principal propósito de esta sesión fue comentar las fechas y reglas básicas para una entrevista con el papa Juan Pablo II a una revista.

Tras acordar los pasos a seguir en relación con la entrevista, Kabango dirigió hábilmente la conversación hacia temas que obviamente le interesaban. En esta parte de la reunión, Kabango expuso las siguientes cuestiones:

Una visita privada en fecha pronta de McFarlane al Santo Padre sería muy bienvenida. Esta reunión sería, desde luego, un encuentro cara a cara en las más discretas circunstancias. ¿Podría tener lugar esa reunión en breve?

Se reconoce en el Vaticano que Estados Unidos tiene la misión de defender la paz y libertad en el mundo entero. Otros deben ayudar a Estados Unidos en el cumplimiento de esa misión, pero la pregunta es cómo.

El Vaticano se identifica con objetivos específicos de la política exterior estadounidense. No puede, sin embargo, extender un respaldo político absoluto a las acciones de Estados Unidos. Así, debe conversarse sobre puntos específicos en los que puede haber cooperación.

El Vaticano mantiene estrecho contacto con sus obispos. Recientes conversaciones con trescientos setenta obispos de Brasil revelaron que éstos creen que la Iglesia no debería apoyar incondicionalmente las políticas de Estados Unidos en un área como América Latina.

Cuando la reunión se acercaba a su fin, Kabango dijo: «El doctor Pavoni es muy buen amigo nuestro. Le hemos pedido que nos ayude a resolver problemas difíciles. Agradeceríamos, por lo tanto, su ayuda para encontrar la manera de que el doctor Pavoni abra un canal con McFarlane en nuestro nombre».

Breves observaciones basadas en la reunión del 8 de octubre podrían ayudar a poner en perspectiva los datos anteriores. Éstas son:

DELICADO – MANÉJESE CON DISCRECIÓN

El doctor Pavoni tiene una excelente relación con monseñor Kabango. En la exposición de todos los asuntos, el doctor Pavoni participó de forma plena, y es obvio que Kabango respeta su consejo.

El doctor Pavoni tiene fácil acceso a todas las áreas del Vaticano. Concertó la reunión con Kabango en circunstancias que permitieran al autor entrar y salir del Vaticano sin ser examinado por el personal de seguridad.

Es evidente que una reunión con McFarlane justo antes de la cumbre de Ginebra, durante la conferencia o inmediatamente después de ella, sería muy bienvenida por el Santo Padre.

Aunque la entrevista con una revista fue la principal razón de la reunión con Kabango, éste quiso hacer ciertos comentarios durante la sesión que esperaba que le fueran transmitidos a McFarlane o sus socios. Todos esos comentarios han sido incluidos en este memorando.

DELICADO – MANÉJESE CON DISCRECIÓN
7 de enero de 1986

AL VATICANO LE SORPRENDE POR QUÉ NO SE HA DADO SEGUIMIENTO A SU PROPUESTA DE UN DIÁLOGO DISCRETO

El 6 de enero de 1986, en una ambigua llamada telefónica internacional se preguntó por qué no había dado ninguna respuesta a la propuesta del Vaticano de septiembre de 1985 de un diálogo discreto entre el papa Juan Pablo II y el señor McFarlane o su sucesor. El emisario del Vaticano dijo que monseñor Emery Kabango, uno de los secretarios privados del papa Juan Pablo II, comprendía que las altas esferas de Washington hubieran estado ocupadas en la cumbre de Ginebra y en otros asuntos, como los cambios de personal. Sin embargo, el Santo Padre estaba sorprendido de que nadie hubiera tenido con él la cortesía de ofrecer una respuesta provisional. ¿Cómo debía interpretarse esa ausencia de una señal?

Se dijo al interlocutor que no teníamos respuestas a sus preguntas, pero que transmitiríamos sus dudas a las autoridades pertinentes.

Se adjuntan, para su fácil consulta, los dos memorandos anteriores sobre este tema. Están fechados el 6 de septiembre y 15 de octubre de 1985.

Cuando se escribieron las dos primeras cartas, McFarlane era consejero de Seguridad Nacional del presidente Reagan. Fue reemplazado el 4 de diciembre de 1985 por el almirante John M. Poindexter. Es inconcebible que esas cartas no atrajeran la atención de esos dos hombres, y el hecho de que hayan estado entre los documentos oficiales del desaparecido presidente demuestra que también llegaron a Ronald Reagan. Lo que hizo luego la Casa Blanca, si es que hizo algo, se desconoce. La omisión por el gobierno de incluso una respuesta demuestra la fantasía de la «Santa Alianza».

Esas cartas también demuestran un estado de cosas que había existido en ese papado desde sus inicios y que continuó en la década de 1990. El papa estaba tan enemistado con su secretario de Estado y su secretario de Exteriores que intentó abrir un canal secreto con Reagan y su consejero de Seguridad Nacional. Los asuntos dignos de preocupación son igualmente reveladores, como lo son los puntos que el secretario del papa, monseñor Emery Kabango, enumera en la carta del 15 de octubre. Pareciera que el papa hubiera buscado establecer a mediados de la década de 1980 precisamente la relación que habría de atribuírsele con Reagan, y que sus propuestas fueron rechazadas.

Aunque el concepto de una «Santa Alianza» es un mito, los esfuerzos del gobierno de Reagan por mejorar las relaciones de Estados Unidos con la Santa Sede rindieron jugosos dividendos. La actividad estadounidense en América Latina no fue la única agenda de Reagan que escapó a la crítica papal pública o privada. En resumidas cuentas, y se mire como se mire, esto constituye una crítica del papado de Wojtyla. En ningún momento durante los dos periodos presidenciales de Reagan el papa creyó conveniente objetar, condenar o criticar a ese gobierno. Ignoró las objeciones de sus obispos estadounidenses sobre los excesivos presupuestos militares norteamericanos. Castigó a esos mismos obispos por no apoyar la matanza que dicho gobierno efectuaba en América Latina, y bajo presión de ese gobierno el papa ordenó que el sumamente crítico estudio de la Academia de Ciencias del Vaticano sobre el proyecto de la Guerra de las Galaxias de Reagan se archivara con un mínimo de publicidad. El líder espiritual de la Iglesia católica albergaba una sincera creencia en la rectitud de ocho años de decisiones de política exterior de Reagan, y con esa creencia comprometió profundamente muchos de los principios básicos de su fe.

En los doce meses posteriores a la salida de Reagan de la presidencia, la faz de Europa cambió drásticamente. A instancias de Gorbachov, se celebraron elecciones libres en Polonia, y ese país tuvo el primer gobierno en un Estado comunista en el que los comunistas eran minoría. También con el apoyo de Mijaíl Gorbachov, Alemania Oriental empezó a salir de una oscuridad de cuarenta años. Cuando el líder soviético llegó para participar en las «celebraciones» del cuadragésimo aniversario de la fundación de la RDA, dijo al líder del partido, Eric Honecker: «La vida castiga a los que se atrasan». En privado notificó a Honecker que no podría contar con los quinientos mil soldados soviéticos aún estacionados en Alemania Oriental «para reprimir a los ciudadanos de este país». Diez días después Honecker se había ido, y el 9 de noviembre las autoridades abrieron parte del Muro de Berlín por primera vez desde 1961. Once meses más tarde, Alemania volvió a ser un país unido.

A lo largo de todo ese periodo, Gorbachov estuvo muy ocupado en, simultáneamente, combatir a los soviéticos conservadores de línea dura y alentar a los países del Pacto de Varsovia a creer en que «el futuro de cada país de Europa oriental estaba en sus propias manos». Para el momento de la reunificación alemana en octubre de 1990, había tenido su primera reunión, sumamente exitosa, con el papa, y recibió además el Premio Nobel de la Paz. Los duros no se rindieron sin pelear. A mediados de 1991 fracasó un intento de golpe de Estado para derrocar a Gorbachov, que condujo sin embargo al surgimiento de Boris Yeltsin, hombre cuya sed de poder superaba con mucho a sus capacidades. En diciembre de 1991 Mijaíl Gorbachov fue forzado a dimitir para ser reemplazado por Yeltsin. El lugar de Gorbachov en la historia estaba asegurado; la mayoría ya ha olvidado a Boris Yeltsin.

Mientras esos acontecimientos se desenvolvían en Europa, algunos países de América Latina, al parecer inmunes a tan tumultuosos cambios, seguían en el mismo camino represivo de homicidios, asesinatos políticos, desapariciones masivas y violaciones de los derechos humanos. Las negociaciones de paz fracasaban. Los acuerdos de paz eran objeto de flagrantes abusos, y dondequiera que privara la anarquía, uno de los elementos inevitables era un núcleo de obispos católicos de derecha que apoyaban al régimen. La guerra civil en Guatemala duró treinta y seis años, y terminó por fin en 1996. Ese mismo año, durante una visita papal a El Salvador, uno de los obispos de ese país acusó a Óscar Romero, el arzobispo asesinado, de haber sido responsable de la muerte de setenta mil salvadoreños.

Esa calumnia no mereció objeciones del papa al escucharla. Finalmente, en 2002, otro acuerdo de paz se fraguó en El Salvador y —maravilla de maravillas— el presidente George W. Bush voló para asistir a una comida de trabajo con los líderes de siete países centroamericanos, entre ellos el entonces presidente de Nicaragua, Enrique Bolaños. Quizá por fin la región comenzaba un periodo de paz duradera, pero aún quedaban numerosos problemas por resolver. El índice de asesinatos en El Salvador en 2000 fue de cerca de 200 por cada 100.000 habitantes, mientras que el de Estados Unidos fue de 5,5 por cada 100.000 habitantes. Muchos de esos asesinatos los cometía el crimen organizado, cuyos miembros, que se iniciaban en Estados Unidos, eran encarcelados allá y después deportados a El Salvador.

En otra extraña señal de cambio, a fines de junio de 2004, Daniel Ortega —quien había encabezado el gobierno sandinista de Nicaragua durante la década de 1980 y era enemigo declarado del cardenal Miguel Obando y Bravo, el hombre tan apreciado por la CIA y el gobierno de Reagan— propuso que el cardenal fuera nominado al Premio Nobel de la Paz, «en reconocimiento a su lucha por la reconciliación nacional».

Capítulo 7 | El mercado →

El 11 de septiembre de 2003, el jet de Alitalia en el que viajaban el papa Juan Pablo II, su séquito, el cuerpo de prensa y demás personal no identificado tocó tierra en el aeropuerto M. R. Stefanik en las afueras de Bratislava, la capital de Eslovaquia. Era la visita número ciento dos del papa. El programa contenía un mínimo de apariciones públicas y de posados para los medios. Se habían evaporado ya las imágenes de la fuerte, erguida y atlética figura que bajaba a toda prisa la escalerilla del avión para besar el suelo. Esta vez fueron precisos cuatro ayudantes y veinte minutos para meter a Wojtyla en un elevador especialmente instalado para auxiliarlo en su descenso del avión. El papa permaneció sentado mientras empujaban su silla hasta una plataforma en la sala de recepción del aeropuerto para una breve ceremonia de bienvenida.

Sólo leyó unas cuantas líneas de su discurso, preparado en eslovaco. Para el final del primer párrafo, hacía esfuerzos por respirar y no pudo seguir. Su secretario, el obispo Stanislaw Dziwisz, avanzó rápidamente, cogió el discurso del papa y se lo entregó a un joven sacerdote eslovaco, quien leyó el resto, con excepción del último párrafo, que el papa, forcejeando y con obvias dificultades, de alguna manera logró terminar.

Esta escena se estaba volviendo cada vez más familiar en esos viajes. Prediciblemente, el responsable de comunicación del Vaticano, Joaquín Navarro-Valls, intentó restar importancia a lo que los periodistas allí presentes pudieron ver, recordando a la prensa otras ocasiones en las que el papa se había visto forzado a depender de otros para pronunciar sus discursos públicos. Navarro-Valls se vio obligado a admitir, ante nuevas preguntas, que ésa era la primera vez que tal cosa sucedía durante un discurso inaugural en un viaje apostólico.

El estado del papa no mejoró en su segunda aparición pública ese día, esta vez en el santuario mariano de Trnava, en el este de Eslovaquia. Pese a varias horas de descanso, estaba irremediablemente débil. Muchos de los habituales en el cuerpo de prensa creyeron que el papa podía morir en cualquier momento durante ese viaje de cuatro días. Navarro-Valls demostró otra vez que él veía una realidad diferente a la de la mayoría. «No veo ningún obstáculo para un eventual centésimo tercer viaje. Aunque aún no hay ningún plan concreto, ya hemos recibido varias invitaciones.»

Como de costumbre, la verdad era un tanto diferente. La gran cantidad de equipo médico y los doctores y enfermeras entre el séquito papal se había convertido en una característica habitual cuando el papa se movía del Vaticano. Un viaje a Mongolia planeado para agosto se había cancelado a causa del cada vez peor estado de salud de Wojtyla.

Durante años Navarro-Valls había negado airadamente que el papa sufriera de mal de Parkinson. El pontífice seguía siendo presentado como el atleta supersano de su juventud mucho después de que las evidencias revelaran una historia diferente: su salud en franco declive desde mucho antes de 2003. En el Vaticano ya se hablaba abiertamente no de «si» sino de «cuándo» transmitiría el poder el papa. A algunos de sus allegados les aterraba ese cada vez más próximo momento. A menos que pudieran manipular la transmisión, lo cual era una posibilidad muy real, su propio poder estaría en peligro. Mientras tanto seguían permitiendo que el papa de ochenta y tres años y con una enfermedad terminal sufriera en público. Cerca del fin del suplicio de Karol Wojtyla en Eslovaquia, la opinión de consenso de los periodistas acompañantes era que el pontífice «se aproximaba ya al límite de lo que la medicina y la fuerza de voluntad pueden hacer». En el Vaticano se admitía abiertamente que, mucho antes del suplicio de Eslovaquia, ése se había convertido ya en «un papado inútil», y que el papa alternaba entre «periodos de lucidez y confusión».

Aparte de los costos humanos de llevar por el mundo a un hombre muy enfermo y mayor de ochenta años de edad, los viajes papales siempre planteaban otras preguntas fundamentales. ¿La Iglesia católica romana realmente obtenía algo de esos viajes? ¿Qué beneficios se derivaban de ese excepcional ejemplo de evangelización que había empezado en enero de 1979 con visitas a México y República Dominicana y continuado luego sin cesar?

«Soy un peregrino-mensajero que desea recorrer el mundo para cumplir el mandato que Cristo dio a los apóstoles cuando los envió a evangelizar a todos los hombres y todas las naciones.» Desde que Juan Pablo II pronunció esas palabras en España, en noviembre de 1982, había pasado quinientos ochenta días y noches de camino, en el aire, entre los océanos y mares del mundo. Casi un año y medio del papado íntegro de Wojtyla se dedicó a llegadas y salidas y, en el ínterin, a la predicación, la oración y, en todos los sentidos de la palabra, la pontificación.

Estas actividades, entre otras, provocaron desmedidos elogios de una interminable fila de admiradores. «El hombre del siglo. (...) Profeta del nuevo milenio. (...) Conciencia del mundo.» Las estadísticas del papado de Wojtyla, el número de viajes, de encíclicas, de beatificaciones, de canonizaciones, las multitudes récord que asistieron a la misa papal en Filipinas, en Irlanda, en Polonia, eran constantemente sacados a relucir por el Vaticano. Pero una estadística oficial nunca se mencionaba: ¿cuánto había costado? ¿Acaso el papa no debía haber seguido el ejemplo de sus predecesores y pasado más tiempo en Roma?

Esta pregunta se formuló en el Vaticano casi desde el principio del pontificado de Wojtyla. Un alto miembro de la curia romana me dijo en 1981 que ésta estaba sumamente preocupada por el «excesivo e innecesario uso de recursos humanos y financieros». Si la curia hubiera sabido entonces con cuánta frecuencia los vuelos papales surcarían los cielos en el futuro, habría podido hacer una manifestación de protesta en la plaza de San Pedro. Como ya se señaló, el papa mismo planteó el asunto durante su primera visita al continente africano en 1980.

Algunas personas creen que el papa no debería viajar tanto. Que debería quedarse en Roma, como antes. A menudo oigo ese consejo, o lo leo en los periódicos. Pero aquí los lugareños dicen: «Gracias a Dios que usted esté aquí, porque sólo viniendo podría saber de nosotros. ¿Cómo podría ser nuestro pastor sin conocernos? ¿Sin saber quiénes somos, cómo vivimos, cuál es el momento histórico por el que pasamos?». Esto me confirma en la creencia de que es momento de que los obispos de Roma se vuelvan sucesores no sólo de Pedro, sino también de San Pablo, quien, como sabemos, nunca podía quedarse quieto y estaba siempre en movimiento.

¿Cómo era de realmente de eficiente el papa como mensajero? Descartando los excesos del Vaticano, las exageraciones locales y las hipérboles de los medios de comunicación, es indiscutible que el poderosamente carismático Wojtyla atraía a vastas multitudes cuando hacía sus «peregrinaciones». La cifra global acumulada de asistentes a las misas y reuniones públicas asciende a cientos de millones, si no es a miles de millones de personas. Las palabras que pronunció Wojtyla suman un total similar. El costo financiero es más difícil de evaluar. En noviembre de 1980 el papa realizó una visita de cinco días a la entonces Alemania Occidental; el costo para los contribuyentes de ese país se cifró oficialmente en diez millones de dólares. En 1982 el papa hizo una visita de seis días al Reino Unido; el costo se fijó oficialmente en seis millones de libras esterlinas. En 1987 hizo una visita de diez días a Estados Unidos, estimada en veintiséis millones de dólares. El Vaticano pagó los pasajes de primera clase de los doce miembros del grupo papal, mientras que los contribuyentes y católicos estadounidenses pagaron el resto. Mucho tiempo después de ese viaje, numerosas diócesis batallaban aún con grandes cuentas pendientes. El importe de otros viajes al extranjero se ha estimado oficialmente en dos millones de dólares diarios. Tomando esta cifra como promedio, el importe de los viajes del papa al extranjero desde octubre de 1978, *importe que nunca fue pagado por el Vaticano*, fue superior a los mil cien millones de dólares. Es indudable que la gran mayoría de los viajes papales tuvieron un efecto inmediato en su audiencia, y que grandes multitudes establecían un lazo instantáneo con el hombre del país lejano. Sin embargo, el efecto a largo plazo fue mínimo. El público estaba preparado para amar al hombre, pero estaba igualmente preparado para ignorar su mensaje. En casi todos los países, la vasta mayoría de los católicos romanos resultarían ser muy resistentes a las enseñanzas del papa Juan Pablo II. Aun en un país históricamente tan católico como Irlanda, donde más del 90 por ciento de la población asistía a misa una vez a la semana, las creencias estaban cambiando drásticamente.

Estudios, investigaciones y encuestas de opinión realizados ahí a principios de 2001 por el sacerdote, autor y sociólogo estadounidense Andrew Greeley confirmaron que las actitudes de Irlanda ante la religión estaban cambiando. Ése fue el país al que durante dos días y medio de 1979 el papa tomó enteramente por asalto. Se calcula que a la primera misa papal en Phoenix Park, Dublín, asistieron 1,2 millones de personas, más de un tercio de la población total. Al hablar ante esa vasta comunidad, el papa instó a Irlanda, país que durante siglos había enviado a miles de misioneros al mundo, a redescubrir su fe, a «convertirse».

En Drogheda, lugar de compromiso elegido por razones de seguridad, a unos cincuenta kilómetros de la frontera con Irlanda del

Norte, Juan Pablo abogó por el fin de la violencia sectaria, el fin de los asesinatos execrables, perpetrados no sólo en nombre del nacionalismo, sino también de sectores rivales del cristianismo. Invocó el quinto mandamiento, «No matarás». Rechazó la descripción de que se libraba una guerra religiosa entre católicos y protestantes. «Éste es un conflicto entre personas movidas por el odio, y el cristianismo prohíbe el odio.» Dirigiéndose no sólo a los trescientos mil reunidos en Drogheda, sino también a todo país, el norte y el sur, hizo una enérgica y muy personal súplica.

De rodillas les pido que abandonen los senderos de la violencia y vuelvan a los caminos de la paz. (...) La violencia destruye la obra de la justicia. (...) Más violencia en Irlanda sólo postrará y arruinará al país que ustedes dicen amar y los valores que dicen estimar.

Dondequiera que fue se le aclamó con atronadores aplausos, ensordecedores vivas y extasiados cánticos. Su última misa en Limerick atrajo a más de doscientas cincuenta mil personas. El ruego del papa a esos hombres violentos no tuvo el menor efecto o influencia en los hechos. Los asesinatos, los injustificables bombazos contra civiles, la humillación, la intimidación y el odio continuaron sin cesar. En cuanto al catolicismo irlandés, el número de los fieles siguió disminuyendo.

Los cambios en las creencias, conductas y actitudes que los estudios del padre Greeley registraron no eran ciertamente los que el papa tenía en mente cuando exhortó a los irlandeses a «convertirse». «Si las características del catolicismo son la fe y la devoción, entonces los irlandeses siguen siendo católicos», observó el padre Greeley. Su investigación determinó que el 94 por ciento de los irlandeses creían en Dios, el 85 por ciento en el cielo y los milagros y el 78 por ciento en la vida después de la muerte. Sin embargo, «si, por otro lado, las características de la fe son la aceptación de la autoridad de la Iglesia y la adhesión a la ética sexual de la Iglesia, entonces los irlandeses ya no son católicos», dijo Greeley, y añadió: «Pero entonces tampoco lo es ningún otro pueblo de Europa, incluidos el italiano y el polaco». Sus cifras indicaban que sólo el 40 por ciento creía que el aborto siempre era malo, sólo el 30 por ciento creía que el sexo prematrimonial siempre era malo y sólo el 60 por ciento creía que las relaciones entre personas del mismo sexo siempre eran malas. Más significativamente aún, sólo el 7 por ciento de los nacidos en la década de 1970 tenía mucha confianza en la Iglesia, aunque el 70 por ciento la tenía en el cura local.

Una encuesta posterior realizada en septiembre de 2003 por RTE, la radiotelevisión pública de Irlanda, confirmó los hallazgos del padre Greeley. Demostró que sólo el 50 por ciento de los católicos en Irlanda asistía a misa cada semana, el 75 por ciento creía que el celibato sacerdotal debía abolirse, el 60 por ciento creía que el sacerdocio debía abrirse a las mujeres y el 38 por ciento rechazaba el concepto de la infalibilidad papal.

Una encuesta de Zogby de 2002 indicó que el padre Greeley tal vez tendría que añadir pronto a Estados Unidos entre los países «ya no católicos». Esa encuesta determinó que el 54 por ciento de los estadounidenses estaba a favor de que los curas se casaran, mientras que el 53 por ciento pensaba que debía haber sacerdotisas, el 61 por ciento aprobaba el control artificial de la natalidad, un colosal 83 por ciento pensaba que era moralmente incorrecto discriminar a los homosexuales, e incluso sobre el aborto casi un tercio discrepaba de que siempre fuera moralmente incorrecto. En contradicción con esas cifras, en la misma encuesta no menos del 90 por ciento pensaba que el papa hacía una buena labor en el mundo como líder de la Iglesia.

El hecho de que tantos encuestados discreparan de la posición de la Iglesia sobre una amplia variedad de asuntos clave era una asombrosa ilustración de la paradoja fundamental del papado de Karol Wojtyla. Compraban sus libros, sus CD, sus vídeos; se congregaban por millones en los parques, campos y estadios de fútbol del mundo cuando celebraba misa, pero un número creciente de ellos no seguía su enseñanza ni la doctrina de la Iglesia sobre un cada vez mayor número de asuntos. La forma de cristianismo de Wojtyla era crecientemente irrelevante, y las evidencias no se reducían a las encuestas. En Australia, los hechos hablaban por sí solos. Entre 1971 y 2006, las bodas católicas en una iglesia habían disminuido más de 50 por ciento, de 9.784 a 4.075.

En Estados Unidos, el número de sacerdotes creció más del doble, hasta cincuenta y ocho mil, entre 1930 y 1965. Desde entonces ha caído a cuarenta y cinco mil, y sigue descendiendo. Para 2020, de seguir las tendencias actuales, habrá menos de treinta y un mil, y más de la mitad de ellos será mayor de setenta años. En 1965, un 1 por ciento de las parroquias estadounidenses no tenían cura. En 2002, el 15 por ciento —tres mil parroquias— carecían de él. En ese mismo periodo, el número de seminaristas disminuyó un 90 por ciento. El mismo sombrío panorama se repetía en las cifras de monjas y miembros de órdenes religiosas católicas. Casi la mitad de las secundarias y preparatorias católicas han cerrado en los últimos cuarenta años. La asistencia semanal a misa oscila entre el 31 y el 35 por ciento. Las cifras de anulación han aumentado de 338 a 501.000. Dondequiera que se mire, la historia es la misma, pero la Iglesia católica estadounidense seguía proclamando que en el mismo periodo, de 1965 a 2002, el número de católicos en el país había aumentado en veinte millones.

El mito de un número de miembros mucho mayor se repite no sólo en Estados Unidos, sino también mundialmente. La definición que hace la Iglesia de un católico romano —una persona bautizada— choca con el hecho de que cientos de millones de supuestos católicos rechazan posteriormente las enseñanzas de la Iglesia sobre un enorme número de asuntos, y al hacerlo, pese a lo que diga su fe de bautismo, dejan de ser católicos romanos. Un católico romano no practicante es un ex católico romano o, para decirlo con la jerga vaticana, un católico romano relapso.

En Gran Bretaña están muy avanzados los planes para abolir el actual juramento que se hace antes de testificar en un tribunal. En el futuro no contendrá ninguna referencia a Dios. En Estados Unidos, en octubre de 2003, tras una larga batalla legal que culminó en el Tribunal Supremo, fue confirmada la decisión de un tribunal federal por la que se prohibió la exhibición de los Diez Mandamientos en el edificio del poder judicial del estado de Alabama. Esa decisión reafirmaba la separación entre la Iglesia y el Estado. Mientras el papa beatificaba más y más santos, cada vez a menos niños se les ponían los nombres de aquéllos. En el devotamente católico y romano Chile, las píldoras abortivas del día siguiente se distribuyen gratis. Vandalismo, robo, narcotráfico, piromanía, ritos paganos y «conducta inadecuada en el altar mayor» se han vuelto tan comunes en las iglesias británicas que hoy muchas de ellas permanecen cerradas fuera de las horas de servicio, con cámaras de circuito cerrado de televisión encendidas. Simultáneamente, los templos católicos en Escocia registran su más baja asistencia en la historia, con apenas un 12 por ciento. El obispo Joe Devine, de Motherwell, observó: «La población católica ha disminuido, pero no ha sido vencida. El ocultismo desempeña cierto papel en ello, pero el principal problema es que la gente ve la televisión o juega al fútbol en lugar de ir a la iglesia». El papa tenía una opinión más tajante: «Escocia es un país pagano».

El cardenal Keith O'Brien, un hombre al que Wojtyla había ascendido recientemente, coincide con ello. «Existe el riesgo de que Escocia se vea reducida a un estado de bacanal en el que lo único que interese a todos sea su propio placer y acostarse con quien sea.» En enero de 2003, el principal clérigo católico de Gran Bretaña, el cardenal Cormac Murphy O'Connor, se refirió drásticamente a una mucho mayor crisis de fe: «Gran Bretaña se ha convertido en un país sumamente pagano».

Si hay embarazos no deseados en Gran Bretaña, no los hay suficientes en Italia. En *L'Osservatore Romano*, en octubre de 2001, el teólogo Gino Romano intentó hallar la razón del hecho de que Italia, seguida muy de cerca por la católica España, tenga la más baja tasa de natalidad en Europa. Culpó a las «medidas italianas. (...) El sostenido aumento del divorcio refleja el impacto de un torbellino de secularismo y consumismo». Llamó asimismo a realizar «nuevos esfuerzos para permitir a las jóvenes parejas tener más de un hijo».

Ese teólogo italiano, al igual que la Liga de Mujeres Católicas de Gran Bretaña, lamentó el hecho de que la mayoría de los adolescentes, pese a creer aún en el valor del matrimonio, prefieran esperar a que sus relaciones y otras aspiraciones hayan madurado. Se ejerce así el derecho a la libre decisión. El matrimonio tradicional entre los quince y dieciocho años con tres hijos o más al cumplir los veinte es una perspectiva cada vez menos atractiva en Europa.

Se ha producido un completo rechazo a la enseñanza de la Iglesia sobre el control de la natalidad. La mayoría también ha rechazado la enseñanza de la Iglesia sobre el divorcio y el aborto. Mientras renombrados filósofos católicos discutían públicamente con el papa y los jesuitas acerca de la existencia del infierno, las masas católicas estaban más interesadas en el aquí y ahora y en un estilo de vida muy contrario a las constantes admoniciones del papa. También discrepaban de la posición de la Iglesia sobre los sacerdotes casados y las sacerdotisas.

Dos tercios creen además que la Iglesia católica debería retornar a la práctica de que los sacerdotes y la comunidad elijan a los obispos de su propia diócesis. Los italianos ven con profundo cinismo el hecho de que el papa no haya eliminado la corrupción financiera de la década de 1980. En esa década, cuando realizó una visita a Nápoles, ciudad que padecía gran cantidad de privaciones, fue recibido con una enorme pancarta que proclamaba: «La rica Nápoles da la bienvenida a su pobre papa». Los italianos eran igualmente cínicos respecto al extraordinario número de viajes al extranjero que el papa y su séquito habían hecho. Esto confirmaba en la mente de muchos la imagen de una Iglesia muy rica que dilapidaba el dinero de la gente.

Algunas de las críticas públicas eran injustas e infundadas. Las visitas dentro de Italia frecuentemente reportaban ganancias. Los funcionarios del Vaticano no tenían empacho en pedir la aportación de una cuota si recibían la solicitud de un alcalde o dueño de una fábrica para que el papa Juan Pablo II los visitara. Cuando Carol de Benedetti (en su calidad no de miembro del Banco Ambrosiano, sino de director general de Olivetti) se preparaba para una visita papal a su fábrica de máquinas de escribir en Ivrea, fue informado de que se requería una contribución. El hombre del Vaticano sugirió cien mil dólares, y más tarde De Benedetti extendió el cheque a nombre del papa, a quien se lo entregó en privado durante su visita. Esta anécdota me fue relatada hace unos años, y la consideré apócrifa hasta que la vi citada por Carl Bernstein y Marco Politi después de entrevistar a De Benedetti. Posteriores investigaciones confirmaron que muchos otros hombres de negocios italianos fueron obligados a depositar algo en el platillo del Vaticano.

Pero ni el contribuyente italiano ni el Vaticano pagaban los dos millones de dólares de gastos diarios de los viajes al extranjero. Los siguientes ejemplos son la regla, no la excepción.

El papa y sus más cercanos colaboradores nunca consideraron la posibilidad de que el generalizado desplome del catolicismo pudiera deberse, al menos en parte, al Vaticano. Para ellos, la respuesta se encontraba siempre en la corrupción de la sociedad secular antes que en la corrupción de aquellos en los que la sociedad secular había buscado alguna vez como guía moral. Como comentó Wojtyla a los obispos belgas, el descenso de la práctica religiosa en su país era «particularmente inquietante», y él no tenía la menor duda de las razones de ello. Era el problema de «una sociedad que pierde de vista sus tradicionales puntos de referencia, promoviendo el relativismo en nombre del pluralismo».

En ocasión de una visita a Roma de un grupo de obispos franceses, el papa los alentó a hacer frente a «la secularización de la sociedad francesa, que a menudo adopta la forma de rechazo, en la vida pública, de los principios antropológicos, religiosos y morales que han marcado profundamente la historia y cultura de esa nación». El papa señaló a los obispos franceses su preocupación por el declive de vocaciones sacerdotales. «Desde hace muchos años su país ha visto una grave crisis de vocaciones: una especie de travesía en el desierto que constituye una auténtica prueba de fe para los pastores y los fieles por igual.» Siguió una larga lista de recomendaciones. Los obispos franceses estaban demasiado cohibidos para apuntar que todos ellos ya habían sido previamente sometidos a esa prueba, sin éxito.

En diciembre de 2004, un estudio de dieciocho mil ciudadanos franceses fue realizado por el diario católico *La Croix* y el instituto de encuestas CSA. En él se confirmó que en Francia la Iglesia católica se aproximaba a su desintegración. Mientras que 64,3 por ciento de los franceses se describe como católico, sólo un 7,7 por ciento de los entrevistados dijo asistir a la iglesia una vez al mes. De éstos, un 28 por ciento eran mayores de setenta y cinco años, y la abrumadora mayoría eran mujeres rurales de escasa instrucción. Francia tiene hoy diecisiete mil sacerdotes diocesanos, la mitad de los que existían en 1980. También las parroquias muestran una disminución de un 50 por ciento.

A los franceses tal vez les habría consolado saber que no eran los únicos. El papa impartió la misma lección a la mayoría de sus obispos. Dijo a los holandeses: «Su país ha experimentado un intenso proceso de secularización durante treinta años, que se ha extendido a la Iglesia católica como un reguero de pólvora y que desafortunadamente continúa marcando a la sociedad holandesa». Luego, en noviembre de 2004, el cardenal Adrianis Simonis, de Utrecht, ofreció lo que se ha convertido entre los obispos católicos en Europa en una popular explicación del derrumbe del cristianismo. «Hoy descubrimos que estamos desarmados de cara al peligro islámico.» Tras señalar que incluso jóvenes nacidos y crecidos en los Países Bajos se habían vuelto musulmanes militantes, el cardenal asoció el ascenso del islam con «el espectáculo de extrema decadencia moral y declinación espiritual que ofrecemos» a los jóvenes.

El cardenal Poupard, presidente del Consejo Pontificio, francés que trabajaba en el Vaticano, ofreció una visión más amplia de la desintegración cristiana.

El ateísmo militante y organizado de la era comunista ha sido reemplazado por la indiferencia práctica, la pérdida de interés en la cuestión de Dios y el abandono de prácticas religiosas, especialmente en el mundo occidental.

Entre los problemas a los que la Iglesia debía hacer frente, continuó, estaban «la globalización de la cultura de masas, la influencia de los medios informáticos y la aparición de nuevas sectas». Lamentó la «ausencia de medios eficientes para la difusión de la fe». Temía que la pérdida de fe pudiera «conducir al desplome de la cultura, con peligrosas consecuencias para la sociedad. La época más amenazadora para el hombre no es la que niega la verdad, sino aquélla a la que no le preocupa la verdad».

Lo cierto es que la Iglesia católica tiene medios muy eficientes para propagar la fe. Los medios católicos son un gigante mundial con una constelación de agencias de noticias, periódicos y compañías de radio y televisión comprometidos con la línea oficial de la Iglesia católica romana en todos los órdenes. Todo esto tiene como sede una sola ciudad, y gran parte de ello se reproduce en muchas ciudades de todo el mundo. Tan sólo el Opus Dei tiene más agencias de medios en el mundo que Rupert Murdoch. Lo último que falta en la Iglesia católica moderna son medios eficientes.

Rome Reports, por ejemplo, es una agencia de noticias de televisión centrada por completo en el papa y la Iglesia que vende programas en inglés, español y portugués a televisiones de Asia, África y América Latina. Su director, Yago de la Cierva, es miembro del Opus Dei. Radio Maria es una estación tanto de radio como de televisión que transmite por todo el orbe. *Famiglia Cristiana* es una publicación semanal editada por los Padres de San Pablo. La Conferencia de Obispos Italianos tiene su propio periódico, *Avvenire* (Porvenir), y una cadena de televisión vía satélite que retransmite mediante docenas de estaciones católicas locales. Telepace es otra cadena de televisión católica. La Universidad Católica del Sagrado Corazón publica la revista *Vita e Pensiero* (Vida y Pensamiento). *Mondo e Missione* es la revista mensual del Instituto Pontificio de Misiones Extranjeras. Publicaciones mensuales católicas, pero rivales, son *Nigrizia* (Negritud), *Missione Oggi* (Misión Hoy), *Il Timone* (El Timón) e *Inside the Vatican* (Dentro del Vaticano). Está además la agencia de noticias Zenit. Y la agencia web Asia News, que publica en italiano, chino e inglés.

Luego están, por supuesto, las agencias del propio Vaticano, que incluyen una oficina de prensa controlada por el miembro numerario del Opus Dei Joaquín Navarro-Valls; una página en internet en seis idiomas con boletines diarios y un extenso conjunto de archivos. El diario *L'Osservatore Romano*; el Centro de Televisión del Vaticano; el Servicio de Información del Vaticano; *Fides*, la única agencia web de la Congregación de la Doctrina de la Fe, cuyo servicio en siete idiomas también incluye el chino; la Librería Editrice Vaticana, que publica todas las declaraciones oficiales de la Santa Sede, y por último las revistas y boletines publicados por las diversas oficinas del Vaticano.

Los obispos no pueden dormir buscando al enemigo. El socialismo ha sido añadido al islam y el comunismo, aunque la verdad es que muchos, del papa para abajo, nunca han podido distinguir el socialismo del comunismo. El ya desaparecido secretario de Estado cardenal Casaroli, quien realmente debía haber estado mejor informado, cayó en la trampa al comentar los problemas de México. Es indudable que cuando los obispos españoles hagan su siguiente visita *ad limina* a Roma, se declarará culpable al actual gobierno socialista de todos los problemas de la Iglesia española. Una encuesta de opinión de finales de 2004 que mostró que el 71 por ciento apoyaba la propuesta del gobierno de legalizar el matrimonio homosexual y que una mayoría del 72 por ciento pensaba que el Estado debía interrumpir las asignaciones a la Iglesia española por valor de unos ciento cincuenta millones de euros al año parece indicar que la mayoría de los españoles están con su gobierno, y no con la Iglesia católica.

En españa nuevos proyectos de ley están en marcha para dar a otras Iglesias cristianas, así como a judíos y musulmanes, algunos de los privilegios de los que hoy disfruta en exclusiva la Iglesia católica romana. La Iglesia católica española se ha colocado en la línea frontal de la oposición política al gobierno democráticamente electo, al que no puede hacerse responsable del extraordinario derrumbe de la fe católica que ha ocurrido en España. En un país donde el 90 por ciento de la población se «declara» católico romano, dos tercios —66 por ciento— no son practicantes. Para tomar un solo caso que afecta particularmente a Karol Wojtyla, en la predominantemente católica España las encuestas señalan que el 40 por ciento de la población cree que el aborto es un derecho fundamental, y un 24 por ciento adicional cree que debería tolerarse. Éstos eran los resultados de una encuesta realizada *antes* de que los socialistas llegaran al poder, cuando el país estaba dirigido por un gobierno de derecha. En la España actual, más del 50 por ciento de los embarazos en jóvenes de entre quince y diecisiete años terminan en aborto.

El papa ha reconocido que el reto concierne no sólo al catolicismo, sino también al cristianismo en general. En un discurso en la Academia Pontificia de Cultura, en marzo de 2002, dijo: «Nuestros contemporáneos están inmersos en círculos culturales a menudo ajenos a toda dimensión espiritual de la vida. (...) Los cristianos debemos reparar el daño causado por esa ruptura de la relación entre la fe y la razón». Sin embargo, su solución era una espada de doble filo. «Es necesario crear un sistema educativo con un serio estudio antropológico que tenga en cuenta quién es el hombre y qué significa la vida.» Tales estudios han existido desde hace mucho tiempo, e investigaciones adicionales en este campo reforzarían al menos la posición de los humanistas.

Uno de los obispos de Nicaragua hizo una propuesta más radical. En un sermón de Navidad, el obispo Abelardo Guevara abordó la crisis de la vida familiar. Denostó a las violentas bandas de adolescentes que habían forzado a la diócesis a cancelar la tradicional misa del gallo. «Necesitamos recuperar urgentemente la unidad familiar y los principios espirituales. Nuestra sociedad se está viniendo abajo a causa de la falta de esas virtudes.» Dirigiéndose a todos los padres de su comunidad, el obispo continuó: «Ustedes deben estar dispuestos a hacer todo lo posible por proteger los valores en su familia. ¡Destruyan a balazos el televisor si es necesario para mantener a raya los antivalores!».

A principios de diciembre de 2001, el exorcista oficial de la diócesis de Roma, el padre Gabriele Amorth, descubrió que la amenaza no procedía de la pantalla chica, sino de la grande. Su preocupación eran las películas y los libros de Harry Potter. Este sacerdote, también presidente de la Asociación Internacional de Exorcistas, creía que una gran fuerza maligna alentaba esas obras. «Detrás de Harry Potter se oculta la rúbrica del rey de las tinieblas, el diablo.» El exorcista explicó que esos libros contienen innumerables referencias a la magia, «el arte satánico», y que intentan hacer una falsa distinción entre magia negra y blanca, cuando en realidad esa distinción «no existe, porque la magia es siempre un recurso al demonio».

Dondequiera que se mire, el cristianismo en todas sus formas parece estar en retroceso. En América Latina —el continente de la esperanza del Vaticano—, funcionarios de salud de veinte países se reunieron en México a fines de 2001 en una conferencia de tres días con más de doscientos cincuenta participantes para contribuir a que los gobiernos latinoamericanos establecieran «un libre intercambio de ideas» sobre la posible legislación del aborto. A esos países predominantemente católicos les preocupaba el gran número de abortos clandestinos y muertes de mujeres embarazadas. La cifra se estimaba en «seis mil vidas al año». En marzo de 2000, en la patria del papa, el presidente polaco, Alexander Kwasniewski, vetó un proyecto de ley que habría puesto en vigor nuevas y más estrictas medidas contra la pornografía. El presidente declaró que ese proyecto de ley «reduciría injustamente las libertades personales». En un país en que el 90 por ciento se considera católico romano practicante, los votantes se dividieron en partes iguales ante la acción del presidente.

Pese a todos esos signos de decadencia, las cifras oficiales del Vaticano consideran el papado de Wojtyla y sus viajes compulsivos como un éxito resonante. Las cifras globales de católicos bautizados a fines de diciembre de 1997 eran de poco más de mil millones, las cuales siguen aumentando. Las cifras globales, por ejemplo, para el 31 de diciembre de 2000 muestran un incremento en el número de católicos de poco menos de doce millones sobre el año precedente. Pero, como siempre, la información relevante está en los detalles. En lo tocante al continente europeo, las cifras indican una caída de poco más de 1,5 millones. El número de sacerdotes, hermanos y hermanas también descendió en Europa. Grandes áreas de crecimiento en la mayoría de las categorías se registraron en todos los demás continentes excepto Oceanía, pero todas las cifras se sustentaban en el bautismo y no tenían en cuenta si las personas implicadas realmente practicaban o sentían la fe católica.

Si la misión de Juan Pablo II de evangelizar el mundo había de triunfar en algún lado, éste debía ser sin duda Italia. Aparte del hecho de que estaba rodeado de italianos por todas partes, hizo los más tenaces esfuerzos por cubrir cada *strada*, *piazza*, *villaggio*, *città* y cada santuario sagrado de Italia. Realizó setecientas veintiséis visitas pastorales a las diversas parroquias de su diócesis personal de Roma, y otras ciento cuarenta visitas pastorales en Italia más allá de las fronteras de Roma. Predicó, oró y habló en general a la nación italiana casi cada día durante veinticinco años. Cada ciudadano, cada hombre, mujer y niño estuvo completamente expuesto a las opiniones de Juan Pablo II sobre una extraordinaria gama de temas, particularmente los relacionados con la enseñanza de la Iglesia católica.

Las cifras oficiales señalan que la población de Italia es abrumadoramente católica romana. Casi el 80 por ciento se considera católico. Entre quienes discrepaban de estos datos estaba el propio papa ya desaparecido. En 1996 llamó a la «evangelización» de Roma, que el Vaticano consideraba una ciudad pagana. Fueron voluntarios de puerta en puerta en un intento por persuadir a los ciudadanos de la capital de «retornar a la Iglesia». Trascendió que muchos jamás habían puesto el pie en San Pedro.

La disminución de la tasa de natalidad en Italia va de la mano con el descenso en el número de bodas por la Iglesia. El cardenal Julián Herranz, peso pesado de la curia y presidente del Consejo Pontificio de Textos Legislativos, juzga que en parte el motivo es el alto coste de una boda por la Iglesia, pero reconoce que «la pérdida de sentido religioso en la sociedad» es todavía un factor más profundo. La Iglesia católica en Italia dio muestra evidente de esa pérdida en 1984, cuando la fe católica romana fue relegada y dejó de ser la religión oficial de Italia.

A Juan Pablo II se le ha descrito correctamente como el «papa más mariano de la historia», pero su obsesivo amor por la madre bíblica de Cristo y su deseo de despertar una genuina espiritualidad mariana lo hicieron alarmantemente vulnerable a toda explotación de la leyenda de María. Ésa era una vulnerabilidad que se formó muy pronto en la vida de Karol Wojtyla. Al volver a casa de la escuela el 13 de abril de 1929, el niño de ocho años tuvo que afrontar la dramática noticia que le dio uno de sus vecinos en el patio: «Tu madre ha muerto». Emilia tenía apenas cuarenta y cinco años de edad, y había sufrido frecuentes y terribles dolores, causados por una miocarditis y nefritis (aguda inflamación del corazón y los riñones) durante quince años.

Cuando Wojtyla era joven hablaba de su madre con amoroso afecto al recordar su inapreciable, irreemplazable papel en esos primeros años de su vida. Más tarde hubo un cambio de tono, y la amargura reemplazó al amor mientras él recordaba lo preocupada que había estado su madre por su enfermedad y el poco tiempo que había tenido para dedicarle a él. El chico perdió a la persona más importante de su vida a una edad dolorosamente temprana. Esto fue crucial, sin duda, en la formación de su paradójica personalidad y la obsesión mariana que dominó su visión de las mujeres.

Wojtyla hablaba y escribía regularmente como si el único papel de las mujeres seculares fuera la maternidad. Su incesante hostilidad contra el aborto aun en el caso de una mujer violada, su veneración por las mujeres que habían muerto dando a luz en vez de abortar y salvar su vida, son un eco de la tradicional enseñanza católica que prevalecía en el momento de la prematura muerte de su madre.

Privado de afecto maternal en una etapa desesperadamente temprana de su desarrollo, Wojtyla estaba rodeado asimismo por una cultura que veneraba profundamente a María, la madre de Cristo. El héroe de la infancia de Wojtyla, Pío IX, había declarado la doctrina de la Inmaculada Concepción de María, «la virgen madre de Cristo». En Polonia, María tiene muchos nombres, muchos títulos. Aparte de la universal Virgen María, Wojtyla también podía rezar a la Madre Santísima, Reina del Cielo y la Tierra, Esposa Virgen, Madre Dolorosa, Refugio de los Pecadores, Consoladora de los Afligidos, la Virgen Negra de Czestochowa y el título que, sobre todos los demás, aseguraba que ella fuera inexorablemente identificada con el nacionalismo y la patria polacos, Reina de Polonia, María, Madre de Dios.[1]

Una amiga de toda la vida de Wojtyla, Halina Królikiewicz-Kwiatkowska, recuerda: «Siempre corríamos a la iglesia. Y en la iglesia rezábamos, normalmente a la Virgen María». Eugeniusz Mroz, otro amigo de la infancia, recuerda la muerte de Emilia.

Él nos impresionó con su paz interior. Creía que esa pérdida era voluntad de Dios. El apartamento de Wojtyla estaba en el segundo piso. La habitación de su madre nunca se usó después de su muerte. A veces, cuando Karol estaba estudiando, tomaba un descanso, entraba a la habitación de su madre y rezaba. El Santo Padre conservaba una fotografía especial que siempre llevaba consigo, dondequiera que fuera. Nunca se separaba de esa fotografía, ni siquiera en las largas peregrinaciones. En ella aparece de niño en brazos de su madre.

Tres días después del funeral de su madre, el padre llevó a sus dos hijos a una peregrinación al santuario mariano de Kalwaria Zebrzydowska. Señalando un famoso cuadro de la Virgen María, le dijo a Karol: «Ésta es tu madre ahora». Durante toda su vida, Karol Wojtyla regresó a ese lugar, donde, en la víspera de la festividad de la Asunción, los polacos creen que la Santísima Virgen muere cada año y sube al cielo. Después de una vigilia de toda la noche, himnos y oraciones celebran el triunfo de María sobre la muerte y su ascensión al cielo. El niño de ocho años quizá no haya recibido todo el consuelo que necesitaba en ese tiempo, porque diez años después escribió estos versos:

Sobre tu blanca tumba
brotan las flores blancas de la vida.
¡Oh!, ¿cuántos años han pasado
sin ti? ¿Cuántos años?
Sobre tu blanca tumba,
cerrada hace años,
algo parece elevarse,
inexplicable como la muerte.
Sobre tu blanca tumba,
madre, mi amor sin vida...

Hasta finales del siglo IV, la devoción a María se mantuvo en segundo plano, pero en realidad ya había comenzado a aparecer tiempo atrás. En el siglo III, mientras Gregorio Taumaturgo lidiaba con doctrinas teológicas poco antes de incorporarse al sacerdocio, se le apareció la Santísima Virgen, acompañada por San Juan. Ella pidió a San Juan que le revelara a Gregorio el «misterio de la piedad». Juan obedeció cumplidamente, «enunció una fórmula perfecta y desapareció». A finales del siglo IV, Agustín se sintió compelido a protestar contra «el extravagante e infundado elogio de María. Esta especie de idolatría (...) está muy lejos del carácter profundo de la teología, es decir, de la sabiduría celestial». Uno se pregunta qué haría Agustín, quien junto con Pablo fue el que más hizo por dar forma al cristianismo, ante la «idolatría» de toda la vida por María de Karol Wojtyla.

A lo largo de los siglos se han alegado visiones de María, conversaciones con ella, milagros de ella y estatuas suyas que derraman lágrimas de sangre, muchos de los cuales han sido oficialmente reconocidos por la Iglesia católica romana. Esas manifestaciones, particularmente en Lourdes y Fátima, han obrado drásticos cambios en estos lugares y áreas circundantes. Hayan ocurrido milagros o no, es materia de constante debate, pero sin duda el perfil de la Iglesia ha crecido, la fe de muchos se ha fortalecido y grandes cantidades de dinero se han generado gracias a ello.

A principios de junio de 1981, Medjugorje era una pobre aldea rural en Bosnia-Herzegovina, en la entonces Yugoslavia. El 24 de junio, seis adolescentes croatas aseguraron por separado haber visto a «Gospa», la Santísima Virgen María. Al menos tres de los niños también afirmaron haber visto al niño Jesús en brazos de su madre. Al día siguiente volvieron a ver la imagen de María, quien esta vez conversó con ellos. Las apariciones y conversaciones continuarían todos los días, y supuestamente continúan hasta el presente. No todos ellos siguen disfrutando de ese privilegio; para finales de 2003, sólo tres de los seis niños continuaban recibiendo mensajes diarios.

Diez años después de las primeras supuestas apariciones en Medjugorje, el Departamento de Estado de Estados Unidos solicitó a su embajada en Belgrado que «en los informes diarios de la embajada se incluyan las últimas noticias sobre Medjugorje». Sucesivos gobiernos estadounidenses se habían interesado cada vez más en el caso. Un telegrama particular enviado en octubre de 1991 alertó a la embajada en Belgrado del hecho de que «justo en este momento hay treinta peregrinos estadounidenses en Medjugorje, con una tal hermana Mary de Filadelfia. Otro grupo de cincuenta peregrinos encabezados por la hermana Margaret planea viajar allá desde Nueva York. Ann está tratando de evitarlo. Disculpa por favor si escribo mal el nombre de ese maldito lugar. Y digo maldito en serio. Ann se ha enterado también de que los niños de Medjugorje han abandonado la ciudad, aparentemente siguiendo instrucciones de la Virgen María».

Diez años antes de ese intercambio de mensajes, desde las embajadas estadounidenses tanto en Roma como en Belgrado ya se transmitían inquietantes noticias por las supuestas apariciones en Medjugorje. En septiembre de 1981, el embajador Wilson envió al secretario de Estado, el general Alexander Haig, un detallado informe sobre una conversación entre un visitante estadounidense y el cardenal Franjo Seper, entonces prefecto de la Sagrada Congregación de la Fe y principal asesor del papa sobre Yugoslavia. El cardenal Seper había expresado honda preocupación sobre la posibilidad de que el resurgir religioso desatado en la población de Medjugorje y el área circundante de mayoría croata provocara mayores tensiones entre la Iglesia y el Estado y el resurgimiento del nacionalismo croata. Los hechos demostrarían que los temores de Seper eran fundados. El cardenal Seper dijo también a su visitante estadounidense:

El Vaticano no comentará ni investigará las apariciones de la Virgen María de las que se han dado parte, ya que eso está bajo la jurisdicción de los obispos locales. Creo que ellos temerán las represalias del gobierno yugoslavo, y por lo tanto no harán nada.

En eso, al menos, el cardenal estaba equivocado. El obispo Zanic, de Mostar, aunque inicialmente convencido de que aquellos niños eran sinceros, realizó una investigación y rápidamente cambió de parecer, condenando todo el asunto por considerarlo un engaño y «alucinaciones histéricas». La inequívoca condena del obispo, con plena autoridad del Vaticano, debería haber puesto fin a la cuestión. Pero como en el caso de algunas de las supuestas visiones anteriores de la madre de Cristo, personas con diferentes intereses habían empezado a ver un gran potencial.

La orden franciscana se había visto envuelta durante muchos años en una serie de desacuerdos cada vez más enconados en la diócesis de Mostar. Juzgaba a muchas parroquias de su exclusivo dominio, contra la opinión del obispo y de Roma, así que la orden había sido forzada a su pesar a someterse a la autoridad del Vaticano. Entonces, conmovida la población campesina con las historias de María y sus mensajes diarios a los seis niños, la orden franciscana tomó rápidamente el control del asunto.

La aparición les dijo a los niños que debía ser conocida como Reina de la Paz. Sus mensajes diarios, que sólo los seis niños podían oír, tenían temas recurrentes: «Hagan la paz. Oren. Hagan ayuno. Confiésense». Se recibieron además varias instrucciones y mensajes muy específicos, pero desde el principio los franciscanos evitaron su divulgación y los transcribieron para reforzar su intento de impedir que disminuyera aún más su influencia en la región. Estos objetivos se vieron sumamente favorecidos por la explotación espiritual y comercial de los fieles, los necesitados y las personas sencillas y curiosas que se dirigieron en tropel a Medjugorje. Los mensajes «secretos» también fueron usados por los franciscanos en sus intentos por poner fin a las guerras tribales étnicas y religiosas de clanes que durante siglos habían formado parte de la vida cotidiana.

El lugar de las apariciones originales se hallaba en el pedregoso sendero que conduce a la cima del monte Podbrdo. En beneficio de los turistas, éste fue rápidamente rebautizado como Colina de las Apariciones.

Pese a que esa montaña fue declarada zona vedada por las autoridades comunistas, las visiones continuaron, aunque esta vez antes de la misa nocturna en una de las salas laterales de la iglesia local. Por una feliz coincidencia, ese lugar estaba cerca del estacionamiento, y el terreno era mucho menos hostil para los ancianos, enfermos y personas necesitadas que pronto llegaban de todas partes.

En dos años las autoridades tenían una opinión muy diferente de la Virgen María de Medjugorje. La montaña fue abierta de nuevo al público, y los terrenos de la iglesia y un área circundante quedaron disponibles para la confesión y la oración. Las confesiones eran continuas, así que se llevaron confesores extra para dar abasto. ¿Qué había alterado la posición del régimen comunista? Belgrado había terminado por darse cuenta de que se podía extraer «oro de los turistas» de la Reina de la Paz. Los franciscanos negociaron con el régimen y quinientos mil dólares al año empezaron a llegar a las arcas del gobierno central. Ésa era apenas una fracción del dinero que se recibía a manos llenas. El «oro de los turistas» se convirtió en una fiebre del oro en los Balcanes.

Para 1990, los franciscanos aseguraban que más de dieciocho millones de visitantes habían ido a Medjugorje desde aquella noche de principios de junio de 1981. El hecho de que al menos algunos de los seis niños se hubieran escondido en la ladera de la montaña para fumar un ilícito cigarro se había reescrito como «búsqueda de ovejas perdidas». Esto traía a colación los niños pastores de

Fátima, cuya aparición, a diferencia de la deMedjugorje, ha sido reconocida por el Vaticano como caso genuino.

Hay en la cercana Mostar un banco muy pequeño. A principios de la década de 1980, era insignificante en términos bancarios internacionales, pues ocupaba el lugar mundial número 2.689, pero Hrvatska Banka DD Mostar poseía características muy peculiares. La posición política y comercial de un banco puede determinarse por la calidad de sus corresponsales, las sucursales bancarias que actúan en su nombre en diferentes países del mundo. El diminuto banco de Mostar, que llevaba las cuentas de la orden franciscana y también era en parte propiedad de ella, tenía a la crema y nata del mundo bancario entre sus corresponsales: Citibank, Deutsche, ABN-Amro, Bank Brussels, Lambert, Nat West, BCI Skand, Enskilda, CSFB, Bank of Tokyo, Cassa di Risparmio, Bayerische y Bank of America eran sólo unos cuantos de esos ases de la liga, entre los que Citibank actuaba como corresponsal en Nueva York y Londres. A un consultor financiero internacional eso le pareció «muy extraño. Un banco tan pequeño con una lista de corresponsales de alta categoría».

La propiedad de ese banco era compartida entonces por varios bancos con nombres ilustres, entre ellos Unicredito Italiano Spa de Génova. Uno de los miembros del consejo de administración del grupo de compañías que controlaba a Unicredito, Franzo Grande Stevens, era considerado en los círculos bancarios como uno de los «hombres de confianza» del Vaticano. Su presencia en un consejo de administración suele entenderse como un indicio de que el Banco del Vaticano tiene ahí un interés financiero. Evidentemente, el pequeño banco de Mostar estaba haciendo algo muy bien, y lo sigue haciendo. Desde mediados de 1981 hasta el día de hoy, ha actuado como el centro financiero de la multimillonaria empresa erigida sobre las supuestas apariciones de Medjugorje. Este banco fue absorbido hace unos años por el emergente grupo bancario Zagrebacka. Los franciscanos controlan la operación de Medjugorje desde su universidad en Steubenville, Ohio. Hay grandes centros promotores de Medjugorje en varias localidades de Indiana, Ohio y Alabama.

No obstante, el Vaticano ha evitado repetidamente enfrentarse de manera abierta al tema de Medjugorje. Ninguna declaración pública sobre las supuestas visiones diarias ha sido hecha jamás por ningún funcionario del Vaticano, pese a que varios cardenales, obispos y otras eminencias han reconocido en público la completa aprobación papal. Entre ellos está monseñor Maurillo Kreiger:

Le dije al papa: «Voy a ir a Medjugorje por cuarta vez». Él caviló y dijo: «Medjugorje. Medjugorje. Es el corazón espiritual del mundo». Ese mismo día hablé con otros obispos brasileños y el papa a la hora del almuerzo, y pregunté a este último: «Su Santidad, ¿puedo decirles a los visionarios [los seis niños que aseguran ver a la Virgen María] que usted les envía su bendición?». Él contestó: «Sí. Sí», y me abrazó.

Y según narra el padre Gianni Sgreva, «el Santo Padre me escuchó, se acercó a mí y me dijo al oído, instándome a no olvidarlo: "No se preocupe por Medjugorje, porque yo pienso en Medjugorje y rezo por su éxito todos los días"».

En conversación privada con uno de los videntes, Mirjan Soldo, se supone que el propio papa dijo: «Si no fuera papa, ya estaría en Medjugorje confesando». Se asegura que el papa respaldó esas «apariciones» en al menos otras doce ocasiones. Por otro lado, está la inequívoca declaración de monseñor Renato Boccardo, jefe de protocolo del papa. Durante el viaje de éste a Croacia en 2003, monseñor Boccardo fue interrogado insistentemente sobre los rumores de que el papa podía hacer algún comentario sobre las supuestas apariciones y, asimismo, de que quizá iría a Medjugorje. Respondió: «En ningún momento se ha planteado el asunto de que el papa vaya a ir a Medjugorje, ni se ha hecho la menor alusión a ello».

Es curioso que en el inicial torrente de palabras y mensajes que aparentemente ha enviado la aparición mariana no haya habido una sola mención al intento de asesinato del papa o a la «intervención» de la virgen en la plaza de San Pedro el 13 de mayo de 1981. Aún más inexplicable es que no haya hecho ningún comentario sobre la consagración de Rusia al Inmaculado Corazón de María por el papa y sus obispos de todo el mundo el 25 de marzo de 1984. Éste fue un acto que supuestamente la Virgen María había solicitado de manera específica al reaparecer ante uno de los visionarios de Fátima en junio de 1929. También había prometido que ese acto sería seguido por la paz mundial y el fin del ateísmo. El papa optó por interpretar el tercer mensaje de Fátima como directamente relacionado con el ataque contra su persona.

El análisis de ese tercer mensaje indica que es mucho más probable que se haya referido al inmediato predecesor de Wojtyla, Albino Luciani, ya que presumiblemente predice el asesinato de un papa, no el intento de asesinato de un papa. De igual forma, las palabras del «tercer secreto» podrían interpretarse como una predicción del asesinato del arzobispo Óscar Romero en El Salvador.

La obsesión mariana de toda la vida de Karol Wojtyla quizá haya empañado su juicio sobre los sucesos de Medjugorje. Desde 1981 el Vaticano ha defendido su falta de pronunciamiento acerca de esas presuntas apariciones diciendo que espera la decisión del obispo local. La opinión del obispo Pavao Zanic, de Mostar, de que las apariciones eran «alucinaciones histéricas» fue confirmada en 1982, cuando él mismo estableció una comisión diocesana para investigar más a fondo. En 1984, la Conferencia de Obispos de la antigua Yugoslavia declaró que los líderes católicos, incluidos sacerdotes y monjas, no podían organizar peregrinaciones oficiales a ese santuario hasta que su autenticidad fuera establecida. En 1985 el Vaticano coincidió con esa posición. Los turistas, mientras tanto, seguían llegando a montones a Medjugorje. En 1987, el obispo Zanic se dirigió a una numerosa comunidad de parroquianos y peregrinos en la iglesia local de Santiago en Medjugorje. Afirmó que las visiones eran falsas, y continuó:

Mediante todas mis oraciones, mi trabajo e investigación, he perseguido una sola meta: el descubrimiento de la verdad.

Se dice que Nuestra Señora empezó a aparecerse en Podbrdo, en el monte Crnica; pero cuando la policía prohibió ir ahí, ella entró a las casas, se sentó sobre las cercas, llegó a los campos, a los viñedos y tabacales, apareció en la iglesia, en el altar, en la sacristía, en el coro, en la azotea, en el campanario, en los caminos, en el camino a Cemo, en un automóvil, en un autobús, en un carruaje, en algunos lugares de Mostar, en más lugares de Sarajevo, en los conventos de Zagreb, en Varazdin, en Suiza, en Italia, otra vez en Podbrdo, en el monte Krizevac, en la parroquia, en la rectoría de la parroquia, etc. Y seguramente ni siquiera he mencionado aún la mitad de los lugares de las supuestas apariciones, así que una persona sensata que venera a Nuestra Señora naturalmente se preguntaría: «Amada Madre de Dios, ¿qué están haciendo contigo?».

El 10 de abril de 1991, la Conferencia de Obispos de Yugoslavia (con un solo voto en contra) apoyó a Zanic, declarando: «Con base en la investigación realizada hasta ahora, no puede establecerse que se esté frente a apariciones o revelaciones sobrenaturales». El obispo Zanic se retiró en 1993. Su reemplazo, el obispo Ratko Peric, lanzó su propia investigación sobre las apariciones. También él las declaró un engaño y llamó mentirosos a los visionarios. Aun así, el Vaticano se niega a hacer un pronunciamiento. Aun así, la explotación espiritual, financiera y física continúa. Y el dinero sigue llegando a manos llenas a las cuentas bancarias tanto franciscanas como vaticanas. Como explicó un miembro de la Secretaría de Estado del Vaticano: «¿Un fraude? Claro que es un fraude, pero el dinero es genuino».

Hubo dos guerras que implicaron a Gran Bretaña y Argentina libradas durante 1982. Una de ellas está bien documentada, y tuvo como desencadenante la invasión de las Malvinas por la dictadura argentina, que las reclamó como parte recuperada de su nación. Tras el fracaso de varias iniciativas diplomáticas, los británicos, que habían ocupado las islas durante unos doscientos años, entraron pronto en guerra.

Cuando el papa visitó el Reino Unido entre el 28 de mayo y el 2 de junio, el combate estaba en su apogeo, pero para entonces la otra guerra, sostenida en forma muy privada, había sido librada y ganada. Los ganadores fueron el papa, el cardenal primado de Inglaterra, Basil Hume, y los obispos británicos. Los perdedores fueron una camarilla de cardenales españoles, argentinos y brasileños y el sector de extrema derecha de la curia romana.

El papa sabía mucho antes de esa crisis que la curia estaba repleta de hombres de tendencia francamente fascista. Estos individuos no son un fenómeno nuevo, ni éste se limita a algunos de los residentes españoles y argentinos. Aún se les puede encontrar entre una amplia muestra representativa de sacerdotes, obispos y cardenales de una extensa gama de países latinoamericanos y de varios Estados europeos. Tales sujetos aspiraban, y aún aspiran, a recuperar para la Iglesia católica el grado de control que Roma ejercía en el más rancio pasado, un control sobre cada aspecto de la vida nacional, en feroz oposición al socialismo y el igualitarismo democrático. Sus predecesores crearon la Jarcia Vaticana, por medio de la cual miles de nazis, fascistas y sus colaboradores, que debían haber sido sometidos a juicio por todos los crímenes concebibles que perpetraron durante la Segunda Guerra Mundial, escaparon de la justicia y encontraron una nueva vida en América Latina y Estados Unidos.

Los fascistas dentro de la Iglesia no murieron ni desaparecieron tras la muerte de Mussolini. Estaban ahí antes de él; y ahí siguen. Salieron a la luz en 1982; y pese a su gran desventaja, el papa los desbordó por el flanco y prevaleció sobre ellos.

El viaje papal al Reino Unido llevaba planeándose unos dos años. La dictadura militar argentina lanzó deliberadamente su aventura en las Malvinas para coincidir con el evento, un hecho pasado por alto o ignorado por sus fervientes partidarios en el Vaticano. El obispo Marcello Carvalheira, de Brasil, fue uno de los que criticaron abiertamente la planeada visita a Gran Bretaña.

Mientras continúen las hostilidades en el Atlántico sur, la visita del papa no sería un gesto amistoso para el pueblo latinoamericano. Un pecado original se cometió cuando los británicos invadieron las islas Falkland.

El embajador de Argentina ante la Santa Sede presionó intensamente para que esa visita se cancelara. El secretario de Estado del Vaticano, Agostino Casaroli, y su asistente, el cardenal español Martínez Somalo, aprovecharon todas las oportunidades para instar al papa a retractarse de ese viaje. El nuncio papal en Argentina, el arzobispo Ubaldo Calabresi, invitado habitual a la mesa de la junta militar, preguntó al papa cómo era posible que viajara a Gran Bretaña mientras los británicos derramaban sangre argentina.

Durante todos los años del régimen militar, ninguno de esos miembros de la jerarquía católica mostró preocupación por el derramamiento de sangre argentina por la junta militar, jamás levantó un dedo cuando hombres y mujeres católicos eran torturados hasta el borde mismo de la muerte y llevados después en helicópteros, acompañados por curas que les administraban los últimos sacramentos cuando las víctimas iban a ser arrojadas al Atlántico. El cardenal Basil Hume, con una solución digna del rey Salomón, neutralizó por sí solo gran parte de la oposición cuando sugirió al papa anunciar planes para una visita a Argentina. La curia, mayoritariamente hostil al viaje al Reino Unido, argumentó que llevaría años planear esa visita. El papa ignoró las protestas y aceptó la sugerencia de Basil Hume. Anunció que eso era exactamente lo que haría.

El regocijo de los fieles católicos del Reino Unido no fue nada comparado con la reacción de los ejecutivos de Papal Visit Ltd., la compañía creada por la Iglesia católica para organizar los viajes papales. Igualmente aliviados se sintieron los hombres del International Marketing Group (IMG) de Mark McCormack, quienes habían sido contratados para prestar asesoría financiera.

Más acostumbrados a comercializar el potencial de estrellas deportivas como Bjorn Borg y Jack Nicklaus, los hombres de McCormack fueron rápidamente informados de que todo debía hacerse «con el mejor gusto posible». Anuncios que decían «Bienvenido a Coventry» en el misal oficial, con un tiraje inicial de 1,3 millones de ejemplares, se juzgaron «poco consecuentes con la razón pastoral de la visita». En cambio, catálogos de pedidos por correo pasaron la prueba y se enviaron a cada parroquia, escuela y organización social católica del país. Había más de doscientos artículos para escoger, cada uno de ellos con la imagen del papa, incluidas velas, platos de latón, cucharillas, caramelos, relojes, bancos plegables, cubiertos, libros, adornos, medallas y cristalería. Todos los artículos vendidos generaban un 10 por ciento de regalías para ayudar a sufragar el costo del viaje. Sólo mucho después se reveló que el 20 por ciento de esas regalías fueron a parar a los bolsillos de IMG. Nada se pasó por alto. Trusthouse Forte obtuvo el contrato para suministrar a los fieles tazas de té y alimentos durante las diversas escalas. También en este caso la Iglesia extraía regalías sobre cada taza de té vendida, como lo hizo en todos los demás servicios sobre los que impuso un precio.

Al igual que en la mayoría de los viajes de Wojtyla, los medios fueron abrumadoramente amigables y el viaje fue saludado como un gran éxito pastoral. El impacto pastoral se redujo enormemente en Escocia, donde la asistencia y el entusiasmo llegaron al máximo, cuando los asistentes a la misa al aire libre en Glasgow fueron sometidos a registros personales y mantenidos a más de ochocientos metros de distancia del papa.

Excluyendo Escocia, las cifras de asistencia contaron una historia diferente. Las autoridades eclesiásticas habían sobrestimado seriamente el número de personas que querrían escuchar al papa condenar continuamente el conflicto de las Malvinas con referencias indirectas a la guerra en general. Por aquel entonces, cerca del 90 por ciento del Reino Unido respaldaba la iniciativa del gobierno de Thatcher. La mayoría tampoco deseaba oír condenas del aborto y de la «mentalidad anticonceptiva». A la misa papal en Heaton Park, Manchester, asistieron doscientas mil personas, en tanto que la Iglesia había previsto un millón. Ésta había dicho que asistirían setecientos cincuenta mil en Coventry, pero menos de la mitad de ese número hizo acto de presencia. Este escaso entusiasmo se reflejó en el desastre económico que la visita produjo para muchos comerciantes en Inglaterra y Gales. Quedaron sin venderse retratos enmarcados del papa, veinte mil latas de Coca-Cola y mil almuerzos envasados. Las escasas ventas produjeron grandes pérdidas para la Iglesia católica romana en Inglaterra y Gales. Años después, ésta aún intentaba recuperar parte del costo de seis millones de libras esterlinas de ese viaje.

El «gran éxito pastoral» fue confirmado como una fantasía de los medios cuando, dos décadas más tarde, el principal clérigo católico de Gran Bretaña describió a esta nación como un «país pagano». El propio papa hizo explícita su opinión sin palabras: nunca volvió a Gran Bretaña, a diferencia de Argentina, que visitó de nuevo en 1987.

Ni los británicos ni los argentinos hicieron el menor caso a los a menudo conmovedores ruegos del papa de detener los combates. Éstos sólo terminaron cuando Gran Bretaña ganó la guerra. En unos cuantos meses fue como si el papa nunca hubiera estado ahí, las comunidades en las iglesias de todo el país siguieron reduciéndose, y en Argentina la derrota bélica logró lo que las súplicas del papa de detener la contienda no habían conseguido. El jefe de la junta militar, el general Galtieri, fue inmediatamente destituido, y se dieron los primeros pasos para convocar elecciones libres. Con la elección de Raúl Alfonsín en diciembre de 1983, la democracia fue finalmente restaurada.

Aunque a muchos laicos y clérigos católicos les sorprendía cada vez más la comercialización del papado de Wojtyla, la opinión del arzobispo Marcinkus de que «la Iglesia no puede administrarse con avemarías» prevaleció.

Como me dijo un importante miembro estadounidense de la curia: «Estamos hablando de un producto. La fe católica es el mejor producto del mundo. Claro que hay que comercializarlo. Para poder vender cualquier producto, hay que comercializarlo».

Bajo Juan Pablo II, el Vaticano se convirtió en una corporación moderna en busca de dólares, y lanzó cómics que contaban la infancia y juventud de Karol Wojtyla, CD y vídeos de música aprobada, «oraciones, homilías y cantos, números en vídeo como el padrenuestro». El Vaticano ha abrazado con entusiasmo internet, desencadenando un feroz debate para determinar quién debería ser su santo patrón. Entradas para las misas papales se venden por internet o por medio de agencias, y uno puede seguir el rezo de la misa en el tradicional latín desde la comodidad de su hogar a través de la red. Confesarse por internet está prohibido en la actualidad, pero ésta es una cuestión que indudablemente volverá a plantearse en el futuro. Ya no es necesario viajar a Roma para oír al papa recitar el ángelus: esta oración más la regular audiencia general del papa de los miércoles están disponibles ahora en el ciberespacio. (El debate concerniente al santo patrón de la red se resolvió finalmente a favor de San Isidoro de Sevilla, obispo del siglo VI. Su principal derecho a la fama fue la creación de un diccionario de veinte volúmenes con un concepto de árbol similar a una primitiva base de datos. Un fuerte rival fue San Pedro Regalado, fraile del siglo XV del que se decía que aparecía en dos lugares al mismo tiempo, en los monasterios de La Aguilera y El Abrojo. Un atributo excelente cuando se navega en la red.)

Inevitablemente, el libro más vendido del papa, *Crossing the Threshold to Hope* (*Cruzando el umbral de la esperanza*), se lanzó en diversos soportes, de forma que podía conseguirse en CD-ROM; de forma también inevitable, la Iglesia católica romana se pronunció acerca de los pecados que podían perpetrarse en la red. En febrero de 2001 se anunció: «Los mensajes de correo electrónico de naturaleza carnal y las relaciones ilícitas por la web son pecado». Había nacido el pecado virtual.

Mientras la década de 1990 se acercaba a su fin, la Iglesia católica seguía mostrando su determinación de requerir un máximo de patrocinio. En México, en enero de 1999 el mensaje ya no fue el Evangelio. Fue el patrocinador. Muchas semanas antes de que el papa llegara para una visita de cinco días, carteles y anuncios espectaculares transmitían el claro mensaje de que el Santo Padre había aceptado el reto Pepsi: rechazando «la chispa de la vida», se había revelado como un miembro de pleno derecho de la Nueva Generación. «Pepsi siempre fiel», se leía en los gigantescos anuncios junto a fotografías ampliadas del papa.

Para ayudar a pagar su cuarto viaje a México, la Iglesia hizo incontables tratos de patrocinio, centrados todos ellos en la imagen del papa. Éste contribuyó a vender de todo, desde refrescos y computadoras hasta patatas fritas. La cadena de pastelerías El Globo presumiblemente no pagó suficiente para una «publicidad exclusiva», porque cerca de cien inmensos carteles patrocinados por los fabricantes del pan Bimbo incitaban a los ciudadanos a «alimentar el espíritu» de gozo, y las arcas de la panadería rival. Mercedes-Benz proporcionó dos papamóviles, Hewlett-Packard aportó las computadoras y Electropura regaló casi dos millones de litros de bebidas.

Veinticinco compañías que patrocinaron ese viaje de cinco días como «colaboradores oficiales» asumieron el 75 por ciento de los gastos del viaje. El papa, a semejanza de San Pedro Regalado, podía hallarse simultáneamente en varios lugares. Estaba en la botella que uno llevaba en la mano, en su bolsa de patatas fritas, en la estampilla que adhería a la tarjeta postal para decirles a quienes se habían quedado en casa que ojalá estuviesen ahí. Los comediantes locales hicieron su agosto. Uno rebautizó el refresco como «Papsicola», otro preguntó públicamente si el apretado programa de respaldo comercial del papa le dejaba tiempo para rezar y, con toda seriedad, un portavoz de la Iglesia, a sabiendas de que en español también se llama papa a la patata frita, creyó necesario confirmar a los 86,3 millones de católicos romanos de México que el Santo Padre «no celebraría la misa vestido de papa frita».

Pese a tal confirmación, a muchos devotos católicos mexicanos les entristeció profundamente tan craso comercialismo, y desdeñaron todo el asunto como un viaje de patrocinio corporativo.

Un activista político que durante años había atacado repetida y enconadamente al gobierno mexicano por usar la tortura, el secuestro y la violencia organizada para reprimir a una población cada vez más desesperada, observó acerca de la visita papal: «Los romanos siguen igual. Cuando no hay pan, tienen circo».

En el séquito papal y el cuerpo de prensa acompañante, los defensores de los viajes del papa solían detenerse en momentos específicos. Recordaban a la mujer ucraniana arrodillada sola en el lodo consolada por la visita del papa a su patria; al obrero polaco que dijo a su amigo que había interrumpido un discurso papal en el viaje de 1979: «Cállate, que el papa me está hablando». Recordaban a la mujer que agonizaba de sida en una casucha en la India y que hallaba consuelo en su recuerdo del momento en que el papa la había estrechado entre sus brazos, o al parado que caminó toda la noche para oír al papa durante su visita al Reino Unido. Estas personas y muchas más innegablemente obtuvieron fuerza y alivio de esos momentos.

A otros en el séquito papal y el grupo del Vaticano les repugnaban las trazas de triunfalismo y la superficialidad de estrella pop que rodeaban a los viajes papales. Las concentraciones del Día Mundial de la Juventud fueron comparadas con los mítines nazis en Nuremberg, con la misma «intensa devoción fanática por un gran líder». Otros más creen que los constantes viajes «centralizaron la autoridad en la Iglesia católica de una forma espectacular y sin precedente». Tras el inquietante espectáculo de la visita de septiembre de 2003 del papa a Eslovaquia, comenté las implicaciones con varios residentes del Vaticano. Un príncipe de la Iglesia me aseguró que el espectáculo había continuado y continuaría porque «el papa desea que siga. El actor dentro del Santo Padre se resiste a morir. Simplemente rehúsa dejar el escenario. Es un hombre fatalmente adicto a la adulación del público».

En varios países ese público ha disminuido drásticamente a lo largo de los años; en otros, dice el director administrativo de una empresa de estudios de opinión, se «está reduciendo a una tasa alarmante». La Iglesia no puede sentirse muy aliviada dado que, a excepción de los carismáticos evangélicos, también otros grupos de la fe cristiana han mostrado una disminución tanto en comunidades como en número de sacerdotes. Los católicos romanos han sufrido la mayor tasa de disminución entre todos los grupos religiosos en muchos países. El número de sacerdotes practicantes en el Reino Unido ha caído de un máximo en la posguerra de 7.714 en 1964, a 5.040 en 2003. En contraste, actualmente hay treinta mil psicoterapeutas practicantes en el Reino Unido. En Irlanda, sólo un seminario católico sigue abierto. En 2004 salieron de él apenas ocho nuevos sacerdotes.

En abril de 2003, una encuesta entre cerca de la mitad de los sacerdotes que aún quedaban en Inglaterra y Gales reveló que el 60 por ciento de ellos creía que la relación sexual con una mujer casada no debía impedir a los sacerdotes el ministerio activo, el 21 por ciento creía que la homosexualidad no debía ser un impedimento y el 43 por ciento «se oponía activamente» a la enseñanza de la Iglesia sobre la anticoncepción. Inevitablemente, un portavoz de la Conferencia Nacional de Sacerdotes cuestionó la metodología de ese estudio, pero un año después la jerarquía católica romana no había aportado ninguna evidencia que refutara esos hallazgos.

La actual situación de los sacerdotes católicos romanos en el Reino Unido es verdaderamente dramática. En continuo declive, esta congregación debe hacer frente a cada vez más cinismo e incredulidad, se esfuerza en sobrevivir en condiciones tercermundistas, sin fondos de pensiones, sin un salario nacional, con una asistencia a misa cada vez menor que desemboca en escasas contribuciones por parte de quienes aún acuden a la iglesia y con veintitrés diócesis encabezadas en cada caso por un obispo autónomo nombrado por Wojtyla.

Paradójicamente, el número de católicos romanos sobre el papel en el mismo periodo aumentó de cuatro millones en 1963 a cerca de cinco millones en 2000, pero, como en otros países, muchos de ellos sólo son católicos nominales que rara vez, si acaso alguna, entran a una iglesia. Durante el mismo periodo, el número de católicos romanos en Gran Bretaña que asistían a misa disminuyó de 2,63 millones en 1963 a menos de un millón en 2000. Una encuesta sobre los valores europeos efectuada a mediados de 2003 muestra lo profundo y amplio de ese curioso doble criterio en toda Europa. Frente a dos simples preguntas, 1.ª «¿Pertenece usted a alguna confesión religiosa?», y 2.ª «¿Asiste usted a celebraciones religiosas una vez al mes o más?», ningún país europeo obtuvo resultados equilibrados. En Italia las cifras fueron 82,2-53,7 por ciento. En la patria del papa, Polonia, 95,7-78,3 por ciento. En Gran Bretaña la disparidad entre personas religiosas nominales y practicantes alcanzó un enorme 83,4-18,9 por ciento. El cristianismo puede seguir argumentando que es la principal religión en Europa aun si esas cifras ocultan un altísimo porcentaje de supuestos cristianos. Pero desde 1978, cuando Karol Wojtyla fue nombrado papa, y sin importar cómo se analicen las cifras, el número de católicos romanos practicantes en Europa ha caído en más de un tercio.

En Estados Unidos, la revista *Time* llevó a cabo una encuesta en 1994 coincidiendo con su concesión al papa del título de «Hombre del Año». La encuesta reveló que el 89 por ciento de los católicos estadounidenses creían posible discrepar del papa en cuestiones doctrinales y aun así ser buenos católicos (posición que él habría rebatido tajantemente). También indicó que tres cuartas partes de los católicos romanos estadounidenses querían tomar sus propias decisiones sobre el asunto del control de la natalidad. Respecto a la asistencia a misa, los fieles estadounidenses mostraron la misma tolerancia que los egocéntricos europeos. Sólo un 41 por ciento de quienes se consideraban católicos romanos en Estados Unidos dijeron asistir a misa semanalmente. En Canadá, estudios recientes sugieren que menos del 20 por ciento de los católicos romanos nominales realmente van a la iglesia cada semana, y la cifra cae al 12 por ciento entre quienes tienen entre quince y veinticuatro años de edad. Para hallar buenas noticias para la Santa Sede es preciso mirar al Tercer Mundo.

El Vaticano había anticipado durante varios años que el Año Santo del Milenio sería una posible mina de oro, pese a la declaración del papa al dar por formalmente concluido el Año Santo cerrando la Puerta Santa de San Pedro: «Es importante que tan insigne acto religioso sea completamente disociado de cualquier apariencia de ganancia económica».

De hecho, la «ganancia económica» obtenida ese año fue tan grande que el papa anunció que, una vez cubiertos *todos* los gastos, el saldo resultante se donaría a la caridad. La máquina de comercialización del Vaticano había andado un largo camino desde que el rostro del papa adornó las bolsas de patatas fritas mexicanas. Reproducciones de mapas celestes de Tolomeo pintados a mano con chapa de oro de 22 quilates podían adquirirse a mil cuatrocientos dólares en la Colección de la Biblioteca del Vaticano (y aún pueden conseguirse por internet); o, para ese esperado y feliz acontecimiento, ropas de ceremonias de bebé, empezando por un pequeño esmoquin blanco de satén y poliéster de ciento cinco dólares.

Los patrocinadores del Jubileo también estuvieron muy lejos de la total tacañería de años anteriores. Telecom Italia, a cambio de los derechos exclusivos y un logotipo del Jubileo, aportó más de ochenta millones de dólares de servicios telefónicos y de internet, incluida la instalación de una conexión segura de la red entre la Santa Sede y sus ciento veinte embajadas en todo el mundo.

Los peregrinos podían elegir entre muchísimas cosas, desde relojes de platino de diecisiete mil quinientos dólares hasta las bendiciones papales en pergamino por una bicoca de cuarenta y ocho dólares o los servicios de Ferragom por ciento veinticinco dólares. La máxima propaganda comercial para el Jubileo fue inevitablemente hecha por el papa. Para estimular a los turistas o peregrinos, anunció que Dios concedería indulgencias obtenidas mediante «peregrinaciones piadosas» a «Roma, Jerusalén y otros lugares designados». Con esta oferta, el papa hizo retroceder el reloj casi quinientos años, hasta Martín Lutero y los tiempos anteriores a la Reforma. Terminado el Año Santo, el Vaticano, una vez donada la ganancia a una obra de caridad que rehusó revelar y que por lo tanto permaneció en el anonimato, tuvo la oportunidad de considerar el futuro.

Con sus más de cuatrocientos millones de católicos, América Latina es, sin duda, el «continente católico» en los primeros años del nuevo milenio. Más de un miembro de la curia me lo ha descrito como «el continente de la esperanza». Representando alrededor del 42 por ciento de la totalidad de los católicos, tanto nominales como practicantes, en el mundo suele vérsele como la nueva base de poder de la fe, al tiempo que Europa se desliza cada vez más hacia el «ateísmo». Siendo así, uno esperaría que el papa y quienes lo rodean prodigaran sumo cuidado y atención a la región. Pero lo cierto es que, en términos católicos, América Latina está por detrás del resto del mundo. En América del Norte, con sesenta y ocho millones de católicos, hay un sacerdote por cada 1.072 católicos. En América del Sur, con sus cuatrocientos millones de fieles, hay uno por cada siete mil doscientos católicos. Aun África se halla en mejor situación, con un sacerdote por cada 4.393 católicos.

Semanas después de su nombramiento como papa, Wojtyla había identificado la teología de la liberación como una de las mayores amenazas para la Iglesia católica romana. El hecho de que gran parte de esa teología sea notoriamente similar al cristianismo primitivo habla elocuentemente del estado de cosas que imperaba en esos días en la Iglesia. En 1987, el entonces secretario de Estado, el cardenal Agostino Casaroli, en el curso de una reunión confidencial con miembros del segundo gobierno de Reagan, detalló la posición de la Iglesia sobre América Latina: «El Vaticano desea ver una verdadera democracia en cada país latinoamericano. Pero esto significa democracia en el más pleno sentido de la palabra, lo cual incluye sociedades social y económicamente justas».

Casaroli compartió después sus preocupaciones sobre el futuro de la religión en los países más pobres, «donde la pobreza y la injusticia pueden llevar a los fieles, e incluso a algunos clérigos, al socialismo. Ciertamente, al Vaticano le preocupan los que propugnan la teología de la liberación. Pero más nos preocupan las condiciones concretas de injusticia económica y social. Estamos particularmente inquietos por México, donde creemos que es posible una revolución radical y antirreligiosa».

Para fines de la década de 1990, la amenaza identificada, y muy real, era el correspondiente ascenso de las sectas religiosas y el capitalismo mientras los católicos de América Latina empezaban a adscribirse a otras opciones religiosas y, simultáneamente, al mensaje de los centros comerciales. En octubre de 2002, los obispos brasileños realizaron sus visitas *ad limina* a Roma. El hecho de que representaban a un país en el que, al menos nominalmente, más del 80 por ciento eran católicos romanos debería haber asegurado que su audiencia con el papa fuera una experiencia mucho más satisfactoria que la sufrida por sus colegas europeos. Desafortunadamente para los brasileños, el papa, si no su curia, era perfectamente capaz de distinguir entre nominales y practicantes. «Brasil debe redescubrir su herencia cristiana (…).» Tras pedir que se alcanzara el liderazgo en el país católico más populoso del mundo, el papa instó a sus obispos a «combatir las dificultades que amenazan con oscurecer el mensaje de la Iglesia».

Pese a la severidad del papa y su secretario de Estado contra la teología de la liberación, los misioneros en activo, enfrentados a las realidades cotidianas, ya sea en América Latina, los remotos confines de África o las vastas tierras altas del sudeste asiático, suelen operar con una mezcla de socialismo y teología de la liberación entre los oprimidos, los dominados y las sociedades menospreciadas. A menudo pagan el más alto precio por ello. En 2001 fueron asesinados treinta y tres misioneros católicos. Otros católicos perdieron la vida en disturbios en Nigeria, una masacre en Paquistán y durante ataques de extremistas islámicos en las islas Molucas de Indonesia. Los misioneros deben hacer frente a la cada vez mayor hostilidad institucionalizada y a leyes que prohíben la conversión religiosa, siendo la India el país que ha impuesto más recientemente estas restricciones. En septiembre de 2003, el Tribunal Supremo federal de esa nación resolvió que no hay «ningún derecho fundamental para la conversión». En China, quien sea sorprendido introduciendo una Biblia en el país se enfrenta a una pena de cárcel. Conforme a la ley de la sharia, la fe islámica exige la pena de muerte para quienes se convierten a otro credo. Aunque esa ley no se aplica de modo generalizado en la mayoría de los países dominados por musulmanes, ciertamente mantiene bajas las cifras de conversión. Las líneas de batalla entre los dos credos abrahámicos se delinean más claramente cada año que pasa, y difícilmente el judaísmo se vuelve más tolerante con la competencia en el mercado. Hacer proselitismo entre niños es un delito penal en Israel. En diciembre de 2001, cuando un estudiante israelí de sexto grado llevó a la escuela una Biblia que un misionero le había dado, uno de los maestros la quemó delante de todo el grupo.

Ante tan amplias muestras de hostilidad, el papa y su gobierno central en Roma parecían mucho más interesados en refugiarse más aún en el pasado creando cada vez más santos y exigiendo que el cristianismo y su contribución a Europa fueran plenamente reconocidos en la Constitución de la Unión Europea. El papa nunca dejaba de presionar sobre este asunto cuando se le daba la oportunidad de hacerlo. Se quejaba amargamente de «la marginación de la religión» en la Unión Europea.

Cuando el año 2003 llegaba a su fin, el asunto del reconocimiento del cristianismo en esa Constitución había empezado a obsesionar al papa. Constantemente se quejaba de aquella omisión y formaba a sus fuerzas. La revista jesuita *Civiltà Cattòlica* intervino con un ataque en el que declaraba que esa omisión era «una clara deformación ideológica». Los jesuitas estaban sumamente insatisfechos con un preámbulo que hacía una «alusión genérica a la herencia religiosa sin ningún reconocimiento claro del hecho histórico de que la herencia judeocristiana fue uno de los principales factores en el desarrollo de una cultura europea común». Tal omisión es «un silencio que habla de forma significativa, y siempre lo hará de esa manera».

El Vaticano redobló sus esfuerzos de persuasión en las predominantemente católicas España, Portugal y Polonia. El papa declaró apasionadamente que la respuesta a los problemas de Europa reside «en un retorno a sus raíces cristianas, que son la fuente de su fuerza original. Esas raíces ofrecen una indispensable contribución al progreso y la paz». Los críticos recordaron que esa misma Europa generó asimismo en los últimos dos mil años no sólo el Holocausto, sino también una aparentemente interminable lista de guerras, y sugirieron que el cristianismo tenía mucha responsabilidad en ello. En junio de 2004 el papa perdió la batalla, pues el Parlamento europeo concluyó que Europa era principalmente un continente secular, declaración que ha recibido el apoyo de algunos sectores inesperados.

La Iglesia católica cree haber sido fundada por Dios y que es guiada por Dios. La mayor ironía del pontificado del fallecido papa Juan Pablo II es que, durante su periodo como representante de Dios en muchas partes del planeta, tanto el comunismo como su mortal adversario, el cristianismo, se vieron en gran medida reducidos a la insignificancia. El cardenal Cormac Murphy O'Connor, actual líder de la Iglesia católica romana en Inglaterra y Gales, describió a Gran Bretaña como un país donde «prevalece el ateísmo tácito». Su opinión era compartida por el entonces jefe de la Iglesia anglicana, el arzobispo George Carey.

El ex cardenal Joseph Ratzinger, cercano amigo y confidente del fallecido papa, director de la Congregación de la Doctrina de la Fe del Vaticano —versión moderna de la Inquisición— y uno de los hombres más poderosos e influyentes no sólo en el Vaticano, sino en la Iglesia católica romana entera aun antes de su elección como papa, comentó recientemente acerca de su patria: «El cristianismo debe comenzar de nuevo en Alemania». En Francia, el cardenal Jean-Marie Lustiger presidía lo que él mismo describió como una «Iglesia remanente». Uno de los más brillantes teólogos de la Iglesia italiana, el obispo Alessandro Maggiolini, publicó en fecha reciente un libro titulado *El fin de nuestro cristianismo*. Maggiolini cree que las fuerzas que están debilitando a la Iglesia no proceden de fuera, sino que nacieron y florecieron dentro de la Iglesia misma. Muchos en las altas esferas del Vaticano tienen una amplia variedad de explicaciones para lo que ven como la mayor calamidad en la historia de la Iglesia. Entre ellas están «ver demasiada televisión (…) el consumismo (…) las prácticas de la New Age (…) la modernidad (…) los "efímeros" placeres del alcohol, las drogas y el sexo por placer (…) los permisivos años sesenta (…) la música rock (…)».

La perniciosa y persistente lacra de abuso sexual a niños, adolescentes y mujeres por sacerdotes es, en palabras del papa, culpa «de la sociedad moderna de ustedes, que está corrompiendo a mis sacerdotes». La responsabilidad de los diversos delitos financieros perpetrados por el Banco del Vaticano «no tiene nada que ver con la Santa Sede; el banco no forma parte de la Santa Sede», según el cardenal Szoka. Lo cierto es que el papa es dueño del banco. El cardenal Castillo ve al Vaticano como víctima de una conspiración.

Aquí en Italia hay una gran influencia masónica en algunos bancos y en algunos periódicos, y ellos atacan por cualquier cosa a la Santa Sede y al IOR [el Banco del Vaticano].

El cardenal Martini amplió el ataque para exonerar al Estado de la Ciudad del Vaticano, la Santa Sede y la Iglesia católica romana y aseveró: «Deberíamos culpar a la sociedad en su conjunto». La humillación colectiva de la jerarquía católica tras el rechazo por el Parlamento europeo, unida al adicional rechazo europeo de un buen amigo del papa, Rocco Butiglione, por sus opiniones sobre la homosexualidad y el aborto, han provocado una reacción muy poco cristiana. El periodista italiano Vittorio Messori condenó lo que considera «anticatolicismo» por tratarse de «un sustituto del antisemitismo. (...) Antes, los negros, las mujeres, los judíos y los homosexuales eran objeto de sarcasmo y crítica. (...) Hoy afortunadamente esos grupos ya no pueden ser atacados, pero no veo por qué otros tengan que ser agredidos».

El cardenal Ratzinger volvió a la carga para declarar que la decisión del Parlamento europeo «tiende a reforzar las percepciones islámicas de Europa como sociedad decadente. Lo que ofende al islam es la falta de referencia a Dios, la arrogancia de la razón, lo cual provoca fundamentalismo».

El arzobispo Domingo Castagna, de Argentina, profirió la advertencia de que «en algunos países tradicionalmente católicos, como España y México, existe una abierta e inmisericorde campaña de descristianización».

El presidente del Consejo Pontificio para la Justicia y la Paz se mostró de acuerdo: «La oposición a la Iglesia católica está dominada por las nuevas santas inquisiciones, llenas de dinero y arrogancia». Estas influyentes camarillas, en opinión del cardenal, «tratan de asegurar que las voces del papa y la Iglesia católica no sean escuchadas a menudo, especialmente en el ambiente de los países ricos y acomodados».

Miembros del Vaticano dan muchas razones del espectacular derrumbe del cristianismo, y de la fe católica romana en particular, pero nunca consideran ni remotamente que eso podría tener alguna relación con el pontificado del desaparecido papa Juan Pablo II, o con la particular posición de la Iglesia sobre varias cuestiones. La actual cifra global de unos mil cien millones de católicos romanos, según todos los datos disponibles, sería de menos de la mitad si se descontaran de ella los católicos romanos meramente nominales, los católicos «de todo tipo» que practican su fe, en palabras del papa Benedicto XVI, «a la manera de hágalo usted mismo».

Mientras 2004 llegaba a su fin, Karol Wojtyla seguía desafiando a los periodistas que durante dos o tres años se habían estado preparando para divulgar por todo el mundo la noticia de su muerte. Su resistencia seguía sorprendiendo a muchos en el Vaticano. El diario funcionamiento de la Iglesia católica estaba en manos de otros, y la aportación papal a numerosas decisiones llegaba a través de su secretario, el ya *arzobispo* Dziwisz. Esto había convencido a muchos de los cínicos de que «el otro papa» se había convertido en quien detentaba el poder, pero sólo tratándose de las minucias de los asuntos de Estado. Todas las grandes decisiones políticas estaban en suspenso permanente mientras la Iglesia católica romana continuaba a la deriva.

Capítulo 8 | La cuestión judía →

Para Karol Wojtyla había sido un viaje importante, y para el papado mucho más. El 13 de abril de 1986, el papa Juan Pablo II cruzó el Tíber y fue conducido a la cercana Gran Sinagoga de Roma. Habían pasado más de diecisiete años desde que Wojtyla había entrado en la sinagoga de la sección Kazimierz de Cracovia y había permanecido tranquilamente de pie durante toda la ceremonia. Ningún papa había entrado nunca en ese edificio ni en ninguna otra sinagoga en los casi dos mil años del catolicismo romano. Sólo Juan XXIII, en la década de 1960, había estado a punto de hacerlo, cuando en una ocasión ordenó que su automóvil se detuviera fuera del templo, bajó y bendijo a una atónita comunidad de judíos que salían de la ceremonia del sabbath.

La travesía de Wojtyla hasta ese histórico momento de 1986 había estado lejos de ser tranquila. Inmediatamente después de terminada la Primera Guerra Mundial, el virus del antisemitismo volvió a brotar en Europa oriental. Se produjeron numerosos pogromos en toda la región. Polonia no fue la excepción. En 1919, ochenta judíos fueron asesinados en Vilna, setenta más en Lvov, y en la provincia en la que nacería el futuro papa fueron masacrados quinientos. El año de nacimiento de Wojtyla en Wadowice, 1920, no sólo estuvo marcado por los espléndidos desfiles para el mariscal Pilsudski en Varsovia.

Los campesinos y agricultores arrendatarios de Wadowice no eran diferentes a otros polacos: eran incansablemente hostiles a los judíos, influidos por curas locales no más ilustrados que sus parroquianos. El argumento, con cerca de dos mil años de antigüedad, de que los judíos eran directamente responsables de la muerte de Jesucristo, era el fundamento de ese odio. A él se añadía la envidia; porque aunque la mayoría de los judíos eran pobres, incluso los obligados a vivir en los *shtetls* —pueblos judíos— disfrutaban de un nivel de vida más alto que los campesinos católicos. En la época de la infancia de Karol Wojtyla, muchos campesinos polacos seguían creyendo que los judíos robaban y mataban a niños cristianos para mezclar su sangre con pan ácimo para la comida ritual de la Pascua. Aunque los judíos representaban una reducida minoría —alrededor del 9 por ciento— de la población polaca, esto no hacía nada para evitar el prejuicio.

Con la prohibición de poseer tierras, los judíos encontraron muchas otras salidas a sus talentos y capacidades naturales. Administraban las grandes fincas de la nobleza polaca, lo que les aseguró que los campesinos los consideraran enemigos naturales. También se hicieron abogados, comerciantes, artesanos y miembros de la clase profesional. En Wadowice, durante la infancia de Wojtyla, adquirieron el 40 por ciento de las tiendas a fuerza de talento y arduo trabajo, pese a que sólo eran el 20 por ciento de la población; esto creó más envidia y antisemitismo. Muchas familias católicas tenían caseros judíos, otra frecuente herida supurante.

El apartamento en un tercer piso alquilado por la familia Wojtyla estaba en un edificio propiedad de una familia judía, y el apartamento de al lado estaba ocupado por la familia Beer, también judía. Regina *Ginka* Beer se volvió buena amiga de Karol, y la primera aparición de él en el escenario como actor en ciernes fue como pareja de ella. Sin embargo, contra lo que afirman los fabricantes de mitos de la oficina de prensa del Vaticano, la infancia de Wojtyla en Wadowice en realidad estuvo expuesta al antisemitismo institucionalizado. La amistad con familias judías como los Beer posibilitaron a Karol Wojtyla conocer las realidades de la vida judía, pero hasta el día en que se paró delante de esa audiencia abrumadoramente judía nunca se había enfrentado o condenado el antisemitismo.

La festividad de la Asunción se celebra a mediados de agosto en Kalwaria Zebrzydowska, y a los contemporáneos supervivientes de la época de Wojtyla les encanta hablar de ella. Son menos elocuentes, en realidad se quedan mudos, sobre algunos de los eventos que ocurrían en Kalwaria en Semana Santa, eventos a los que también Wojtyla asistió con regularidad en su vida antes de ser nombrado papa. La Pascua en Kalwaria era un periodo muy peligroso para los judíos que vivían en las áreas circundantes. Los judíos aprendieron mediante amargas y violentas experiencias a proveerse, si podían permitírselo, de alimentos y otros artículos básicos para varias semanas. Salir, particularmente sin compañía, era sumamente peligroso en esa época. Se provocaban disturbios contra los judíos, sus casas y negocios eran destrozados o incendiados, y con demasiada frecuencia los judíos eran brutalmente golpeados y asesinados. Esto sucedía mucho antes de Hitler, e iba a continuar mucho después del fin del Tercer Reich.

Para muchos devotos católicos polacos, los judíos se convirtieron en el perfecto chivo expiatorio, y los rituales católicos de la Pascua servían para justificar lo injustificable. Ahí estaba la oración de Viernes Santo «El acto de reparación», la oración para la conversión de todos los que no seguían «la verdadera fe», que describía a los judíos como «esa raza perniciosa».

Otra oración, que también se recitaba el Viernes Santo, reescribía el Nuevo Testamento, pues en ella no eran los romanos sino los judíos los que traspasaban a Cristo con una lanza y después le ofrecían vinagre para beber.

Pero lo que realmente estimulaba el antisemitismo en las multitudes que se congregaban en Kalwaria era la representación de la Pasión, un crudo ritual dramatizado en el que el papel del villano era asumido por Judas, y el teatro invariablemente se concentraba no sólo en Judas, sino en su raza entera. Todo esto se representaba en Kalwaria con una gran variedad de edificios y escenarios diseñados para transfigurar esa ciudad polaca en una visión de Jerusalén en tiempos de Cristo. Muchos jóvenes campesinos, en un estado de agitación mental por el final del drama, hacían cola después para ver un cuadro del siglo XVII en el monasterio bernardino. Esto perseguía azuzar aún más el antisemitismo del espectador. En él se veía a Jesucristo cayendo bajo el peso de la cruz mientras una horda de enloquecidos judíos semihumanos lo agredía. Ese cuadro condensaba con toda exactitud el mensaje de la representación de la Pasión, y congelaba una imagen en la mente. Después de eso, no hacía falta nada más para que, de regreso a su pueblo, más de un joven hiciera una pausa y se permitiera un «justo castigo» en nombre de Cristo.

La asistencia de la familia Wojtyla a las funciones de Pascua en Kalwaria era una especie de tradición. Tanto su abuelo como su bisabuelo paternos servían de guías a los peregrinos. Tiempo después, Karol Wojtyla indicó que prefería la fiesta de la Asunción al espectáculo de la Pascua. Ciertamente la primera había influido poderosamente en él. Wojtyla regresó una y otra vez a Kalwaria como lugar para pensar y reflexionar, aunque aparentemente nunca relacionó los eventos de Kalwaria con el antisemitismo. Para él, ése era un lugar sagrado. A diferencia de Wojtyla, Adolf Hitler sí estableció la relación. Después de asistir a las mundialmente famosas representaciones de la Pasión en Oberammergau durante la década de 1930, observó entusiasmado: «Nunca la amenaza del judaísmo ha sido tan convincentemente retratada».

En Wadowice, mientras que los judíos ortodoxos generalmente vivían retirados, los judíos liberales eran más sociables. Karol *hijo* jugaba como portero en el equipo judío local cuando el portero habitual no estaba disponible. Karol *padre*, junto con su hijo, iba en ocasiones a la sinagoga local; también Jurek Kluger, amigo judío de la escuela particularmente cercano, iba a buscar a Wojtyla a la iglesia local donde Karol era acólito. Estas actitudes y experiencias eran muy inusuales en la Polonia de aquellos días. Esto se confirma con una carta pastoral, «Sobre los principios de la moral católica», del entonces jefe de la Iglesia polaca, el cardenal August Hlond, del 29 de febrero de 1936:

> Habrá un problema judío mientras los judíos permanezcan en Polonia. (...) Es un hecho que los judíos combaten a la Iglesia católica, persistiendo en el librepensamiento, y que están a la vanguardia del ateísmo, el bolchevismo y la subversión (...). Es un hecho que los judíos engañan, cobran intereses y son proxenetas. Es un hecho que la influencia religiosa y ética de la juventud judía sobre el pueblo polaco es negativa.

Tales opiniones eran muy ampliamente sostenidas entre la jerarquía católica romana en los años de entreguerras. El mismo año en que el cardenal Hlond divulgaba su carta, una publicación jesuita polaca aseveraba: «Es necesario ofrecer escuelas separadas para judíos, a fin de que nuestros hijos no se contagien de su laxa moral». Maximilian Kolbe, monje franciscano más tarde canonizado por el papa Juan Pablo II por haber sacrificado su vida en Auschwitz para salvar la de otro prisionero, fue durante los años de entreguerras jefe de redacción de un semanario católico, *El Caballero de la Inmaculada*. Rabiosamente antisemita, esta revista era muy popular en Polonia, sin duda debido a que se la veía como una publicación financiada por los franciscanos que promovía la posición oficial, y contribuyó significativamente a manipular a la opinión pública en contra de los judíos.

Una vez en el poder, Hitler prohibió que los judíos se casaran con no judíos. Luego los privó de la ciudadanía alemana y los echó de la vida pública. Fueron excluidos del empleo en los servicios públicos, despojados del derecho a cobrar su pensión e impedidos para trabajar como maestros, periodistas, abogados o médicos. En las vacaciones de verano de 1938, Wojtyla recibió a menudo la visita de su vecina de al lado y habitual compañera de actuación Ginka Beer. El padre de ella, gerente de un banco, llevaría a la familia a vivir a Palestina, porque Polonia ya no era un lugar seguro para los judíos. El antisemitismo se había vuelto más audaz y ruidoso, y había manifestaciones en las calles. Los agitadores exigían un boicot contra las tiendas de los judíos y, en una anticipación de la *Kristallnacht*, lo escaparates de sus negocios fueron destrozados para levantar más los ánimos de la turba. El viejo Wojtyla, siempre cortés, estaba muy afligido. «No todos los polacos son antisemitas. Yo no lo soy. Tú lo sabes».

Cuatro décadas después, Ginka Beer, a los sesenta y cuatro años de edad, recordó vívidamente su despedida en el departamento de los Wojtyla.

Él estaba muy trastornado. Lolek [Karol] estaba aún más afligido. No dijo una sola palabra, pero se puso muy rojo. Le dije adiós lo más amablemente que pude, pero estaba tan conmovido que no supo qué contestar. Así que yo simplemente estreché la mano de su padre y me fui.

Más tarde Lolek intentó persuadir a Ginka de que se quedara, pero sin éxito. Semanas después, el ejército de Hitler ya estaba en Checoslovaquia, mientras su aliado, el generalísimo Franco, que contaba con el favor del joven Karol Wojtyla, apretaba el puño sobre España. Los padres de Ginka nunca llegaron a Palestina. Su padre fue asesinado en la Unión Soviética; su madre murió en Auschwitz.

El mismo mes en que Ginka inició su viaje, los Wojtyla se mudaron a Cracovia, para prepararse para el primer periodo académico de Karol en la Universidad Jaguelloniana. Padre e hijo se trasladaron a un pequeño apartamento en un sótano en una parte de la ciudad conocida como Debniki, cerca del río Vístula. A finales de 1938 y durante los primeros nueve meses de 1939, mientras Wojtyla permanecía inmerso en la vida universitaria y sus muchas atracciones, la guerra se volvía cada vez más inevitable. Ni siquiera el adiestramiento militar básico para los estudiantes universitarios interfería en el surrealista mundo del *campus*. Los estudiantes de filología polaca seguían soñando, respirando y viviendo su poesía. Gracias a su buen amigo Kydrynski, la villa de los Szkockis le abrió sus puertas a Wojtyla, y ése se convirtió en *el* lugar de reunión en Cracovia de escritores, poetas, artistas y músicos; ahí recitaban y discutían sus últimas obras, y los músicos obsequiaban a los creativos espíritus allí reunidos con sus más recientes composiciones.

Wojtyla fue presentado a Jadwiga Lewaj, maestra de francés y literatura (presentación que resultaría ser muy afortunada para el joven; y mientras él recitaba versos del «Bogumil» de Norwid, mientras permitía que el elemento de extrema derecha que controlaba la residencia estudiantil lo eligiera su presidente, mientras él y sus nuevos amigos discutían los méritos relativos del romanticismo, el lirismo y el mesianismo, la realidad se acercaba cada vez más.

A fines de 1938, aun después de que ya era obvio que el puerto internacional de Danzig, en el Báltico, era para Hilter un preciado blanco, la vida seguía como antes en la Universidad Jaguelloniana. Karol Wojtyla fue capaz de escribir a uno de sus amigos: «Para nosotros la vida consistía en noches en la calle Dluga, con refinada conversación hasta la medianoche y más allá». Para finales de agosto de 1939, se habían pegado carteles en cada aldea, pueblo y ciudad de Polonia ordenando a todos los reservistas y soldados retirados, así como a todos los hombres de hasta cuarenta años de edad que hubieran sido llamados a filas, que se presentaran en los cuarteles. En la universidad, Wojtyla y sus amigos estudiaban ansiosamente no las órdenes de reclutamiento, sino el programa de otoño. Ese mismo día Wojtyla había devuelto el uniforme del ejército que había usado en el campamento militar de verano. Como estudiante universitario, estaba temporalmente exento del servicio militar.

El viernes 1 de septiembre Cracovia sufrió su primer ataque aéreo. Divisiones alemanas se precipitaban sobre Polonia desde el sur, el norte y el oeste. La guerra había llegado a Polonia. Enfrentados a una fuerza de la Wehrmacht de un millón doscientos cincuenta mil hombres que incluía seis divisiones blindadas y ocho divisiones motorizadas apoyadas por la Luftwaffe de Göring, la caballería polaca y los demás elementos del ejército combatieron con enorme valor pese a su terrible desventaja. Cuando Varsovia se rindió y toda la resistencia había sido aplastada, más de sesenta mil polacos habían muerto, doscientos mil habían resultado heridos y setecientos mil habían sido hechos prisioneros. El gobierno había huido a Rumanía; Polonia había dejado de existir.

Una vez más Polonia se veía invadida y anexionada por sus vecinos. Los soviéticos tomaron 195.000 kilómetros cuadrados de la región oriental, con una población de 12,8 millones de personas. Alemania tomó el oeste, incluida Varsovia. Una gran región central que hacía las veces de zona divisoria se convirtió en un «protectorado» nazi, y era controlada por «el gobierno general». En esa área estaba Cracovia, así como el teniente Wojtyla y su hijo.

Los polacos católicos descubrieron rápidamente que Hitler tenía planes para ellos tanto como para los judíos. Antes de que terminara octubre de 1939, se impusieron trabajos forzados a toda la población polaca de entre dieciocho y sesenta años de edad. Las únicas excepciones eran los que realizaban una «labor social útil permanente», la cual era por supuesto determinada por los nazis. Antes de que finalizara el año se habían creado doce campos de trabajos forzados para «alojar» a varones judíos. Los judíos, incluidos los niños de más de doce años, eran destinados a cualquier trabajo que les fuera impuesto, y la desobediencia se castigaba con multas sin límite de cantidad, cárcel, tortura y confiscación de todos los bienes.

Los compañeros universitarios de Wojtyla comenzaban a aceptar la idea de vivir en un país ocupado. Esto debía absorber los pensamientos de incluso el más obcecado de los estudiantes. Faltaban alimentos, había de pronto escasez de carbón en un país con un gran excedente de ese producto y en un instante se formaban largas colas cuando corría el rumor de que algún alimento estaba en venta.

Desde octubre de 1939, menos de un mes después de iniciada la ocupación alemana de Polonia, ya se creaban guetos para los judíos. A veces éstos eran agrupados en un sector de una ciudad históricamente ocupada por ellos, como en Varsovia, donde se les obligó a construir y pagar un muro alrededor del área que les fue asignada.

Karol Wojtyla rehusó involucrarse en toda acción de resistencia. En realidad, intentó activamente persuadir a otros de abandonar la resistencia violenta y confiar en el poder de la oración. A fines de diciembre de 1939, al escribir a su amigo y mentor Mieczyslaw Kotlarczyk, el primero que encendió en él la pasión por el teatro, Karol Wojtyla demostró que el mundo en el que vivía estaba algo alejado de las experiencias generales de la Polonia desgarrada por la guerra.

Antes que nada, debo decirte que me mantengo ocupado. En estos días algunas personas se mueren de aburrimiento, pero yo no; me he rodeado de libros y me sumerjo en las artes y las ciencias. Estoy trabajando. ¿Creerás que casi no tengo tiempo para nada más? Leo, escribo, estudio, pienso, hago oración, lucho conmigo mismo. A veces siento una gran opresión, depresión, desesperanza, maldad. Otras, es como si viera el amanecer, la aurora, una gran luz.

Su producción literaria de ese periodo indica un escaso reconocimiento del hecho de que Polonia se había convertido en un infierno. Compuso muchos poemas en ese periodo. También escribió tres obras dramáticas y tradujo *Edipo rey* de Sófocles del original griego al polaco, a una lengua que «aun las cocineras puedan comprender por completo». Esas tres obras dramáticas tenían temas bíblicos: David, Job y Jeremías. Al escribir en otra ocasión a su mentor en Wadowice, observó de Job: «El mensaje central de la obra es que el sufrimiento no siempre tiene que ver con el castigo», y que la crucifixión de Cristo muestra el «significado del sufrimiento».

Sus cartas revelan un extraordinario grado de ensimismamiento en ese estudiante excepcionalmente dotado. Remiten a los días de la preguerra en la Universidad Jaguelloniana. Aunque él había rehusado repetidamente incorporarse al *Armia Krajowa*, el Ejército de la Patria, conocido como AK, de hecho Karol Wojtyla participaba activamente en otro movimiento clandestino, el UNIA. Éste era un movimiento católico clandestino de resistencia cultural comprometido con mantener vivas la cultura, la lengua y las tradiciones del país. Consideraba sacrosanta la herencia de la religión, la poesía, el teatro, la música y la enseñanza de su patria. Así como los nazis habían declarado públicamente la guerra a la herencia polaca, el UNIA estaba empeñado en su supervivencia. Karol Wojtyla prestó juramento en el UNIA en una fecha cercana a la muerte de su padre, en febrero de 1941.

Los dramas que él y otros representaban en secreto, sus actividades en nombre del Teatro de la Rapsodia, habrían podido justificar su arresto y tal vez un breve viaje en tren hasta Auschwitz, que tras su creación en mayo de 1940 se convirtió pronto en uno de los principales campos de concentración para miembros de la *intelligentsia* polaca. Así, tanto los ensayos como las funciones tenían lugar siempre en casa de alguno de los miembros del grupo, nunca se trataba de una producción teatral a gran escala. Todo se hacía en absoluto secreto.

En ningún momento Karol Wojtyla varió su creencia de que la oración y la fe en la Divina Providencia eran preferibles a la lucha armada para vencer al Tercer Reich. Cuando su buen amigo Juliusz Kydrynski fue arrestado y enviado a Auschwitz, Wojtyla consolaba a la madre de Kydrynski y oraba. Kydrynski fue liberado tres meses después. Otros amigos y ex compañeros de clase fueron menos afortunados. Jozef Wazik fue públicamente ejecutado en Cracovia por sus actividades clandestinas. Tadeusz Galuska murió en acción. Otros sencillamente desaparecieron, en algún lugar en Auschwitz.

Wojtyla se había replegado en un mundo de actividades secretas y quietismo religioso; tampoco hizo ningún esfuerzo por ayudar siquiera durante la guerra a algunos integrantes de la población judía de Polonia. Tras su elección como papa, el Vaticano encaró este problema propagando información falsa que fue aceptada incondicionalmente por los medios de comunicación. A esto le siguió pronto la primera oleada de biógrafos, quienes reciclaron esa información falsa original y le dieron nueva vida. De acuerdo con la página en internet del Vaticano, «B'nai B'rith y otras autoridades han testificado que [Karol Wojtyla] ayudó a algunos judíos a buscar refugio de los nazis». Su biografía del Vaticano dice:

(…) [Karol Wojtyla] arriesgaba su vida todos los días. Recorría las ciudades ocupadas hablando con familias judías fuera de los guetos, buscándoles una nueva identidad y escondites. Salvó la vida de muchas familias amenazadas con la ejecución.

Jerzy Zubrzycki, compañero de preparatoria de Karol Wojtyla, fue citado en la revista *Time* en octubre de 1978: «Karol veía sufrimiento y desdicha a su alrededor. A pesar del hecho de que su vida estaba en constante peligro, recorría las áreas ocupadas poniendo a salvo a familias judías y buscándoles una nueva identidad».

En *The Pope In Britain* (*El papa en Gran Bretaña*), Peter Jennings escribió:

Lo más eficaz que hizo el cardenal [el entonces arzobispo Sapieha] fue autorizar la emisión de certificaciones de bautismo para algunos judíos que de lo contrario habrían perecido en la masacre. El joven seminarista Wojtyla naturalmente tomó parte en las distintas iniciativas de ayuda prestadas a quienes eran perseguidos.

Esta última afirmación también ha sido hecha por otros biógrafos. Sin embargo, existen evidencias contundentes de que, en realidad, el ya desaparecido papa no hizo nada en ningún momento por salvar a ningún judío.

En 1985 el cineasta Marek Halter, él mismo judío polaco, fue al Vaticano a entrevistar al papa Juan Pablo II para un documental sobre los gentiles que habían ayudado a los judíos durante la guerra.

No le pregunté si era verdad que él había salvado a judíos, si los había ayudado, o qué hizo realmente durante la guerra. Yo tenía testimonios. Personas de Stanislaw Gibisch. Otras personas, sus amigos judíos, el hijo del abogado, Kluger, pero nunca le pregunté al papa. Así que cuando llegué, el papa dijo:

—Ah, ya está usted aquí. ¿Vino de París?

—¿Tenía usted muchos amigos judíos antes de la guerra? —le pregunté.

Él contestó:

—Sí.

Yo le dije:

—¿Y todos ellos fueron asesinados?

Su rostro cambió. Dijo:

—Sí. Es horrible. Cierto. Fueron asesinados.

Y yo añadí:

—Pero algunos de ellos sobrevivieron. Fueron salvados.

Él dijo:

—*Gott sei Dank!*

Entonces le hice la pregunta clave:

—Y usted, Santo Padre, ¿hizo algo por ellos?

Su rostro cambió y dijo:

—No creo que yo… no. No —dijo.

Eso me sorprendió mucho, porque creí que él me contaría alguna anécdota. Una anécdota de la guerra, cuando había estado muy ocupado preparando los documentos falsos, pasaportes para los judíos, porque eso es lo que había escuchado, porque eso era lo que la gente me había dicho, pero él me dijo: «No», y eso me detuvo. No supe qué preguntarle después, y mi entrevista también se detuvo, terminó. Excepto por este gesto. Me tomó entre sus brazos como un hermano con un horrible sentimiento de culpa y me sentí muy frustrado. Muy frustrado.[1]

B'nai B'rith —Hijos de la Alianza— es la más grande y antigua organización de ayuda judía en Estados Unidos. Tiene una amplia gama de actividades que cuenta con una extensa muestra representativa de la comunidad judía estadounidense. Quizá la más conocida de ellas sea la Liga contra la Difamación de los Judíos, una organización de derechos civiles. En el curso de la investigación para este libro, indagué en esa organización sobre las afirmaciones hechas en su nombre respecto a las actividades de Karol Wojtyla durante la guerra. Tras una extensa investigación, esa organización confirmó que nunca había hecho las afirmaciones que se le atribuyen y que no tenía ninguna evidencia para justificar tales declaraciones.

Establecí contacto con el profesor Jerzy Zubrzycki en Australia. Me aseguró que la entrevista publicada en la revista *Time* nunca tuvo lugar, y que jamás hizo los comentarios que se le atribuyeron. La Simon Wiesenthal Organisation me notificó que no tenía información sobre las diversas afirmaciones realizadas en nombre del papa. Contacté con Yad Vashem en Israel, organización fundada para conmemorar y perpetuar la memoria de los seis millones de judíos víctimas del Holocausto. El doctor Mordecai Paldiel, entonces director del Departamento de Justicia, me informó: «No tenemos registrado ningún rescate de judíos realizado por Wojtyla durante los años de la guerra. (...) No hemos recibido ningún testimonio o documentación sobre ese asunto».

Las aseveraciones realizadas a lo largo de los años acerca de las actividades de Wojtyla durante la guerra en favor de los judíos son fantasías sin ningún fundamento. Él tuvo todas las oportunidades. El UNIA, aparte de ser un movimiento cultural clandestino, también tenía un muy activo brazo de resistencia, con más de veinte mil guerrilleros. Éste proporcionó documentos falsos a más de cincuenta mil judíos y ocultó a cerca de tres mil niños judíos durante los años de la guerra. Esta organización secreta se llamaba Zegota. Wojtyla conocía muy bien a varios de sus miembros, hombres como el escritor Zofia Kossak-Szczuka, muy activo en Zegota. Wojtyla jamás asumió un papel activo ni en Zegota ni en ningún otro grupo implicado en la ayuda a los judíos.

Muchas personas afirmarían, una vez terminada la guerra y expuesto al mundo el absoluto horror del Holocausto, que no estaban enterados. Nadie que hubiera vivido en Cracovia habría podido pretextar algo así. La línea ferroviaria que atravesaba la fábrica de Solvay, la línea considerada vital para el esfuerzo bélico alemán por transportar tropas, provisiones y municiones al frente oriental, también atravesaba la fábrica de Solvay en dirección oeste, a Auschwitz, requisito igualmente vital para asegurar que otra parte de las aspiraciones del Tercer Reich pudiera cumplirse. El profesor Edward Görlich insiste en que, por útiles que hubieran sido los productos de sosa, la razón de que esa fábrica tuviera la designación de *kriegswichtig* y fuera vital para el esfuerzo bélico fue la existencia de la línea ferroviaria. Además, después de 1941 otro factor habría desmentido el alegato de desconocimiento. Cuando el viento soplaba desde el oeste, los ciudadanos de Wadowice y Cracovia terminaron por reconocer el olor a carne humana quemada.

En agosto de 1987, casi nueve años después de haber sido nombrado papa, Karol Wojtyla escribió al arzobispo John L. May.

Es precisamente en razón de esa terrible experiencia por lo que la nación de Israel, sus sufrimientos y su Holocausto están hoy ante los ojos de la Iglesia, de todas las personas y todas las naciones, como una advertencia, un testimonio y un grito silencioso. Ante el vívido recuerdo del exterminio, tal como nos ha sido contado por los supervivientes y por todos los judíos que viven ahora, y tal como nos es continuamente ofrecido para meditar en la narración de la Pesah Haggadah, como las familias judías acostumbran hacer hoy, *no es admisible para nadie pasar con indiferencia*. La reflexión sobre el Holocausto nos muestra las terribles consecuencias que pueden desprenderse de la falta de fe en Dios y del desprecio por el hombre creado a su imagen (...).

A diferencia del buen samaritano al que Wojtyla alude en su carta, Karol Wojtyla pasó en efecto con indiferencia durante toda la Segunda Guerra Mundial.

En el Vaticano en tiempo de guerra, el papa Pío XII, pese a sus pormenorizados y específicos informes, siguió ignorando el hecho de que los nazis habían transformado Polonia, aun cuando esos informes detallaban el número de sacerdotes y religiosos que perecían en los campos. Él continuó titubeando. Varios de esos detallados *dossiers* sobre las atrocidades de los nazis en Polonia enviados a Pío XII por mensajeros de confianza procedían directamente del arzobispo Sapieha, de Cracovia. Éste informó al papa de que los prisioneros en los campos «son privados de sus derechos humanos, entregados a la crueldad de hombres sin ningún sentimiento humano. Vivimos en el terror, continuamente en peligro de perderlo todo si intentamos escapar, arrojados a campos de los que pocos salen vivos».

Conversando sobre el destino de los judíos, Sapieha dijo a un capellán de los Caballeros de la Cruz de Malta, que iba de camino a Roma y quien había presenciado personalmente la deportación de un gran número de judíos del gueto de Cracovia a Auschwitz: «Sobrevivimos a la tragedia de esos desdichados y ninguno de nosotros está ya en condiciones de ayudarlos. Ya no hay diferencia entre judíos y polacos». No todos, ya fuera en Cracovia o en el resto de Polonia, compartían el poco habitual pesimismo del arzobispo. Algunos judíos eran incluso salvados y escondidos por devotos católicos que también eran antisemitas. Reconvenían a los judíos mientras compartían con ellos sus escasas raciones: «Asesinos de Cristo. Asesinos de Cristo».

Cuando Eduardo Senatro, periodista que trabajaba en el diario del Vaticano, *L'Osservatore Romano*, sugirió a Pío XII que había que escribir un artículo crítico sobre las atrocidades de los nazis, el papa replicó: «No olvide, querido amigo, que hay millones de católicos en el ejército alemán. ¿Quiere causarles una crisis de conciencia?». No obstante, en mayo de 1940 el papa comentó al diplomático italiano Dino Alfieri: «Cosas horribles suceden en Polonia. Deberíamos pronunciar palabras terribles contra ellas».

El papa era un firme creyente en la doctrina de la «imparcialidad», política que él mismo había contribuido a bosquejar en la época de la Primera Guerra Mundial. En esencia, el Vaticano creía que, dado que había católicos combatiendo en ambos bandos, la Iglesia no debía apoyar a ninguno. Pío XII jamás pronunció «palabras terribles» contra el Holocausto. Sin embargo, estuvo activo de otras maneras contra los nazis, incluido un intento por lograr durante la guerra que el gobierno británico respaldara un plan concebido por altos oficiales alemanes para derrocar a Hitler. Con la esperanza de que la conjura prosperara e instando a los aliados a ayudar, el papa se distanció un tanto de la doctrina de la «imparcialidad».

En octubre de 1943, Adolf Eichmann inició la detención masiva de la totalidad de los judíos de Roma antes de deportarlos a una muerte segura. Sus recién revelados diarios establecen que la intervención papal salvó a la vasta mayoría de ellos. Pío hizo tres inmediatas y enérgicas protestas. No fueron condenas públicas, sino a través de tres diferentes emisarios: el cardenal Maglione, el padre Pancrazio Pfeiffer y el obispo Alois Hudal. Estas diversas protestas en nombre del papa se hicieron directamente al comandante del ejército alemán en Roma, Rainer Stahel. Esas vitales intervenciones también fueron registradas por monseñor John Carroll-Abing, implicado de forma directa en los esfuerzos del padre Pfeiffer a favor de los judíos. En enero de 1944, el papa abrió las puertas de su residencia de verano de Castelgandolfo para dar asilo a unos doce mil refugiados. Pío XII, de acuerdo con el autor Pinchas Lapide, «fue útil en la salvación de al menos setecientos mil, aunque probablemente de hasta ochocientos sesenta mil judíos, de la muerte segura a manos de los nazis». Es indudable que Pío XII habría podido hacer más por los judíos. Pero, según todas las evidencias disponibles, también habría podido hacer menos. Haber salvado la vida de ochocientas sesenta mil personas es una proeza formidable.

En el verano de 1941, Himmler instruyó al comandante de Auschwitz, Rudolf Höss, sobre «la Solución Final». Semanas más tarde, se usaron prisioneros de guerra soviéticos para probar el gas venenoso Zyklon-B. Se les asfixió en celdas subterráneas en el bloque once de Auschwitz. Luego se construyó una cámara de gas justo afuera del campo principal.

El mismo mes, junio de 1941, en que Himmler giraba instrucciones al comandante de Auschwitz, los ciudadanos de Jedwabne, poblado del este de Polonia, decidieron celebrar su reciente liberación de la ocupación soviética por el ejército alemán matando a todos los judíos del lugar: 1.607 personas. Supuestamente, algunos de ellos habían colaborado con el ejército soviético. Se les atacó con pesados mazos de madera con clavos. A algunos se les ordenó cavar una fosa, tras lo cual se les agredió con hachas y mazos y sus cadáveres fueron arrojados a la fosa. A otros se les mató a pedradas. A algunos niños se les golpeó con los mazos de madera, y a los hombres se les arrancó los ojos y se les cortó la lengua. Los alemanes observaron y tomaron fotografías de mujeres al ser violadas y decapitadas. La abrumadora mayoría fue azotada y llevada a punta de cuchillo al granero del agricultor Slezynski, a quien se roció con petróleo y se le prendió fuego. Los agresores tocaban instrumentos musicales para ahogar los gritos. Seiscientas personas murieron. Los siete sobrevivientes habían sido escondidos por Antonia Wyrzkowska, quien más tarde fue duramente golpeada por sus vecinos.

En ese mismo verano la vida mejoró para Karol Wojtyla. Se le transfirió de la cantera a la planta principal en Borek Falecki. Se le siguieron asignando las raciones extra y los cupones mensuales de vodka, que podía canjear en el mercado negro por carne, huevos u otras provisiones escasas. Wojtyla prefería los turnos nocturnos, porque le dejaban mucho tiempo para rezar y preparar su titulación. Realizaba sus diversos deberes laborales tranquila y eficientemente. Escuchaba mucho más de lo que hablaba, hábito prudente para un hombre que planeaba sobrevivir a la Segunda Guerra Mundial.

La guerra en Europa continuó hasta abril de 1945, pero en Cracovia terminó oficialmente, en opinión de Wojtyla y sus compañeros seminaristas, cuando dos mayores soviéticos aparecieron en la puerta del palacio del arzobispo, no en busca de nazis, sino de una botella de vodka. El 8 de mayo de 1945 las fuerzas aliadas aceptaron la rendición incondicional de Alemania. Desde la invasión de Polonia en 1939, más de once millones de civiles polacos habían sido liquidados a sangre fría. Entre esos once millones, un mínimo de seis millones de judíos fueron asesinados, incluidos un millón cien mil exterminados en Auschwitz. Los nazis también habían asfixiado en cámaras de gas a muchos miles de gitanos, homosexuales, testigos de Jehová, prisioneros de guerra, francmasones, sacerdotes, monjas e inválidos. Theodore Adorno hizo una pregunta memorable sobre si después de Auschwitz era posible seguir escribiendo poesía o filosofía.

Porque el mundo al que Auschwitz pertenece es un mundo sin alma, y las actividades espirituales que quedan sirven para dotarlo de una apariencia de legitimidad que contradice flagrantemente su realidad.

Es difícil comprender que a sólo cincuenta kilómetros de Auschwitz un futuro papa obtuviera siempre fortaleza y consuelo de su certeza en que Dios intervenía constantemente, protegiendo sin cesar a un oscuro joven polaco en el ir y venir a su empleo, trabajo que se consideraba vital para el esfuerzo bélico del Tercer Reich. Quizá ese joven devoto hubiera debido sentir una profunda humildad y compasión por el hecho de haber sobrevivido cuando tantos como él fueron exterminados.

La matanza en Polonia no terminó al finalizar la guerra. La identidad de los asesinos cambió, pero no la categoría de las víctimas. El virus del antisemitismo en la Polonia católica y romana perduró como si nunca hubiera habido una guerra mundial ni existido lugares como Auschwitz, Treblinka o Belzec. Judíos de vuelta que habían sobrevivido al Holocausto se encontraron con que, en efecto, los alemanes ya se habían marchado, pero los polacos que odiaban a los judíos no.

En octubre de 1943, Leon Feldhendler y Alexander Pechersky habían dirigido una fuga planeada del campo de exterminio de Sobibor de los más de seiscientos judíos allí encerrados. Unos doscientos murieron a tiros al escapar; cuatrocientos huyeron, cien de los cuales fueron capturados de nuevo o ejecutados. La mayoría de los demás murieron a consecuencia del tifus o asesinados por bandas polacas hostiles. Sólo treinta sobrevivieron a la guerra, incluidos los dos líderes que promovieron la revuelta. Para el 19 de marzo de 1946, la guerra en Europa hacía diez meses que había terminado, pero ese día Leon Feldhendler fue asesinado en su ciudad natal de Lublin por otros polacos. Chaim Hirschmann, uno de los sólo dos sobrevivientes del campo de exterminio de Belzec, también fue asesinado ese día.

Algunos de esos homicidios de la posguerra ocurrieron a causa de que los judíos que volvían reclamaban casas ilegalmente tomadas por polacos católicos; la mayoría fueron asesinados porque eran judíos. Más de mil fueron liquidados entre 1945 y mediados de 1947. En Wadowice, el lugar de nacimiento de Karol Wojtyla, la ciudad tan encantadoramente descrita por el servicio de información del Vaticano y numerosos biógrafos papales como libre de antisemitismo durante los años de entreguerras, católicos polacos admitían, en la privacidad del confesionario, crímenes que iban desde el robo de propiedades judías al asesinato de judíos que habían regresado.

Habiendo huido ante el avance alemán en 1939, el cardenal Hlond había regresado y era nuevamente cabeza de la Iglesia católica en Polonia. Tras un espantoso pogromo en Kielce en 1946 en el que murieron cuarenta y nueve judíos, el primado antisemita de la preguerra dio un claro indicio de que nada había cambiado. Sabía a quién culpar del pogromo. A los judíos que habían retornado. Declaró: «Una vez más están ocupando puestos importantes. Una vez más desean imponer un régimen ajeno a la nación polaca». Los judíos entendieron rápidamente el mensaje. En ese mismo periodo, más de cien mil de ellos huyeron del país, muchos en dirección a Palestina. Ése fue también el periodo en el que muchos en Polonia trabajaban con la ilusión de que eran un país libre.

En 1965, una de las declaraciones clave del Concilio Vaticano II fue *Nostra Aetate* (En nuestro tiempo), que trataba de la relación de la Iglesia católica con religiones no cristianas, incluidos los musulmanes y los judíos. Su paso por el concilio estuvo plagado de dificultades, que continuaron hasta la votación en favor de la declaración. La raíz misma del antisemitismo institucionalizado en el cristianismo, que comenzó en el momento de la crucifixión de

Cristo, fue reexaminada, reevaluada y, por último, abrumadoramente rechazada. Ese vital y ultradelicado asunto es la fuente de muchas dramáticas pero totalmente infundadas afirmaciones sobre el papel de Karol Wojtyla.

Los partidarios de un cambio en la posición de la Iglesia deseaban incluir en la declaración un enunciado que reconociera que, pese a que las autoridades judías insistieron en la muerte de Cristo:

> lo que sucedió en su pasión no puede achacarse a todos los judíos, sin distinción, que vivían entonces, ni a los judíos de hoy. Aunque la Iglesia es el nuevo pueblo de Dios, a los judíos no se les debe presentar como rechazados o maldecidos por Dios, como si esto se desprendiera de las Sagradas Escrituras. (…) Además, en su rechazo de toda persecución contra cualquier hombre, la Iglesia, consciente del patrimonio que comparte con los judíos y movida no por razones políticas, sino por el amor espiritual del Evangelio, *reprueba el odio, las persecuciones* y *las muestras* de *antisemitismo dirigidas contra los judíos en cualquier época y por cualquier persona.* [Las cursivas son mías.]

Muchos obispos en el concilio Vaticano II se opusieron por completo a que se incluyeran estas afirmaciones. Dieron para ello una enconada batalla de retaguardia.

El cardenal Agustín Bea había sido encargado por el papa Juan XXIII de preparar el documento preliminar para el debate en el concilio. Después observó: «Si hubiera sabido antes todas las dificultades, no sé si habría tenido el valor de seguir ese camino». El cardenal Walter Kasper, al recordar la controversia en noviembre de 2002, rememoró:

> Había una vehemente oposición tanto fuera como dentro. Emergieron de dentro los antiguos y muy conocidos patrones del antijudaísmo tradicional; fuera había una tormenta de protestas, especialmente de los musulmanes, con serias amenazas contra los cristianos que vivían entre ellos como religión minoritaria.

También hubo una amenaza de volar la basílica entera junto con los dos mil obispos que debatían el asunto. El papa Pablo VI cargó aún más la atmósfera cuando en un sermón del Domingo Santo el 4 de abril de 1965 dijo:

> Ese pueblo [los judíos], predestinado a recibir al Mesías, al que había esperado durante miles de años (...) no sólo no lo reconoció, sino que además se opuso a él, lo difamó y finalmente lo mató.

Durante la realización en Estados Unidos del documental de televisión «El papa del milenio» para PBS, entre las muchas personas entrevistadas por los productores estuvo un ex sacerdote, James Carroll. Éste habló de un amigo (no identificado, pero presumiblemente un obispo) que había estado en el Concilio Vaticano II. El amigo le había contado el feroz debate sobre el tema de si los judíos eran culpables o no del asesinato de Cristo.

> De pronto, al otro lado de la mesa, un hombre empezó a hablar, una voz que no se había oído en ningún debate. En muchos debates, sobre muchas cuestiones, nunca había hecho oír su voz.

Carroll, recordando su conversación con su informante, continuó: «Él supo que era una voz diferente por su marcado acento. Y el hombre habló de la responsabilidad de la Iglesia de cambiar su relación con los judíos. (...) Yo levanté la cabeza. Pensé: "¿Quién es este profeta?". Bajé la vista y era ese joven obispo de Polonia. Y nadie sabía siquiera su nombre. Fue la primera intervención de Wojtyla en el concilio. Y fue muy importante. Ése fue el inicio del gran impacto público que él tendría sobre esta cuestión».

Los biógrafos papales y otros autores han escrito que Wojtyla estuvo muy activo en ese debate. El siguiente extracto de la *Encyclopaedia Britannica* es muy representativo de los textos sobre este aspecto de la vida del papa:

Fue invitado al Vaticano II, donde argumentó enérgicamente a favor de la redefinición por el papa Juan XXIII de la relación de la Iglesia con los judíos. Wojtyla apoyaba la afirmación no sólo de que los judíos no eran culpables de la muerte de Cristo, sino también de que el judaísmo poseía su propia y vigente integridad, y que no había sido reemplazado por el cristianismo a los ojos de Dios.

También se ha asegurado que Wojtyla fue el principal autor de la versión definitiva de esa declaración. En sólo quince largas frases, *Nostra Aetate* fue un documento precursor que puso en marcha un movimiento para revertir dos mil años de odio, opresión, calumnia y aniquilación de los judíos por los católicos en nombre de Dios. Pero su existencia no le debe nada a Karol Wojtyla. Así como las historias de las dramáticas intervenciones de Wojtyla durante la guerra para salvar vidas judías son fantasías erigidas sobre mitos, también las afirmaciones que se han hecho a favor de Wojtyla sobre su aportación e influencia en la creación de esa histórica declaración carecen de todo fundamento.

El crédito de ese histórico documento se debe en particular a dos hombres, el cardenal jesuita Bea y el padre Malachi Martin, quien contaba con doctorados en lenguas semíticas, arqueología e historia oriental y estaba destinado a convertirse en un autor muy controvertido. Trabajando cerca del cardenal Bea, Martin elaboró el borrador del documento, el cual exoneró a los judíos de la ejecución de Jesucristo. El padre Martin recibió una abrumadora si no unánime aprobación del Concilio Vaticano, y muchos aplausos de todo el mundo. Respecto a los recuerdos del amigo anónimo de James Carroll y sus referencias al hasta entonces «silencioso obispo» de Cracovia, Karol Wojtyla hizo al menos siete intervenciones orales y al menos cuatro intervenciones escritas durante las sesiones del concilio. *Pero ninguna de ellas trataba del antisemitismo, asunto sobre el cual no dijo nada.*

Que se hayan hecho tantas afirmaciones falsas acerca de la relación histórica y el papel del papa con respecto al pueblo judío es sumamente preocupante. Igualmente inquietante es el hecho de que ni el papa Juan Pablo II ni ningún miembro del Vaticano, incluido su director de sala de prensa, el doctor Joaquín Navarro-Valls, trataran nunca de corregir un falso expediente que lo presenta bajo una inmerecida luz heroica.

Hay una breve y notable excepción, que, como ya se señaló, ocurrió cuando el papa estaba a punto de ser entrevistado por Marek Halter.

1968 fue un año de revoluciones en el que Europa ardió en tumultos y en el que estallaron protestas estudiantiles de forma espontánea aunque con respaldo en muchos países simultáneamente. En Polonia todo comenzó con una pieza teatral, la representación de la obra patriótica y antirrusa de Adam Mickiewicz *La víspera del antepasado*. Difícilmente podría decirse que este libreto acabara de salir del horno; el autor había muerto ciento trece años antes, pero sus textos habían mantenido su vigencia y una energía y pasión por la independencia polaca llenas de realismo y que, en 1968, en boca de actores dramáticos, sonaban como un llamamiento a las armas. Las referencias del dramaturgo a los opresores rusos y a la ocupación de la patria a mediados del siglo XIX fueron ruidosamente aplaudidas por el público, entre el que casualmente se hallaba el embajador soviético. La embajada soviética negaría posteriormente toda implicación, pero la obra se prohibió en seguida. Varsovia estalló a medida que los estudiantes tomaban las calles para protestar contra esa prohibición.

La protesta se extendió por todo el país. El ministro del Interior, el general Moczar, envió a la ORMO (Reserva de Voluntarios de la Milicia Ciudadana). Al igual que en París, Londres, Berlín occidental y una docena de capitales más, la violencia de la reacción del gobierno ante las protestas y la brutalidad de la milicia y la policía fueron planeadas y calculadas. Para la mayoría de las fuerzas de seguridad, eso «hizo que el trabajo valiera la pena». Cuando empezaron a acumularse críticas contra sus órdenes y métodos, el general recurrió al chivo expiatorio tantas veces usado para justificar lo injustificable. Tras referirse a una «gran conspiración sionista para derrocar al gobierno», proclamó que los organizadores de los estudiantes (o, como el general prefería llamarlos, los «cabecillas») eran judíos.

El principal blanco del general Moczar no eran los judíos, sino el secretario general del Partido Comunista, Wladyslaw Gomulka. Un año antes, Gomulka, enfrentado a crecientes críticas, había intentado desviarlas culpando a una quinta columna sionista en funcionamiento. Ahora el general, que codiciaba el puesto de Gomulka, quería ser aclamado como el salvador de la nación cantando el mismo himno, sólo que más fuerte. El secretario general Gomulka había reafirmado el poder de la censura; y cuando una grave escasez de alimentos y el aumento de precios comenzaron realmente a hacer daño en 1967, conduciendo a las inevitables protestas, él culpó a los judíos. Cuando luego las calles se llenaron de agitados estudiantes cuyas preocupaciones pasaron rápidamente de una obra prohibida a la inquietud por los sucesos en la vecina Checoslovaquia, Gomulka culpó de nuevo a los judíos. El régimen empezó a purgar las universidades y escuelas profesionales de judíos, así como de liberales y reformistas. En las calles, cualquiera que pareciera judío era molido a palos.

La Primavera democrática de Praga bajo el nuevo líder Alexander Dubcek florecía a paso creciente en toda Checoslovaquia. Desde luego que a ojos de Moscú era otra conspiración sionista. Al tomar precisa nota de los hechos al otro lado de la frontera, Gomulka intensificó la presión sobre los judíos de Polonia. El régimen hizo saber que el judío que quisiera abandonar el país podía presentarse en la embajada de Holanda en Varsovia e iniciar el proceso de solicitud de entrada a Israel. A ningún otro país, sólo a Israel.

Los solicitantes tenían que pedir autorización por escrito para renunciar a su ciudadanía polaca. Los documentos acreditativos tenían que adquirirse al patrón, asociación de vecinos o quienquiera que la oficialidad indicase en la lista. La solicitud tardaba tres meses en ser considerada. Durante ese periodo, los solicitantes no tenían la menor idea de si seguían siendo polacos o habían pasado al anonimato burocrático. Se les consideraba carentes de nacionalidad, sin dirección ni empleo en Polonia, sin ninguno de los datos básicos que refuerzan la identidad de una persona.

Si después de tres meses los solicitantes habían salvado con éxito todos los obstáculos, se les entregaba una hoja que declaraba: «El portador de este documento no es ciudadano polaco». Esto era válido durante dos semanas. En esas dos semanas, la gente tenía que meter su vida en un par de maletas y despedirse de su patria. De los aproximadamente treinta y siete mil judíos que había entonces en Polonia, al menos treinta y cuatro mil se marcharon.

Tadeusz Mazowiecki, uno de los principales intelectuales de Polonia, fue amigo de toda la vida del papa Juan Pablo II. Sumamente perturbado por ese reciente ejemplo de tenebrismo en la psique polaca, fue a Cracovia para plantearle el asunto a Wojtyla.

—Tuve una conversación con el cardenal Wojtyla sobre la cuestión antisemita y le pedí que se opusiera. Él estuvo de acuerdo en que era un asunto que merecía reflexión; en el que, en efecto, la Iglesia debía dar su opinión.

—Pero ¿ni él ni el cardenal Wyszynski, ni en realidad ningún otro miembro del episcopado polaco, se pronunciaron contra lo que se les estaba haciendo a los judíos?

—Así es.

A lo que observadores contemporáneos describieron como un «pogromo incruento» se le permitió seguir su curso. Asimismo, tanto Wojtyla como Wyszynski guardaron silencio todo ese año sobre lo que ocurría en la vecina Checoslovaquia. Gomulka fue mucho menos reservado y veía con creciente preocupación que el recién electo Dubcek aboliera la censura literaria y periodística y empezara a rehabilitar a víctimas de los juicios de terror estalinistas. Luego se anunció que la libertad de la opinión minoritaria estaba garantizada. Después se levantaron las restricciones para viajar. Más tarde, el 15 de abril de 1968, ese notable hombre y su progresista régimen comunista publicaron un programa de acción de veintisiete mil palabras. Esto confirmó los peores temores de Moscú. Tres semanas después, Gomulka y otros líderes del Pacto de Varsovia tomaron parte en una reunión ultrasecreta con el politburó soviético. Horas más tarde, tropas soviéticas estacionadas en Polonia comenzaron a desplazarse hacia la frontera de Checoslovaquia, al sur de Cracovia.

Gomulka no sólo se identificaba con las políticas soviéticas, sobre la Primavera de Praga, sino que además empujó a unos vacilantes dirigentes soviéticos a la completa invasión de Checoslovaquia. El 3 de agosto de 1968 en Bratislava, Gomulka y los demás líderes del Pacto de Varsovia firmaron una solemne «declaración de intenciones», la cual también fue firmada por Brezhnev y Dubcek. Esa declaración concedió al líder checo y sus colegas todo lo que habían buscado: libertad para continuar con sus reformas internas, libertad para continuar con su proceso de democratización. Dieciocho días después, durante la noche, los tanques rodaron sobre Checoslovaquia. La Primavera democrática de Praga se había convertido en el invierno represivo de Moscú. Todas las reformas de Dubcek fueron abolidas. Volvió la censura total. Todas las reuniones que «ponen en peligro al socialismo» fueron prohibidas. En octubre se anunció que las tropas del Pacto de Varsovia permanecerían en el país «indefinidamente». En abril del año siguiente Dubcek fue retirado del poder y reemplazado por Gustav Husak. Éste haría todo lo que Moscú le decía. Entre las tropas que entraron y violaron a un Estado soberano había fuerzas polacas. Ni una sola voz se alzó en protesta en el politburó del gobierno polaco ni en la Iglesia católica polaca.

El primer paso efectivo de Karol Wojtyla hacia cualquier forma de implicación política ocurrió al año siguiente de la Primavera de Praga y el incruento pogromo polaco. El 28 de febrero de 1969, durante una visita a la parroquia del Corpus Christi, Wojtyla visitó a la comunidad judía, y después la sinagoga de la sección Kazimierz de Cracovia. Éste fue un acto significativo no sólo para la pequeña comunidad de judíos supervivientes de Cracovia, sino también para el propio Wojtyla. El obispo fue recibido por Maciej Jakubowicz, líder de esa comunidad; luego, con la cabeza cubierta, entró a la sinagoga, y permaneció de pie al fondo durante toda la ceremonia.

Esa visita fue un acto aislado y silencioso. Wojtyla fue ahí porque el rabino lo había invitado. No hizo ninguna condena ni mención del ataque dirigido por el gobierno el año anterior contra los judíos polacos. Muchos años después fue interrogado de nuevo por el entonces presidente, Tadeusz Mazowiecki, sobre las razones de que no hubiera hablado en 1968. El primer ministro recordó: «El papa no respondió con palabras. Sacudió la cabeza y se llevó las manos a la cara». Esta reacción fue prácticamente idéntica a la atestiguada por el cineasta Marek a propósito de la incapacidad de Wojtyla para salvar vidas judías durante la Segunda Guerra Mundial. Llegaría el momento en que el papa realmente tendría mucho que decir sobre el antisemitismo, pero sólo cuando ya no viviera en Polonia.

Su completa indiferencia, no sólo durante la guerra sino también en las décadas posteriores, ante un caso tras otro de agravio a de sus semejantes, está en agudo contraste con su franca defensa de la fe católica. Una parte de Wojtyla parece haber permanecido, hasta su plena edad madura, en el estado del tímido joven que buscaba un refugio monástico. Gran cantidad de temores y debilidades pueden ocultarse fácilmente detrás de la filosofía de que «nuestra liberación [del Tercer Reich] se debe a Cristo» y en la creencia de que «la oración es la única arma que funciona».

Como obispo y cardenal, Wojtyla había visitado Auschwitz-Birkenau muchas veces. Al igual que su visita a la sinagoga de Cracovia en febrero de 1969, esas visitas habían sido poco importantes, discretas y poco divulgadas. Era como si hubiera temido llamar la atención sobre sus actos cuando, como hombre que aborrecía el antisemitismo, habría podido dar un poderoso ejemplo positivo hablando claro y fuerte. Esta inexplicable contradicción y falta de vínculos fueron temas constantes y recurrentes en las reacciones de Karol Wojtyla al antisemitismo. Sólo como papa, durante su primer viaje a Polonia en 1979, hizo una visita importante a Auschwitz-Birkenau, y fue primero a Kalwaria.

Ahora, en 1986, en la sinagoga de Roma, el papa citó el histórico decreto del Concilio Vaticano II *Nostra Aetate*, fundamento de la renovada posición de la Iglesia católica romana sobre los judíos.

Recordó a sus interlocutores judíos, innecesariamente, su propio pasado:

No obstante, y aunque teniendo en cuenta el condicionamiento cultural de siglos de antigüedad esto no podía impedirnos reconocer que los actos de discriminación, injustificada limitación de la libertad religiosa, opresión en cuanto a la libertad civil en referencia a los judíos eran, desde un punto de vista objetivo, manifestaciones gravemente deplorables. Sí, una vez más a través mío, la Iglesia, en palabras de la conocida declaración *Nostra Aetate* (núm. 4) «deplora el odio, las persecuciones y muestras de antisemitismo dirigidas contra los judíos en cualquier época y por cualquier persona». Repito: «Por cualquier persona».

El uso por el papa de las palabras «conocida declaración» fue irónico. En 1970, siendo cardenal de Cracovia, Wojtyla escribió un libro, *Sources of Renewal* (*Fuentes de renovación*), para que sirviera como guía de los textos del Concilio Vaticano II. Este libro ha tenido gran éxito en muchos idiomas. En ninguna de las ediciones el lector encontrará esa «conocida declaración», la esencia misma de *Nostra Aetate*. Sólo Karol Wojtyla sabe por qué censuró esta inequívoca condena del antisemitismo:

(...) aunque la Iglesia es el nuevo pueblo de Dios, a los judíos no se les debe presentar como rechazados o maldecidos por Dios, como si esto se desprendiera de las Sagradas Escrituras. Todos han de velar entonces para que en la labor de catequesis o en la predicación de la palabra de Dios no se enseñe nada que no se ajuste a la verdad del Evangelio y el espíritu de Cristo. Además, en su rechazo de toda persecución contra cualquier hombre, la Iglesia, consciente del patrimonio que comparte con los judíos y movida no por razones políticas, sino por el amor espiritual del Evangelio, reprueba el odio, las persecuciones y las muestras de antisemitismo dirigidas contra los judíos en cualquier época y por cualquier persona.

Entre constantes referencias a *Nostra Aetate*, el papa habló también de la visita que hizo a Auschwitz en 1979 y de que había hecho una pausa para orar en la lápida conmemorativa en hebreo: «Ante esta inscripción no es permisible para nadie pasar con indiferencia».

Sin embargo, en ese preciso momento, en Auschwitz un grupo de monjas carmelitas exhibían, con apoyo del papa, no sólo indiferencia, sino también una extrema insensibilidad. En agosto de 1984 habían tomado posesión de un edificio adyacente a ese campo. Conocido como «el antiguo teatro», ese edificio había sido el almacén del letal Zyklon B que se usó en las cámaras de gas de los nazis. Las monjas habían obtenido un arrendamiento por noventa y nueve años de las autoridades locales, y un mes después miembros de alto rango de la Iglesia polaca habían hecho pública su autorización para levantar un convento en Auschwitz. Más tarde se aseguró que todo había sido idea del papa, originalmente expresada durante el ejercicio de su cargo en Cracovia.

De hecho, Wojtyla había querido mucho más que un convento en Auschwitz. Durante una transmisión de Radio Vaticano el 20 de octubre de 1971 había dicho:

La Iglesia de Polonia ve la necesidad de un lugar de sacrificio, un altar y un santuario, donde antes estaba Auschwitz. Esto es aún más necesario tras la beatificación del padre Maximilian. Todos estamos convencidos de que en ese lugar de su heroica inmolación debe erigirse una iglesia, de la misma manera en que, desde los primeros siglos del cristianismo, se construían iglesias en las tumbas de mártires, beatos y santos.

La idea de un convento católico en un sitio donde más de un millón de judíos habían sido asesinados fue sumamente ofensiva para los judíos de muchos países. El papa no hizo nada por poner fin a la controversia, y cuando aquellas monjas instalaron una inmensa cruz de siete metros de alto en las puertas del campo, con el respaldo del primado polaco, el cardenal Glemp, las conciliatorias palabras del papa en la sinagoga de Roma empezaron a adoptar un tono demasiado vano. La controversia en Auschwitz causó furor, acompañada por el silencio de Karol Wojtyla. Más de trescientas pequeñas cruces siguieron a la grande. Para muchos judíos, la cruz es sólo superada por la cruz gamada como símbolo de antisemitismo.

Para muchos polacos que se ocuparon de este asunto resultó demasiado obvio que la piedad era un mero manto bajo el que se escondía el antisemitismo. Esa controversia también mostró la ignorancia o quizá indiferencia católica romana hacia una fe diferente con una tradición diferente. Los católicos romanos veneran y vuelven sagrado todo lugar de martirio, pero la tradición judía cree que un lugar así debe dejarse desolado. En mayo de 1985, la sección belga de una organización llamada «Asistencia para la Iglesia Necesitada» emitió un comunicado pidiendo fondos para ayudar a las monjas carmelitas alojadas en el convento de Auschwitz a renovar el edificio. El comunicado, emitido poco antes de que el papa hiciera una visita a Bélgica, describía tal ayuda financiera como «un regalo para el papa». En él no se hizo ninguna referencia a la aniquilación de más de un millón de judíos en un lugar que era descrito como «una fortaleza espiritual».

Este asunto habría de convertirse en una herida abierta en las relaciones entre católicos y judíos, la cual habría sanado rápidamente si el papa hubiera intercedido. Desafortunadamente, éste resultó ser otro ejemplo de la timidez de Wojtyla. El pontífice rehusó repetidamente involucrarse. Pronunciaba bellos discursos instando a los católicos a «sumergirse en las profundidades del exterminio de muchos millones de judíos durante la Segunda Guerra Mundial, y en las heridas consecuentemente infligidas a la conciencia del pueblo judío», recordando al mundo que «la libertad de religión de todos y cada uno debe ser respetada por todos, en todas partes». Hubo entonces un torrente de documentos conciliatorios de la Comisión Vaticana de Relaciones Religiosas con los Judíos, entre ellos unas «Notas sobre la manera correcta de presentar a los judíos y el judaísmo en la predicación y la catequesis en la Iglesia católica romana».

El joven Carol Wojtyla con sus padres. Católicos devotos, el padre nació en la misma década en que se declaró el dogma sobre la infalibilidad papal, una doctrina que le fue inculcada al joven Wojtyla desde muy temprana edad.

La Santa Alianza que nunca existió.

En conversación con el cardenal Bernardin, en 1985, Karol Wojtyla dijo: «No entiendo por qué los obispos [estadounidenses] no apoyan las medidas de su presidente en América Central».

Hombres como el presidente de Nicaragua, Daniel Ortega, supusieron un problema para el papa. Fue un diálogo de sordos.

¿Por qué este papa viajero no acudió inmediatamente a San Salvador para recoger el cáliz de las manos de Romero y continuar la misa que el arzobispo asesinado había comenzado?

Encuentro en la plaza de San Pedro. Esta fotografía única fue tomada instantes antes de que Mehmet Ali Agca, a quien podemos ver en la esquina inferior derecha, disparara al papa, un blanco perfecto.

Visitas papales como éstas a Argentina y Filipinas reforzaron las dictaduras de Galtieri y Marcos.

El obispo Marcinkus en Nigeria en 1982. A pesar de las acusaciones, las peticiones para su arresto, el pago de doscientos cincuenta millones a los acreedores del Banco Ambrosiano y las constantes solicitudes de los consejeros papales para su expulsión, Marcinkus continuó como presidente del IOR hasta 1990.

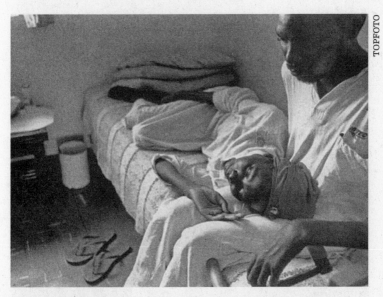

El VIH/sida en África. La Iglesia trabajó duramente para «ayudarles a morir con dignidad». Su continuo rechazo al uso del preservativo provocó que muchas personas murieran innecesariamente.

El siempre imaginativo asesor de
comunicación del papa,
Navarro-Valls

El gran comunicador es finalmente silenciado.

El papa persistió en ofender a muchos judíos con la canonización en 1982 del mártir franciscano Maximilian Kolbe. En 1922 Kolbe había fundado y editado una revista mensual, *El Caballero de la Inmaculada*. En 1935, Kolbe y sus compañeros franciscanos se habían convertido en importantes editores católicos en Polonia, pues imprimían once publicaciones periódicas y un periódico, *El Pequeño Diario*, entre cuyos lectores estaba Karol Wojtyla. En ellos Kolbe publicó más de treinta artículos antisemitas firmados por él mismo y otros autores. Kolbe llamaba a sus lectores a rezar por «los descarriados hijos de Israel, para que sean conducidos al conocimiento de la verdad y alcancen la verdadera paz y felicidad, ya que Jesús murió por todos, y por lo tanto también por cada judío». Aceptó sin cuestionar la notoria falsificación antisemita *Los protocolos de los ancianos de Sión*, describiendo a sus supuestos autores como «una poco conocida pero cruel y astuta camarilla judía (…) un reducido puñado de judíos que se han dejado seducir por Satanás». En otra parte se refirió a «organizaciones judaizadas y partidos políticos judaizados que han subvertido la fe de la gente y despojado de vergüenza a los jóvenes», y, repitiendo la histórica acusación de la Iglesia católica romana, escribió: «Desde el más horrible de los crímenes del judaísmo contra Dios, la crucifixión del Señor Jesús (…) el judaísmo ha caído cada vez más bajo». Haciéndose eco de la propaganda de Hitler en Alemania, dijo que los «judíos son intrusos en nuestro país y nunca podrán ser verdaderamente polacos sin convertirse al catolicismo».

La beatificación en la Iglesia católica romana implica un examen crítico y una minuciosa investigación del candidato. Debe suponerse que esos aspectos del pasado de Kolbe fueron examinados con minuciosidad, y luego ignorados. La Iglesia católica siempre ha guardado silencio sobre esa faceta de la vida de Maximilian Kolbe, prefiriendo comprensiblemente detenerse en su compasión por los demás y en su singular valor cuando rogó al comandante del campo de Auschwitz que le permitiera tomar el lugar de un hombre casado y con hijos que había sido seleccionado para morir. Su deseo le fue concedido, y tras ser arrojado a una fosa para morir de hambre con otros nueve hombres, oró con ellos mientras uno tras otro morían. Dos semanas después él era el único superviviente, y los nazis inyectaron fenol en sus venas. Murió en medio de espantosos dolores.

Sin embargo, está igualmente documentado que, a finales de 1939, después de que los ejércitos polacos hubieran sido derrotados y de que el país fuera ocupado por los alemanes, Kolbe y los demás monjes franciscanos dieron asilo a unos tres mil refugiados polacos, incluidos dos mil judíos. Los alojaron, alimentaron y vistieron. Antes de ser arrestado en febrero de 1941, Kolbe había podido publicar una última edición de *El Caballero de la Inmaculada*. Escribió: «Nadie en el mundo puede cambiar la Verdad. Lo que podemos y debemos hacer es buscar la verdad, y mostrarla cuando la hayamos encontrado».

El intermitente fanatismo de Kolbe antes de la Segunda Guerra Mundial no empaña, sino más bien abrillanta, su posterior trayectoria, que terminó en una celda de Auschwitz. Pero al no reconocerlo en el momento de su beatificación, el papa y sus asesores hicieron un obsequio propagandístico a quienes se oponen al acercamiento entre los católicos romanos y los judíos.

Kurt Waldheim prestó servicio en el ejército alemán durante la guerra. De acuerdo con su propia versión, fue reclutado y prestó servicio en el frente ruso hasta ser herido en diciembre de 1941. Su historia de que después retornó a Viena y pasó el resto de los años de la guerra estudiando derecho no fue refutada hasta que presentó su candidatura a la presidencia en las elecciones austriacas de 1986. Durante una encarnizada campaña, empezó a aparecer información que contaba una historia distinta de los años de la guerra, la cual había sido ocultada por la inteligencia soviética y yugoslava, y también por el Vaticano. El silencio soviético había sido incitado por la perspectiva de obtener beneficios durante los dos periodos de Waldheim como secretario general de la Organización de las Naciones Unidas, de 1972 a 1981. El persistente silencio del Vaticano tal vez estuviera fundado en una trasnochada prudencia. Durante la guerra, la política vaticana en los Balcanes, una de las áreas en las que posteriormente Waldheim prestó servicio en la Wehrmacht, incluyó la tácita aprobación del genocidio en Croacia y la activa protección tanto durante como después de la guerra de hombres que debían haber sido juzgados como criminales de guerra.

Tras recuperarse de su lesión, Waldheim reanudó su carrera en la Wehrmacht en abril de 1942. Luego fue el oficial de enlace con el grupo de combate del general Bader mientras éste perpetraba asesinatos y deportaciones masivos en la región del este de Bosnia. Su unidad fue responsable asimismo, en julio de 1944, de la deportación a Auschwitz de la población judía, de cerca de dos mil personas, de Salónica, Grecia. En 1944, aprobó también propaganda antisemita, lanzada tras las líneas rusas. Un folleto decía: «¡Basta de guerra! Acaben con los judíos. ¡Vengan!».

La oficina de la Secretaría de Estado sabía muy bien de las actividades de Waldheim durante la guerra cuando dispuso para él una audiencia con el papa Juan Pablo II. El hecho de que Waldheim hubiera prestado servicio en la Wehrmacht bastó para desencadenar una oleada de condenas contra el papa. Ésta fue una repetición de las protestas tras la decisión del Vaticano en 1982 de nombrar a Hermann Abs, antiguo tesorero de Adolf Hitler y el Tercer Reich, como uno de los «cuatro expertos» a raíz del escándalo del Banco Ambrosiano. El gobierno de Reagan estuvo muy al tanto de las protestas contra Waldheim. Documentos confidenciales del Consejo de Seguridad Nacional y del Departamento de Estado revelan esa profunda preocupación.

El Departamento de Estado analizó la reacción en dieciséis periódicos publicados entre el 22 de junio y el 5 de julio de 1987:

> (...) con excepción de uno de ellos, todos se mostraron sumamente críticos con el papa. Trece lo criticaron por conceder la audiencia; diez dijeron que, al hacerlo, el papa debería haber reprendido a Waldheim por sus actividades en la Segunda Guerra Mundial.

Hubo una reacción similar en los medios de muchos países. El hecho de que el papa tuviera previsto celebrar una reunión con líderes judíos estadounidenses durante una visita en septiembre a Estados Unidos también atrajo considerables comentarios en la prensa. Un editorial del *Miami Herald* resulta ilustrativo:

> (...) si aún espera una reunión positiva en septiembre, el papa Juan Pablo II debería reparar su baluarte ecuménico con un gesto conciliatorio para los ciudadanos amantes de la libertad a los que ofendió con su desacierto en un asunto de Estado.

Lejos de mostrarse arrepentido, el papa desdeñó el alboroto por considerarlo irrelevante. La reacción de la línea dura del Vaticano puede evaluarse claramente con los comentarios hechos al entonces embajador estadounidense en el Vaticano, Frank Shakespeare. El cardenal Casaroli, quien casualmente estaba en Nueva York cuando estalló la tormenta, modificó su programa para mantener un encuentro con varios de los líderes judíos que se reunirían con el papa en septiembre para discutir varias propuestas para promover las relaciones entre judíos y católicos. Esos líderes judíos solicitaron una urgente reunión adicional con el papa para expresar sus opiniones sobre la audiencia papal de Waldheim. En este caso, tuvieron que contentarse con una invitación del cardenal Willebrands, de Holanda, en su calidad de miembro de la Comisión de Relaciones Católico-Judías de la Santa Sede.

El embajador Shakespeare habló de esta reunión con monseñor Audrys Backis, subsecretario de Estado del Ministerio del Exterior del Vaticano, y el padre Pierre Duprey, vicepresidente de aquella comisión. Ellos dijeron a Shakespeare:

> El papa no invitó a ese grupo a Roma. Fueron ellos los que pidieron venir. (...) De ninguna manera se hablará de la audiencia de Waldheim. (...) No se hablará de las acciones de la Santa Sede durante la Segunda Guerra Mundial. Si la delegación judía publicara una lista de los temas a tratar, la reunión prevista para septiembre en Miami sería cancelada. (...) Es absolutamente falsa la afirmación del *New York Times* de que el papa y cuatro importantes co-

laboradores suyos se reunirán con cinco representantes judíos durante sesenta a noventa minutos.

Tanto Backis como Duprey fueron insistentes. Los judíos actuaban «en un marco de exaltación». Quedó bien claro que los líderes judíos se presentarían en Roma para discutir «cuestiones importantes relacionadas con el diálogo religioso entre cristianos y judíos», a lo que seguiría una audiencia privada con el papa durante la cual «no se hará ninguna mención a Kurt Waldheim ni la Segunda Guerra Mundial».

Aparte de poder salvar la reunión prevista en Miami entre el papa y los líderes judíos, el papa y sus asesores de la Secretaría de Estado y de la Comisión de Relaciones Católico-Judías se comprometieron a crear, después de reflexionar, un documento de toma de posición del Vaticano sobre la Shoah (Holocausto) y su relación con el antisemitismo. Otro resultado positivo de la debacle fue un valioso diálogo sobre la relación entre la Santa Sede e Israel, tema que había preocupado no sólo a líderes judíos, sino también al gobierno de Reagan desde 1980.

El gobierno estadounidense consideraba a Israel como un Estado cliente, y aprovechaba cualquier oportunidad de presionar al Vaticano para establecer plenas relaciones diplomáticas con Israel. El cardenal Casaroli y su equipo con frecuencia tenían que explicar la posición del Vaticano a funcionarios estadounidenses visitantes. El Vaticano «simpatiza mucho con Israel: nuestros funcionarios y los suyos se consultan a menudo. Varios líderes israelíes, Meir, Eban, Shamir, Peres, han sido recibidos por diversos papas (...) nos sentimos como amigos. No cabe duda de que el Vaticano reconoce a Israel, y tan pronto como sea posible tendremos relaciones formales. Pero por lo pronto debemos continuar sin ellas».

Casaroli enumeraba algunos de los problemas a sus interlocutores estadounidenses:

Si formalizáramos nuestras relaciones con Israel ahora [1987], eso impediría a la Santa Sede desempeñar un papel en el proceso de pacificación de Oriente Medio, porque todos los Estados árabes, salvo Egipto, romperían relaciones y dejarían de tratar con el Vaticano si intercambiáramos embajadores con Israel. (...) También habría verdadero peligro para las poblaciones cristianas de Estados árabes y otros Estados islámicos. La categoría de Jerusalén es otro asunto grave. Por varias razones, creemos que la ciudad debería internacionalizarse. (...) También sentimos una profunda y constante preocupación por el pueblo palestino y su destino, en particular por su falta de un territorio propio definitivo.

Al año siguiente el papa hizo una visita de Estado a Austria. En el avión, un miembro del cuerpo de prensa que viajaba con él le preguntó por qué había recibido a Kurt Waldheim cuando se le acusaba de crímenes de guerra. El papa contestó con brusquedad al periodista: «Fue elegido democráticamente en un país democrático». Prácticamente todos los demás jefes de Estado del mundo aplicaban otro conjunto de valores morales, y rehusaban invitar a Waldheim o a aceptar sus invitaciones. Estados Unidos llegó aún más lejos y prohibió la entrada a su territorio del ex secretario general de la ONU. El papa siguió avivando la controversia, y demostró su obstinación farisaica cuando, al llegar a Austria, insistió en recibir a Kurt Waldheim.

Un extraordinario epílogo del caso Waldheim se escribió siete años después. En 1994, cuando toda la verdad sobre las actividades de Waldheim durante la guerra ya era de conocimiento público, el papa Juan Pablo II le otorgó un título de honor. Entre aquellos con quienes comentó esa condecoración estaba el cardenal Ratzinger, quizá esta vez poco indicado como asesor papal. Como ex miembro del movimiento juvenil de Hitler y la Wehrmacht, la opinión del cardenal bien podría haberse expuesto a malas interpretaciones. En una ceremonia en Viena el 6 de julio, Waldheim fue admitido en el Ordine Piano de Pío IX. El nuncio papal, Donato Squicciarini, elogió a Waldheim por «luchar por los derechos humanos en la fatídica línea divisoria entre Oriente y Occidente».

Ese mismo año, esta relación cargada de problemas se había tensado aún más a causa de la beatificación de Edith Stein. Nacida en el seno de la fe judía en 1891, esa mujer de gran talento y de mentalidad moderna se convirtió al catolicismo romano a los treinta y un años de edad y entró a formar parte de la orden carmelita en la década de 1930. Fue arrestada en los Países Bajos junto con otros judíos convertidos al catolicismo el 2 de agosto de 1942 y transportada a Auschwitz-Birkenau, donde se la ejecutó una semana después. Eruditos judíos adujeron que la única razón de su ejecución fue que era judía. Vieron su beatificación como un intento por «convertir» el Holocausto al cristianismo.

Pero tal cosa era un palpable absurdo, como el papa demostró en su sermón en la misa de beatificación en Colonia el 1 de mayo de 1987. Hablando con gran elocuencia y maravillosa sensibilidad, atacó el asunto de frente:

> Para Edith Stein, el bautizo como cristiana no fue de ninguna manera una ruptura con su herencia judía. Muy por el contrario, dijo: «Había abandonado mi práctica de la religión judía desde los catorce años. Mi retorno a Dios me hizo sentirme judía otra vez». Siempre fue consciente del hecho de que estaba relacionada con Cristo «no sólo en sentido espiritual, sino también en términos de sangre». —Y continuó—: En el campo de exterminio murió como hija de Israel, «por la gloria del más Sagrado Nombre», y al mismo tiempo como la hermana Teresa Benedicta de la Cruz, literalmente «bendecida por la cruz».

Con los miembros supervivientes de la familia de Edith Stein entre el gentío, concluyó:

> Queridos hermanos y hermanas: hoy veneramos, junto con toda la Iglesia, a esta gran mujer, a la que desde ahora podemos llamar uno de los bienaventurados en la gloria de Dios; a esta gran hija de Israel, quien encontró la realización de su fe y de su vocación por el pueblo de Dios en Cristo salvador. (...) Ella vio el inexorable acercamiento de la cruz. No huyó. (...) La suya fue una síntesis de una historia llena de profundas heridas, heridas que siguen doliendo, y

para la curación de las cuales hombres y mujeres responsables han continuado trabajando hasta el presente. Al mismo tiempo, fue una síntesis de la verdad plena [sobre el] hombre, en un corazón que se mantuvo incansable e insatisfecho «hasta que finalmente encontró la paz en Dios». (…) Bendita sea Edith Stein, la hermana Teresa Bendicta de la Cruz, verdadera adoradora de Dios, en espíritu y en verdad. Ella se cuenta ya entre los bienaventurados. Amén.

Para ser un hombre que proclamaba sin cesar su compromiso con ese acercamiento, el papa cometió notables desaciertos. Durante su visita de 1991 a Polonia, enfureció a la pequeña comunidad de judíos supervivientes cuando equiparó el Holocausto con la cuestión del aborto y «los grandes cementerios de los no nacidos, cementerios de los indefensos, cuyo rostro ni siquiera su propia madre conoció jamás».

Cuando de vez en cuando se pedía al secretario de Estado, el cardenal Casaroli, explicar por qué la Santa Sede no tenía aún plenas relaciones diplomáticas con Israel, había dos potentes razones que nunca mencionó. Pese a todos los esfuerzos de Karol Wojtyla y muchos otros individuos, en la curia romana seguía habiendo una profunda desconfianza hacia Israel, nacida de un aparentemente indestructible antisemitismo que se negaba a aceptar la valiente iniciativa del papa Juan XXIII que había conducido a *Nostra Aetate*. Aunque tales actitudes chocaban con todos los esfuerzos de Juan Pablo II por cerrar la brecha entre los dos credos, esto importaba poco para la facción del núcleo duro dentro de la curia, que operaba a hurtadillas.

Sobre Israel, la Iglesia católica romana tenía legítimas preocupaciones, las cuales eran abiertamente expresadas: la negativa de Israel a negociar en torno a la búsqueda por el Vaticano de una categoría internacional para Jerusalén; la amenaza de acceso restringido a muchos lugares sagrados; el trato a los palestinos. No obstante, muchos en la Iglesia se mostraron más que dispuestos a atribuirse el mérito por la firma, el 30 de diciembre de 1993, de un «acuerdo fundamental» entre la Santa Sede y el Estado de Israel, el cual condujo directamente al establecimiento de plenas relaciones diplomáticas de las que el papa era particularmente responsable.

El inicio de relaciones diplomáticas con Israel no significó el fin de las históricas controversias entre la Iglesia católica romana y los judíos. Once años después del compromiso de crear un documento de toma de posición del Vaticano sobre el Holocausto o Shoah, finalmente en 1998 se publicó *We Remember: A Reflection on The Shoah* (*Nosotros recordamos: una reflexión sobre la Shoah*). El papa y su Comisión de Relaciones Religiosas con los Judíos juzgaron atinadamente esta reciente declaración como continuación de otras iniciativas previas significativas, comenzando por *Nostra Aetate* en 1965. Él esperaba que este documento reciente «ayudara a cerrar las heridas de pasados malentendidos e injusticias». El documento recibió variadas reacciones. Meir Lau, superviviente del Holocausto y principal rabino asquenazí de Israel en Estados Unidos, lo describió como «demasiado poco, demasiado tarde». En el otro extremo, otro rabino estadounidense, Jack Bemporad, lo juzgó de forma más positiva y lo llamó «un documento impresionante».

Inevitablemente, la gente leyó por encima el documento, de catorce páginas de extensión, y utilizó las partes que reforzaban sus propias e inalterables opiniones. En la carta del papa que acompaña al documento, Wojtyla describió la Shoah como «una mancha indeleble en la historia de un siglo que se acerca a su fin» y se refirió a su «inefable iniquidad». El documento propiamente dicho era aún más explícito.

Este siglo presenció una inefable tragedia, que nunca será posible olvidar: el intento del régimen nazi de exterminar al pueblo judío, con el consecuente asesinato de millones de judíos. Mujeres y hombres, ancianos y jóvenes, niños e infantes, por la única razón de su origen judío, fueron perseguidos y deportados. (...) Algunos fueron liquidados de inmediato, mientras que otros fueron degradados, maltratados, torturados y absolutamente despojados de su dignidad humana, y luego sacrificados. Muy pocos de los que llegaron a los campos sobrevivieron, y los que lo hicieron quedaron marcados de por vida. Ésta fue la Shoah. Es un hecho importante de la historia de este siglo, un hecho que nos sigue preocupando hoy.

Este documento, no obstante, causó gran inquietud por su lectura de la Historia, pues aparentaba pasar por alto la contribución cristiana, y ciertamente papal, a las actitudes que condujeron al Holocausto. El texto sugería que «para finales del siglo XVII y comienzos del XIX, los judíos habían alcanzado en general una posición equiparable a la de los demás ciudadanos en la mayoría de los Estados, y cierto número de ellos ocupaban influyentes posiciones en la sociedad».

El documento identificaba después las causas del antisemitismo, o (en sus propios términos) antijudaísmo, en los siglos XIX y XX como «un falso y exacerbado nacionalismo (…) esencialmente más sociológico que religioso. (…) En el siglo XX, el nacionalsocialismo en Alemania usó esas ideas [una afirmación sobre una diversidad inicial de razas] como base seudocientífica para una distinción entre las así llamadas razas nórdico-arias y las razas supuestamente inferiores».

Éste era un pasmoso intento de reescribir la historia. No hacía ninguna mención al sórdido antisemitismo de Pío IX (1846-1878), quien confinó a los judíos al gueto de Roma y los llamó «perros de los que proliferan en Roma, aullando y molestándonos en todas partes». Por órdenes suyas, un niño judío, Edgardo Mirtara, fue secuestrado por la guardia papal y educado en la «verdadera fe» como «hijo» adoptivo del papa. El documento también encubría al sucesor de Pío IX, León XIII (1878-1903) y su pontificado, que describió a los judíos simultáneamente como «ricos y codiciosos capitalistas» y «peligrosos socialistas». Con la aprobación de León XIII, *La Civiltà Cattòlica* describió en 1880 a los judíos como «obstinados, sucios, ladrones, mentirosos, ignorantes, plagas (…) una invasión bárbara por una raza enemiga». El texto omitió mencionar asimismo la extrema calumnia, que persistía entre los católicos romanos bien entrado el siglo XX, de que los judíos mataban a cristianos y les sacaban la sangre para sus ritos de Pascua. No dijo nada acerca del clero católico en Polonia que proclamaba el antisemitismo con tanta frecuencia como citaba el

Nuevo Testamento, incluidos hombres como Jozef Kruszynski, quien escribió en 1920, el año en que nació Karol Wojtyla: «Para que el mundo pueda librarse del azote judío, será necesario exterminarlos a todos, hasta el último de ellos».

Varias veces en esta reflexión sobre la Shoah, sin embargo, se expresaba arrepentimiento y pesar: «Por las faltas de los hijos e hijas [de la Iglesia católica] en todas las épocas». Aun así, la Iglesia no reconoció en ningún lugar que se hubieran producido errores institucionales. El documento era especialmente provocativo en su exaltación de las virtudes del papa Pío XII —que había mostrado una conducta muy ambigua durante la guerra—, y en él no se abordaban sus defectos de forma honesta.

El Año Jubilar de 2000 también presenció un acontecimiento de mayor trascendencia: la disculpa pública del papa por los errores de la Iglesia en el pasado. Fue ésta una ruptura asombrosa con la tradición de no admitir nunca errores, que alarmó a católicos romanos en muchos países. El panel de teólogos del Vaticano admitió que «no hubo ninguna base bíblica para el arrepentimiento papal» y que «en ningún previo Año Santo desde 1300» había habido «una toma de conciencia de los errores de la Iglesia en el pasado o de la necesidad de pedir perdón a Dios». La disculpa se expresó en un documento, *Memory And Reconciliation: The Church and The Faults of The Past* (*Memoria y reconciliación: la Iglesia y las culpas del pasado*), basado en un trabajo de tres años de más de treinta especialistas. En sus cincuenta y una páginas no se pretendió enumerar la totalidad de los agravios perpetrados por la Iglesia en los últimos dos mil años.

La «Iglesia» se definió no meramente «como la institución histórica, o sólo la comunión espiritual de aquellos cuyos corazones están iluminados por la fe. La Iglesia se entiende como la comunidad de los bautizados, inseparablemente visible y operando en la historia bajo la dirección de sus pastores, unida como un profundo misterio por la acción del espíritu dador de vida».

Después de un largo y muy detallado examen histórico y teológico del concepto de perdón y varios elementos clave de la Iglesia y su lugar en la historia, los especialistas se remitieron a áreas específicas en las que ciertos hechos indicaban la necesidad de pedir perdón. Éstas incluían el papel de la Iglesia católica en las históricas divisiones ocurridas en el cristianismo y el uso de la fuerza en el servicio de la Verdad. Se preguntaba incluso si la persecución nazi de los judíos «no había sido facilitada por los prejuicios antijudíos incrustados en algunas mentes y corazones cristianos. (...) ¿Los cristianos brindaron toda la ayuda posible a los que eran perseguidos, y en particular a los judíos perseguidos?».

Ese sobresaliente documento mostró una rara virtud bajo el papado de Wojtyla: humildad. Y derivó en un acto de Juan Pablo II también sin precedentes, cuando declaró el 12 de marzo de 2000 como «Día del Perdón». Celebró la Eucaristía con varios cardenales en la basílica del Vaticano, y en su sermón afirmó que «la Iglesia puede entonar tanto el *Magnificat*, por lo que Dios ha logrado en su seno, como el *Miserere*, por los pecados de los cristianos, a causa de los cuales ella se halla necesitada de purificación, penitencia y renovación».

«Dado el número de pecados cometidos en el curso de veinte siglos», dijo el papa, toda exposición y solicitud de perdón «necesariamente debe ser más bien un resumen». Dejó en claro que esa confesión de pecados no se dirigía más que a Dios, «el único que puede perdonar los pecados, pero también se hace ante los hombres, de los que no pueden ocultarse las responsabilidades de los cristianos». Durante la ceremonia, los pecados y errores ya citados, procedentes del documento *Memoria y reconciliación*, fueron proclamados por miembros de la curia. Muchos otros fueron confesados también, como los *pecados cometidos en acciones contra el amor, la paz, los derechos de las personas y el respeto a las culturas y las religiones; los pecados contra la dignidad de las mujeres y la unidad de la raza humana, y los pecados en relación con los derechos fundamentales de la persona.*

Horas después de ese acto de humillación ante una audiencia de cientos de millones de personas, el principal rabino de Israel, Israel Meir Lau, aceptó gustosamente la petición papal de perdón, pero se declaró «un poco decepcionado» por el hecho de que el papa no hubiera hecho mención al Holocausto nazi ni al papel de Pío XII durante la guerra. Un miembro de la Secretaría de Estado todavía estaba indignado cuando le comenté la reacción del rabino más de un año después de sucedida.

—Diga lo que diga el Santo Padre, nunca será suficiente. A veces ellos me recuerdan a los comerciantes en el mercado. El regateo. El retorcimiento de manos. Ya hemos concedido demasiado a ese pequeño grupo de personas.

—¿Pequeño grupo? —pregunté.

—¿Sabe usted cuántos judíos hay en el mundo?

—La cifra exacta no... ¿Quince millones?

El miembro de la curia alzó las manos con las palmas hacia arriba y elevó ligeramente los hombros mientras asentía y sonreía.

Menos de dos semanas después el papa volvió a expresar su aflicción por el Holocausto y «el odio, las persecuciones y las muestras de antisemitismo dirigidas contra los judíos por los cristianos en cualquier época y en cualquier lugar». Esta vez hablaba en el Yad Vashem Holocaust Memorial de Israel. Durante ese viaje largamente deseado, visitó Belén y otros lugares históricos. También pasó tiempo en el campo de refugiados palestinos de Dheisheh, donde dijo a los miles de refugiados:

No se descorazonen. (...) La Iglesia seguirá a su lado y seguirá abogando por su causa ante el mundo. (...) Llamo a los líderes políticos a aplicar los acuerdos ya existentes.

Las históricas controversias entre católicos y judíos siguen plenamente vivas en el siglo XXI. Por ejemplo, un estudio de varios años de una comisión de tres especialistas católicos y tres judíos acerca de las políticas del Vaticano durante la guerra y el papel de Pío XII concluyó que aún había cientos de documentos que todavía no habían visto la luz en los archivos del Vaticano. Quienes critican esas investigaciones han argumentado que ya es suficiente y que las disculpas presentadas por el papa deberían bastar. La impresión cada vez más generalizada es que pedir disculpas por la pasividad de una generación muerta hace mucho tiempo carece ya de sentido, y de que fomentar «la tendencia a atribuir culpas suele ignorar las acciones de muchos católicos —laicos, sacerdotes y obispos— que salvaron a miles de judíos del genocidio». Los críticos también han sugerido que la demanda de nuevas disculpas por el Congreso Mundial Judío en realidad ha alimentado el creciente antisemitismo que esa misma organización teme.

Nostra Aetate mostró a una Iglesia católica romana decidida a librarse de una posición histórica específica, que había mantenido durante cerca de dos mil años. El papa Juan Pablo II también se distanció enormemente de la Segunda Guerra Mundial y las tres décadas posteriores, en las que fue una de aquellas personas mudas que, en efecto, «pasaban con indiferencia», pese a lo cual los mitos sobre su «participación» en la salvación y protección de judíos en Polonia siguen abundando. En el vigésimo quinto aniversario de su papado, la Liga contra la Difamación de los Judíos lo felicitó, y proclamó que «ha defendido al pueblo judío en todo momento, como sacerdote en su nativa Polonia (...)». Pero no es así: no hubo ninguna defensa de Wojtyla a favor de los judíos en aquel entonces. Muchas veces pidió perdón a Dios. Su penitencia se abrió paso, a través de numerosos obstáculos, hasta el momento presente, cuando la Iglesia católica romana ha adquirido mayor comprensión y aprecio del judaísmo. Aun así, todavía queda mucho que hacer, por ambas partes.

En diciembre de 2003 se cumplió el décimo aniversario de la firma del «acuerdo fundamental» que condujo al establecimiento de plenas relaciones diplomáticas entre Israel y la Santa Sede en junio de 1994. Los años sucesivos han proporcionado considerables argumentos a quienes en el Vaticano se oponen al acuerdo, y pocos premios por los esfuerzos de quienes batallaron a favor de él.

Israel no ha promulgado las leyes demandadas por el acuerdo; no ha cumplido los convenios sobre propiedades de la Iglesia en Tierra Santa; ha interrumpido conversaciones de forma sistemática sin ofrecer ninguna explicación; no ha renovado visados a misioneros católicos que trabajan en Tierra Santa; no ha fijado los términos del prometido acuerdo económico; se ha negado sistemáticamente a considerar las preocupaciones del Vaticano sobre el llamado «muro de seguridad» de Israel, el cual ha despojado a comunidades católicas de sus tierras y restringido el acceso a iglesias y santuarios en absoluta violación del acuerdo fundamental; y, en otra violación más del acuerdo, ha amenazado con confiscar fondos de instituciones relacionadas con la Iglesia, como el Hospital de San Luis, que atiende a enfermos en etapa terminal. A pesar de todos los esfuerzos de diplomáticos del Vaticano y de las intensas presiones del gobierno de Bush, las promesas de abordar esos asuntos han sido seguidas por la negativa a resolverlos. Las valientes iniciativas del papa, tomadas frente a una evidente hostilidad, han sido continuamente pisoteadas en los últimos diecinueve años por sucesivos gobiernos israelíes. Hasta enero de 2007, Israel seguía sin poner en práctica nada de lo anterior.

El antisemitismo está otra vez en ascenso en Europa, el Reino Unido, Francia, Bélgica, Alemania, los Países Bajos y la patria del papa. En Polonia, una emisora de radio nacionalista, Radio Maryja (María), controlada por sacerdotes católicos, destila el viejo veneno de las «conspiraciones judías» y condena a los «judíos estadounidenses» mientras la jerarquía católica polaca guarda silencio. Aunque el Congreso Judío Europeo niega denodadamente cualquier vinculación a este respecto, el perdurable conflicto entre Israel y Palestina es sin duda una de las principales causas del antisemitismo creciente.

A finales de marzo de 2004, una película adquirió un papel preponderante en lo que respecta a la relación entre la Santa Sede y la comunidad judía en todo el mundo: *La pasión de Cristo*, realizada por Mel Gibson, un hombre comprometido con una singular rama del catolicismo y una serie de mitos seculares.

Gibson se defendió de las acusaciones de antisemitismo vertidas sobre su película y dijo «conocer muy bien la perversidad del antisemitismo, al que me opongo». Añadió que, «como australiano católico irlandés, sé bastante sobre el prejuicio religioso y social, así que puedo referirme a los judíos como compañeros en el sufrimiento».

Que esa película no se limita a las fuentes evangélicas y que hay escenas y elementos totalmente ficticios en la versión de Gibson sobre las últimas doce horas de Cristo es algo que resulta evidente. Todo eso entra, desde luego, dentro del derecho de cualquier cineasta a hacer lo que le venga en gana, pero debilita el reclamo de autenticidad. La fuente del material adicional es Anne Catherine Emmerich, monja agustina nacida en Alemania en 1774. Supuestamente marcada con los estigmas y extática, sus «visiones» fueron puestas por escrito por Clemens Brentano, y luego publicadas. Incluyen grotescas caracterizaciones antisemitas de judíos, aspecto que evidentemente Gibson adoptó y usó en su película. El padre de Mel Gibson cree que el Concilio Vaticano II fue «un complot masónico respaldado por los judíos», y consta también que ha negado la plena dimensión y magnitud del Holocausto. Su hijo no abraza esas opiniones, pero comparte con su padre la creencia de que el trono papal ha permanecido vacante desde la muerte de Pío XII y de que la elección de Juan XXIII fue fraudulenta, lo que invalidaría también todas las elecciones posteriores. Es curioso que este cineasta haya buscado la aprobación papal de su película de un hombre al que considera un «falso papa».

Tanto el Opus Dei como los Legionarios de Cristo desempeñaron papeles clave como activos partidarios de Mel Gibson y su película. Miembros de los Legionarios organizaron varias funciones privadas para un selecto público de personas influyentes. El Opus Dei concertó dos proyecciones privadas para el papa en sus habitaciones reservadas en el Vaticano. El papa solía abstenerse de expresar opiniones públicas sobre obras artísticas. Supuestamente, acerca de ésta dijo en privado: «Así fue». La única persona que estaba con él en la sala era su secretario personal y amigo durante cuarenta años, el arzobispo Stanislaw Dziwisz. Para bochorno generalizado del Vaticano, ese supuesto comentario fue publicitado en todo el mundo como un respaldo papal a la película, para entonces ya atacada por muchos por ser profundamente antisemita. Dziwisz negó que el papa hubiera expresado opinión alguna, lo que sorprendió a uno de sus productores, Steve

McEveety, quien se había enterado de la opinión papal precisamente por medio de Dziwisz.

El portavoz papal y miembro del Opus Dei Navarro-Valls envió un mensaje privado por correo electrónico a McEveety sobre el presunto comentario: «Nadie puede negarlo. Así que sigan citándolo como el punto de referencia autorizado. Yo convertiría las palabras "Así fue" en el *leitmotif* de todo comentario sobre el filme». El mensaje concluía: «Repitan esas palabras una y otra y otra vez».

Las funciones privadas, cortesía de los Legionarios de Cristo, también rindieron jugosos dividendos con una serie de poderosos respaldos de pesos pesados y teólogos de la curia. La opinión fue manipulada mucho antes del estreno público de la película. Estos hechos subrayan poderosamente el actual nivel de control ejercido dentro del Vaticano por el Opus Dei, los Legionarios de Cristo y otras fuerzas extremadamente reaccionarias. Con ese tipo de respaldo, él éxito mundial estaba garantizado, como así ha sido. La película recibió tantas aclamaciones como condenas. Algunos han dicho que transmite con eficacia el núcleo del cristianismo; otros la creen violentamente antisemita. Para finales de 2004, Gibson era doscientos millones de libras esterlinas más rico, y el papa había beatificado a Emmerich.

La influencia a largo plazo de la cinta aún está por verse, pero cabe preguntarse si la sucinta reacción del desaparecido papa no provino de su conocimiento de los evangelios, sino de sus experiencias de niño y de joven al ver las representaciones de la Pasión en Kalwaria.

En julio de 2006, tras ser arrestado en Malibú, California, por sospechas de que conducía en estado de ebriedad, Gibson lanzó una andanada que contenía afirmaciones antisemitas: «Malditos judíos. Los judíos son responsables de todas las cárceles del mundo (...)». Al día siguiente, un arrepentido Gibson emitió una declaración que hablaba de su vergüenza y admitía haber «batallado con la enfermedad del alcoholismo durante toda mi vida adulta, y lamento profundamente mi horrible recaída».

Capítulo 9 | Más allá de lo creíble →

De acuerdo con Juan Pablo II y muchos de sus obispos, la «sociedad moderna» tiene la culpa de la epidemia de abuso sexual cometido por sacerdotes, monjes, hermanos y monjas contra víctimas que van de niños y niñas a adolescentes inválidos, religiosas y laicas. Pero la «sociedad moderna» es un término muy general que significa todo y nada. En realidad, el problema del abuso sexual sacerdotal se remonta al siglo II. Cuando Karol Wojtyla fue elegido papa en octubre de 1978, junto a la corrupción financiera del Banco del Vaticano estaba la igualmente desenfrenada corrupción moral del abuso sexual dentro del clero. A lo largo de los mil ochocientos años previos había evolucionado la «política del secretismo», pero no para eliminar el problema del abuso sexual sino para encubrirlo. Su eficacia puede estimarse por el hecho de que, antes del caso Gauthe de 1985-1986 (véase más adelante), los alegatos públicos de abuso sexual cometido por sacerdotes eran muy raros. La denuncia contra un sacerdote en un proceso penal o civil era simplemente inaudita.

La Iglesia católica romana velaba por sí misma, y los clérigos infractores no podían ser llevados ante tribunales civiles a menos que se obtuviera un permiso especial para hacerlo. Este sistema contaba evidentemente con la plena aprobación del papa Juan Pablo II. En 1983, tras veinticuatro años de deliberaciones, se publicó el actual código de derecho canónico y, entre sus muchos cambios en comparación con el código anterior, de 1917, se eliminó la ley 119, que señalaba la necesidad de ese permiso especial. Fue una decisión que muchos en la jerarquía católica han lamentado amargamente desde entonces. En menos de dos años, las compuertas se habían abierto. En una década, el coste del abuso sexual para la Iglesia católica romana fue devastador se mire por donde se mire. Tan sólo en Estados Unidos, desde 1984 el coste financiero en honorarios legales e indemnizaciones a las personas objeto de abuso sexual rebasa los mil millones de dólares. El coste para la imagen y reputación de la jerarquía católica es incalculable.

Es muy improbable que el papa desconociera la escala del problema cuando fue elegido, al igual que el tradicional recurso a la política del secretismo. Hasta 1981 ignoró toda solicitud de ayuda de víctimas de abuso clerical dirigidas a él y a varias congregaciones del Vaticano. Los orígenes de la «política del secretismo», al igual que los delitos que mantenía ocultos, se remontan a mucho tiempo atrás en la historia. Antes de 1869, cuando la descripción de «homosexual» fue acuñada por Karl Maria Benkert, el término que se usaba para los actos sexuales entre dos o más personas del mismo género era «sodomía». Este término se usaba para nombrar no sólo actos sexuales entre hombres adultos, sino también relaciones sexuales con animales y abuso sexual contra un niño o un joven. Este último acto también se describía con frecuencia como «pederastia». El término «pedófilo» fue usado inicialmente por el fisiólogo Havelock Ellis en 1906. El uso científico actual define al abusador sexual de un preadolescente como pedófilo, y al abusador sexual de un adolescente como efebófilo.

En fecha tan temprana como el año 177 d.C., el obispo Atenágoras caracterizó a los adúlteros y pederastas como enemigos del cristianismo y los sometió a excomunión, entonces la pena más severa que la Iglesia podía infligir. El Concilio de Elvira en 305 se explayó en esa condena previa, como también lo hizo el Concilio de Ancria en 314.

Una inapreciable fuente de información sobre el tema es el conjunto de literatura penitencial que data del siglo VII. Los penitenciales eran manuales compilados por sacerdotes, que empleaban en las confesiones individuales de miembros de la Iglesia. Varios de ellos se refieren a delitos sexuales cometidos por clérigos contra niños y niñas. El Penitencial de Bede, que data de la Inglaterra del siglo VIII, indica que los clérigos que cometen sodomía con niños deben recibir penitencias cada vez más severas, proporcionales a su rango. Los laicos que cometían esos delitos eran excomulgados y debían ayunar tres años; para los clérigos que aún no habían asumido las órdenes sagradas el periodo de ayuno se extendía a cinco años; para los diáconos y sacerdotes, a siete y diez años, respectivamente, mientras que los obispos que abusaban sexualmente de niños recibían doce años de penitencia.

La Iglesia católica adoptó claramente durante el primer milenio una posición más severa ante el abuso sexual por clérigos que la que ha adoptado en tiempos más recientes. Los textos del primer milenio no hacen ninguna justificación especial debido a la ignorancia, ni desconocen el hecho de que los pedófilos no se limitan a un único acto de abuso sexual de un niño. No culpan a la falta de moral de los laicos, ni acusan a los fieles de tentar deliberadamente a los sacerdotes. Sin embargo, existen evidencias que indican que los sacerdotes pedófilos eran sigilosamente trasladados a otra diócesis. Más significativamente aún, el jefe supremo de la Iglesia tomaba nota cuando se le llamaba la atención sobre el extendido abuso sexual cometido por sus sacerdotes y obispos, pero después no aplicaba muchas de las recomendaciones sugeridas.

Probablemente la evidencia más importante que haya sobrevivido de la Iglesia primitiva sea el *Liber Gomorrhianus* compuesto por San Pedro Damián alrededor de 1051 d.C. Esta obra denuncia el amplio grado de la sodomía activa entonces consentida por el clero y exige al papa emprender una acción decidida. Damián era sacerdote cuando escribió ese libro. Fue muy estimado por varios papas sucesivos, y se le hizo obispo y después cardenal.

Dicho libro está escrito con gran claridad. Damián pretendía ser un reformador de una extensa gama de prácticas de la Iglesia. Una de sus preocupaciones particulares era la inmoralidad sexual del clero y la tolerancia de los superiores eclesiásticos, igualmente culpables o renuentes a actuar contra los abusadores. Las actividades sexuales de los sacerdotes con niños le consternaban muy en particular.

Llamó a excluir a los sodomitas de la ordenación y, si ya estaban ordenados, a despojarlos de las órdenes sagradas. Despreciaba a los sacerdotes que «deshonran a hombres o muchachos que acuden a ellos para confesarse». Reprobaba a los «clérigos que administran el sacramento de la penitencia confesando a aquellos a los que acaban de sodomizar». Damián evaluó el daño que los abusadores hacían a la Iglesia, y su último capítulo fue un llamamiento al papa León IX a tomar medidas inmediatas. León elogió al autor y confirmó de manera independiente la verdad de sus hallazgos; sin embargo, sus actos posteriores están rodeados de un aura curiosamente contemporánea.

Las recomendaciones de Damián concernientes a la variedad de los castigos fueron en gran medida modificadas. El papa decidió destituir sólo a los prelados que habían abusado repetidamente durante un periodo prolongado. Aunque Damián se había ocupado en extenso del daño causado por los sacerdotes a sus víctimas, el papa no hizo mención de eso y, en cambio, sólo se centró en la pecaminosidad de los clérigos y su necesidad de arrepentimiento. La reacción de León coincide con la de Juan Pablo II en el periodo de octubre de 1978 a abril de 2002. El 25 de abril de 2002, Wojtyla definió por fin el abuso infantil como «delito». Antes sólo era «pecado». El primero puede tratarse en los tribunales seculares; el segundo es del exclusivo dominio de la Iglesia.

Cerca de cien años después de la publicación del libro de Damián, *El decreto de Graciano*, publicado en 1140, confirmó que la pedofilia clerical seguía siendo una actividad floreciente. Graciano incluyó referencias específicas a la violación de muchachos y argumentó que los clérigos declarados culpables de pederastia debían sufrir las mismas penas que los laicos, entre ellas la pena de muerte. El libro de Graciano, ampliamente considerado la fuente primaria de la historia del derecho canónico, también recomendaba que si la pena de muerte se consideraba demasiado cruel, los declarados culpables de delitos sexuales contra niños debían ser excomulgados. En esa época éste era un castigo particularmente severo, ya que significaba que el individuo era repudiado por la sociedad el resto de su vida. Pero por severo que hubiera sido el castigo, el delito no dejó de persistir.

En su *Divina Comedia: Infierno*, escrita a principios del siglo XIV, Dante, al vagar por el infierno, encuentra a una amplia variedad de sodomitas, incluido un grupo de sacerdotes y un ex obispo de Florencia, Andrea de Mozzi, recién descendido de la Tierra.

Las leyes canónicas del siglo XVI instaban a los obispos a amonestar y castigar a los sacerdotes de vida «depravada y escandalosa»; entre los castigos estaba privarlos de todo apoyo económico. Un decreto papal titulado *Horrendum* y fechado el 30 de agosto de 1568 declaraba: «Los sacerdotes que abusen serán privados de todos los oficios y beneficios, degradados y entregados a los tribunales seculares para su adicional castigo».

La política del secretismo que protege al abusador sexual clerical ya funcionaba de forma efectiva al menos desde principios del siglo XVII, cuando el fundador de la orden de las escuelas pías, el padre José de Calasanz, suprimió la divulgación pública del abuso sexual de niños por sus sacerdotes. Uno de tales pedófilos, el padre Stefano Cherubini, miembro de una familia bien relacionada en el Vaticano, tuvo tanto éxito en el encubrimiento de sus delitos que incluso llegó a ser superior de esa orden. Fueron necesarios quince años de quejas contra él y otros importantes miembros de la orden para que el papa Inocente X hiciera algo, y la orden fue temporalmente clausurada. Como demuestra la historiadora Karen Liebreich en *Fallen Order*, la política del secretismo del siglo XVII tenía un aura muy moderna, pues incluía el «ascenso preventivo», la elevación del abusador para alejarlo de sus víctimas.

Hasta la década de 1980, Juan Pablo II y muchos de sus cardenales y obispos, entre ellos el cardenal Ratzinger, optaron por ignorar siglos de abusos sexuales cometidos por sacerdotes. Es innegable que existe una línea directa e ininterrumpida que se remonta desde los presentes escándalos de sacerdotes pedófilos hasta el primer milenio. Dondequiera que se mire en la indignación presente, hay fuertes ecos del oscuro pasado.

Recientemente salió a la superficie otro documento secreto del Vaticano relativo al delito de incitación sexual. Este documento, *Instrucciones sobre la manera de proceder en casos de incitación sexual*, trata del delito de un sacerdote que intenta obtener favores sexuales de un individuo cuya confesión está escuchando. Fue publicado por el prefecto del Santo Oficio, el cardenal Alfredo Ottaviani, con la aprobación del entonces papa Juan XXIII, en marzo de 1962. Nunca se había puesto a disposición del público en general. La lista de distribución se limitó a «patriarcas, arzobispos, obispos y otros diocesanos ordinarios». Entre quienes recibieron un ejemplar habría estado el recién ascendido obispo de Cracovia, Karol Wojtyla.

Este documento trata de los acuerdos judiciales secretos de un clérigo acusado de ese delito. Algunos abogados lo han descrito recientemente como «un programa de engaño y ocultamiento», mientras que sus defensores han aducido que dado que el sacramento de la penitencia está protegido por un velo de absoluta reserva, los procedimientos para abordar ese delito «eclesiástico» también invocan la reserva, poniendo al infractor por encima de las leyes penales del país de que se trate. Ésta fue precisamente la posición que el Vaticano adoptó durante muchos siglos sobre todos los actos de pedofilia clerical perpetrados dentro o fuera del confesionario.

Las instrucciones de 1962 del Santo Oficio para «afrontar este incalificable delito» llegan demasiado lejos para asegurar la reserva total. La víctima debe presentar una queja en un plazo máximo de «treinta días» desde que se cometió el delito. De no hacerlo así, la víctima queda automáticamente excomulgada. Como la víctima era por lo general un niño, esta directiva particular raya en lo inverosímil. El supuesto perpetrador podía «ser transferido a otro puesto, a menos que el obispo del lugar lo haya prohibido». Tanto el perpetrador como la víctima son conminados a observar «perpetuo silencio», so pena de excomunión. De nuevo un elemento de la política del secretismo entraba en juego. «El juramento de guardar el secreto también debe ser prestado en estos casos por los acusadores o quienes denuncian al sacerdote y los testigos». El capítulo cinco del documento, titulado «El peor de los delitos», establece: «Por la denominación de "el peor de los delitos" se entiende en este punto la evidencia de un acto obsceno, externo, gravemente pecaminoso perpetrado o intentado por un clérigo con una persona de su mismo sexo o intentado por él con jóvenes de uno u otro sexo o con animales (bestialismo)».

El documento de 1962 es sumamente ilustrativo de una Iglesia que en el siglo XX sigue luchando con los mismos delitos de los que San Pedro Damián se ocupó hace más de mil años. Pero, a diferencia de Damián, el enfoque moderno aspiraba a asegurar que no sólo el delito de incitación sexual sino también todos los demás delitos sexuales cometidos por miembros de las órdenes religiosas fueran encubiertos en la mayor medida posible. Asimismo, ese documento sostenía en forma implícita que el error, el vicio, la depravación, la inmoralidad y la conducta vil, perversa e indigna eran propios únicamente del rebaño, nunca de los pastores.

En 1984, el primer juicio por «negligencia clerical» en Estados Unidos interpuesto por una mujer adulta fue promovido por un abogado de Los Ángeles en nombre de Rita Milla. Más de dos décadas de sorprendentes revelaciones de abuso sexual fueron presentadas por una de las olvidadas víctimas. Como tantas otras víctimas, Rita Milla sufrió el primer abuso de su sacerdote mientras se confesaba con él. El padre Santiago Tamayo pasó la mano a través de la frágil rejilla del confesionario y acarició los senos de Rita Milla, de dieciséis años de edad y quien planeaba ser monja.

Durante los dos años siguientes, él se propuso sistemáticamente seducir a Rita. En esa primera ocasión él le dijo en el confesionario que tenía un secreto, y cuando ella se inclinó, él abrió la rejilla y la besó. Para cuando tenía dieciocho años, en 1979, tras haber sido repetidamente informada por el cura de que «Dios quiere que hagas todo lo posible por tener felices a sus sacerdotes (...) ése es tu deber», Rita y su confesor ya tenían relaciones sexuales con regularidad. El padre Santiago empezó entonces a presionar a la joven para que también hiciera felices a sus compañeros sacerdotes de la iglesia de Santa Filomena en Los Ángeles. Primero uno, después un segundo, luego un tercero. Finalmente, Rita hacía «felices» a siete curas. Ninguno de ellos tomaba precauciones, así que en 1980 ella quedó embarazada.

El padre Tamayo la persuadió de irse a Filipinas para ocultar su embarazo. A los padres de ella, que ignoraban lo sucedido, se les dijo que iría al extranjero a «estudiar medicina». El grupo de sacerdotes le dio cuatrocientos cincuenta dólares para siete meses y le dijo que dejara al bebé en Manila. Rita se puso muy enferma durante el parto y estuvo a punto de morir de eclampsia, convulsiones que aparecen al final del embarazo como resultado de la intoxicación de la sangre. Su familia descubrió la verdad y las llevó tanto a ella como a su hija recién nacida de regreso a Los Ángeles. Esto sucedió después de que, en Filipinas, el obispo Abaya se hubiera comprometido a darle ayuda financiera, no sólo para cubrir sus gastos de viaje, sino también para la manutención y educación del bebé. Cuando esa ayuda no se materializó, Rita acudió al obispo Ward en su diócesis de California, quien también fue incapaz de ayudarla. Fue entonces cuando Rita y su madre presentaron la memorable demanda de negligencia clerical. Deseaban establecer la paternidad; procesar al sacerdote y a la Iglesia por conspiración civil, incumplimiento de obligación fiduciaria, fraude y engaño, y «proteger a otras jóvenes del dolor y sufrimiento causado por sacerdotes que abusan de su posición de confianza».

El caso fue sobreseído por los tribunales, que adujeron un plazo de prescripción de un año. Cuando la abogada Gloria Allred convocó una conferencia de prensa en 1984 para llamar la atención sobre el caso, trascendió que los siete sacerdotes habían desaparecido. Lejos de seguir los precisos pasos ordenados por el Vaticano en tales casos, la archidiócesis de Los Ángeles había ordenado a todos ellos salir del país y permanecer en el extranjero hasta nuevo aviso. Hasta 1991, el papel de la archidiócesis no fue hecho público por un arrepentido padre Tamayo, agobiado por la culpa. Diversas cartas confirmaban asimismo que la archidiócesis había enviado dinero de forma regular no a Rita, sino a los que abusaron de ella y que estaban ocultos en Filipinas.

En agosto de 2003, la hija de Rita, Jacqueline Milla, ya de veinte años de edad, supo por fin que su padre era Valentine Tugade, uno de los siete sacerdotes que habían mantenido relaciones sexuales con su madre. Esto fue confirmado por una prueba de paternidad ordenada por el tribunal. Tamayo, el hombre que había manipulado a Rita a sus dieciséis años, le ofreció públicamente disculpas en 1991 y admitió su implicación en el asunto. No obstante, la única compensación financiera que Rita recibió fue un fondo fiduciario de veinte mil dólares establecido por la Iglesia de Los Ángeles en 1988 a nombre de su hija, lo cual se hizo sólo después de que Rita accediera finalmente a retirar una demanda de difamación contra un obispo. El abogado de la Iglesia insistió en que ese fondo no era una admisión de responsabilidad, sino «un acto de benevolencia para la niña».

El inicial encubrimiento de la Iglesia católica había sido orquestado por el cardenal Timothy Manning. Cuando éste fue reemplazado como arzobispo de Los Ángeles por el obispo Roger Mahony, el encubrimiento y los pagos a los sacerdotes fugitivos por parte de la archidiócesis continuaron. Ninguna acción fue emprendida jamás contra el cardenal Manning por la Congregación de la Doctrina de la Fe (CDF) del cardenal Ratzinger, el departamento responsable de la disciplina canónica, o contra cualquiera de sus subordinados, o contra Mahony y su gente. Roger Mahony fue ordenado cardenal después por Juan Pablo II. El padre Tamayo fue finalmente despojado de su sacerdocio por Mahony, aunque no por el repetido abuso sexual contra Rita Milla, sino por haberse casado con otra mujer. Una vez que un tribunal de Los Ángeles estableció que el padre Tugade era el padre de la niña, el cardenal Mahony declinó toda solicitud de entrevistas, aunque esa misma semana, durante una visita a Roma, dijo a un periodista local: «Tengo una política de tolerancia cero con los sacerdotes que abusan de sus fieles».

Antes de la reciente aparición si bien no de la puesta en práctica de la tolerancia cero, los casos de abuso sexual, no sólo en California sino en el mundo entero, eran efectivamente ocultados mediante el uso de la «política del secretismo», perfeccionado a lo largo de mucho tiempo. Cuando el abuso de un menor llegaba a conocimiento de los padres, el primer impulso de estos últimos no era llamar a la policía, sino buscar la ayuda del obispo local. Dependiendo de las evidencias, el obispo seguía generalmente un camino demasiado trillado. Si creía que las evidencias justificaban el traslado del sacerdote, éste era transferido a otra diócesis. Si era a todas luces un infractor reincidente, se le podía enviar a uno de los centros de rehabilitación. En Estados Unidos, había varios administrados por los Siervos de Paracleto. Éstos también tienen un centro en Gloucestershire, en el Reino Unido. Hay centros de rehabilitación en muchos países. Ofrecen orientación y apoyo a clérigos alcohólicos, homosexuales y pedófilos.

La práctica más habitual hasta hace muy poco era trasladar al sacerdote infractor a otro lugar o parroquia sin alertar a nadie del posible riesgo. En casos en los que los padres mostraran una fuerte inclinación a demandar, se les persuadía de aceptar un arreglo extrajudicial siempre bajo la más estricta reserva. También las compañías de seguros preferían este método. Un caso que llegara ante un tribunal y un jurado muy probablemente produciría una indemnización mucho más alta que un acuerdo secreto con unos padres presionados por su Iglesia. La publicidad tenía que evitarse. Aparte del daño para la imagen y reputación de la Iglesia, un juicio público alertaría a otras víctimas. En algunos casos, la Iglesia pagaba las facturas médicas del asesoramiento psicológico, pero no siempre.

Hasta 1985, así era como funcionaba la política del secretismo (y como sigue funcionando en muchos países, incluidos Italia, España, Alemania y Polonia). El caso que Rita Milla había intentado exponer no llegó a ningún lado. Se necesitaba mucho más para sacudir al sistema, y eso no tardó en salir a la superficie.

En enero de 1985, en Boise, Idaho, el padre Mel Baltazar fue sentenciado a siete años de cárcel tras declararse culpable de un delito menor de conducta lasciva con un menor. Esta sentencia negociada de Baltazar fue una acción astuta, ya que los expedientes diocesanos indicaban una historia de continuo abuso sexual por este sacerdote a lo largo de un periodo de veinte años. Las víctimas eran siempre niños. Abusó de un niño en estado crítico de salud en una máquina de diálisis de riñón en un hospital de California. Abusó de otro con prótesis en las dos piernas en un centro médico de Boise. Baltazar ya había sido destituido anteriormente de su puesto como capellán de la marina estadounidense por conducta homosexual. Luego fue trasladado de tres diócesis por problemas de abuso sexual. Sus superiores, con pleno conocimiento de su historial, no hicieron más que mandarlo a otra diócesis cuando unos angustiados padres lo denunciaron.

No pareció asombrado por cómo había abordado el problema la Iglesia católica el juez del caso, Alan Schwartzman. Cuando dictó sentencia, hizo una pausa para mirar sin parpadear al cura parado frente a él, y después observó: «Creo que la Iglesia tiene su propia expiación que hacer también. Ella contribuyó a crearlo a usted, y ojalá contribuya a rehabilitarlo».

El ritmo de la denuncia de clérigos empezaba a intensificarse. En febrero de 1985, un sacerdote en Wisconsin fue acusado de abusar sexualmente de varios menores. En marzo, un cura de Milwaukee renunció a su licencia como psicólogo tras admitir que había abusado sexualmente de un paciente. En abril, el padre William O'Donnell, de Bristol, Rhode Island, fue acusado de veintidós cargos de abuso sexual. Más tarde fue sentenciado a un año de cárcel. Ese mismo mes, en San Diego, otro cura pagó para saldar una demanda en espera de juicio en la que se le acusaba de abusar sexualmente de un acólito.

El abuso de acólitos era también uno de los rasgos del padre Gilbert Gauthe, quien cuando se produjo la primera de las denuncias, en junio de 1983, era el párroco de Henry, en Vermilion, Louisiana. Las revelaciones comenzaron con conmovedora candidez. Un afligido niño de nueve años confesó a su madre que Dios no lo quería porque había hecho «cosas malas». El niño detalló lenta y dolorosamente, y habló de los secretos que compartía con el padre Gauthe. Primero su madre y después su padre lo escucharon revelar espantosas verdades. El cura había abusado sexualmente de él durante al menos dos años. Gauthe también había abusado de sus dos hermanos mayores. Antes de que la situación se desenmascarara por completo, se estimó que el padre Gauthe había importunado a más de cien niños en cuatro parroquias, a algunos de ellos cientos de veces. Aunque sabía la verdad desde principios de la década de 1970, la Iglesia había reaccionado de la forma acostumbrada: trasladándolo a otra parroquia. Un temprano informe sobre Gauthe describía su problema como «un caso de afecto mal dirigido».

Enfrentado a los alegatos iniciales, Gauthe no hizo ningún intento de negarlos. Empezó a llorar. Pidió que se le enviara a tratamiento y dijo que necesitaba ayuda. No hizo mención de la urgente ayuda que también sus numerosas víctimas necesitaban. Cuando se le dijo que sería inmediatamente suspendido de todos sus deberes por un periodo indefinido, no puso ninguna objeción y firmó humildemente, aceptando la declaración escrita de suspensión. Su superior le ordenó abandonar la ciudad donde vivía Henry, pero el remordimiento inicial de Gauthe fue efímero. Cuando regresó a la ciudad diez días después para recoger sus pertenencias personales, halló tiempo suficiente para contactar con su víctima de mayor edad por entonces, un muchacho de quince años. Antes de dejar la parroquia, tuvo sexo con él.

La política del secretismo fue más que evidente en esa parroquia de Vermilion entre junio de 1983 y el verano de 1984. A la atónita comunidad de Gauthe se le dijo inicialmente que su súbita partida se debía a «motivos de salud». La diócesis ejerció presión moral sobre el abogado católico Paul Herbert, contratado por las familias de varias víctimas. Monseñor Mouton instó al abogado a ser un «buen católico». El obispo Frey ejerció todavía mayor presión, aconsejando «cautela» a varios padres, a los que recomendó descartar el proceso civil, para «evitar el escándalo y daños a la Iglesia, aunque principalmente para evitar más perjuicios o traumas a las jóvenes víctimas, sus familias y otras partes inocentes».

Las familias de nueve víctimas fueron convencidas para que retiraran su demanda civil, que inevitablemente desencadenaría una cobertura muy amplia al llegar a un juicio público. Se les dijo que el padre Gauthe sería enviado a la Affirmation House, un centro de rehabilitación para el clero en Massachusetts. La mayoría de las familias cedieron a la intensa presión de sus líderes espirituales, y finalmente admitieron que un arreglo secreto era lo mejor para todos. Para junio de 1984, tras seis meses de regateo, las dos partes habían acordado un arreglo de 4,2 millones de dólares a dividir entre seis familias con nueve víctimas. De esa suma, los abogados se quedaron con alrededor de 1,3 millones, y los diversos expertos médicos con otra parte.

Aunque muchos detalles de los abusos sexuales de Gauthe ya se conocían, nada se había publicado hasta ese acuerdo, en junio de 1984. Todo habría podido mantenerse como un escándalo secreto de no haber sido por una valiente familia y su intrépido hijo. La única forma por la que algunas familias descubrieron que uno o más de sus hijos habían sido violados por Gauthe fue cuando un vecino cuyo propio hijo admitió que había sido objeto de abusos empezó a mencionar a otras víctimas. En esa comunidad tan unida, la lista de nombres comenzó a aumentar. Así fue como Glenn y Faye Gastal descubrieron que su hijo de nueve años había sufrido abusos.

La Iglesia católica de Louisiana, del arzobispo Phillip Hannan para abajo, hizo todo lo posible por asegurar que el escándalo Gauthe permaneciera como un asunto privado. Intentó impedir que el caso llegara a juicio, porque mientras ninguna de las víctimas testificara ante un gran jurado, no podría formalizarse ninguna acusación. La estrategia para alcanzar acuerdos extrajudiciales parecía estar funcionando, pero ni la Iglesia local, ni la oficina del nuncio papal en Washington, ni el Vaticano contaban con la familia Gastal. Los señores Gastal se sentían profundamente indignados por la ocultación de la verdad, que en su opinión los convertía en delincuentes. No serían silenciados ni aceptarían un trato, y estaban determinados a que su hijo testificara ante un gran jurado. Alentadas por la valentía colectiva de los Gastal, otras familias se unieron a su causa. En agosto de 1984, Glenn y Faye Gastal concedieron, aunque dubitativos, su primera entrevista en televisión. No estaban inicialmente llamados a ser héroes, pero el impacto y efecto de su lucha siguen reverberando no sólo en Estados Unidos de América, sino también en gran parte del resto del mundo.

La Secretaría de Estado del Vaticano se disgustó enormemente por el desafío de los Gastal y empezó a ejercer más presión, tanto sobre el arzobispo Pio Laghi, nuncio del Vaticano en Estados Unidos, como sobre el arzobispo Hannan en Nueva Orleans. De muchas diócesis de Estados Unidos llegaban informes de la presentación de otras demandas. Estimuladas por los Gastal, otras víctimas emergían de la oscura existencia que les había sido impuesta por el clero. En ningún momento el papa Juan Pablo II, el cardenal Ratzinger, el cardenal Casaroli o cualquier otro alto dignatario del Vaticano consideraron la otra vía de acción: la confesión sincera, el arrepentimiento humilde y el compromiso público de atacar y erradicar ese cáncer particular.

En octubre de 1984, un gran jurado contempló cintas de vídeo que contenían el testimonio de once niños y adolescentes de entre nueve y diecisiete años de edad y acusó al padre Gilbert Gauthe de treinta y cuatro cargos. Once de ellos eran por delitos contra natura con agravantes, otros once por cometer actos sexualmente inmorales, once más por tomar fotografías pornográficas de jóvenes y uno por violación con agravantes, por haber sodomizado a un niño de menos de doce años de edad. Este último cargo acarreaba una sentencia inapelable de cadena perpetua. El juicio se fijó para el 11 de octubre, y conforme esa fecha se acercaba el Vaticano aumentó la presión sobre el abogado defensor del padre Gauthe, Ray Mouton, para que llegara a un arreglo que permitiera una sentencia negociada. Cuando Mouton, cuyo primer interés era su cliente, insistió en negociar con el fiscal del distrito y el fiscal del caso a su manera antes que a la del Vaticano, la archidiócesis de Nueva Orleans intentó despedirlo. No obstante, Ray Mouton se adelantó a ella y prosiguió la negociación.

Hannan cambió entonces de táctica, tras llegar a la conclusión de que trabajar con el abogado defensor que la Iglesia había contratado podía ser más productivo que trabajar en su contra, y finalmente se cerró un trato. Gauthe se declararía culpable de todos los cargos, y sería sentenciado a veinte años de cárcel sin derecho a libertad condicional. Se informó de esto al juez, quien quiso confirmar antes de la vista que las víctimas, que se armaban de valor para testificar, y sus familias estuvieran satisfechas con la sentencia propuesta. El fiscal del caso aseguró a las familias que, pasara lo que pasara y dondequiera que él cumpliera su sentencia, Gauthe permanecería encerrado veinte años.

A pesar de todo, la mayoría de los que escuchaban la propuesta seguían siendo devotos católicos romanos. Cuando el fiscal insinuó la necesidad de proteger a la Iglesia, el trato estaba hecho. El martes 14 de octubre, acompañado por Ray Mouton, el padre Gauthe entró en la sala del tribunal de Louisiana y tuvo que hacer frente al juez Brunson. Se declaró culpable de los treinta y cuatro cargos y fue sentenciado a los veinte años convenidos. Con la sentencia llegaron estas palabras del juez:

Sus delitos contra sus víctimas menores de edad han arrojado una terrible carga sobre esos menores, sus familias y la sociedad, y en realidad también sobre su Dios y sobre su Iglesia. Que Dios, en su infinita misericordia, encuentre el perdón de sus delitos; porque el imperativo de la justicia y la inevitable necesidad de la sociedad de proteger a sus miembros más indefensos y vulnerables, los niños y los adolescentes, no pueden hacerlo.

Las víctimas habían evitado así la traumática experiencia de tener que prestar declaración en un lugar público. La Iglesia lo había sido del daño a largo plazo de tal testimonio público; y mediante el dudoso arreglo de la sentencia negociada, cierto grado de justicia se había alcanzado.

Entre el fin de la vista judicial y la sentencia sobre Gauthe y el caso civil que la familia Gastal había interpuesto, la Iglesia católica volvió a ejercer una enorme presión sobre Glenn y Faye Gastal para llegar a un acuerdo extrajudicial, lejos del escrutinio público. Los Gastal creían que el daño hecho a su familia, y en particular a su pequeño hijo, merecía una compensación mayor que la aceptada por las demás familias, pero, más que eso, querían que la verdad de lo que Gauthe le había hecho a su hijo se mostrara ante el tribunal y ante el mundo en general. Muchos se alejaron de ellos por eso, y los trataron como delincuentes; se decía que ese juicio era un gasto excesivo e innecesario. La Iglesia había ofrecido un arreglo extrajudicial; eran sólo los malditos y tercos Gastal los que impedían que el desafortunado caso se olvidara. Y ése era para la familia Gastal precisamente el sentido de hacer pasar a su hijo por la prueba emocional de obligarlo a contar públicamente cada sórdido detalle.

Durante la vista, a la que asistieron varios clérigos católicos, como el obispo Frey y monseñor Mouton, a Faye Gastal le preguntó su abogado: «Cuando ve aquí al obispo Frey, ¿qué le pasa por la mente?». Faye Gastal era una devota católica que ya antes había testificado que «recibir la absolución es el único medio para llegar al cielo». Esta vez miró un momento al otro lado de la sala del tribunal. «Cuando veo a monseñor Mouton y al obispo Frey, pienso en Gauthe metiendo el pene en la boca de mi hijo, eyaculando en su boca, metiendo el pene en su recto. Eso es lo que pienso.»

Las peores pesadillas de la jerarquía de la Iglesia católica se les venían encima. La Iglesia estaba haciendo todo lo que podía por ocultar la verdad, como telefonear a organizaciones y compañías que se anunciaban regularmente en el *Times* de Acadiana, diario local que había resistido la presión de la Iglesia para censurar su cobertura del caso Gauthe. Los anunciantes fueron instados a boicotear a ese diario.

«Éramos una familia unida y cariñosa, y lo seguimos siendo —dijo Glenn Gastal— salvo por la relación que ya no puedo tener con mi hijo como niño. Es incapaz de tolerar las muestras físicas de afecto (...).» En el estrado de los testigos, el padre se desmoronó; pero luego, haciendo un esfuerzo por recuperar el control, continuó: «Antes de irse a dormir, ya sólo me besaba si yo se lo pedía».

El juez despejó la sala del tribunal antes de que el hijo testificara, pero la presencia de la prensa, incluido Jason Berry, fuente del testimonio prestado ante el tribunal, hizo posible que las palabras del chico llegaran al público.

En el estado de Louisiana, un jurado no tiene potestad para conceder una indemnización ejemplarizante. La indemnización concedida deber ser «justa y razonable» en base a los daños sufridos. El jurado de este caso no deliberó mucho tiempo, sólo una hora y cuarenta y cinco minutos, y concedió un millón de dólares al hijo de los Gastal y doscientos cincuenta mil dólares a los padres. La mayor victoria de los Gastal no fue esa indemnización monetaria, absolutamente insuficiente, sino haber traspasado una enorme muralla. Una vez anunciado el veredicto, el abogado que actuaba en nombre de la Iglesia católica declaró que su cliente apelaría la decisión. No tenía la intención de hacerlo —esto habría traído sin duda una publicidad aún más adversa—, pero los Gastal eran vulnerables a esa aparente obstinación y, por lo tanto, la Iglesia pudo negociar un importe a la baja. De la cifra final de 1.000.020 dólares, al abogado de los Gastal le correspondió un tercio más sus gastos.

El acuerdo negociado con el fiscal exigía que Gauthe cumpliera veinte años íntegros en la cárcel. En 1998, un juez compasivo vio con buenos ojos la solicitud de libertad condicional del padre Gauthe y lo liberó tras menos de doce años en prisión. Meses después se le arrestó por importunar sexualmente a un menor de edad y se le puso bajo libertad condicional vigilada.

Diez meses antes del juicio penal del padre Gauthe y más de un año antes del proceso civil interpuesto por la familia Gastal, tres hombres de diversos ámbitos coincidieron en el caso Gastal y sus implicaciones. Uno de ellos era Ray Mouton, el abogado contratado por la archidiócesis de Louisiana para defender al padre Gilbert Gauthe. Si alguien quería a un abogado con mentalidad de luchador callejero dispuesto a hacer un esfuerzo extra por su cliente, un hombre valiente y al mismo tiempo íntegro, Ray Mouton era la persona indicada. Aunque a veces bebía en exceso y otras lanzaba sonrojantes imprecaciones, concedía muchísima importancia al concepto de justicia. Para tomar el caso Gauthe hacía falta no poco valor, en particular cuando algunos de los hechos se hicieron públicos. Mouton creía que cualquiera tenía derecho a la mejor defensa posible. Las ocasionales irreverencias de Ray Mouton disfrazaban el alma de un católico romano temeroso de Dios.

El segundo era el padre Michael Peterson, psiquiatra a cargo del programa de rehabilitación para sacerdotes del Instituto San Lucas en Suitland, Maryland. Peterson, fundador de ese instituto, tenía una infinita compasión por los demás, tanto más notable por el hecho de que durante muchos años se había enfrentado a historiales de pacientes sin asomo de virtud ni humanidad. Como hombre con reconocida experiencia en patologías sexuales, era repetidamente llamado por las diócesis de todo el país para tratar a sacerdotes que habían transgredido las normas.

Ray Mouton fue a Washington para conocer a Peterson y explorar las posibilidades de que su cliente acudiera al Instituto San Lucas en busca de análisis y tratamiento. Había sido puesto en contacto con Peterson por el tercer miembro de este triunvirato, el padre Thomas Doyle, secretario-canonista de la delegación apostólica en Washington DC. Como canonista de la embajada del Vaticano, Doyle había recibido del nuncio papal, el arzobispo Laghi, la tarea de supervisar la correspondencia sobre el caso Gauthe y de informar precisa y detalladamente sobre cada acontecimiento. Era evidente que el padre Thomas Doyle estaba destinado a grandes cosas. Su ascenso a obispo era considerado por muchos que lo conocían como una certeza, y el capelo cardenalicio como una posibilidad en ciernes. Experto en derecho canónico, con doctorados adicionales en ciencia política, filosofía y teología, y prolífico escritor, Doyle podía jactarse de una impresionante lista de logros.

Ambos sacerdotes eran amigos y colaboradores, pero no conocieron a Ray Mouton hasta el caso Gauthe. Mientras que el padre Peterson expuso las diversas opciones de tratamiento disponibles en San Lucas, el abogado habló no sólo de su cliente, sino también de otros sacerdotes pedófilos en Louisiana, individuos cuyos delitos habían sido encubiertos por la diócesis y que aún ocupaban puestos de confianza en sus comunidades, que no eran conscientes de en manos de quien estaban. Como siempre en el caso de Mouton, su principal preocupación no era alertar a la oficialidad católica, sino proteger a su cliente. Si se hacía de conocimiento público que el caso Gauthe no era el único, era poco probable que el fiscal del distrito, Nathan Stansbury, mostrara una postura conciliatoria sobre Gauthe a la hora de negociar una reducción de condena. Toda posibilidad de que el padre Gauthe fuera simplemente hospitalizado o confinado a un lugar seguro donde pudiera recibir tratamiento se desvanecería. Debido a su trabajo profesional, el padre Peterson ya estaba al tanto de que había otros pedófilos en las filas del clero, y no sólo en Louisiana. Telefoneó al padre Doyle, para decirle que urgía que se reunieran los tres.

Cuando Doyle escuchó a esos dos sujetos detallar otros casos de pederastia en Lafayette y otros lugares lejanos, se sobresaltó. Con los ojos y oídos del Vaticano puestos en el caso Gauthe, él había supuesto que éste era un caso aislado. Cuando Peterson habló de la información que había recibido de «fuentes confidenciales» sobre sacerdotes «en todo Estados Unidos que han abusado sexualmente de niños», los tres hombres se dieron cuenta de inmediato de que debía ser nombrado un obispo con conocimientos jurídicos para manejar la crisis de Gauthe, y que se precisaban acciones urgentes para enfrentarse al problema a nivel nacional.

Tras informar al arzobispo Laghi y a altos funcionarios del Vaticano, se acordó enviar al obispo Quinn, de Cleveland, a Lafayette. Con el caso civil de Gauthe en el horizonte, era obvio para los tres hombres que la Iglesia católica en Estados Unidos iba de cabeza hacia un inimaginable desastre, y que cuanto más pronto fueran conscientes de ese hecho y estuvieran preparados para hacerle frente, mejor. Tom Doyle recordaría más tarde:

En poco tiempo habíamos decidido recopilar información y preparar un manual o libro con formato de preguntas y respuestas. La edición íntegra también reproduciría artículos médicos sobre pedofilia y pederastia. La mayoría de ellos se tomaron de revistas médicas, y varios habían sido escritos por el doctor Fred Berlin, de la clínica de trastornos sexuales del hospital de la Universidad John Hopkins.

Este documento, de cien páginas de extensión, era una detallada guía de prescripción de daños y perjuicios para la jerarquía eclesiástica estadounidense. Era también un intento por lograr que quienes controlaban la Iglesia se enfrentaran a la realidad de lo que estaba pasando. Los autores creían que los días de encubrimiento, al amparo de la buena voluntad de jueces y abogados católicos y de dueños de periódicos y emisoras de radio y televisión con una predisposición favorable, estaban contados. El manual trataba todos los aspectos imaginables de los problemas que debía afrontar un obispo al presentarse ante él alegatos de abuso sexual infantil contra uno de sus sacerdotes o un miembro de una orden religiosa. Sin identificar específicamente el caso Gauthe, los autores aludieron a las implicaciones económicas de esa «catástrofe», el costo de la cual «excede los cinco millones de dólares, mientras que el costo proyectado de los casos civiles tan sólo en esa diócesis es superior a los diez millones de dólares».

Los autores, tres individuos cuya motivación para redactar ese documento fue proteger a la Iglesia católica, fueron al grano:

No es hiperbólico decir que la dramática descripción del caso real [el caso Gauthe] referido anteriormente es indicativa de la existencia de un peligro presente y real. Que otros casos existen y están siendo revelados con creciente frecuencia dan prueba los informes realizados sobre el particular. Si fuera posible predecir con exactitud, con la seguridad de un experto, que el número de demandas similares recibidas, a saber, un demandado y alrededor de quince demandantes, puede restringirse y limitarse en los próximos diez años a cien de esos casos contra la Iglesia, entonces una estimación de las pérdidas totales previstas durante esa década podría establecerse en mil millones de dólares.

Los autores describieron luego esa cifra como «una proyección conservadora de costes». La historia demostraría que estaban en lo correcto. Una sección titulada «Negligencia clerical» predecía que cuando los abogados empezaran a agotar la negligencia médica como fuente de ingresos, verían a la Iglesia católica romana de Estados Unidos como una «posible mina de oro». En los años sucesivos, más de un abogado en Estados Unidos se ha hecho rico con los litigios emprendidos en nombre de personas que han sufrido abuso sexual. Varias víctimas residentes en Boston me aseguraron que sus respectivos abogados no sólo les cobraron como honorarios una parte sustancial de la cifra del acuerdo, más sus gastos, sino que también recibieron de la archidiócesis una «comisión» por persuadir a su cliente de aceptar un importe determinado. Como lo dijo una víctima: «De niño me embaucó mi cura. De adulto me embaucó mi abogado». Han resultado difíciles de obtener pruebas independientes que apoyen esos alegatos.

Los autores de ese documento predijeron una dramática avalancha de problemas para la Iglesia: cientos de personas que harían públicas sus acusaciones de delitos vergonzosos, obispos que reaccionarían con ineptitud y una factura de más de mil millones de dólares. Al efectuar esa advertencia, los dos sacerdotes no hicieron ningún favor a su carrera.[1] Por lo tanto, intentaron protegerse en cierta medida. Como ya se indicó, Doyle y Peterson tenían al representante personal del papa, el arzobispo Laghi, de su lado, y el obispo Quinn intentaba ya contener los daños en Louisiana. Quinn había sido seleccionado por importantes miembros del Vaticano. Pasaría algo de tiempo antes de que el padre Doyle se enterara de que las instrucciones de Quinn estaban exclusivamente dirigidas a asegurar que la Iglesia católica evadiera sus responsabilidades morales y legales. En una posterior convención en Ohio, Quinn recomendó que cada diócesis de Estados Unidos enviara sus expedientes sobre sacerdotes «problemáticos» a la embajada del Vaticano en Washington, para dejar así las evidencias fuera del alcance legal. En mayo de 1985, poco antes de concluido el informe, el padre Peterson tuvo una reunión privada con el cardenal Krol, de Filadelfia, el hombre más poderoso de la Iglesia católica estadounidense. Más que ningún otro príncipe de la Iglesia, Krol había sido responsable de la elección de Karol Wojtyla como papa. Ambos estaban en constante e íntimo contacto, y a través de Krol el papa se mantenía plenamente informado del escándalo que estaba teniendo lugar. A Krol le impresionó el manual, que elogió en demasía. Lo vio como una contribución inapreciable, tal como también lo hicieron varios obispos, y el cardenal Krol entregó personalmente al papa un ejemplar del informe en la primavera de 1985. Otro que consideró de gran valor ese trabajo fue el cardenal Law de Boston.

La reacción del Vaticano tanto ante el manual como ante sus implicaciones fue aplicar la solución polaca. El papa Juan Pablo II creyó siempre que la Iglesia debía tratar sus problemas en una «sala especial», a puertas cerradas. Instó entonces a Krol y sus colegas cardenales y obispos estadounidenses a tratar con discreción ese «problema esencialmente estadounidense»; se mantendría la política del secretismo.

El manual tenía poco que ver con la justicia: dedicaba a las víctimas y sus familias menos de media página. Aunque conciso, era muy pertinente. Afirmaba que el «abuso sexual de niños por adultos» tenía «perdurables efectos que se prolongan hasta la edad adulta, y no sólo fisiológicos, sino también espirituales, puesto que los perpetradores del abuso son sacerdotes y clérigos. Esto tendrá sin duda un profundo efecto en la vida de fe de las víctimas, sus familias y otros miembros de la comunidad».

Los autores se referían asimismo a la necesidad de acercarse directamente a las familias afectadas, diciendo: «Debería haber alguna forma de cicatrizar la herida, de ser posible, entre el sacerdote y la familia (...)».

El cardenal Law dijo a los autores que haría que ese manual fuera adoptado por la Conferencia Nacional de Obispos Católicos (National Conference of Catholic Bishops, NCCB por sus siglas en inglés), mediante la creación por él mismo de un comité especial. El arzobispo Levada, secretario del comité, indicó al poco tiempo que ya se estaban logrando progresos, pero la política y malevolencia de la Iglesia intervino rápidamente. Levada dijo al padre Doyle que el proyecto sería cancelado porque otro comité «se encargaría del asunto, y la duplicación de esfuerzos no dejaría al otro comité en una buena posición». De hecho, el padre Doyle se había ganado la antipatía de un miembro del comité ejecutivo de la NCCB, y eso fue la causa de que se echara por tierra la única posibilidad que tenía la Iglesia estadounidense de salvar la cara.

En una conferencia de prensa se anunció, como mero ejercicio de relaciones públicas, que se había establecido un comité para estudiar el asunto del abuso sexual por clérigos. Pero ese comité no existió jamás, y ningún miembro de la NCCB se puso nunca en contacto con ninguno de los autores del manual. Mientras tanto, la debacle ya estaba en marcha. Cuatro años después, cuando el país ya estaba sumido en el escándalo de los curas que abusaban de niños, aquel miembro del cuerpo ejecutivo de la NCCB seguía falseando burdamente tanto el documento como las intenciones de sus autores.

La reacción colectiva de los obispos de Estados Unidos fue la de alegar ignorancia, pese a que los autores del manual habían sido informados por varios obispos de que el abuso infantil clerical era un ineludible tema de conversación en cada encuentro entre obispos. La mayoría de éstos seguían tan sojuzgados por el secretismo que no podían imaginar otra opción.

La observación del papa Juan Pablo de que el abuso sexual clerical era «un problema exclusivamente estadounidense» fue desmentida pronto por denuncias en un país tras otro. En 1988, en Terranova, Canadá, un escándalo que comenzó con alegatos de abuso sexual por dos párrocos creció hasta implicar al 10 por ciento del clero. Al año siguiente, el orfelinato de Mount Cashel, en St. John's, Terranova, fue el centro de un escándalo de abuso sexual que implicó a la congregación de los Hermanos Cristianos, la jerarquía eclesiástica y la provincia en un encubrimiento que había continuado durante muchos años. Los abusos de niños se habían perpetuado sistemáticamente desde antes de la Segunda Guerra Mundial. Los Hermanos Cristianos serían considerados después una congregación brutal, muchos de cuyos miembros abusaban sexualmente y castigaban salvajemente a los niños a su «cuidado» en Irlanda, Canadá y Australia.

Lo mismo que en Louisiana, en Canadá un caso llevó a otro y luego a otro más. Hubo juicios penales, procesos civiles, una investigación interna de la Iglesia católica y en última instancia una comisión oficial del gobierno. Las transcripciones autorizadas de la comisión oficial y la comisión de derecho de Canadá constituyen una de las más sombrías lecturas que quepa imaginar. Trascendió que Mount Cashel no era un caso aislado de abuso físico y sexual contra el sector más vulnerable de la sociedad de Canadá. Más de treinta instituciones fueron condenadas. En su introducción, el informe observaba que las instituciones examinadas en ese inventario eran la «punta del iceberg». Y continuaba: «El problema es muy amplio; el abuso es frecuente en todo tipo de centros y se extiende a instituciones dirigidas y/o financiadas por el gobierno en todo el país». Lo que sigue es una selección de extractos literales de esa «punta del iceberg»:

Orfanato de Mount Cashel

Perpetradores del abuso: los Hermanos Cristianos. Tanto los sacerdotes como el superintendente del orfanato cometían actos abusivos contra muchos estudiantes. En el informe de la comisión oficial, el juez Hughes declaró que esos actos delictivos, causados por «crueldad» y «lujuria», tendían a «corromper a la infancia y destruir su felicidad». Algunos de los actos cometidos por los Hermanos Cristianos incluían felación mutua forzada, sodomía, masturbación mutua forzada, tocamiento de los genitales de los estudiantes, besos «impropios» e inserción de dedos en el recto. El abuso sexual solía comenzar con muestras de bondad y afecto.

Muchos estudiantes, algunos de ellos de apenas cinco años de edad, sufrían un castigo corporal excesivo en el orfanato. Los actos eran a menudo sádicos, y la disciplina frecuentemente arbitraria. Por ejemplo, el hermano Burke golpeó «despiadadamente» a un niño de nueve años en la espalda y las nalgas por perder una tarjeta de la biblioteca. Los frecuentes azotes con correas eran violentos e irracionales, produciendo contusiones y ampollas en manos y brazos hasta el codo, y frecuentemente aplicados no de forma sistemática, sino con furiosa ira. Las palizas consistían principalmente en azotar las nalgas desnudas con una correa o vara, pero llegaban a los puñetazos, las patadas e incluso a golpear las cabezas contra la pared.

Había habido intentos previos de investigar Mount Cashel. En 1975, el gobierno federal se vio finalmente obligado a actuar vía su Departamento de Salud y Bienestar e investigar ese instituto. Ante ese departamento se presentaron evidencias de que en Mount Cashel se mantenía un régimen de sostenida brutalidad física y abuso sexual, pero el funcionario de enlace, Robert Bradley, ignoró los alegatos. Ese mismo año recibió otro informe que repetía las mismas denuncias. Bradley informó a su superior en el gobierno que no sabía qué hacer, pues se le había «*instruido no interferir en los asuntos de Mount Cashel*». [Las cursivas son mías.]

Antes de que terminara 1975, detectives de la policía visitaron la escuela y, aparte de entrevistar a muchachos extremadamente temerosos, lograron establecer una causa fundamentada con pruebas suficientes al verificar que se habían perpetrado las infracciones descritas anteriormente. Los dos detectives pidieron autorización a sus superiores en la policía para arrestar a los dos hermanos, que después confesaron sus crímenes y fueron acusados. El entonces jefe de policía de Terranova, John Lawlor, ordenó al oficial de mayor rango, el detective Hillier, *omitir toda referencia al abuso sexual* en sus informes, pese al hecho de que la investigación estaba incompleta y de que más de veinticinco muchachos se habían quejado ante la policía de abuso físico y sexual. La policía recibió la orden de detener la investigación. Se permitió que el abuso continuara sin trabas durante otros trece años.

Hay detalles similares relativos a las otras veintinueve instituciones. El número de víctimas asciende a muchos cientos, aunque éstas son únicamente las que el gobierno federal pudo identificar. Oficialmente se acepta que nunca se sabrá de muchas de las otras víctimas de esas instituciones. Los «clanes» de sacerdotes católicos pedófilos en Canadá no se limitan a instituciones administradas por el Estado. Un clan que implicaba al menos a doce hombres, tres de ellos curas, dos abogados católicos romanos, un hermano que daba clases en una escuela católica y un médico católico, fue descubierto sin ir más lejos en 1996 tras haber actuado casi una década en la diócesis de Alexandria Cornwell, en Ontario. La red quedó al descubierto gracias a un incorruptible oficial de policía, el agente Perry Dunlop. Con gran valor, Dunlop estableció que una trama de corrupción vinculaba al propio cuerpo de policía y los pederastas. Al final, doce hombres fueron acusados de infracciones que implicaban delitos contra la moral pública y relaciones sexuales con menores.

En 1988 le llegó finalmente la hora a Mount Cashel, pero Louisiana ya ofrecía un nuevo ejemplo del cáncer dentro del clero católico. Cuando, por accidente, se descubrió una enorme colección de pornografía infantil adquirida a terceros en su habitación, en una parroquia de Nueva Orleans, el padre Dino Cinel ya iba camino a Italia para sus vacaciones navideñas. También se encontraron unas ciento sesenta horas de cintas de vídeo de factura casera. Si la posesión del primer lote era un delito castigado con la cárcel, el segundo hallazgo debía haber garantizado el alejamiento de Cinel de la sociedad por muchos años.

Las cintas mostraban al padre Cinel participando en varios actos sexuales con diversas parejas masculinas, incluidos al menos siete menores de edad. Después del caso Gauthe, habría sido de esperar que la jerarquía local actuara con rapidez. Pero pasaron tres meses antes de que la archidiócesis entregara el material a la oficina del fiscal del distrito. En ese lapso, el arzobispo y su equipo ocultaron el hecho de que había un pederasta activo en una de sus parroquias. El fiscal del distrito, Harry Connick Senior, relegó el expediente durante más de dos años. Luego admitió en una entrevista en televisión que no había presentado acusaciones contra Cinel porque no quería «avergonzar a la Santa Madre Iglesia».

A pesar de los orquestados encubrimientos de la Iglesia católica, el deliberado ocultamiento por periodistas vulnerables a presiones de la jerarquía eclesiástica y la existencia de devotos fiscales de distrito, jueces y oficiales de policía deseosos de proteger «el buen nombre de la Iglesia», la verdad estaba saliendo a la superficie, y no sólo en América del Norte. El abuso no se limitaba a un continente. Enfrentarse siquiera a una parte de las evidencias que he ido recopilando en los últimos cinco años es viajar al corazón de las tinieblas. Sacerdotes y en algunos casos obispos y cardenales han sido desacreditados en un país tras otro. Egardo Storni, arzobispo de Santa Fe, Argentina, renunció tras ser acusado de abusar de al menos cuarenta y siete seminaristas. Dijo que su renuncia no significaba culpa. El obispo Franziskus Eisenbach, de Maguncia, Alemania, renunció después de ser acusado de agredir sexualmente a una profesora universitaria durante un exorcismo. Sin embargo, él negó la acusación. En Irlanda, el obispo Brendan Comiskey renunció después de que su empleo de la «política del secretismo» saliera a la luz. En Polonia, un amigo cercano del papa, el arzobispo Juliusz Paetz, de Poznan, renunció cuando las acusaciones de que había hecho insinuaciones sexuales a jóvenes clérigos llegaron a conocimiento público. Paetz negó los alegatos, declarando que renunciaba «por el bien de la Iglesia». En Gales, el arzobispo John Aloysius Ward fue forzado por el papa a renunciar tras persistentes críticas públicas de que había ignorado advertencias sobre dos sacerdotes más tarde condenados por abuso infantil.

En Escocia, entre una retahíla de casos que conmocionaron aun a los más insensibles, una brillante cruzada de Marion Scott, del *Sunday Mail*, y una investigación policíaca de tres años de duración revelaron abusos en una de las escuelas dirigidas por los hermanos lasallistas. Posteriores evidencias dejaron claro que los abusos en la escuela St. Ninian's, en Gartmore, Stirlingshire, eran habituales en las escuelas dirigidas por esa orden en muchos países. Lo ocurrido en St. Ninian's tuvo lugar entre fines de la década de 1950 y 1982. En Australia, los hermanos lasallistas habían estado implicados en actividades similares desde 1911.

En St. Ninian's, los monjes alternaban las habituales palizas, violaciones y toda la gama de abusos sexuales contra los chicos con su propia versión de tortura y brutalidad. Un generador eléctrico estaba instalado en la sala de máquinas, donde se obligaba a los muchachos a sostener los cables eléctricos y a recibir repetidas descargas. Los chicos también eran sometidos a azotes con una fusta con nudos en los extremos para causar mayor dolor. Christopher Fearns, un trabajador social, recordó:

> Me golpearon con la fusta dos o tres veces por semana durante cuatro años. Nos decían que con los azotes nos sacaban al diablo. Fui apaleado tantas veces en la cabeza y los oídos que ya no oigo por el izquierdo, y he tenido que someterme a una importante operación quirúrgica por ese motivo.

Hasta la fecha, sólo tres personas han sido llevadas a juicio; todas fueron declaradas culpables. Entre las diez acusaciones que le fueron probadas al hermano Benedict estaban agresión, forzar a los jóvenes a comer su propio vómito y fracturar el brazo de un chico. Los tres hombres recibieron sentencias simbólicas de dos años de cárcel. El hermano Benedict apeló y se le concedió la libertad bajo fianza. Más de un año después, su apelación aún seguía en curso y él caminaba libremente entre los demás ciudadanos.

Jimmy Boyle, antaño el hombre más temido de Escocia, recordaría así sus años en otra escuela lasallista, St. John's, en Springboig: «Aún hoy sigo oyendo el ruido de huesos al romperse mientras un monje hacía deliberadamente añicos la pierna de un niño. O pisadas en la noche que anunciaban otra horrible violación de un niño aterrado y quejumbroso».

En 1999 las Hermanas de la Caridad tuvieron que hacer frente a más de cien acusaciones de abuso ante el tribunal superior de Dublín. Exactamente al mismo tiempo, en Inglaterra el padre David Crowley era sentenciado a nueve años de cárcel tras declararse culpable de quince acusaciones de abuso sexual a un niño menor de diez años y varios chicos menores de dieciséis. Muchas de sus víctimas eran acólitos. Sus infracciones ocurrieron en parroquias de West Yorkshire, el norte de Inglaterra y Devon entre julio de 1981 y agosto de 1992. En al menos dos ocasiones, los padres de las víctimas se quejaron. A Crowley se le envió a recibir terapia. Después se le permitió seguir trabajando, a condición de que *restringiera su acceso a los jóvenes.* [Las cursivas son mías.] En una ocasión, Crowley ejerció de mirón mientras alentaba a un niño de nueve años a realizar un acto indecente con otro de trece.

El fiscal Peter Benson dijo al tribunal:

El abuso fue sistemáticamente consumado, y la Corona sostiene que el acusado explotó astutamente su posición de confianza y autoridad como sacerdote católico para seducir a niños susceptibles de ser impresionados. Empezaba ganándose su confianza permitiéndoles fumar y sirviéndoles alcohol antes de seducirlos. A menudo elegía como blanco a los jóvenes emocionalmente vulnerables con los que entraba en contacto al considerarlos candidatos adecuados para recibir sus atenciones.

Casi al mismo tiempo en que el padre Crowley usaba esas argucias en diferentes partes de Inglaterra, el padre Gerard Stock, también en el Reino Unido, procedía exactamente igual y escogía como blanco al mismo grupo de posibles víctimas: acólitos. Él también fue finalmente sorprendido, y se declaró culpable de treinta y cuatro cargos de relaciones sexuales con menores que implicaron a dieciséis muchachos en un periodo de veintidós años, de 1959 a 1981.

El padre Adrian McLeish, párroco de Gilesgate, Durham, era un ávido usuario de internet. Cuando la policía investigó la rectoría de St. Joseph's, descubrió que el sacerdote había acumulado una de las mayores colecciones del mundo de pornografía de internet. También abusaba regularmente de al menos cuatro niños. Después de que la policía se llevara los ordenadores, el padre McLeish, plenamente consciente de que iría a prisión, aprovechó una última oportunidad para abusar de una de sus víctimas. La madre del chico dijo más tarde: «Fue como si hubiera echado una última cana al aire». Se estableció además que McLeish había usado fondos de la parroquia para comprar pornografía por internet. Fue sentenciado a seis años de cárcel.

Otro que abusaba de su autoridad para seducir a jóvenes era el padre Michael Hill. Entre las víctimas de entre veinte y treinta delitos de abuso sexual estaban dos chicos discapacitados de catorce y diez años. Uno estaba confinado en una silla de ruedas y el otro tenía parálisis cerebral. Éstas fueron dos víctimas más que podrían haberse evitado si el actual primado católico de Inglaterra, el cardenal Cormac Murphy O'Connor, hubiera hecho su trabajo como obispo de Arundel y Brighton. Menos de un año después de la llegada de Murphy O'Connor a esa diócesis en 1977, el padre Michael Hill quedó bajo su control. Hill había sido un activo pederasta desde 1959. Una de las características de su carrera posterior es el número de veces que fue trasladado en la diócesis. Consta que Murphy O'Connor afirmó después que la marcha de Hill de Godalming a Heathfield no tuvo «absolutamente nada que ver con ninguna cuestión de abuso infantil», sino que se había debido a «desacuerdos e inquietud en la parroquia». Aún están por especificar las causas de esa inquietud, pero a fines de 1980 varios parroquianos de Godalming se quejaron al obispo Murphy O'Connor del excesivo y nada normal interés que Hill estaba cobrando por sus hijos. Como recordó una madre: «Le dije lo que pasaba. Él dijo que se encargaría del asunto».

En una clásica demostración de cómo opera la política del secretismo, Hill fue trasladado a la parroquia de Heathfield y enviado a un centro de rehabilitación dirigido por los Siervos de Paracleto en Gloucestershire. Ese centro se especializa en el tratamiento de la pederastia, entre otros trastornos. Posteriores comentarios del cardenal Murphy O'Connor sobre su careo con el padre Hill en 1981 confirmaron la veracidad de los alegatos presentados por varios ciudadanos de Godalming. Cuando Hill llegó a la diócesis, su expediente contenía una advertencia médica de que él seguía siendo un peligro potencial para los niños. Pese a esa información, O'Connor le permitió retornar a la parroquia de Heathfield. Ya en 1983, al menos una madre se había quejado enérgicamente ante O'Connor de que la conducta del padre Hill hacia sus dos hijos era inaceptable y causa de gran preocupación. Hill recibió otra vez terapia, y esta vez O'Connor siguió la recomendación profesional de que el sacerdote no tuviera acceso a niños, y al padre Hill se le retiró su licencia para trabajar en una parroquia. Luego, en 1985, el obispo volvió a suavizar su posición hacia Hill. Entre las recomendaciones que había recibido de los expertos médicos en 1983 se decía que en algún momento se podía permitir a Hill desempeñar un papel pastoral restringido fuera de la parroquia.

El obispo tomó entonces una decisión inexcusable. Nombró al padre Hill capellán del aeropuerto Gatwick, al que para la fecha en cuestión, 1985, se lo conocía como el «Leicester Square de Sussex» y «un imán para jóvenes sin hogar». El padre Hill aprovechó muy bien su nombramiento y cometió nuevas agresiones sexuales contra niños. Cuando esa decisión de Murphy O'Connor acerca del padre Hill se hizo pública en noviembre de 2002, en el diario *The Times* se pudo leer que «el grado de la ceguera moral del cardenal Murphy O'Connor es potencialmente devastador». Después Hill fue arrestado y declarado culpable de varias agresiones sexuales entre 1969 y 1987, entre ellas haber importunado a una víctima de parálisis cerebral de camino a Lourdes. El padre Hill fue sentenciado a cinco años de cárcel.

El primado de toda Inglaterra ha intentado justificar sus acciones respecto al padre Hill con el argumento de que «entonces [de mediados a fines de la década de 1980] reinaba una genuina ignorancia acerca de todo esto». Esta defensa no tiene ninguna credibilidad. En noviembre de 2002, el padre Hill se declaró culpable de una nueva lista de agresiones sexuales cometidas entre 1969 y 1987 y fue sentenciado a cinco años más de cárcel.

Después dio la impresión de que cada vez que se le entrevistaba, el primado se disculpaba del «grave error» que había cometido respecto a Hill, pero su arrepentimiento no llegó al punto de renunciar a su puesto, pese a las muchas demandas de los fieles y los medios de que abandonara la escena nacional. La brecha de credibilidad entre el cardenal y sus obispos y la cada vez más reducida comunidad católica en Inglaterra sigue ahondándose. De acuerdo con el portavoz del cardenal, los acuerdos secretos para comprar el silencio de las víctimas no tienen nada que ver con la Iglesia. «Esto no atañe a la Iglesia. Se hace entre abogados». El portavoz no dijo quién ordena pagar al abogado.

Para 1999, mientras la Iglesia católica en Inglaterra y Gales guardaba silencio sobre las crecientes condenas de sacerdotes por abuso sexual, resultaba obvio que la pederastia en el Reino Unido no sería derrotada negando la existencia del problema. Veintiún curas habían sido condenados en un periodo de cuatro años. En ese momento crítico, el cardenal Cormac Murphy O'Connor reconoció plenamente que se había equivocado con el padre Hill. Poco después se ordenó una revisión completa bajo la presidencia de lord Nolan (antiguo lord y presidente del Comité de Normas de la Vida Pública). En abril de 2001 se publicó su informe, con más de cincuenta recomendaciones para proteger a posibles víctimas.

Ése fue un paso positivo, y una de las recomendaciones rápidamente aplicadas fue la elaboración de un informe anual. Pese a numerosos casos de abuso sexual eclesiástico a lo largo de muchas décadas, la Iglesia católica de Escocia no se ha inclinado a seguir el ejemplo puesto en práctica al sur de su frontera. La recomendación más importante del informe de Nolan también fue rápidamente introducida: la creación de una unidad nacional de protección a la infancia dentro de la Iglesia para «descubrir a los culpables de abuso infantil investigando al clero, así como a sus colaboradores y voluntarios laicos, antes de que se incorporen a nuevos puestos».

El informe observaba en su resumen ejecutivo:

El abuso infantil es un gran mal. Puede dejar profundas heridas en las víctimas y sus familias. Es particularmente aborrecible cuando un niño o adolescente sufre un abuso de alguien que se halla en una posición de confianza y responsabilidad. Y es más aborrecible aún cuando esa posición de confianza la detenta un miembro del clero o un trabajador católico laico. El cuidado de los niños está en primer plano entre las enseñanzas de Cristo, y es por lo tanto una de las primeras responsabilidades de todos los miembros de la Iglesia, especialmente de sus sacerdotes y obispos.

En ese resumen, lord Nolan y su comité también señalaron una verdad evidente por sí misma. «El hecho es que incluso aunque cada parroquia de Inglaterra y Gales siguiera nuestras recomendaciones, el problema del abuso infantil no sería erradicado». Esto era loablemente honesto, y la aspiración final de los autores de este informe debe haber llegado al corazón de cada católico romano de ese país:

Confiamos en que este informe contribuya a una cultura de vigilancia en la que cada miembro adulto de la Iglesia asuma consciente y activamente la responsabilidad de crear un medio seguro para los niños y los adolescentes. Nuestras recomendaciones no son un sustituto de esto, pero esperamos que sean un estímulo hacia ese logro.

El compromiso de apertura de la Iglesia ciertamente tocó la fibra sensible de las hasta entonces silenciosas víctimas. En los primeros dieciocho meses de vigencia de los nuevas normas, la Iglesia había recibido cerca de ciento cincuenta nuevas quejas de abuso sexual. Otras cien quejas siguieron en 2004. El arzobispo Vincent Nichols, de Birmingham, dio la bienvenida a las denuncias de abusos, como un claro indicio de que se estaban haciendo progresos a la hora de rescatar del olvido un largo historial de abusos.

Es probable que el arzobispo Nichols se mostrara menos entusiasta cuando su propia archidiócesis se vio obligada a pagar 330.000 libras esterlinas a un ex acólito que había sido objeto de abuso sexual por un sacerdote durante ocho años. Ese acuerdo, alcanzado en enero de 2004, era entonces el mayor desembolso del que se tuviera noticia en el Reino Unido. Tal pago, realizado días antes de que el caso llegara al tribunal superior, es un signo adicional de que en Inglaterra y Gales los tiempos por fin están cambiando, aunque sólo en algunas áreas.

A finales de junio de 2005, la archidiócesis de Birmingham fue obligada a duplicar la indemnización pagada hasta entonces tras recibir la orden de un tribunal de abonar más de seiscientas mil libras (más de 1 millón de dólares) a una víctima que, en su infancia, había sido objeto de abusos repetidamente por parte del padre Christopher Conlan, quien había huido del país a Australia, donde había muerto en 1998.

Uno de los aspectos más extraordinarios de este escándalo había sido la empecinada negativa del Vaticano a aceptar y reconocer, hasta muy tarde, que éste era algo más que un problema local limitado a Estados Unidos. Como ilustran estas páginas, el abuso sexual cometido por sacerdotes y religiosos católicos contra niños, adolescentes y adultos no conocía fronteras. El papa Juan Pablo II sabía desde el inicio mismo de su pontificado que éste era un asunto que tendría que abordar y resolver. Y no lo hizo.

En Austria, un buen amigo del papa, el cardenal Hans Hermann Groer, fue forzado a renunciar tras una larga pugna al haber sido acusado de abusar repetidamente de estudiantes de una escuela católica exclusiva para varones. Groer rechazó los alegatos. En Suiza, el obispo Hansjörg Vogel, de Basilea, renunció después de admitir que había dejado embarazada a una mujer tras su ascenso a la jerarquía el año anterior. Detrás de cada uno de los obispos citados está el mismo patrón de abuso institucional, la misma gama de abusos sexuales pederastas cometidos por sacerdotes. Los atroces abusos de los Hermanos Cristianos pueden equipararse con la crueldad de las Humildes Hermanas de Nazaret, las Hijas de la Caridad de San Vicente de Paúl o las Hermanas de la Caridad. Durante más de cien años hubo casas de Nazaret en todo el Reino Unido, Australia, Sudáfrica, Estados Unidos e Irlanda.

Desde mediados del siglo XIX hasta tiempos recientes, las «casas de Nazaret» cuidaron de los niños y los ancianos. Los orfanatos eran dirigidos por monjas de la orden de las Hermanas de la Caridad. Humillaciones y palizas eran ahí hechos cotidianos. Los niños se despertaban debido a los gritos de compañeros y el familiar estallido de la correa. En 1965 Helen Cusiter tenía ocho años de edad cuando su madre desapareció y a ella la llevaron, junto con sus cinco hermanos, a la Casa de Nazaret en Aberdeen. En 2004, a los cuarenta y siete años de edad, después de un encuentro accidental con una de sus torturadoras de la infancia, Helen se convirtió en uno de los más de quinientos ex residentes en presentar una demanda contra las Hermanas. El recuerdo de lo que había padecido fue corroborado por otras ex internas, a las que hacía mucho que no veía. Ello incluía un incidente particular con la hermana Alphonso, quien había ido a buscarla mientras Helen jugaba en los columpios.

Me cogió del pelo, me volteó y me lanzó contra el muro de la iglesia. Me rompió todos los dientes anteriores, mi cara quedó destrozada, todas las demás niñas lloraban.

Helen Howie, una de esas niñas que lloraban, recuerda la cara ensangrentada de Helen: «La hermana Alphonso no usaba correas de cuero; usaba sus puños, era muy fuerte». Cuando el dentista preguntó por las muchas contusiones en el rostro de esa niña de ocho años, se le dijo que «se había caído».

La hermana Alphonso fue condenada por cuatro acusaciones de trato cruel e inhumano. A causa de su edad, sólo fue amonestada, no encarcelada. Hay muchísimos testimonios similares de cientos de personas perjudicadas. Muchas de ellas no buscaban compensación, sino sólo la oportunidad de ser oídas, de que se reconociera el dolor que aún sentían.

Las Humildes Hermanas ya no son humildes. Tienen casi doscientos millones de libras esterlinas en el banco, y finalmente han eliminado el «Humildes» de su nombre. Hoy hay puesta en marcha una campaña internacional para llevar a esa orden ante la justicia. Será una lucha difícil, pues las compañías de seguros se aliarán con algunos obispos para repeler el ataque.

Muchos obispos siguen negándose a aceptar la gravedad y extensión del abuso sexual eclesiástico en las últimas cuatro o cinco décadas. Lo siguen considerando un «problema» que debería tratarse en casa, sin publicidad ni cargos penales. En enero de 2003, la comisión irlandesa creada para investigar el abuso infantil se quejó públicamente de que «el gobierno y la mayoría de las órdenes religiosas obstruyen nuestro trabajo». Esa comisión investigaba instituciones dirigidas por la Iglesia a las que el gobierno irlandés enviaba a niños «problemáticos» y huérfanos. Como en Canadá, también en Irlanda se habían ocultado convenientemente muchas cosas. A mediados del siglo XX había cincuenta y dos «escuelas industriales», en las que el abuso físico y sexual era habitual. Una escuela industrial operaba como un modelo previo de reformatorio o correccional. Fueron ideadas como «medio para reducir la delincuencia juvenil». A menudo el único «delito» de los alumnos era ser huérfanos o abandonados. En teoría, aparte de aprender las materias elementales ordinarias, los niños también aprendían un oficio. Las diferentes circunstancias no afectaban al trato recibido. Así, ya fueran responsables de los niños los Hermanos Cristianos, las Hijas de la Caridad o las Humildes Hermanas de Nazaret, la perversidad de las diversas órdenes religiosas tenía una perturbadora similitud. Desde 1985, más de cuatro mil supervivientes de un *régimen de explotación laboral infantil* han pedido que la Iglesia católica irlandesa les compensara. Alguien que ya está más allá de la posibilidad de obtener cualquier compensación es Willie Delaney.

En 1966, cuando tenía nueve años de edad, Willie era el mayor de diez hermanos que vivían en una caravana, sin servicios sanitarios ni agua corriente. Era su responsabilidad ayudar a alimentar a la familia. Su padre, vendedor de productos de hojalata que se enfrentaba a un mercado en regresión por la aparición de los utensilios de cocina hechos de materiales duraderos, necesitaba toda la ayuda que pudiera conseguir. Willie fue sorprendido robando cochinillos y sentenciado a seis años en Letterfrack, escuela industrial en el oeste de

Irlanda, descrita por algunos de los que a ella sobrevivieron como «un infierno en la Tierra». Los internos sufrían abuso físico, mental y sexual. Willie recibió un trato brutal. En 1970, a los trece años, días antes de volver a casa para pasar dos preciosas semanas de vacaciones, fue insistentemente golpeado en la cabeza. Algunos de los supervivientes han testificado recientemente que uno de los Hermanos Cristianos golpeaba siempre a Willie en la cabeza con un manojo de llaves; otros lo recuerdan usando un palo. En casa, Willie se quejó de severos dolores de cabeza, y luego sufrió un ataque, cayó en coma y murió. Médicos del Hospital de San Lucas en Kilkenny dijeron que había muerto de meningitis. Su padre estaba seguro de que su muerte estaba relacionada con el trato que había sufrido por parte de los Hermanos Cristianos.

En abril de 2001, el cadáver de Willie fue exhumado y sometido a una autopsia. Se determinó que había fallecido por causas naturales, pero la muerte de Willie y sus secuelas habían infundido a otros treinta ex internos valor para dar la cara y presentar quejas contra los Hermanos Cristianos y el personal laico. El número final de quejas ascendió a ciento cuarenta. Veintinueve Hermanos Cristianos y empleados laicos fueron identificados como supuestos abusadores. Cuarenta y ocho sacerdotes y Hermanos Cristianos ya han sido condenados por abusar, física y sexualmente, de niños a su cuidado.

En un caso distinto en Irlanda meses antes de la exhumación de Willie Delaney, un ex hermano franciscano, Robert Keoghan, se declaró culpable de ocho acusaciones de abusos deshonestos a ocho chicos de entre nueve y dieciséis años cometidos entre 1969 y 1972. Antes de sentenciar a Keoghan, quien ya cumplía una sentencia de dieciocho meses de cárcel por dos delitos similares, el tribunal se enteró de que cuando Keoghan había ido a confesar sus faltas, había sido objeto de abuso sexual por su confesor, un cura franciscano. Keoghan fue sentenciado a dos años más de cárcel.

A medida que el muro de la presa iba desmoronándose en todo el mundo, resultaba sorprendente la frecuencia con la que las actividades de los sacerdotes pederastas podían seguirse en el tiempo hasta veinte, treinta o cuarenta años atrás. Es inconcebible que sólo una determinada generación de curas, que recibieron las sagradas órdenes a finales de la década de los cincuenta y sesenta, se inclinara en mayor o menor medida por la pederastia que la generación anterior o la posterior. Los conservadores han culpado del aumento del abuso a las reformas del Concilio Vaticano II, pero aún tienen que explicar la causa de la pederastia clerical anterior a mediados de la década de 1960. Cabe la terrible posibilidad de que, salvo por el caso del padre Gauthe, la política de secretismo siga funcionando eficazmente, y de que se esté abusando de otras tantas nuevas víctimas. Lo cierto es que, aún después de 1985, se han producido intentos de preservar el antiguo orden. En los primeros años del nuevo siglo, la policía de Hong Kong investigaba delitos cometidos por sacerdotes. Descubrió que la política de secretismo seguía viva y funcionando en mayo de 2002. La superintendente de la policía, Shirley Chu, quien investigaba ocho casos de abuso, se quejó públicamente de que la Iglesia católica se negaba a entregar las confesiones por escrito que varios sacerdotes habían hecho durante una investigación eclesiástica interna. La reacción de Chu se hizo eco de la de jueces, oficiales de policía y fiscales de distrito del mundo entero: «Parece que la Iglesia protege su reputación y a sus sacerdotes antes que a las víctimas».

La jerarquía católica de Filipinas también se vio forzada a disculparse con las víctimas. En septiembre de 2000, treinta y cuatro curas y varios obispos fueron suspendidos al empezar a hacerse público el amplio grado del abuso sexual cometido. A diferencia de muchos otros países, la mayoría de los casos de Filipinas denunciaban el abuso sexual de mujeres. Más tarde se reveló que en Nueva Zelanda, a principios de 1991, seis diócesis católicas romanas habían confirmado treinta y ocho casos de abuso sexual por sacerdotes y hermanos, tras dos años de haberse instaurado un procedimiento de demandas; muchas más estaban en camino, incluidas acusaciones de abuso que se remontaban a cincuenta años atrás, a la década de 1940. Durante la mayor parte de ese periodo, la población católica de Nueva Zelanda era de menos de quinientas mil personas, con alrededor de quinientos sacerdotes; los casos confirmados indicaban un promedio histórico de aproximadamente un 7 por ciento de sacerdotes que cometían abusos sexuales.

Al comentar esas cifras, Lyndsay Freer, directora nacional de comunicaciones católicas, exhibió el don nacional para esconderse tras el eufemismo: «Hubo una tendencia en el pasado a proteger a la institución o la profesión». Luego, echando mano de la misma argumentación que el resto de la Iglesia católica, Freer intentó defender lo indefendible.

Se desconocía la naturaleza reincidente de la disfunción psicosexual o pedofilia, y se creía que si una persona admitía la culpa, la confesaba y recibía la absolución en el sacramento de la confesión (...) la rehabilitación y el perdón eran posibles.

En Australia, el cardenal Pell se vio obligado a admitir que la Iglesia no había confiado en el mero perdón cristiano por parte de la víctima. Se habían pagado muchos miles de dólares para comprar el silencio de aquellos que habían sufrido abuso sexual. Menos de dos semanas después, la orden católica romana de los Hermanos de San Juan de Dios reveló que había llegado a un acuerdo extrajudicial con abogados que representaban a veinticuatro hombres con trastornos mentales de los que hasta veinte hermanos habían abusado sexualmente mientras estaban a su cuidado. El importe a pagar era de 2,1 millones de dólares estadounidenses, y se creía que era el mayor de tales arreglos en la historia de Australia. Sacando valor del ejemplo dado por esas víctimas con trastornos mentales, otras ciento cincuenta y siete supuestas víctimas dieron también la cara. Entretanto, el jefe de la Iglesia en Sudáfrica admitía que una docena de curas habían sido acusados de abusar sexualmente de niños «hace muchos años». Una vez más, la política del secretismo había funcionado bien en todos esos países.

En Brasil, el país predominantemente católico romano más grande del mundo, funcionarios eclesiásticos admitieron que había un problema de pederastia en el clero. El obispo Angelico Sandalo Bernardino, en un extraordinario intento de justificación, observó: «El problema del apetito sexual aflige a todos los seres humanos».

En Holanda, la pragmática Iglesia holandesa intentó una inusual y muy dudosa estrategia en las negociaciones secretas con sus aseguradoras. Exigió que una cláusula adicional que cubriera la compensación por abuso sexual se insertara en sus pólizas. También, que esa cláusula se aplicara *retrospectivamente*, para que cubriera las décadas pasadas. Ambas demandas fueron rechazadas.

Un contratiempo similar ocurrió en Irlanda. Trascendió que la cobertura de seguros de la Iglesia irlandesa que incluía el tema del abuso sexual había sido originalmente adoptada por la Conferencia de Obispos de Irlanda entre 1987 y 1990, periodo en el que los obispos aún echaban mano del secretismo y trasladaban afanosamente a curas infractores de una parroquia a otra. En palabras del portavoz de los obispos, el padre Martin Clarke, esa cobertura «ofrecía sólo una modesta protección a cambio de una prima baja». Ante la oleada de escándalos de abuso infantil que empezó a inundar la Iglesia irlandesa en 1994, esas pólizas de seguros resultaron ser «ambiguas e inciertas», un descubrimiento acerca de las pólizas de seguros que no es exclusivo de la Iglesia católica. Las compañías de seguros del mundo entero dieron la voz de alarma de la noche a la mañana; las primas aumentaron entre un 30 y un 130 por ciento, a cambio de una cobertura mucho menor.

Siguiendo el ejemplo de la Iglesia en Inglaterra y Gales, la Conferencia de Obispos de Irlanda encargó un estudio independiente sobre el abuso infantil cometido por el clero católico en ese país. El estudio fue realizado por el Real Colegio de Cirujanos de Irlanda, y un comunicado de prensa, aunque no el informe propiamente dicho, se hizo público en diciembre de 2003 en nombre de los obispos irlandeses. Tras destacar que «más de la mitad» de las recomendaciones del informe ya se seguían, el obispo John McAreavey señaló que en él «se reconoce que, en su trato con quienes cometían abusos en el pasado, los obispos siguieron de buena fe las mejores indicaciones psiquiátricas entonces disponibles». Este reconocimiento contradice décadas de mentiras, encubrimientos, evasivas e intencionada desconsideración hacia las víctimas. El obispo continuó: «Es evidente que, en relación con el abuso sexual clerical, les fallamos a muchos jóvenes durante un periodo demasiado largo».

Uno de los autores de ese informe, la profesora Hannah McGee, opinaba en sus conclusiones de manera bien diferente. «El delito cometido y, sobre todo, el mal manejo del abuso infantil clerical representan una pérdida para toda la sociedad irlandesa, no un problema aislado de unos cuantos desafortunados.»

El obispo McAreavey tuvo el buen juicio de ofrecer públicas disculpas por los errores del pasado y de asumir el compromiso de mejorar «nuestras políticas existentes». El esfuerzo habría resultado más convincente si los obispos no hubieran intentado desplazar la carga de la culpa sobre los psiquiatras terapeutas.

Cuando se publicó el informe del Real Colegio de Cirujanos, otra investigación, esta vez sobre el supuesto abuso sexual de niños en la diócesis de Ferns, en Irlanda, ya llevaba un año de investigaciones de los tres que finalmente requirió. La comisión identificó más de cien alegatos de abusos sexuales cometidos por veintiún sacerdotes entre 1962 y 2002. Su informe, publicado en octubre de 2005, confirmó que el abuso sexual se había extendido durante muchos años en Ferns. Diez de los curas acusados habían muerto, dos fueron condenados y el resto ya no estaba en «ministerio activo». Por qué razón eso les concedía inmunidad judicial aún necesita explicarse.

La Iglesia católica de Irlanda insiste en que, conforme al derecho canónico, los clérigos que cometen abuso sexual son inmunes al procesamiento penal a menos que esa inmunidad sea levantada por el obispo o por Roma. Demasiados miembros de la jerarquía de Irlanda siguen aferrándose al fallo del Tribunal Supremo de 1925 en el que el más alto tribunal de Irlanda aceptó el derecho del obispo de Kerry a destituir a un párroco de West Cork contra los deseos de éste. Los obispos irlandeses usan ahora esa sentencia para coartar la ley natural mientras la Iglesia sostiene la entelequia de que abusar de un niño no es un delito, sino una cuestión moral.

En abril de 2003, veinticinco años después del caso Gauthe, funcionarios del Vaticano se reunieron a puertas cerradas con psicólogos y terapeutas para celebrar una conferencia sobre el abuso sexual de niños. Aún persistía el deseo de no «molestar a la Santa Madre Iglesia», aunque la imagen de la Iglesia ya estaba hecha pedazos.

En Francia, el secretismo fue preservado hasta el siglo XXI. En enero de 2000, el abad Jean-Lucien Maurel fue sentenciado a diez años de cárcel por violar y abusar sexualmente de tres adolescentes de entre diez y trece años de edad. Maurel tenía setenta y un años cuando fue enjuiciado, y sesenta y siete cuando se produjeron las agresiones. Los adolescentes eran alumnos de la escuela en la que el abad era director. Entre quince y veinte clérigos católicos franceses más también estaban bajo investigación por supuestos abusos sexuales.

Un año después, en 2001, un obispo francés, Pierre Pican, de Bayeux-Lisieux, fue condenado por encubrir los abusos sexuales de uno de sus sacerdotes. Dijo: «Es lamentable que este veredicto limite el derecho de los sacerdotes católicos a guardar secretos profesionales». La verdad es que este caso no tenía nada que ver con la santidad del confesionario, sino que atañe a una opinión aún muy extendida en la Iglesia católica: la de que sus sacerdotes y obispos están por encima de la ley. El agresor en cuestión, el padre René Bissey, cumple ahora una sentencia de dieciocho años de cárcel; su obispo recibió una sentencia de tres meses de prisión condicional.

La actitud del obispo Pican no es la excepción; de hecho, es la norma. En 2002, el presidente de la Conferencia de Obispos de Alemania, el cardenal Lehmann, fue inquirido por *Der Spiegel*: «Cuando se sospecha de delitos, ¿se llama a las autoridades judiciales?» Respondió:

Ésa no es nuestra tarea. Las autoridades intervienen por sí solas (...) en casos inequívocos —nosotros mismos no solemos enterarnos—, alentamos al culpable para que presente una denuncia contra sí mismo. Esto es mejor para todos. Además, realizamos nuestras propias investigaciones preliminares; así lo dicta el derecho canónico. Si hay evidencias suficientes, la persona implicada es suspendida de su cargo. Pero éste es un asunto de cada diócesis. La Conferencia de Obispos no es responsable de tales cuestiones.

Al insistírsele en la necesidad de aplicar «reglas obligatorias» a todas las diócesis en cuanto al trato a curas pederastas, el cardenal Lehmann discrepó:

Tenemos grandes diócesis que durante décadas han ido acumulando experiencia sobre la mejor forma de manejar a esos sacerdotes, y sencillamente no desean ceder el asunto a una autoridad superior.

Esa experiencia acumulada representa la posibilidad de encubrir y ocultar la gran mayoría de los casos de pederastas que amenazan con salir a la luz en Alemania. La diligente aplicación del secretismo pretende que la denuncia de curas pederastas en una escala como la del escándalo en Estados Unidos no ocurra en Alemania ni otros países europeos.

El psicoterapeuta católico Wunibald Müller, con décadas de experiencia en el tratamiento de sacerdotes con problemas psicológicos y psiquiátricos, ha estimado que al menos un 2 por ciento de los sacerdotes de Alemania tienen predisposición a la pederastia, lo que da una cifra nacional de entre doscientos cincuenta y trescientos. Los pederastas son siempre infractores reincidentes, y por lo tanto el número de niños que se hallan en situación de riesgo hoy en Alemania, aun considerando la estimación más conservadora, es de entre cinco mil y diez mil. La cifra real es sin duda mucho mayor. La estimación de Müller se basó en las evidencias puestas a su disposición por el estudio clínico de la población alemana en general. Sin embargo, la extraordinaria eficiencia con que se ha aplicado el secretismo en Alemania ha ocultado drásticamente durante décadas la anormal incidencia de abuso sexual entre la población clerical. En consecuencia, las estimaciones de Müller equivalen a apenas alrededor de la mitad de las estimaciones comparables de otros países, en particular Estados Unidos. La cifra de Müller es inquietantemente reducida.

En Estados Unidos, durante los quince años posteriores al caso Gauthe de 1985-1986 fueron denunciados más de mil doscientos sacerdotes pedófilos. En vista del hecho de que ha seguido habiendo denuncias semanales, cuando no diarias, así como nuevas demandas civiles y continuas acusaciones adicionales, el total real continúa acercándose inexorablemente en Estados Unidos a los tres mil pedófilos, es decir, un 5 por ciento del clero católico romano. Estas estimaciones podrían incluso resultar demasiado bajas para cuando se concluyan investigaciones más exhaustivas. Si las evidencias de la diócesis de Lafayette, en Indiana, se repitieran en todo Estados Unidos, todas las estimaciones previas tendrían que reformularse. En una diócesis con sólo setenta y cinco curas activos, a principios de 1997 se había establecido que al menos un 16 por ciento de ellos eran culpables de una amplia variedad de abusos sexuales.

Debe recordarse que esas cifras no fueron obtenidas contando con una Iglesia abierta y transparente, sino una Iglesia que usó todas las tácticas dilatorias que pudo idear con la ayuda de sus abogados y aseguradoras; una Iglesia en la que obispos pederastas protegían a sacerdotes pederastas con la salvaguarda del engaño. Un ejemplo de ello fue el obispo J. Keith Symons, de Palm Beach, quien compiló los «análisis psiquiátricos profesionales que en su momento demostraron claramente la aptitud del reverendo Rocco D'Angelo para desempeñar su labor como sacerdote».

Cuando se produjeron esos análisis, tanto el obispo como el sacerdote abusaban sexualmente de niños. Después de que los padres de las víctimas presentaran quejas a la archidiócesis de Miami en la década de 1960, los padres recibieron la promesa de que D'Angelo sería mantenido alejado de los niños. El secretismo volvió a aplicarse, y D'Angelo fue transferido al área de Tampa, donde trabajó durante más de dos décadas mientras seguía importunando a niños, a uno de ellos en 1987, más de veinticinco años después de que la Iglesia hubiera suscrito un compromiso que nunca tuvo la intención de cumplir.

El padre D'Angelo optó por el retiro anticipado en 1993, una vez que sus actividades sexuales se hicieron de conocimiento público. El obispo Symons lo siguió en el retiro anticipado en junio de 1997, tras admitir que había importunado sexualmente a cinco niños más de tres décadas antes. Su «reemplazo estrella» fue el obispo Anthony O'Connell. Cuatro años después se hizo necesario otro nuevo reemplazo, ya que el obispo O'Connell fue obligado a dimitir en marzo de 2002 tras descubrirse sus actividades sexuales con jóvenes que habían estado bajo su supervisión como rector de un seminario en Missouri.

En Boston, una archidiócesis que atiende a una población católica de más de dos millones de personas, la Iglesia cayó en la ruina financiera. La fe de muchos quedó hecha añicos por una interminable serie de escándalos de abuso sexual. En 1992, el cardenal Bernard F. Law, de Boston, invocó el «poder de Dios» sobre los medios de comunicación tras su cobertura de las actividades del reverendo James R. Porter. Un breve resumen de la vida de Porter lo deja a uno maravillado de que el cardenal Law se mostrara dispuesto a defenderlo.

En 1953, cuando tenía dieciocho años, Porter acosó a un chico de trece en un parque en su natal Revere, Massachusetts. Todavía en la década de 1950, cuando Porter ya era seminarista, trabajó durante los veranos en el Cathedral Camp en East Freetown, Massachusetts. Acosaba a niños prácticamente cada vez que tenía oportunidad, y fue denunciado por una víctima a otro sacerdote que trabajaba allí. Nada se hizo y, de vuelta en Revere, Porter acosó sexualmente a numerosos niños de la localidad. En 1960 recibió su primer cargo como sacerdote: en una escuela que cubría desde la guardería hasta la educación básica, St. Mary Church and Elementary, en North Attleborough. En un periodo de dos años, el padre Porter agredió sexualmente a gran cantidad de niños y adolescentes de entre seis y catorce años de edad.

Décadas después sesenta y ocho de esas víctimas contaron sus experiencias al psicólogo James Daignault. «La primera vez que recuerdo fue cuando yo tenía once años», dijo la señorita Burns. «Oí que alguien lloraba en el baño de la escuela». Cuando fue a ver quién era, encontró al padre Porter violando a una niña de seis años. «Traté de detenerlo, pero él me sujetó y me sodomizó. Fue sumamente violento. Me dijo que era más fuerte que yo y que tenía el poder de Dios».

Stephen Johnson también narró sus experiencias a Daignault:

Cuando yo gritaba, él me ponía la mano en la boca para que nadie me oyera. James Porter me agredió sexualmente incontables veces, y cada vez me atormentaba diciéndome que yo había hecho algo muy malo y que Dios me castigaría si se lo decía a alguien.

Stephen, monaguillo en la iglesia de Porter en North Attleborough, expresó un sentimiento que describe con exactitud no sólo su propio trauma, sino también el de incontables víctimas de curas pederastas.

La vergüenza y la culpa se convirtieron en el fundamento de mi existencia.

En 1962, cuando un grupo de padres y parientes de algunas de las víctimas fue, en representación de los demás, a ver a sus pastores, los padres Booth y Annunziato, de la iglesia de Santa María, para quejarse y exigir acciones, el padre Booth respondió: «Ya está recibiendo tratamiento. ¿Qué quieren ustedes? ¿Crucificarlo?». Expedientes diocesanos dados a conocer en 1992 revelaron que en 1962 la oficina del obispo Connolly tenía ya detalles de más de treinta chicos que habían sufrido abusos sexuales por parte del padre Porter, a quien le fue aplicado el secretismo una y otra vez. Porter fue trasladado a Fall River, a unos cuarenta kilómetros de North Attleborough. Siguió abusando de niños, y después de más quejas se le transfirió a New Bedford, a veinticinco kilómetros de Fall River. A los sacerdotes se les dijo en la oficina diocesana que «vigilaran al padre Porter», porque tenía «un problema con los niños». La vigilancia fue insuficiente, y a más abusos sexuales de niños por el padre Porter siguió una denuncia a la policía de New

Hampshire, que simplemente escoltó al padre Porter hasta la frontera del estado y lo dejó libre.

En 1967, después de más agresiones contra niños, la oficina diocesana de Fall River envió a Porter a terapia al centro de rehabilitación dirigido por los Siervos de Paracleto en Jemez Springs, Nuevo México. Tras un periodo de terapia, se probó a dejarle salir a decir misas en iglesias de Nuevo México y Texas, y a trabajar como capellán de un hospital infantil, donde abusó sexualmente de un paciente escayolado de cuerpo entero. Los expedientes del centro de rehabilitación de ese periodo señalaban que el padre Porter había recaído en «sus antiguas flaquezas». Sin haberse curado, Porter recibió una carta de recomendación del centro de los paracletos para la parroquia de Bemidji, en Minnesota. Entre 1969 y 1970, hallándose en esa parroquia, el padre Porter abusó sexualmente de entre veinte y treinta niños más. De nuevo fue sorprendido.

Finalmente, en 1973 solicitó por escrito al papa Pablo VI que le permitiera dejar el sacerdocio. En su carta dijo al papa que había importunado a gran número de niños en cinco estados. Su dispensa papal le fue otorgada el 5 de enero de 1974. Dos años después, Porter se casó, y después tuvo varios hijos. Pese a esa normalidad exterior, continuaba siendo un pedófilo activo, y acosó sexualmente a varios niños del área de Minnesota donde vivía. En 1984 acosó a la adolescente que cuidaba de sus cuatro hijos. En 1987, a la hermana de aquélla, de quince años. En 1989 fue interrogado en relación con la desaparición de un niño de once años, Jacob Wetterling. Durante el interrogatorio, efectuado por agentes del FBI, admitió que cuando era sacerdote católico había abusado sexualmente de al menos treinta o cuarenta niños. El FBI no hizo nada.

En 1992, lo que había comenzado como una cruzada personal de Frank Fitzpatrick, que había sido víctima infantil del padre Porter, culminó en un programa de televisión en el que ocho víctimas expusieron los abusos a que habían sido sometidos muchos años atrás. Ese programa impulsó a más víctimas a dar la cara, lo que desencadenó a su vez más publicidad. Esta denuncia molestó tanto al cardenal Law que tuvo que invocar «el poder de Dios» sobre los medios de comunicación.

Pese a los esfuerzos del cardenal Law por ocultar la verdad, Porter fue acusado ese mismo año en Massachusetts de acosar sexualmente a veintiocho niños, delitos que todavía no habían prescrito. Ese mismo día también fue acusado en Minnesota por acosar a su niñera. Más tarde fue declarado culpable de este último delito y sentenciado a seis meses de cárcel. En 1993, enfrentado a cuarenta y un cargos de delitos contra la moral, actos contra natura y sodomía que afectaban a veintiocho de sus víctimas, el ex sacerdote negoció una reducción de condena y fue sentenciado a entre dieciocho y veinte años de cárcel. Para ese entonces, noventa y nueve de sus víctimas de las tres parroquias habían dado la cara. Hoy el número se acerca a ciento cincuenta, y sigue aumentando. La Iglesia católica ha desembolsado entre cinco y diez millones de dólares en varios acuerdos con víctimas de Porter.

Alrededor de esa época, un cardenal italiano describió para mí el escándalo del abuso infantil como una «curiosa histeria estadounidense que pronto se marchitará y extinguirá». Su actitud era común en el Vaticano. Pero se hizo insostenible a causa de nuevas revelaciones escandalosas conforme avanzaba la década de 1990. En julio de 1997, un jurado de Texas concedió a once ex monaguillos 119,6 millones de dólares. Era el mayor pago conocido en un caso de acoso sexual por religiosos en Estados Unidos. Sólo diez de los demandantes pudieron beneficiarse de esa suma; el otro, Jay Lemberger, se mató de un tiro a la edad de veintiún años. El jurado determinó que la diócesis católica de Dallas y el abuso sexual cometido por el acusado, el padre Rudolph Kos, eran la «causa inmediata» de su suicidio. Kos había abusado sexualmente de cerca de quince chicos entre 1981 y 1992. Una de las víctimas testificó que el sacerdote abusó de él durante un periodo de cuatro años, que empezó cuando él tenía diez. Otro dijo al jurado que Kos había abusado sexualmente de él más de trescientas cincuenta veces.

La magnitud de la indemnización sorprendió a la Iglesia católica. Se acercaba a la estimación multimillonaria de posibles pérdidas financieras realizada doce años antes por el padre Doyle y sus colegas, entonces desestimada por extremadamente descabellada. Los abogados diocesanos y los que representaban a dos compañías de seguros, Lloyds de Londres e Interstate Fire and Casualty, se lanzaron a la guerra. Tras utilizar tácticas para dilatar el proceso e incontables negociaciones, finalmente consiguieron reducir el pago a treinta millones de dólares, pese a lo cual las señales de alarma sonaron en la residencia de más de un arzobispo, y en ninguna parte más ruidosamente que en Boston.

El hombre que hizo sonar la señal de alarma de la residencia del cardenal Law fue John Goeghan, ordenado sacerdote en 1962 y expulsado con autorización del papa por el cardenal Law en 1998. Durante treinta y un años Goeghan había prestado sus servicios en seis parroquias del área de Boston, dejando tras de sí en cada una de ellas una desolación humana. Sucesivos obispos habían recurrido al secretismo y trasladado de un lado a otro al pederasta compulsivo, extendiendo así el daño más todavía. Para cuando fue despojado de su sacerdocio, la archidiócesis había llegado a acuerdos en doce juicios civiles en su contra, pagando a al menos cincuenta víctimas un total de alrededor de diez millones de dólares. Pero cincuenta víctimas en treinta años estaban lejos de ser la cuenta final del padre Goeghan y de quienes lo habían protegido intencionadamente.

El cardenal Law había sido el último en una larga fila en conceder a Goeghan facilidades que le permitieron continuar con sus actividades pederastas. Law no había sido, desafortunadamente, el único. El muy querido cardenal de Chicago, Joseph Bernadin, y la mayoría de los cardenales, arzobispos y obispos en funciones en Estados Unidos durante la segunda mitad del siglo XX también hicieron uso del secreto. Hasta enero de 2002 el Estado no logró entablar un proceso penal contra el hombre cuyos protectores se remontaban más allá del cardenal Cody. No sólo salió a la luz la trayectoria de Goeghan como abusador sexual reincidente, también la de quienes lo habían ayudado. El cardenal Humberto Medeiros había protegido al padre Porter siendo monseñor. Ya como cardenal, al mando de la archidiócesis entera, protegió a Goeghan.

Los obispos Daily, Banks, McCormack y Murphy también habían protegido en el pasado al padre Goeghan en un creciente número de diócesis, antes de ser trasladados al ser ascendidos. El arzobispo Alfred Hughes, de Nueva Orleans, fue otro que cuidó de Goeghan en sus primeros tiempos.

En enero de 2002, el ex sacerdote fue declarado culpable de acosar sexualmente a un niño de diez años y sentenciado a entre ocho y diez años de cárcel. Se programaron otras vistas penales para más adelante. Otras ochenta y seis víctimas se sintieron entonces en condiciones de interponer demandas civiles contra Goeghan y la archidiócesis de Boston. Solicitaban indemnizaciones al cardenal Bernard Law. Este caso mantuvo al cardenal sumamente ocupado. Para mayo, Law había llegado a un acuerdo de treinta millones de dólares con las ochenta y seis víctimas. El consejo financiero del cardenal sabía muy bien que muchas otras víctimas de curas pederastas y sus abogados estaban muy pendientes de cómo se desarrollaban los acontecimientos. Se opusieron a la cifra del acuerdo, y los abogados del cardenal fueron de nuevo a la mesa de negociaciones.

El juicio de Goeghan había desencadenado una extraordinaria nueva oleada de reclamaciones en todo Estados Unidos. Para abril de 2002, ciento setenta y siete curas habían sido destituidos en veintiocho estados. Para junio, más de trescientos juicios civiles en los que se alegaba abuso sexual clerical se habían interpuesto en dieciséis estados. Los abogados confirmaron que en otros doscientos cincuenta casos la diócesis intentaba llegar a un acuerdo con la acusación. Algunos abogados defensores estimaron que se necesitarían de dos a tres años para resolver los casos ya presentados, y otros nuevos emergían prácticamente a diario. Para junio, el número de sacerdotes que habían sido destituidos o que habían dimitido desde enero había aumentado a doscientos cincuenta. Cada una de las predicciones que el padre Doyle, el padre Peterson y Ray Mouton habían hecho en su manual de consulta en 1985 había sido rebasada.

Para mediados de abril de 2002, muchos observadores consideraban que la posición del cardenal Law como jefe de la archidiócesis de Boston era insostenible. El escándalo de Goeghan todavía no se había resuelto, y nuevas e impactantes revelaciones eran inminentes, entre ellas la identidad de otros curas pederastas protegidos por el cardenal y sus obispos. Los jueces de Boston comenzaban a ejercer su autoridad y pidieron que la archidiócesis entregara los expedientes de dos de ellos, los padres Mahan y Shanley. Las actividades de Mahan supuestamente cubrían el periodo que mediaba entre 1962 y su expulsión del clero en 1998. Shanley estaba acusado de delitos que iban desde la pederastia y la defensa pública de la relación sexual entre hombres y jóvenes hasta el de enseñar a adolescentes a chutarse con heroína.

Los representantes del cardenal Law se atrincheraron y aplicaron una amplia gama de tácticas dilatorias para no entregar los expedientes inculpatorios, pero el reloj indicaba que ya había llegado la hora en todas partes, menos en el Vaticano. A mediados de abril de 2002, el cardenal Law viajó en secreto a Roma. Para un hombre acostumbrado a salidas y llegadas con la pompa y ceremonia dignas de un príncipe de la Iglesia católica romana, fue una experiencia aleccionadora tener que salir subrepticiamente de su propia residencia y ser llevado en volandas al aeropuerto Logan como si fuera un prófugo de la justicia.

El cardenal Law y el papa eran buenos amigos, pero en ese encuentro sus diferencias se agrandaron notablemente. La exposición de Bernard Law a la cobertura de los medios, la marea creciente de protestas, no sólo de católicos de la calle sino también de personas dentro de la jerarquía de Boston, no podían ser ignoradas. La petición de que renunciara habían ido creciendo día a día. Law se había negado durante más de dos meses a hablar con los medios de comunicación; no consideraba que tuviera que rendir cuentas ni al público en general ni a su grey católica. Era responsable ante el papa y nadie más. Técnicamente, la posición del cardenal era correcta, pero ni los medios de prensa ni los católicos ordinarios prestaban mucha atención al derecho canónico. En los meses precedentes, el cardenal había intentado salir airoso contratando a consultores de relaciones públicas y refiriéndose al escándalo desde el púlpito. En cuanto a su responsabilidad, se había limitado a disculparse dos veces y a culpar simultáneamente al «asesoramiento médico inadecuado», al «inadecuado registro de sacerdotes descarriados» y a «una excesiva atención de los medios a casos de abuso sexual en los que se vieran involucrados eclesiásticos».

Durante los diecisiete años desde el caso Gauthe, ni el papa ni sus principales asesores habían hecho frente al cáncer de la pederastia en la Iglesia católica. Era una omisión extraordinaria y un gran error con consecuencias de muy largo alcance. En sus reuniones, el cardenal Law intentó poner al día al Vaticano sobre los acontecimientos de la archidiócesis de Boston. En una ocasión en la que el arzobispo Marcinkus había llegado quejándose del acoso al que se le sometía por sus malos manejos en el Banco del Vaticano, el papa había desestimado tranquilamente el asunto como algo digno de ser ignorado. Durante buena parte de los diecisiete años precedentes, había adoptado en gran medida la misma actitud ante los abusos sexuales perpetrados por sus sacerdotes, obispos y religiosos. Aun en ese momento, con el cardenal de Boston sentado frente a él contándole el caso Goeghan, el caso Shanley, el caso Porter y otros, el papa se sentía inclinado a culpar a influencias ajenas al clero. Cuando el cardenal Law ofreció su dimisión, el papa rechazó la propuesta: «Su lugar está a la cabeza de su archidiócesis». Y lo envió de regreso a Boston.

El papa había estado convencido durante mucho tiempo de que «ese problema» era exclusivo de Estados Unidos, y de que se extinguiría por sí solo. Había optado por ignorar una realidad global, y su persistente pasividad había asegurado una situación en constante deterioro que ningún bombardeo mediático podría resolver. Quizá inevitablemente, la Iglesia se decidió por una maniobra de relaciones con la prensa. La profunda aversión del cardenal de Boston a los medios, a los que culpaba en gran medida de la crisis, garantizaba que habría de seguir tratándolos con desprecio. Nadie había sido informado de su viaje a Roma y nadie habría de poder entrevistarlo a su regreso a Boston. Optó por hacer una declaración a la prensa. Habiendo ofrecido la semana anterior su renuncia al nuncio papal en Washington y al papa en Roma, y habiendo recibido por respuesta que ignorara a sus críticos, dijo: «Regreso a casa alentado en mis esfuerzos para proporcionar el liderazgo más firme posible y asegurar, tanto como sea humanamente posible, que ningún niño volverá a sufrir jamás un abuso de un sacerdote de esta archidiócesis».

Fue una declaración admirable, pero era obvio que, más que llegar hasta sus más de dos millones de feligreses a través de todos los medios de comunicación disponibles, el cardenal, con la aprobación del papa, había elegido una incomprensible forma de comunicación.

Es mi propósito ocuparme en profundidad de la trayectoria seguida por la archidiócesis en el manejo de estos casos revisando el pasado tan sistemática y exhaustivamente como sea posible, para que las legítimas preguntas que se han formulado puedan ser respondidas. Los servicios de la televisión católica de Boston y *The Pilot* contribuirán a su difusión.

El cardenal Law sólo consideró competentes a un canal minoritario y a la revista parroquial para transmitir la información sobre un caso con ramificaciones nacionales e internacionales. Como ejemplo a la hora de perder aliados y alejar a la gente, éste fue definitivo.

El *Boston Globe and Mail* publicó la declaración del cardenal Law, así como los resultados de su más reciente encuesta sobre el escándalo. Ésta indicaba que el 65 por ciento de la población creía que Law debía abandonar su puesto, el 71 por ciento pensaba que el cardenal había hecho un mal trabajo en el manejo de los diversos casos de abuso sexual de niños por sacerdotes y el 53 por ciento decía haber perdido confianza en la Iglesia católica como institución a causa de ese escándalo. En este estudio se había encuestado a ochocientos adultos católicos. Entretanto, los abogados redoblaban sus esfuerzos por obtener los expedientes de la archidiócesis sobre el padre Shanley y otros pederastas, en tanto que los jueces insistían en que el cardenal Law hiciera una declaración formal y proporcionara los expedientes de la diócesis sobre el padre Goeghan.

El Vaticano anunció entonces que el papa había convocado a todos los cardenales estadounidenses a Roma. Muchos observadores en Estados Unidos vieron eso como un paso positivo, como una señal de que el papa Juan Pablo II por fin haría frente a la crisis más grave que había sufrido su pontificado desde la quiebra del Banco Ambrosiano. Los más cínicos en el Estado de la Ciudad del Vaticano asintieron y sonrieron. Coincidían por completo con los comentarios del cardenal Darío Castrillón Hoyos, director de la Congregación del Clero del Vaticano, quien apenas tres semanas antes había desestimado la preocupación de los medios por el escándalo en Estados Unidos. Castrillón Hoyos creía que la agenda del Santo Padre no le dejaba tiempo para interesarse en el abuso de niños. Declaró serenamente: «Lo que preocupa al papa es la paz del mundo».

De 1978 a abril de 2002 el papa había evitado deliberada y estudiadamente toda referencia pública a la epidemia mundial de abuso sexual por sus sacerdotes y miembros de las órdenes católicas, más allá de unas cuantas alusiones indirectas. Había hablado en marzo de 2002 de «una oscura sombra de sospecha» arrojada sobre los sacerdotes «por algunos de nuestros hermanos que han traicionado la gracia de la ordenación» y sucumbido a las «más deplorables formas del misterio del mal que opera en el mundo». Ni tan siquiera pudo sacar a colación la palabra pedofilia.

Igualmente parco en palabras fue el prefecto de la Congregación de la Doctrina de la Fe (CDF), el cardenal Ratzinger. Lo que hacía inexplicable que no se pronunciase públicamente sobre el escándalo mundial del abuso sexual clerical era el hecho de que, al menos desde junio de 1988, por órdenes directas del papa Juan Pablo II, la CDF estaba debidamente autorizada a investigar y censurar una extensa variedad de abusos sexuales clericales, entre ellos «la violación del sexto mandamiento del Decálogo cometida por un clérigo con un menor de dieciocho años».

La única excepción significativa del silencio papal fue un curioso párrafo perdido en un documento de ciento veinte páginas de extensión que resumía los temas del sínodo de obispos de Oceanía de 1998 en el Vaticano.

El abuso sexual cometido por algunos clérigos y religiosos ha causado gran sufrimiento y daño espiritual a las víctimas. Esto ha sido muy perjudicial para la vida de la Iglesia y se ha vuelto un obstáculo para la proclamación del Evangelio. Los padres del sínodo condenaron todo abuso sexual y todas las formas de abuso de poder tanto dentro de la Iglesia como en la sociedad en su conjunto.

Aunque este discurso data de 1998, nadie en el Vaticano creyó conveniente ponerlo en manos del público hasta que se difundió en internet el 22 de noviembre de 2001. Estos comentarios fueron ampliamente interpretados dentro del Vaticano no como referentes al abuso infantil, sino a otro aspecto del abuso sexual clerical y religioso, el cual se examinará más adelante.

Justo tres días antes de que los cardenales estadounidenses llegaran al Vaticano, el papa emitió una enérgica reafirmación de la importancia del celibato sacerdotal. Sus observaciones se entendieron como un recurso para socavar la posición de algunos cardenales estadounidenses que una semana antes habían declarado públicamente que la cuestión entera del celibato debía ser reexaminada. Muchos creían que la imposición del celibato estaba directamente vinculada con una significativa proporción de casos de abuso sexual clerical. Pero el papa no estaba preparado para hablar siquiera de esa idea. Su elogio del celibato sacerdotal fue hecho en presencia de los obispos nigerianos, quienes se encontraban de visita en el Vaticano y quienes interpretaron esos comentarios como relativos al hecho de que en África muchos sacerdotes mantenían relaciones sexuales regulares con mujeres.

La imagen del papa sentado sobre un estrado ligeramente elevado con doce cardenales estadounidenses dispuestos en forma de gran herradura ante él y los dos distinguidos miembros de la curia a sus espaldas permanece grabada en la memoria. Se había permitido brevemente el acceso de las cámaras para que registraran parte del discurso de bienvenida y los comentarios finales del papa. Se pretendía que éste fuera el primer acto de una nueva etapa de relaciones del Vaticano con la prensa. El discurso del papa contuvo, en efecto, varias frases dignas de ser titular de periódico:

> El abuso que ha sido la causa de esta crisis es malo desde cualquier punto de vista, y la sociedad lo considera apropiadamente un delito; es también un pecado horrible a ojos de Dios. A las víctimas y sus familias, dondequiera que se encuentren, les expreso mi profunda solidaridad y preocupación. (...) La gente debe saber que en el sacerdocio y la vida religiosa no hay lugar para quienes dañan a los jóvenes (...).
>
> (...) A causa del enorme daño hecho por algunos sacerdotes y religiosos, la propia Iglesia es vista con desconfianza, y a muchos les ofende la manera en que, a su juicio, han actuado los líderes de la Iglesia en esta materia (...). El abuso contra los jóvenes es un grave síntoma de una crisis que afecta no sólo a la Iglesia, sino también a la sociedad en su conjunto.

Al defender a la Iglesia católica en Estados Unidos, el papa afirmó que ésta siempre había promovido valores humanos y cristianos con «gran vigor y generosidad, ayudando así a consolidar todo lo noble en el pueblo estadounidense». Esta aseveración era sumamente discutible, como lo fue también la imagen que tenía el papa de la Iglesia en Estados Unidos y el mundo en general: «Una gran obra de arte puede ser mancillada, pero su belleza permanece, y ésta es una verdad que cualquier crítico intelectualmente honesto aceptaría».

Mientras los cardenales reunidos en el Vaticano discutían el escándalo del abuso infantil, en Filadelfia el fiscal del distrito anunciaba la investigación por un gran jurado de las acusaciones de abuso sexual contra treinta y cinco curas locales. Los supuestos abusos abarcaban los cincuenta años anteriores. Encuestas de opinión en el *Washington Post* y ABC News indicaron que el 75 por ciento de los estadounidenses creían que la imagen de la Iglesia estaba sumamente empañada.

La reunión del papa y sus cardenales estadounidenses concluyó con el común acuerdo en la necesidad de purgar a la Iglesia de sacerdotes pederastas con una política de tolerancia cero. Los cardenales recibieron la expresa tarea de marcar directrices para atajar la crisis, las cuales serían presentadas en junio en la Conferencia de Obispos Católicos de Estados Unidos en Dallas. Los cardenales estadounidenses ofrecieron después una conferencia de prensa y respondieron a preguntas de un numeroso grupo de periodistas. El principal asunto en la agenda de los medios de prensa era saber si el cardenal Law había dimitido o no. Los entendidos habían apostado a que el periodo de Law como jefe de la archidiócesis de Boston había llegado a su fin. No era la primera vez que los entendidos se equivocaban.

De los doce cardenales, sólo tres asistieron a la conferencia de prensa; entre los nueve ausentes estaba el cardenal Law, que no había dimitido. Aunque la mayoría de sus colegas habrían querido que dimitiera, el papa había declinado permitírselo. Sumidos en el caos, los cardenales y sus seguidores regresaron a Estados Unidos.

Las evidentes divisiones entre los cardenales estadounidenses no eran nada comparadas con las de los asesores del papa. Muchos de ellos seguían creyendo que aquél era un problema estadounidense. También estaban sumamente divididos en cuanto al aparente compromiso del pontífice con la tolerancia cero. La abierta denuncia por el papa del abuso sexual clerical y religioso en abril de 2002 había sido precedida por una casi completa negación del escándalo. La adopción de medidas firmes desde el principio de su papado no habría eliminado del todo las aberraciones perpetradas antes de octubre de 1978, pero mediante la transparencia y la confrontación honesta, así como la abolición del secretismo imperante, Juan Pablo II habría salvado a la Iglesia de muchas aflicciones y, sobre todo, habría impedido indecibles sufrimientos y dificultades a las víctimas que hubo más tarde. Si, de igual forma, hubiera ofrecido orientación, compensación y compasión a quienes ya habían sufrido abusos, la Iglesia habría podido iniciar la curación de esas personas casi treinta años antes. Para algunos, ahora ya no es posible iniciarla de ningún modo.

Al celebrar el Día Mundial de la Juventud en Denver, Colorado, en 1993, el papa había aludido al escándalo que ya convulsionaba a Estados Unidos desde hacía casi diez años. Dijo entonces a un numeroso público que compartía las preocupaciones de los obispos estadounidenses por el «dolor y sufrimiento causado por los pecados de algunos sacerdotes». No mencionó el dolor y sufrimiento causado por los obispos por el uso del secreto, ni respaldó ningún castigo específico para los infractores. El sufrimiento de las víctimas se remediaría «por medio de la oración». La causa de los escándalos por abusos en Estados Unidos era una «extendida falsa moral. (...) Estados Unidos necesita mucha oración si no quiere perder su alma». Las cuestiones del control de la natalidad y el aborto «han provocado tensiones entre los católicos estadounidenses y el Vaticano. (...) La polarización y la crítica destructiva no tienen cabida en la Iglesia». Semanas después el Vaticano emitió una declaración en la que reiteraba su argumento de que el abuso sexual clerical era un problema estadounidense y canadiense.

Entre quienes escucharon al papa en Denver estaban varias víctimas de ese problema «norteamericano». Una de ellas era Tom Economus, ex monaguillo que había sido violado y objeto de repetidos abusos por su mentor y amigo de su familia, el padre Don Murray. Durante mi investigación para este capítulo entrevisté a Tom Economus, quien me contó en detalle cómo Murray lo había manipulado y utilizado. También me contó que, al buscar orientación tiempo después, el cura al que recurrió para pedir ayuda había tratado de violarlo.

El padre Murray había sido un «alcohólico fuera de control»; el orientador «estaba simplemente fuera de control». Economus se integró en la disidente Iglesia católica independiente y fue ordenado sacerdote. A causa de sus experiencias, se convirtió en infatigable defensor de las víctimas de abuso clerical. Se afanaba en denunciar a los culpables y exigía que los líderes religiosos rindieran cuentas de sus actos. También se volvió presidente de Linkup, grupo de apoyo para víctimas de abuso clerical de todos los credos.

Le pregunté sobre su presencia en Denver. Contestó:

> Para principios de la década de 1990 ya era obvio para mí que ni el Vaticano ni el papa iban a ningún lado en el asunto del abuso sexual clerical. El Día Mundial de la Juventud en Denver, en el que el papa tenía pensado orar ante más de ciento cincuenta mil jóvenes, parecía una circunstancia adecuada para un pronunciamiento. Nosotros hicimos una manifestación en nombre de las víctimas. Yo logré reunir unas tres mil cartas de víctimas y sus familias. Las presenté ante el personal de seguridad del Vaticano para que le fueran entregadas al papa. Se negaron a recibirlas. Las tiraron al suelo. Yo las traje de vuelta a esta oficina y las envié al Vaticano. Nunca obtuve respuesta.

El padre Economus observó: «Dos meses después, el escándalo de Mount Cashel saltó en Terranova. En un año, veintiocho países estaban hundidos en el problema "norteamericano"». En marzo de 2002, Tom Economus, de cuarenta y seis años, murió de cáncer en su casa en Chicago. El padre Economus es uno más en la larga lista de víctimas ignoradas por el Vaticano y el papa.

Entre los actos propagandísticos del papa estaban desde conversar con Bono, el vocalista de U2, hasta una foto oportunista con Fidel Castro, pero las víctimas de abuso sexual clerical no son bien vistas para las relaciones públicas. Juan Pablo II pronunció numerosos discursos en los que reprobó «formas de injusticia particularmente ofensivas». Destacaba «la violencia contra las mujeres y contra los niños de uno y otro sexo (...) la prostitución forzada y la pornografía infantil, así como la explotación de niños en centros de trabajo en condiciones de verdadera esclavitud». Pero jamás se refirió a la explotación de niños y su verdadera servidumbre sexual por miles de sus sacerdotes. Aunque muchas víctimas trataron de entrevistarse con él, no se sabe de una sola reunión.

El silencio del papa era deliberado. Llevó consigo de Polonia al Vaticano prácticas que había adoptado durante toda una vida como sacerdote. Entre ellas estaba un intenso rechazo patológico a cualquier indicio de que la Iglesia católica no fuera una institución perfecta. Todo desacuerdo debía mantenerse a puerta cerrada, ya fuese en torno a la política de la Iglesia, una conducta escandalosa o una actividad criminal.

En su tercera visita a Austria, en junio de 1998, el papa dio una muestra de su creencia de que el abuso infantil y asuntos similares no debían tratarse en público. Se había esmerado en proteger a su buen amigo el cardenal Hans Hermann Groer contra la dimisión reclamada por cientos de miles de austriacos tras contundentes evidencias de que había abusado sexualmente de niños. El papa descartó esas evidencias, pese a que demostraban que el cardenal había sido un pederasta persistente durante muchos años. Para él era mucho más importante que el cardenal Groer compartiera su obsesión mariana. Finalmente, él y sus asesores se vieron obligados a reconocer que la controversia no cedería, y un mes antes de esa visita de 1998 el papa se había visto lamentablemente forzado a aceptar la petición del pueblo austriaco de que Groer dejara su puesto. Cuando llegó a Austria, iba en busca de chivos expiatorios. En una reunión privada con los obispos austriacos, los reprendió duramente por no haber impedido el ultraje público, que había culminado en una petición de más de quinientos mil austriacos a favor de una amplia variedad de reformas. Estaba particularmente molesto por el debate abierto sobre el abuso sexual clerical: «Como toda casa que tiene habitaciones especiales que no están abiertas para los invitados, la Iglesia también necesita habitaciones para debates que requieren privacidad».

La insistencia en esa reserva en lo relativo al lavado de los trapos sucios de la Iglesia fue una obsesión durante toda la vida de Wojtyla. Como obispo en Cracovia, no tener discrepancias públicas y no airear los errores de la Iglesia eran el undécimo mandamiento.

En 1980, el encierro de los obispos holandeses en una sala del Vaticano hasta que repudiaran las posturas que habían adoptado desde el Concilio Vaticano II indica la rigidez con que el fallecido papa aplicaba esas tácticas. Ante los obispos austriacos, Wojtyla dejó muy claro que los delitos del cardenal Groer de reiterado abuso sexual de jóvenes no eran nada en comparación con el delito de hacer público ese abuso.

Tres años después, la preocupación papal por la reserva y el encubrimiento se evidenció de nuevo en una carta enviada a todos los obispos del mundo. Procedía del cardenal Joseph Ratzinger, en su calidad de director de la Congregación de la Fe, pero una posterior carta apostólica del papa dejó bien claro que la «iniciativa» era suya. Ratzinger notificó a los obispos una nueva serie de normas que cubrían el control jurídico de casos de abuso sexual por sacerdotes. Esas reglas, que otorgaban el control de todos los procedimientos a la Congregación de Ratzinger, imponían el «secreto pontificio» a todos esos casos, que serían oídos por un jurado exclusivamente eclesiástico. Sacerdotes que juzgan la palabra de una víctima contra la de otro sacerdote no era un escenario que inspirara confianza. Un obispo residente en el Vaticano observó con cierto desconsuelo:

Estas reglas van a dar la impresión de «encubrimiento». Y se debe a que son un encubrimiento. En cuanto a lo que algunos dicen aquí de que la reserva es necesaria para proteger tanto al acusador como al acusado, es obvio que tienen que entender lo que en verdad sería una idea radical. La de que no basta con hacer justicia. También debe verse cómo se hace.

Entre las muchas víctimas de abuso sexual que respaldarían sinceramente esa opinión están nueve de los supervivientes de al menos treinta que en declaraciones juradas afirmaron haber sufrido abusos sexuales continuados del mismo sacerdote a lo largo de tres décadas, de 1940 a 1960. El sacerdote en cuestión es el padre Maciel Degollado, fundador y superior general de los Legionarios de Cristo. Esos nueve hombres, ahora de entre casi sesenta y sesenta y cinco años de edad, fueron en su juventud miembros fundadores de los Legionarios.

Juan J. Vaca fue reclutado por el reverendo Marcial Maciel cuando tenía diez años de edad y vivía con sus padres en México. Maciel les dijo a éstos que «veía algo especial en Juan», y ofreció al niño la oportunidad de recibir una mejor educación en el seminario que estaba creando. Halagados, los padres aceptaron, y cuando dos años después Maciel les dijo que quería llevar a Juan y otros muchachos «a mi seminario en el norte de España para su formación especial dentro de la orden», Juan recordaría que hubo «lágrimas de mi madre, pero, como mi padre, lo consideró una maravillosa oportunidad».

Como recordó Vaca:

> Maciel nos aisló del mundo exterior, todos los contactos estaban controlados por él y mi correspondencia censurada. Al poco tiempo de estar en España, él empezó a abusar sexualmente de mí. La primera vez que esto ocurrió, cuando él terminó yo iba a salir de su cuarto y él me preguntó dónde iba. «A confesarme. Quiero la absolución por lo que acaba de suceder.» Él me dijo que él me daría la absolución, lo cual hizo.

Ése fue el principio de años de abuso sexual en los que la víctima se sentía continuamente culpable, mientras que el abusador nunca parecía sentirse así. Maciel había explicado que con regularidad sufría dolores de estómago y dolor en los genitales, los cuales sólo podían aliviarse con la masturbación frecuente. «Pronto —recordó Juan— supe que también abusaba de muchos de los otros veintitrés niños que eran mis compañeros de clases.» Para Juan, el abuso continuó casi diez años, durante los que experimentó «serios problemas éticos y espirituales, temor, vergüenza y ansiedad. Soporté incontables días de severo estrés, y noches de extenuante insomnio».

Pasaron doce años antes de que se permitiera a Juan ver a sus padres de nuevo. El apuesto niño de diez años se había convertido en un muy trastornado muchacho de veintidós. Después, hallándose en la residencia de los Legionarios en Roma, Juan reunió suficiente valor para enfrentarse con Maciel y denunciarlo, pero el intento del joven de exorcizar al demonio a quien hacía responsable terminó en que el hombre mayor dio la vuelta a la situación y, tras humillar a Juan, consiguió que en castigo éste fuera exiliado al norte de España. Permanecería ahí seis años.

Dando por supuesto que había quebrado la voluntad de Juan, Maciel lo persuadió para que se incorporase al clero. Ya sacerdote, Juan fue nombrado vicerrector y director espiritual del seminario en el norte de España. Tiempo después, cuatro estudiantes adolescentes acudieron a él para denunciar al rector por abusar sexualmente de ellos. Juan recuerda lo irónico de la situación: «Yo sabía que el rector era, al igual que yo, una de las primeras víctimas de Maciel, cuando todos éramos preadolescentes. Ahora teníamos un abuso de segunda generación».

Juan notificó a Maciel lo ocurrido.

Me dio instrucciones de encubrir toda traza de abuso. El perpetrador fue destituido de su puesto e inmediatamente trasladado en secreto a una misión en la península de Yucatán en México. Por mi «buen trabajo» en el encubrimiento de ese asunto, el fundador me premió nombrándome superior y presidente de la Legión de Cristo en Estados Unidos. En 1976, después de cinco años en ese puesto, renuncié a él y me enfrenté a Maciel y lo denuncié, y tres meses después, en octubre de 1976, denuncié formalmente a Maciel ante el Vaticano, a través de los canales apropiados de mi obispo, el reverendo John R. McGann, y la embajada del Vaticano en Washington.

Desde entonces, Juan ha tenido un impresionante éxito en la vida. Cuando lo entrevisté a fines de 2004, yo sabía que había sido profesor de psicología y sociología en el campus en Manhattan del Mercy College durante los cinco años anteriores. También todas las demás víctimas supervivientes han alcanzado un éxito considerable. Respecto a los abusos sexuales que sufrieron del reverendo Marcial Maciel, no buscan compensación financiera. Escribieron por primera vez al papa Juan Pablo II poco después de su elección en 1978, y luego en 1989, buscando simplemente el reconocimiento oficial de que habían sido objeto de abuso sexual por un hombre al que él tenía en alta estima. Monseñor John A. Alesandro, abogado canónico en la diócesis de Rockville Centre, ha confirmado que, en ambos casos, la correspondencia que solicitaba una investigación sobre Maciel le fue remitida al papa.

A lo largo de los años se han producido varias investigaciones del Vaticano sobre el padre Maciel. Entre ellas está un periodo de dos años, de 1956 a 1958, en el que fue suspendido de sus deberes como superior general de la Legión tras alegatos de consumo de drogas, mal uso de fondos y «otras inmoralidades». Un detenido estudio de la vida del padre Maciel indica que, o bien ha disfrutado de una plácida existencia, o bien tiene protectores muy poderosos.

En la primera de sus numerosas peregrinaciones pastorales, el papa Juan Pablo II fue a México. Aunque es un país principalmente católico, a causa de su historia durante la primera mitad del siglo XX México fue constitucionalmente anticlerical. Oficialmente, la Iglesia no existía. Los obispos mexicanos, no el gobierno, habían invitado al papa a un país que no tenía relaciones diplomáticas con el Vaticano. La familia del presidente López Portillo era católica devota, y el padre Maciel confidente de la madre del presidente y en particular de su hermana, secretaria de confianza de aquél. Así, López Portillo les hizo caso a ellas y pasó por encima de las objeciones de algunos ministros de su gobierno. No obstante, el papa no fue invitado como jefe de Estado, sino como visitante con visado.

Durante su visita a México, el papa y su secretario, el padre Dziwisz, expresaron su gratitud al padre Maciel por su oportuna intervención. Ambos quedaron sumamente impresionados por un hombre que había puesto los cimientos de su «ejército espiritual» siendo apenas un estudiante de teología de veinte años. Antes de lanzarse a ello en 1941, Maciel ya había sido expulsado de dos seminarios por lo que su historia oficial describe como «malos entendidos», y había sufrido una suspensión de dos años de sus deberes mientras se investigaban varias acusaciones. Aunque en 1979 el papa acababa de recibir alegatos extremadamente detallados de los reiterados abusos sexuales de Maciel a nueve de sus víctimas, eso no había hecho vacilar ni a su secretario ni a él. Maciel nunca se alejó de su lado durante el resto del viaje.

Los Legionaros de Cristo se expandieron en los años sucesivos. Compartían muchas características con el Opus Dei, y lo siguen haciendo. Ambas organizaciones son sumamente reservadas, imponen un régimen de incondicional y total obediencia, reclutan agresivamente, son ricas y, sobre todo, han contado con la atención del papa y del más poderoso secretario papal en muchas décadas. Cuando el Opus Dei y los Legionarios de Cristo quisieron establecer universidades eclesiásticas en Roma (sobre la base de que sólo ellos podían enseñar principios verdaderamente ortodoxos), fueron combatidos por todas las universidades eclesiásticas existentes y por la Congregación de Educación. Se mantuvieron conversaciones discretas con Dziwisz, y tras un periodo apropiado un decreto papal anunció la creación de dos nuevas universidades.

Las quejas de los nueve ex miembros de los Legionarios de Cristo en 1989 cobraron fuerza cuando una décima queja, de Juan Amenabar, enfermo en etapa terminal, fue enviada al Vaticano en 1995. Amenabar era un ex sacerdote de la orden de Maciel, y mientras agonizaba dictó una concluyente acusación contra el rector. Fue movido a hacerlo por una declaración del papa meses antes, en la que había descrito a Maciel como «eficaz guía de la juventud». En 1998, alentados por el nuncio papal en la ciudad de México, los supervivientes presentaron un caso contra Maciel conforme al derecho canónico. Nunca habían buscado compensación, y ni siquiera disculpas; sólo buscaban que la Iglesia respondiera por la inmoralidad sexual de Maciel. Tres años más tarde, en diciembre de 2001, el Vaticano suspendió «por el momento» la investigación canónica, sin dar razones ni detalles.

En diciembre de 2004 se dijo a las víctimas que un fiscal del Vaticano, de la Congregación de la Doctrina de la Fe, realizaría una investigación formal. Juan J. Vaca se mantiene escéptico: «No tengo la más mínima confianza en la burocracia del Vaticano. Incluso ahora trata de encubrir el hecho de que el papa se está muriendo». Los recelos de Juan Vaca estaban bien fundados. El cardenal Ratzinger ordenó en secreto detener la investigación «para evitarle molestias al Santo Padre».

El Vaticano tenía menos control sobre los acontecimientos en Estados Unidos. Cuando el cardenal Law regresó de la reunión de abril de 2002 en el Vaticano, intentó retomar las cosas justo donde las había dejado. La Iglesia reanudó sus tácticas dilatorias para impedir a los tribunales y los abogados de las víctimas tener acceso a los expedientes. Por ese motivo, el cardenal recibió órdenes judiciales de prestar declaración en el caso del padre Shanley y en los casos en curso contra el ya expulsado John Goeghan. El espectáculo fue humillante no sólo para el cardenal, sino también para todos los católicos romanos de Estados Unidos. Esto habría podido evitarse si el cardenal Law y sus asesores hubieran aceptado que, en una democracia, nadie está por encima del proceso judicial.

El padre Shanley fue acusado en febrero de 2005 de abusar sexualmente de un niño de seis años y de violarlo repetidamente a lo largo de muchos años. Fue declarado culpable y sentenciado a doce-quince años de cárcel. Los expedientes demostraron que todavía en 1997 el cardenal Law juzgaba a Shanley digno de una cálida y entusiasta carta de presentación. Era como si las mil seiscientas páginas del expediente de Shanley en los archivos judiciales de Boston nunca hubieran existido. Law adujo que había trasladado a Shanley de un sitio a otro de la archidiócesis «sin consultar su expediente».

En septiembre, la reclamación inicial de ochenta y seis víctimas de John Goeghan fue saldada con la reducida cifra de diez millones de dólares. Esto dejó libre el camino para la siguiente reclamación de víctimas adicionales del mismo ex sacerdote, cuyo número se había elevado a más de doscientos.

Mientras escenarios similares aparecían por todo el país, los obispos también se habían aplicado a la tarea con la que habían llegado de la reunión de abril con el papa. Un mes después de su partida del Vaticano, en mayo de 2002, el papa tuvo que referirse una vez más al escándalo del abuso sexual, esta vez en una conversación privada con el presidente George Bush. Frente a la inquietud de grandes sectores de Estados Unidos, al presidente (cristiano convertido) le preocupaba que sus iniciativas religiosas de muy amplio alcance se vieran perjudicadas por las repercusiones de aquel escándalo. El papa le aseguró que los católicos de Estados Unidos superarían esa dificultad y «seguirán desempeñando un importante papel en la construcción de la sociedad estadounidense». Ésta era, por supuesto, la misma sociedad estadounidense a la que el papa había declarado en gran medida responsable de la crisis.

Wojtyla continuó evitando todo estrecho contacto con el escándalo, y en julio de 2002 se embarcó en un viaje de doce días a Canadá, México y Guatemala. Su renuencia a hacer al menos una escala simbólica en Estados Unidos fue vista por muchos católicos estadounidenses como un deliberado desaire, y una nueva evidencia del alto grado de su falta de contacto con la realidad. En el Vaticano esta última reacción fue considerada como una nueva evidencia de que la respuesta estadounidense al escándalo era «exagerada, e incluso histérica».

Cuando víctimas canadienses de abuso sexual clerical solicitaron una reunión con el papa durante las celebraciones del Día Mundial de la Juventud en Toronto, obtuvieron una respuesta similar a la que había recibido el desaparecido padre Tom Economus: «El papa está demasiado ocupado para dedicar tiempo a esa reunión». También estuvo demasiado ocupado para tratar el tema del abuso sexual clerical en cualquier momento de su viaje.

Casi al mismo tiempo, los obispos estadounidenses se congregaban en Dallas para hallar la solución al problema. La expresión del momento era «tolerancia cero, un error y estás fuera». Durante esa conferencia, de dos días de duración, el obispo Wilton Gregory hizo la más clara declaración de arrepentimiento que cualquier destacada figura de la Iglesia hubiera hecho desde el inicio de la crisis. Al final de la conferencia declaró: «De hoy en adelante, nadie de quien se sepa que ha abusado sexualmente de un niño trabajará en la Iglesia católica en Estados Unidos». No obstante, la asamblea tuvo dificultades para definir el abuso sexual, como las tuvo también para ofrecer garantías a sacerdotes que fueran injustamente acusados. No dio garantías tampoco de que las normas que deseaba establecer se aplicarían de forma imparcial. Omitieron afirmar que los propios obispos estarían sujetos a la disciplina propuesta. Sobre todas las demás omisiones, una fue particularmente alarmante: no abordó la raíz de las causas del abuso sexual clerical.

Las líneas de comunicación entre Dallas y el Vaticano empezaron a echar humo. El Vaticano estaba «preocupado de que algunas de las propuestas estén en conflicto con el derecho canónico». Creía que «algunos de ustedes están siendo indebidamente coaccionados tanto por grupos de presión (grupos de apoyo a las víctimas) como por los medios». Optó por ignorar una reciente encuesta de opinión que indicaba que un 87 por ciento de los católicos estadounidenses estaban a favor de la política de tolerancia cero.

El documento de Dallas no llamó en realidad a una expulsión automática ni a una total prohibición de actividades sacerdotales. A un sacerdote declarado culpable se le prohibiría el ministerio público y trabajar con parroquianos, pero no se le expulsaría de forma automática. Dependiendo de las circunstancias particulares, el sacerdote tendría la posibilidad de trabajar en «un medio controlado», como un «monasterio». Aunque públicamente los obispos aprobaron el documento por 239 votos a favor y 13 en contra, muchos estaban insatisfechos con las decisiones, que serían obligatorias, mientras que otros creían que los jerarcas de la Iglesia y la nueva política no habían llegado suficientemente lejos.

Mientras los obispos estadounidenses celebraban su reunión, el cardenal Óscar Rodríguez Madariaga, de Honduras, considerado por muchos como uno de los principales aspirantes a la sucesión de Juan Pablo II por su condición de prelado del Tercer Mundo, dio a conocer opiniones que la mayoría del Vaticano respaldaba, pero por lo general sólo en privado. Para el cardenal Rodríguez Madariaga, la razón de que Estados Unidos estuviera molesto por el abuso sexual clerical era una extrema exageración «de los medios», que se habían propuesto «perseguir a la Iglesia» por su firme posición sobre el aborto, la eutanasia, la anticoncepción y la pena de muerte. En cuanto al cardenal Law, estaba siendo perseguido como si fuera «un acusado en un montaje judicial orquestado por Nerón o Stalin». El cardenal declaró que Ted Turner, fundador de la cadena CNN, era «abiertamente anticatólico, para no mencionar a periódicos como el *New York Times*, el *Washington Post* y el *Boston Globe*, que fueron protagonistas de lo que yo defino como persecución contra la Iglesia». También se tomó la molestia de decirle al mundo qué buena persona era el cardenal Law.

El cardenal Rodríguez Madariaga realizó esos comentarios durante una entrevista a la revista italiana *Treinta Días*. No acababa aún de salir del edificio cuando su colega mexicano, el cardenal Norberto Rivera, entraba y prácticamente repetía las denuncias de Rodríguez Madariaga. Meses más tarde, un tercer cardenal centroamericano, Miguel Obando y Bravo, de Managua, Nicaragua, concedió una entrevista a la misma revista (nada orquestado, desde luego) y dijo: «Quien hoy ataca al cardenal Law no conoce la fuerza de su compromiso, el peso de su ministerio y la coherencia de su vida». Estaba seguro de que los fieles católicos de Boston reconocerían la «pepita de oro» en la personalidad del cardenal, la cual «sigue brillando». El resto de la entrevista se redujo en gran medida a vilipendiar de nuevo a los medios estadounidenses.

Ya desde mayo, otro cardenal latinoamericano, Eugenio Araujo Sales, de Brasil, había dirigido un ataque contra las acusaciones de abuso sexual clerical en Estados Unidos, de las que dijo que se habían «sacado de contexto; muchas de ellas son viejas acusaciones; atañen a menos de la mitad del 1 por ciento de cuarenta y seis mil sacerdotes». Para mayor preocupación, esta espléndida defensa del cardenal Law recibió plena aprobación del Vaticano. Esto puso de manifiesto el abismo existente entre la jerarquía, por un lado, y las víctimas y la abrumadora mayoría de los católicos romanos de a pie, por el otro.

Ese abismo de nuevo quedó en evidencia en septiembre de 2002 cuando los abogados que representaban a doscientos cincuenta querellantes que habían demandado a la archidiócesis de Boston dieron a conocer expedientes administrativos de cinco sacerdotes que demostraban que varios obispos sabían desde hacía muchos años de las acusaciones de abuso en su contra, pese a lo cual habían dejado a esos sacerdotes en puestos en los que podían abusar de más niños. Uno de esos cinco había sido destituido apenas en marzo de 2002, ocho años después de habérsele acusado de abusos.

En noviembre otra jueza, Constance Sweeney, divulgó una nota manuscrita dirigida a la archidiócesis de Boston en la que se ordenaba la cesión de miles de documentos adicionales que cubrían los expedientes administrativos de sacerdotes acusados de inmoralidad sexual. La jueza se quejó amargamente de que la archidiócesis había adoptado un patrón de conducta diseñado para estorbar la ejecución de medidas previas judiciales. «El tribunal simplemente no se va a dejar engañar de esa manera», escribió.

En otra orden judicial, la jueza Sweeney dio a entender abiertamente que funcionarios de la archidiócesis de Boston habían proporcionado una descripción inexacta de las políticas eclesiásticas durante su testimonio en varios casos de abuso sexual. «Los expedientes disponibles plantean significativas dudas acerca de si la archidiócesis realmente tomó las medidas que dice haber tomado en la asignación de sacerdotes infractores.» Remitió el caso del padre Bernard Lane al fiscal general de Massachusetts, para posibles acusaciones por perjurio. Lo que tenía lugar en la archidiócesis de Boston tenía su eco en muchas otras archidiócesis y muchos otros países.

Mientras los acontecimientos en Boston seguían su camino hacia un inevitable clímax, los obispos estadounidenses volvieron a abordar la cuestión del establecimiento de una política nacional en la Iglesia de Estados Unidos para responder al abuso sexual clerical. La reacción del Vaticano a la propuesta de Dallas fue rechazarla. La postura de tolerancia cero del papa de abril de 2002 ya no era la misma en septiembre. Aunque los obispos estadounidenses se habían opuesto a echar del clero a los acosadores sexuales, habían llegado demasiado lejos para el papa y Ratzinger y sus asesores en el Vaticano, quienes se inclinaban a favor de las opiniones de los cuatro cardenales latinoamericanos citados.

En opinión del papa, el acuerdo de Dallas no podía conciliarse con el derecho canónico, las reglas que gobernaban a la Iglesia católica. El papa y sus directores de congregaciones estaban principalmente preocupados por proteger los derechos de los sacerdotes acusados, y también estaban insatisfechos con la definición estadounidense de abuso sexual. Se fraguaba una componenda, la cual podría describirse de la siguiente manera: «Después del primer error, y una vez agotados todos los medios de defensa imaginables, si eres declarado culpable podrías ser destituido, o forzado a vestir de civil y confinado en los barracones».

En ninguna parte se abordaban, o reconocían siquiera, las necesidades de las víctimas. En ninguna parte había ninguna mención de la necesidad legal de informar a las autoridades civiles.

Para principios de diciembre de 2002, la negativa del papa a aceptar en abril la renuncia del cardenal Law había asegurado meses de constante humillación para el cardenal y de continua agresión a la fe de más de dos millones de católicos en Boston. En la primera semana de diciembre, la divulgación de aún más documentos demostró que el encubrimiento a través del secretismo había sido mayor de lo que se creía. Frente a juicios que podían traducirse en desembolsos de compensaciones por cien millones de dólares, el cardenal obtuvo autorización de su consejo financiero para solicitar la declaración de quiebra.

Los sacerdotes de Boston empezaron pronto a recoger peticiones que demandaban la renuncia de Law. Cientos de enojados católicos se congregaron fuera de la catedral de la Santa Cruz de Boston para enfrentarse. Cuando les dijeron que se había marchado a Roma, siguieron con su manifestación, exigiendo la destitución de Law. Tres días después, un furioso fiscal general de Massachusetts se quejó de que la archidiócesis de Boston «utiliza todos los instrumentos y maniobras» para «obstruir» una investigación sobre abusos sexuales cometidos por «clérigos». Thomas Reilly dijo al *Boston Globe* que la archidiócesis había emprendido «un elaborado esfuerzo de décadas para encubrir la mala conducta clerical». El viernes 13 de diciembre, el cardenal de Boston se reunió con su protector y nuevamente ofreció su renuncia. Esta vez el papa la aceptó.

El obispo Richard Lennon fue nombrado administrador apostólico mientras el Vaticano consideraba sus opciones. Lennon anunció que esperaba que la archidiócesis pudiera evitar declararse en quiebra. Y así fue, aunque a un alto precio. Nueve días después de que el sucesor del cardenal Law, el arzobispo Sean Patrick O'Malley, tomara posesión de su cargo, a principios de agosto de 2003, la archidiócesis ofreció cincuenta y cinco millones de dólares para llegar a un acuerdo en unos quinientos juicios en curso de abuso sexual clerical. Ese acuerdo daría fin a reclamaciones de muchos cientos de víctimas que habían sido objeto de abusos en su infancia por unos ciento cuarenta clérigos de la archidiócesis de Boston. La oferta fue rechazada.

Mientras que ambas partes consideraban sus opciones, se supo la noticia de que el ex cura John Goeghan había sido asesinado en prisión. Un hombre que había causado tanto dolor y sufrimientos y destruido incontables vidas, había vivido en carne propia la tolerancia cero de la prisión. Varios de los demandantes que acababan de rechazar los cincuenta y cinco millones eran hombres que habían identificado a Goeghan como su acosador. Algunos de ellos empezaron a sentir una gran presión cuando los asesores legales los instaron a reconsiderar el acuerdo que habían rechazado. Algunos necesitaban alcanzar un acuerdo, cualquier acuerdo. Por fin, varias huestes de abogados se reunieron con el arzobispo O'Malley y una nueva oferta mejorada de ochenta y cinco millones de dólares fue puesta sobre la mesa y aceptada.

Si se incluyen los pagos previos, la cifra mínima desembolsada en compensaciones a las víctimas de abuso sexual clerical en la archidiócesis de Boston en un periodo de diez años fue de ciento dieciséis millones de dólares. La archidiócesis se vio forzada a ofrecer su catedral y su seminario como garantía de los préstamos que tuvo que pedir. El arzobispo O'Malley también decidió vender la residencia del arzobispo y otras propiedades eclesiásticas valoradas en varios millones de dólares para ayudar a financiar el pago de compensaciones.

El arzobispo O'Malley y hombres como él están claramente decididos a adoptar un nuevo enfoque, que considerara plena y honestamente la culpabilidad de la Iglesia católica en este escándalo, que aún continúa. En la actualidad, tales hombres son desafortunadamente una minoría en las altas esferas de la Iglesia. Demasiados se aferran aún a variadas y estrambóticas explicaciones, ya sea sobre el abuso o sobre la postura adoptada por la Iglesia durante muchos años.

Los cardenales latinoamericanos que veían una conspiración de los medios de comunicación no estaban solos. Los cardenales estadounidenses coincidían en gran medida con sus hermanos al sur de la frontera. El cardenal Theodore E. McCarrick, de Washington, habló por muchos cuando dijo al *Washington Post*: «Elementos de nuestra sociedad que se oponen por completo a la postura de la Iglesia sobre la vida, a la postura de la Iglesia sobre la familia y a la postura de la Iglesia sobre la educación (...) ven esto como una oportunidad para destruir la credibilidad de la Iglesia. Y en realidad están trabajando en ello, con relativo éxito». Por supuesto el *Washington Post* era regularmente acusado de ser uno de los principales medios de comunicación conspiradores.

Otros en la jerarquía católica romana adoptaron una línea de ataque diferente. El prefecto de la Congregación del Clero del Vaticano, el cardenal Darío Castrillón Hoyos, insistía en que el problema de los sacerdotes acosadores era «estadísticamente menor (...) menos de 0,3 por ciento de los sacerdotes son pederastas». Otros clérigos asumieron una opinión similar sin citar necesariamente la extraordinaria cifra de 0,3 por ciento, sacada de la chistera romana o brasileña. Un documento presentado a los obispos de Australia a finales de 1999 veía el abuso sexual cometido por clérigos como resultado en parte de «una atmósfera totalmente masculina en los seminarios, que reflejaba valores masculinos y no trataba adecuadamente la sexualidad en general o cuestiones femeninas en particular. Mientras la cultura de la Iglesia no ponga a hombres y mujeres sobre una base de verdadera igualdad, las mujeres y los niños seguirán siendo vulnerables al abuso».

El arzobispo Rembert G. Weakland tenía otra explicación. «No todas las víctimas adolescentes son del todo "inocentes"; algunas pueden ser sexualmente muy activas y agresivas, y a menudo son muy astutas.» El arzobispo, quien hablaba evidentemente por experiencia personal, más tarde se vio obligado a renunciar cuando se reveló que había pagado a un amante cerca de quinientos mil dólares para comprar su silencio. El dinero había procedido supuestamente de fondos diocesanos.

Otros no culpaban a adolescentes astutos, sino a abogados que codiciaban el dinero de la Iglesia. Maurice Healy, director de comunicaciones de la archidiócesis de San Francisco, dijo al *New York Times* a principios de diciembre de 2002: «Hay una fiebre del oro por incorporarse al negocio de los litigios contra sacerdotes». En la siguiente edición de la publicación de esa archidiócesis, la cual se enviaba por correo a católicos en todo el norte de California, un artículo se titulaba «Abogados persiguen agresivamente negocio de abuso sexual», sin mencionar la agresión inicial perpetrada contra sucesivas generaciones de niños. El argumento de Healy de una Iglesia con «recursos limitados» se expresó justo al mismo tiempo que se inauguraba una nueva catedral en el sur de California. Nuestra Señora de los Ángeles tuvo un coste de construcción de doscientos millones de dólares. Cuando se celebró la ceremonia de inauguración, la diócesis de Los Ángeles tenía setenta y dos sacerdotes o ex sacerdotes bajo investigación penal y era asediada por un gran número de reclamaciones de víctimas de abuso clerical. Dos semanas después de las ceremonias inaugurales, esa archidiócesis anunció un déficit de 4,3 millones de dólares, así como una serie de recortes y cambios en sus servicios de orientación.

Otras razones del escándalo propuestas por elementos de la Iglesia católica romana incluían:

La pederastia es propagada por Satanás. (...) Atacar a los católicos está de moda. Lo cierto es que los protestantes y los baptistas tienen más pederastas todavía. (...) Los encubrimientos se debieron principalmente a frustración e ignorancia... Hace treinta o cuarenta años homosexuales y disidentes se infiltraron en el seminario. (...) El papa Juan XXIII y su Concilio Vaticano son los únicos responsables.

Quienes culpaban al Concilio Vaticano II se las arreglaban para condenar abiertamente sus resoluciones, pero al mismo tiempo mencionaban el «desacuerdo» como la principal razón de los escándalos de abuso sexual. Se referían al desacuerdo en cuestiones de moral sexual que abarcaban el control de la natalidad, el celibato, la homosexualidad, el aborto y el divorcio. Quienes se habían mostrado en abierto desacuerdo con la enseñanza de la Iglesia sobre esos temas no culpaban a la sociedad en general, sino a los obispos, a los que acusaban de no definir o imponer firmemente la doctrina y de negarse a investigar evidencias de violaciones verosímiles. A principios de 2003, mientras sacerdotes de lugares tan distantes entre sí como Pennsylvania y Hong Kong se declaraban culpables de abusar sexualmente de niños, el obispo John McCormack, de Manchester, New Hampshire, intentaba justificar su falta de información a las autoridades del abuso sexual cometido por curas. Su declaración reveló que en la década de 1980, mientras trabajaba como ayudante del cardenal Law, había ocultado evidencias concernientes a actividades sexuales de varios sacerdotes en Boston, porque «actuaba como sacerdote, no como trabajador social». Pero como esa información no había llegado a él en situación de confesión, en realidad estaba obligado a transmitirla a las autoridades. El obispo McCormack también había evitado hacer a los curas pederastas «preguntas directas, o pedirles que elaboraran notas por escrito». Sabía que sus registros podrían ser «descubiertos» si una víctima demandaba a la archidiócesis.

En marzo de 2003, la oficina del fiscal general de New Hampshire emitió un informe de 154 páginas de extensión acompañado de más de nueve mil páginas de documentos que el fiscal general describió como pruebas de que los líderes eclesiásticos de la diócesis de Manchester habían sido «intencionalmente insensatos en el manejo del abuso sexual clerical y el peligro asociado para los niños».

A mediados de 2003 salieron a la luz poderosas evidencias independientes que confirmaban que al menos parte de la causa apuntaba a los obispos. Una de las iniciativas más positivas surgidas de la conferencia de Dallas de mediados de 2002 había sido la creación de una comisión de laicos cuyo trabajo era investigar el escándalo del abuso sexual. Esa comisión de investigación nacional tenía plena autoridad para interrogar a cualquier clérigo en Estados Unidos. El individuo nombrado para presidir el equipo fue el ex gobernador de Oklahoma Frank Keating. Éste fue un nombramiento muy popular. Keating, devoto católico y hombre íntegro, era considerado honesto e independiente. Muchos de los obispos que entrevistó brindaron a la comisión total cooperación; otros no. Keating comparó a los recalcitrantes con líderes de la mafia que se acogían a la Quinta Enmienda y que rehusaban contestar preguntas.

Uno de los que se negaron a cooperar fue el cardenal Roger Mahony, de Los Ángeles. Sus secretos personales databan de mucho tiempo atrás y entre ellos se incluía el haber mantenido el encubrimiento de los siete curas que habían cometido repetidos abusos sexuales contra Rita Milla. En 2001 se había revelado que el cardenal Mahony había escrito al presidente Clinton durante su segundo periodo presidencial para solicitar que la sentencia de quince años de cárcel dictada al traficante de cocaína de Los Ángeles Carlos Vignali fuera conmutada. Clinton cedió a esa petición polémica en su último día en el cargo.

A finales de mayo de 2002, apenas unos meses antes de la creación de la comisión nacional investigadora encabezada por Keating, se presentó una demanda contra el cardenal Mahony. Entablada conforme a las leyes federales estadounidenses contra la extorsión, diseñadas para combatir el crimen organizado, la demanda fue interpuesta en nombre de cuatro varones que dijeron haber sido acosados sexualmente en su infancia por el padre Michael Baker. Estos hombres acusaron a Mahony de conspirar para cometer fraude y obstruir la justicia encubriendo las actividades de Baker. Los demandantes también alegaron que el cardenal había ofrecido a dos de las víctimas un acuerdo de 1,3 millones de dólares siempre y cuando guardaran silencio sobre ese caso de abuso sexual. Una semana antes de que se presentara esa demanda, el cardenal había admitido que durante catorce años había guardado el secreto de un caso de abuso infantil cometido por el padre Baker. En cuanto a la demanda, Mahony descartó los diversos alegatos por «infundados»; pero poco después, cuando Frank Keating y su comisión nacional investigadora llegaron a su ciudad, Mahony se mostró hostil.

El cardenal rechazó ser comparado con la mafia y forzó la renuncia de Keating, confirmando así a muchos que algunos obispos sencillamente se negaban a rendir cuentas de sus actos. La carta de renuncia de Frank Keating reconocía lo que se había logrado durante ese año, incluido el nombramiento de un profesional para el cumplimiento de la ley, y el mensaje subrayaba que «el abuso sexual no es sólo una falta moral. También es un delito que debe ser perseguido por todos los medios». Y continuaba:

Como dije hace poco, y he repetido en varias ocasiones, nuestra Iglesia es una institución religiosa. Un hogar para el pueblo de Cristo. No es una empresa criminal. No condona ni encubre actividades criminales. No sigue un código de silencio. Mis comentarios, que algunos obispos juzgaron ofensivos, fueron totalmente exactos. No ofrezco disculpas. Oponer resistencia a citaciones de un gran jurado, ocultar los nombres de sacerdotes infractores, negar, confundir, disculpar dando explicaciones: éste es el modelo de una organización criminal, no de mi Iglesia. La humillación, los horrores del escándalo sexual, deben ser una aberración ponzoñosa, una página negra de nuestra historia que no debe repetirse jamás. Esto ha sido desastroso para la Iglesia en Estados Unidos.

Y no sólo para la Iglesia estadounidense. El alcance mundial del escándalo fue revelado en un informe de la hermana Maura O'Donohue. Muchos creían que este informe había influido en la inusualmente explícita referencia al abuso sexual del discurso del papa ante la Iglesia de Oceanía en 1998. El informe de la hermana Maura fue presentado confidencialmente al cardenal Eduardo Martínez, prefecto de la Congregación de la Vida Religiosa del Vaticano, en febrero de 1994. La hermana Maura, doctora de la orden de las Misioneras Médicas de María, tenía más de cuarenta años de experiencia pastoral y médica. Su informe se titulaba «Urgentes preocupaciones para la Iglesia en el contexto del VIH/sida».

Sus investigaciones establecían que sacerdotes y religiosos estaban muriendo de enfermedades relacionadas con el sida. En muchos de los países donde la hermana Maura trabajaba, la prostitución estaba ampliamente aceptada. Sin embargo, conscientes de que las prostitutas formaban un grupo de alto riesgo, muchos hombres buscaban una alternativa. Un grupo considerado como un blanco «seguro» para la actividad sexual era el de las hermanas religiosas. Algunas religiosas empezaron a relatar abusos sexuales de sus profesores y maestros, y acoso sexual de hombres de la población en general. El otro grupo que tenía por blanco a las mujeres de órdenes religiosas era el de los sacerdotes. En un país, la superiora de una comunidad de religiosas fue abordada por sacerdotes que le solicitaron poner a su disposición a las hermanas para favores sexuales. Cuando la superiora se negó, los sacerdotes explicaron que, si no cooperaba, se verían obligados a «ir a la ciudad y buscar mujeres, con el riesgo de contraer sida».

El informe de la hermana Maura establecía irrefutablemente un impactante catálogo de abusos sexuales. Ella observó:

> Esto no se refiere a un país en particular, y ni siquiera a un continente, ni a un grupo o a todos los miembros de la sociedad. De hecho, los siguientes ejemplos se derivan de la experiencia en un periodo de seis años y se relacionan con incidentes en unos veintitrés países de los cinco continentes: Botswana, Brasil, Colombia, Estados Unidos de América, Filipinas, Ghana, la India, Irlanda, Italia, Kenia, Lesotho, Malawi, Nigeria, Papúa Nueva Guinea, Sierra Leona, Sudáfrica, Tanzania, Tonga, Uganda, Zaire, Zambia y Zimbabwe.

Confiaba en que este informe «lleve a la acción apropiada, especialmente de quienes ocupan posiciones de liderazgo en la Iglesia y de los responsables de la formación».

El informe señalaba a sacerdotes y obispos que abusaban de su autoridad y se aprovechaban de ella para obtener relaciones sexuales. Posibles candidatas a la vida religiosa eran coaccionadas a conceder favores sexuales para asegurar la obtención de los certificados y/o recomendaciones requeridos. Las religiosas que se quedaban embarazadas eran obligadas a dejar su congregación, mientras que los sacerdotes responsables continuaban en su ministerio.

El informe contenía asimismo muchas recomendaciones positivas para combatir el abuso de las mujeres dentro de la Iglesia. Un año después de que la hermana Maura hubiera presentado este informe al cardenal Martínez, nadie en el Vaticano había hecho nada salvo invitar a la hermana Maura y sus colegas a una reunión con Martínez y tres miembros de su equipo. Como ella observó secamente en un memorando subsiguiente: «Claro que no hubo ningún orden del día predeterminado».

Tiempo después, otras preocupadas prioras de órdenes religiosas elaboraron informes similares. Aun así, ni el cardenal Martínez ni ninguna otra figura importante del Vaticano hicieron nada. Los breves comentarios del papa anteriormente citados aún no habían sido hechos públicos cuando, sumamente frustradas, algunas de las autoras de los informes establecieron contacto con el *National Catholic Reporter* a principios de 2001. En consecuencia, este periódico publicó un reportaje de portada el 16 de marzo de 2001. *La Repúbblica*, el principal diario italiano, siguió cuatro días después con un largo reportaje sobre el tema.

El Vaticano se vio obligado a responder. Su declaración no procedió del papa o del cardenal Martínez, sino del ubicuo Navarro-Valls: «El problema es conocido, y se restringe a un área geográficamente limitada». Este comentario debería compararse con la lista de países ya citada, lista de ninguna manera completa. La declaración continuaba:

La Santa Sede se está ocupando de esa cuestión en colaboración con los obispos, con la Unión de Superiores Generales (USG) y la Unión Internacional de Superiores Generales (UISG). La labor tiene dos aspectos: la formación de personas y la solución de casos específicos.

Establecer comités no constituye una solución. Ninguna medida concreta había sido tomada por la Santa Sede en los siete años transcurridos desde que la hermana Maura O'Donohue y otros expertos habían dado exhaustivos detalles de esa dimensión adicional del abuso sexual. Lejos de buscar una «solución de casos específicos», la Santa Sede necesitaba una purga a fondo en las filas del clero. El portavoz del Vaticano concluyó: «Ciertas situaciones negativas no pueden hacer que se olvide la a menudo heroica fidelidad de la gran mayoría de los religiosos, religiosas y sacerdotes».

La afirmación de Navarro-Valls de «heroica fidelidad de la gran mayoría» choca con contundentes pruebas obtenidas mediante investigación. La Universidad de Saint Louis realizó un estudio nacional en Estados Unidos. Éste se completó en 1996, pero nunca se quiso hacer público. En él se estimó que un mínimo de treinta y cuatro mil monjas católicas, alrededor del 40 por ciento de la totalidad de las monjas en Estados Unidos, habían sufrido alguna forma de trauma sexual.

Financiados principalmente por varias órdenes religiosas católicas, los investigadores trataron tres áreas de agresión sexual: abuso sexual en la infancia o la adolescencia, en los que las víctimas eran menores de dieciocho años de edad; explotación/coerción sexual por quienes ocupan una posición de poder sobre la monja y, en tercer lugar, acoso sexual en el trabajo y dentro de la comunidad de hermanas. Cuando se realizó el estudio, había aproximadamente ochenta y nueve mil hermanas católicas en Estados Unidos, alrededor de ochenta y cinco mil (95 por ciento) de las cuales eran integrantes de institutos o comunidades religiosos activos. El estudio, de quince páginas de extensión, fue enviado a dos mil quinientas personas aleatoriamente seleccionadas entre las veinticinco mil cuyos nombres fueron puestos a disposición del equipo de la mencionada universidad. Cada uno de los estados americanos estaba representado en esa muestra, a la que fueron incorporadas otras personas que trabajaban en varios países extranjeros.

Las respuestas indicaron que un 18,6 por ciento de las entrevistadas habían sido objeto de abuso sexual cuando eran niñas o adolescentes. La mayoría de los agresores eran hermanos, tíos, desconocidos, amigos de la familia, padres y primos, en ese orden. Clérigos y monjas representaban cerca del 10 por ciento de los acosadores infantiles. En la segunda etapa, un 12,5 por ciento habían sido sexualmente explotadas, y en la tercera, un 9,3 por ciento habían sido víctimas de abusos sexuales durante su trabajo como religiosas. Los resultados también revelaron que, considerando toda la vida de las entrevistadas, desde la infancia hasta su edad actual, el 40 por ciento de ellas habían sufrido alguna forma de trauma sexual y cerca del 22 por ciento habían sufrido abuso durante su vida religiosa. Como observó el equipo investigador, «las interpretaciones e implicaciones de esos hechos para las mujeres en lo individual y la vida religiosa en general son apremiantes».

Sacerdotes y monjas católicos formaban el grupo más grande de acosadores de religiosas, con frecuencia al actuar como asesores espirituales de la víctima. Otros roles identificados en los sacerdotes sexualmente abusivos incluyeron los de pastor, director de retiros, orientador y mentor. Los roles más frecuentes de las monjas culpables de abuso sexual fueron los de mentora, directora de formación, superiora religiosa y maestra.

En julio de 2001, representantes de ciento cuarenta y seis grupos religiosos, de derechos de las mujeres y de derechos humanos lanzaron una campaña internacional destinada a presionar al Vaticano a poner fin al abuso y violencia sexual del clero católico contra las monjas y las mujeres laicas. Ese mismo año, el Parlamento europeo había aprobado una moción de emergencia para censurar al Vaticano y solicitarle «examinar seriamente todo indicio de abuso sexual cometido en el seno de su organización». También se pidió que el Vaticano «vuelva a colocar en sus puestos en la jerarquía religiosa a las mujeres separadas de sus responsabilidades a causa de haber llamado la atención de sus superiores sobre esos abusos». Se pidió asimismo a la Santa Sede que cooperara en todas las investigaciones judiciales. A principios de 2005, aún no había dado respuesta.

Mientras los demandantes aguardaban una repuesta del Vaticano, el abuso sexual clerical seguía denunciándose. En mayo de 2004, Margaret Kennedy, católica que había fundado Cristianos Supervivientes del Abuso Sexual, me reveló algunos detalles de un estudio aún sin publicar. Anteriormente ella había compilado detalles de ciento veinte casos de supuesto abuso sexual contra mujeres cometido por clérigos, pero su informe más reciente trataba de otros sesenta casos. Lo mismo que el abuso sexual de niños y adultos, el de mujeres tampoco se limita a los clérigos católicos romanos. Todos los credos tienen ministros que son depredadores sexuales. Entre esos nuevos sesenta casos había veinticinco que acusaban a clérigos de la Iglesia anglicana y veinticinco de la Iglesia católica romana, mientras que el resto se dividía entre metodistas, baptistas y presbiterianos.

El informe indicaba: «Aproximadamente el 50 por ciento de los clérigos implicados en estos casos particulares son hombres casados, lo que más bien echa por tierra la teoría de que el celibato está en el corazón del problema del abuso sexual clerical. Esto no es cuestión de celibato, sino de abuso de poder».

Margaret Kennedy cree que la mayoría de los clérigos implicados deberían ser tratados como delincuentes sexuales:

El sacerdote, en tanto que profesional, debe aceptar que cuando una mujer acude a él en busca de ayuda, dirección espiritual, orientación y consejo, hay unos límites. Esa mujer es una clienta, y debe ser considerada en todo momento como tal. No estamos hablando de una reunión social en un campo de golf. Estoy convencida de que la clienta debería poder llegar a una reunión con su sacerdote completamente desnuda y que, aun así, el sacerdote debería ser capaz de mantener un límite entre él y su clienta.

Muchos de los casos de Margaret Kennedy se referían a sacerdotes o ministros cuya relación pastoral llevaba inexorablemente al abuso sexual. «Las mismas reglas que se aplican a los médicos, fisioterapeutas y psicólogos deberían aplicarse al clero.»

Los testimonios contra los hombres incluidos en el informe de Kennedy tenían un tono muy familiar: «Él me dijo que era nuestro secreto y que yo no debía decirle nada a nadie. Eso era lo que Dios quería. (…) Dios estaría contento conmigo», o «Me dijo que era voluntad de Dios que él tuviera sexo conmigo y, cuando yo lo rechacé, me dijo que no estaba siendo obediente con Dios. (…) Empezó tratando de besarme y acariciarme los senos».

El padre Tamayo y sus colegas sacerdotes dijeron exactamente lo mismo a Rita Milla en la década de 1970. El padre Gauthe decía repetidamente a sus monaguillos que lo que les hacía era voluntad de Dios. Prácticamente todos los abusadores sexuales del clero que han sido denunciados a lo largo de los años han metido a Dios en la ecuación, y creado un blasfemo y sacrílego *ménage à trois*.

La naturaleza exacta de la coerción varía de un abusador a otro. El padre Kamal Bathish no invocaba directamente al Todopoderoso, sino que usaba una técnica muy efectiva para que su víctima dependiera de él como mentor espiritual. En 1983, Pauline Cunningham acababa de terminar una comisión de servicio de tres años como enfermera en el ejército británico cuando vio un anuncio en el que se solicitaban enfermeras voluntarias en Jerusalén. En esa época ya había considerado su futuro como enfermera en California. «Trabajar allá como enfermera, conocer a un estadounidense fabuloso, casarme y tener tres hijos: ése era mi sueño.» Pero en vez de eso, se vio trabajando en el pequeño hospital cristiano de San José en el este de Jerusalén. Al avivarse su fe católica de la infancia, comenzó a asistir a misa otra vez: «Bueno, sencillamente algo me tocó. Siempre había trabajado como enfermera, y trabajaba para ayudar a las personas a sanar físicamente, pero con frecuencia sentía que faltaba algo».

En abril de 1985 entró como novicia en un convento carmelita de Belén. Pauline supuso que en una orden carmelita todo sería paz, armonía y tranquilidad, pero se desengañó rápidamente. Nada la había preparado para la malevolencia, la guerra de facciones y la frecuente ausencia de cristiandad:

La superiora legítima era más bien débil. La hermana que había sido priora durante mucho tiempo estaba sumergida en juegos de poder. (…) Me sentí muy conmocionada. Yo había sido educada en una estricta fe católica, y ni por un momento había pensado nunca que las monjas y los sacerdotes pudieran lamentarse y chismorrear, ser poco caritativos y comportarse como si vivieran en el mundo secular más que en una orden carmelita.

Pauline, o la hermana Marie Paul, como se la llamó, y otra novicia se quejaron en la oficina del patriarca latino, quien tenía responsabilidad y autoridad general sobre esa orden:

Vinieron a visitarnos de esa oficina un par de veces, pero su respuesta fue: «Acepten el sufrimiento. Esto es Jerusalén. Tendrán que aceptar la injusticia y todo lo que ocurre en la orden. Es parte de su sufrimiento particular para su purificación personal». Este consejo procedió del secretario del patriarca, el padre Kamal Bathish.

Pauline intentó seguir ese consejo, pero ya en septiembre de 1986 la madre superiora buscaba sin cesar que ella la guiara y apoyara; la novicia se sentía completamente fuera de lugar y decidió dejar el convento. Dos años después, en 1988, aún en busca de una forma de vida con una base religiosa, volvió a Jerusalén. Por cortesía, avisó en la oficina del patriarca de su retorno. En esa ocasión habló sobre su futuro con el padre Bathish, así como de sus planes de reanudar su labor como enfermera. Bathish la instó a ser una «persona consagrada», un ser que, aunque vive y trabaja en el mundo secular, ofrece su vida al servicio de la Iglesia. Se trataba en esencia de una vocación laica, con una vida de pobreza, castidad y obediencia. Ese compromiso atrajo a Pauline, quien lo vio como «una manera apropiada de ser útil». Bathish le sugirió a otro cura, el padre Grech, como su director espiritual. El atento y considerado Bathish también le dijo que «siempre estaré a tu disposición si tienes algún problema en el futuro».

Pauline recuerda que Bathish se volvió un «buen interlocutor, en particular después de que me quejé a él de que otro sacerdote había intentado agredirme sexualmente». Este incidente había ocurrido justo un mes después del retorno de Pauline, en marzo de 1988. Esto la volvió aún más dependiente del apoyo y orientación de Bathish. Se aplicó el secretismo al padre Peter Madros, el cura que supuestamente había agredido a Pauline, a quien se le trasladó a otro lugar, Biet Sahour. Pronto la oficina del patriarca recibió otra queja, después de que Madros acosara a una mujer casada. Pero de nuevo fue silenciosamente trasladado a otro lugar.

A Pauline le fue difícil relacionarse con el padre Grech. Él nunca comentaba los sucesos ocurridos en el convento, hechos que Pauline aún intentaba entender. Bathish era diferente, y para principios de agosto de 1988 la enfermera de treinta y un años y el sacerdote de cuarenta y seis habían establecido una relación de confianza mutua. Ella acudía cada vez más a él en busca de apoyo y guía.

Pero, entonces, una noche me besó. Yo me quedé total y absolutamente atónita. ¡Ay, Dios mío! No dije nada. Es como cuando sales con alguien y de pronto te besa. No lo empujas ni haces una escena ni dices nada. Simplemente te quedas tranquila y retrocedes, para no avergonzar a la otra persona. Pensé: «Bueno, no voy a decir nada, tal vez fue algo casual». Yo valoraba su apoyo y su comprensión de mi situación y del medio del que yo procedía, y lo valoraba más que ese pequeño incidente. Así que sencillamente lo seguí viendo y hablando con él. Pero cuanto más lo veía, más insistente se volvía él sexualmente. A veces, cuando yo lloraba, él me besaba o me tocaba, y me sentía mejor. Tenía una muy fuerte dependencia espiritual de él. No física, para nada, pero hacía todo lo que él me decía. Aun así, tenía dudas, me sentía culpable, sentía vergüenza.

En los nueve meses siguientes, esta curiosa relación continuó desarrollándose, mientras Pauline recibía consuelo espiritual y el padre Bathish obtenía satisfacción física. Los besos se volvieron caricias, y luego el sacerdote la persuadió de que lo ayudara a aliviar sus frustraciones masturbándolo, y después practicando sexo oral. El padre Bathish pertenece a la misma escuela de ética sexual del ex presidente Bill Clinton: todo lo que no sea penetración no es relación sexual, ni siquiera para un sacerdote que ha hecho un voto de castidad. Pauline seguía mostrando una actitud casi reverencial ante el padre Bathish:

> Él solía acariciarme y ponerme las manos sobre la falda, cosas así, y yo acostumbraba a retirarle las manos, pero en realidad nunca le dije verbalmente la palabra «no», porque pensaba que hacerlo lo avergonzaría o humillaría y no tenía deseos de hacer eso tampoco. (...) Pensaba que si lo hacía, él se enojaría, y entonces yo perdería ese apoyo, el apoyo moral, el consuelo (...) no tanto el consuelo, sino la comprensión y atención que él me concedía, y que en ese tiempo yo necesitaba mucho.

Interrogué exhaustivamente a Pauline sobre la obvia paradoja de preferir sufrir una humillación a correr el riesgo de causarla, de exhibir tanta consideración por los sentimientos de él cuando era evidente que él no mostraba ninguna por los de ella. Durante su temporada en el convento, ella había desaprobado con firmeza conductas ajenas que podían juzgarse moderadas en comparación con la de ese sacerdote. Cuando era novicia, ella se había opuesto del todo a cualquier invasión de su privacidad, pero en este caso aceptaba una invasión mucho más profunda. ¿Por qué había aceptado esa conducta? Ella contestó: «Porque él era alguien que yo sabía que podía comprenderme y comprender mi procedencia, alguien con quien podía compartir cosas. En quien podía confiar».

Un año después, en julio de 1989, se brindó a Pauline la oportunidad de administrar una casa de huéspedes propiedad del patriarcado, el Palacio de los Caballeros. Ella ya había hecho varios intentos de poner fin al aspecto sexual de su relación con el padre Bathish manteniendo al mismo tiempo, de forma más bien poco realista, el aspecto espiritual. Esta vez volvió a intentarlo, pero sin éxito. El sacerdote seguía representando para ella alguien a quien recurrir cuando había un problema. En el verano de 1992, la relación entre ambos era un secreto a voces en la comunidad religiosa. En la mente de cualquiera de los sacerdotes no había duda en lo referente a la atribución de la culpa. La culpa era de Pauline y sólo de ella. La injusticia aumentó cuando Pauline fue despedida. Desde esa fecha, Pauline Cunningham, la mujer que había ido a Jerusalén buscando una vida religiosa, empezó a luchar por la justicia. Ambos elementos resultarían ser difíciles de lograr.

Finalmente, después de un juicio penal que comenzó en marzo de 1997, supuestamente por explotación sexual y «violación inducida», el patriarcado de Jerusalén fue declarado culpable, y a Pauline le concedieron doscientos cuarenta mil siclos, unas veinticinco mil libras esterlinas. El juicio terminó en 2003. Posteriormente, a Pauline le concedieron cinco mil siclos más, después de que la jerarquía de Jerusalén tratara de impedir la publicación del fallo inicial.

El padre Tom Doyle está familiarizado con este caso y ha hecho una declaración jurada en apoyo a la lucha de Pauline por establecer la verdad. Para él, éste es «un caso clásico de temor reverencial. Este temor es inducido en una persona en razón de la fuerza de la importancia, posición, rango o relación especial de la otra persona con la víctima. (…) La víctima tiene tal respeto emocional y psicológico, o temor, por quien impone esa fuerza que no puede actuar sino como esa persona desea. En la cultura católica es común que los laicos, niños u otros sean incitados por esa fuerza en presencia de clérigos. A los católicos se les enseña desde la infancia que los sacerdotes ocupan el lugar de Jesucristo y deben ser obedecidos a toda costa, y nunca cuestionados ni criticados. Esa elevada posición está aún más firmemente arraigada en la mente y emociones de un católico si la persona en cuestión es un clérigo de alto rango o posee un título distinguido, como el de monseñor u obispo».

Durante la relación de Pauline con el padre Bathish, él se convirtió primero en monseñor y luego en obispo. El padre Doyle observó:

El vínculo traumático que cobra vida en una relación clérigo-laico, y especialmente una relación sexual, es un vínculo patológico o enfermizo que se vuelve más firme y enfermizo cuanto más se prolonga la relación. Un ejemplo común de ese vínculo es el existente entre una mujer golpeada y su esposo agresor cuando ella continúa recurriendo a él a pesar de la violencia.

El patriarca latino, Michel Sabbah, rehusó reiteradamente durante muchos años recibir a Pauline Cunningham, pese al hecho de que al menos otras cuatro mujeres habían sufrido abusos sexuales del obispo Bathish y pese a que éste había admitido la veracidad de los alegatos de Pauline. El obispo hizo esta confesión a una comisión de investigación formada por el patriarca. Este último es directamente responsable ante el papa, pero la posición del Vaticano es que este caso es asunto del patriarca.

El seminario a puertas cerradas del Vaticano sobre el abuso sexual clerical efectuado en abril de 2003 había terminado con la consideración del contenido de las discusiones, la agenda y las conclusiones como un secreto celosamente guardado. Pasaron diez meses antes de que el Vaticano se dignara compartir un poco de lo que había sucedido. Habitualmente fuera de contacto con la realidad, el Vaticano declaró tranquilamente que las memorias del seminario «quizá estén disponibles a fines de marzo, aunque tal vez permanezcan como un documento privado sólo disponible para los obispos y los consultores profesionales que trabajan con la aprobación de aquéllos».

En ese seminario participaron una docena de eminentes médicos y psiquiatras. Todos los expertos fueron de la misma opinión: al parecer a todos les horrorizó que, en su reunión en Dallas, los obispos estadounidenses hubieran abogado por la tolerancia cero al abuso. En una breve conferencia de prensa celebrada en el Vaticano a fines de febrero de 2004, el obispo Elio Sgreccia, presidente de la Academia Pontificia de la Vida, resumió la más desastrosa conclusión alcanzada durante el seminario del Vaticano del año anterior. Dijo que los especialistas reunidos en el Vaticano habían llegado a la conclusión de que «es posible y necesario hallar una vía incluso para sacerdotes culpables de abuso sexual, a fin de que se busque su tratamiento y rehabilitación y no se les abandone ni se les considere inútiles para la Iglesia».

Durante ese seminario, varios de los expertos, incluido el psiquiatra estadounidense Martin Kafka, hablaron de las «excesivamente punitivas» políticas adoptadas por la jerarquía estadounidense. Kafka y sus colegas estaban seguros de tener la solución. Su enfoque se basaba en el autoengaño profesional y amenazaba con subvertir el curso de la justicia. La más significativa denuncia contra las conclusiones de ese seminario se halla en los criterios de selección de los invitados. El obispo Sgreccia explicó que «las instituciones a las que representan son usadas de facto por congresos de obispos para el tratamiento de sacerdotes y religiosos». Esto era tanto como invitar a los constructores del *Titanic* a diseñar un rompehielos. Pese a un casi ininterrumpido historial de fracasos en el tratamiento de los agresores sexuales clericales, los expertos seleccionados se expresaron dogmáticamente. El psicólogo canadiense William Marshall dijo a los funcionarios del Vaticano que la tolerancia cero con los abusadores sexuales es «un desastre. Sacar a un tipo a patadas de la Iglesia y hacerlo perder su empleo, sus ingresos, su seguro médico y a todos sus amigos (...) sin otras habilidades para conseguir trabajo, no son las condiciones que aseguran que un ex sacerdote no cometerá más abusos».

Afirmó que varios obispos y clérigos estadounidenses se acercaron a él en el primer receso y le dijeron: «Eso es exactamente lo que los obispos de Estados Unidos deben oír».

Aparte de convertir a los obispos en funcionarios de bienestar social para los acosadores sexuales clericales, el enfoque de ese seminario buscó impedir que los agresores fueran sometidos a investigación judicial o a juicio. Ésta es la máxima ironía: tras convertirse en sacerdotes seculares, psiquiatras, psicólogos y médicos se erigen en juez y jurado de sacerdotes que pecan. Desde el papa Juan Pablo II hasta el obispo más recientemente nombrado, en todos los aspectos del escándalo del abuso sexual la primera línea de defensa de la Iglesia ha sido ésta:

No sabíamos. No entendíamos. Confiamos en nuestro juicio al hacer frente a los abusos sexuales cometidos por clérigos. No había datos, información ni estudios. No había nada disponible sobre este problema y problemas de conducta asociados.

La falsedad de esa defensa fue demostrada por monseñor Charles Scicluna, funcionario de la Congregación de la Doctrina de la Fe del cardenal Ratzinger, durante ese seminario secreto del Vaticano. Ninguno de los expertos invitados era católico, y monseñor Scicluna les dio una muy necesaria lección de historia sobre cómo había tratado la Iglesia en el pasado a los acosadores sexuales clericales. Citó, entre otros, al papa Alejandro II, quien, en el tercer Concilio de Letrán, en 1179, sobre acosadores sexuales, dijo: «Si son clérigos, serán despojados de su estado clerical, o confinados a monasterios para hacer penitencia». Scicluna citó también al papa Pío V, quien en 1568 declaró que los acosadores sexuales «deben ser entregados a las autoridades seculares para su castigo; y si son clérigos, se les degradará por completo».

Mi informante no dio ninguna pista sobre la reacción de los señores Kafka y Marshall a esa lección de historia. Además, monseñor Scicluna también llamó su atención sobre la posición de la Iglesia a principios del siglo XX, citando el código de derecho canónico de 1917: «Los sacerdotes que incurran en inmoralidad sexual con niños serán suspendidos, declarados indignos y privados de todo oficio, beneficio, dignidad o responsabilidad que puedan tener». Sin embargo, no parece haber citado el código revisado de derecho canónico de 1984, cuyo lenguaje sobre el delito de abuso sexual sobre un menor (de dieciséis años) era mucho más suave. Decía que el acosador «debe ser castigado con penas justas, que no excluyen el despido del estado clerical si el caso lo justifica». Durante gran parte de su existencia y hasta seis años *después* de que Karol Wojtyla fue elegido papa, la Iglesia aplicó una política de tolerancia cero sin excepción ni excusa. ¿Cómo hizo para olvidar su historia?

Aunque citó copiosamente documentos históricos de cómo la Iglesia católica romana había tratado el abuso sexual a lo largo de los siglos, desafortunadamente monseñor Scicluna no examinó el otro lado de la moneda. ¿Qué información *contemporánea* estaba a disposición de los obispos y cardenales de la Iglesia? En un caso tras otro, el encubrimiento, las mentiras, el engaño, el secretismo a ultranza desmienten la repetida sugerencia de que «era muy poco lo que se sabía entonces, así que al cardenal o al obispo sólo se les podría culpar de ignorancia». Si quienes protegían al sacerdote sexualmente abusivo creían de verdad, como ellos mismos lo han dicho, que todo podía curarse mediante el poder de la oración, ¿por qué llegaban tan lejos para ocultar el delito? ¿Por qué sencillamente no organizaban un día público de oración por el sacerdote infractor en su iglesia local? ¿Es posible creer que los obispos y cardenales ignoraran que era necesario impedir a los pederastas todo posible contacto con niños?

A mediados de la década de 1980, cuando salió a la luz el caso del padre Gauthe, la Iglesia tenía acceso a abundantes estudios sobre los orígenes y efectos del abuso sexual clerical. Uno de ellos era *The Catholic Priest in the United States: Psychological Investigations* (El sacerdote católico en Estados Unidos: investigaciones psicológicas), del padre Eugene C. Kennedy y Victor Heckler. Esta obra precursora prestó particular atención a los problemas emocionales y de desarrollo de los sacerdotes. Los autores concluyeron que un 7 por ciento de los curas estadounidenses estaban emocionalmente desarrollados, un 18 por ciento en desarrollo, un 66 por ciento eran inmaduros y un 8 por ciento mal desarrollados. Los extraordinariamente altos porcentajes que indican inmadurez emocional son iluminadores. El perfil personal de los inmaduros me recuerda vívidamente la descripción de los psicópatas de sir David Henderson para la Real Comisión sobre la Pena Capital de principios de la década de 1950:

Son peligrosos cuando se sienten frustrados. Están desprovistos de afecto, son fríos, crueles, insensibles y cínicos y muestran una casi increíble falta de juicio y prudencia. Pueden ser adultos por su edad, pero emocionalmente siguen siendo niños peligrosos, cuya conducta puede retroceder hasta un nivel primitivo, infrahumano.

El estudio del padre Kennedy había sido encomendado por la Conferencia Nacional de Obispos Católicos de Estados Unidos a finales de la década de 1960. Le fue entregado a ésta en 1971. Este estudio habría sido de inapreciable utilidad en la comprensión de la mente del sacerdote sexualmente abusivo, en particular de los sacerdotes que abusaban de niños y adolescentes. Sin embargo, los obispos ni siquiera se ocuparon de las preguntas planteadas en ese informe, y mucho menos aplicaron sus sugerencias. Simplemente ignoraron un informe que ellos mismos habían encargado.

La Iglesia también habría podido consultar a los centros de atención a «sacerdotes problemáticos» dirigidos por los Siervos de Paracleto, el primero de los cuales se abrió en Jemez Spring, Nuevo México, en 1949. Esto también incluía los expedientes del Instituto Psiquiátrico Seton, hospital de propiedad y funcionamiento católicos en Baltimore, Maryland, establecido en 1844. Richard Sipe trabajó en Seton de 1967 a 1970. Profesó como monje benedictino en 1953 y fue ordenado sacerdote católico romano en 1959. Es también psicoterapeuta y psiquiatra cualificado. Recordó:

> Poco después de mi ordenación, en 1959, se me asignó como maestro y orientador en una preparatoria parroquial. Ésa fue mi primera introducción a la vida parroquial y al mundo secreto de la actividad sexual por parte de sacerdotes y religiosos católicos tanto con menores como con adultos. También fue entonces cuando conocí el «sistema del secretismo».

Fue esta revelación lo que despertó el interés de Sipe de orientar a sacerdotes y religiosos católicos. Esto se convertiría en el trabajo de su vida. Sipe me reveló que Seton conservaba expedientes que se remontaban a 1917, muchos de los cuales incluyen casos de abuso sexual sacerdotal:

> [El caso de abuso sexual clerical] era frecuentemente disfrazado por otros sacerdotes que trabajaban en la clínica (...) depresión profunda, o «sus actividades lo han inducido a beber en exceso», pero el abuso

sexual era el problema fundamental. Cuando yo llegué a trabajar ahí, a fines de los años sesenta, prácticamente todas las personas remitidas a Seton eran sacerdotes y religiosos que habían tenido contacto sexual con menores. Enviarlos ahí era un recurso utilizado por la Iglesia para evitar su denuncia pública o la acción judicial.

Sipe delimitó después la extensión del problema y su reacción personal ante esos casos:

Yo colaboraba con colegas de muchos países que trabajaban en el mismo campo. Países Bajos, Irlanda, Inglaterra, Australia, la India y África… Canadá, España, gran parte del Tercer Mundo. Es un problema mundial.

También se refirió a la mentira de que los obispos no habrían podido conocer el grado del abuso clerical. No sólo datos, información y expedientes de abuso sexual clerical de varias clínicas y hospitales estaban a disposición de cualquier obispo que hubiera querido informarse sobre la pederastia. Sipe afirmó también que los obispos «estaban muy familiarizados con el asunto de todas maneras».

Ciertamente no había ninguna razón para que la Iglesia se sintiera impactada o pretextara ignorancia del abuso sexual clerical cuando el caso Gauthe salió a la luz en 1985. Aparte de las fuentes ya mencionadas, la Iglesia habría podido leer artículos legales sobre negligencia clerical, o remitirse a libros de consulta como el *Manual diagnóstico y estadístico de trastornos mentales*, que definía la pederastia de la siguiente manera:

A. El acto o fantasía de participar en una actividad sexual con niños prepúberes como método *repetidamente* preferido o exclusivo para alcanzar la excitación sexual.

B. Si el individuo es adulto, los niños prepúberes son al menos diez años menores que él. Si el individuo se encuentra en la adolescencia tardía, no se requiere ninguna diferencia concreta de edad, y el juicio clínico debe tener en cuenta la diferencia de edad tanto como la madurez sexual del niño.

En el Reino Unido, el obispo Murphy O'Connor habría podido consultar *Child Abuse and Neglect. A Study of Prevalence in Great Britain* (Abuso y negligencia infantil. Estudio de frecuencia en Gran Bretaña), o al menos otros doce estudios ya en circulación en el momento en que él ignoraba las recomendaciones y protegía a un pederasta. Mejor todavía, habría podido tomar contacto con los Siervos de Paracleto en Gloucestershire, organización con más de treinta años de experiencia en el tratamiento de pederastia, donde él mismo había enviado al padre Hill, pedófilo reincidente. En cambio, el miserable Hill recibió carta blanca del hombre que hoy ocupa la jefatura de la Iglesia católica romana en Inglaterra.

El Vaticano conocía perfectamente bien muchos de esos estudios. En 1971, por ejemplo, invitó al doctor Conrad Baars y a la doctora Anna Terruwe a presentar su trabajo sobre «las causas, tratamiento y prevención de la inmadurez y trastorno emocional en sacerdotes» en una reunión auspiciada por el sínodo de obispos. Entre quienes escuchaban en el público estaba el cardenal Wojtyla, a quien se eligió como miembro del consejo de los sínodos al finalizar éste. El informe del doctor Baars se basaba en los expedientes e historiales médicos de mil quinientos sacerdotes tratados por problemas mentales. Psiquiatra católico de origen holandés, Baars llegaba a la conclusión de que menos del 15 por ciento de los sacerdotes de Europa occidental y América del Norte estaban plenamente desarrollados en términos emocionales. Del 20 al 25 por ciento tenían serias dificultades psiquiátricas que a menudo conducían al alcoholismo, y entre el 60 y 70 por ciento sufrían grados menores de inmadurez emocional. El informe hacía diez recomendaciones, entre ellas un examen más efectivo de los candidatos a sacerdotes. Ninguna de ellas fue puesta en práctica.

Mientras que una abrumadora mayoría de católicos encuestados en el mundo entero siguen condenando la reacción de la Iglesia ante el abuso sexual clerical, el Vaticano sostiene su muy tradicional visión de la historia. Aunque un 80 por ciento de los católicos estadounidenses encuestados por Zogby creen que el sistema legal, y no la Iglesia, debe procesar aquellas acusaciones, el Vaticano sólo escucha a sus cuidadosamente seleccionados expertos, congregaciones y obispos, quienes siguen siendo partidarios de mantener el problema dentro de la Iglesia. En un reciente estudio del Real Colegio de Cirujanos de Dublín, un 75 por ciento de los encuestados consideraron que la reacción de la Iglesia era «insuficiente», un 50 por ciento creían que el daño hecho a la Iglesia en Irlanda era «irreparable» y un 92 por ciento no creía que un sacerdote que hubiera abusado de niños debiera regresar al ministerio. Mientras las bases dejaban muy claro lo que creían que debía suceder en su Iglesia, el Vaticano persistía en su viejo estilo e ignoraba a la comunidad. En cambio, escucha la opinión de psicólogos que desean tener todas las consideraciones concebibles con el agresor sexual.

En más de una ocasión el papa Juan Pablo II declaró que los políticos seculares deben ajustar la ley civil a la de Dios. Sin embargo, respecto al delito financiero y sexual, practicaba una tercera vía: proteger al clero, que rechazaba tanto la ley civil como la ley de Dios. Algunos defensores de Wojtyla reprendían sin la menor ironía a reporteros y periodistas por lo que llamaban «el acoso de los medios», pero ignoraban los frecuentes reconocimientos de agentes de la ley que aplaudían los esfuerzos de los medios por obtener la verdad. Por ejemplo, la fiscal de distrito Martha Coakley, de Massachusetts, dio las gracias públicamente a la prensa tras el arresto del padre Paul Shanley. Reconoció que su oficina carecía de recursos para perseguirles y agradeció a los medios que hubieran hecho averiguaciones sobre Shanley. Reconoció asimismo la deuda del tribunal con los escritores que dedicaban tiempo, energía y dinero a investigar y a retratar a «sacerdotes predadores como Shanley».

Éste es visiblemente otro aspecto del escándalo que ha enojado al Vaticano. No sólo este último se opone al debido proceso legal en espíritu, sino que también pone objeciones en la práctica. El fiscal de distrito de Arizona, Rick Romley, escribió al secretario de Estado del Vaticano, cardenal Angelo Sodano, solicitando que el Vaticano ordenara a los sacerdotes que habían sido acusados en Arizona de abuso infantil que regresaran al estado. Su carta fue devuelta sin abrir con una nota en el sobre: «El artículo adjunto se devuelve al remitente por haber sido rechazado por el destinatario». Romley perseguía a varios curas fugitivos, incluido uno que se ocultaba en Roma, y otros en México e Irlanda.

Aunque en Massachusetts la Iglesia católica ha asumido finalmente sus responsabilidades, en muchas otras partes de Estados Unidos libra una enconada maniobra de retaguardia que evoca los años de mentiras, dolo y engaño del cardenal Law. En Rhode Island, por ejemplo, treinta y ocho víctimas de abuso sexual han esperado tanto tiempo a que sus juicios se resuelvan que cuatro de los once curas acusados ya han muerto. La diócesis de Providence ha conseguido demorar el proceso legal durante más de diez años con todos los recursos imaginables.

En julio de 2003, para el no disimulado regocijo del elemento reaccionario dentro de la Iglesia y de ciertas compañías de seguros, el Tribunal Supremo de Estados Unidos determinó como anticonstitucional, por cinco votos contra cuatro, una ley de California que eliminaba la ley de prescripción de antiguos delitos, permitiendo así el procesamiento de delitos de abuso sexual. De opinión contraria, el juez Anthony Kennedy escribió: «La Corte (...) descuida los intereses de las víctimas de abuso infantil que han tenido el valor de encarar a sus abusadores y llevarlos ante la justicia». Muchos obispos en todo el mundo querrían ver introducidas similares prescripciones reglamentarias. A título extraoficial admitirán que su opinión está poderosamente influida por sus asesores financieros, compañías de seguros y abogados. Para evitar la quiebra financiera, más de un obispo está agotando rápidamente su capital moral.

En Inglaterra y Gales, la Iglesia muestra también una arraigada renuencia a asumir sus responsabilidades legales. Sigue escudándose en el curioso argumento de que no es responsable de sus sacerdotes en lo individual. Aduce que, en cuanto que sacerdotes, son «titulares de sus cargos». No son ni empleados ni trabajadores autónomos. El portavoz del primado católico de Inglaterra y Gales intentó justificar las cláusulas de confidencialidad en acuerdos alcanzados con las víctimas asegurando: «No son órdenes de amordazamiento; son acuerdos elaborados por abogados. La Iglesia no elaboró esos acuerdos». Claro que la Iglesia no da instrucciones a sus abogados. Firma dócilmente el acuerdo, y luego entrega los pagos de las indemnizaciones (que el Vaticano siempre ha condenado).

A finales de noviembre de 2003, el arzobispo Daniel Pilarczyk, de Cincinnati, se presentó en un tribunal después de una encarnizada batalla de dieciocho meses durante la cual la archidiócesis se había servido de todos los recursos locales posibles para bloquear el acceso de la fiscalía a los expedientes eclesiásticos sobre curas pederastas. El arzobispo admitió públicamente que en al menos cinco ocasiones, entre 1979 y 1982, funcionarios de la archidiócesis fueron informados de acusaciones concernientes a abusos sexuales de niños por sacerdotes, pese a lo cual decidieron no denunciarlos «intencionadamente». Ésa fue una admisión histórica, la primera vez que una archidiócesis fue condenada por su papel en casos de abuso sexual de clerigos.

Pilarczyk había sido uno de los obispos que no pusieron en práctica las recomendaciones del informe de 1985 escrito por el padre Doyle, el padre Peterson y el abogado Ray Mouton. En 1992, el arzobispo Pilarczyk, en respuesta a una carta de Tom Doyle, reveló por qué ese informe había sido ignorado. «El hecho es que su informe no presentaba ninguna nueva cuestión (desconocida para la NCCB) o información que requiriera una respuesta materialmente diferente.» Quizá si el arzobispo hubiera estudiado más detenidamente el informe, no se habría visto ante el tribunal. Habiendo aceptado la declaración de culpabilidad, el juez, Richard Niehaus, impuso a la archidiócesis una multa nominal de diez mil dólares. Luego, mirando directamente al arzobispo, reveló que era católico y continuó: «Creo que una organización religiosa no sólo debe seguir la ley civil, sino también la ley moral».

Dos meses después, en enero de 2004, ante la evidente división de la jerarquía de la Iglesia en Estados Unidos y en Roma en cuanto a la reacción correcta ante el abuso sexual clerical, empezó a salir a la luz un nuevo escándalo. La archidiócesis de Washington DC fue informada por un bufete jurídico de que éste representaba al menos a diez supuestas víctimas de una cadena de abusos sexuales en una parroquia suburbana de Maryland. Entre las décadas de 1960 y 1980, «docenas» de muchachos de entre ocho y dieciséis años de edad habían sido tratados como «sirvientes sexuales» por una serie de sacerdotes residentes en esa parroquia. Para finales de 2003 la archidiócesis había anunciado que veintiséis curas habían «sido verosímilmente acusados de abuso sexual en los últimos cincuenta y seis años». En enero de 2004, esa cifra aumentó a más de treinta.

En febrero de 2004, una semana después de que el Vaticano hubiera divulgado un mínimo de información sobre las evidencias y conclusiones del seminario a puertas cerradas de 2003, la comisión nacional de investigación de los obispos estadounidenses publicó un detallado informe que cubría una investigación de varios años sobre el abuso sexual cometido por clérigos de la Iglesia católica estadounidense. Muchos esperaban que esa revisión independiente produjera al fin datos y cifras irrebatibles. La comisión examinadora había contado con abundante asistencia de la Escuela de Derecho Penal John Jay, encargada por la junta de desarrollar datos empíricos sobre la naturaleza y alcance del «problema que precipitó la crisis».

Ni la junta ni la escuela John Jay encontraron las puertas abiertas en todas las diócesis. No obstante, elaboraron un informe con gran cantidad de información valiosa, lo que da muestras del gran mérito de la junta y de su presidente, el gobernador Keating, así como del tenaz espíritu inquisitivo del equipo de John Jay. De acuerdo con ese informe, los expedientes eclesiásticos indican que, entre 1950 y 2002, 4.392 sacerdotes estadounidenses fueron acusados de abusar sexualmente de menores. Esta cifra representaba el 4 por ciento de los 109.694 sacerdotes en ministerio activo durante ese periodo. Había aproximadamente 10.667 víctimas infantiles involucradas en casos de abuso sexual clerical en ese periodo, y la Iglesia había gastado más de quinientos millones de dólares para afrontar el problema.

Como señala el informe, «en muy pocos casos, sin embargo, la diócesis u orden religiosa involucrada informó de las acusaciones a las autoridades civiles». En consecuencia, «más de cien sacerdotes o ex sacerdotes pasaron tiempo en prisión por conductas de abuso sexual a un menor». En otras palabras: menos de doscientos de un total de 4.392 sacerdotes fueron encarcelados.

Grupos de víctimas han condenado ese informe por considerarlo «una exoneración», y sostienen que las cifras reales de agresores sexuales clericales de ese periodo son mucho mayores. El comentario del informe acerca de que el 56 por ciento de los curas acusados sólo habían tenido una denuncia en su contra provocó muchas críticas de los expertos. Como observó el padre Tom Doyle: «Esa afirmación desafía los datos provistos por profesionales de la salud mental concernientes al número promedio de víctimas de los abusadores sexuales, tanto pedófilos como efebófilos [abusadores de adolescentes]». Tom Doyle habla del tema con abundante conocimiento personal, principalmente adquirido desde que fue expulsado del servicio diplomático del Vaticano por un grupo de obispos estadounidenses. En los veinte años transcurridos desde entonces, Doyle ha estado implicado en más de setecientos casos de abuso sexual clerical, ya sea asesorando a las víctimas o testificando en su favor.

La cifra de quinientos millones de dólares indicada como el coste del escándalo hasta la fecha es ampliamente considerada como una grave subestimación. Por ejemplo, no incluye los ochenta y cinco millones desembolsados por la archidiócesis de Boston. El monto generalmente aceptado es de mil millones de dólares. Aun esta cantidad puede ser fácilmente absorbida por la Iglesia católica estadounidense. Sus ingresos anuales son superiores a los ocho mil millones, y posee bienes raíces con un valor estimado entre diez y quince mil millones.

El 20 por ciento de los acusados no fueron sometidos a ninguna investigación por la diócesis en cuestión, porque «el sacerdote ya había fallecido o estaba inactivo al momento de la acusación». Un 10 por ciento adicional fue considerado «no confirmado», lo que, como indican los autores del informe, «no significa que el alegato haya sido falso, sino sólo que la diócesis u orden religiosa involucrada no pudo determinar si el supuesto abuso realmente tuvo lugar». En consecuencia, hay una posible variación de un 30 ciento entre las diversas estadísticas.

La comisión examinadora pisa terreno mucho más firme cuando comparte los frutos de sus entrevistas, incluidas las realizadas con muchos miembros de la jerarquía de la Iglesia católica estadounidense. Indica cómo antes de 2002 «el Vaticano se había abstenido de asumir un papel significativo respecto a la reacción de los obispos de Estados Unidos ante las acusaciones de abusos sexuales de menores por miembros del clero. El Vaticano no reconocía el alcance o la gravedad del problema al que la Iglesia tenía que hacer frente en Estados Unidos pese a numerosas señales de alarma, y rechazó intentos previos de introducir reformas para destituir a los acosadores sexuales».

El informe ofrece después un recuento detallado de cómo «varios influyentes obispos estadounidenses», a partir de finales de la década de 1980, pidieron al Vaticano crear un proceso de vía rápida para la destitución de sacerdotes sexualmente abusivos, a causa de que el proceso acorde con el derecho canónico era demasiado prolongado, diseñado en cada oportunidad para proteger al cura acusado aun después de que había sido declarado culpable. El proceso también requería «la participación de la víctima. Varios obispos, preocupados en parte por el posible trauma que podía suponer para las víctimas dirigirse a su agresor en un procesamiento formal, se resistían a solicitar su asistencia».

De esta manera, la preocupación por la víctima protegía al acosador. Hubo repetidas y continuas peticiones por parte de los obispos de un proceso de vía rápida «durante toda la década de 1990, pero otra vez fue en vano».

Finalmente, aun alguien tan inclinado a retrasar indefinidamente las cosas como Juan Pablo II aceptó que había que hacer algo. En 1993 estableció un comité para estudiar cómo podía aplicarse mejor el derecho canónico a «la situación particular de Estados Unidos», porque hasta su muerte no dejó de creer que el abuso sexual por clérigos católicos era «un problema exclusivamente estadounidense».

Los directores de las diversas congregaciones vaticanas; amigos cercanos y colegas como el cardenal Ratzinger; los numerosos nuncios papales en el mundo entero: cualquiera de ellos, o todos, habría podido decirle al papa la verdad. Él habría podido mandar que investigaran a las diversas órdenes religiosas, salesianos o franciscanos por ejemplo. Ambas han puesto en práctica una versión mundial del secretismo durante décadas. Trasladan a curas que abusan sexualmente de América Latina a Europa, de Asia a África.

Wojtyla habría podido llamar a los obispos de Estados Unidos al Vaticano y preguntarles por qué tantos de ellos estaban decididos a impedir que la comisión nacional examinadora hiciera la labor para la cual los obispos la habían creado, o sea, asegurar que todos los obispos de Estados Unidos fueran sometidos a una auditoría nacional anual para garantizar que las diócesis cumplieran las políticas oficiales sobre el abuso sexual clerical. Habría podido preguntar a sus obispos por qué temían tanto los hallazgos de la comisión examinadora.

Con la primera ronda de informes, el reconocido crítico y padre Andrew Greeley observó en marzo de 2004: «La izquierda católica querría hacernos creer que el problema más grave al que se enfrenta la Iglesia es el celibato clerical. La derecha católica, por su parte, quiere culpar de todo a los homosexuales». El padre Greeley no respaldaba ni una ni otra. Para él, «los culpables son los obispos —insensibles, cobardes, ignorantes, clericalistas— que reasignaron a esos sacerdotes [los abusadores sexuales]. Igualmente culpables son sus colaboradores: vicarios generales, vicarios del clero, abogados civiles y canónicos, psiquiatras, directores de instituciones psiquiátricas católicas».

Es una lista larga, pero, como eficazmente ilustra el informe de la comisión nacional examinadora, aún faltan muchos culpables.

La comisión había concluido que el 90 por ciento de las casi doscientas diócesis católicas de Estados Unidos «cumplen el compromiso que hicieron los obispos a mediados de 2002 de proteger mejor a los niños y castigar a los infractores». Pero grupos de apoyo a víctimas desestimaron su informe, por considerarlo sesgado. Uno de esos grupos, Red de Supervivientes de Abusos de Sacerdotes (Survivors Network of those Abused by Priests, SNAP por sus siglas en inglés), reveló que sólo dos de sus cerca de cinco mil miembros habían sido invitados a hablar con los investigadores. Mucho más significativamente, los obispos recomendaron a los investigadores a quién entrevistar. En cuanto a las archidiócesis que no cumplieron con los compromisos, entre ellas estaban las de Nueva York y Omaha. «No existe ningún mecanismo para sancionar a funcionarios eclesiásticos que no cumplen (…).»

Una situación similar a la de Alicia en el País de las Maravillas prevalece aún en la Iglesia católica romana de Inglaterra y Gales. Pese a las bonitas palabras de los nutridos informes originales de Nolan, en julio de 2004 el informe anual más reciente reveló que durante 2003 había habido sesenta quejas de abuso sexual, físico o emocional, y que para mediados de 2004 ninguno de los supuestos abusadores había sido procesado. El persistente empleo del sistema del secretismo quedó demostrado ante los parroquianos de Kentish Town, en el norte de Londres, cuando a fines de 2004 se enteraron de que en los dos años anteriores un cura pederasta, el padre William Hofton, era el responsable de sus necesidades espirituales. La verdad salió a la luz sólo cuando Hofton fue acusado de abusar sexualmente de otros dos niños. Se declaró culpable y fue sentenciado a cuatro años de cárcel.

En Estados Unidos seguían surgiendo secuelas del escándalo. En mayo de 2004 se anunció que la archidiócesis de Boston cerraría al menos la sexta parte de sus parroquias, iglesias y escuelas. El cardenal O'Malley insistió en que las clausuras no estaban vinculadas al enorme desembolso de más de cien millones de dólares para víctimas de abuso sexual. Quizá en términos fiscales tenía razón, pero el escándalo ha desprovisto a la Iglesia católica de Estados Unidos de gran parte de su prestigio y confianza, lo que se ha reflejado en iglesias vacías.

En julio, la archidiócesis de Portland se convirtió en la primera diócesis católica en declararse en quiebra. Habiendo desembolsado ya más de cincuenta millones de dólares, esa diócesis se enfrentaba a nuevas reclamaciones por un total de más de ciento cincuenta millones. Conforme al así llamado capítulo 11, el juicio de quiebra protege los bienes esenciales e interrumpe temporalmente cualquier litigio en curso.

En el verano de 2004 Austria se vio sacudida por un segundo escándalo sexual clerical que implicaba a un buen amigo del papa. El obispo Kurt Krenn, uno de los principales partidarios del pederasta cardenal Groer, fue acusado de condonar una amplia variedad de actividades sexuales ocurridas en un seminario bajo su control. Las infracciones incluían posesión de pornografía infantil, descarga de vastas cantidades de material obsceno de una página en internet polaca, abuso sexual de seminaristas por sacerdotes y abrumadoras evidencias de la existencia de una red homosexual. El obispo Krenn se negó a renunciar y desestimó las diversas actividades por tratarse de «travesuras infantiles». Sumida otra vez Austria en la conmoción a causa del abuso sexual clerical, el Vaticano tuvo que guardar las formas. Finalmente, un visitador-investigador apostólico fue enviado de Roma, y tras nuevas conversaciones a puerta cerrada, el obispo Krenn renunció a regañadientes.

En 2002, a los obispos estadounidenses también se les había prometido la presencia de un visitador apostólico. Para principios de 2005, aquél aún estaba por aparecer, pero seguían emergiendo escándalos en Estados Unidos. En septiembre, el ex obispo de Springfield, Massachusetts, Thomas Dupre, fue acusado de dos cargos de violación infantil. Luego, el fiscal del condado dijo que aunque estaba seguro de que los delitos se habían cometido, el culpable no iría a juicio porque las acusaciones ya habían prescrito, conforme a la ley. Ese mismo mes, al otro lado del país, en California, se presentaron nuevas acusaciones en los tribunales. Los periódicos detallaban que treinta y un curas habían abusado supuestamente de sesenta y tres niños en el condado de Santa Bárbara. Las víctimas incluían a tres niñas que habían sido repetidamente agredidas en el confesionario de San Roque las tardes de los sábados entre 1979 y 1981. La letanía entera de las supuestas infracciones cubría un periodo que iba de la década de 1930 a la de 1990.

En Kentucky, una demanda colectiva de unas doscientas supuestas víctimas se halla actualmente en etapa de mediación. En Tucson, Arizona, de cara a diecinueve juicios civiles en los que se alega abuso sexual por ciento veintiséis sacerdotes diocesanos, el obispo local, Gerald Kicanas, se prepara para declarar en quiebra a la diócesis. Las acciones legales han sido interpuestas a nombre de más de cien personas. El obispo ya ha supervisado el desembolso de cerca de veinte millones de dólares. A mediados de 2004, el papa Juan Pablo II expulsó a dos de los sacerdotes de Tucson, Tet y Robert Trupia. Este último fue descrito por el obispo Kicanas como un «notorio y reincidente» delincuente sexual. Tet había sido suspendido por la diócesis en 2002 tras recibir «verosímiles acusaciones de abuso infantil». En diciembre de 2004, la diócesis de Orange County, California, accedió a un arreglo de cien millones de dólares que debía pagar a ochenta y siete víctimas. Cerca de ahí está Los Ángeles, la diócesis más grande de ese país, que se enfrenta a más de quinientas reclamaciones. En ese mismo mes, la archidiócesis de Louisville aceptó desembolsar 27,7 millones, y la de Chicago 12 millones. Está en camino una demanda importante en la que el Vaticano aparece como primer acusado.

Pedí al padre Doyle que estimara cuántos casos se encuentran en proceso legal hoy en Estados Unidos.

Yo diría que probablemente cerca de dos mil, y todavía hay más por llegar. Ahí están los orfanatos y escuelas cuyas víctimas infantiles están dando la cara. Es un proceso interminable. Y al igual que otras personas profundamente involucradas en este asunto, creo que aún estamos muy lejos del fin de todo esto. Muy lejos de terminar de recoger la basura y de conocer la verdadera dimensión del abuso.

Poco después de estas sombrías predicciones del padre Doyle, llegó su confirmación. En febrero de 2005, el fiscal de distrito de Dallas inició una investigación penal. Tres años después de que la diócesis de Dallas hubiera aducido que todas las acusaciones de abuso clerical habían sido comunicadas debidamente, nuevas revelaciones indicaron que la diócesis había ocultado información sobre otros casos. Esa misma semana, el arzobispo Daniel Pilarczyk, de Cincinnati, fue denunciado por segunda vez por proteger a un abusador sexual reincidente. El padre David Kelley abusó de docenas de niños y pudo continuar muchos años con sus agresiones gracias a la efectividad del sistema del secretismo que operaba en Cincinnati. Pilarczyk, como se recordará, fue uno de los obispos que desestimaron el informe de 1985 escrito por el padre Doyle, el padre Peterson y el abogado Ray Mouton. También fue el obispo que en noviembre de 2003 había sido obligado a admitir en un juicio público que su archidiócesis no había informado «intencionadamente» a las autoridades competentes de una retahíla de casos de abuso sexual clerical.

Días después del más reciente escándalo en Cincinnati se publicaron los resultados de la segunda auditoría anual de políticas de prevención de abuso sexual en las diócesis estadounidenses. Tal auditoría reveló que en 2004 se habían presentado 1.092 nuevas demandas contra el clero, y que desde 1950 se habían desembolsado más de ochocientos cuarenta millones de dólares en acuerdos legales. También en este caso cabe enfatizar que esa cifra de compensaciones fue descalificada por muchos, quienes la juzgaron una seria subestimación. Para principios de junio, después del anuncio de que la diócesis de Covington, Kentucky, desembolsaría ciento veinte millones, la cifra oficial de compensaciones pagadas ascendió a 1.060 millones de dólares. Tan sólo en el sur de California, abogados que actuaban a favor de víctimas de abuso han insistido en que, cuando sus diversos casos se hayan resuelto, los pagos adicionales podrán suponer mil millones de dólares más. Crece la espiral de pagos de solicitudes de indemnización cuya crisis no se reduce a Estados Unidos. También existe en muchos otros países. A fines de marzo de 2005, por ejemplo, la Iglesia católica en Irlanda se enfrentaba a nuevas reclamaciones para los cinco años siguientes, que, de acuerdo con cierta estimación, supondrían el desembolso de treinta y cinco millones de libras esterlinas.

En agosto de 2005, el litigio de Portland tomó un rumbo aún más extraño. A cada uno de los cerca de cuatrocientos mil católicos romanos del estado de Oregon, en la costa oeste estadounidense, se les notificó que eran demandantes en la causa, mientras que el hombre que había sucedido al cardenal Ratzinger como director de la Congregación de la Doctrina de la Fe, el arzobispo Levada, era uno de los acusados. Levada había sido previamente arzobispo de Portland. Habiendo renunciado a la inmunidad diplomática, accedió a ser interrogado bajo juramento en enero de 2006. La designación de Levada como acusado no dejaba de presentar un aspecto irónico. El arzobispo había tenido acceso temprano al detallado informe de los padres Doyle y Peterson y de Ray Mouton en 1985, y tras su inicial entusiasmo por las recomendaciones que contenía, había sido uno de los que permitieron que se marchitara la iniciativa. Para 2005, víctimas de abuso en Portland ya habían presentado una demanda contra la diócesis, que ascendía a más de ciento cincuenta millones de dólares. Docenas más de demandantes siguen reclamando cuatrocientos millones en juicios pendientes.

En la última semana de septiembre de 2005, la visita apostólica, inspección oficial de cada uno de los 229 seminarios católicos en Estados Unidos acordada en abril de 2002, empezó finalmente. Que haya tardado tres años y medio en comenzar es una elocuente demostración de las prioridades del Vaticano.

En octubre se publicó en Irlanda el informe sobre Ferns, que por primera vez reveló la extensión del abuso sexual clerical durante muchas décadas. Era también una historia de crueldad física, negligencia e incompetencia, combinadas con conspiración criminal, corrupción y arrogancia por parte de hombres inhabilitados para ser curas. Ahí estaba el obispo Donald Herlihy, a cargo de Ferns durante veinte años, un hombre que rehusó tratar la cuestión del abuso sexual como asunto penal, por considerarlo únicamente materia moral. Luego estaba su sucesor, el obispo Brendan Comiskey, quien coherentemente dejó de trasladar a abusadores clericales por considerarlo «injusto», ya que las acusaciones de abuso no siempre se confirmaban.

El escándalo de Ferns abrió las compuertas en Irlanda. Parecía no haber un solo día sin que surgieran más revelaciones en todo el país, de Cork y Ross en el sur hasta Derry y Down y Connor en el norte. Se reveló que en los últimos cuarenta años, 241 sacerdotes habían sido acusados de abuso sexual. Veintidós habían sido condenados, pero muchos habían muerto antes del juicio. En noviembre, el gobierno irlandés anunció una investigación a fondo de la diócesis de Dublín en respuesta a alegatos de abuso sexual contra sesenta y siete curas locales. Luego, el ministro de Justicia McDowell anunció que una investigación independiente tendría lugar en todas las diócesis del país.

Una semana después de las revelaciones de Dublín, la policía de North Yorkshire informó de que había concluido una investigación de quince meses de duración sobre años de abuso sexual cometido por clérigos ingleses. La ubicación de tales abusos sorprendió no sólo a devotos católicos, sino también a gran parte de la nación. Ampleforth College, la más célebre escuela pública católica de Inglaterra, tiene como misión la educación «espiritual, moral e intelectual» de los niños para que se sientan «inspirados por grandes ideales y sean capaces de asumir el liderazgo». Durante al menos tres décadas, entre 1966 y 1995, los alumnos de esa institución sufrieron serios riesgos de ser objeto de abuso sexual por algunos de los monjes que daban clases ahí. Las agresiones iban desde abusos menores hasta violación. Había al menos de treinta a cuarenta víctimas, pero el número definitivo de víctimas en ese periodo ha sido estimado por ex alumnos como «de tres dígitos». Algunas de las víctimas en esa escuela primaria eran menores de diez años de edad. En ese lapso, el cardenal Basil Hume fue abad de Ampleforth, y el arzobispo de Westminster primado de Inglaterra. Tres de los curas pederastas han sido llevados a los tribunales; otros tres murieron antes de conocerse sus abusos contra niños. El cardenal Hume encubrió las actividades del padre Piers Grant-Ferris. Éstas incluyeron el abuso sexual de quince niños en un periodo de nueve años. El cardenal ofreció también a una mujer que había sido acosada por otro sacerdote un «donativo» no solicitado de mil quinientas libras esterlinas para que recibiera orientación, al tiempo que la instaba a no ponerse en contacto con la policía. No cabe duda de que el primado habría sido obligado a renunciar a su puesto si estos hechos se hubieran hecho públicos antes de su muerte en 1997. La justificación del cardenal Hume suena familiar: «Por el bien de la Madre Iglesia».

En Estados Unidos, un juez federal en Kentucky determinó recientemente que la Santa Sede es un Estado extranjero que disfruta de ciertas protecciones de inmunidad. En opinión de ese juez, éstas incluyen protección para el Vaticano contra cualquier reclamación surgida en litigios de abuso sexual; inmunidad no sólo ante el procesamiento penal, sino también ante toda forma de acción legal respecto al abuso de niños cometido por clérigos. En diciembre de 2005, otro juez federal, esta vez de Texas, determinó que el papa Benedicto XVI goza de inmunidad como jefe de Estado, así que lo excluyó de una demanda civil en la que se le acusaba de conspiración por encubrir el abuso sexual de menores por un seminarista.

Si 2005 había terminado con una nota positiva para el papa y sus colegas en el Vaticano, pronto se acabaría el consuelo al llegar una noticia de Boston en las primeras semanas del nuevo año. Se reveló que, tan sólo en los dos años anteriores, la archidiócesis de Boston había recibido más de doscientos quince millones de dólares de seguros y venta de terrenos, suficientes para pagar a supuestas víctimas de abuso clerical veintiocho veces más que lo que la archidiócesis había ofrecido en compensaciones. Simultáneamente se dio a conocer que había doscientas nuevas reclamaciones de supuestas víctimas contra la archidiócesis. Para marzo de 2006, la «auditoría» oficial de diócesis estadounidenses del año anterior reforzó la creencia de que el abuso sexual clerical seguía siendo el mayor problema al que se enfrentaba la Iglesia. Ese año se habían presentado 783 nuevas acusaciones verosímiles de abuso sexual contra clérigos estadounidenses, un 81 por ciento de las cuales eran víctimas masculinas. Las diócesis estadounidenses desembolsaron en compensaciones casi quinientos millones de dólares, 466,9 millones para ser exactos. Esto representa un incremento de cerca del 300 por ciento en comparación con la cifra de 2004, de 157,8 millones. La Iglesia desembolsó trece millones de dólares más en apoyo a sacerdotes agresores.

También en marzo de 2006 se dieron a conocer los resultados de una investigación del arzobispo Martin sobre pederastas clericales en la diócesis de Dublín. Más de cien curas habían sido acusados a lo largo de un periodo que se remontaba a 1940. El arzobispo observó: «Me resulta difícil aceptar que en algunos de estos casos se haya abusado de tantos niños. Es muy difícil sopesar esa cuestión». Esta diócesis ya había desembolsado unos diez millones de dólares y, como muchas de sus iguales estadounidenses, se enfrentaba a la venta de propiedades para satisfacer nuevas solicitudes de indemnizaciones.

El número acumulado de casos en todo el mundo es tan grande ahora que un obispo que escriba a la CDF buscando una decisión sobre un sacerdote descarriado tendrá que esperar dieciocho meses para obtener respuesta. Además de esta avalancha de casos, el ahora cardenal Levada tiene sus propios problemas. Entre los casos aún sin resolver en la ex diócesis de Levada, Portland, hay acusaciones de que él aplicó personalmente el secretismo, incluidos pagos secretos a víctimas y la autorización a un pederasta confeso para seguir trabajando en varias parroquias.

En mayo de 2006, dos meses después de la publicación de este libro en Italia, las acusaciones contenidas en este capítulo referentes al padre Marcial Maciel, fundador de los Legionarios de Cristo, vieron una resolución. La indagación que el entonces cardenal Ratzinger había ordenado y después suspendido «para evitarle molestias al Santo Padre» se había reactivado. El cardenal Levada y el papa Benedicto XVI habían llegado a la conclusión de que al menos algunos de los alegatos estaban firmemente fundados. No se explicó por qué habían pasado décadas para poder llegar a esa conclusión. Un grupo de hombres que habían sido objeto de sistemáticos abusos durante muchos años, y a los que se había calumniado cuando intentaron que el Vaticano reconociera lo que habían sufrido, finalmente habían alcanzado parte de la justicia que tanto merecían. El desaparecido papa Juan Pablo II, quien había conocido perfectamente las detalladas evidencias contra Maciel, había respondido con palabras de elogio para el pederasta y había honrado al hombre. Su sucesor, que había rehusado actuar en vida de Wojtyla, finalmente aprobó la decisión de Levada de separar a Maciel del ministerio sacerdotal y ordenarle pasar el resto de sus días en «penitencia y oración». Se le libraría de un juicio canónico a causa de «su avanzada edad y delicada salud».

El Vaticano, que durante siglos ha hablado a la gente del dolor de la condena eterna y de cómo debe conducir su vida sexual, pide ahora que los abusos sexuales clericales que han salido a la luz en los últimos treinta años sean perdonados y olvidados. Consta que el papa Juan Pablo II, el cardenal Ratzinger y muchos otros príncipes de la Iglesia de similar mentalidad han afirmado que los abusadores son las verdaderas víctimas. Para citar al cardenal Ratzinger:

> Esto es un reflejo de nuestra muy sexualizada sociedad. También los sacerdotes se ven afectados por la situación general. Quizá sean especialmente vulnerables, o susceptibles, aunque el porcentaje de casos de abuso no es más alto que en otras ocupaciones. Naturalmente se esperaría que fuera menor (...).

Para el cardenal Norberto Rivera Carrera, de México, los villanos de la historia no eran los clérigos abusadores sexuales, sino el *New York Times*, el *Boston Globe*, el *Washington Post* y todos los demás medios que, al buscar la verdad sobre el cardenal Law de Boston, le recordaron a Rivera «lo sucedido en el último siglo, con persecuciones en México, en España, en la Alemania nazi y en países comunistas». Prelados de muchos países han expresado opiniones similares. Quienes denuncian a los abusadores sexuales son censurados como «enemigos de la Iglesia». De esta manera, el concepto de tolerancia cero de la Iglesia católica consiste en aplicárselo a sus críticos, mientras se ofrece la máxima tolerancia y comprensión a los criminales en sus filas.

A causa de la renuencia no sólo del papa Juan Pablo II y su sucesor, sino también de prácticamente toda la jerarquía católica a enfrentarse al asunto del abuso sexual dentro del clero, la Iglesia católica ha abdicado de todos los derechos históricos que antes había reclamado para hablar a los laicos de cuestiones de fe y moral. Abusar de un niño, violar a un inocente, es para la inmensa mayoría un acto más allá de lo creíble. Que un miembro del clero o de una orden religiosa abuse de un niño, adolescente o adulto es la suprema traición a la confianza. El daño puede ser finalmente sublimado, pero es permanente. El abuso sexual clerical es un ataque total contra el cuerpo, mente y alma de la víctima. Combina el dolor físico, la angustia mental y la violación emocional y espiritual.

Hoy por hoy, muchas personas en todo el mundo no permitirían que un niño no acompañado entre a una iglesia católica romana. La Iglesia católica en Inglaterra y Gales y otros países se siente obligada a prohibir a sacerdotes estar solos con un niño. El fallecido papa Juan Pablo II y sus asesores instruyeron a sacerdotes del mundo entero para que evitaran «situaciones arriesgadas con el sexo opuesto» y a «ser prudentes» al tratar con parroquianas, a causa de las «tentaciones sexuales». Muchos sacerdotes sexualmente abusivos reciben inyecciones de Depo-Provera, un medicamento frecuentemente prescrito como anticonceptivo femenino.

Recientemente un prelado residente en Roma me hizo esta observación: «No habrá, ni a corto ni a medio plazo, una política de tolerancia cero respecto a los acosadores sexuales. Si esa política existiera y se aplicara de forma generalizada, sin importar el cargo, muchos obispos se verían obligados a renunciar (…) muchos cardenales tendrían que aceptar el retiro anticipado. (…) En cuanto a la tolerancia cero a los homosexuales, ya la tenemos. Sucede sencillamente que se limita a los laicos. Si se aplicara al clero, la infraestructura se vendría abajo».

Todas estas cosas vinieron a ocurrir en «la única Iglesia verdadera» bajo el liderazgo del desaparecido papa Juan Pablo II, asistido muy de cerca por Joseph Ratzinger, convertido ahora en el último monarca absoluto sobre la Tierra.

En aquel momento se acercaron a Jesús los discípulos y le dijeron: «¿Quién es, pues, el mayor en el Reino de los Cielos?».

2 Él llamó a un niño, le puso en medio de ellos

3 y dijo: Yo os aseguro: si no cambiáis y os hacéis como los niños, no entraréis en el Reino de los Cielos.

4 Así pues, quien se haga pequeño como este niño, ése es el mayor en el Reino de los Cielos.

5 Y el que reciba a un niño como éste en mi nombre, a mí me recibe.

6 Pero al que escandalice a uno de estos pequeños que creen en mí, más le vale que le cuelguen al cuello una de esas piedras de molino que mueven los asnos, y lo hundan en lo profundo del mar.

Mateo 18, 1-6

Capítulo 10

Política papal II: después de la guerra fría

$\rightarrow$

Yugoslavia se mantuvo unida con el mariscal Tito desde el fin de la Segunda Guerra Mundial hasta su muerte en 1980. Menos de diez años después, seguía la dirección opuesta a la de Alemania. Ya unificada entonces, por primera vez desde el fin de esa misma guerra, Alemania estaba a punto de desempeñar un papel clave en la desintegración de Yugoslavia, ayudada y encubierta por el papa Juan Pablo II y su Secretaría de Estado. Tito, comunista croata, había presidido una federación de repúblicas de religiones y culturas dispares con consumada habilidad. Rotaba la presidencia, a fin de que un croata siguiera a un servio, esloveno o miembro de una de las demás federaciones en el que era un Estado de partido único. No se permitía hablar de las fronteras artificiales que se habían creado, y Tito recalcaba que las fronteras entre las diversas repúblicas eran exclusivamente «administrativas».

Tras la muerte de Tito, la presidencia colectiva —pese a la aparición de las aspiraciones nacionalistas que empezaron a emerger— se mantuvo unida hasta las elecciones federales de 1990. En mayo de ese año, el doctor Franjo Tudjman fue elegido presidente de Croacia, y también en la vecina Eslovenia emergió un nuevo gobierno, encabezado por el presidente Kucan. Aun antes de las elecciones en sus respectivos países había habido línea directa de teléfono entre las dos repúblicas, lo que les permitió coordinar sus planes para provocar la disolución de la federación yugoslava. En esto contaron con la gran colaboración del croata Stjepan Mesic, quien asumió la presidencia nacional rotatoria en mayo de 1990.

Cuando los mediadores europeos y otros mediadores internacionales me convencieron, acepté la presidencia, para usar ese alto cargo como medio para entrar en contacto con los líderes más influyentes, por medio de los canales diplomáticos yugoslavos, con objeto de persuadirlos del sinsentido de la supervivencia de Yugoslavia.

En ese entonces, la abrumadora mayoría de los Estados miembros de la Unión Europea (UE) creía que Yugoslavia tenía futuro como una sola entidad. La única excepción era Alemania Occidental, justo a unos meses de su propia unificación histórica con Alemania Oriental. El gobierno del canciller Kohl fue muy receptivo con el persuasivo Mesic. Sin importar que como presidente de la federación su deber fuera preservarla, para Mesic ésta era una causa perdida:

En ese tiempo ya no funcionaba una sola institución de la federación, porque todas estaban bloqueadas; de esta forma, la presidencia estaba bloqueada, y la asamblea federal estaba bloqueada y no podía funcionar, y lo mismo la corte suprema y constitucional. Así que, prácticamente, Yugoslavia dejó de existir y simplemente desapareció.

En una conversación conmigo, Stjepan Mesic calificó a Yugoslavia de «cadáver». Siendo así, era un cadáver no muy diferente al de César, con la mano de más de un asesino encima. Estaban los sospechosos usuales: Milosevic, de Serbia; Tudjman, de Croacia, e Izet-begovic, de Bosnia-Herzegovina, por nombrar sólo a tres. A otros se les mencionaba raramente, si acaso: el ex canciller Helmut Kohl y su ministro del Exterior, Hans-Dietrich Genscher, y el papa Juan Pablo II son tres entre el considerable número que debería añadirse a la lista por sus respectivos papeles en el envío prematuro de Yugoslavia a la tumba. El general francés Pierre Gallois observó:

Desde 1991, y probablemente desde antes, Alemania ya suministraba armas a Croacia a través de Italia, Hungría y Checoslovaquia; así, más de mil vehículos transportaban armas ligeras, aunque también armamento antiaéreo y antitanques, municiones y equipo de repuesto.

El ex embajador de Estados Unidos en Yugoslavia, Warren Zimmerman, escribió:

Luego descubrimos que Genscher, el ministro del Exterior alemán, estaba diariamente en contacto con el ministro del Exterior croata. Alentaba a Croacia a dejar la federación y declarar su independencia.

Otras fuentes de inteligencia en Occidente han aseverado que armas de Alemania fluían a Croacia ya desde 1989. Eslovenia y Croacia declararon simultáneamente su independencia el 25 de junio de 1991. Recibieron garantías de apoyo tanto de Alemania como del Vaticano. Al hablar en la ciudad húngara de Pecs en agosto de 1991, el papa instó al mundo a «ayudar a legitimar las aspiraciones de Croacia». Optó por ignorar el hecho de que el Vaticano había sido uno de los principales partidarios de esos unilaterales actos de secesión, ilegales conforme al derecho yugoslavo e internacional. El arzobispo Jean Louis Tauran, alto miembro de la Secretaría de Estado, estuvo particularmente activo a favor de Croacia y Eslovenia en la segunda mitad de 1991, cuando, usando canales diplomáticos del Vaticano, trabajó arduamente para reunir apoyo para esos dos países.

El 26 de junio, menos de veinticuatro horas después de aquella declaración conjunta, el ejército yugoslavo actuó para asegurar aeropuertos y puestos fronterizos entre Eslovenia y Serbia, y encontró feroz resistencia. También ocurrieron enfrentamientos entre tropas yugoslavas y fuerzas croatas. Dubrovnik estuvo bajo sitio desde principios de junio. Vukobar quedó reducida a escombros entre agosto y noviembre. Tudjman ya había activado una política de limpieza étnica destinada a eliminar a cientos de miles de serbios, musulmanes y judíos en Croacia y Bosnia desde junio de 1991. La Comunidad Europea (CE) despachó rápidamente una misión de paz en un intento por mediar en el fin de los combates. El 7 de julio, bajo los auspicios de la CE, se adoptó la Declaración de Brioni, que mantenía a Yugoslavia como una sola entidad. Conforme a este acuerdo, tanto Croacia como Eslovenia accedieron a suspender sus decisiones de declarar su soberanía e independencia durante tres meses. Dos meses después, el 7 de septiembre de 1991, se inició en La Haya la Conferencia de Paz de la CE sobre Yugoslavia. Mientras que algunos se esmeraban sinceramente en hallar una solución pacífica, otros estaban muy ocupados atizando el fuego.

Con una excepción, la Comunidad Europea, entonces de doce miembros, seguía creyendo que la solución para Yugoslavia era permanecer como país unificado. Su opinión era compartida por muchos más allá de Europa, como Estados Unidos. Los mayores obstáculos en esta etapa no fueron Eslovenia y Croacia, sino el gobierno alemán y el Vaticano, decididos a que su posición conjunta prevaleciera. Un factor para el canciller Kohl y su gobierno eran el medio millón de croatas residentes en Alemania, que aseguraban que el sentimiento antiserbio era unánime. Tras la declaración conjunta de independencia, la demanda de éstos de que su país adoptivo reconociera a su patria fue expresada con creciente urgencia.

Ésos fueron tiempos turbulentos. Cayó el Muro de Berlín, Alemania se unificó y aparentemente se unió, y desde hacía mucho Kohl abrigaba fantasías de que se le aclamara como el Bismarck de nuestros días.

Para Kohl, ayudar a Croacia y Eslovenia en una completa y duradera independencia sería otra joya en su corona, y medio millón extra de votantes en la siguiente elección cimentarían un triunfo sobre otro. Ayudando a Kohl y a Genscher en cada paso del camino estuvo la Iglesia católica.

En octubre, el obispo de Limburg, monseñor Kamphaus, fue despachado a Croacia por el presidente de la Conferencia Episcopal Alemana. A su retorno criticó el compromiso de la CE con una Yugoslavia unificada y pidió el «rápido» reconocimiento de Croacia. Declaró que si los doce países de la CE mantenían su posición, Alemania debía hacer una declaración unilateral de reconocimiento. Otro obispo alemán, monseñor Stimphle, organizó manifestaciones callejeras para exigir «asistencia militar a Croacia, bastión del orden democrático liberal». Presumiblemente, nadie le había dicho que ya había envíos de armas de Austria y Alemania tanto a Croacia como a Bosnia. Más tarde saldrían a la luz evidencias de bonos al portador del Vaticano por valor de cuarenta millones de dólares provistos por la Santa Sede al gobierno croata para la compra de armas.

En noviembre de 1991, el ministro del Exterior Genscher, al hablar en el Bundestag, declaró que Alemania pedía a sus socios en la UE el inmediato reconocimiento de Eslovenia y Croacia y sanciones contra los serbios, pues «de lo contrario la Comunidad se enfrentará a una seria crisis». En las personas de cierta edad con viejos recuerdos y en los estudiosos de la historia de la Segunda Guerra Mundial, sus palabras y su arrollador deseo de ser el «protector» de Croacia provocaron profunda inquietud. Hans-Dietrich Genscher, como cualquier buen ministro del Exterior, era un hombre singularmente hábil para jugar en ambos extremos frente a posturas moderadas. En el gabinete parecía ser la única voz sensata que durante mucho tiempo había resistido el clamor de colaborar en la disolución de Yugoslavia. En sus reuniones secretas con Tudjman, de Croacia, y Kucan, de Eslovenia, mucho antes de las declaraciones conjuntas de independencia, había asegurado que Alemania les concedería pleno reconocimiento antes de que terminara 1991.

En otra serie de reuniones secretas con Stjepan Mesic, quien había sido llevado a Bonn en forma clandestina, Genscher dijo a su huésped croata que estaba totalmente comprometido no sólo con la plena independencia de esos dos países, sino también con la inevitable disolución posterior de las demás federaciones de Yugoslavia. El doctor Bozo Dimnik, quien había concertado la reunión, recordó: «Genscher dijo: "Lo voy a ayudar, pero como ministro de Exteriores de Alemania y en razón de lo que ocurrió en la Segunda Guerra Mundial, no puedo apoyar abiertamente su causa"». Se refería a la relación histórica entre Croacia y la Alemania nazi. Sugirió a Mesic hablar tanto con Andreotti como con el papa. «Genscher quería ocultarse tras las vestiduras del papa.»

Un mes después se habían abierto las puertas tanto del primer ministro italiano Andreotti como del secretario de Estado del Vaticano, el cardenal Angelo Sodano. A fines del verano de 2004, Stjepan Mesic, entonces presidente de Croacia, al referirse a la reunión en el Vaticano del 6 de diciembre de 1991, me dijo: «Sodano me aseguró que el papa había sido detalladamente informado de las diversas demandas croatas y que las apoyaba por completo. También me dijo que el Santo Padre estaba de acuerdo en mantener la independencia croata».

A fines de 1991, jefes de Estado, ministros del Exterior e importantes políticos de la CE se congregaron en Maastricht. Su esfuerzo colectivo por firmar un tratado que indicara el camino a seguir para el futuro desarrollo de la comunidad fue frenado a última hora por un *impasse* surgido en un cada vez más áspero debate sobre la seguridad europea. La delegación alemana había introducido la cuestión yugoslava. Concretamente, reclamaba que Croacia y Esolvenia recibieran el reconocimiento diplomático de su independencia por parte de los Doce europeos. Durante los preparativos de la conferencia, había habido una clara mayoría de once contra uno que se oponían a esa propuesta. La opinión general mantenía que la solución era que Yugoslavia siguiera unificada como federación. La intensa diplomacia vaticana entre julio y fines del otoño había reducido esa mayoría a ocho contra cuatro. A las 22.00, el ministro de Exteriores alemán Genscher anunció que no abandonaría la mesa hasta que los doce miembros de la CE votaran de forma unánime a favor de la resolución. Al parecer, estaba preparado para torpedear el Tratado de Maastricht entero a menos que los otros once miembros se sometieran al punto de vista alemán. Para las cuatro de la mañana, Genscher, Kohl y el papa y su Secretaría de Estado habían prevalecido.

Ese extraordinario vuelco ocurrió pese a los hondos recelos del presidente francés, François Mitterrand; el primer ministro británico, John Major, y su secretario del Exterior, Douglas Hurd, y de muchos otros importantes actores tanto en la mesa como más allá, incluidos el secretario general de la Organización de las Naciones Unidas, el presidente estadounidense George Bush y su secretario de Estado James Baker, quien en junio había predicho que «si hubiera declaraciones unilaterales de independencia seguidas por un uso de la fuerza que cancele las posibilidades de una disolución pacífica y de negociaciones pacíficas, como lo establece el Acuerdo de Helsinki, se desatará la peor guerra civil que se haya visto en la región».

Las declaraciones conjuntas y el uso de la fuerza para la toma de los puestos fronterizos por parte de Eslovenia y Croacia habían sido el detonador que Baker había temido. La violencia que siguió entre junio y diciembre de 1991 debería haber sido razón suficiente para urgentes negociaciones de paz. La falta de negociaciones en ese periodo para asegurar la paz debía haber garantizado que no se hiciera nada más que inflamara la situación, como aceptar y reconocer dos ilegales actos de independencia. Alemania y el Vaticano tenían una agenda diferente. El canciller Helmut Kohl consideró esa votación como «una gran victoria para la política exterior alemana».

Para aquietar la conciencia de los países que habían dado en la mesa su «gran victoria» a los alemanes, intentaron tapar sus vergüenzas con una hoja de parra. La Comunidad Europea reconocería a esas dos repúblicas el 15 de enero, pero sólo si Eslovenia y Croacia se comprometían a respetar los derechos humanos y de las minorías, mostraban disposición para resolver pacíficamente cuestiones fronterizas y otras disputas y garantizaban un gobierno democrático. Los alemanes minaron pronto esa advertencia declarando que se proponían reconocer a los dos países de inmediato. No estaban preparados para esperar mientras el resto de los miembros determinaban si esas condiciones se habían cumplido o no.

El hecho de que los más fervientes abogados del reconocimiento fueran Alemania, Italia, Austria y el Vaticano no hizo nada para mitigar la extendida aprensión. Parecía una vez más que la carta de Croacia estaba en juego en el teatro de guerra europeo. Al exigir un compromiso de respeto a los derechos humanos y de las minorías, la mayoría de la Comunidad Europea mostró sus fundados temores en cuanto al destino de todos los no católicos de Croacia. Para finales de 1991, las evidencias de los seis meses anteriores proporcionaban amplias pruebas de que la historia croata se estaba repitiendo.

Cincuenta años antes, el 10 de abril de 1941, la 14.ª división blindada alemana entró a Zagreb, la capital de Croacia, para recibir una entusiasta bienvenida de los croatas, quienes lanzaron flores a su paso. Horas después, un enviado alemán anunció la formación del Estado Independiente de Croacia (EIC), al mando del *poglavnik* (*Führer*) Ante Paveliæ, líder croata del fascista movimiento terrorista *Ustashi*. Una semana más tarde, las fuerzas del Eje de Alemania e Italia controlaban toda Yugoslavia. El muy apreciado Paveliæ recibió no sólo Croacia, sino también Bosnia, Herzegovina, las áreas serbias de Eslovenia y Srem y parte de Dalmacia.

Al asumir su cargo, Ante Paveliæ declaró:

> Es deber del movimiento *Ustashi* asegurar que el Estado Independiente de Croacia sea gobernado siempre y en todas partes sólo por croatas, para que ellos sean los únicos amos de todos los bienes reales y espirituales de su país. En Croacia no puede haber ningún arreglo entre el pueblo croata y otros que no sean croatas puros; el *Ustashi* debe extinguir toda huella de esos pueblos.

La campaña de limpieza étnica ya estaba en marcha cuando el papa Pío XII recibió en audiencia a Paveliæ y la delegación estatal del EIC el 18 de mayo de 1941. El secretario de Estado Montini, quien más tarde sería el papa Pablo VI, y otros dignatarios del Vaticano mantuvieron durante toda la guerra la más estrecha de las relaciones con el régimen de Paveliæ. En lo que se refiere a los judíos, y como en todo acto de genocidio, el juego de los números se ha practicado ampliamente. El número exacto de los masacrados por el *Ustashi* entre 1941 y abril de 1945 no se sabrá jamás, pero es posible estimar unas cifras mínimas. Jasenovac, antes de la Segunda Guerra Mundial, era una grande y próspera ciudad con una población predominantemente serbia. El 26 de diciembre de 1945, un comité gubernamental de la República Federativa Popular de Yugoslavia declaró en un informe acompañado por evidencias documentales que «para finales de 1943, al menos seiscientas mil personas habían sido asesinadas en este campo. (…) Las víctimas fueron principalmente serbios, y luego judíos, gitanos y hasta croatas». A ese total deben añadirse al menos trescientos cincuenta mil no católicos sanguinariamente asesinados en sus hogares, iglesias, valles, bosques y otros lugares de la zona gobernada y controlada por Ante Paveliæ. Otros doscientos cincuenta mil fueron convertidos por la fuerza al catolicismo, aunque a muchos de ellos se les asesinó después, y alrededor de trescientos mil más fueron expulsados de Croacia a las remotas regiones montañosas de Serbia.

En la ejecución de esos actos, el *Ustashi* fue asistido desde el principio por la Iglesia católica romana, tanto en Roma como en Croacia. Apenas días después de la instalación de Paveliæ, el arzobispo de Zagreb, Alojzije Stepinac, recomendó enérgicamente al nuncio papal en Belgrado que la Santa Sede reconociera de inmediato al régimen del *Ustashi* como gobierno legal del país anexionado. Stepinac conocía muy bien para entonces la doctrina del *Ustashi*, definida por su ministro de Educación y Cultura, Mile Budak.

La base del movimiento *Ustashi* es la religión. Para minorías como los serbios, judíos y gitanos, tenemos tres millones de balas. Mataremos a una parte de los serbios. Otros serán deportados, y el resto será forzado a aceptar la religión católica romana. Así, la nueva Croacia se librará de todos los serbios que hay entre nosotros, a fin de ser cien por cien católica dentro de diez años.

Los clérigos franciscanos fueron particularmente feroces. Fray Dionizije fue nombrado director del Departamento Religioso del régimen.

En aquellas regiones, yo dispuse que todo fuera eliminado, desde un pollo hasta un anciano, y que, de ser necesario, yo también lo haría, pues hoy en día no es pecado matar ni siquiera a un niño de siete años, si se interpone en el camino de nuestro orden *Ustashi*... No presten atención a mis vestiduras religiosas, pues deben saber que, cuando surge la necesidad, cojo en mis manos una ametralladora y extermino a todos, hasta los niños de cuna, a todos los que se opongan al Estado y gobierno *Ustashi*.

El fraile y doctor Srecko Peric, de Livno, observó en uno de sus sermones en julio de 1941: «¡Hermanos croatas! ¡Vayan y maten a todos los serbios! Antes que a nadie, a mi hermana, que está casada con un serbio. Después vuelvan a mí, y tomaré en mi alma todos sus pecados.»

El papa Pío XII nombró al arzobispo Stepinac capellán superior militar. Un sacerdote católico fue posteriormente nombrado para prestar servicio en cada unidad militar *Ustashi*. No existe ninguna constancia de que Stepinac haya intentado alguna vez refrenar a los sacerdotes y frailes que dependían de él. Aun cuando un miembro de la orden franciscana, fray Miroslav Filipovic, fue nombrado comandante del campo de Jasenovac durante cuatro meses, el arzobispo no hizo nada para detener los posteriores asesinatos masivos. Se cree que Filipovic supervisó la matanza de entre veinte mil y treinta mil presos. Habiendo organizado previamente masacres en varios pueblos, el fraile era experto en matar, como él mismo lo señaló en referencia a su estancia en ese campo de concentración: «Yo personalmente maté a unos cien en Jasenovac y

Stara Gradiska». Gran cantidad de las matanzas del *Ustashi* se efectuaban con martillos y navajas. Sacarles los ojos a las víctimas se convirtió en un hecho habitual. Esa perversidad habría continuado sin duda hasta que el *Ustashi* se quedara sin adversarios de no haber sido por la derrota de las potencias del Eje. A fines de abril de 1945, durante los últimos días de la guerra en Europa, los líderes del *Ustashi*, habiéndose asegurado de que lo sustancial, aunque de ninguna manera la totalidad, de las evidencias de su infrahumano reino del terror fuera destruido, huyeron del país. Ante Paveliæ se marchó a Austria. Con él y algunos de los miembros de su círculo íntimo iban todos los fondos del banco y la hacienda estatales croatas. Durante la guerra, Paveliæ no sólo había orquestado el genocidio. También había hecho confiscar todas las propiedades privadas de sus víctimas, lo que incluía sus casas y negocios, depósitos bancarios, certificados de acciones (...) todo lo que tuviera valor. Gran parte de ese botín también acompañaba al *Führer* de Croacia mientras se escurría, al amparo de la oscuridad, en el sector de Austria controlado por los británicos. Paveliæ había enviado asimismo doce cajas de oro y joyas a Austria antes de su propia fuga, que fueron ocultadas cerca de Salzburgo. Otros bienes, entre ellos 1.338 kilogramos de oro y veinticinco toneladas de monedas de plata, fueron embarcados desde Croacia en 1944 al Banco Nacional Suizo. La inteligencia tanto británica como estadounidense estaban perfectamente al tanto de esos movimientos de bienes robados. Además, Paveliæ también había confiscado la totalidad de los bienes de la casa de la moneda de Croacia y todos los bienes tangibles del ejército croata. Paveliæ vivió en Austria hasta la primavera de 1946. Este hombre, buscado como criminal de guerra por una amplísima variedad de acusaciones, que había sido sentenciado a muerte en ausencia por participar en 1934 en el asesinato del rey Alejandro de Yugoslavia y del ministro francés del Exterior Louis Barthou, gozaba de la protección del Octavo Ejército británico en Austria. Informes de la inteligencia militar estadounidense de ese periodo remiten a una investigación en curso. Cuando Paveliæ se mudó a Italia, en la primavera de 1946, el botín lo acompañó en un convoy militar supervisado por «oficiales británicos, o por croatas vestidos con uniformes del ejército británico».

Paveliæ regresaba al país en el que Mussolini había sido su patrono y protector tanto antes como durante la guerra. Su otro gran defensor había sido la Santa Sede, que en 1946 volvió a conceder al «Carnicero de los Balcanes» su hospitalidad. Junto con los más importantes miembros de su régimen *Ustashi*, Paveliæ disfrutó de la protección del Vaticano hasta julio de 1947. Esa protección llegaba al menos hasta las altas esferas de la Secretaría de Estado y a monseñor Giovanni Battista Montini, quien dieciséis años después sería elegido papa y se convertiría en Pablo VI.

En los años de la inmediata posguerra, el Vaticano proporcionó refugios seguros a miles de criminales de guerra del *Ustashi*. El centro de organización y financiación de esta actividad fue el Colegio Pontificio croata de San Jerónimo (San Girolamo) en la Via Tomacelli, en el centro de Roma, y la figura clave fue monseñor Krunislav Draganovic, funcionario del Vaticano que trabajaba como visitador apostólico para la asistencia pontificia a los croatas. En ese papel, Draganovic estaba bajo las órdenes directas del secretario de Estado Montini. Draganovic era un hombre que desempeñaba muchos papeles. Informes de la inteligencia estadounidense lo describen como «el líder ideológico del movimiento *Ustashi* en Italia, sacerdote y profesor de teología, quien debía representar en el Vaticano el interés de la emigración croata (...) pero sólo se dedicaba a representar al *Ustashi* y sus intereses».

A mediados de 1947, el versátil Draganovic, hábilmente asistido por el obispo Alois Hudal, hizo su mayor contribución para asegurar que el fascista *Ustashi* sobreviviera a fin de ayudar a crear una sangrienta secuela de su reino de terror de cuatro años en los Balcanes. Negoció un contrato secreto con el ejército de Estados Unidos para que el servicio de contrainteligencia le entregara criminales de guerra para su huida a América del Sur. El capitán Paul Lyon, de la 430.ª comandancia, con sede en el cuartel general de Salzburgo, negoció el trato, que implicó una cuota fija más gastos a pagar a cada criminal de guerra. Así nació la tristemente célebre «línea de ratas» o sistema de escape del que se aprovecharon los nazis durante la Segunda Guerra Mundial. En ella serían aceptados algunos de los principales genocidas de Europa, así como gran cantidad de oro nazi, incluida una parte sustancial de los bienes robados en Croacia, cortesía todo ello de un funcionario del Vaticano. Entre quienes salieron de Europa por ese medio clandestino con pleno conocimiento no sólo del papa Pío XII y su secretario de Estado, el cardenal Montini, sino también del alto mando británico y estadounidense, estaban Klaus Barbie, Ante Paleviæ, Adolf Eichmann, Heinrich Müller y Franz Stangl. El total de criminales de guerra que escaparon a una nueva vida por medio de esa vía de escape del Vaticano fue superior a las treinta mil personas.

En septiembre de 1946, el arzobispo Stepinac fue arrestado por el régimen comunista de Tito que controlaba entonces Yugoslavia y acusado de «colaboración con el enemigo y conspiración contra la República Federal Socialista de Yugoslavia». Fue sometido a juicio junto con otras quince personas acusadas de cargos similares y el 11 de octubre, habiendo sido declarado culpable, se le sentenció a dieciséis años de cárcel con trabajos forzados. De 1946 a 1951 fue confinado en un ex monasterio paulino en Lepoglava. Su mala salud en 1951 dio lugar a su traslado a una residencia parroquial en Krasic, donde se le mantuvo bajo arresto domiciliario. El papa Pío XII lo hizo cardenal en enero de 1953. Stepinac permaneció en Krasic hasta su muerte, en febrero de 1960.

Cuando se celebró su juicio, sus intentos de defender sus actos fueron en el mejor de los casos poco decididos. Eran un eco en parte del «yo sólo obedecía órdenes» de Eichmann. Dijo:

Me acusan como enemigo del Estado y por ser una autoridad del pueblo. Reconozco la autoridad de ustedes. Pero ¿cuál era mi autoridad? Repito que ustedes han sido mi autoridad desde el 8 de mayo de 1945, pero no antes. ¿En qué parte del mundo es posible obedecer a dos autoridades: a ustedes en los bosques, y a ellos [el *Ustashi*] en Zagreb?.

Cabría esperar que un arzobispo hubiera considerado como su máxima autoridad no a los partisanos en los bosques ni a los fascistas en Zagreb, sino al papa. Las evidencias de que Stepinac había colaborado activa y libremente con el *Ustashi* eran abrumadoras.

Cuando el juicio de Stepinac terminó, en octubre de 1946, el Vaticano anunció que todos los funcionarios judiciales que eran croatas y católicos romanos estaban excomulgados, como lo estaban también «todas las personas que hubieran tomado parte o sido responsables del procesamiento del arzobispo», con el argumento de que ningún miembro del clero católico podía ser procesado sin el consentimiento de la Santa Sede.

En el momento de esa excomunión masiva, Ante Paveliæ y gran número de individuos que con él eran directamente responsables de la muerte de entre seiscientos mil y un millón de personas vivían bajo la protección del papa Pío XII en el Vaticano y en propiedades eclesiásticas circundantes a Roma. La masacre durante la guerra en Croacia, y en realidad en toda Yugoslavia, debería haber hecho que tanto Alemania como el Vaticano en 1989 y después procedieran con la mayor cautela en sus encuentros con políticos croatas y eslovenos que buscaban apoyo para la declaración de independencia de sus naciones.

En 1991, haciéndose eco de Paveliæ, el nuevo presidente de Croacia, Tudjman, introdujo una «nueva» Constitución que definía a Croacia como un Estado nacional del pueblo croata «y otros», relegando así inmediatamente a los serbios, musulmanes, eslovenos, checos, italianos, judíos, húngaros y otros naturales de Croacia a una condición de segunda clase. Por órdenes del presidente Tudjman, todas las construcciones y estructuras que quedaban del campo de concentración de Jasenovac, con muchos artefactos y documentos dentro, fueron destruidos, «para dar paso», explicó Tudjman, «a un santuario de aves exóticas». El 20 de enero de 1992, apenas una semana después de que Croacia y Eslovenia hubieran sido reconocidas por Alemania, el Vaticano y, después, los demás miembros de la CE como Estados independientes, Tudjman, al dirigirse a los asistentes a una gran concentración, declaró:

Estamos en guerra contra el JNA [el ejército yugoslavo]. Por cualquier cosa que suceda, mátenlos a todos en las calles, en sus casas; arrójenles granadas de mano, dispárenles pistolas en la barriga, contra mujeres, contra niños. (...) Trataremos a Knin [área serbocroata] matando.

A la larga, la matanza se perpetró en todas partes y por todas partes del país que había sido Yugoslavia. Entre 1992 y 1995, más de doscientas mil personas fueron asesinadas y más de dos millones se quedaron sin hogar.

El desaparecido cardenal Stepinac ha seguido siendo tan controvertido una vez fallecido como lo fue en vida. Afirmaciones y refutaciones se han hecho sobre este hombre, saludándolo algunos como un santo moderno y otros insistiendo en que era el mal personificado. En octubre de 1998, el papa Juan Pablo II entró en liza. Tras declarar que Stepinac era «una de las figuras sobresalientes de la Iglesia católica», proclamó la beatificación de Alojzije Stepinac. El mes anterior, sumamente alarmado ante esa perspectiva, el Simon Wiesenthal Centre escribió al portavoz del Vaticano, Navarro-Valls, pidiendo que el papa «posponga esa beatificación hasta la conclusión de un exhaustivo estudio sobre el expediente de guerra de Stepinac después de tener pleno acceso a los archivos del Vaticano».

Ese centro, reconocido internacionalmente a lo largo de muchas décadas como el principal perseguidor de criminales de guerra, concretamente de los cómplices del Holocausto, señaló al Vaticano que tal beatificación se estaba llevando a cabo «pese a públicas expresiones de indignación» y pidió que la ceremonia se pospusiera «en vista de los amargos recuerdos y la actual sensibilidad religiosa en la estructura de la antigua Yugoslavia, así como de la muy reiterada esperanza de Su Santidad en la reconciliación con los judíos».

El Vaticano ignoró esa solicitud, y la beatificación de Stepinac tuvo lugar en Croacia el 3 de octubre de 1998. Casi exactamente un año después, el presidente croata Franjo Tudjman visitó el Vaticano. Previamente había «pedido» que el entonces secretario de

Estado administrara personalmente la Sagrada Comunión al séquito presidencial en la cripta bajo la basílica de San Pedro. Que Tudjman «ordenara» una misa, especificara quién debía celebrarla y seleccionara asimismo el lugar elevó su vanidad a nuevas alturas. El Vaticano accedió a la petición del hombre que en un arranque de ira había agarrado al primer ministro Mesic por el cuello y gritado: «¡Quiero a Bosnia! ¡Démela y no pediré más!».

Croacia y Eslovenia, como cualquier otro país que aspire a convertirse en una nación-Estado, tenían el derecho de buscar su independencia, pero eso no disculpa ni a Helmut Kohl ni al papa Juan Pablo II de haber tratado de sacar adelante su conspiración con tan imprudente indiferencia por las consecuencias. Ellos y sus defensores han argumentado, con Eslovenia en la UE y Croacia en camino, que el tiempo ha demostrado que fueron visionarios. Pero es probable que las doscientas cincuenta mil personas que murieron y los dos millones que se quedaron sin hogar en los Balcanes después de enero de 1992 tengan una opinión distinta.

En 1999, el Vaticano tuvo un motivo para reflexionar sobre su relación histórica con el *Ustashi*. Supervivientes serbios, judíos y ucranianos del Holocausto entablaron un juicio en el tribunal federal de San Francisco. Buscaban dieciocho millones de dólares en indemnizaciones del Banco del Vaticano, la orden franciscana y el movimiento de liberación croata, así como la «devolución del botín nazi robado en Yugoslavia durante la guerra por croatas nazis, el llamado *Ustashi*». Los tres demandados fueron acusados de ocultar una suma estimada en doscientos millones de dólares robada de Yugoslavia durante la Segunda Guerra Mundial, y de usarla en el primer periodo de la posguerra «para financiar el infame sistema del Vaticano». Éste ha reclamado inmunidad amparándose en que es un Estado independiente. A mediados de 2006, el caso seguía pendiente.

La influencia que el papa Juan Pablo II y su Secretaría de Estado ejercieron en los Balcanes se dejará sentir en la región durante décadas. Otras iniciativas de política exterior no tuvieron ningún efecto a medio o largo plazo. El viaje papal a la Cuba de Castro en enero de 1998 muestra elocuentemente la impotencia de Wojtyla frente al comunismo.

Un año antes de un nuevo viaje a México, el papa visitó la Cuba de Castro. Una vez más fue acompañado por unos ochenta periodistas, cuyos medios, como de costumbre, pagaron miles de dólares por el privilegio de viajar con el hombre descrito por sus asesores de imagen como el papa más poderoso de la historia.

Este viaje no fue la excepción, dado que el cardenal de Barcelona, Ricardo Carles, resultó más dispuesto a contestar preguntas de reporteros internacionales que de los magistrados de Nápoles. «El papado no había tenido nunca antes tanta fuerza moral.» El todopoderoso papa estaba a punto de encontrarse con el hombre que había desafiado a una superpotencia mundial durante cerca de cuarenta años, en su propio patio trasero.

Esa reunión entre Juan Pablo II y Fidel Castro había despertado grandes expectativas en el mundo católico. Se pensaba que de ella se desprendería un profundo cambio democrático, que los derechos humanos florecerían.

El papa se mostró igualmente optimista al dirigirse a cien mil cubanos en un estadio de béisbol, declarando: «Ninguna ideología puede reemplazar a la infinita sabiduría y poder de Cristo». Instó a la audiencia a reclamar su papel como «principales educadores» de sus jóvenes. Las escuelas católicas habían sido clausuradas desde la revolución de 1959, sin dejar una alternativa a una educación impregnada de doctrina comunista.

Casi dos años después de esa visita, a finales de 1999, un detallado y extenso ensayo de evaluación fue compilado por Douglas Payne, experto y consultor independiente en derechos humanos en América Latina y el Caribe. Este informe formaba parte de una serie recopilada en beneficio de los funcionarios de asilo e inmigración de Estados Unidos.

El informe reconocía que dicha visita papal había abierto en efecto una ventana, aunque pequeña, pero observaba que Castro «no atendió al llamamiento del papa a un cambio democrático» y que desde la visita Castro había hecho caso omiso a peticiones similares de Canadá, la Unión Europea y la Organización de Estados Americanos. Aún dirigía un Estado comunista de partido único bajo «control totalitario». A los críticos dentro del país se les había seguido sometiendo a «hostigamiento, vigilancia e intimidación. Cuba se sirvió de arbitrarias detenciones breves, junto con advertencias oficiales de futuro procesamiento, para instar a activistas a salir del país. (...) A finales de 1998, Cuba intensificó los juicios y hostigamientos (...) rehusó otorgar amnistía a cientos de presos políticos o reformar su código penal, lo que marcó un desalentador retorno a la represión de mano dura».

El papa había apelado a la liberación de unos doscientos setenta presos de una lista presentada por el Vaticano. Semanas después de la visita papal, Castro liberó a varias docenas de presos, un número mayor de lo habitual, pero, como observa el informe de Payne, eso formaba parte de «un patrón histórico para obtener el favor de dignatarios extranjeros visitantes».

El papa Juan Pablo II había tenido mucho mayores expectativas. Apenas tres días después de su regreso de Cuba, durante su audiencia habitual de los miércoles en el Vaticano, trazó un paralelo entre Cuba y Polonia, «que había visitado en 1979, ayudando así a estimular la posterior transición democrática de ese país». El informe estadounidense citaba después al papa, quien dijo: «Expresé mi esperanza a mis hermanos y hermanas de esa bella isla de que los frutos de este peregrinaje sean similares a los de aquél».

Como ya se señaló, el papa reescribía la realidad de Polonia: él había sido poco más que un espectador benévolo de los esfuerzos de Wyszynski, Walesa y los hombres y mujeres de Solidaridad y el KOR. Los frutos del peregrinaje cubano del papa fueron algunos relajamientos temporales y la ulterior liberación de alrededor de doscientos presos, unos ochenta de los cuales aparecían en la lista del Vaticano.

Antes de que terminara ese año, un número comparable había vuelto a ser arrestado y encarcelado, para unirse a un número calculado en cien presos internos en una serie de gulags en todo el país. Cinco años después de la visita del papa, el cardenal de La Habana, Jaime Ortega y Alamino, declaró que las perspectivas de libertad religiosa «se están desplomando en Cuba (...) en lugar de esperanza, lo que impera es la desesperación». Las esperanzas de los fieles que habían sido alentadas por la visita de Wojtyla se habían hecho trizas. El cardenal confirmó que poco después de esa visita, «el gobierno inició una fuerte campaña ideológica, con el tipo de propaganda que marcó la década de 1960». La visita papal no había dado lugar a una mejora, sino a un deterioro.

A principios de 2003, el cardenal Ortega observó: «Las relaciones con el gobierno cubano siguen siendo esencialmente iguales que antes. No hay un cambio sustancial (...) el espacio sociopolítico es siempre muy limitado, y a menudo parece que la Iglesia es ignorada». Al comentar el hecho de que a la Iglesia se le siguiera prohibiendo dirigir escuelas y negando asimismo el acceso a los medios, el cardenal continuó: «El gobierno no reconoce a la Iglesia como una entidad pública que debe tener acceso a los medios de comunicación. Hay silencio en términos de información sobre la Iglesia».

En el Vaticano, casi al mismo tiempo la oficina de la Secretaría de Estado daba su bendición a una serie de artículos más tarde publicados en el periódico del papa, *L'Osservatore Romano*. La ocasión fue la inauguración de un convento donado por Fidel Castro a la orden brigitina. El artículo de siete páginas apareció durante cuatro días. Cantaba las alabanzas de Castro y refería la cálida amistad de éste con la abadesa de las brigitinas, la hermana Tekla, y con el hombre de la Secretaría, el cardenal Crescenzio Sepe.

Notablemente ausente de las festividades estuvo el arzobispo de La Habana, el cardenal Jaime Lucas Ortega y Alamino. Parece haber sido el único importante miembro del Vaticano que sabía que Castro estaba a punto de hacer arrestar a ochenta y tres opositores a su régimen, la abrumadora mayoría de los cuales eran católicos romanos.

Cuatro días después de que las sesiones fotográficas llegaran a su fin, los arrestos se produjeron puntualmente, y en abril de 2003, tras lo que en Cuba se considera un juicio, ochenta de los disidentes fueron sentenciados en total a más de mil quinientos de años de cárcel. Los otros tres fueron ejecutados. Esta particular muestra de represión provocó un comentario público del cardenal Ortega sobre la ausencia de libertad religiosa y el aumento de la desesperanza. El secretario de Estado del Vaticano, el cardenal Angelo Sodano (considerado por numerosos miembros del Vaticano como, con mucho, la persona más inepta que haya ocupado en la historia ese puesto, sólo inferior al del papa), actuó rápidamente, aunque no para condenar a Castro sino para aplacarlo. El 30 de abril de 2003 declaró que ni él ni el papa «nos hemos arrepentido en absoluto de haber depositado nuestra confianza en Castro», y que seguían esperando que «él conduzca a su pueblo a nuevas metas democráticas».

La situación cubana tras la visita del papa no es excepcional. Las matanzas, las represiones, las intimidaciones y la supresión de derechos humanos básicos consagrados en la Declaración Universal de 1948 continuaron, o incluso surgieron en muchos lugares después de que el avión del papa hubiera retornado a Roma. Ya sea en la Filipinas de Marcos o en Oriente Medio o en el Chile de Pinochet, las recurrentes peticiones del papa de paz y respeto a la humanidad fueron constantemente ignoradas, en un país tras otro.

En septiembre de 1990 el papa voló a Costa de Marfil y, en un acto que provocó sumo malestar en las comunidades católicas romanas de muchos países, consagró la basílica de Nuestra Señora de la Paz en Yamoussoukro, la capital. No se escatimaron gastos en ese empobrecido país africano. De ciento sesenta metros de altura, ésa es la iglesia más alta del mundo. El costo de construcción fue de entre ciento cincuenta y ciento ochenta millones de dólares. El papa describió el edificio como un «signo visible» de la presencia de Dios en la Tierra. En el décimo aniversario de su consagración, el presidente de Costa de Marfil visitó Roma, y estaba a punto de tener una audiencia con el papa cuando se vio forzado a cancelarla y volver a toda prisa a su país, donde había estallado una guerra civil que ni la multimillonaria iglesia ni las amonestaciones papales habían sido capaces de impedir.

Las condenas del papa al baño de sangre en Bosnia-Herzegovina en 1995 y sus quince llamamientos públicos a la paz fueron completamente ignorados. El año anterior, Ruanda, un país en un 90 por ciento cristiano y con dos tercios de católicos romanos, ignoró las súplicas del papa al hundirse en el genocidio, y más de ochocientas mil personas fueron asesinadas. Obispos, sacerdotes y hasta monjas tomaron parte en estas atrocidades, y la Iglesia católica de Ruanda estuvo profundamente comprometida por sus lazos con el gobierno imperante de los hutu. Un año después de la masacre, el papa, hablando en nombre de la Iglesia católica romana, negó toda responsabilidad en ella.

Después de tres días de iniciada la matanza de Ruanda, el papa pidió públicamente que se detuviera la masacre. Muchos, si no la mayoría de los responsables, eran católicos romanos. Ellos, junto con los clérigos y religiosos de Ruanda, ignoraron al papa. Los asesinatos continuaron durante cien días. Cuatrocientos mil de las víctimas eran niños; otros noventa y cinco mil niños quedaron huérfanos. Dos años después, en respuesta a las acusaciones de que muchos miembros del clero católico estaban entre los asesinos, el papa declaró: «Todos los miembros de la Iglesia que hayan pecado durante el genocidio deben tener el valor de enfrentarse a las consecuencias de los actos que cometieron contra Dios y sus semejantes». La reacción no fue arrolladora. La Iglesia no hizo ningún esfuerzo por garantizar lo contrario. En cambio, en febrero de 1997, a través del nuncio papal en Ruanda, quedó claro que los acusados continuarían disfrutando del apoyo de la Iglesia.

Entre quienes gozaban de la protección de sus superiores estaba el padre Athanase Seromba. En 1999 se le descubrió trabajando con nombre falso en una parroquia en Florencia. Se le acusaba de haber pagado para que más de dos mil personas murieran aplastadas por tractores, y de haber supervisado personalmente la masacre. En 2002, de cara a un juicio de extradición y la publicidad internacional, el padre Seromba «se ofreció voluntariamente» a regresar a Ruanda. Además de usar un nombre falso, Seromba también había viajado a Italia con pasaporte falso. Su juicio empezó en septiembre de 2004. Tiempo después se le declaró culpable de genocidio y crímenes contra la humanidad y se le sentenció a quince años de prisión.

En los salvajes conflictos de fines del siglo XX, habría sido absurdo esperar que los ruegos de un hombre, aun siendo del líder espiritual de «mil millones» de personas, sofocaran la inhumanidad del hombre contra el hombre. Stalin tenía razón al preguntar con cinismo: ¿cuántas divisiones tiene el papa? Es igualmente absurdo que los propagandistas del Vaticano insistan en que las palabras del papa prevalecieron contra la tiranía y la guerra.

El mito del papa como pacificador alcanzó nuevas alturas durante 2003 cuando un grupo de presión orquestado por el Vaticano presionó con ímpetu para que se le concediera el Premio Nobel de la Paz. Funcionarios del Vaticano dejaron saber que el papa aceptaría el premio y viajaría a Oslo para la ceremonia de premios. El comité del Nobel pensaba de otra manera. Habiendo investigado cuidadosamente sus méritos, lo pasaron por alto y otorgaron el premio a una mujer, lo cual sencillamente sirvió para aumentar el disgusto del Vaticano.

Esa mujer, la abogada y activista iraní de derechos humanos Shirin Ebadi, había sido encarcelada por las autoridades teocráticas y amenazada por los ideólogos de la línea dura. Primera jueza en Irán, los clérigos conservadores le dijeron después de la revolución de 1979 que las mujeres no podían ser jueces. Exhibiendo el mismo nivel de extraordinario valor que Aung San Suu Kyi, de Birmania (hoy Myammar), se ha mantenido como un punto de referencia para todos los que desean mejorar los derechos humanos en el mundo musulmán. Los partidarios del papa consideraron que él debía haber recibido el premio, entre otras razones porque «habló duramente contra la guerra de 2003 en Irak». Otros aludieron a sus «continuos viajes difundiendo la palabra de Dios».

La política papal fue una constante, en realidad incesante característica del pontificado de Karol Wojtyla. Como muchos otros asuntos, su ataque contra el aborto nunca se limitó al púlpito o la carta pastoral, sino que se expresó repetida y abiertamente en el ámbito político. Cuando al presidente francés Valéry Giscard d'Estaing le fue concedida una audiencia papal en 1981, el papa lo reprendió por «permitir el aborto» en un país en gran medida católico.

El papa creía que la opinión de la Iglesia católica sobre el aborto debía imponerse a cada persona en cada país. Tal vez haya comprendido cómo funciona la democracia, pero tenía muy poca simpatía por el concepto, como observó más de una vez durante su papado. En septiembre de 1987, hallándose de visita en Estados Unidos, ignoró una solicitud de los obispos estadounidenses para que afirmara su creencia en la libertad de expresión, optando en cambio por observar: «La Iglesia católica romana no es una democracia. El desacuerdo con el magisterio es incompatible con la condición de católico».

En 2004, muchos obispos estadounidenses hicieron grandes esfuerzos por lograr que los laicos católicos obedecieran este precepto. En enero de ese año, el obispo Raymond Burke, estrella ascendente en la jerarquía estadounidense, llamó la atención de los medios cuando declaró en su diócesis de Lacrosse, Wisconsin, que a ningún político católico que, según él, hubiera mostrado «apoyo» al aborto o a la legislación de la eutanasia le sería concedida la sagrada comunión en su diócesis. Este pronunciamiento, deliberadamente coincidente con las primeras elecciones primarias demócratas, fue visto como un ataque directo contra el senador John Kerry, uno de los contendientes para la candidatura demócrata. Ascendido a la archidiócesis de St. Louis, Burke se adelantó a los acontecimientos declarando que a John Kerry, ya para entonces candidato presidencial demócrata, le sería negada la comunión, y que todo elector católico que votara por él en las siguientes elecciones también sería excluido de la comunión hasta que se arrepintiera de su «pecado» de haber votado por ese «político proabortista». El obispo Michael Sheridan, de Colorado Springs, intervino en el acto advirtiendo que los católicos que votaran por Kerry «pondrían en peligro su salvación».

La encíclica papal *Evangelium Vitae*, «*Sobre el valor e inviolabilidad de la vida humana*», era frecuentemente citada por esos obispos. Los medios de prensa, tanto católicos como no católicos, dieron creciente cobertura a una Iglesia católica totalitaria y antidemocrática en su enfrentamiento contra John Kerry, devoto católico practicante en pos del más alto puesto democrático del mundo. Su «pecado», a ojos de sus críticos, no era ser proabortista, sino apoyar la libre elección. En mayo de 2004, tiempo antes de que fuera incluso el candidato oficial demócrata, una encuesta de Zogby realizada entre cerca de mil quinientos votantes católicos dio un claro indicio de lo que le esperaba a Kerry. La derechista agencia Catholic World News proclamó: «Poco apoyo católico a Kerry en cuestiones eclesiales». Sólo el 23 por ciento aprobaba la postura de Kerry sobre la investigación de células madre, que él respaldaba. Recibió el mismo índice de aprobación en la cuestión de las uniones entre personas del mismo sexo; Kerry apoyaba esas uniones, aunque se oponía a los matrimonios homosexuales. El ataque contra Kerry se había ampliado entonces, para abarcar un abanico de cuestiones morales.

El director de Catholic World News, Phillip Lawler, antes funcionario de la extremadamente conservadora Heritage Foundation, el principal grupo de asesores de la Nueva Derecha, se cercioró de que los ataques contra Kerry recibieran amplia cobertura a lo largo del verano de 2004. Lawler también había encabezado el Comité Católico Estadounidense, grupo de católicos de derecha opuesto a la opinión de los obispos de su país sobre el control nuclear; había estado en el corazón de la campaña contra el liberal arzobispo Hunthausen, y era un viejo republicano que había trabajado en las campañas presidenciales de Ronald Reagan en 1980 y 1984.

En 2000 anunció su intención de enfrentarse al senador Edward Kennedy. Para Lawler, «la cuestión clave siempre ha sido el aborto», aunque también quería ver la abolición del impuesto sobre la renta, el Departamento de Educación y el Consejo Nacional para las Humanidades y las Artes. Deseaba ver restringido asimismo el poder del Tribunal Supremo, y se oponía a toda forma de control de armas. Competir con ese tipo de plataforma en Massachusetts contra Kennedy no requería un valor ciego, sino una profunda estupidez. También requería financiación e importantes apoyos aun para llegar a la papeleta electoral. En definitiva, Lawler no atrajo ni lo uno ni lo otro. Él y otras personas de mentalidad similar veían a John Kerry como el enemigo natural.

Entre esas personas estaban el papa Juan Pablo II, el cardenal Joseph Ratzinger (como se llamaba entonces) y la abrumadora mayoría de la jerarquía católica. En junio, tras mantener una conferencia con el papa, Ratzinger escribió una carta oficial a los obispos estadounidenses en la que declaraba que «las figuras públicas que disienten abiertamente de las enseñanzas de la Iglesia no deben recibir la comunión». Los obispos ya habían demostrado para entonces que estaban divididos sobre este asunto.

El Partido Republicano aprovechó estas connivencias. Constantes referencias públicas de los republicanos recordaban al electorado que el presidente Bush se oponía al aborto, los matrimonios entre personas del mismo sexo y la investigación de células madre. El presidente, en una conversación con el secretario de Estado del Vaticano, el cardenal Sodano, se quejó de la división en las filas de los obispos: «Algunos obispos estadounidenses no están conmigo en las cuestiones del aborto y la investigación de células madre». Para agosto, la campaña de Kerry se veía atacada por una amplia variedad de frentes. Catholic World News de Lawler informó jubilosamente sobre una entrevista del cardenal Theodore McCarrick con el diario italiano *Avvenire*. «"No hay candidato presidencial ideal en EEUU", dice el cardenal McCarrick», rezaba el titular. Los obispos estadounidenses, más allá de sus diversas opiniones, estaban unidos en al menos una cosa.

Una *Guía del voto para católicos serios*, de diez páginas de extensión, fue redactada por *Catholic Answers*, apostolado laico con sede en San Diego, California. En ella se identificaban cinco aspectos como «no negociables». Éstos eran el aborto, la eutanasia, la investigación fetal de células madre, la clonación humana y las uniones homosexuales. Cualquier candidato que apoyara cualquiera de esas políticas estaba, en opinión de esa guía, «automáticamente descalificado como opción admisible para un fiel votante católico». Tan sólo en agosto se distribuyeron un millón de ejemplares de esa guía, y cuatro millones más circularon antes del día de la elección. Anuncios de una plana de este folleto en *USA Today* sirvieron como contrapunto a los constantes recordatorios del presidente Bush al electorado de sus virtudes como cristiano convertido. Cuando alguien en un mitin republicano le gritó a Bush: «¡Me da gusto ver que Dios está en la Casa Blanca!, el presidente no lo desmintió. En su tercer y último debate televisivo con John Kerry, Bush dijo:

> La oración y la religión me sostienen. Recibo calma en las tormentas de la presidencia. Aprecio el hecho de que la gente rece por mí y mi familia en todo el país. Alguien me preguntó una vez: «¿Cómo lo sabes?». Le contesté que sencillamente lo siento. La religión es importante. Nunca he querido imponer mi religión a nadie más. Pero cuando tomo decisiones, me baso en principios. Y los principios se derivan de lo que soy. (…) Creo que Dios quiere que todos seamos libres. Eso creo. Y eso es una parte de mi política exterior. En Afganistán, creo que la libertad ahí es un don del Todopoderoso. Y no saben qué alentado me siento a ver la libertad en marcha. Así, los principios en los que baso mis decisiones son parte de mí. Y la religión es parte de mí.

Para entonces, la separación entre la Iglesia y el Estado consagrada por los padres fundadores en la Constitución estadounidense se había suspendido hasta nuevo aviso. Se editaron carteles republicanos oficiales en Arkansas y Virginia del Oeste en los que se aseguraba que, de ser elegido, John Kerry prohibiría la Biblia. El candidato demócrata no era un cristiano convertido; siempre había sido cristiano. No está en la naturaleza de esos hombres, particularmente de los católicos romanos, ir a todas partes proclamando siempre ruidosamente su fe. Esta natural reticencia puso a Kerry en franca desventaja conforme se acercaba el día de las elecciones.

El ubicuo arzobispo Burke nunca se alejó de los titulares. A principios de octubre envió una carta pastoral a más de medio millón de católicos de su diócesis, con copias para todos los medios. En ella declaró que votar por un candidato que respaldaba cualquiera de las cinco cuestiones que la guía del voto había enumerado «no puede justificarse». Todas ellas eran «intrínsecamente malas», aunque la guerra y la pena capital no lo eran. Ésta fue una inusual manera de respaldar a George W. Bush. Los medios de la prensa citaban a un significativo número de electores que compartían la opinión de John Strange, de Plymouth, Pennsylvania:

> Apoyo al presidente no porque yo sea republicano, sino porque él es cristiano. Creo que un creciente número apoya a Bush por los valores que tiene, el mensaje pro-vida y el hecho de que apoya el matrimonio tradicional. Estos valores trascienden las diferencias entre partidos.

Cuando Phillip Lawler publicó una nota titulada «Kerry dice que lo excomulguen», no importó que esto fuera una tergiversación basada en la respuesta que el subsecretario de una congregación del Vaticano había transmitido a un obsesivo abogado canónico en Los Ángeles, quien había iniciado previamente un proceso en un tribunal eclesiástico acusando a John Kerry de herejía. En veinticuatro horas, esta noticia era portada en todo Estados Unidos. La caza de brujas estaba de moda otra vez. Kerry había sido satanizado por sus adversarios políticos, algunos obispos estadounidenses y el Vaticano. Si el electorado hubiera leído la encíclica de 1995 de Juan Pablo II *Evangelium Vitae* y comprendido la posición del papa en el sentido de que el proceso democrático debe obedecer la enseñanza católica, John Kerry habría sido derrotado por un margen mucho mayor.

Hubo un factor dominante entre los que llevaron a Bush de regreso a la Casa Blanca. No fue Irak, el terrorismo ni la economía. Fueron los «valores morales». En encuestas de salida, el 22 por ciento del electorado identificó ésa como la cuestión más importante. En el Vaticano, en las últimas semanas de 2004 era claramente evidente una callada satisfacción «por el deber cumplido». El ala reaccionaria de la Iglesia católica en Estados Unidos no sólo había logrado quitarle a John Kerry cerca del 50 por ciento del voto católico, tradicionalmente un baluarte demócrata, sino que además le había facilitado al Partido Republicano captar millones de votos de cristianos evangelistas. Había ayudado a esparcir la falsa creencia de que John Kerry era proabortista: no lo era ni lo ha sido nunca. Apoya la libre elección, como la mayoría de los estadounidenses. Una oscilación de cinco puntos en el voto católico a favor de Bush le concedió a éste los estados de Ohio y Florida, y con ellos la Casa Blanca.

En noviembre de 2005, el síndrome de Hitler —repite mucho y muy fuerte una mentira y se convertirá en verdad— se puso nuevamente de manifiesto en la jerarquía católica de Estados Unidos. El arzobispo José Gómez, de San Antonio, Texas, declaró que «la mayoría de los políticos católicos de Estados Unidos han incurrido en una interpretación distorsionada de lo que es la fe. Un 70 por ciento de los políticos que dicen ser católicos en el Congreso y el Senado apoyan el aborto, cifra que llega a casi 90 por ciento en estados tradicionales como Massachusetts o Nueva York». Gómez se refirió a los senadores que, mientras manifestaban ser católicos, «votaban cien de cada cien veces en apoyo al aborto, la eutanasia, las uniones homosexuales y la experimentación con células madre embrionarias». El arzobispo citó como ejemplo a John Kerry: «Kerry decía ser católico, pero apoyaba abiertamente el aborto». Es difícil creer que este arzobispo no supiera, al pronunciar estas palabras, que Kerry no apoyaba, ni apoya, el aborto.

John Kerry ha dejado constancia de esto muchas veces. Lo que apoya, como muchos de sus colegas católicos tanto en el Congreso como en el Senado, es *el derecho de las mujeres a ejercer su capacidad para decidir*. Para este arzobispo, la solución era simple: negar la sagrada comunión a los políticos descarriados hasta que se retracten.

La alegría del papa y sus asesores por los resultados de las elecciones presidenciales en Estados Unidos fue empañada por su enojo ante el rechazo como comisario de la UE del político italiano Rocco Buttiglione, buen amigo del papa y uno de sus primeros biógrafos. Buttiglione fue candidato al puesto de comisario de Justicia hasta que expresó la opinión de que los actos homosexuales eran pecado. En otra ocasión comparó la relación de Estados Unidos con Europa con la de los hijos de una madre soltera, diciendo: «Los hijos sin padre no son hijos de muy buena madre». Una mayoría en el Parlamento europeo consideró que esas opiniones eran incompatibles con un comisario de Justicia. Tras un *impasse* político de varias semanas, el primer ministro italiano, Silvio Berlusconi, convenció a Buttiglione de retirar su candidatura, y éste fue reemplazado por un candidato suficientemente discreto para guardar para sí sus opiniones sobre los homosexuales y las madres solteras.

Este caso vino a sumarse a la negativa de la Unión Europea a ceder a la intensa y a veces furiosa presión del Vaticano sobre la Constitución escrita. Del papa para abajo, parecía que todos los miembros de la jerarquía católica romana exigían que esa Constitución reconociera en su preámbulo los orígenes «cristianos» de Europa. Al hacer esa intensa y prominente campaña sobre el asunto, el papa Juan Pablo II se arriesgaba a una humillación pública si la campaña fracasaba, como efectivamente ocurrió. El arzobispo Giovanni Lajolo, secretario de Relaciones con los Estados, vio la ausencia de toda referencia al cristianismo en la Constitución europea como «algo más que un prejuicio anticristiano. (...) Es la miopía cultural lo que nos asombra». El cardenal Christoph Schönborn, de Viena, expresó la creencia de que «poderosas fuerzas anticristianas se ponen hoy en evidencia en la escena europea». Buttiglione apareció entonces con la opinión de que sus propias experiencias demostraban la existencia de una «inquisición anticristiana», y alegó que había sido objeto de una «campaña de odio que cambió y distorsionó mis declaraciones públicas», aunque fueron los príncipes de la Iglesia católica romana los únicos que lo oyeron.

Ninguno de ellos reconoció que alguna deficiencia del aparato político de la Iglesia fuera culpable de tan extendida alienación. Lo que estaba más allá de toda duda era que mientras que el cristianismo, excluyendo el cristianismo evangelista, florecía en Estados Unidos, el cristianismo en todas sus numerosas denominaciones estaba de rodillas en toda Europa, y no precisamente para rezar.

Capítulo 11 | No... →

En el presente periodo, la corrupción de las costumbres ha aumentado, y uno de los más serios indicios de esta corrupción es la desenfrenada exaltación del sexo. Además, a través de los medios de comunicación social y del entretenimiento público, esta corrupción ha llegado al extremo de invadir el campo de la educación e infectar la mentalidad general.

El cardenal Seper, director entonces de la Sagrada Congregación de la Doctrina de la Fe, hizo esta observación en un documento, «Ciertas cuestiones concernientes a la ética sexual», publicado en diciembre de 1975. Sin embargo, la esencia de ese documento había sido muchas veces expuesta por importantes miembros de la Iglesia católica. Entre los primeros estuvo San Ambrosio, obispo de Milán de 373 a 397. Ambrosio no aprobaba el sexo y el matrimonio no le entusiasmaba: «Incluso un buen matrimonio es esclavitud. ¿Cómo será entonces uno malo?», preguntó, y añadió: «Cada hombre es perseguido por una u otra mujer». Para Ambrosio, el mejor camino para una mujer era la virginidad, a fin de redimir el pecado de sus padres al concebirla.

La enseñanza de Ambrosio tenía mucho en común con la de Karol Wojtyla. Como papa, éste amplió el enfoque de Ambrosio y se pronunció sobre más aspectos del sexo que cualquiera de sus predecesores. Esos aspectos incluyen el control de la natalidad, el aborto, el sexo prematrimonial, el sexo matrimonial, el sexo posmatrimonial, el sexo para los físicamente impedidos, el sexo para los infértiles, el sexo después del divorcio y un segundo matrimonio, el divorcio, los sacerdotes casados, las sacerdotisas, el sexo homosexual, la masturbación y el sexo en la música popular, el sexo en los libros, las películas y los medios (...) y esta lista está lejos de ser completa. La línea del desaparecido papa ha sido propagada por su entonces lugarteniente, el cardenal Joseph Ratzinger, prefecto de la Congregación de la Doctrina de la Fe, y muchos otros ancianos célibes.

Esta preocupación por una actividad prohibida a los sacerdotes podría explicar en parte por qué en el Primer Mundo tan pocos católicos romanos van a confesarse. En materias sexuales, la brecha entre los laicos católicos y el Vaticano es infranqueable. Los laicos están ocupados en el sexo; el Vaticano está meramente preocupado. Ningún miembro de la Iglesia puede alegar ignorancia sobre ningún aspecto de la sexualidad. Clave para muchas de sus actitudes ante el sexo y la sexualidad es el trato que la Iglesia católica romana concede a las mujeres.

Aristóteles tiene gran culpa de ello. Enseñó que las mujeres eran inherentemente inferiores en mente, cuerpo y voluntad moral. Su entendimiento de la reproducción humana dejaba mucho que desear. Creía que sólo el hombre, «superior», poseía la capacidad para procrear, y que la única contribución de la mujer, «inferior», era la materia prima que después era moldeada por el semen masculino en la matriz de la mujer, el alfarero que trabajaba con la arcilla sin forma. Para Aristóteles, si el resultado era un hombre, el alfarero había alcanzado la perfección; pero si la criatura era una mujer, algo en la creación había fallado. Naturalmente llegaba a la conclusión de que esos humanos defectuosos no podían gobernarse a sí mismos ni a otros, y que debían ser regidos y controlados por los hombres.

Aristóteles era uno más de una de larga fila de hombres que expusieron esas opiniones. Tomás de Aquino, en el siglo XIII, incorporó elementos aristotélicos en su teología, junto con muchos de los textos de San Agustín, de los siglos III y IV. Entre éstos estaba *Matrimonio y concupiscencia*, libro que influyó siempre en el pensamiento de Karol Wojtyla como sacerdote, obispo y papa. Ese libro incluye el siguiente pasaje:

> Una cosa es no yacer más que con el solo deseo de engendrar: esto no es una falta. Otra es buscar el placer de la carne al yacer, aunque dentro de los límites del matrimonio: ésta es una falta venial. Estoy suponiendo entonces que, aunque uno no yazca para procrear descendencia, tampoco lo hace por lujuria, obstruyendo su procreación por una mala oración o una mala obra. Quienes hacen esto, aunque sean llamados marido y mujer, no lo son; ni conservan ninguna realidad de matrimonio, sino que con un nombre respetable cubren una vergüenza (…). A veces esta lujuriosa crueldad o cruel lujuria llega al grado de que incluso adquieren venenos de esterilidad, y, si éstos no dan resultado, extinguen y destruyen el feto de alguna manera en la matriz, prefiriendo que su descendencia muera antes que vivir, o si ya estuviera viva en la matriz, matarla antes de que nazca.

Esta posición, desarrollada por Aquino y respaldada por Lutero, Calvino y otros teólogos, siguió siendo la enseñanza ortodoxa en todas las Iglesias cristianas hasta después de la Primera Guerra Mundial y, en el caso de la Iglesia católica, hasta 1951. Fue en ese año cuando Pío XII rompió el dogma aceptado hasta entonces declarando ante un grupo de parteras católicas italianas que el uso del así llamado «periodo seguro» como método de control natal era lícito. La enseñanza agustiniana condenó específicamente el uso del periodo seguro en el libro *La moral de los maniqueos*; la concesión de 1951 también destruyó toda la doctrina de Agustín sobre el matrimonio.

Pese a una oleada de cambios que incluían el sufragio femenino, leyes de igualdad de derechos y la Declaración Universal de Derechos Humanos, así como la Declaración sobre la Libertad Religiosa del Concilio Vaticano II y el irresistible ascenso del feminismo, el pensamiento que impera en los más altos niveles de la Iglesia católica romana sobre una amplia variedad de asuntos de ética sexual sigue siendo una amalgama de Aristóteles, San Agustín y Santo Tomás de Aquino. Estos tres personajes influyeron profundamente en Karol Wojtyla desde sus primeros años, y los individuos más cercanos a él, como el cardenal Ratzinger, el arzobispo Dziwisz y los demás miembros de la camarilla papal, coincidían por completo con su posición acerca de estas cuestiones.

Sobre las mujeres y sus asuntos, el papa también representó una paradoja. Proclamaba firmemente su hondo respeto, admiración y aprecio por las mujeres, y simultáneamente las enfurecía en el mundo entero. Había explorado la significación del «genio femenino» en la carta apostólica *Mulieris Dignitatem* (*Sobre la dignidad de las mujeres*) en 1986. Su biógrafo predilecto, George Weigel, describió esa obra como «el más desarrollado esfuerzo de Juan Pablo II por abordar el argumento de algunas feministas de que el cristianismo en general, y específicamente el catolicismo, es inherentemente misógino». Para muchos de sus críticos, tal documento constituye un intento de justificar —vía una juiciosa selección de la Biblia, del Génesis al Apocalipsis— el chovinismo histórico de la Iglesia católica.

En ocasión de la Cuarta Conferencia Mundial sobre las Mujeres en Beijing en septiembre de 1995, el papa escribió una carta abierta a «las mujeres de todo el mundo». Esto formaba parte de su «intento por promover la *causa* de las mujeres en la Iglesia y el mundo de hoy». Aplicando constantemente cursivas para subrayar la importancia que atribuía a ciertas ideas, dio las gracias a «¡las mujeres que son *madres*! Ustedes han amparado *seres humanos* dentro de sí, en una singular experiencia de regocijo y dolor». Exaltó a «¡las mujeres que son *esposas*! Ustedes unen irrevocablemente su futuro al de su esposo, en una relación de mutua generosidad (…)».

Y así siguió abriéndose camino entre las mujeres que son *hijas*, las mujeres que son *hermanas*, las mujeres que *trabajan* y las mujeres *consagradas*, hasta llegar al «gracias a cada mujer por el simple hecho de ser mujer». Reconoció empalagosamente la contribución de las mujeres durante toda la historia y el poco reconocimiento que habían recibido por sus logros colectivos, a menudo venciendo formidables desventajas. Sin el menor sentido de la ironía, ensalzó las virtudes del «*sacerdocio común* basado en el bautismo». También ignoró el hecho de que su propio banco, el IOR, aplicaba una política discriminatoria contra las empleadas. Las mujeres están obligadas a firmar un compromiso al asumir un puesto en el Banco del Vaticano de que no se casarán ni tendrán hijos. Si desean casarse, se ven obligadas a dejar su empleo en el banco.

La carta de Wojtyla proseguía haciendo referencia al «genio de las mujeres», que inevitablemente asoció con la madre de Cristo, María, «la mayor expresión del genio femenino». Había mucho más sobre María y su ejemplo para todas las mujeres al aceptar su vocación como «esposa y madre en la familia de Nazaret. Poniéndose al servicio de Dios, también se puso al servicio de los demás: un *servicio de amor*».

Gran parte del pontificado del papa Juan Pablo II puede comprenderse mejor considerando el medio en el que se desarrolló. Nacido en 1920, el mismo año en que el victorioso mariscal polaco Jozef Pilsudski retornó a Varsovia con un ejército que había obtenido una espectacular victoria sobre la república soviética de Lenin, el alumbramiento de Karol coincidió con el único periodo de democracia polaca hasta 1989. Seis años después, el «libertador de Polonia» derrocó al gobierno. Este golpe de Estado militar se convirtió en una dictadura hasta la muerte de Pilsudski en 1935. A esto le siguió, hasta la invasión alemana en 1939, una junta militar que se daba aires con el título de democracia parlamentaria. El padre de Wojtyla, también llamado Karol, había ascendido en el recién formado ejército polaco, para cuando Karol *junior* nació, al rango de teniente primero.

Emilia, la madre, educada en un convento, era sumamente devota. Su hogar reflejaba esa devoción. En la puerta del apartamento había una pila que contenía agua bendita para santiguarse al entrar o salir. De las paredes colgaban imágenes sagradas y copias de iconos. Había un pequeño altar en la sala, donde se recitaban las oraciones matutinas. Cada noche uno u otro de los padres leía la Biblia en voz alta. Se rezaba antes de comer y dormir. Las festividades y días de ayuno se observaban rigurosamente. Esta preocupación por la fe católica romana no se limitaba a Emilia. El futuro papa recordaba a Karol, su padre, como un «hombre muy religioso».

Karol *padre* había nacido en 1879, la misma década en que Pío IX, tras años de hacer campaña para que se le reconociera como infalible, finalmente logró su ambición. Sus críticos lo veían como un «monstruo teológico» que se había convertido en un «Luis XIV papal», pero eran una minoría. La abrumadora mayoría de los fieles aceptaron la doctrina de la infalibilidad sin chistar. Años antes habían aceptado igualmente el «Compendio de errores» del mismo papa, un ataque contra todo el mundo moderno. Entre los diversos pareceres y opiniones que, según ese papa, «ningún buen católico debe sostener» estaba la creencia en la ilimitada libertad de expresión, la libertad de prensa, la igualdad de condiciones para todas las religiones y formas democráticas de gobierno. El Santo Padre prefería las monarquías absolutas, y condenaba el panteísmo, el naturalismo, el racionalismo absoluto, el socialismo, el comunismo, las sociedades bíblicas y los grupos clericales liberales. El último elemento que Pío IX había condenado fue la proposición de que «el pontífice romano puede y debe resignarse y armonizarse con el progreso, el liberalismo y la civilización reciente». Qué tan profunda y perdurablemente influirían esos valores en el joven Wojtyla puede estimarse en el hecho de que en septiembre de 2000 Juan Pablo II beatificó a Pío IX. Este acto causó una honda ofensa a los judíos del mundo entero (Pío IX fue un rabioso antisemita), y simultáneamente disgustó y sorprendió a muchos devotos católicos.

El teniente Wojtyla dedicó los doce últimos años de su vida a su hijo Karol, desde el momento de la muerte de su esposa y su simultáneo retiro en 1929 hasta su muerte en 1941. Aunque en su vida adulta el papa tendía a la amargura al hablar de la enfermedad y prematura muerte de su madre, expresaba dicha y gratitud por la crucial dedicación que disfrutó de su padre. El teniente había llenado las largas horas de tedio como oficial leyendo vorazmente y con una insaciable sed de conocimiento. Autodidacta, desarrolló una mente y un comportamiento instruidos. Como su difunta esposa, era profundamente religioso, pero añadía a su fe un interés por la literatura y el deporte y una preocupación por el destino de su país. A ojos de muchos en la ciudad de Wadowice, parecía un hombre excéntrico que esquivaba a la gente y hacía pocos amigos. Lo cierto es que disfrutaba de su propia compañía y del espacio que la soledad le brindaba; pero, como hombre sin prejuicios raciales ni religiosos, era capaz de atraer amigos y conocidos de ambos lados de la línea racial y la división religiosa, algo de lo que sólo una minoría en esa ciudad podía presumir. Quizá, como recordó Zbigniew Silkowski, amigo del papa en ese entonces: «La familia Wojtyla era una comunidad de dos personas». Sin embargo, para estas dos personas aquélla fue una época muy satisfactoria. El padre disfrutaba transmitiendo los conocimientos que había adquirido mediante sus lecturas. La historia polaca era algo de lo que hablaban mucho y con frecuencia. El teniente compiló un diccionario polaco-alemán y enseñó a su hijo a hablar alemán. Cuando el hijo mostró a sus maestros y compañeros que podía leer la *Crítica de la razón pura* de Kant en el original alemán, se quedaron atónitos.

Karol *padre* prestó particular atención a la educación religiosa de su hijo. Polonia había sido considerada desde tiempo atrás como el *antemurale christianitatis*, el «bastión de la cristiandad». Inmediatamente después de la declaración de la infalibilidad papal en 1870, la corona italiana se apoderó de los Estados pontificios y los incorporó al recién creado Estado italiano. Pío IX se negó a aceptar esta situación y se declaró «preso en el Vaticano». Sucesivos papas adoptaron esa misma línea poco realista, rehusando reconocer el régimen italiano, su gobierno y el Parlamento. El papado se había atrincherado para una larga temporada, y la mentalidad de asedio se extendió mucho más allá de Roma. La crisis estuvo sin resolverse hasta que el Vaticano y el gobierno fascista de Mussolini firmaron un tratado en 1929. Con ese telón de fondo, la Iglesia católica tenía necesidad de cualquier bastión del que pudiera disponer. Polonia no fue el único. España e Irlanda también eran países donde la palabra del cura del pueblo era la ley, y todos los papas, buenos, malos e indiferentes, eran venerados nacionalmente. Cuestionar al cura local no estaba en el guión. Discrepar de cualquier declaración papal, no sólo de un edicto sobre la fe o la moral sino de cualquier cosa, era impensable. Éste era el catolicismo romano que la familia Wojtyla aceptaba sin vacilar.

La Virgen María había sido una constante influencia vital sobre el papa desde su infancia y la prematura muerte de su madre. Sus encíclicas, sus cartas apostólicas, sus libros, sus sermones revelan una obsesión con la imagen bíblica de la madre de Cristo. Notoriamente ausente de la *carta apostólica* sobre las mujeres está toda referencia a los positivos papeles desempeñados por mujeres como María Magdalena, Junia, Agar, Rahab, Débora, Jael, Judit y muchas otras de prestigio en la Biblia. Durante su trayectoria, el papa sugirió coherentemente que la mujer ideal es la virgen integrante de una orden religiosa. A falta de eso, buscaba un mundo donde no hubiera control de natalidad, aborto, divorcio, sacerdotisas, sacerdotes casados, masturbación, relaciones sexuales fuera del matrimonio heterosexual y homosexualidad. Era un mundo que Karol Wojtyla había buscado durante gran parte de su vida.

En 1960, la obra teatral de Wojtyla *The Jeweller's Shop* (*El taller del orfebre*) se publicó en una revista mensual católica. El autor fue identificado como «A. Jawien». Entre quienes sabían quién se ocultaba detrás de ese seudónimo estaban ciertos miembros de la extensa familia de Wojtyla. Esta obra cuenta la historia íntima de tres matrimonios. Gran parte de ella no es ficción, sino que está tomada al pie de la letra de incidentes de la vida real y de diálogos directamente procedentes de la boca de algunos miembros del grupo de estudiantes particularmente cercanos a Wojtyla, a quienes consideraba su «familia». Wojtyla recordaría después, quizá en un intento por justificar lo que había hecho: «Sólo quienes estuvieron presentes en esos momentos se habrían reconocido a sí mismos».

No es inusual que los escritores «tomen prestado» algo de la vida real, pero un escritor camina sobre una muy delgada capa de hielo si es al mismo tiempo el sacerdote y confesor de sus personajes. Y más todavía si es también un hombre que imparte clases de ética. Durante ese mismo año de 1960, otros frutos de aquellas vacaciones con su «familia» fueron puestos a la consideración del público polaco. Karol Wojtyla publicó su guía personal sobre la vida familiar y la moral sexual, *Love and Responsibility* (*Amor y responsabilidad*). Este libro de Wojtyla era un manual de ética sexual escrito por una persona con poca experiencia sobre esos aspectos de la vida, y dirigido a un muy limitado grupo de lectores. No ofrecía nada a los no católicos, parejas que cohabitaban, o quienes practicaban el control de la natalidad artificial, homosexuales, bisexuales o cualquier otra persona que obtuviera placer de cualquier forma de sexo no dirigida a la procreación dentro de un matrimonio católico.

La muy cercana amiga y colaboradora de Karol Wojtyla Anna-Teresa Tymieniecka lo conoció más profundamente y en más aspectos que cualquier otra persona laica en el mundo. Sumamente inteligente y con grandes capacidades, su especialidad era la filosofía. Ella desempeñó un muy importante papel en la creación de la edición en inglés de la obra filosófica de Wojtyla *The Acting Person* (*Persona y acción*), de la que fue coautora. Su opinión sobre el previo esfuerzo en solitario de su coautor es poco halagadora.

Escribir sobre el amor y el sexo como él lo hizo es saber muy poco de eso. Realmente me quedé asombrada cuando leí *Amor y responsabilidad*. Pensé: «Obviamente él no sabe de qué habla. ¿Cómo puede escribir esas cosas?».

Si Wojtyla explotó sólo a seis miembros de su «familia» en su obra *El taller del orfebre*, arrojó su red mucho más lejos para *Amor y responsabilidad*. No sólo hizo libre uso de muchas de sus conversaciones individuales privadas; también aprovechó las discusiones grupales, y después hizo circular copias preliminares del manuscrito en busca de reacciones y comentarios de los jóvenes estudiantes. Todo eso fue rematado con información que Wojtyla había adquirido en los sagrados confines del confesionario. Previendo ciertas reacciones, Karol Wojtyla reconoció en la introducción del libro que lo que seguía se basaba en realidad en «información de segunda mano». Pero para él esto no importaba, porque como sacerdote estaba expuesto a una mucho más extensa gama de información de segunda mano que cualquier persona corriente. Ésta habría podido ser una proposición válida si hubiera procedido de un sacerdote que hubiera pasado toda una vida involucrado en el trabajo pastoral. Pero en este caso procedía de un hombre que había pasado ocho meses en una parroquia rural y dos años y medio en San Florián, la parroquia universitaria de Cracovia. Aparte de eso, su labor pastoral se limitaba al contacto con su extensa familia, apenas unos cuantos de cuyos miembros estaban casados en el momento de la primera edición.

La declarada intención de Wojtyla era dotar de sentido moral a la sexualidad humana a través de las conversaciones que había sostenido con los hombres y mujeres que le habían permitido entrar en su vida como «su pastor y confidente». En su afán de aportar ese «sentido moral» y de, por supuesto, revelar simultáneamente tales confidencias, Wojtyla iba de lo banal («Si una mujer no obtiene gratificación natural del acto sexual, hay un peligro de que esta experiencia sea cualitativamente inferior, pues no la implicará completamente como persona») a lo extravagante («El amor, en su aspecto físico, es naturalmente inseparable de la vergüenza; pero en la relación entre el hombre y la mujer en cuestión, ocurre un fenómeno característico que aquí llamaremos «la absorción de la vergüenza por el amor». La vergüenza es, por así decirlo, consumida por el amor, disuelta en él, para que el hombre y la mujer no se avergüencen más de compartir su experiencia de valores sexuales»). Wojtyla definía después el amor que ocurre en la relación sexual. «En la relación marital, tanto la vergüenza como el normal proceso de su absorción por el amor están vinculados con la consciente aceptación de la posibilidad de la paternidad y la maternidad. "Tal vez sea padre", "Tal vez sea madre". Si hay una decisión expresa de evitar esta eventualidad, la relación sexual se vuelve desvergonzada.»

Así, de acuerdo con Wojtyla, la anticoncepción artificial degradaba a los dos miembros de la pareja. Más adelante describía la homosexualidad como una «perversión» y «una desviación». Afirmaba que «el dolor es un mal que hay que evitar». Sería interesante saber si alguna vez dijo esto a la sociedad secreta de la Iglesia católica romana, el Opus Dei, con la que estuvo íntimamente involucrado durante más de cincuenta años y la cual estaba a favor del dolor autoinfligido con varios instrumentos. Entre esas formas de dolor se encontraban la autoflagelación en la espalda desnuda y el uso de ajustadas fajas de bandas de metal con clavos, contra la parte superior del muslo. Es evidente que Wojtyla excusaba, y quizá incluso aprobaba, esas actividades, siempre y cuando se realizaran para la mayor gloria de Dios y no para producir excitación sexual.

A mediados de 2004, el papa y el cardenal Ratzinger volvieron al ámbito de los «derechos y deberes de las mujeres». En una *Carta a los obispos de la Iglesia católica sobre la colaboración de hombres y mujeres en la Iglesia y en el mundo*, publicada con la plena aprobación papal por el cardenal Ratzinger, ambos buscaron combatir los argumentos del feminismo y enfatizar la comprensión cristiana de la «dignidad de las mujeres». Esta carta indignó a muchas mujeres. Ratzinger empezó mal al describir a la Iglesia católica en la introducción como «experta en humanidad». A ojos de muchas de sus lectoras, en adelante todo fue cuesta abajo. Al referirse a los nuevos enfoques de las cuestiones relativas a las mujeres en años recientes, observó:

Las mujeres, para ser ellas mismas, han de convertirse en adversarias de los hombres. Frente al abuso de poder, la respuesta para las mujeres es buscar poder. Este proceso conduce a una oposición entre hombres y mujeres, en la que la identidad y papel de uno se subrayan en desventaja del otro, lo que lleva a una perniciosa confusión respecto a la persona humana, la cual tiene sus más inmediatos y letales efectos en la estructura de la familia.

Ratzinger identifica luego una segunda vertiente de la ideología feminista. «Para evitar la dominación de un sexo u otro, sus diferencias tienden a negarse (…).» Esto «pone en tela de juicio a la familia, en su natural estructura biparental de madre y padre, y vuelve a la homosexualidad y la heterosexualidad prácticamente equivalentes, en un nuevo modelo de sexualidad polimorfa».

La solución para el papa y el cardenal a esta situación era que todos los hombres y mujeres buscaran una más profunda comprensión de las Escrituras. Para asistirlos, el cardenal cita entonces copiosamente un gran número de fuentes, incluida la Biblia, comenzando por los tres primeros capítulos del Génesis, para terminar inevitablemente en la Virgen María. Todas las mujeres, ya sea que se trabajan dentro de la Iglesia o vivan vidas seculares, «están llamadas a seguir su ejemplo».

A juzgar por la reacción de las mujeres de todo el mundo, la respuesta de la doctora Mary Condren fue más amable que muchas otras. La doctora Condren es profesora de género y estudios sobre la mujer en el Trinity College de Dublín.

Presentado por un alumno universitario de primer año, este ensayo apenas si se merecería el aprobado. ¿Por qué entonces molestarse en responder? La continua agresión contra las relaciones lésbicas y homosexuales alimenta la homofobia. Una lógica imperfecta, apoyada por el poder de veto del Vaticano y alineada con fundamentalismos de derecha, tendrá, en posteriores reuniones de la ONU, serias consecuencias para las mujeres no occidentales que luchan por la autodeterminación. Si Jesús estuviera aquí hoy, clamaría: «No hablen en mi nombre».

En 1968, mientras la Primavera de Praga prometía la liberación a los catorce millones de habitantes del país, también había esperanzas de que una encíclica papal sobre el control de la natalidad ofreciera una eventual liberación a la quinta parte del planeta, cerca de mil millones de personas, poniendo fin a una insostenible y opresiva resolución de la Iglesia sobre ese tema. Pero esas esperanzas desaparecieron en el Vaticano. Sin necesidad de un solo tanque, las ansiadas libertades y el derecho a decidir fueron negados. Wojtyla desempeñó un importante papel en ese resultado. Contribuyó a dar forma al documento conocido como *Humanae Vitae* («Sobre la vida humana»). Las opiniones del autor de *Amor y responsabilidad*, quien creía que el sexo era vergonzoso a menos que admitiera la posibilidad de la procreación dentro del matrimonio, ejercieron particular influencia en el papa Pablo VI mientras, como era de esperar, se atormentaba en torno al problema de si aprobar o no para los católicos romanos el uso del control artificial de la natalidad.

En 1966 Wojtyla había creado en Cracovia su propia comisión para estudiar los asuntos que estaban siendo examinados por una comisión papal en Roma nombrada no por un papa, sino por dos: Juan y su sucesor, Paulo. Esos asuntos eran, desde luego, los problemas de la familia, la población y la tasa de natalidad. Se ignora por qué Wojtyla pensó que debía nombrar su propia comisión. Pero es claro que hizo todo lo posible no sólo por introducirse en ese debate, sino también por controlarlo y adelantarse a los demás participantes. Su grupo local, principal si no es que totalmente integrado por hombres célibes, también tuvo acceso a dos borradores de la encíclica propuesta. Éstos fueron filtrados a los polacos por sacerdotes de la comisión que eran hostiles a cualquier cambio en la posición de la Iglesia. Los hombres de Cracovia consideraron que el borrador que había sido preparado por el Santo Oficio, los expertos doctrinales del Vaticano, era de un «conservadurismo estúpido». El otro borrador era un reflejo del informe mayoritario de la comisión, el cual argumentaba que debía haber un cambio en la posición de la Iglesia y declaraba que prohibir el control artificial de la natalidad significaría para la Iglesia perder toda credibilidad entre las parejas casadas y en el mundo moderno.

Los hombres de Cracovia consideraron que este otro borrador tenía serias deficiencias en su acercamiento a la teología moral. Sostuvieron además que aquel enorme grupo de personas instruidas que habían estudiado el tema durante varios años habían malinterpretado lo que Dios había marcado en la naturaleza de la sexualidad humana. Los polacos tenían la respuesta a todo eso. Lo que se necesitaba era tomar un largo párrafo de *Amor y responsabilidad*, adornarlo un poco y enviárselo al papa. Así, la comisión de Cracovia rechazó el control artificial de la natalidad para en su lugar «vivir en castidad marital». Reconoció que eso implicaría «un gran esfuerzo ascético y dominio de sí».

Cuando se publicó *Humanae Vitae*, prohibiendo a los católicos romanos el uso de la anticoncepción artificial, los hombres de Cracovia se regocijaron y emocionaron. Se sabe que uno de ellos, el teólogo papal y sacerdote Bardecki, se jactó de que «alrededor del 60 por ciento de nuestro borrador está contenido en la encíclica». Cualquiera que haya sido el porcentaje real de la aportación de Cracovia a *Humanae Vitae*, días después Wojtyla ya elogiaba el documento desde el púlpito. «Si impone grandes exigencias a una persona en el reino moral, esas exigencias deben cumplirse.»

Wojtyla concedía mucha importancia al elemento de continuidad respecto a las enseñanzas de la Iglesia. Había argumentado muy enérgicamente a favor de prohibir el control artificial de la natalidad sobre la base de que no hacerlo así «contradeciría e invalidaría todos los pronunciamientos papales previos». La anterior declaración sobre el tema había sido hecha por Pío XII en 1951 en un discurso ante un grupo de parteras y no como una encíclica para la que se reclamaba la infalibilidad. Puesto que se había realizado antes de que se inventara la píldora anticonceptiva oral, difícilmente podía sostenerse como definitiva. Significativamente, también la encíclica *Humanae Vitae* carece de *imprimatur*. El papa Paulo no hizo ningún reclamo de infalibilidad para su documento. Éste es sin duda un tema al que se volverá cuando el actual papado termine y un nuevo hombre ocupe el trono de Pedro.

Sin embargo, Wojtyla vio *Humanae Vitae* como «la expresión de la inmutable verdad, siempre proclamada por la Iglesia». Apenas años antes, durante el Concilio Vaticano II, él había ayudado a conseguir un profundo cambio en la posición católica romana sobre una gran variedad de cuestiones. Presumiblemente, algunas verdades son más «inmutables» que otras. Wojtyla fundó «Grupos Matrimoniales de *Humanae Vitae*», institución con reglas muy severas. Su propósito era asegurar que parejas casadas se comprometieran a obedecer todos los requisitos de la encíclica, en particular la resolución sobre la anticoncepción artificial. Sólo entonces, de acuerdo con Wojtyla, podría vencerse la «vergüenza» de la relación sexual. Sus reglas dejaban a la pareja la libertad de elegir entre sexo sin protección o la adhesión a su cardenal en una vida completamente célibe.

Wojtyla había creído desde sus primeros años que el papel de la conciencia ocupaba el centro mismo de la ética cristiana y de la toma de decisiones por los cristianos en su vida diaria. Sin embargo, había una dificultad oculta. La conciencia cristiana informada debe basar todas sus decisiones en la «ley natural» cristiana, la que en la Iglesia es definida en última instancia por el papa. La libertad de decidir es por lo tanto, para los fieles católicos, una ilusión. Para los no católicos, las resoluciones morales del papa y la Iglesia católica son materia exclusiva de la Iglesia. Sin embargo, este papado particular no se limitó a reglamentar a los católicos. Buscó, a menudo con gran éxito, minar también el proceso democrático de gobierno. Intervino repetidamente en los asuntos de las naciones, y sin ningún mandato popular obró profundos cambios, no sólo para los católicos de un país, sino también para todos los ciudadanos. Al evaluar el pontificado del papa Juan Pablo II, mucho depende de la posición del individuo en una amplia variedad de cuestiones morales. También depende fundamentalmente de si el individuo es hombre o mujer.

Sobre la cuestión del aborto, Karol Wojtyla se apegó toda su vida a la posición histórica de la Iglesia. Para él, el aborto era el mayor de los crímenes, e insistía en que a este respecto no había excepciones ni justificaciones. En cuanto al argumento frecuentemente formulado de que si hubiera menos embarazos no deseados habría menos abortos, Wojtyla escribió hace cerca de cincuenta años en *Amor y responsabilidad*: «No existe ningún fundamento para hablar del aborto en relación con el control natal. Hacerlo sería sumamente impropio». En un documento titulado «El problema de las amenazas a la vida humana», informe para el consistorio de cardenales de abril de 1991, el director de la Sagrada Congregación de la Doctrina de la Fe, el cardenal Ratzinger, desarrolló la línea de defensa de la posición de la Iglesia tanto sobre el aborto como sobre el control de la natalidad:

Es precisamente mediante el desarrollo de una antropología que presenta al hombre en su integridad personal y relacional como podemos responder al extendido argumento de que la mejor manera de combatir el aborto sería promover la anticoncepción. Todos hemos oído este reproche contra la Iglesia: «Es absurdo que quieran impedir tanto la anticoncepción como el aborto. Bloquear el acceso a la primera significa hacer inevitable el segundo». Esa aseveración, totalmente plausible a primera vista, es, sin embargo, contradicha por la experiencia: el hecho es que, por lo general, un incremento en el índice de anticoncepción es acompañado por un incremento en el índice de abortos.

Ratzinger no ofreció fuentes ni estadísticas para tan notable afirmación. En mayo de 2003, el papa tuvo una reunión con quinientos activistas pro-vida italianos para «conmemorar» el vigésimo quinto aniversario de la ley del aborto en Italia. Recomendó al grupo «no cesar nunca de trabajar en defensa de la vida humana». Luego recordó la advertencia de la madre Teresa de Calcuta, la mujer a la que en octubre de 2003 beatificó en la plaza de San Pedro: «El aborto pone en peligro la paz del mundo».

Cardenales de varios países de América Latina han recordado a sus comunidades que la pena de excomunión *Latae Sententiae* (automáticamente impuesta) sigue aplicándose a todos los involucrados en el aborto, «incluidos los médicos asistentes, la enfermera, quien proporciona el dinero (...), etcétera, etcétera».

Las frecuentes y severas amonestaciones del papa a sus obispos y sacerdotes de no meterse en política no se aplican al aborto, el control de natalidad ni la homosexualidad. Los obispos estadounidenses ya intervenían en política mucho antes de que Karol Wojtyla fuera papa, y él lo sabía. Pero mientras sus opiniones coincidieran con las suyas, no había ninguna intención de silenciarlos. En 1974, un informe estadounidense ordenado por el presidente Nixon se presentó a su inmediato sucesor, Gerald Ford. Nixon había encargado específicamente un estudio sobre las «implicaciones del crecimiento de la población mundial para la seguridad de Estados Unidos y sus intereses en el exterior». Ese informe (National Security Study Memorandum 200) tocó una amplia gama de problemas directamente resultantes del incremento de la población mundial previsto en el futuro. Muchas de sus recomendaciones se basaban en la necesidad implícita de acción urgente para mejorar la planificación familiar en todo el mundo. Lo que ocurrió después ha sido objeto de exhaustiva documentación por el doctor Stephen Mumford en una serie de obras incluidas en la bibliografía de este libro. Esas obras son de lectura obligada para todos los interesados en el crecimiento de la población mundial. Detallan una constante e incansable batalla del Vaticano, en particular, para proscribir mundialmente el aborto y los métodos artificiales de control de la natalidad.

Uno de los muchos éxitos del papa en la modificación de leyes ya promulgadas por un gobierno debidamente electo ocurrió en los años de Reagan. Cuando Reagan asumió su cargo, en enero de 1981, la asistencia extranjera estadounidense incluía programas que promovían tanto el control de la natalidad como una mayor facilidad para el aborto legal. En Estados Unidos, dos históricos fallos de la Corte Suprema en 1973, Roe vs. Wade y Doe vs. Bolton, habían establecido respectivamente el derecho constitucional al aborto y que los abortos eran permisibles durante todo el embarazo. Veinticuatro horas después de la decisión de Roe vs. Wade, un consenso de obispos católicos estadounidenses había comenzado a planear una sostenida campaña para invalidar esas decisiones de la Corte Suprema forzando al gobierno a introducir una enmienda constitucional que prohibiera el aborto. No buscaban limitar el aborto a ciertas categorías o situaciones; querían una prohibición total.

El 20 de noviembre de 1975, los obispos católicos romanos de Estados Unidos emitieron su Plan pastoral de actividades pro-vida. El doctor Mumford ha descrito ese detallado programa como «la estrategia de los obispos para infiltrarse y manipular el proceso democrático estadounidense en los niveles nacional, estatal y local». Timothy A. Byrnes, profesor de ciencias políticas del City College de Nueva York, lo vio como «el liderazgo político más enfocado y agresivo» nunca antes ejercido por los obispos estadounidenses.

Ese plan incluía una brillantemente concebida campaña con una atención a los detalles digna de un gran partido político. También buscaba justificar la campaña utilizando la clásica técnica vaticana del pensamiento doble:

> No pretendemos imponer nuestra enseñanza moral a la sociedad estadounidense, pero como ciudadanos de esta nación creemos totalmente apropiado pedir que el gobierno y la ley sean fieles a su principio de que el derecho a la vida es un derecho inalienable otorgado a todos por el Creador.

El Plan pastoral ha tenido una larga lista de éxitos desde su aparición. Aunque aún está por alcanzar la total abolición del aborto en Estados Unidos, se ha anotado una impresionante serie de victorias en ese duradero conflicto. Uno de los logros más llamativos directamente atribuible a la camarilla católica fue persuadir al gobierno de Reagan de alterar los programas de asistencia extranjera para que fueran acordes con la posición de la Iglesia católica romana tanto sobre el control de la natalidad como sobre el aborto. En 1984, en la conferencia mundial de población en la ciudad de México, Estados Unidos retiró la financiación a dos de las organizaciones de planificación familiar más grandes del mundo: la Federación Internacional de Planificación de la Familia y el Fondo de Población de las Naciones Unidas.

El primer embajador de Estados Unidos en el Vaticano, William Wilson, ha confirmado que «la política estadounidense cambió a causa de que el Vaticano no estaba de acuerdo con ella. Los programas de asistencia estadounidense en el mundo no cumplían los criterios del Vaticano sobre planificación familiar. La Agencia para el Desarrollo Internacional [Agency for International Development, AID por sus siglas en inglés] envió a varias personas del Departamento de Estado a Roma, y yo las acompañé a reunirse con el presidente del Consejo Pontificio de la Familia, y en largas conversaciones ellos [el gobierno de Reagan] por fin entendieron el mensaje. Pero fue una batalla. Finalmente seleccionaron algunos programas y abandonaron otros como resultado de esta intervención».

En España, Chile, Filipinas y Polonia, así como en muchos otros países donde el voto católico puede afectar significativamente los resultados de una elección general, la Iglesia católica se ha infiltrado el proceso democrático. En conferencias mundiales, en la ONU, en el Consejo de Europa, en Estrasburgo, la Iglesia ha librado una campaña sin cuartel en su afán de lograr la prohibición mundial del aborto y el control natal artificial.

En el Reino Unido, en la última semana de marzo de 2004, el primer ministro, Tony Blair, anunció una serie de iniciativas religiosas al publicar un documento titulado *Trabajando juntos: cooperación entre gobierno y comunidades religiosos*. Las «iniciativas religiosas» son una idea «tomada» del gobierno de Bush. Este recurso ha brindado un acceso secreto al proceso democrático, a través del cual grupos de presión no elegidos, como la Iglesia católica romana, pueden influir en el Gobierno sobre muchos temas, predeciblemente encabezados por el aborto, el control de la natalidad y la homosexualidad. El presidente George W. Bush estaba muy bien predispuesto ante la posición católica sobre esos temas.

En Estados Unidos, los obispos católicos han solido actuar contra candidatos católicos que compiten por cargos políticos y que creen equivocado imponer su posición moral a los demás. Al gobernador Tom Ridge, de Pennsylvania, y a los candidatos texanos Tony Sanchez y John Sharp se les prohibió hablar en cualquier evento controlado por la Iglesia. En 2004, el candidato presidencial John Kerry fue acosado, calumniado y repetidamente sometido a descalificaciones morales. Las experiencias colectivas de estos candidatos desmienten la aseveración de 1974 de la Iglesia católica romana de que no quería imponer sus enseñanzas morales a la sociedad estadounidense.

Irónicamente, el papa se quejó de que «muchos creyentes son excluidos de las discusiones públicas». Luego reclamó que «se reconozca la legítima demanda de distinción entre asuntos religiosos y políticos», aunque «distinción no significa ignorancia». Llamó a un «sano diálogo entre el Estado y las Iglesias, que no son competidores sino socios». Concluyó esos comentarios de mediados de diciembre de 2003 a todos los embajadores acreditados ante la Santa Sede volviendo una vez más a su frecuentemente repetida solicitud de reconocimiento de que la religión debe seguir desempeñando un importante e influyente papel en la Unión Europea. Dijo que «Europa está teniendo dificultades para aceptar la religión en la plaza pública».

Tanto el fallecido papa como la mayoría de sus obispos nunca aceptaron la separación de la Iglesia y el Estado, por más que dijeran lo contrario y firmaran concordatos. En Estados Unidos, la Conferencia de Obispos Católicos ha pretendido a menudo actuar en nombre de la comunidad entera de la Iglesia católica de ese país. A lo largo de décadas ha creado políticas y procedimientos que aspiraban a tener impacto no sólo en los católicos, sino también en todos los demás estadounidenses. Los ejemplos de sus intentos por manipular el proceso democrático incluyen la política sobre disuasión nuclear, la política relativa a la inmigración y los extranjeros ilegales, cuestiones de atención a la salud y prácticas en hospitales tanto de financiación católica como no católica, el movimiento por el derecho a la vida y leyes relacionadas con el aborto, los movimientos del ministerio hispano y negro, el ministerio de la vida familiar, el ministerio juvenil y leyes vinculadas con la educación, las minorías, los inmigrantes y los derechos de los niños.

En septiembre de 1994, la conferencia de población de la ONU tuvo lugar en El Cairo. A ella asistieron representantes de 185 naciones y la Santa Sede. La agenda era un plan de 113 páginas de extensión que llamaba a los gobiernos a comprometer diecisiete mil millones de dólares anuales para el año 2000 para contener el crecimiento demográfico. Un 90 por ciento del plan había sido aprobado de antemano, pero el papa estaba determinado a destruir parte del resto. Estaba convencido de que una propuesta en concreto perseguía controlar la población mundial por medio del aborto. La cláusula ofensiva debía su inclusión, al menos en parte, a una directiva del gobierno de Clinton a todas las embajadas estadounidenses enviada el 16 de marzo de 1994: «Estados Unidos considera que el acceso a un aborto seguro, legal y voluntario es un derecho fundamental de todas las mujeres».

El presidente Clinton y su gobierno habían sido terminantes en el sentido de que la conferencia de El Cairo debía respaldar esa política. El papa estaba igualmente decidido a que no fuera así. A lo largo de nueve días, varias delegaciones vaticanas dieron una poderosa demostración de cómo hacer naufragar una conferencia internacional. Bajo la personal dirección de largo alcance del papa, cabildearon, obstruyeron y formaron alianzas non sanctas con naciones islámicas tradicionalmente opuestas al aborto. Mantuvieron además bajo control a su bloque latinoamericano. El papa prevaleció sobre los gobiernos de 185 naciones. Se insertó una declaración: «En ningún caso debe promoverse el aborto como método de planificación familiar». A cambio, el Vaticano otorgó un «consentimiento parcial» al documento. La prensa fue en gran medida hostil con el papa. Un crítico español observó que se había «convertido en vendedor a domicilio de la irracionalidad demográfica».

Los grupos de presión antiaborto han llegado extraordinariamente lejos para imponer su punto de vista. En diciembre de 1988, Nancy Klein fue víctima de un casi fatal accidente automovilístico en Long Island, Nueva York. Gravemente herida, cayó en coma mientras los médicos del hospital de la Universidad de North Shore luchaban por salvarle la vida. Informaron a su esposo y a su familia de que había pocas esperanzas, y que si sobrevivía quedaría en estado vegetativo. Había una complicación: la mujer de treinta y dos años tenía diez semanas de embarazo. Los médicos concluyeron que un aborto podía salvarle la vida. Cuando Martin, el esposo, solicitó autorización judicial para que se efectuara el aborto a su esposa inconsciente, un grupo de activistas antiaborto presentaron alegatos legales. Querían que el tribunal les otorgara el control sobre Nancy nombrándolos tutores de la criatura por nacer. Esto les concedería autoridad para forzarla a continuar su embarazo. Aunque la inconsciente Nancy moriría casi sin duda mucho antes de que su cuerpo pudiera sostener a la criatura hasta el final del embarazo, ésta era una consideración menor para los activistas «pro-vida».

Mientras el caso iniciaba su travesía por tres tribunales estatales en su camino hasta el Tribunal Supremo, aparecieron otros antiabortistas, quienes amenazaron con encadenarse a la cama de hospital de Nancy. Tres meses después del accidente, el Tribunal Supremo describió a los activistas antiaborto que habían llevado el caso a los tribunales como «absolutamente ajenos» a Nancy, quienes por lo tanto no tenían ningún derecho a determinar el destino de ésta. La corte ordenó que se realizara el aborto. Poco después de ello, Nancy recuperó la conciencia. Los forzados tres meses extra de embarazo más las lesiones sufridas en el momento del accidente le causaron graves daños neurológicos; ya no puede usar adecuadamente las extremidades y el habla ha quedado afectada, pero su cerebro está «tan lúcido como siempre». Tan lúcido, en efecto, que después dio conferencias y habló a favor del derecho al aborto y la investigación de células madre.

La separación de la Iglesia y el Estado y la borrosa «distinción» que hace el papa entre ellos fueron un significativo tema electoral en la contienda presidencial de 2004. Una controversia, instigada por el Vaticano y alimentada por los obispos estadounidenses y grupos de presión católicos romanos, se desató durante las elecciones primarias demócratas, centradas en el abanderado de ese partido, el senador John Kerry. Como ya se indicó, este senador católico romano fue elegido como blanco por los antiabortistas desde el principio de la contienda. Un grupo denominado Liga Estadounidense por la Vida (American Life League, ALL) publicó a principios de enero la lista de su «docena fatal». Todos los integrantes de esa lista eran políticos demócratas católicos romanos que creían que una mujer tenía derecho a decidir si quería tener o no un aborto. ALL es una fachada del Vaticano. Su presidenta, Judie Brown, pertenece a la Academia Pontificia de la Vida. Fue descrita por el *Daily Catholic* como uno de los cien principales católicos del siglo XX. Otro miembro directivo de ALL es el doctor Philippe Schepens, también miembro del Academia Pontificia de la Vida. Importantes políticos republicanos también apoyan la libre decisión, pero aún están por ser elegidos como blancos por ALL.

Este grupo de presión asegura tener trescientos setenta y cinco mil miembros. Parte de su campaña para ejercer la mayor presión posible sobre políticos católicos a fin de que apliquen «las enseñanzas morales de la Iglesia en su toma de decisiones mientras ocupan un cargo público» consiste en alentar a los obispos a tomar medidas disciplinarias contra políticos discrepantes. Y no tuvo que esperar mucho para que esto ocurriera. En abril, el Vaticano ya había adoptado como política la prohibición mundial de dar la eucaristía a cualquier político que mantuviera una postura proabortista. Varios obispos estadounidenses no querían limitar el asunto al aborto. Deseaban confrontar al senador Kerry y a otros políticos por el supuesto incumplimiento de sus deberes religiosos en cuanto a la pena de muerte, el papel del matrimonio y la familia, la guerra y la paz, los derechos de los padres, la prioridad por los pobres, la manera correcta de reaccionar ante los inmigrantes y muchas otras cuestiones.

Los activistas católicos están determinados a reescribir la historia.

Como se recordará, en su campaña por la presidencia en septiembre de 1960, John F. Kennedy había intentado resolver de una vez por todas el problema de la relación entre un político católico y su fe. En el Vaticano, algunos aplaudieron el nuevo activismo de la Iglesia estadounidense. Pero la mayoría lo consideró una estrategia de alto riesgo. Otros son más cínicos. Un importante miembro de la curia comentó: «Si eso distrae la atención del escándalo del abuso infantil, habrá servido a un propósito útil». Luego hizo una predicción alarmante. «Hay una camarilla en el Vaticano que quiere que el Santo Padre instruya públicamente a los católicos estadounidenses para votar por Bush o Nader o abstenerse». Al final, el Vaticano obtuvo el resultado que deseaba sin recurrir a esa táctica.

Aun si se está de acuerdo con la idea del papa de que el aborto es «la cultura de la muerte», es posible discrepar de su declaración de que una mujer que usa la píldora anticonceptiva «ya va camino del aborto». Para cualquier persona racional, uno de los motivos de que una mujer use un recurso anticonceptivo es precisamente evitar el riesgo de un aborto, y el riesgo de morir.

Es indudable que el aborto puede ser malo, y aun inmoral, en ciertas circunstancias. En Rusia, por ejemplo, un 60 por ciento de los embarazos terminan ahora en aborto, y uno de cada diez abortos se practican a mujeres menores de dieciocho años. En Estados Unidos, desde los catorce años algunas mujeres emplean el aborto como método anticonceptivo, supuestamente a causa de que «no son partidarias de las píldoras anticonceptivas, porque estropean el cuerpo, mientras que los condones, diafragmas y otros métodos hacen sentir que se ha previsto el sexo. Esto no es romántico». En los deportes femeninos, el embarazo seguido de un aborto se utiliza deliberadamente para aumentar el rendimiento. La Iglesia católica romana tiene razón al condenar tal desdén por la vida, tanto como no la tiene al insistir dogmáticamente en que el aborto siempre es indeseable en términos morales.

Cada año mueren más de medio millón de mujeres por complicaciones durante el embarazo, de acuerdo con la definición de «mortandad maternal» de la Organización Mundial de la Salud

(OMS): la muerte de una mujer durante el embarazo o en el curso de los cuarenta y dos días posteriores a él. La OMS ha establecido que, cada minuto, en alguna parte del mundo:

una mujer muere a consecuencia de complicaciones del embarazo. Cien mujeres sufren complicaciones relacionadas con el embarazo. Trescientas mujeres conciben un hijo no deseado o no planeado. Doscientas mujeres contraen una enfermedad de transmisión sexual.

Es obvio que si una amplia gama de métodos de planificación familiar estuvieran libremente al alcance de todos los hombres y mujeres del mundo, esa escalofriante cuota se reduciría drásticamente. Si se dispusiera siquiera de un limitado servicio de aborto estrictamente controlado, muchas de esas muertes que afectan directamente a mujeres que recurren a abortos ilegales y povocados en dudosas condiciones podrían evitarse, aunque la clave real es la anticoncepción, método negado a todas las mujeres por la Iglesia católica romana.

En los primeros meses de 1993, miles de mujeres fueron violadas en Bosnia por fuerzas serbias. Personal sanitario de la ONU distribuyó lo que suele conocerse como la «píldora del día siguiente», la cual actúa como abortivo. El Vaticano denunció en seguida esta acción, y el papa Juan Pablo II envió un mensaje a esas víctimas de violación instándolas a «transformar un acto de violencia en un acto de amor y bienvenida» mediante la «aceptación» del enemigo en ellas y su conversión en «carne de su carne» llevando su embarazo hasta el final. En abril de 1999 se dio a conocer que un creciente número de mujeres albanesas eran separadas de columnas de refugiados y trasladadas a un campo serbio cerca de la frontera con Albania, donde se las violaba repetidamente. Muchas de esas víctimas de violación eran apenas mayores de diez años. Cuando se supo que el Fondo de Población de la ONU había proporcionado trescientos cincuenta mil botiquines para la salud reproductiva de emergencia que fueron distribuidos entre los refugiados de Kosovo, y que esos botiquines contenían anticonceptivos «del día después», el Vaticano se apresuró de nuevo a condenar esa acción. Tras llamar a dicha píldora una «técnica para abortar», monseñor Elio Sgreccia, vicepresidente de la Academia Pontificia de la Vida, dijo que era importante distinguir entre «el acto de violencia y la realidad de nuevos seres humanos que han comenzado su vida».

En 2003, una víctima aún más joven, una niña de nueve años, Rosa, se convirtió en involuntario centro de controversia en Nicaragua. Mientras estaba de vacaciones con sus padres a finales de 2002 en Costa Rica, fue violada por un hombre de veinte años, y se sospechaba que también su tío la había agredido sexualmente. De vuelta en Nicaragua, cuando se hizo evidente que Rosa estaba embarazada, sus padres intentaron que abortara. En Nicaragua el aborto sólo se permite cuando la salud de la «mujer» está en peligro. Un consejo gubernamental concluyó que Rosa corría el mismo riesgo de salud llevando a término su embarazo que abortando. El Ministerio de la Familia de ese país aseguró que demandaría a quien ayudara a la niña a realizar un aborto. Una figura clave en esta historia es el cardenal Miguel Obando y Bravo. Habiendo logrado impedir el aborto, la Iglesia católica, para inducir a los padres de Rosa a dejar de buscar un médico que pusiera fin al embarazo, ofreció a aquélla techo y comida en un orfanato, donde afirmó que la niña de nueve años podría tener y criar a su bebé.

Para ese momento el caso ya había atraído atención mucho más allá de los límites de la patria de Rosa. Cuando un equipo médico efectuó el aborto, el cardenal anunció públicamente que la niña, sus padres, el equipo médico, los médicos, los consultores, las enfermeras y cualquier otro individuo que hubiera contribuido en cualquier forma al aborto estaban ex comulgados. Esta acción del cardenal no hizo más que echar leña a la hoguera. Grupos de mujeres de varios países estallaron. Una petición firmada por veinticinco mil personas en España se entregó al Vaticano, con el anuncio de que pronto le seguiría una con un millón de firmas. Los firmantes, predominantemente mujeres, pedían que a ellos también se les excomulgara. Al empezar a vaciarse rápidamente las iglesias de varios países, el Vaticano revocó la decisión de excomunión del cardenal.

En enero de 2005, otra niña de nueve años fue el centro de una controversia por el aborto. El país en esta ocasión fue Chile. La niña había sido violada, y cuando el caso se había convertido en asunto nacional, ella llevaba siete meses de embarazo. En consecuencia, las demandas de los grupos proabortistas fueron rechazadas por el ministro de Salud, Pedro García, quien instó a los chilenos a denunciar las agresiones sexuales contra menores. Esta controversia demostró que la Iglesia no tiene el monopolio de la irracionalidad en lo que se refiere al aborto.

En la patria del papa, la implacable presión de la Iglesia a lo largo de varios años provocó en 1993 el fin del aborto prácticamente a demanda. Ahora que a muy pocas mujeres se les considera idóneas conforme a una estricta legislación, las ricas echan mano de abortos privados, y las pobres se resignan a ser más pobres aún. Se calcula que doscientos mil abortos ilegales se realizan al año, a un costo medio de ciento veinticinco libras esterlinas, equivalente a un mes de salario. La Alianza de Izquierda Democrática (SLD) del que fue primer ministro Leszek se ha comprometido a legalizar el aborto con los criterios anteriores a 1993. La Iglesia católica en Polonia se ha indignado aún más dado que también se planea otorgar reconocimiento legal a las relaciones homosexuales.

En Irlanda, país dividido por la mitad sobre la cuestión del aborto y donde el acceso a éste es tan difícil como en Polonia, miles de mujeres cruzan cada año el Mar de Irlanda para abortar en clínicas privadas de Inglaterra. En Irlanda del Norte, la situación ha llegado a ser durante décadas casi surrealista. Sus seis condados forman parte del Reino Unido en todos los aspectos menos en la ley del aborto. Éste está estrictamente limitado a criterios que no se aplican en Inglaterra. Esta anómala situación se mantiene debido a un grupo de obispos católicos que se oponen a la voluntad del Parlamento.

La oficialidad de la Iglesia católica es capaz de llegar demasiado lejos para hacer cumplir disposiciones sexuales crueles o absurdas. En 1982, los actos de un cura de Munich fueron aprobados y defendidos por su arzobispo después de que aquél se negara a casar a una joven pareja porque aseguró que el novio, afectado de distrofia muscular, sería incapaz de consumar la unión. La oficina del arzobispo declaró: «La impotencia sexual es una barrera natural para el contrato matrimonial». El cura dijo al joven, confinado a una silla de ruedas, que tendría que demostrar que el matrimonio podía consumarse sometiéndose a un examen médico. El joven se negó. Una iglesia protestante local accedió «sin vacilar» a casar a la pareja.

El 19 de mayo de 1991, en una carta sobre el combate contra el aborto y la eutanasia dirigida a todos los obispos del mundo, el papa escribió:

> Todos nosotros, como pastores del rebaño del Señor, tenemos la grave responsabilidad de promover el respeto a la vida humana en nuestras diócesis. Además de hacer declaraciones públicas en cada oportunidad, debemos ejercer particular vigilancia respecto a la enseñanza que se imparte en nuestros seminarios y en escuelas y universidades católicas. Como pastores debemos estar atentos para asegurar que las prácticas seguidas en los hospitales católicos sean plenamente congruentes con la naturaleza de esas instituciones.

En agosto de 1994, la Congregación vaticana del cardenal Ratzinger declaró que no se debía practicar una histerectomía o ligadura de trompas a una mujer cuyos problemas en el útero representaban una amenaza para su salud en un futuro embarazo. Esto había sido solicitado mediante una resolución de los obispos estadounidenses de parte de hospitales católicos en todo Estados Unidos, los cuales habían declarado que esa intervención quirúrgica no era «moralmente aceptable». Antes, en marzo de 1987, la Iglesia determinó que la fecundación in vitro (FIV) también era moralmente inaceptable, aun en el caso de una mujer que sufre endometriosis y es por lo tanto es incapaz de concebir de forma natural. El problema de la anticoncepción y la enseñanza de la Iglesia de los últimos cincuenta años que aprobaba el «método de Ogino» se convirtió en un sinsentido con el anuncio, en julio de 2003, de que ese método no da resultado en todas las mujeres. Científicos canadienses establecieron que algunas mujeres pueden ovular hasta tres veces al mes. Dado que cualquiera de esos óvulos puede ser fecundado, «la planificación familiar natural es inútil».

La Iglesia ha dejado muy en claro que su enseñanza impone una absoluta prohibición del aborto, hasta el grado de permitir que una mujer muera antes que sacrificar la vida de la criatura por nacer. Para subrayar esa enseñanza particular, en mayo de 2004 la canonización de una laica italiana, Gianna Beretta Molla, tuvo lugar en la plaza de San Pedro. Gianna, de treinta y nueve años de edad en el momento de su muerte en 1962, es la primera santa casada en siglos. En la ceremonia estuvieron presentes su viudo, Pietro, de noventa y dos años, y sus cuatro hijos. Gianna estaba muy lejos de ser la candidata modelo para la canonización. Felizmente casada, dedicada a sus hijos pequeños, mujer activa a la que le gustaba esquiar e ir a La Scala, nada fue excepcional en su vida salvo la manera en que terminó.

Gianna estaba embarazada de su cuarta criatura cuando se le diagnosticó un tumor en la matriz. Las opciones eran limitadas. Debía practicársele una histerectomía para que los cirujanos pudieran extraer el tumor. La única alternativa era poner fin al embarazo. Gianna eligió otra opción: tendría a su bebé y luego se sometería a una delicada cirugía para la extirpación del tumor. Sabía muy bien que había una alta probabilidad de severas, y quizá fatales, complicaciones en el parto. «Si tienes que elegir entre mí y el bebé, sálvalo a él, insisto», le dijo a su esposo al acercarse la fecha del alumbramiento. En abril de 1962 nació un saludable bebé; una semana después, Gianna murió de peritonitis séptica. El Vaticano no está de acuerdo con considerar a Gianna como «la primera santa antiaborto», pero en opinión de muchos eso era precisamente lo que el papa había hecho.

En marzo de 2004 la Iglesia católica llevó la política de estilo estadounidense a las inminentes elecciones generales en el Reino Unido. El cardenal Cormac Murphy O'Connor y sus obispos se propusieron frustrar el intento del Partido Laborista de un tercer periodo sucesivo en el gobierno. Animado por comentarios del entonces líder conservador, Michael Howard, de que estaba a favor de una reducción en el límite temporal del aborto de las presentes veinticuatro semanas a veinte, el primado inglés tomó la tribuna pública. Elogió al líder conservador y declaró que el aborto era «un asunto muy importante en la elección». Lo cierto es que no había habido una sola mención del aborto hasta ese momento. Ya entrado en faena, el cardenal descalificó la tradicional opinión de que los católicos del Reino Unido eran en gran medida votantes laboristas. Entre sus propios feligreses, cuatro millones de presuntos católicos, sólo un 20 por ciento son practicantes. Una semana después de su entrada en el debate electoral, el cardenal volvió a la carga, esta vez para plantear los temas de la investigación de células madre y la eutanasia.

La Iglesia católica romana se entromete con regularidad en el ámbito político en su afán de obtener la prohibición mundial de la investigación de células madre y de limitar severamente el uso de la fecundación in vitro (FIV) a parejas heterosexuales casadas, y luego a la creación de no más de tres embriones. Italia tiene una de las leyes más restrictivas concernientes a la FIV. En junio de 2005, un referéndum sobre el asunto ofreció a los italianos la oportunidad de votar por leyes más liberales. La Iglesia entró en acción y, del papa Benedicto XVI para abajo, Italia fue instada a ignorar el referéndum. La población fue complaciente, y la participación no llegó al 20 por ciento, asegurando así que las leyes permanecieran sin cambios.

En España el conflicto entre la Iglesia y el gobierno socialista elegido en marzo de 2004 se ha situado en niveles de crisis desde que el nuevo gobierno llegó al poder. Leyes aprobadas desde esa elección que han liberalizado las causas del divorcio, terminado con la educación religiosa obligatoria en las escuelas públicas, promovido la investigación de células madre y permitido el matrimonio entre personas del mismo sexo, así como futuras leyes que permitirán el aborto libre hasta la 12-14.ª semana, tienen a la Iglesia española al borde de un ataque de apoplejía.

En octubre, el sínodo de obispos reunido en Roma aprobó varias propuestas que incluyen la reiteración de ciertas doctrinas eclesiales vigentes. Entre ellas están la persistente prohibición de los sacerdotes casados y la persistente prohibición de que los divorciados que vuelven a casarse «reciban la sagrada comunión». El sínodo también «exhortó» a esas parejas a abstenerse de tener relaciones sexuales. Declaró que se mantenía la prohibición de dar la comunión a los no católicos y advirtió a todos los políticos católicos romanos del mundo que no deben recibir la comunión «si apoyan políticas contrarias a la justicia y la ley natural», es decir, a la doctrina católica.

La batalla por imponer la línea católica en esos diversos temas es mundial. El hecho de que el gobierno español tenga un mandato electoral para hacer reformas fue considerado por la Iglesia como un hecho irritante. En el Reino Unido, Estados Unidos, Australia y muchos otros países, el desprecio del desaparecido papa por la democracia sigue influyendo profundamente en la mente de los obispos y cardenales que Karol Wojtyla nombró. Uno de los más recientes asaltos del Vaticano contra las leyes del aborto en Italia consistió en unir fuerzas con políticos de derecha e izquierda que cortejaban ansiosamente el voto católico para las elecciones generales previstas para abril de 2006. La Iglesia católica respalda la propuesta de que se pague a las mujeres para no abortar. De acuerdo con ese plan, las mujeres en condiciones económicas difíciles recibirían entre doscientos cincuenta y trescientos cincuenta euros al mes durante un plazo de hasta seis meses, siempre antes de dar a luz. Cómo mantener al bebé después de eso es algo de lo que no se ha hablado.

El azote del VIH-sida es un área más en la que la enseñanza y el tratamiento católicos están en directo conflicto con las prácticas de la atención a la salud no católica. Más del 26,7 por ciento de los centros de tratamiento de VIH-sida de todo el mundo son servicios católicos romanos. La variedad de tratamientos disponibles en esos centros no incluye la distribución de condones e instrucciones sobre prácticas de «sexo seguro». La alternativa católica, compartida con el gobierno de Bush, consiste en abogar por la total abstinencia sexual. La Iglesia tampoco aprueba las campañas de prevención del VIH-sida que incluyen el uso del condón. En palabras del arzobispo Javier Lozano Barragán, principal funcionario de la Santa Sede sobre asuntos de atención a la salud, la Iglesia ve esas campañas como «una contribución al despliegue de la cultura de la permisividad sexual». Dado que se sabe que muchos curas y monjas rompen sus votos de celibato, uno se pregunta cómo se espera que los laicos los mantengan sin el beneficio de una vocación ni el constante apoyo y supervisión de la Iglesia. Sería instructivo comparar el éxito de las clínicas sin condones con el de los centros no católicos, aunque es de suponer que no se dispone de cifras precisas.

En repetidos pronunciamientos, la jerarquía de la Iglesia católica ha demostrado su total ignorancia de la función de los condones en la prevención de embarazos no deseados y el control de la propagación del sida. Por ejemplo, el entonces cardenal Ratzinger declaró:

Buscar una solución al problema del contagio promoviendo el uso de profilácticos sería embarcarse en una vía no sólo *insuficientemente segura desde el punto de vista técnico*, sino también, y sobre todo, inaceptable desde el aspecto moral. Tal propuesta de sexo «seguro» o, al menos, «más seguro», como lo llaman, ignora la verdadera causa del problema, o sea la permisividad, la cual, en el área sexual tanto como en la relacionada con otros abusos, corroe el temple moral de la gente.

El cardenal Alfonso López Trujillo dijo: «El virus del sida es unas cuatrocientos cincuenta veces más pequeño que el espermatozoide. El espermatozoide puede pasar fácilmente la «red» formada por el condón». En un artículo en el periódico británico *The Guardian*, la columnista Polly Toynbee respondió directamente al cardenal López Trujillo.

Nadie puede contabilizar cuántas personas han muerto de sida a causa del poder de Wojtyla, cuántas mujeres han muerto en el parto innecesariamente, cuántos niños mueren de hambre en familias demasiado grandes y pobres para alimentarlos. Pero es razonable suponer que las calladas, invisibles, incontables muertes a manos suyas igualarían las de cualquier tirano o dictador. Quizá se deban a engaño más que a maldad, pero esto difícilmente les importa a los muertos.

En septiembre de 2004, Ann Smith, asesora en la corporación de VIH de Cafod, la agencia de desarrollo de los obispos católicos de Inglaterra y Gales, reveló que esa agencia, contrariamente a la línea propugnada por el Vaticano, distribuye condones como parte de su propuesta de tres fases para combatir el VIH. En un artículo en el *Tablet*, dijo:

> Los datos indican claramente que los condones, cuando se usan en forma correcta y consecuente, reducen, aunque no eliminan, el riesgo de contagio del VIH. Este hecho no puede excluirse ni falsearse en la información sobre las estrategias de reducción del riesgo, sin importar la postura política o moral de quienes las promueven.

Este enfoque ilustrado indignó al recién formado Grupo de Acción Católica (Catholic Action Group, CAG), que a principios de 2005 montó una campaña respaldada por el gobierno de la ciudad de Londres para llamar a un boicot financiero de Cafod.

El VIH-sida fue identificado en 1981. En los veinticinco años subsiguientes, cerca de sesenta y cinco millones de personas fueron contagiadas de VIH, y se calcula que veinticinco millones han muerto de enfermedades relacionadas con el sida. Se estima que cerca de cuarenta millones viven con VIH. La inmensa mayoría de esas personas ignoran su estado de salud. En 2005 murió un número aproximado de 2,8 millones de víctimas de sida. Que el fallecido papa Juan Pablo II, su sucesor el papa Benedicto XVI y hombres como el cardenal López Trujillo se hayan mantenido tan inflexibles respecto al uso de condones es particularmente irónico cuando se tiene en cuenta el informe elaborado por la hermana Maura O'Donohue [«Preocupaciones urgentes para la Iglesia en el contexto del VIH/sida»] que ya mencionamos anteriormente. La hermana Maura, médica de la orden de Misioneras Médicas de María, viajó durante seis años por África, Asia, América y Europa. Esas visitas formaron parte de su labor como coordinadora de sida del Fondo Católico para el Desarrollo en el Exterior (Catholic

Fund for Overseas Development, CAFOD), el cual opera como principal agencia de programas de VIH-sida de Caritas Internacional (CI). El propósito más importante de la labor de la hermana Maura era concienciar al personal eclesiástico sobre el VIH/sida.

El informe de la hermana Maura fue presentado confidencialmente en febrero de 1994 al cardenal Eduardo Martínez, prefecto de la Congregación de la Vida Religiosa del Vaticano y su superior último. Una fuente dentro de esa congregación puso amablemente una copia a mi disposición. El informe de la hermana Maura comenzaba exponiendo la realidad de la pandemia del sida. Sus datos mostraban el caso de un país particular con un índice de contagio de 13 por ciento entre el clero diocesano, y con otros dieciséis miembros de una orden religiosa que ya habían muerto de sida. La hermana Maura advirtió que, mientras la enfermedad se difundía, había una cultura de confidencialidad en la jerarquía de la Iglesia.

Muchos obispos y superiores religiosos empezaron a solicitar pruebas obligatorias de VIH para todos los candidatos a los seminarios y la vida religiosa, pero no se ocupaban de los sacerdotes o religiosos en servicio que ya estaban contagiados o que podían contraer el VIH en el futuro.

En los últimos veinticinco años, a los fieles católicos debe haberles parecido a menudo que, sin importar hacia qué lado se giraran, ahí estaba el hombre de Polonia diciendo «no», particularmente en lo relativo a materias que concernían al sexo o al género femenino. Pero no era que Karol Wojtyla añadiera nuevas actividades a la lista de las ya prohibidas. Era más bien la constante repetición de lo ya prescrito, la total ausencia de compasión, el obvio deleite en la incesante cascada de airadas abominaciones que salían del papa o su alma gemela, el cardenal Ratzinger. El Concilio Vaticano II fue invariablemente dejado de lado y olvidado mientras el papa retrocedía mentalmente al siglo XIX, haciendo sólo una pausa para rescatar el peor legado del Concilio Vaticano I, la declaración de la infalibilidad papal. Adoptó asimismo el

Compendio de errores de Pío IX, y la complementaria encíclica *Quanta Cura*. Juan Pablo II tenía mucho en común con Pío IX, quien mostró un profundo desagrado por el gobierno democrático y una preferencia por monarquías absolutas. Pío IX también denunció a «quienes propugnan la libertad de conciencia y la libertad de religión», así como a «todos aquellos que afirman que la Iglesia no puede usar la fuerza». Espiritualmente, Wojtyla parecía haber vivido poco después del inicio de la contrarreforma en el siglo XVI y antes de que los Estados pontificios se perdieran finalmente a mediados del siglo XIX.

Aparte de la madre Teresa y la Virgen María, su conocimiento de las mujeres estaba severamente limitado. La cuestión de las sacerdotisas es un ejemplo adicional no tanto de un problema de comunicación como de incapacidad para comprender.

La valiente confrontación de la hermana Kane con el papa en octubre de 1979 sobre el asunto de las sacerdotisas ya fue referida en un capítulo anterior, lo mismo que el comentario que le dio por respuesta en Roma cuando desdeñó a esa monja y sus partidarias como mujeres «irritadas y amargadas por nada». Pero la inflexibilidad del papa no se limitó a materias doctrinales. Su fanatismo tenía igualmente expresiones concretas. No toleraba discusiones, diálogos ni intercambios de opiniones. Sobre el tema de las sacerdotisas declaró: «Eso nunca sucederá y punto». Dado que la Iglesia sufrió una siempre creciente escasez de sacerdotes durante todo el pontificado del fallecido papa y dado que mujeres devotas, muy inteligentes y con mucho talento han pedido la oportunidad de integrarse al sacerdocio, todas las encuestas de opinión disponibles indican que la solución de las sacerdotisas sería bienvenida en todo el mundo católico, excepto en la Santa Sede.

No había una sola objeción bíblica que el papa, Ratzinger y el resto de los reaccionarios pudieran alegar; así, se limitaban a declarar que Cristo no había elegido a ninguna mujer como apóstol. Tampoco eligió a ningún gentil.

Cuando la Iglesia anglicana empezó a ordenar sacerdotisas en 1982, las reacciones furibundas no se limitaron a las filas de los protestantes conservadores. También fue muy evidente en los edificios de las congregaciones en Roma. Antes, y pese a tantas bonitas palabras de reconciliación, se habrían necesitado varios milagros para que Roma y Canterbury pudieran cerrar la brecha entre ellas. La plena reconciliación de las dos principales ramas del cristianismo está al menos a tres papas de distancia. Para entonces quedará una minoría de mujeres con educación universitaria en la Iglesia.

Es invariablemente la madre, no el padre, quien asegura la preservación de la fe en la descendencia. Aleja a la madre y alejarás a la familia. El Vaticano, con su normal y tradicional visión de la historia, cree, primero, que el feminismo es «algo» que se limita a Estados Unidos y, segundo, que «es una moda pasajera». Cada día en que esa opinión se mantiene es un día más de daño para una Iglesia que no ha dejado de perder su sangre vital desde que prohibió el control artificial de la natalidad en 1968.

La falta de compasión real del papa quedó adicionalmente demostrada en su reacción ante las solicitudes de sacerdotes de ser liberados de sus votos para retornar al estado laico. Pablo VI había aprobado cerca de treinta y tres mil de esas solicitudes. Poco después de su elección, Juan Pablo II detuvo la concesión automática de lo que llamó «decretos de laicización». Para él, el sacerdocio era una vocación de por vida. No podía aceptar que se perdieran vocaciones. Sólo la presión directa lo hacía cambiar de curso. De acuerdo con una fuente del Vaticano, «fue únicamente cuando el papa preparaba su primer viaje a Brasil, en 1980, cuando actuó en la cuestión de la laicización. Los obispos brasileños le dijeron que si no hubiera indicado oficialmente antes de su viaje que ya se daban pasos para crear leyes que permitieran a individuos dejar el sacerdocio, habría tenido que hacer frente a manifestaciones públicas en su viaje a Brasil de gran cantidad de sacerdotes. Se siguió avanzando en el asunto, y el nuevo acuerdo se hizo público en otoño».

A juzgar por lo que me dijo esa fuente del Vaticano, el nuevo acuerdo firmado por el papa Juan Pablo II causó mucha angustia en los años sucesivos. Un sujeto puede dejar el sacerdocio sólo si se da alguna de estas tres condiciones. Primero, el paso de un largo periodo desde que vivió como sacerdote y la imposibilidad de abandonar su situación presente, siendo el supuesto tácito que tiene esposa e hijos. Segundo, la coacción parcial o total del solicitante para ser sacerdote en primera instancia, o tercero, el hecho de que sus superiores no hayan notado a tiempo que no era apto para la vida célibe. Así, dos de los tres criterios son de orientación sexual. La idea de que un sacerdote, lo mismo que una enfermera, maestro, médico o cualquier otro miembro de las docenas de profesiones vocacionales, pueda perder su vocación por incontables razones, desde el desencanto o la soledad hasta la extenuación espiritual, aparentemente nunca se les ocurrió al papa y sus asesores. Sin dispensa papal, muchos están condenados a vivir divididos, sin ser sacerdotes ni laicos.

Tenemos así una Iglesia en la que las mujeres no pueden entrar al sacerdocio y de la que a los hombres les resulta casi imposible salir de él.

Entre los muchos asesores de Karol Wojtyla primero estuvo el hombre que en diciembre de 1981 fue nombrado prefecto de la Congregación de la Doctrina de la Fe, antes Santo Oficio. El cardenal Joseph Ratzinger se ha ganado a lo largo de los años también otros títulos, entre ellos el de Verdugo del Vaticano. La neutralización del teólogo alemán Hans Küng fue orquestada por Ratzinger aun antes de que ascendiera a tan alto puesto en el Vaticano. La lista de eruditos y pensadores de la Iglesia católica —algunos de ellos los mejores en su campo— silenciados por Ratzinger en los últimos veinticuatro años es larga. No es de sorprender entonces que, de acuerdo con Clifford Longley, consultor editorial del *Tablet* y autor y periodista de temas religiosos internacionalmente reconocido desde hace mucho tiempo, el cardenal Ratzinger sea «repudiado y temido en todo el mundo católico».

Y no sólo en el mundo católico. En 1986, el cardenal Ratzinger, con pleno apoyo del papa, emitió una carta a los obispos de la Iglesia católica sobre la atención pastoral de personas homosexuales.

En ella comenzaba recordando a sus lectores el contenido del documento citado al principio de este capítulo, el documento de 1975 sobre ética sexual expedido por uno de los predecesores de Ratzinger, el cardenal Seper, quien se refirió al supuesto periodo de corrupción moral entonces en curso como «desenfrenada exaltación del sexo».

Al cardenal Ratzinger le inquietaba que, tras el documento de 1975, «se haya dado una interpretación demasiado benigna a la condición homosexual, al grado de considerarla neutra, o hasta buena. Aunque la particular inclinación de la persona homosexual no es pecado, se trata de una tendencia más o menos fuerte que trae consigo un intrínseco mal moral; así, la inclinación misma debe verse como un trastorno objetivo. Por lo tanto, especial preocupación y atención pastoral debe dirigirse a quienes tienen esta condición, para que no se sientan inducidos a creer que la vivencia de tal orientación en la actividad homosexual es una opción moralmente aceptable. No lo es».

Ratzinger condenó la actividad homosexual porque «no es una unión complementaria, capaz de transmitir vida; así, frustra el llamamiento a la vida de esa forma de altruismo que el Evangelio asegura que es la esencia de la vida cristiana». Sin embargo, esta situación es precisamente la misma que todos los sacerdotes célibes y las religiosas vírgenes juran mantener. Ratzinger afirmó que al negar a los homosexuales, pasivos o activos, libertad de pensamiento y acción, la Iglesia «no limita, sino más bien defiende la libertad y dignidad personal realista y auténticamente entendida». Consideraba, así, que el abandono de la actividad homosexual era una «conversión del mal». Para una carta que decía interesarse en la atención pastoral de los homosexuales, su tono era de singular hostilidad, algo de lo que no estaba exenta la amonestación final: «Debe retirarse todo apoyo a cualquier organización que busque minar la enseñanza de la Iglesia, que sea ambigua a este respecto o que la desatienda por completo. Especial atención debe concederse a la práctica de programar ceremonias religiosas y el uso de edificios eclesiales por esos grupos, incluidas las instalaciones de escuelas y colegios católicos».

El papa no sólo aprobaba sinceramente esta postura durante sus reuniones regulares de los viernes con el cardenal Ratzinger, sino que además contribuía enormemente a la elaboración de esa clase de documentos. Otro ejemplo ocurrió cuando el Verdugo del Vaticano emitió una nueva proclamación en 1992, titulada «Consideraciones respecto a propuestas para dar reconocimiento legal a uniones entre personas homosexuales». Ésta era una parte del intento del Vaticano por movilizar a la opinión católica romana contra leyes de igualdad de derechos para hombres y mujeres homosexuales, entonces inminentes en varios países. Tras reafirmar muchas de las opiniones y directivas contenidas en su carta de 1986, el cardenal Ratzinger definió a quiénes se les debía otorgar y a quiénes no el derecho de ser protegidos de la discriminación. «La orientación sexual no constituye una cualidad comparable a la raza, el origen étnico, etc., respecto a la no discriminación. A diferencia de aquéllas, la orientación homosexual es un trastorno objetivo y evoca una preocupación moral.» Después de una serie de supuestas justificaciones de esta postura, el cardenal observó:

Además, existe el peligro de que las leyes que conviertan a la homosexualidad en base de derechos alienten a una persona de orientación homosexual a declarar su homosexualidad o incluso a buscar una pareja con objeto de explotar las disposiciones de la ley.

Ratzinger no se limitaba a áreas específicas como la posibilidad de adopción de niños por una pareja homosexual; deseaba visiblemente que los homosexuales siguieran confinados como ciudadanos de segunda clase, porque, en su opinión, eran obviamente seres humanos de segunda clase. Durante el verano de 2003, el papa y Ratzinger se sintieron cada vez más inquietos de que, a la luz de las leyes vigentes o en proyecto en muchos países, estuvieran perdiendo el debate. Así, salieron de nuevo a las barricadas y otro documento redactado en la congregación de Ratzinger hizo gala de una terca resistencia a la ascendente ola de tolerancia y comprensión de los homosexuales en muchas sociedades.

A quienes pasan de la tolerancia a la legitimación de derechos específicos para personas homosexuales en cohabitación, debe recordárseles que aprobar la legalización del mal es algo muy diferente a tolerar el mal (...). —Ratzinger decía después a sus lectores—: En aquellas situaciones en las que se han reconocido legalmente las uniones homosexuales, o han recibido condición legal y derechos pertenecientes al matrimonio, la clara y enfática oposición es un deber. (...) Debemos abstenernos de cualquier tipo de cooperación formal en la promulgación o aplicación de leyes tan gravemente injustas y, tanto como sea posible, de cooperación material en el nivel de su aplicación. En esta área, todos podemos ejercer el derecho a la objeción de conciencia.

Cabe preguntarse exactamente a cuántos abogados penales internacionales consultó y pidió opinión Ratzinger antes de emitir tan torpe y peligrosa doctrina. En su opinión, no era válida ninguna ley que otorgara derechos legales «análogos a los que se conceden al matrimonio, a uniones entre personas del mismo sexo». Al referirse al matrimonio homosexual, Ratzinger usó en 2003 el mismo argumento:

Las uniones homosexuales carecen por completo de los elementos biológicos y antropológicos del matrimonio y la familia que serían la base, en el nivel de la razón, para otorgarles reconocimiento legal. Tales uniones no pueden contribuir de una forma apropiada a la procreación y supervivencia de la raza humana.

Como muchos otros trabajos del cardenal Ratzinger, el aguijón estaba reservado para sus ideas conclusivas. Éstas trataban de la postura del político católico al enfrentarse a propuestas de ley para el reconocimiento de uniones homosexuales. Ratzinger instruyó que el político católico tenía «un deber moral de expresar su oposición en forma clara y pública y de votar en contra. Votar a favor de una ley tan perjudicial para el bien común es gravemente inmoral». Si esa ley ya había sido aprobada, Ratzinger aconsejaba al político «oponerse, tratar de revocarla o hacer todo lo posible para limitar su daño». El lector notará que, en el mundo de Ratzinger, todos los políticos son varones.

Si al inicio del pontificado del papa Juan Pablo II la cuestión del abuso sexual clerical se hubiera abordado con sólo un poco de la energía que la Iglesia ha invertido en su persecución de los homosexuales, ese escándalo se habría resuelto hace cerca de veinte años. Lo que el papa y su cardenal intentaban mediante esa línea de ataque contra los homosexuales no era sólo minar la separación histórica entre Iglesia y Estado, sino, al hacerlo, apropiarse también del proceso democrático. Hombres no elegidos instalados en el Vaticano exigían que sus pareceres y opiniones prevalecieran no sólo sobre los fieles católicos romanos, sino también sobre todos los no católicos.

La fe católica no es la única rama del cristianismo que actualmente batalla con el asunto de la homosexualidad. La Iglesia anglicana está al borde del cisma precisamente por la misma controversia; pero aunque se encuentre al borde mismo del precipicio, su líder, el doctor Rowan Williams, logra de cualquier forma mantener una tranquila, razonada y conciliatoria posición tanto ante los grupos a favor como ante los grupos en contra dentro de su grey. En cambio, cuando el papa se reunió con el arzobispo de Canterbury en octubre de 2003, lo sermoneó, y luego lo atacó por «minar la enseñanza de Cristo» y lo acusó de ceder a la presión secularista. El hecho de que el Vaticano esté repleto de homosexuales fue ignorado por el papa, y el arzobispo se abstuvo diplomáticamente de señalárselo.

Mientras el cristianismo y sus líderes se enfrentaban en muchas partes del mundo a una sociedad crecientemente secular, el papa y sus asesores en la Iglesia optaban por retroceder a una posición anterior al Concilio Vaticano II. Hemos vuelto al imperio del papado que entregó al mundo el Compendio de errores y la encíclica complementaria *Quanta Cura*. En estos documentos Pío IX reprobó la ilimitada libertad de palabra y la libertad de prensa. El concepto de igualdad de condiciones para todas las religiones fue totalmente rechazado. Para Pío IX, «el error no tiene derechos», opinión manifiestamente compartida por el papa Juan Pablo II y el cardenal Ratzinger.

La combinación de Karol Wojtyla y su ejecutor Ratzinger genera sin duda considerable aprensión en un gran porcentaje de teólogos católicos. Entre los que fueron silenciados estuvo el teólogo brasileño y sacerdote Leonardo Boff, uno de los muchos que sufrieron a causa de su apoyo a la teología de la liberación. Se le ordenó que no hablara, enseñara ni publicara sus opiniones, y finalmente fue expulsado del clero a principios de los años noventa. Otro teólogo que sufrió lo que los críticos describieron como el «excesivo celo de Ratzinger» fue el padre Jacques Dupuis, profesor de la Universidad Gregoriana de Roma que se atrevía a valorar otras religiones no cristianas. En vista del hecho de que el entonces cardenal Ratzinger extendía su desdén más allá de los no cristianos para incluir también a ramas no católicas romanas del cristianismo, a las que juzgaba hallarse «en una situación gravemente deficiente», era inevitable la llegada de malos tiempos debido a Ratzinger y sus subalternos. Esto ocurrió puntualmente. Dupuis, seriamente enfermo cuando en el año 2000 Ratzinger lanzó sobre él su inquisición, murió en 2004.

La lista de los teólogos que fueron silenciados, expulsados o perjudicados por el prefecto de la Congregación de la Doctrina de la Fe es impresionante, e incluye inevitablemente al padre de la teología de la liberación, fray Gustavo Gutiérrez, el cual fue sometido a una caza de brujas por los obispos peruanos a instancias de Ratzinger. Es probable que nada de esto sirva de alivio a los católicos laicos que han sufrido y siguen sufriendo a causa de los diversos edictos promulgados por el fallecido papa y su mano derecha, pero ciertamente tienen muy ilustres compañeros.

Hoy, en las altas esferas del Vaticano, las vallas con las que se intenta confinar el mundo moderno alcanzan en ocasiones lo surrealista. Ratzinger, quien gusta de tocar música de Beethoven para relajarse, ha descrito el rock como «una expresión de bajas pasiones que, en grandes concentraciones musicales, asume características de culto o se convierte incluso en un contraculto opuesto al cristianismo. El rock busca liberar falsamente al hombre a través de un fenómeno de masas basado en ritmo, ruido y efectos de iluminación».

Cree además que la música pop es «un culto a la banalidad producido industrialmente (...)», y concluyó que la ópera había «devorado lo sagrado» en el último siglo.

Tanto para el desaparecido Juan Pablo II como para su sucesor, los seguidores de cualquier religión que no sea el catolicismo romano están en una «situación gravemente deficiente», algo que en gran medida podría decirse también del avance ecuménico e interreligioso. Con la publicación del documento *Dominus Iesus* en diciembre de 2000, el Vaticano reafirmó su doctrina de que la Iglesia católica es la única Iglesia «verdadera». Ratzinger escribió asimismo: «Los católicos no desean imponer a Cristo a los judíos, pero esperan el momento en que Israel diga sí a Cristo».

En la primera semana de noviembre de 2003, Juan Pablo II se dijo «satisfecho» de los esfuerzos ecuménicos emprendidos durante su pontificado. Comentó que «el progreso ecuménico de los últimos veinticinco años ha sido sustancial».

Teniendo en cuenta los comentarios del papa al líder de la Iglesia anglicana, la publicación de un documento en el que se asevera que los seguidores de todas las demás Iglesias y credos son gravemente deficientes y el virtual estado de guerra que existe entre el Vaticano y la Iglesia ortodoxa rusa, el motivo de esa satisfacción del papa sigue siendo un misterio.

El Vaticano dio una poderosa demostración, el 29 de noviembre de 2005, de que Karol Wojtyla sigue vivo, no sólo en espíritu, sino también en la forma terrestre de su sucesor, al publicar una Instrucción sobre los homosexuales y los seminarios. Este documento, producto de más de una década de deliberaciones, se preparó a petición del fallecido papa y fue la primera Instrucción emitida en el pontificado de Benedicto XVI. En ella se proscribe a los homosexuales de los seminarios. Los aspirantes a sacerdotes que experimenten un «problema transitorio» podrían ser ordenados, siempre y cuando hayan vivido una vida casta durante un periodo de tres años. En cuanto a los muchos miles de sacerdotes que son homosexuales en activo en todo el mundo y a los obispos y cardenales también homosexuales en activo, la Instrucción guardó silencio.

La Iglesia católica difícilmente reconoce alguna vez un divorcio o segundo matrimonio mientras el primer cónyuge vive aún. La solución para quienes desean volver a casarse y seguir siendo buenos católicos es buscar una anulación, en la que la Iglesia, tras un debido proceso legal, resuelve que un matrimonio perfectamente válido jamás existió en primera instancia. Tal disposición está inevitablemente expuesta a abusos. En Italia el 3 de julio de 1974, Claudio Cesareo y Marina Volpato contrajeron matrimonio en una ceremonia religiosa celebrada en la parroquia de Santa María en el Trastévere. Casi a fines de 1980, Claudio dejó el hogar marital para continuar una aventura adúltera. Siguió acostándose con su esposa, y diez meses después regresó con Marina, poco antes de que ésta diera a luz a su primera criatura. En 1984 nació una segunda criatura. Ambas fueron bautizadas, y el padre dispuso su primera comunión y, después, la confirmación de su hija mayor.

Hombre devoto, Claudio asistió a un curso prematrimonial con Marina, durante el cual la pareja conoció en detalle las diversas obligaciones religiosas que estaban a punto de contraer. También asistió a una extensa variedad de ceremonias religiosas, incluida la celebración de varios aniversarios de bodas y servicios fúnebres religiosos. Insistió asimismo en ir con su esposa al santuario de Medjugorje en Yugoslavia, y en que se arrodillaran a rezar ante la Santísima Virgen. En 1993, Claudio abandonó de nuevo el hogar marital, esta vez definitivamente. Formó un hogar con una mujer danesa, y tuvo un hijo de esta relación. Marina, aceptando por fin que su matrimonio había terminado y preocupada de que sus dos hijas pequeñas recibieran al menos la ayuda material de su padre, entabló juicio de divorcio, durante el cual tenía todas las expectativas de que el tribunal asegurara el porvenir de sus hijas.

En un intento por evitar el pago de la pensión alimenticia, Claudio recurrió al vicariato de la Ciudad del Vaticano en busca de una anulación. Inicialmente su argumento fue que, aunque se había presentado a una ceremonia religiosa, nunca había creído en Dios. Aconsejado por funcionarios judiciales de que, a la luz de su asistencia a numerosas actividades religiosas, el alegato de que era ateo iba a ser un tanto difícil de establecer, Claudio cambió su estrategia. «Compró» un testigo, quien declaró que antes de la boda Claudio le había dicho que no creía en la indisolubilidad del sacramento del matrimonio. Casos como éste se ven muy a menudo favorecidos si se pone dinero en los lugares adecuados; el padre de Marina, Sergio, insistiría en que este caso no fue distinto. El tribunal del Vaticano resolvió a favor de Claudio y su matrimonio se anuló como por arte de magia. Pese a las inapelables evidencias de una esposa y dos criaturas, su matrimonio nunca había existido, y por lo tanto no había pensiones que pagar. El tribunal también resolvió que, si quería, Marina era libre de casarse, pero a Claudio se le prohibió «volver a casarse sin previa consulta al obispo local».

Años antes de que este triste caso llegara a su conclusión, el cardenal Ratzinger, en otro edicto de su oficina destinado a los obispos de todo el mundo, declaró que, en un segundo matrimonio no autorizado, los católicos divorciados no podían recibir la comunión a menos que renunciaran al sexo. Consecuentemente, cualquier pareja en dificultades que desee evitar una vida de celibato debería abandonar sus planes de divorcio, «comprar» un par de persuasivos testigos y dirigirse a los tribunales del Vaticano. En enero de 2002, al hablar ante miembros de la Rota Romana, el papa sugirió a los abogados congregados ante él que podían invocar su objeción de conciencia para no involucrarse en casos de divorcio. A un eminente abogado italiano se le oyó murmurar: «¿Qué?, ¿y perder las dos terceras partes de mis ingresos?».

Para marzo de 2004, sólo tres países mantenían la completa prohibición del divorcio, y uno de ellos, Chile, el único en América donde se aplicaba la prohibición total, ya había iniciado el proceso legislativo para legalizar el divorcio. Había sido una larga y encarnizada batalla, con una resistencia encabezada por la Iglesia católica. Antes de fines de ese mismo año, el divorcio fue legalizado, lo que asestó una asombrosa y humillante derrota a la Iglesia. Sólo Malta y Filipinas siguen siendo hoy países sin divorcio.

Capítulo 12 | El Vaticano Inc. II →

Durante la década de 1980, el arzobispo Marcinkus y sus secuaces en el Istituto per le Òpere di Religione (IOR) o, como se lo conocía universalmente, el Banco del Vaticano, continuaron haciendo dinero para la Iglesia mientras seguían el consejo del papa Juan Pablo II e ignoraban a sus críticos. Fue más difícil ignorar el persistente déficit presupuestario de la Santa Sede. Año tras año, las finanzas vaticanas presentaban números rojos. Esto había sucedido desde 1970, y continuaría hasta principios de la década de 1990. A las congregaciones católicas de todo el mundo se les decía que la suya era una Iglesia de los pobres, y se les pedía cada vez mayores donativos. Pero la verdadera razón de ese déficit era la contabilidad vaticana. Las escasas cuentas que el Vaticano hacía públicas eran sólo una declaración parcial. No incluían las cuentas y ganancias anuales del Banco del Vaticano, ni las cuentas y ganancias anuales del presupuesto del Estado de la Ciudad del Vaticano. Los estados financieros consolidados de la Santa Sede enumeraban acciones y valores a su precio de compra, no a su valor de mercado. Las inmensas inversiones inmobiliarias de la Santa Sede eran deliberadamente infravaloradas. Este enmarañado método aseguraba que la Santa Sede siempre pareciera estar en déficit. En 1985 aparentemente arrojó números rojos por poco menos de cuarenta millones de dólares, y en 1990 por más de ochenta y seis millones.

La explicación del Vaticano era siempre la misma: «(...) Las principales causas de los incrementos proyectados en el déficit son los recientes aumentos salariales a los empleados laicos. (...) Las condiciones del mercado internacional. (...) Circunstancias imprevistas». Nada había cambiado desde que el papa Pablo VI había instruido al cardenal Vagnozzi para que estableciera un resumen exacto de la posición financiera del Vaticano. Las reuniones para tratar las crisis financieras en el Vaticano eran algo habitual. En 1985 volvió a reunirse el colegio cardenalicio, pues el Vaticano calculaba un déficit ese año de poco más de cincuenta millones de dólares. Después de que los cardenales alemanes, estadounidenses e italianos fueran sometidos a la acostumbrada presión, a esa cifra se le habían restado más de diez millones.

El proceso se repitió en 1986, reduciendo el déficit a veintidós millones de dólares. Pero los tres del Vaticano, Marcinkus, monseñor Pelligrino De Strobel y Luigi Mennini, siguieron ignorando todas las demandas de los magistrados italianos que hacían la investigación para presentarse a ser interrogados. El arzobispo Marcinkus declaró: «¿Por qué tendría yo que responder sus preguntas? Todos ellos son comunistas». Así, continuaba dividiendo su tiempo entre el palacio, en su carácter de vicegobernador, y el banco. Fuera de horas hábiles, mantenía un perfil más bajo que en épocas pasadas.

En noviembre de 1986, el cardenal de Colonia, Joseph Höffner, pidió que Marcinkus fuera reemplazado por un presidente no clerical. El cardenal de Filadelfia, John Krol, presentó públicamente la propuesta de que el Banco del Vaticano fuera sometido a una auditoría anual por una compañía de ámbito internacional. Casi todos los demás cardenales, incluido el gobernador del Vaticano, el cardenal Sebastiano Baggio, se quejaron de tener como presidente del banco a una persona tan sumida en el escándalo y bajo tan constante amenaza de arresto que resultaba de poca utilidad. La mayoría de los quince cardenales de la comisión financiera del Vaticano creada en 1981 coincidieron con Höffner y Krol, pero aun así nada podía hacerse sin la aprobación del papa, y ésta no se veía venir.

El 11 de febrero de 1987, en una reservada y entrañable ceremonia el arzobispo Marcinkus entregó al papa una medalla de oro para celebrar el centenario del Banco del Vaticano y, en un gesto no demasiado sutil, el papa también recibió un cheque por valor de ciento cincuenta millones de dólares, monto que representaba el 80 por ciento de los beneficios de su banco del año anterior.

Una parte de esos beneficios provenía de la administración de las grandes sumas en dólares y oro depositadas en el Banco del Vaticano por el dictador de Filipinas, Ferdinando Marcos. Notas manuscritas de Marcos, realizadas mientras prestaba una declaración en Hawai, confirman los detalles y revelan que la Santa Sede, y concretamente el papa Juan Pablo II, eran fiduciarios de su fortuna. Esas notas no explicaban, sin embargo, por qué el papa o su banco consideraban esa fortuna, robada durante décadas al pueblo filipino, una fundación religiosa.

Para principios de 1987, Marcinkus había fijado su residencia permanente en el Vaticano, tras ser prevenido por el ministro italiano de Asuntos Exteriores, Giulio Andreotti, de que una orden de arresto contra los tres del Vaticano estaba a punto de ser emitida por la oficina de la fiscalía pública de Milán. Andreotti, devoto católico romano, no tenía ninguna intención de que el arresto público del arzobispo causara una nueva vergüenza a la Iglesia. Cuando la policía irrumpió una madrugada en la vivienda de Marcinkus, villa Stritch, el arzobispo ya se alojaba al otro lado del Tíber. Las órdenes de arresto acusaban a aquellos tres hombres de complicidad en una quiebra fraudulenta, y culpaban al trío de actuar en su beneficio personal. Esto permitió al papa y sus asesores declarar que los acusados habían actuado sin el conocimiento de quienes tenían autoridad sobre ellos. El secretario de Estado Casaroli vio esas órdenes como un intento de violar el Tratado de Letrán que gobernaba la relación entre los dos Estados.

El mes siguiente, marzo de 1987, el representante del Vaticano en Estados Unidos, el pro-nuncio y arzobispo Pio Laghi, sostuvo una reunión con su homólogo en Roma, el embajador Frank Shakespeare. Hacía menos de un año que el embajador había reemplazado a William Wilson, quien había sido obligado a renunciar después de varios episodios escandalosos. En un telegrama confidencial de la embajada de Estados Unidos en Roma del 16 de marzo de 1987, Laghi y Shakespeare señalaban cinco importantes asuntos que debían figurar en la siguiente reunión del presidente estadounidense con el papa.

En primerísimo lugar estaba la pregunta ¿qué es Gorbachov? Segundo: América Central, especialmente Nicaragua. Tercero: Oriente Medio y la constelación de problemas en esa área. Cuarto: Filipinas, y por último Polonia. Un asunto adicional, las «Finanzas del Vaticano», parece haber ocupado la mayor parte del tiempo disponible de su reunión.

Según el arzobispo, «dos tercios del Vaticano son autosuficientes. (...) Tanto San Pedro mismo como el Estado de la Ciudad del Vaticano operan con números negros. (...) El otro tercio, que mantiene a la curia, *L'Osservatore Romano* y Radio Vaticano, tiene un enorme déficit». Sin embargo, el arzobispo Laghi hizo notar que «aun en este caso, *L'Osservatore* y Radio Vaticano son los que representan la parte más grande de los números rojos». Trascendió que Laghi recomendó después que el Vaticano diera a conocer públicamente la mayor parte de su presupuesto, «como cualquier otro gobierno. (...) Esto mejoraría las posibilidades del Vaticano de obtener financiación adicional de las Iglesias de todo el mundo, protegiendo al mismo tiempo los derechos de los depositantes del banco». El arzobispo no mencionó que esos depositantes incluían a cinco familias de la mafia que aún blanqueaban ahí sus ganancias de actividades ilegales como el narcotráfico, la extorsión, la protección, la estafa y la prostitución; a todos los partidos políticos italianos, que seguían usando cuentas secretas con fondos para sobornos, y a miembros de sociedades del crimen organizado de Estados Unidos, Canadá, el Reino Unido, Colombia y Venezuela.

Casi al mismo tiempo, las finanzas del Vaticano eran el tema de un áspero almuerzo en las habitaciones papales con los quince cardenales de la comisión financiera de la Iglesia. El cardenal de Toronto, Gerald Carter, dijo a Karol Wojtyla que era moralmente indefendible comprar ordenadores y pagar salarios del Vaticano desviando el óbolo de San Pedro, dado por los fieles para ayudar a los pobres. «Usar ese dinero, que es suyo, para que lo use como crea conveniente, Santo Padre, para apuntalar las finanzas del Vaticano es un error. Así es imposible administrar bien un presupuesto.» El cardenal Krol, un hombre particularmente cercano al papa, intervino: «La APSS [Administración del Patrimonio de la Santa Sede] no rinde lo que debería. Una renta de unos quince millones de dólares habiendo invertido doscientos millones no es nada notable.» Krol, el cardenal O'Conner de Nueva York y otros pensaban que la solución estribaba en persuadir a un grupo de élite de católicos ricos para que financiaran una fundación que destinara al papa sus beneficios anuales, como un ingreso adicional para él. Carter y otro sector se opusieron a ese plan. «Generará patronazgo, y concedería demasiado poder a un reducido grupo de personas.»

Cuanto más escuchaba, más impaciente se sentía el papa. Se consideraba un pastor universal, no el presidente de un consejo de administración. En realidad era ambas cosas. Los cardenales se quejaron de la batalla contra la reserva del Vaticano y deploraron el hecho de que hubieran sido necesarios más de cinco años para lograr apenas la puesta en marcha de una contabilidad más abierta. Expresaron amargura por el hecho de que incluso a ellos, miembros de una comisión financiera instituida como es debido, se les negara ciertas informaciones del Banco del Vaticano. No podían indagar qué tanto por ciento de los beneficios anuales del banco iba cada año de manos del arzobispo Paul Marcinkus al papa.

En todas las finanzas del Vaticano se daban curiosas e inexplicables prácticas. El Sindicato de Trabajadores del Vaticano creía que este último invertía sabiamente para las pensiones de retiro de los empleados. Pero habría que esperar hasta 1993 para que se creara un fondo de pensiones adecuadamente administrado. Más de quinientos millones de dólares en oro dormían en el Banco de la Reserva Federal de Nueva York en lugar de estar invertidas en fondos de inversión con un rendimiento anual. Propiedades del Vaticano por valor de miles de millones de dólares tenían una valoración en contabilidad de cien millones. Las muchas embajadas y residencias del Vaticano dispersas por el mundo no estaban incluidas entre sus bienes.

En 1987 el cardenal Casaroli supervisaba la modificación de normas para limitar las actividades financieras del Banco del Vaticano con bancos seculares al otro lado del Tíber. Pero esto no haría nada para remediar la paranoica reserva del Vaticano en cuestiones financieras ni sus extremadamente ineficientes estrategias de negocios. No sólo el Banco del Vaticano, sino también todo el gobierno financiero del Vaticano necesitaba una revisión radical. «Tal vez yo sea un mal banquero, pero al menos no estoy en la cárcel», alardeaba Marcinkus ante las preguntas de quienes lo requerían. Ser prófugo del arresto parecía sentarle bien a su conciencia. El 17 de julio de 1987, el tribunal italiano de casación decidió que, conforme al vigente Tratado de Letrán, el proceso penal de los tribunales italianos no tenía jurisdicción sobre ciudadanos del Vaticano. Los fiscales de Milán apelaron de inmediato esa decisión, y durante doce meses más los tres del Vaticano permanecieron inamovibles como huéspedes del papa. Por fin, el 6 de junio de 1988 la Corte Suprema de Roma confirmó que, culpables o no, Italia no podía obligar a ciudadanos del Vaticano a enfrentarse a un proceso judicial italiano. Tres de los principales autores del robo de mil trescientos millones de dólares tuvieron entonces confirmación oficial de que se habían salido con la suya.

Habiendo desaparecido la amenaza de arrestos y otras deshonras para los residentes del Vaticano, el cardenal Casaroli pudo acelerar finalmente sus prolongadas negociaciones con el gobierno italiano sobre el revisado Tratado de Letrán. El secretario de Estado recibió al fin los medios para echar a Marcinkus del Banco del Vaticano. Contactó con cinco laicos a los que consideraba *uomini di fidùcia* —hombres de confianza—, un italiano, un suizo, un estadounidense, un alemán y un español, con décadas de experiencia en la banca internacional. El italiano, el profesor Angelo Caloia, fue elegido presidente del IOR para reemplazar al arzobispo Marcinkus. Los cinco habían notificado previamente a Casaroli que no aceptarían sus puestos hasta que Marcinkus fuera destituido.

El papa nombró una comisión de cinco cardenales para garantizar que los expertos laicos no violaran los nuevos estatutos concernientes al gobierno del banco. Actuando como enlace entre los banqueros y los cardenales estaba una reliquia de los días de Marcinkus, el secretario del IOR, monseñor Donato de Bonis, quien había sobrevivido a muchos avatares: el papa Juan Pablo I lo había querido fuera del banco en septiembre de 1978, y los magistrados de Milán le habían retirado su pasaporte, lo mismo que a Mennini y De Strobel, pero evitó el arresto y salió sorprendentemente ileso de la purga reformista, aunque sin poder ni autoridad.

Este valiente y nuevo panorama en las actividades bancarias del IOR tuvo un comienzo menos que glorioso. El nuevo consejo de administración celebró su reunión inaugural en junio de 1989, aunque Marcinkus no se había marchado aún. Parte de la demora fue debida a que el papa quería ascender a Marcinkus de su puesto como vicegobernador de la Ciudad del Vaticano a gobernador. Para Marcinkus, ese ascenso traería consigo un capelo cardenalicio e inmunidad contra el arresto. La transición sería turbulenta. El secretario de Estado Casaroli, junto a un grupo que nunca había aceptado a Marcinkus por la única razón de que era un estadounidense arrogante, preparó a sus aliados. Esta última oportunidad de apuñalar a Marcinkus era demasiado buena para dejarla pasar. En diciembre de 1990 Marcinkus renunció oficialmente como gobernador interino y anunció que no regresaría a sus raíces en Chicago, sino que buscaría los más cálidos climas de Phoenix, Arizona. «Después de cuarenta años en Roma, la sangre es menos densa.»

Hubo una segunda razón de que hubiera dificultades en la comisión. Desde que había inyectado millones para el rescate del banco tras la debacle del Ambrosiano, el Opus Dei mantenía una vigilancia cada vez más estrecha de lo que ocurría en el Banco del Vaticano. De los cinco expertos bancarios, al menos a tres se les tenía como «cercanos» al Opus Dei: Angelo Caloia, el nuevo presidente del Banco del Vaticano; el banquero español, Sánchez Asians, y el banquero suizo, Philippe de Weck. En el quinteto de cardenales supervisores, el Opus Dei estaba representado por su eminencia Eduardo Martínez Somalo.

Conforme a los estatutos del banco, que nunca se han hecho públicos, los titulares de las cuentas deben ser miembros de organizaciones religiosas reconocidas como tales por el Vaticano. También hay criterios éticos respecto a las transacciones bursátiles, las cuales se limitan a bonos estatales y bonos de grandes compañías industriales. Las inversiones sólo deben hacerse en compañías triple A. En aquel entonces el banco también retenía una participación del 2,1 por ciento del capital del sucesor del Banco Ambrosiano, el Ambrovento.

En 1990, en una de las bodas del año en Italia, Carlo Sama, director gerente del gigante químico Montedison, se casó con una de las dueñas de este último, Alessandra Ferruzzi. Joven, bella y muy decidida, Alessandra era hija de Serafino Ferruzzi, el patriarca que había erigido una empresa multimillonaria en la industria de granos y cereales. Tras la muerte de Serafino en un accidente de aviación en 1979, la empresa quedó bajo el control de su yerno Raul Gardini, Alessandra, el hermano de ella y dos hermanas. En el momento de la boda de 1990, el grupo de empresas de Ferruzzi sólo estaba por debajo de la dinastía Agnelli de Fiat en la lista de los clanes más ricos. Las ventas de granos y azúcar, así como de productos derivados del almidón, se estimaban en doce mil millones de dólares al año.

Tres años antes, en 1987, ese grupo había sorprendido a la comunidad italiana financiera al adquirir la mayoría de Montedison, el conglomerado químico y farmacéutico. La adquisición, que había supuesto un desembolso de dos mil millones de dólares, había estado lejos de ser amistosa, pues la dirección de Montedison se mostró públicamente hostil y cuestionó muy seriamente que ambos gigantes pudieran crear sinergia. Los planes de Gardini incluían un imaginativo uso del almidón, granos y semillas de Ferruzzi como materias primas biodegradables del papel, productos farmacéuticos y plásticos de Montedison. Uno de sus proyectos suponía una inversión de mil millones de dólares para producir etanol, un compuesto natural procedente de granos que se emplea como combustible.

Los políticos italianos de entonces fueron igualmente escépticos y hostiles a la adquisición, y hubieran podido poner muy serios obstáculos en el camino. Gracias a sobornos, fondos turbios, pagos varios y premios de compensación, la oposición se retiró y la adquisición siguió adelante. Luego, en 1988, Raul Gardini dirigió un golpe aún más espectacular: la fusión con ENI, el gigante estatal italiano de energía y química. Gardini y los Ferruzzi emplearon esa fusión para crear ENIMONT, una compañía del ámbito mundial. También esta vez hubo resistencia a la asociación. Y de nuevo se repartieron grandes pagos y sobornos.

Entre 1988 y 1993 Montedison ocultó pérdidas y sobornos simultáneamente. Las pérdidas fueron de al menos 398 millones de dólares, y los sobornos de al menos trescientos millones más. El patriarca Serafino dijo en cierta ocasión: «Alguien debería hacer un monumento en honor a las deudas». La compañía que él creó se convertiría precisamente en eso. Para fines de 1990, Raul Gardini y sus colegas en Montedison necesitaban urgentemente una operación de lavado de dinero. La relación con ENI se había deteriorado enormemente, pero Gardini y el director general de ENI, Gabriel Cagliari, habían acordado de cualquier forma que ENI compraría el 40 por ciento de ENIMONT propiedad de Montedison. Ambos se odiaban, pero entonces cooperaron en una transacción que supuso un pago de sobornos superior a los cien millones de dólares. Esto se conocería en Italia como «la madre de todos los sobornos».

Se acordó que Cagliari recompraría tal participación del 40 por ciento en dos mil quinientos millones de dólares, una suma muy por encima de su valor real. Para asegurar una transición sin riesgos y la satisfactoria conclusión de la operación, se hicieron sobornos al menos a dos ex primer ministros, los principales partidos políticos, banqueros, funcionarios públicos, financieros, ejecutivos, abogados, hombres muy importantes, hombres medianamente importantes y hombres poco importantes, y, como siempre, también se pagó una mordida a la «lavandería».

Carlo Sama tenía amigos y contactos en una amplia variedad de lugares. Uno de ellos, Luigi Bisignani, se encargó de que la boda de 1990 fuera oficiada por monseñor Donato de Bonis, el único alto funcionario del Banco del Vaticano que había sobrevivido de la época de Marcinkus. Bisignani era un hombre que desempeñaba muchos papeles: escritor de *thrillers*, jefe de redacción de la agencia de noticias ANSA, amigo y confidente de Giulio Andreotti y su ala de democristianos, buen amigo del recién emigrado Marcinkus y de muchos otros distinguidos miembros del Vaticano. También encontraba tiempo para explotar su antigua pertenencia a P2 y sus permanentes y estrechas relaciones con Licio Gelli y Umberto Ortolani, así como para lavar millones de dólares a través del Banco del Vaticano en beneficio de algunos de sus amigos. Cuando Sama indicó que se sentiría contento de tener una cuenta en el Banco del Vaticano, Bisignani lo complació una vez más. La operación consistía en convertir el dinero en bonos del tesoro del gobierno italiano, los cuales eran lavados a través de sus diversas cuentas en el IOR. Una de esas transacciones en la época pos-Marcinkus, supuestamente libre de corrupción, se realizó el 13 de diciembre de 1990, por un importe de 2,5 millones de dólares en bonos del tesoro italianos; parte del soborno para facilitar la transacción de ENIMONT se pagó al promotor inmobiliario Domenico Bonifaci.

En 1991 Carlo Sama, su esposa Alessandra y un financiero, Sergio Cusani, fueron al Banco del Vaticano, donde los esperaba el hombre que había casado a Carlo y Alessandra, monseñor Donato de Bonis. Luigi Bisignani también estuvo presente, para cerciorarse de que todos sus amigos estuvieran a gusto. La pareja a la que monseñor había casado deseaba ahora abrir una cuenta de depósito a nombre de una fundación religiosa. El nombre de ésta, en honor al fundador del imperio Ferruzzi, sería San Serafino. Entre 1991 y mediados de 1992, más de cien millones de dólares se depositaron en esa cuenta. Ni un centavo llegó a los seguidores del santo ruso del siglo XIX. En cambio, todo fue a parar a tres cuentas en el extranjero, dos en Suiza y una en Luxemburgo, donde el dinero era convertido en bonos de tesorería italianos. El siempre ocupado Luigi Bisignani se volvió un asiduo visitante del banco mientras se afanaba con los números de las cuentas en el extranjero. Fue bien recompensado por su labor como cartero, con unos cuatro mil millones de liras (2,3 millones de dólares) en bonos del tesoro.

Cuando la tormenta finalmente estalló, Bisignani evitó el primer intento de arresto, porque la orden fue considerada «legalmente defectuosa» por el tribunal de casación. Para cuando esto se remedió, el «cartero» ya se había ido de vacaciones al exterior, «por motivos de salud». Carlo Sama también había sido generosamente remunerado, con una cantidad entre dos y tres mil millones de liras, 1,7 millones de dólares. Asimismo los líderes de todas las familias democristianas, el Partido Socialista, incluido el ex primer ministro Craxi, el presidente del Banco Commerciale Enrico Braggiotti, políticos de todos los colores, industriales, periodistas, banqueros e intermediarios bursátiles. Antes de que comenzara el juicio en Milán, Braggiotti se marchó a Mónaco, donde ha permanecido como ciudadano monegasco.

La única organización religiosa que produjo beneficios financieros directos fue el Banco del Vaticano. Había «comisiones de cambio», así como «porcentajes acordados» que eran «retenidos por la institución [el banco] para "obras de caridad"». El cardenal Rosario Castillo Lara, director de la comisión, consideró que el Vaticano había sido «utilizado para una operación instrumental, el propósito de la cual desconocemos». Negó que el banco hubiera pedido a los tres devotos que habían creado la cuenta San Serafino una comisión del 13 por ciento, como se creía ampliamente. Tal comisión habría ascendido a unos diez mil millones de liras, aproximadamente siete millones de dólares.

Al rechazar esa acusación, el cardenal dijo: «Sería absurdo que por negociar valores [bonos gubernamentales] se cobrara una comisión del 13 por ciento. Ellos habrían podido hacer esa transacción en cualquier otra parte, sin ese tipo de costo». Lo cual era cierto si ellos no hubieran necesitado lavar más de cien millones de dólares en un país independiente, al otro lado del Tíber.

La denuncia pública de la madre de todos los sobornos ocurrió en medio de la campaña de «manos limpias» de un grupo de muy valientes magistrados investigadores encabezados por Antonio Di Pietro. Los fraudes y la corrupción habían llegado a todas partes. Todos los sectores, todos los tipos de empresas italianas se habían contaminado al parecer con la cultura del soborno. El escándalo de ENIMONT fue apenas uno más de una larga lista, pero rápidamente resultó obvio que era un caso especial, tanto por su magnitud como por la variedad de personas que se habían beneficiado. Finalmente, ciento veintisiete personas fueron acusadas, pero el hombre al que se había llamado «monseñor Montedison» a ambos lados del Tíber, Donato de Bonis, siguió trabajando en el Banco del Vaticano hasta el 25 de marzo de 1992. Para esa fecha los medios de comunicación italianos se habían vuelto tan sarcásticos ante las protestas de inocencia de los funcionarios del Vaticano como lo habían sido durante el escándalo del Banco Ambrosiano. La única que se libró del juicio, absuelta de todos los cargos, fue Alessandra. Su esposo, Carlo, fue sentenciado a cuatro años y medio. Su buen amigo Luigi Bisignani fue sentenciado a cinco años de cárcel.

En marzo de 1992 De Bonis fue silenciosamente destituido. Reapareció el domingo 24 de abril del año siguiente en la iglesia de Santa Maria della Fidùcia como obispo recién ordenado, para recibir lo que varias fuentes del Vaticano describieron como «su justa recompensa por haber aceptado el papel de chivo expiatorio en el escándalo de ENIMONT». Su sermón suscitó en los obispos y cardenales presentes un sostenido aplauso para Giulio Andreotti, que estaba entre los congregados. De Bonis elogió a Andreotti por haber salvado al Banco del Vaticano del desastre total «en los oscuros días que siguieron al escándalo Ambrosiano-Calvi». Nadie mencionó el papel desempeñado por De Bonis en ese escándalo ni en la madre de todos los sobornos.

Sin embargo, las consecuencias de la madre de todos los sobornos llevaron un refrescante cambio al Banco del Vaticano. Su primer presidente laico, Angelo Caloia, y sus colegas convinieron en cooperar con los magistrados italianos encargados de la investigación. Sin embargo, Caloia también marcó la línea a seguir en el caso San Serafino, que los cardenales secundaron obedientemente: el Banco del Vaticano había sido el incauto en una «operación técnica». Di Pietro y los demás jueces, aliviados por el hecho de haber obtenido la cooperación del Vaticano, se abstuvieron de preguntar a los nuevos directores expertos por qué el banco no había hecho siquiera las verificaciones básicas de la fundación San Serafino.

El Vaticano jamás devolvió nada del «donativo» de siete millones de dólares que recibió de esa fundación. En realidad, sólo un mínimo porcentaje de los cien millones que lavó se recuperó en algún momento. El resto quedó en manos de un amplio número de italianos corruptos. Sergio Cusani, uno de los tres devotos titulares de cuenta, pasó cuatro años en prisión. Los dos hombres que habían organizado la corrupta transacción de ENIMONT se quitaron la vida. Cagliari se asfixió con una bolsa de plástico, y tres días después Gardini se pegó un tiro. La nota que se encontró cerca de su cadáver tenía una palabra: «Grazie». Los principales actores de la «boda del año», Alessandra y Carlo Sama, aparecían de vez en cuando en las páginas de las revistas paseando en el yate de turno o dando lujosas fiestas.

Aunque el Banco del Vaticano marchaba bien gracias al lavado de dinero y al dinero negro, el cardenal de Detroit, Edmund Casimir Szoka, nuevo presidente de la Prefectura de Asuntos Económicos de la Santa Sede, encontró una solución más tradicional y legal al eterno problema de conseguir más dinero para la Iglesia católica romana. Recurrió a la ley canónica 1271 del código que gobierna a la Iglesia católica romana publicado en 1983: «Los obispos deben unirse para proveer a la Sede Apostólica de los medios que pudiera necesitar para cumplir adecuadamente con sus servicios a la Iglesia universal». Para cerciorarse de que su audiencia de cardenales entendiera el mensaje, Szoka también citó la ley canónica 1260. «La Iglesia tiene el derecho a recabar de sus fieles los medios necesarios para cumplir su misión.»

Reveló asimismo que el déficit previsto para 1991 era de noventa millones de dólares. Aquél sería el último año de esa década en que los libros del Vaticano terminarían tan hundidos en números rojos. Szoka introdujo ordenadores y más tecnología básica y redujo los gastos administrativos dondequiera que pudo, aunque su mayor contribución a las finanzas del Vaticano fueron los mayores donativos de las diócesis. Entre 1990 y 2000, esa fuente de ingresos llegó a triplicarse —e incluso más—, pasando a veintidós millones de dólares al año. A eso hay que añadir el acceso del Vaticano a los extraordinarios ingresos anuales de la Iglesia alemana, procedentes del Estado, y, después de 1993, a los de la Iglesia italiana.

Los católicos romanos de Italia no pueden evaluar la magnitud de los donativos anuales extranjeros a la Santa Sede. El óbolo de San Pedro, la colecta anual directamente destinada al papa, y conceptos plebeyos como la venta de estampillas del Vaticano no son ningún secreto, pero la Santa Sede sigue resistiéndose a revelar exactamente cuánto recibe en efectivo de sus inagotables fuentes extranjeras.

Una ingeniosa renegociación por el cardenal Casaroli del Tratado de Letrán en la década de 1980 fue particularmente beneficiosa. En lugar de que el Ministerio de Finanzas italiano pagara contribuciones directas para mantener a las diócesis italianas, se introdujo un sistema para permitir a los contribuyentes italianos elegir, en su declaración de impuestos, qué religión/obra de caridad debía recibir ocho liras por cada mil liras de impuestos que pagaban. Durante los tres años siguientes, mientras el gobierno italiano supervisó cuidadosamente las declaraciones, los pagos anuales se mantuvieron en la cifra de 1989 de 406.000 millones de liras (aproximadamente 320 millones de dólares o 246 millones de libras esterlinas). Pero luego empezó a llegar dinero a carretadas de los contribuyentes italianos. *Por lo que respecta al año 2000, la Iglesia católica romana de Italia recibió 1,5 billones de liras, aproximadamente 750 millones de dólares o cerca de 500 millones de libras esterlinas.* Ese mismo año, la suma destinada a la Iglesia católica romana alemana por el similar sistema de los contribuyentes alemanes fue de 9.100 millones de marcos, o 4.500 millones de dólares o 3.000 millones de libras esterlinas.

En enero de 1992 el Vaticano empezó a liquidar parte del oro que había atesorado desde antes de la Segunda Guerra Mundial, oro adquirido por el creador de El Vaticano Inc., Bernardino Nogara. Desafortunadamente, el cardenal Szoka demostró que, mientras que su conocimiento del derecho canónico era excelente, aún tenía algo que aprender sobre los mercados de oro. Vendió cuando el mercado iba a la baja y conservó sus posiciones cuando estaba al alza.

Tal ineptitud provocó que los laicos que dirigían el Banco del Vaticano organizaran una conferencia en el Vaticano sobre estrategias financieras y ética en 1992. El experto del Vaticano procedente de España, José Sánchez Asians, alcanzó gran renombre al persuadir a la entonces estrella de la banca española, Mario Conde, presidente del Banco Español de Crédito (Banesto), de que pronunciara una disertación en esa conferencia. Conde recibió una ovación. Al año siguiente su recepción en Madrid fue un poco menos efusiva y fue arrestado tras descubrirse en Banesto un déficit de más de 3.500 millones de libras esterlinas (aproximadamente 5.100 millones de dólares). Como observó entonces *El País*: «Mario Conde ha batido muchos récords, dos de ellos muy difíciles de superar en el futuro. Fue el hombre más joven en convertirse en presidente de un banco español, y ha sido el más joven en dejarlo». Conde fue sentenciado a diez años de cárcel.

Sin embargo, la disertación impartida por Conde no fue el único vínculo entre el Vaticano y la quiebra de Banesto. El hilo conductor entre ellos, y con las debacles de Ferruzzi y Montedison, también relaciona al Vaticano con un desastre mucho mayor: la ruina del BCCI. En un intento por salvar la reputación internacional del Banco del Vaticano, Philippe de Weck y los demás directores expertos nombraron auditores externos. Adujeron que ése sería el primer paso hacia la completa transparencia bancaria. De Weck insistió en que la compañía elegida no debía ser italiana, y debía tener una reputación impecable. La compañía seleccionada fue Revisuisse de Zurich, parte de Price Waterhouse. Durante dos años, en palabras de De Weck, «esa compañía lo controló todo, pues queríamos obtener la certificación otorgada a los principales bancos del mundo, siguiendo las normas internacionales. Los balances generales de 1995 y 1996 fueron certificados por Price Waterhouse, de acuerdo con la consagrada expresión "normas justas y auténticamente internacionales". Fue una tarea gigantesca. Ahora el IOR puede ver progresar sus beneficios de año en año, y es ya un banco garantificado».

Se mire por donde se mire, la elección de Price Waterhouse como auditor resultó extraña. Durante la década de 1980, Price Waterhouse fue una de las entonces ocho grandes firmas contables del mundo. Uno de sus contratos más lucrativos era con el Banco de Crédito y Comercio Internacional (BCCI). Price Waterhouse llevó las cuentas de la sucursal en el Gran Caimán del BCCI desde sus inicios en 1975, y en 1986 asumió la responsabilidad de la auditoría de toda la infraestructura internacional de BCCI. Siguió realizando cuentas anuales basadas en estados financieros y documentos muy poco fehacientes como si fueran «verdaderas y fieles». Una investigación del Comité de Relaciones Exteriores del Senado de Estados Unidos sobre BCCI concluyó: «Los contables de BCCI no protegieron a los inocentes deudores y acreedores de ese banco contra las consecuencias de prácticas deficientes en él, de las que los auditores supieron durante años».

Ese comité senatorial también estableció que «la criminalidad de

BCCI incluyó fraude en su propio nombre y en el de alguno de sus clientes por valor de miles de millones de dólares; lavado de dinero en Europa, África, Asia y América; soborno de funcionarios en la mayoría de esos lugares; apoyo al terrorismo, tráfico de armas y venta de tecnología nuclear; red de prostitución; comisión y facilitación de evasión de impuestos sobre la renta, contrabando e inmigración ilegal; adquisiciones ilícitas de bancos y bienes inmuebles, e infinidad de delitos financieros más, cuyo único límite venía impuesto por los ejecutivos y clientes de ese banco.

Price Waterhouse había dejado deliberadamente de proteger a deudores y acreedores inocentes, pero ocultar lo que sabía acerca de las «graves irregularidades» permitió que la criminalidad de BCCI continuara. La quiebra, cuando llegó en 1991, reveló el mayor fraude bancario de la historia. Trece mil millones de dólares habían desaparecido. Los acreedores demandaron después tanto a Price Waterhouse como a Ernst and Young, que había auditado parte de BCCI hasta 1987. La suma reclamada fue de once mil millones de dólares. Las firmas contables llegaron posteriormente a acuerdos extrajudiciales.

Justo al mismo tiempo en que los auditores de Price Waterhouse entraban en el Vaticano, éstos eran demandados por Montedison, acusados de negligencia y falta de controles adecuados sobre las cuentas de la compañía durante un periodo de diez años, de 1983 a 1992. Dos meses más tarde, Ferruzzi emprendió una demanda similar contra Price Waterhouse. Su acción conjunta estableció un catálogo de procedimientos contables inadecuados que incluían un crédito irrecuperable de 261 millones de dólares a una compañía en las islas Vírgenes británicas, reconocimiento de ingresos por 146 millones sobre ventas inexistentes y grandes pagos no documentados a compañías extranjeras, supuestamente por consultoría. Las reclamaciones combinadas de más de mil millones de dólares fueron finalmente satisfechas por Price Waterhouse en 1996, cuando desembolsó 33,68 millones de dólares.

Los auditores que trabajaban para Banesto en España cuando se descubrió el agujero de 3.500 millones de libras esterlinas (5.100

millones de dólares) eran de Price Waterhouse. El caso Banesto, como los demás que implicaban a Price Waterhouse, planteó en los más altos niveles las más serias preguntas sobre el desempeño de esa compañía como auditora, y sobre la capacidad de cualquier auditor para detectar grandes delitos financieros. Sólo cuatro meses antes del descubrimiento no tanto de un pequeño desfalco sino de un enorme agujero, Banesto había completado con éxito las dos primeras partes de la mayor emisión accionarial en la historia bancaria española, por ciento treinta mil millones de pesetas. Esta emisión había sido realizada con la aprobación del Banco Central de España y con una certificación de acciones y recientes cuentas anuales sancionadas por Price Waterhouse. En esencia, los auditores aprobaron cuentas que no eran un exacto reflejo del capital neto de ese banco. Menos de seis meses después de que esas burdas cuentas influyeran en millones de pequeños inversores a la hora de comprar acciones de Banesto, el descubrimiento del agujero reveló una sobrevaloración de los activos de proporciones astronómicas.

A principios de 1994, Price Waterhouse fue demandada nuevamente por negligencia, esta vez por la asociación que se creó para proteger a los pequeños accionistas. Una comisión parlamentaria española llegó a la conclusión unánime de que el informe de auditoría de Price Waterhouse sobre las cuentas de 1992 de Banesto disfrazaba la posición fundamental del banco.

Sigue siendo un misterio por qué los cardenales y los expertos laicos de la comisión del Banco del Vaticano nombraron auditores con esos antecedentes. Entretanto, frente a las narices mismas de Price Waterhouse, la mafia seguía lavando sus ganancias del narcotráfico a través del Banco del Vaticano, y ricos y poderosos miembros de la sociedad italiana continuaban usándolo para evadir impuestos y ocultar ganancias ilegales.

Mientras se aceptaba que Price Waterhouse tomara el control de todas las operaciones del Banco del Vaticano, el cardenal Szoka y sus colegas insistían en su afán de incrementar tanto los ingresos como los donativos. Al tiempo que se pedía a las diócesis más y más donativos cada año, el papa también buscaba en su entorno. Creó así un equivalente italiano de la Fundación Papal Estadounidense, organización de católicos ricos y exitosos a los que se persuadió de contribuir para satisfacer las necesidades económicas de la Santa Sede. En su primer año, 1993, esta fundación italiana obtuvo cinco mil millones de liras (tres millones de dólares).

Sin embargo, algunos dentro de la Iglesia estaban inquietos. Muchos obispos estuvieron de acuerdo con el presidente de la Conferencia de Obispos de Alemania, el obispo Karl Lehmann, cuando insistió en la necesidad de exigir una completa transparencia y controles independientes no sólo en el Banco del Vaticano, sino también en todas las partidas de gastos de la Santa Sede. Sospechaba que la falta de transparencia presupuestaria escondía dinero negro, particularmente en aquellas congregaciones cuyo estado financiero seguía siendo un secreto celosamente guardado.

Gracias sobre todo a la generosidad de la población católica mundial, el Vaticano ofreció números negros en 1993. Tras veintitrés años de déficit, el balance general del Vaticano del verano de 1994 mostró un modesto superávit en las operaciones de un millón de libras esterlinas, o 1,5 millones de dólares. El cardenal Szoka habló de ese documento como del «primer balance general consolidado en la historia de la institución financiera del Estado pontificio, incluidas todas las organizaciones y compañías del Vaticano».

Estaba lejos de ser eso, pero en vista de que el Vaticano nunca había publicado ninguna cuenta en absoluto hasta 1985, aquello representó un paso hacia la muy comentada «transparencia total». En las cifras faltaban el total del «óbolo de San Pedro» o los ingresos del Estado de la Ciudad del Vaticano, así como los procedentes del Museo del Vaticano y de la venta de estampillas. El así llamado «balance general consolidado» no contenía ninguna referencia al IOR, el Banco del Vaticano.

El Vaticano se mantuvo en números negros el resto de esa década, gracias sobre todo a los nuevos ingresos anuales procedentes del Estado italiano. Tras haberse congelado tres años en la cifra de 1989 de 406.000 millones de liras, esos ingresos casi se cuadruplicaron, pasando a 1,5 billones de liras, en 2000, cerca de quinientos millones de libras esterlinas o más de setecientos cincuenta millones de dólares. No obstante, esos nuevos ingresos no fueron acompañados por una mayor transparencia de cuentas a los contribuyentes italianos que hacían las aportaciones. El Vaticano siguió ocultando las ganancias y activos del IOR, e incluso los estatutos que definían los criterios para las inversiones y para ser titular de cuenta. Mantenía que la naturaleza religiosa tanto de dichos titulares como del uso previsto de su dinero era «sagrada».

El presidente del consejo de administración estaba obligado a revisar personalmente la documentación y a examinar cada posible nuevo cliente. A su vez, su comisión supervisora era vigilada por un consejo de cinco cardenales y los auditores de Price Waterhouse. En teoría, ésa era una estructura impecable que garantizaba la total eliminación de siquiera una cuenta dudosa. Sin embargo, no impidió el paso de la espuria fundación San Serafino, ni las actividades de lavado de dinero de Luigi Bisignani. La actividad criminal tampoco cesó con el arribo de los hombres y mujeres de Price Waterhouse en 1993/1994.

En 1994, Antonio Di Luca desapareció de su habitación de hotel en San Diego. Jamás se ha encontrado una huella suya. En su habitación de hotel dejó varios documentos relativos a una transacción inmobiliaria por valor de trescientos cuarenta y dos millones de dólares. Entre esos documentos se hallaron registros que establecían que ese dinero se había depositado en el Banco del Vaticano. Entre los papeles de Di Luca estaba una nota con los nombres de cinco individuos: cuatro mafiosos u hombres ligados a actividades del crimen organizado; el quinto nombre era el de Alfonso Gagliano.

De origen siciliano, Gagliano ha sido durante décadas una poderosa figura en el gobernante Partido Liberal de Canadá. Como ministro de Obras Públicas en los años 1997 a 2002, hubo constantes alegatos de parlamentarios de la oposición y de los medios de que Gagliano habría procedido de forma corrupta en la concesión de lucrativos contratos gubernamentales.

El primer ministro, Jean Chrétien, destituyó a Gagliano de su puesto ministerial en el preciso momento en que éste debía enfrentarse a un severo interrogatorio sobre las diversas acusaciones de parlamentarios de la oposición. Gagliano fue enviado a Dinamarca como embajador de Canadá. Algunos parlamentarios indignados protestaron. Aparte de las acusaciones de sobornos políticos y corrupción, también se decía que Gagliano tenía sólidos lazos con la mafia, que él siempre había negado. A mediados de 2003, el primer ministro canadiense se vio obligado a cancelar sus planes de enviar a Gagliano a Italia como embajador de Canadá en el Vaticano, pues éste puso objeciones al nombramiento.

El «fundamento religioso» del Banco del Vaticano se usó en 1995 para lavar cien millones de dólares. Dio lugar a la que se conocería como investigación «cheque por cheque». En noviembre de 1995 fiscales italianos pidieron autorización a España para interrogar al cardenal Carles, protegido del Opus Dei y amigo cercano al papa a quien se mencionaba frecuentemente como su sucesor. Querían investigar si la cuenta implicada en el caso estaba a nombre de Carles o era controlada por él, y si había garantizado el lavado de cien millones de dólares a través del Banco del Vaticano. El dinero fue destinado a un hombre de negocios suizo, como parte de los ingresos del ilícito tráfico de armas, piedras preciosas y material radiactivo. Se emitieron órdenes de arresto contra treinta y seis personas, y treinta y una más fueron informadas de que estaban bajo investigación.

El cardenal Carles se negó a responder a la citación italiana, así como a todas las solicitudes posteriores para ser interrogado. Políticamente de extrema derecha, Carles proclamó la que podría llamarse defensa Sindona, que todo era un complot de los enemigos de la libertad contra la Iglesia: «Ya en el pasado esos ataques se han lanzado contra algunos cardenales, y después se ha descubierto que son falsos. Ahora es mi turno». Su colega del Opus Dei, el portavoz del Vaticano, Navarro-Valls, emitió una declaración en la que afirmó que «(...) no existe ninguna relación entre el cardenal, el IOR y las personas mencionadas en la investigación de

Nápoles». El Ministerio de Justicia de España también intervino a favor del cardenal, desestimando las acusaciones.

En junio de 1996, la que parecía una investigación cerrada hizo erupción. En Italia fueron arrestadas veinte personas, y se buscaba a diez más con órdenes internacionales de arresto. El magistrado investigador expuso una vez más su creencia de que el arzobispo de Barcelona había colaborado en el lavado de al menos cien millones de dólares a través del Banco del Vaticano. Karol Wojtyla, preocupado de que un amigo cercano y favorito del Opus Dei para la sucesión papal estuviera al borde del desastre, convocó al cardenal Carles a Roma y tuvo una reunión privada de cerca de una hora con él. Posteriormente, Wojtyla ascendió a Carles a la junta de gobierno de la Prefectura de Asuntos Económicos de la Santa Sede, encabezada por el cardenal Szoka. Conforme a los términos del Tratado de Letrán entre el Vaticano e Italia, los cardenales tienen inmunidad y no pueden ser arrestados. Finalmente, el fiscal Ormanni fue obligado a abandonar esa parte de su investigación.

Martin Frankel era un fantasioso reincidente que desarrolló una temprana obsesión por Wall Street. Su primer trabajo fue en la sucursal en Toledo, Ohio, de la firma bursátil de Nueva York Dominick and Dominick. Fue despedido en 1987 por el director de esa sucursal, John Schulte, por «improductivo», aunque no sin que antes hubiera iniciado una relación con Sonia Schulte, la esposa de su jefe, que duraría años. Frankel abandonó Toledo, contrató un guardaespaldas/agente de seguridad, David Rosse, y empezó a invertir cada vez más en equipos de seguridad. A finales de la década de 1980 ya dirigía una firma de administración de bienes, la cual se ufanaba de tener clientes tan exóticos como el antiguo rey de Yugoslavia y una antigua reina de Rumanía. Algunos de sus regios clientes advirtieron significativas pérdidas en sus cuentas e inversiones y emprendieron una serie de acciones legales contra el «Frankel Fund». La Comisión de Valores y Bolsa congeló los bienes de esta compañía e impuso a Frankel una prohibición de por vida para administrar valores.

Impertérrito, Frankel enfiló hacia más verdes pastos y más verdes clientes. Se hizo llamar Eric Stevens y entabló negocios con el ejecutivo bancario de Tennessee John Hackney. Frankel empezó a perseguir compañías de seguros en problemas, las cuales estaban reguladas por el Estado pero no eran vigiladas por la Comisión de Valores y Bolsa. Por lo tanto, los fondos de esas compañías podían ser objeto de desfalco. Hackney adquiría las compañías de seguros a nombre de «Stevens» y recibía un sueldo por administrarlas. Ambos crearon una compañía llamada Thunor Trust, y su primera adquisición fue la compañía de Tennessee Franklin American Corp. El nombre de Frankel no aparece en los documentos de adquisición, pero entre ellos está el de Sonia Schulte. Un mes después de la adquisición de Franklin, Frankel ya había trasladado todos los activos de la compañía de seguros asociada, la Franklin American Life Insurance Company, unos 17,5 millones de dólares, mediante una serie de transferencias monetarias a su cuenta en la Banque SCS Alliance en Suiza.

Entre 1993 y 1999, Frankel, a través de Thunor, su tapadera, adquirió otras ocho compañías de seguros, algunas de ellas con sede en Mississippi, Oklahoma, Arkansas y Missouri, y les robó todos sus bienes. Con falsos estados financieros y falsas declaraciones, Frankel, Hackney y un creciente número de amigos y socios engañaron a los órganos reguladores oficiales y robaron más de doscientos millones de dólares. Una parte de esos fondos se destinó a adquirir más compañías de seguros; otra, a sostener el cada vez más extravagante estilo de vida de Frankel, y otra más a pagar sobornos a quienes participaban en las estafas. Sobre el papel todas las compañías de seguros prosperaban.

Poco después de haber puesto las manos en esos primeros 17,5 millones de dólares, Frankel compró una enorme mansión en Greenwich, Connecticut. Convirtió gran parte de ella en una réplica de un parqué bursátil de Wall Street, con ochenta ordenadores, incontables antenas parabólicas y enlaces directos a la Bolsa de Valores de Nueva York. Compró otras casas en el área, para su colección de pornografía, accesorios sadomasoquistas y amantes. Seguía mostrando una aguda paranoia por su seguridad personal, y contrataba guardias armados, levantaba vallas metálicas de dos metros de altura, colocaba cámaras de seguridad y reflectores. Sus vecinos soportaban ruidos constantes, y en una ocasión el cuerpo de Frances Burge, de veintidós años de edad, fue hallado en el exterior de una vivienda que Frankel había comprado bajo el nuevo alias de Michael King. La policía dedujo que Frances se había suicidado e ignoró el testimonio de algunos vecinos que decían haber oído repetidos gritos antes del descubrimiento del cadáver.

En la primavera de 1998 Frankel decidió operar a mucha mayor escala. Tendría que crear una nueva y mucho más creíble fachada para ocultar su proyecto de adquisición de hasta ciento cincuenta mil millones de dólares en nuevas carteras de seguros. Casi al mismo tiempo conoció a Thomas Corbally, quien entonces trabajaba para la internacionalmente conocida agencia de detectives privados Kroll Associates. Corbally tenía una impresionante y extensa variedad de contactos: de negocios, personales, religiosos y políticos, y no sólo en Estados Unidos, sino también en todo el mundo.

Poco después, Frankel (usando esta vez el nombre de su jefe de seguridad, David Rosse) decidió que la fachada perfecta era el Vaticano. Mientras el siempre complaciente Corbally brindaba contactos de alto nivel, Frankel consiguió, a través de un hombre de negocios italiano, ser presentado al padre Christopher Zielinski, sacerdote bien relacionado que dirigía el The Genesis Centre en Florencia. De origen judío, Frankel hizo al mismo tiempo una repentina incursión en la fe católica romana. Su biblioteca en la casa de Greenwich de pronto se llenó de libros católicos, historias de santos y encíclicas papales. Junto a sus vídeos porno ahora estaba una copia de *Hermano sol, hermana luna*, la película de Franco Zeffirelli sobre la vida de San Francisco.

El hombre de negocios italiano le dijo al padre Zielinski que «un rico inversionista quería donar cincuenta millones de dólares al centro». Tiempo después, el abogado del centro se reunió con el siempre servicial Thomas Corbally, quien explicó mejor la propuesta. Frankel en realidad no «donaría» esos cincuenta millones de dólares al centro, sino que mantendría el control del dinero, que emplearía para adquirir compañías de seguros en Estados Unidos. Cuando esas compañías de seguros produjeran beneficios, el Genesis Centre recibiría donativos de dichos beneficios. Las sospechas del centro de que se le estaba pidiendo participar en una operación de lavado de dinero debieron de crecer cuando el hombre de negocios italiano, llamado muy apropiadamente Fausto Fausti, se presentó en una reunión con el padre Christopher Zielinski acompañado por una de las ex novias y compañeras de complot de Frankel, Kaethe Schuchter, quien sólo llevaba puesto unos pantalones ajustados y un diminuto top. El padre Christopher y el abogado del centro, convencidos para entonces de que habían sido elegidos como blanco de lavado de dinero por el escurridizo David Rosse, rechazaron el ofrecimiento.

Frankel se limitó entonces a apuntar más alto. A través de Corbally conoció a Thomas A. Bolan, abogado de Nueva York con excelentes vínculos con la Iglesia católica romana. Antes de ser presentados, Corbally le explicó a Bolan que era amigo de un tipo que estaba ganando millones al día operando en Wall Street, y que éste quería ayudar a los pobres y creía que debía hacerlo por medio de la Iglesia católica romana. A través de Bolan, Frankel fue presentado al padre Peter Jacobs, sacerdote católico romano con contactos en el Vaticano, quien a su vez lo puso en relación con su amigo el monseñor Emilio Colagiovanni.

Con Colagiovanni, Frankel había encontrado una mina de oro. El anciano monseñor era presidente de la Fundación Monitor Ecclesiasticus (FME), la cual publica una revista sobre derecho canónico, y había ejercido como juez en el ilustre tribunal eclesiástico de la Rota Romana. La fundación que él controlaba tenía cuentas bancarias tanto en el IOR como en el otro banco del Vaticano, el APSS. Monseñor Colagiovanni también tenía cuentas bancarias personales en ambas instituciones. Era un hombre muy respetado, que podía abrir prácticamente todas las puertas del Vaticano.

A invitación de Frankel, monseñor Colagiovanni, acompañado por el padre Jacobs, voló de Roma a Estados Unidos y, junto con el abogado Bolan, se reunieron con «David Rosse» en su casa en Greenwich, Connecticut. Rosse impresionó a todos sus invitados con sus conocimientos sobre San Francisco de Asís, y habló de su deseo de emular al santo y ayudar a los pobres, ¿y qué mejor manera de hacerlo que a través de la Iglesia que había inspirado a San Francisco? Mirando a monseñor Colagiovanni directamente a los ojos, exclamó: «Si no puedo confiar en la Iglesia católica, ¿entonces en quién?». Colagiovanni sacudió decidido la cabeza, en señal de asentimiento. Seguro de que ya había atrapado a su presa, Frankel se explayó: «Planeo establecer una fundación de beneficencia. Se constituirá en el Vaticano, bajo la ley vaticana. Yo no seré mencionado ni identificado en ningún documento, y no deseo que ningún extraño se entere de que yo, David Rosse, soy la verdadera fuente de los fondos. No busco reconocimiento ni honra pública por esto. Como San Francisco, no deseo beneficiarme del bien que pueda hacer. Esta obra es para la mayor gloria de Dios».

Frankel propuso controlar la fundación en secreto, mediante «la posibilidad de elegir a la mayoría de los miembros del consejo de administración, quienes compartirán mi visión». Añadió: «Estoy preparado para transferir cincuenta y cinco millones de dólares a esa fundación del Vaticano. El Vaticano tendrá autorización para conservar cinco millones de esa cantidad, para hacer lo que crea conveniente. Yo mantendré el control del resto, que se usará para contribuir a parte del pago de las adquisiciones en el negocio de los seguros.

Frankel dijo a Colagiovanni que los futuros beneficios de las adquisiciones también serían donados a la fundación. Sus invitados quedaron fascinados con la propuesta, y durante la comida, preparada por dos *chefs* de Frankel, conversaron animadamente acerca de cómo gastar los cinco millones prometidos.

Posteriormente, Frankel confirmó en una carta al abogado Bolan un elemento clave del asunto.

Nuestro acuerdo incluirá la promesa del Vaticano de ayudarme en mi esfuerzo de adquirir compañías de seguros permitiendo al padre Jacobs u otro funcionario del Vaticano certificar ante las autoridades, de ser necesario, que la fuente de los fondos de la fundación es el Vaticano.

Mientras el tímido Frankel dividía su tiempo entre su parqué privado y sus actividades extralaborales en su mansión, Thomas Bolan y monseñor Colagiovanni volaron al Vaticano para proponer el plan al obispo Francesco Salerno. El obispo Salerno era entonces el importante secretario de la Prefectura de Asuntos Económicos de la Santa Sede. También era, por una de esas felices coincidencias que abundan en este caso, miembro del consejo de la FME, la fundación de monseñor Colagiovanni. La propuesta de Frankel fue comentada con gran detalle, sobre todo el aspecto de que «Rosse» mantendría el control de los cincuenta millones aun después de que éstos fueran «donados» a la fundación del Vaticano.

El 18 de agosto de 1998, Salerno aprobó el plan, declarando que era una «buena idea». Instruyó a Bolan para que elaborara los estatutos de la fundación. Éste lo hizo así, e incluyó una cláusula que permitía a Frankel nombrar a dos de los tres consejeros de la fundación propuesta, el tercero de los cuales sería designado por el Vaticano. Salerno tomó luego contacto con el cardenal de Nueva York, John O'Conner, en busca de una recomendación para el tercer puesto en el consejo de administración.

Sin embargo, el padre Jacobs recibió después una llamada telefónica del obispo Salerno, quien le dijo que la Secretaría de Estado había expresado ciertos recelos acerca del plan. El secretario de Estado, el cardenal Angelo Sodano (quien había reemplazado al estricto cardenal Casaroli en 1990), había comentado que Frankel/Rosse «no podría controlar una fundación del Vaticano, pues no debemos transmitir la idea de que administramos compañías de seguros». El cada vez mejor pagado abogado de Frankel, Bolan, y el padre Jacobs fueron despachados de nuevo al Vaticano, donde sostuvieron una reunión en las oficinas de la Secretaría de Estado con dos empleados de ésta, monseñor Gianfranco Piovano y el padre Brian Farrell. Mientras examinaban el problema, el complaciente monseñor Piovano declaró que «tendremos que encontrar otra manera de que se haga el donativo».

El siempre inventivo Frankel tenía la respuesta. Crearía una nueva fundación, que se establecería fuera del Vaticano, la Fundación San Francisco de Asís para Servir y Ayudar a los Pobres y Aliviar el Sufrimiento, un nombre un tanto difícil de recordar. Una obra de caridad relacionada con el Vaticano sería la fideicomitente de la fundación, y esta obra de caridad podría declarar que estaba financiada por el Vaticano, para que Frankel pudiera afirmar a su vez que su financiación se originaba en fuentes vaticanas. En realidad San Francisco se financiaría por completo con fondos robados depositados en la cuenta bancaria suiza de Frankel. Monseñor Colagiovanni accedió después a que su fundación, la FME, fuera identificada como la «fideicomitente» de San Francisco.

Si este proyecto era aceptado por los ejecutivos del Vaticano, Frankel subiría como la espuma. Nadie temería hacer negocios con una fundación que tenía al Vaticano como último garante. ¿Qué mejor aval podía desear una compañía? Monseñor Colagiovanni habló con el obispo Salerno, de la Prefectura de Asuntos Económicos, y con monseñor Piovano, de la Secretaría de Estado. Ambos dieron su bendición al proyecto, y Colagiovanni envió entonces una carta por fax a Bolan, en papel con membrete de la Rota, informándole de que su fundación, la FME, «había sido autorizada» a recibir los cincuenta y cinco millones de dólares de Frankel. Otros en el Vaticano estaban perfectamente al tanto de lo que se hacía. Entre ellos estaban monseñor Giovanni Battista Re, director de la primera sección de la Secretaría de Estado del Vaticano y en ese entonces el tercer funcionario de más alto rango en el Vaticano.

El padre Jacobs comentó el plan de Frankel con el cardenal Pio Laghi, ex nuncio (embajador) del Vaticano en Estados Unidos. En ese momento, Laghi era director de la Congregación de Educación Católica. Cuando Frankel aún intentaba obtener la aprobación de su proyecto, Laghi intervino a su favor en el Vaticano. A cambio recibió en agosto de 1998 un «donativo» de cien mil dólares para un hospital. Cuando el cardenal Laghi respondió con un cortés gracias, su carta le fue devuelta a través del padre Jacobs con la solicitud de que se abstuviera de agradecer personalmente el pago a «Rosse». Se envió entonces una nueva carta, agradeciendo los fondos a la fundación de Frankel.

Entre quienes también conocieron detalladamente el proyecto y lo aprobaron estaban el padre Giovanni D'Ercole, importante funcionario de la primera sección de la Secretaría de Estado, y el arzobispo Alberto Tricarico, de la segunda sección de esa misma Secretaría, quien supervisaba la relación de la Santa Sede con los países que habían formado parte de la Unión Soviética. Éste quedó tan encantado con el proyecto que consideró la posibilidad de volar a Connecticut para conocer a «Rosse» en persona. El arzobispo estaba ansioso de persuadirlo de «donar» fondos para Kazajstán. El Banco del Vaticano también fue tocado por el hechizo de Frankel y por su en apariencia infinita riqueza. Frankel transfería a menudo parte de sus fondos robados para Colagiovanni y Jacobs a las cuentas de éstos en el IOR. Frankel solicitó a monseñor Colagiovanni una carta del IOR en la que se declarara que la Monitor Ecclesiasticus Foundation era una institución solvente. Antes de expedir esa carta, el Banco del Vaticano pidió detallada información sobre el plan de «Rosse».

¿Aun con todos esos banqueros internacionales y Price Waterhouse al timón, por no hablar de la comisión de cardenales que mantenían una estrecha vigilancia sobre el Banco del Vaticano, prosperó la estratagema de Frankel y sus colegas de complot? Habría bastado con que los expertos lanzaran aun la más superficial de las miradas a los detalles para que resultara obvio que lo que se pretendía era poner en marcha una «lavadora» de dinero. Pero lo cierto es que, una vez que el IOR comprobó que Frankel realmente tenía fondos por valor de cincuenta y cinco millones de dólares en su cuenta suiza, se quedó sumamente tranquilo. Los directores del Banco del Vaticano, el doctor Lelio Scaletti y el doctor Anthony Chiminello, firmaron gustosos una carta que confirmaba la larga e «ininterrumpida relación» entre el Banco del Vaticano y la FME de monseñor Colagiovanni. Esa carta, junto con la carta de agradecimiento del cardenal Pio Laghi y otros documentos, sirvió para aumentar la credibilidad de San Francisco ante los reguladores y abogados de seguros.

Los documentos que daban fe de que San Francisco era un fideicomiso de las islas Vírgenes británicas se antedataron con fecha 10 de agosto de 1998, porque Frankel creía que ésa era una fecha astrológicamente favorable para él. En el acta constitutiva, la FME fue identificada como la fideicomitente, y se sugirió que había aportado noventa millones de dólares a San Francisco.

Animados por la facilidad con que él y sus cómplices habían engañado a tantos en el Vaticano, los socios de Frankel empezaron a hacer afirmaciones cada vez más osadas. Mientras negociaban la compra de Western United Life Assurance Company, de Spokane, Washington, los hombres de San Francisco revelaron que «Rosse» realizaba operaciones de bonos para el Vaticano y que la fuente de los fondos para la transacción de Western United era el Vaticano. Sostuvieron que esa adquisición formaba parte de una estrategia para el aumento sustancial de los activos del Vaticano, y que el propio papa había autorizado la entrega de los fondos a la FME, que luego se los había dado a San Francisco.

El Vaticano estaba al tanto de estos hechos. Fue informado en varias ocasiones de que representantes de San Francisco falseaban visiblemente su relación con el Vaticano y la fuente de sus fondos. En enero de 1999, C. Paul Sandifur, presidente de la compañía matriz de Western United, escribió directamente al secretario de Estado, el cardenal Sodano, pidiéndole confirmación sobre tres cuestiones. ¿Era San Francisco mandatario de la Santa Sede? ¿Era la FME una fundación del Vaticano? ¿Había dado la Santa Sede ciento noventa millones de dólares a la FME y San Francisco, como se había dicho? Monseñor Giovanni Re contestó en nombre del

Vaticano. Aseguró que, respecto a San Francisco, «ninguna fundación con ese nombre cuenta con la aprobación de la Santa Sede ni existe en el Vaticano». El cardenal no negó que el Vaticano hubiera donado ciento noventa millones a la FME o que la FME hubiera donado ciento noventa millones a San Francisco. Tampoco negó que la FME fuera una fundación del Vaticano. Esa estudiada y críptica respuesta estaba en franca contraposición con la reacción del Vaticano cuando este fraude se convirtió en un escándalo internacional.

Ni Re, el número tres del Vaticano, ni nadie más dio ningún paso para corregir una situación en la que la Santa Sede sabía que se estaban haciendo falsas declaraciones a compañías de seguros en Estados Unidos y declaraciones igualmente falsas sobre la relación del Vaticano con Frankel y sus cómplices. Lo cierto es que, al dar sólo una respuesta incompleta a preguntas muy específicas, el cardenal Re aumentó la confianza en las afirmaciones a las que no hizo referencia. Monseñor Colagiovanni explicó amablemente a las compañías de seguros que la política del Vaticano de no mencionar ciertos hechos en una respuesta de esa naturaleza indicaba que tales hechos eran ciertos. Más deseoso aún de servir a Frankel, envió luego un fax a Western United para notificarle que, como presidente de la FME, él había aportado mil millones de dólares a San Francisco. Estos fondos habían procedido de «varios tribunales católicos romanos e instituciones de beneficencia y culturales católicas romanas».

Para disipar cualquier sombra de inquietud en la mente de los hombres de Western United, Frankel y monseñor Colagiovanni dispusieron que dos ejecutivos de la compañía matriz viajaran a Roma, se reunieran con representantes del Vaticano y esclarecieran si las diversas afirmaciones que se habían hecho eran ciertas o no. Fue una jugada valiente, pero aquella compañía de seguros tenía inmensos activos, y Frankel deseaba adquirir el control de ellos.

En su viaje, los ejecutivos de Western United Sandifur y su director financiero William Snider se hicieron acompañar por el padre Eugene Tracey, ex ejecutivo de seguros que entonces ejercía de sacerdote católico en Spokane. Los tres se reunieron con Colagiovanni, quien confirmó que fondos de la FME habían sido transferidos a San Francisco y que parte de éstos eran fondos secretos del Vaticano que oficialmente no existían.

Colagiovanni puso a Frankel por las nubes. El trío se reunió con el obispo Salerno, quien posó para una oportuna fotografía con los visitantes. Colagiovanni les dio después un paseo por el Vaticano, que incluyó varias salas que el público no suele ver. Los ejecutivos de Spokane se tranquilizaron. La FME y San Francisco eran efectivamente conocidas en el Vaticano. Colagiovanni era quien decía ser, y la FME y San Francisco recibían en efecto dinero del Vaticano. Colagiovanni concertó asimismo una reunión con Alan Kershaw, abogado estadounidense que solía exponer casos ante tribunales del Vaticano y que de vez en cuando representaba el interés del Vaticano en procesos legales. Kershaw afirmó ante los ejecutivos de las aseguradoras que un grupo de «laicos del norte de Italia» que deseaban obtener beneficios fiscales de un donativo al Vaticano habían entregado en secreto grandes sumas de dinero a la FME, y confirmó que ésta recibía fondos del Vaticano. Kershaw dijo también a los ejecutivos que de hecho el Vaticano tenía potestad de supervisión sobre San Francisco y que los fondos y administración del dinero de San Francisco pasaban por el IOR.

Sin embargo, la carta inicial de monseñor Re había alterado a Frankel, el abogado Bolan y el irrefrenable monseñor Colagiovanni. La parcas respuestas de Re a las preguntas de Western United habían causado serios problemas a los estafadores, y éstos querían evitar que se repitiera. En marzo de 1999, Colagiovanni dispuso que Bolan se reuniera con Re. En esa reunión Bolan conoció al cardenal Agostino Cacciavillan, presidente de la Administración del Patrimonio de la Santa Sede (APSS), el supremo funcionario gubernamental a cargo de las inversiones de la Santa Sede. La carta de Sandifur y la respuesta del cardenal Re fueron muy comentadas.

Cacciavillan fue informado de que un individuo privado (Rosse), y no la FME ni el Vaticano, era la fuente de los fondos de San

Francisco. Supo entonces que la FME sería usada como el vehículo a través del cual ese individuo privado realizaría «donativos» a San Francisco. Con tales datos, es asombroso que el cardenal no haya exigido en el acto que Bolan, Colagiovanni y sus colegas dejaran de sostener que los fondos se originaban en la FME o en el Vaticano. Se limitó a hacer una petición: que no se dijera que San Francisco era una fundación del Vaticano. No expresó la menor preocupación por los demás informes falsos sobre la relación entre San Francisco, la FME y el Vaticano. Los tres acordaron que si el Vaticano recibía futuras preguntas sobre la adquisición por San Francisco de compañías de seguros en Estados Unidos, se les remitiría a Colagiovanni o a alguien más que conociera el plan FME/San Francisco.

Pese al gran éxito obtenido en el Vaticano por Bolan y Colagiovanni, el final estaba cerca para este San Francisco de nuestros días. Frankel había sido un necio. Él y sus colegas habían llegado demasiado lejos haciendo creer que la Fundación San Francisco era propiedad del Vaticano o recibía dinero del Vaticano y que estaba asegurada por la Fundación Monitor Ecclesiasticus, con sede en Roma.

Además, la propiedad extranjera de compañías de seguros está específicamente prohibida en varios estados estadounidenses, entre ellos Colorado y Washington.

Así, el intento de adquisición de Capital Life Insurance, en Denver, y Western United, en Spokane, por Thunor Trust de Frankel, no fue posible, dado que Frankel había dispuesto que San Francisco comprara Thunor Trust. Para principios de mayo de 1999, Martin Frankel se había dado a la fuga, y un agujero de doscientos millones de dólares se había descubierto en las compañías de seguros que él había comprado y saqueado.

A la luz de todo lo anterior, la siguiente declaración del portavoz del Vaticano, Joaquín Navarro-Valls, resulta tan evasiva como la negativa del Vaticano en 1982 acerca de cualquier participación en la quiebra del Banco Ambrosiano y de sus autoexoneraciones en 1974 tras *Il Crack* Sindona.

Deseo aclarar que las fundaciones «Monitor Ecclesiasticus» y «San Francisco de Asís» no poseen personalidad jurídica en el Vaticano ni están inscritas en los registros de personalidades jurídicas del Vaticano. Deseo añadir que la Santa Sede no tiene ninguna relación con el padre Peter Jacobs y no ha proporcionado ni recibido fondos de la Fundación Monitor Ecclesiasticus ni de la Fundación San Francisco de Asís. Contrariamente a lo que se ha afirmado, la Fundación San Francisco de Asís no tiene ninguna cuenta en el Instituto de Obras de Religión (IOR) ni está reconocida por esta institución. Monseñor Emilio Colagiovanni es presidente de la Fundación Monitor Ecclesiasticus, establecida por la archidiócesis de Nápoles en 1967. Esta fundación siempre ha actuado totalmente fuera del contexto del Vaticano, y no tiene la menor relación con él.

Como muchas otras declaraciones del Vaticano, ésta de Navarro-Valls planteaba más preguntas de las que respondía. ¿Por qué se aguardó hasta el 30 de junio de 1999 para que el Vaticano emitiera esa negativa cuando para entonces la estafa de Frankel y el saqueo de fondos de compañías de seguros ya habían sido noticia internacional de primera plana durante dos meses? A lo largo de los doce meses anteriores se presentaron al Vaticano crecientes evidencias de esa estafa, pero éste no hizo nada para advertir a nadie de que el proyecto de Frankel era espurio e ilegal. En cambio, el Vaticano alentó efectivamente a compañías de seguros a confiar en Frankel y sus socios. Para cuando Navarro-Valls hizo su declaración, hacía ya mucho tiempo que Frankel y sus millones habían volado.

Para abril de 1999, Frankel obviamente se había percatado de que el juego había llegado a su fin. Durante ese mes, la mayor parte de los fondos desaparecidos había sido transferido a la cuenta bancaria suiza. El 15 de mayo, los bomberos acudieron a la mansión de Frankel, de tres millones de dólares. Encontraron documentos en llamas en algunas de las chimeneas y un archivador ardiendo en la cocina. Sofocado el fuego, uno de los objetos que se habían salvado llamó su atención. Era una lista de tareas pendientes. El número uno de la lista decía «Lavar dinero». También encontraron evidencias de la obsesión de Frankel por la astrología: había pedido a sus astros respuestas a preguntas apremiantes como: «¿Iré a la cárcel?», «¿Debo huir?». Mientras tanto, la cuenta número 70026 en la Banque SCS Alliance de Suiza estaba en plena actividad.

Frankel fue finalmente arrestado tras una persecución de cuatro meses. Había pasado sus ocho últimas semanas de libertad en uno de los mejores hoteles de Alemania, el Prem Hotel de Hamburgo. Junto a él, en su habitación, estaban otra antigua novia, Cynthia Allison, y dos millones de dólares en diamantes y efectivo. Frankel fue acusado después por las autoridades de Hamburgo de contrabando de diamantes y posesión de pasaportes falsos. Fue sentenciado a tres años de prisión. Se le extraditó a Estados Unidos tras cumplir dieciocho meses. En su ausencia había sido acusado por un gran jurado de Connecticut de treinta y seis cargos de transferencias fraudulentas y lavado de dinero. También era buscado por otras muchas acusaciones en otros estados.

El 5 de mayo de 2002 Frankel se declaró culpable en un tribunal de Connecticut de veinticuatro acusaciones que implicaban extorsión, fraude monetario y bursátil y conspiración. La sentencia fue suspendida hasta que pudieran tener lugar los juicios en Tennessee y Mississippi, y luego retrasada de nuevo mientras Frankel colaboraba con varios fiscales en sus intentos por recuperar los millones robados. Finalmente, a finales de 2004, Martin Frankel fue sentenciado a dieciséis años de cárcel.

El 9 de septiembre de 2002 monseñor Emilio Colagiovanni se declaró culpable de fraude y conspiración. Colagiovanni también ofreció gustosamente plena cooperación a los comisarios de seguros.

Después de que Martin Frankel se declarara culpable, Joaquín Navarro-Valls reapareció de pronto para afirmar a diestra y siniestra que el Vaticano no había participado en los proyectos de Frankel. En cuanto a monseñor Emilio Colagiovanni y la fundación que controlaba, Navarro-Valls declaró: «Colagiovanni ya estaba retirado cuando hizo negocios con Frankel, y la Fundación

Monitor Ecclesiasticus, constituida en Nápoles, no es en absoluto una fundación del Vaticano». Colagiovanni «actuó exclusivamente como ciudadano privado italiano y el Vaticano no recibió fondos de empresas de Frankel».

Los comisarios de seguros de Mississippi, Tennessee, Missouri, Oklahoma y Arkansas presentaron una demanda federal contra el Vaticano. Exigieron más de doscientos millones de dólares. El comisario de Mississippi, Lee Harrell, explicó:

> El hecho de que el Vaticano no se haya beneficiado de los doscientos millones de dólares es irrelevante. Conforme a la ley sobre organizaciones corruptas y bajo influencia del crimen organizado [Racketeer Influenced and Corrupt Organisations (RICO)], cualquiera de las partes implicadas en una trama delictiva es responsable de la totalidad del monto robado.

Pese a su actuación, monseñor Re fue ascendido por Karol Wojtyla. Fue elevado a cardenal el 21 de febrero de 2001. Esto evidencia que las implicaciones de la ley RICO no le habían sido transmitidas al papa Juan Pablo II cuando habló del asunto con el cardenal Re. Su consejo al cardenal cuando éste se quejó de la cobertura que habían dado algunos medios al asunto fue exactamente el mismo que había ofrecido tras la quiebra del Banco Ambrosiano al obispo Paul Marcinkus:

—Ignórelos. Nosotros no perdimos dinero, ¿no es así?

—No, Santo Padre.

—Entonces ignórelos. Ya pasará.

Para 2002, la cifra que los comisarios de seguros de Estados Unidos pretendían recibir del Banco del Vaticano había aumentado a seiscientos millones de dólares.

Un grupo cuyos miembros siguen considerándose buenos católicos, temerosos de Dios, es el de la mafia. Sus integrantes dicen ser *cristiani che corrono*, «cristianos en fuga». La mafia ha mantenido fuertes lazos con la fe católica y su jerarquía desde mediados del siglo XIX. El silencio histórico de la Iglesia sobre las actividades de la Cosa Nostra ha resonado a lo largo de los años más poderosamente que sus ocasionales críticas a una organización que juzga el homicidio como legítima estrategia empresarial.

En 1993, hallándose en Sicilia, el papa rompió su largo silencio sobre la mafia con una enérgica denuncia, al referirse al asesinato de los jueces Giovanni Falcone y Pablo Borsellino y al definir a la mafia como el «demonio» y a quienes habían sido asesinados como «mártires». La mafia, con su «cultura de muerte», era «profundamente inhumana, antievangélica» y, tras exhortarla a arrepentirse, el papa le recordó que «¡un día llegará el juicio de Dios!».

La mafia se adelantó en su juicio. Llevaba en estado de guerra con el gobierno y el poder judicial italianos durante un tiempo. En julio de 1993, un coche bomba en la Via Ruggero, en Roma, alcanzó al periodista Maurizio Costanzo. Su delito había sido escribir críticamente sobre la mafia. Veintiún personas más que se encontraban por casualidad en el área también resultaron heridas. El 27 de julio de 1993, una gran explosión en el centro de Florencia destruyó parte de la Academia Georgofili, perdiendo la vida el vigilante, su esposa y sus dos pequeñas hijas. Treinta y seis personas resultaron heridas y una enorme colección de irreemplazables obras de arte fueron destruidas o gravemente dañadas.

El mismo día de la masacre de Florencia, otros dos coches bomba Fiat hicieron explosión en Roma. Esta vez el blanco fue la Iglesia católica, en respuesta a la condena de mayo del papa. La primera bomba explotó en la Piazza San Giovanni in Laterano y la otra afectó a la iglesia de San Giorgio al Velabro. Debido a la hora en que ocurrieron esos dos ataques, el primero dos minutos antes de la medianoche, el segundo cuatro minutos después, no hubo heridos.

En esa época hubo otros atentados con bombas en la Italia continental, pero los investigadores italianos consideraron que los cometidos contra las dos iglesias de Roma no eran parte de la guerra de la mafia contra el Estado italiano, sino su respuesta directa al papa y al creciente número de sacerdotes antimafia que, con gran valor, intentaban reducir el control de la Cosa Nostra sobre la sociedad italiana y siciliana. Los líderes de la mafia consideraron que su madre Iglesia los había traicionado. En septiembre de 1993, el más franco de los curas antimafia, el padre Puglisi, fue asesinado por cuatro hombres por órdenes de Giuseppe Graviano, quien controlaba el distrito de Brancaccio, al este de Palermo.

Desde entonces, el papa Juan Pablo II guardó silencio sobre la mafia, y la larga relación de la Iglesia católica con ella siguió adelante.

En octubre de 2002, la policía de Palermo, Sicilia, arrestó a veintiún miembros de un grupo criminal, algunos de ellos con vínculos directos con la mafia. La banda había logrado clonar una réplica del sistema informático usado en una sucursal del Banco de Sicilia. Estaban muy avanzados los preparativos para desviar quinientos millones de dólares y había habido negociaciones telefónicas con miembros del personal del Banco del Vaticano, desde donde el dinero iba a ser transferido a bancos de Portugal y Bélgica.

Sin duda la mafia en Sicilia sabía que el Banco del Vaticano figura regularmente entre las diez «lavanderías» oficiales de dinero más grandes del mundo. Un informe de 2001 colocaba al Vaticano en el número ocho, y estimaba que la suma anual lavada a través del Banco del Vaticano ascendía a cincuenta mil millones de dólares. Esto explica sin duda la ausencia de la Santa Sede en la lista de los miembros del Grupo de Trabajo de Acción Financiera contra el Lavado de Dinero y en la lista de órganos y organizaciones internacionales con categoría de observadores en ese grupo de trabajo.

La jerarquía vaticana ignoró esos hechos y seguía sermoneando al mundo financiero. El cardenal Tettamanzi proclamó en noviembre de 2003:

El hombre no está hecho para el mundo financiero; el mundo financiero está hecho para el hombre. (...) El lucro no es el único criterio para el funcionamiento apropiado de una empresa. (...) Se deben considerar las consecuencias del afán de lucro en el individuo.

En enero de 2004, el presidente de la Conferencia de Obispos de Italia, el cardenal Camillo Ruini, dijo a sus compañeros obispos que debían extraer las lecciones correctas del reciente escándalo financiero en su país, el derrumbe de Parmalat. «Sería útil que los líderes empresariales italianos redescubrieran el valor de la ética (...).»

Entretanto, el Vaticano Inc. estaba más preocupado en redescubrir la mayor rentabilidad. El presupuesto anual del año financiero de 2003 arrojó un «déficit» de cerca de doce millones de dólares, el tercer déficit presupuestario consecutivo para la Santa Sede. Las cifras más recientes, correspondientes a 2004, indicaron que el presupuesto había regresado trabajosamente a los números negros, con 3,71 millones. Quince millones de euros se habían perdido innecesariamente por no proteger a la Santa Sede contra el riesgo cambiario. La tendencia positiva se mantuvo en 2005, con otro pequeño superávit, aunque las «cuentas» siguen siendo poco rentables, las operaciones financieras del IOR aún no son dadas a conocer y las inversiones continúan registrándose a su valor de costo, no de mercado, práctica considerada inaceptable por la mayoría de los auditores. Hay lecciones por aprender acerca del «valor de la ética» a ambos lados del Tíber. A mediados de 2006, la demanda contra el Vaticano para recuperar los seiscientos millones de dólares perdidos en el caso Frankel no se había resuelto aún.

Para ese mismo periodo, el juicio de Flavio Cerbini y otros tres acusados por el homicidio de Roberto Calvi se aproximaba a su segundo aniversario. Un testigo clave, el arzobispo Marcinkus, eludió todos los intentos para que se presentara. Su muerte en febrero de 2006 dejó sin resolver la acusación expuesta al autor de este libro por una fuente de la mafia: a saber, que Marcinkus estaba presente cuando se tomó la decisión de asesinar a Calvi.

Se hace necesaria con urgencia una cultura de respeto al estado de derecho.

Tampoco podemos dejar de mencionar el mal de la corrupción, el cual mina el desarrollo social y político de muchos pueblos. Éste es un fenómeno creciente que se infiltra insidiosamente en numerosos sectores de la sociedad, burlando la ley e ignorando las reglas de la justicia y la verdad. La corrupción es difícil de combatir, porque adopta muchas formas diferentes: cuando se la ha suprimido en un área, brota en otra. Se necesita valor sólo para denunciarla. Para eliminarla, junto con la resuelta determinación de las autoridades, se necesita el generoso apoyo de todos los ciudadanos, sostenido por una firme conciencia moral.

Del discurso «De la justicia de cada uno procede la paz para todos» del papa Juan Pablo II, 1 de enero de 1988

Capítulo 13   La ciudad   →

Muchas ciudades son mucho más grandes. Muchas ciudades tienen mucha más gente. Esta ciudad es de 0,44 kilómetros cuadrados y tiene menos de seiscientos habitantes, pero es la ciudad más poderosa de la Tierra. Oficialmente conocida como Estado de la Ciudad del Vaticano, pese a toda su grandeza e importancia como centro nervioso de la fe católica romana no deja de ser una ciudad introvertida, ensimismada, con todas las concentradas virtudes y vicios de la vida de una comunidad pequeña. Pero cuando al jefe de una ciudad se le considera en todo el mundo el representante de Dios en la Tierra, esas virtudes y vicios tienen un filo adicional. En teoría, la gente que trabaja en el corazón de la cristiandad católica debería obtener grandes beneficios de sus enseñanzas; en la práctica, eso no siempre sucede. Aparte de los residentes, hay una combinación adicional de sacerdotes, religiosos y empleados laicos, principalmente italianos, que cada día se trasladan desde Roma y los suburbios a sus lugares de trabajo en el

Vaticano. Como cualquier otro Estado, éste tiene sus propias leyes y su propia infraestructura cívica, además de cuerpo de policía, servicio postal, recolección de basura, farmacia, tiendas, gasolinera y, en vez de un ejército, cien miembros de la Guardia Suiza.

Residentes y empleados del Vaticano por igual pueden aprovecharse de muchos productos libres de impuestos. A partir del 1 de julio de 2002 pudieron seguir comprando el tabaco al mismo bajo precio de antes, pero ya no podían fumar en ningún lugar público en territorio del Vaticano, el primer Estado en el mundo en introducir esa prohibición. A diferencia de la ceremonial Guardia Suiza, la policía del Vaticano se mantiene extremadamente ocupada. En este país se cometen más delitos por habitante que en cualquier otro en el mundo. La vasta mayoría de ellos (98 por ciento) son robos, perpetrados contra los turistas que visitan la Capilla Sixtina, los museos o el único supermercado del Vaticano. Abundan los carteristas y ladrones de bolsos.

El Vaticano comprende dos administraciones distintas, el Estado de la Ciudad del Vaticano y la Santa Sede. El Estado es el último residuo de antiguas glorias, sus 0,44 kilómetros cuadrados son todo lo que queda de los antaño poderosos Estados pontificios. Su gobierno presta los servicios municipales ya mencionados al Estado soberano más pequeño del mundo. La Santa Sede rige a la Iglesia mundial, organiza los viajes papales, controla a las cerca de ciento veinte misiones diplomáticas, la radio y el periódico, y se encarga de que la política papal se aplique en cuarenta comisiones, nueve congregaciones y varias secretarías, consejos y servicios. La mayoría de los mil trescientos empleados del Estado de la Ciudad del Vaticano son trabajadores laicos, mientras que la mayor parte del personal de la Santa Sede, dos mil trescientos miembros, se compone de clérigos. El término curia romana se refiere a esas dos mil trescientas personas, las cuales asisten al papa en el gobierno de la Iglesia universal, y, como los servidores civiles de todas partes, suelen ser mezquinas e inamovibles, en particular cuando se menciona la «reforma papal de la curia».

Sin embargo, tanto clérigos como trabajadores laicos han recibido satisfechos un aspecto de la reforma curial: su salario. Como ya se señaló, en 1979, y nuevamente en 1980, los trabajadores laicos escribieron directamente al papa. Para entonces llevaban diez años sin subidas salariales y buscaban no sólo sustanciosas compensaciones, sino también el derecho a formar su propia versión de un sindicato. Una manifestación de protesta de la asociación de trabajadores fue impedida en el último momento, cuando el papa accedió a recibir a una delegación. Evocó su trabajo durante la guerra en Solvay, dijo que los empleados podían formar una asociación, delegó instrucciones y regresó a hacer discursos en apoyo a Solidaridad. Para mayo de 1982, la asociación se había cansado de esperar que las promesas papales se cumplieran y realizó una marcha silenciosa de protesta, la primera en la historia de la Ciudad del Vaticano.

La asociación también amenazó con llamar a una huelga para el 14 de junio, un día antes de la partida del papa a Ginebra, donde pronunciaría un discurso en la Organización Internacional del Trabajo. El papa, que regularmente se ponía el casco y proclamaba su solidaridad con los trabajadores de todo el mundo, estuvo a punto de tener que enfrentarse a la vergüenza de ver cómo su propio chófer formaba parte de un piquete y no poder llegar al aeropuerto de Roma. Los problemas se resolvieron finalmente y se aplicaron varias mejoras.

Si el salario ha sido históricamente bajo hasta años recientes, los empleados del Vaticano tienen uno de los lugares de trabajo más bellos del mundo. En su tiempo libre para comer, el personal puede vagar por la Capilla Sixtina y los museos y detenerse a contemplar una de las mejores colecciones de arte del mundo, admirar los Caravaggios, los tapices de Rafael y los cuadros de Leonardo da Vinci. Las oficinas quizá sean demasiado frías o demasiado calurosas, apenas hay ascensores y el aire acondicionado es casi inexistente, pero tiene sus compensaciones.

La historia es omnipresente y visible en todo el Vaticano. Menos obvia es la manera en que esa historia influye inexorablemente en quienes trabajan en el Vaticano, particularmente la curia romana, el servicio seglar de la Iglesia. Cada papa, desde principios del siglo XX, ha llegado a su cargo determinado a hacer grandes cambios en la curia, y todos han fracasado en esa ambición. Por todo el mundo muchos obispos ven al Vaticano como un basurero, el sitio donde enviar a los diocesanos frustrados e inadaptados; otros, con demasiada ambición, saben que es el mejor lugar para el descubrimiento de talentos. Muchos en el Tercer Mundo aspiran a un puesto en la curia simplemente porque ofrece un mejor nivel de vida que su país. Finalmente están quienes llegan ahí porque desean servir a la Iglesia como les sea posible. Esta última categoría no es necesariamente la mayoría. Esta curiosa combinación de seres humanos suele adoptar una conducta muy poco cristiana. Las intrigas, conspiraciones y luchas en busca de privilegios o poder tienen a menudo el refinamiento propio de los Borgia.

Para mediados de octubre de 2003, incluso la lealtad pública de quienes rodeaban al Santo Padre mostraba signos de considerable debilidad. Desde poco antes, el papa ya sólo podía presentarse como un simbólico jefe de Estado. Se formó entonces una camarilla que incluía al secretario del papa, recién ascendido a arzobispo, Stanislaw Dziwisz; el jefe de prensa del Vaticano, Joaquín Navarro-Valls, y el director del colegio cardenalicio y camerlingo, el cardenal Eduardo Martínez Somalo. Como camerlingo o papa interino, Martínez Somalo tendría absoluto control sobre las disposiciones para el funeral del papa Juan Pablo II y la elección de su sucesor. Aparte de una estrecha amistad a lo largo de muchos años, esos tres individuos también compartían una lealtad al Opus Dei, lo mismo que los demás miembros de un grupo no elegido que para los últimos meses de 2003 dirigía de hecho a la Iglesia católica romana. Ellos eran el secretario de Estado, el cardenal Sodano; el cardenal Ratzinger, el todopoderoso prefecto de la Congregación de la Doctrina de la Fe, y el arzobispo Leonardo Sandri, subsecretario de Estado. Una gerontocracia estaba en el poder.

El lunes 13 de octubre de 2003, esa camarilla se hallaba revuelta. El Vaticano negó que el estado de salud del papa se hubiera deteriorado, y negó asimismo informes ya publicados de que el Santo Padre necesitara diálisis para purgar su cuerpo de los sumamente tóxicos medicamentos que la administraban para aliviar su mal de Parkinson. Horas más tarde, esas aseveraciones de Navarro-Valls resultaron ser otra más de las fantasías del jefe de prensa. El papa tuvo extremas dificultades para hablar durante una reunión con el presidente de Uruguay, Jorge Batlle Ibáñez, y luego durante una reunión con toda la delegación uruguaya, incluidos varios reporteros. El papa «hizo grandes, dolorosos e infructuosos esfuerzos para intentar hablar, así que permaneció en silencio todo el tiempo». Tres días después llegó otra dura prueba para Karol Wojtyla: la misa de aniversario de octubre para celebrar un papado que había durado veinticinco años completos. Fue apenas la tercera vez que la Iglesia celebraba el jubileo de plata de un papa.

Otros tres días después, con un papa cada vez más achacoso e incapaz de leer siquiera una línea de su homilía, tuvo lugar la beatificación de la madre Teresa de Calcuta. Dos días más tarde, tenían de nuevo que leerle su homilía, esta vez lo hizo uno de los miembros de confianza de la camarilla, el arzobispo Leonardo Sandri, durante un consistorio que incorporó treinta y un nuevos miembros al colegio cardenalicio. Algunos de los miembros más viejos del colegio, visiblemente sobresaltados por el deterioro de la salud del papa, expresaron sus preocupación al preguntarse en voz alta si, como dijo el cardenal Napier, de Durban, Sudáfrica, «(...) quizá pronto tengamos que enfrentarnos a la gran responsabilidad de elegir papa». Otros exponían los pros y contras de la renuncia papal. La curia estaba particularmente preocupada por este aspecto. Los cardenales José Martins y Mario Pompedda declararon que «aun si el papa perdiera la capacidad de hablar, podría indicar sus deseos por escrito, y continuar por lo tanto como jefe de la Iglesia». Entrevistado por el diario argentino *La Nación*, el bibliotecario del Vaticano, el cardenal Jorge Mejía, discrepó: «Si el papa no puede hablar, ya no podrá celebrar misa, lo que haría dudar de su capacidad para continuar su liderazgo espiritual».

Al enterarse de eso, el líder de la camarilla, el arzobispo Dziwisz, expuso: «Juan Pablo II será papa hasta que Dios quiera». La camarilla estaba determinada a prolongar lo más posible la ilusión de un jefe de Estado en pleno ejercicio de sus funciones. Un miembro estadounidense de la curia me puso al tanto de ciertos antecedentes:

Creo que fue apenas en 1996 cuando [los miembros de la camarilla] finalmente se vieron obligados a admitir, de forma extraoficial, por supuesto, que el Santo Padre sufría mal de Parkinson. Para entonces todo el mundo sabía que padecía esa enfermedad, pero aquí la oficina de prensa en particular había negado rotundamente esa verdad durante años. «El otro papa» y sus amigos han dirigido el espectáculo durante gran parte de este año, pero en más de un sentido han estado a cargo desde hace mucho tiempo.

«El otro papa» era el nombre que muchos daban al principal secretario y cercano compañero del papa desde mediados de la década de 1960, Stanislaw Dziwisz, quien fue ordenado por el entonces obispo Wojtyla en 1963 y se convirtió en su segundo secretario en 1966. Su relación fue durante muchos años como de padre e hijo. En los últimos años, particularmente desde que el mal de Parkinson empezó a agravarse en un cuerpo antes fuerte, vigoroso y atlético, los papeles se habían invertido inexorablemente. La ruta para llegar al papa fue durante mucho tiempo a través de Dziwisz:

Cuando el Santo Padre ascendió a Dziwisz a obispo en 1998, algo inaudito para un secretario, eso sencillamente confirmó un hecho ya sabido. ¿Una petición especial? ¿La necesidad de una decisión «difícil»? Entonces no uses los canales normales. Es probable que nunca llegues a la primera base. Dziwisz es el hombre. ¿Cómo cree usted que el Opus Dei consiguió su prelatura personal o que Escrivá fuera beatificado? ¿Cómo cree que los Legionarios de Cristo obtuvieron tan pronto reconocimiento? Más aún: ¿cómo cree que Degollado salió del apuro?[1] Es muy útil además que lo que uno representa sea reaccioñario o se incline a la derecha. De ser así, la persona indicada es el otro papa, sobre todo desde su más reciente ascenso.

Cuando mi colega estadounidense empezó a contar la reacción del Vaticano a la posterior carrera del secretario del papa, su inexpresivo y lacónico semblante se animó enormemente por un momento:

Pensábamos que haberlo nombrado obispo era nepotismo desenfrenado, pero entonces el Santo Padre llegó todavía más lejos. ¿Arzobispo? Hubo algunos, particularmente entre quienes trabajaban para Ratzinger, que estaban convencidos de que todo formaba parte de un plan para asegurar que el «otro papa» fuera el siguiente papa; que cuando el Santo Padre sintiera que su momento se acercaba a su fin, le daría a Dziwisz el capelo cardenalicio. (...) De poco menos de setenta años: la edad perfecta para un papa, ¿y qué mejor manera de garantizar que hubiera una total y absoluta continuidad? Y con todo ese seguro respaldo del Opus Dei. (...) Gracias a Dios que no fue así.

Aparte de Dziwisz, la «pequeña familia polaca» alrededor del papa todos esos años redujo significativamente la constante añoranza que Wojtyla sentía por su patria. La única notable excepción era el simpático monseñor Vincent Tran Ngocthu, sacerdote vietnamita que trabajó como secretario privado del papa de 1988 a 1996. Las monjas polacas cocinaban y limpiaban para Wojtyla, su confesor hasta su muerte, en septiembre de 2003, era monseñor Stanislaw Michalsky. Ahí estaba también el cardenal Andrzej Deskur, quien hizo más que nadie para asegurar la elección de Karol Wojtyla en 1978.

Las opiniones de aquel estadounidense sobre el arzobispo Stanislaw Dziwisz eran secundadas por varios de los innombrables. Todos los secretarios personales papales, en tiempos recientes, claro, han ejercido considerable poder. El secretario personal de Pablo VI, Pasquale Macchi, «controló» al papa durante sus últimos años, diciéndole a quién debía ver, qué debía comer e incluso a qué hora debía acostarse, pero el poder de Macchi no fue nada comparado con el de Dziwisz. Cuando este secretario decía, como lo hacía con mucha frecuencia, «el Santo Padre desea...» o «lo que el Santo Padre dice...», muy pocos refutaban las indicaciones.

Respecto al incesante ascenso del Opus Dei, el arzobispo Dziwisz había empujado simplemente una puerta abierta. El Opus Dei es una secta católica romana de dimensiones internacionales. Aunque su número real de miembros es relativamente reducido, su influencia es enorme. Es una sociedad secreta, algo que está estrictamente prohibido por la Iglesia. El Opus Dei niega que sea una organización secreta, pero se niega a proporcionar la lista de sus miembros. Fue fundado por un sacerdote español, monseñor José María Escrivá, en 1928.

Como corresponde a una organización que creció enormemente en una cultura fascista, ocupa la extrema derecha de la Iglesia católica, hecho político que ha asegurado que esta organización haya atraído tanto a enemigos como a partidarios. Sus miembros son en un pequeño porcentaje curas, alrededor del 5 por ciento, y personas laicas de uno u otro sexo. Aunque personas de muchos ámbitos pueden encontrarse entre sus miembros, busca atraer a las de las altas esferas de las clases profesionales, incluidos estudiantes y titulados que aspiran al nivel ejecutivo. El doctor John Roche, profesor de la Universidad de Oxford y ex miembro del Opus Dei, lo describe como «siniestro, reservado y orwelliano». Tal vez el interés de sus miembros en la automortificación sea la causa de gran parte de la hostilidad de los medios informativos contra la secta. Ciertamente la idea de flagelarse la espalda desnuda y de usar fajas de metal con púas hacia el interior en el muslo para mayor gloria de Dios puede ser difícil de aceptar para la mayoría de la gente a principios del siglo XXI. Nadie, sin embargo, debería dudar de la total sinceridad de los miembros del Opus Dei.

Bajo el papa Juan Pablo II, el Opus Dei prosperó. Aunque el papa no era miembro del Opus Dei, fue para sus partidarios todo lo que habrían podido desear de un papa. Uno de sus primeros actos tras su elección fue ir a la tumba del fundador del Opus Dei y rezar.

Esta organización tiene, según sus propios datos, miembros que trabajan en más de seiscientos periódicos, revistas y publicaciones científicas dispersos en todo el mundo. Cuenta con miembros en más de cincuenta emisoras de radio y televisión. Durante las cerca de tres décadas del papado de Wojtyla, el Opus Dei —obra de Dios— tuvo éxito a pesar de las peores pesadillas de sus críticos y adversarios.

Su desaparecido fundador, Escrivá, por cortesía de una inversión del Opus Dei de unos setecientos cincuenta mil dólares colocada por importantes miembros donde mejor engrasara las ruedas (como observó irónicamente mi fuente estadounidense), alcanzó la beatificación en 1992 y la canonización en octubre de 2002. El papa Juan Pablo II, quien creó más santos que los originados por todos sus predecesores, pagó generosamente esa multimillonaria «contribución». Con la avalancha de canonizaciones, es probable que haya desmitificado en última instancia no sólo el proceso de canonización entero, sino el papado mismo.

El otorgamiento de la prelatura personal por Wojtyla en 1982 es un acto que a la larga volverá a rondar a la Iglesia. Desde 1982, el Opus Dei no ha estado bajo la jurisdicción de la infraestructura mundial del episcopado. Puede hacer lo que le plazca sin importar las objeciones de las diócesis, y sólo es responsable ante su líder, actualmente el madrileño Xavier Echevarría, y a través de él ante el papa. Cuando varios obispos irlandeses en años recientes objetaron actividades del Opus Dei en sus diócesis e indicaron que deseaban que se fuera, se hizo caso omiso. En septiembre de 1994, cuando la popular revista portuguesa *VISAO* publicó un artículo crítico sobre el Opus Dei, fue posteriormente inundada con un interminable torrente de correspondencia hostil y amenazadora. Poco después sus oficinas se incendiaron misteriosamente. Desde entonces *VISAO* parece poco inclinada a criticar al Opus Dei.

En campus universitarios o en ciudades cercanas a éstos en todo el mundo, el Opus Dei ha establecido residencias que sirven como centros de reclutamiento. Los métodos usados por algunos sacerdotes del Opus Dei también son muy evocadores de las tácticas de las sectas más conocidas. Sus blancos favoritos son adolescentes que se hallan lejos de su hogar por primera vez. Desencantados ex miembros y amargados padres de hijos «perdidos» hablan de «control mental», eco de los textos de Escrivá:

Esta sagrada coerción es necesaria; *compelle intrare*, compélelos a entrar. (...) No tenemos otro propósito que el corporativo: proselitismo, ganar vocaciones. (...) Cuando una persona no tiene celo para conquistar a otras, está muerta. (...) Yo sepulto los cadáveres.

Una sostenida ofensiva de atracciones, o «bombardeo amable», se emplea con todo miembro potencial; y cuando éste se integra, es gradual, casi imperceptiblemente alejado de su familia o amigos. Es regla estricta, por ejemplo, que toda la correspondencia sea leída primero por un miembro de alto rango, que puede o no decidir que puede ser leída por el destinatario.

En campus universitarios de todo Estados Unidos, las actividades del Opus Dei han causado recientemente honda preocupación entre clérigos católicos que no pertenecen a esa organización. Donald R. McCrabb, director ejecutivo de la Asociación Católica del Ministerio Universitario (Catholic Campus Ministry Association), organización con más de mil capellanes católicos en todo el país, observó:

Me he enterado por ministros universitarios que se asigna un «director» espiritual del Opus Dei al candidato. El director tiene que aprobar cada acción realizada por esa persona, incluida la lectura de correspondencia, a qué clases va o no va, qué libros lee o no lee.

Se sabe que empleados de las universidades de Stanford y Princeton han detallado la excesiva presión que sacerdotes del Opus Dei han ejercido sobre estudiantes de primer año, incluidas continuas preguntas sobre sus actividades sexuales, constante coerción para confesarse e instrucciones sobre qué cursos seguir y qué profesores evitar.

Los «amigos» del Opus Dei que se adhieren a los objetivos escenifican un inquietante final de acto, el cual incluye una teatral «crisis vocacional» durante la cual dos miembros numerarios trabajan en equipo con el fin de crear un clímax emocional. El ex miembro Tammy DiNocala recordó: «Básicamente, es una oportunidad única. Si no la aprovechas, no vas a tener la gracia de Dios el resto de tu vida». En Estados Unidos, el Opus Dei opera no sólo en campus universitarios, sino también en varias escuelas secundarias y preparatorias, con alumnos de hasta trece años de edad. En Inglaterra, tras una serie de quejas y una investigación oficial, el entonces primado, el fallecido cardenal Basil Hume, prohibió al Opus Dei hacer proselitismo entre menores de dieciocho años.

Desde sus inicios, el Opus Dei consideró a las mujeres como inferiores, y les asigna principalmente el trabajo doméstico. Están en todo momento subordinadas a sus «superiores»; los sexos están estrictamente separados y a las mujeres se las despoja de sus derechos. Aunque algunas integrantes obtienen doctorados, su talento es frecuentemente ignorado. Escrivá escribió: «Las mujeres no necesitan ser instruidas; basta con que sean prudentes». Se hace mucho énfasis en el «recato». El fallecido fundador habría tenido sentimientos encontrados ante el meteórico ascenso en Inglaterra de la integrante del Opus Dei Ruth Kelly, ascendida en enero de 2005 al puesto de ministra de Educación en el gobierno de Blair.

Desde mayo de 2006, cuando Kelly fue trasladada a otro puesto después de una reorganización del gabinete, ha estado en directo conflicto con la enseñanza católica en varias cuestiones, en particular la homosexualidad. Como secretaria de Estado para las Comunidades, parte de sus funciones consisten en aplicar la ley de igualdad, aprobada a principios de 2006. Esa ley prohíbe discriminar a un individuo por un amplio número de razones, incluida la orientación sexual. Interrogada sobre los edictos emitidos tanto por el papa Juan Pablo II como por su sucesor, Benedicto XVI, que condenan la homosexualidad y llaman a los políticos católicos romanos a expresar su oposición «clara y públicamente y a votar contra leyes que reconocen las uniones homosexuales», Ruth Kelly observó: «No creo que sea un derecho de los políticos empezar a hacer juicios morales sobre la gente». Lo cual es precisamente lo que el papa le mandó hacer.

Durante la ceremonia de canonización, el papa citó *Camino*, de Escrivá, compendio de máximas espirituales. Una que no se citó en la ceremonia elogia el hábito de Escrivá de flagelarse hasta que las paredes de la habitación estuvieran manchadas con su sangre.

«Bendigamos el dolor. Amemos el dolor. Santifiquemos el dolor. (…) ¡Glorifiquemos el dolor!» (número 208). No es de sorprender que muchas de las joyas filosóficas de Escrivá, procedentes de un hombre que durante muchos años estuvo cerca del dictador español, el general Franco, sean ciertamente fascistas, como lo fueron en efecto muchas de sus declaraciones orales. Una de ellas es la siguiente, relatada por el padre Vladimir Felzmann, ex cura del Opus Dei que dedicó veintidós años de su vida a la secta. Escrivá comentó una vez a su compañero sacerdote que Hitler había sido «maltratado» por la opinión mundial, porque «es imposible que haya matado a seis millones de judíos. Sólo pudo ser un millón a lo sumo».

José María Escrivá tenía firmes opiniones sobre los libros. A diferencia del Führer, no los quemaba, pero usaba otro método de censura.

«Libros: no los compres sin consejo de un cristiano que sea instruido y prudente. Es fácil comprar algo inútil o perjudicial. Muy a menudo un hombre cree llevar un libro bajo el brazo, y resulta ser una bolsa de basura.» (Número 339.)

Escrivá también enseñó que no todos somos iguales a ojos de Dios. «Junto a la oración de los sacerdotes y las vírgenes consagradas, la oración más agradable para Dios es la oración de los niños y los enfermos.» (Número 98.)

La secta también trata de adoctrinar a sus miembros con consejos sobre qué periódicos leer, qué emisoras de radio escuchar y qué canales de televisión ver. A causa del secretismo, el número preciso de medios de comunicación propiedad o bajo control del Opus Dei es difícil de establecer. Un miembro de la institución estimó que ese imperio de comunicación «era al menos tan grande y de tanto alcance como News Corp», el conglomerado de Rupert Murdoch. Aparte de promover las directrices del Opus Dei, este control de los medios también asegura un alto grado de censura, que impide efectivamente toda cobertura crítica. Esto se aplicó en particular en el asunto de la beatificación de Escrivá en 1992. Varios ex miembros del Opus Dei se sintieron «moralmente obligados» a testificar ante el tribunal en Roma que consideraba la materia. La influencia del

Opus Dei se puso en marcha para asegurar que, con una sola excepción, sólo se solicitaran testimonios favorables a Escrivá.

Una de las quince personas cuyas pruebas nunca se presentaron y que no fueron llamadas a testificar fue María del Carmen Tapia. Integrante del Opus Dei a lo largo de cerca de veinte años, durante seis fue secretaria personal de Escrivá y una de las principales superioras en el gobierno central de la rama femenina de la organización. Fue la primera directora de prensa de las oficinas del Opus Dei en Roma, área vitalmente importante dentro de la infraestructura. En 1956 se la envió a Venezuela como directora de la rama femenina nacional. Permaneció ahí cerca de diez años hasta ser súbitamente llamada por monseñor Escrivá a Roma. A María, a quien Escrivá le había dicho que había «salvado al Opus Dei», se le explicó que la razón de su visita era «darte unos días de descanso».

Cerca de un mes después, María se enteró de que, dentro de la recargada atmósfera que resulta habitual en el Opus Dei, se la había acusado en secreto de varias faltas de disciplina, principalmente la de permitir que mujeres bajo su supervisión eligieran a qué sacerdote acudir en busca de guía espiritual y confesión. Aunque está permitida, ejercer esa capacidad de decisión en lugar de aceptar sumisamente una instrucción se considera una «mala tendencia». Desde entonces, ella estuvo bajo la versión del Opus Dei de arresto domiciliario y fue privada de todo contacto con el mundo exterior. Su prisión duró cinco meses. Los juegos psicológicos, los interrogatorios, la continua crueldad mental, particularmente los insultos y la constante repetición de que era una persona despreciable: todo esto se cuenta con calma y serena claridad en el libro de María, *Beyond the Threshold: A Life in Opus Dei* (*Tras el umbral: una vida en el Opus Dei*).

En 1991, María se sorprendió cuando el Vaticano anunció detalles del proceso de beatificación de Escrivá. Para ella era impensable que él debiera ser venerado. Escribió extensamente al papa Juan Pablo II para justificar su aseveración de que «la vida de monseñor José María Escrivá de Balaguer, de la que fui testigo muchos años, no fue admirable, y mucho menos digna de imitación». Envió sus cartas vía el cardenal Angelo Sodano, secretario de Estado. Se ignora si él las puso en manos del papa o de su secretario del Opus Dei, el obispo Stanislaw Dziwisz. El cardenal Ratzinger acusó recibo de ambas cartas, pero ella no tuvo ninguna noticia directa del papa. Poco después de que Escrivá fuese declarado «bienaventurado», el distinguido editor religioso de *Newsweek*, Kenneth Woodward, afirmó en un artículo: «El Opus Dei tuvo suficiente influencia en el tribunal para impedir a los críticos de Escrivá testificar. (...) Daba la impresión de que todo estaba arreglado. Se dio prioridad a los partidarios de Escrivá y todo se apresuró.»

En medio de la prisa del proceso de beatificación, en todo el mundo aparecieron artículos muy favorables sobre Escrivá. Fue obvio que estaban escritos por periodistas que pertenecían al Opus Dei, e invariablemente aparecieron en medios controlados por esta organización.

El número de miembros del Opus Dei sigue sin ser muy grande, alrededor de noventa mil personas, pero su muy alta cualificación es un tributo a la capacidad de la secta para seleccionar a estudiantes universitarios en instituciones de élite. En la Ciudad del Vaticano, el Opus Dei tiene probablemente a doscientos miembros, pero su capacidad de acceso y control en el Vaticano sería muy difícil de superar. Fuera, en Estados Unidos, España, América Latina, el Reino Unido y muchos otros países, los miembros de esta organización aparecen una y otra vez en puestos de poder e influencia y en áreas en las que tienen acceso a la mayor riqueza del mundo: la información y el conocimiento. Estas personas no dejan su compromiso con el Opus Dei en casa cuando se van a trabajar; muy pocas admiten abiertamente su pertenencia a la institución. Cuando se cuestiona esa reserva, tienen dos respuestas: «No es secreto, es privado», o «claro que no podemos publicar la lista de miembros; eso es contrario a la ley de protección de datos, y una parte de la vida privada de los miembros se revelaría si esa lista se publicara». En Estados Unidos pueden encontrarse a seguidores de Escrivá tanto en la CIA como en el FBI. El reciente director del FBI, Louis Freeh, es miembro del Opus Dei.

A la misma iglesia que Freeh asistía uno de sus agentes, Bob Hanssen. Él y su esposa, Bonnie, eran considerados la pareja perfecta; devotos, espirituales, ejemplificaban muchos de los más preciados valores estadounidenses. Hanssen trabajaba en contrainteligencia, excelente puesto desde el cual se puede tener una segunda profesión: la traición.

Desde octubre de 1985 hasta su arresto en febrero de 2002, Hanssen transmitió información ultrasecreta a los servicios de inteligencia de la Unión Soviética (después Rusia). De acuerdo con Louis Freeh, el daño que hizo a la seguridad de su país fue «excepcionalmente grave», y su traición constituyó «la acción más pérfida que quepa imaginar». A cambio, la KGB le pagó unos seiscientos mil dólares en efectivo más tres diamantes, y se le dijo que ochocientos mil dólares más lo aguardaban en una cuenta bancaria en Moscú a su nombre. Fue directamente responsable de la muerte de varios agentes estadounidenses. En palabras de otro ejecutivo del FBI, «vendió la granja». Todo el programa de inteligencia de Estados Unidos para Europa oriental había sido comprometido.

Parte del dinero que Hanssen recibió de los rusos se usó para financiar la educación de sus seis hijos en escuelas privadas del Opus Dei. Otra parte de los pagos se destinó a los espléndidos entretenimientos que él compartía con una bailarina de Ohio. Cuando se le desenmascaró, Hanssen insistió en que su relación con la bailarina no era sexual. «Yo quería salvarla», afirmó, escenario improbable para un hombre que también se filmaba en secreto teniendo sexo con su esposa para que un amigo pudiera ver la función. Parte del *software* que vendió a los rusos fue a parar a manos de la red de Al-Qaeda. Tras los ataques del 11 de septiembre, el FBI aseguró a Bonnie que no atribuiría la culpa de la masacre en Nueva York a las traicioneras actividades de su esposo; dada la ineptitud de esa organización en los días previos a la desgracia, es difícil entender cómo podía estar tan segura.

Mientras trabajaba para la atea inteligencia soviética, Hanssen seguía siendo un devoto católico, asistiendo a misa con regularidad, y también confesando sus pecados. En el confesionario admitió que estaba traicionando a su país, y entró en numerosos detalles. Al menos un cura del Opus Dei lo instó inicialmente a entregarse a las autoridades, pero cambió rápidamente de opinión y le dijo que como penitencia «debía pagar veinte mil dólares a la institución de caridad de la madre Teresa». El penitente Hanssen envió cumplidamente ese dinero, parte de su pago soviético. Como eran varios los curas del Opus Dei con quienes se confesaba, éstos estaban completamente al tanto de que ese pilar de la Iglesia pasaba información ultrasecreta al enemigo (su entrega llegó finalmente a más de seis mil páginas).

Aparte de donar veinte mil dólares a las Hermanas de la Caridad en Calcuta, Hanssen, como miembro sumamente comprometido del Opus Dei, dio a éste al menos el 10 por ciento del dinero que recibió por traicionar a su país. Se ignora si se ha hecho algún intento por recuperar ese dinero, por tratarse de ingresos de un delito grave, o si el Opus Dei lo devolvió de forma voluntaria. Esa contribución de Hanssen procedente de sus ingresos soviéticos se añadía al diezmo que, como miembro del Opus Dei, estaba obligado a aportar de su nómina mensual estadounidense. El diezmo es una de las muchas fuentes de ingresos del Opus Dei: como por lo general es deducible de impuestos, el Opus Dei se beneficia de muchos de los ministerios de Economía del mundo, así como de contribuyentes menos privilegiados.

Muchos miembros del Opus Dei siguen negando que la lista completa de los integrantes de esa organización sea un secreto celosamente guardado. O mienten o ignoran las reglas de su propia Constitución, redactada en 1950. En años recientes algunos miembros de ese grupo sostuvieron que la Constitución original ha sido sustituida, pese a que las reglas de 1950 incluyen la siguiente declaración: «Esta Constitución es el fundamento de nuestro Instituto. Por esta razón, debe considerarse sagrada, inviolable y perpetua». El autor español Jesús Ynfante explora a fondo este tema en su muy revelador libro *La prodigiosa aventura del Opus Dei*, donde cita la Constitución íntegra, incluidos los siguientes pasajes:

El artículo 189 establece que «para alcanzar sus metas en la forma más efectiva, el Instituto [Opus Dei] como tal debe vivir una existencia oculta». El artículo 190 añade:

A causa de [nuestra] humildad colectiva, propia de nuestro Instituto, todo lo que emprendan sus miembros no debe atribuirse a él, sino sólo a Dios. En consecuencia, ni siquiera el hecho de ser miembro del Instituto debe revelarse externamente; el número de miembros debe permanecer en secreto, y, más expresamente aún, nuestros miembros no deben hablar de estos asuntos con nadie ajeno al Instituto.

El artículo 191 continúa:

Los miembros numerarios y supernumerarios siempre deben observar un prudente silencio sobre los nombres de otros miembros, y nunca revelar a nadie el hecho de que pertenecen al Opus Dei (...) a menos que sean expresamente autorizados a hacerlo por su director local.

Con una potente combinación de miembros ricos y la flor y nata de los graduados universitarios, el Opus Dei ha creado un imperio empresarial mundial frecuentemente descrito como «Octopus Dei». Al igual que el IOR, el Banco del Vaticano al que hoy en gran medida controla, la secta nunca publica sus cuentas anuales. En la auténtica tradición del IOR, el Opus Dei se oculta tras agencias en el extranjero, compañías ficticias y sociedades «pantalla». Si en realidad existe una vida después de la muerte, Roberto Calvi y Michele Sindona deben estar contemplando con mudo respeto a una organización que durante muchos años tuvo como su principal protector y presidente del consejo al papa Juan Pablo II.

Las oficinas del Opus Dei en Estados Unidos se ubican apropiadamente en pleno Manhattan, no lejos de Wall Street. Su edificio, de diecisiete pisos y con un costo de construcción de unos cincuenta millones de dólares, es un testimonio mudo de una fortuna erigida sobre mucho más que los diezmos de los alrededor de noventa mil miembros de la organización. Tras sus oscuros y humildes inicios en octubre de 1928 en Madrid, la «Obra de Dios» posee hoy bienes que fuentes bancarias suizas han valorado en «mil millones de dólares estadounidenses, y siguen aumentando».

Ya desde 1974 Escrivá tenía capacidad para proveer a perpetuidad al Vaticano del 30 por ciento de sus gastos anuales. Sin embargo, ese donativo tenía un precio. Escrivá estaba preparado para asumir la mayor parte de las pérdidas, así de desesperado estaba de que al Opus Dei se le otorgara el privilegio de la prelatura personal. Pese a lo mucho que se ha escrito al respecto, el papa Pablo VI tenía entonces profundas reservas sobre el Opus Dei y Escrivá, y declinó cortésmente la oferta.

Mucho antes de mediados de la década de 1970, el Opus Dei se había extendido muy lejos de España. Italia, Alemania, Francia y el Reino Unido tenían centros firmemente establecidos del Opus Dei para principios de la década de 1960, como los tenían también prácticamente todos los países de América Latina, de México a Chile. Pronto siguió la infiltración en Estados Unidos y Extremo Oriente. Los muy laboriosos miembros elegían a posibles reclutas con el celo de una poderosa compañía de ventas determinada a toda costa a cumplir su planificación mensual. La actual reputación de multimillonarios de los suizos se debe en no poca medida al gran nivel de éxito de esos reclutas en su vida secular. El poder y éxito mundial del Opus Dei debe más a la obra de Mammon (riqueza) que a la de Dios. En política, banca, consultoría de inversión, profesiones jurídicas, educación y edición de libros y revistas, los seguidores de Escrivá tienen las manos puestas en una extensa gama de palancas de influencia y poder. España, el país donde todo esto comenzó, sirve como ilustrativo ejemplo de ello.

En los sucesivos gobiernos españoles desde la década de 1950 siempre ha habido miembros del Opus Dei u hombres que «cooperaban» gustosamente con la secta. En octubre de 1969 el general Franco decidió que el país necesitaba un nuevo gobierno. Diez integrantes del nuevo gabinete eran miembros del Opus Dei, cinco más tenían vínculos muy estrechos con la organización, otros tres colaboraban frecuentemente con ella y el compromiso del primer ministro, Luis Carrero Blanco, con el Opus Dei era total. Este hecho me fue confirmado varios años antes de que el almirante Carrero Blanco fuera asesinado por ETA en diciembre de 1973. Más recientemente, el Opus Dei en España cuenta entre sus miembros al presidente del Banco Popular; a un ministro de Justicia, Jesús Cardenal; a un jefe de policía, Juan Cotino, y literalmente a cientos de distinguidos académicos y periodistas y a unos veinte miembros de la familia real española. Inevitablemente, el Opus Dei también está muy bien representado en la Iglesia española en todos los niveles, desde sacerdotes hasta cardenales.

Los hijos del anterior presidente, José María Aznar, fueron educados en el Opus Dei. En el gobierno de Aznar, en el sistema judicial, las universidades y las escuelas, el Opus Dei alcanzó los más altos niveles. Con excepción del recién elegido gobierno socialista, todos los bastiones previamente ocupados permanecen intactos. Le guste o no, el contribuyente español subvenciona la enseñanza de una ideología en todo el país que ha sido rechazada en todas las encuestas por la mayoría de los católicos romanos. La ideología del Opus Dei no reconoce la libertad de conciencia ni respeta el principio de la igualdad.

En Italia, en las décadas de 1960 y 1970 se decía con frecuencia que «si quieres triunfar en esta vida, debes pertenecer a la logia masónica P2». En la España moderna y muchos otros países hay una nueva versión de P2, igual de secreta, igual de perniciosa que la logia de Licio Gelli. Lo mismo puede decirse en Roma. El presidente del Consejo Pontificio de la Familia, el cardenal Alfonso López Trujillo, probablemente hizo más que nadie para persuadir al fallecido papa de que la teología de la liberación era una gran amenaza para la Iglesia, postura que fue directamente responsable de la intensificación de la masacre en muchas partes de América Latina a finales de la década de 1970 y a lo largo de la siguiente. El cardenal López Trujillo está muy cercano al Opus Dei. El desaparecido profesor Jérôme Lejeune, el invitado al almuerzo del papa horas antes del ataque de Agca en la plaza de San Pedro, influyó profundamente en Karol

Wojtyla en varios aspectos, en particular el control de la natalidad y el aborto. La familia de Lejeune es la principal dinastía del Opus Dei en Francia. El proceso de beatificación del profesor ya comenzó, con la plena aprobación del desaparecido papa Juan Pablo II.

Mi fuente estadounidense en el Vaticano era uno de los varios integrantes de la curia más que dispuestos a hablar del cada vez más firme control del Opus Dei sobre el corazón mismo de la Iglesia católica romana. La información que recibí fue la siguiente:

El Opus Dei controla el Banco [del Vaticano], los servicios de información, el consejo de esto, la congregación de aquello. (…) Mire usted: cada vez que hay un sínodo o una asamblea, tienen lugar reuniones secretas. Esto ha sucedido desde 1991-1992 en la Via Aurelia, en colegios particulares; los [cardenales] europeos incluso tuvieron una en París. (…) Aparte de los cardenales conocidos, aparte de los alrededor de cincuenta miembros del Opus Dei en las congregaciones y consejos pontificios, están sus «amigos» de fuera. Al otro lado del Tíber, fueron sus «amigos» los que en 1986 bloquearon una investigación parlamentaria y jurídica sobre el Opus Dei que el Ministerio de Economía del gobierno había solicitado.

Los amigos del Opus Dei en Italia se cuentan en muchos miles. Sus miembros efectivos en ese país son sólo unos cuatro mil, pero, como siempre en el caso de esta organización, la calidad está por encima de la cantidad. De un lado del Tíber pueden acudir al actual secretario de Estado del Vaticano; del otro pueden acceder a los principales industriales, editores, gobernadores de bancos —incluido el actual gobernador del Banco de Italia— y una serie de políticos importantes. Interrogado en 1993 acerca de si el Vaticano había confiado una tarea especial al Opus Dei, la respuesta del portavoz en Roma de la organización, Giuseppe Corigliano, fue una obra maestra de la síntesis: «Europa».

Sin embargo, el Opus Dei no tiene el monopolio de la intriga en el Vaticano. También están ahí los masones, pese a quinientos años de anatema papal, tan indestructibles como las paredes mismas construidas por los mamposteros medievales. Están la mafia de Bolonia, el eje de Venecia, los clanes de Romana y Pacienza. Está la mafia emiliana. Aun varios colegios han engendrado sus propias «logias» vaticanas. Hay evidencias incluso de que el satanismo está vivito y coleando en el Vaticano. Cada nuevo miembro de la curia es delicadamente presionado por varios emisarios. Y más le vale pensarlo bien. Ninguna decisión de pertenencia tiene cláusula de salida. Esto es para toda la vida.

Paul Maria Hnilica es uno de los muchos residentes en la ciudad cuyo personaje aborrecería crear un escritor de ficción. Nació en la entonces Checoslovaquia, en 1921, en la archidiócesis de Travni. Según él mismo, su madre era una devota católica que cuando niña pedía llegar a ser algún día la orgullosa madre de un cura. Sus oraciones fueron escuchadas.

Cuando los comunistas tomaron el control del país tras la Segunda Guerra Mundial, Hnilica se formaba para el sacerdocio. Más tarde contaría cómo él y muchos otros fueron apresados por el régimen comunista y llevados a un campo de prisioneros. Su ordenación como sacerdote tuvo lugar en una sección de la unidad de cuarentena de un hospital. Aún está por explicar cómo salió del campo de prisioneros y fue a dar al hospital de Roznava, pero ha explicado por qué su ingreso al sacerdocio tuvo lugar en tan extrañas circunstancias:

Todos los obispos habían sido arrestados. No había uno solo libre que me ordenara, pero un obispo particular estaba recibiendo tratamiento médico regular en el hospital. En esa ocasión su médico, un católico, dijo a los tres guardias de seguridad que el obispo iba a ser tratado en la unidad de enfermedades contagiosas. Los policías, temerosos de infectarse, esperaron afuera. Yo aguardaba en la unidad y fui ordenado. Era el 29 de septiembre, fiesta del arcángel Miguel.

En el que quizá sea el ascenso religioso más rápido de la era moderna, tres meses después el padre Hnilica se convirtió en el obispo Hnilica.

Fue en un sótano. Yo me opuse. Pero mi superior provincial me ordenó aceptar esa ordenación por obediencia, así que accedí. Como se sabe, cada obispo recibe una diócesis al ser ordenado. A mí me dijeron: «Su diócesis cubre Pekín-Moscú-Berlín.» El sentido era simbólico, no geográfico, pero yo no lo entendí entonces.

Meses después Hnilica se afanaba como obispo clandestino. La policía se enteró de sus actividades, y en julio de 1951 se emitió una orden de arresto contra él. El 24 de agosto Hnilica estaba en Bratislava, perseguido por la policía. Ordenó a Jan Korec como obispo clandestino; luego, burlando a la policía, se arrojó al Danubio y nadó hacia una nueva vida en Occidente. Ya entonces obispo sin país ni diócesis, llegó hasta Nuestra Señora de Fátima. Viajó varias veces al santuario de Fátima, en Portugal, para encontrarse con la hermana Lucía, la sobreviviente de los tres niños que en 1917 dijeron haber visto a la Virgen María. Se ha alegado que en esos años también fue adiestrado como agente de la KGB, la CIA o ambas.

En mayo de 1964 el recién elegido papa Pablo VI nombró a Hnilica obispo titular de Rusado, diócesis que desde hacía mucho tiempo había dejado de existir. Es costumbre de la Iglesia asignar a un nuevo obispo una diócesis desaparecida como recordatorio de tiempos pasados. El nombramiento no entraña jurisdicción ni autoridad, pero viene normalmente acompañado por la asignación de una diócesis regular. Eso no ocurrió en el caso de Hnilica, a quien se dejó en libertad de hacer realidad el nombramiento simbólico que había recibido en Checoslovaquia: el imperio entero controlado por los comunistas. Su repertorio de contactos y amigos creció rápidamente, yendo desde los papas Pablo VI y Juan Pablo II hasta el futuro secretario de Estado, el cardenal Casaroli, y Flavio Carboni, un hombre que en el verano de 2005 fue llevado a juicio por el asesinato de otro de los buenos amigos de Hnilica, el ex presidente del Banco Ambrosiano, Roberto Calvi.

En 1968, cuando Checoslovaquia fue invadida por los soviéticos, Hnilica jamás pensó en retornar a la patria de la que había huido a nado en 1951; pero cuando el papa Pablo VI volvió de una visita a Colombia y fue recibido por el primer ministro, Giovanni Leone, una docena de cardenales y el cuerpo diplomático en pleno, también fue recibido por Paul Hnilica. Éste había reunido a un centenar de compatriotas suyos temporalmente exiliados en Roma y llevó al papa con ellos, para sostener una reunión sumamente emotiva. Era obvio que Su Santidad tenía a Hnilica en gran estima. Ese mismo año Pablo había dado su aprobación para que Hnilica pusiera en marcha Pro Fratribus, una organización de caridad que tenía el propósito de ayudar a las Iglesias católicas de Europa oriental.

Pro Fratribus estaba destinada a hacerse con grandes cantidades de dinero por varios medios. Exactamente dónde fue a dar toda esa suma aún está por explicar. Es indudable que una parte fue a dar a Rusia, y se usó para crear institutos religiosos. La Familia de Maria Corredentora tiene centros para religiosos en Ufa y la ciudad de Alekseevka, y para religiosas en Shumanovka y Talmenka, en el *krai* (territorio administrativo) Altai. Todos esos centros se hallan bajo completa propiedad y control de Hnilica y sus socios. Quizá haya algunos más en otros países del antiguo Pacto de Varsovia. Jamás se han publicado cuentas ni elaborado informes anuales de estas instituciones, notable omisión para una organización que dice ser una obra de caridad.

Juan Pablo II nunca abrigó dudas sobre el hombre y su labor. Disfrutó con Hnilica de una estrecha amistad durante muchos años. A este último se le concedía incluso el raro privilegio de celebrar misa con el Santo Padre en la capilla papal. Después contó cómo desayunaban juntos.

Yo le dije: «Santo Padre, sólo usted tiene una diócesis más grande que la mía. Comprende el mundo entero. Pero la mía la sigue en tamaño. Pekín-Moscú-Berlín». El papa dijo: «Paul, ése es tu campo misional. ¡Busca a los mejores cristianos como misioneros!».

Hnilica ha contado también que, tras el atentado contra el papa, durante su recuperación en el hospital Gemelli, aquél le pidió que le llevara al hospital todos los documentos existentes en el Vaticano sobre Fátima. Profundamente obsesionados ambos por la madre de Cristo, pronto llegaron a la conclusión de que la Virgen María había intercedido y salvado la vida del papa. Cuando éste fue dado de alta en Gemelli, Hnilica le llevó una imagen de Nuestra Señora de Fátima, «la más bella estatua que yo haya visto jamás», momento en el cual el papa le dijo:

Paul, en estos tres meses he terminado por comprender que la única solución a todos los problemas del mundo, la guerra, el ateísmo y el abandono de Dios, es la conversión de Rusia. La conversión de Rusia es el contenido y significado del mensaje de Fátima. Hasta entonces no se consumará el triunfo de María.

Al año siguiente, el obispo Hnilica acompañó al papa a Fátima, donde hablaron de nuevo con la hermana Lucía y rezaron frente a la estatua de tamaño natural de la Virgen María, en cuya corona se había colocado la bala con la que Mehmet Agca quiso matar al pontífice.

Aquéllos fueron días muy agitados para Hnilica. Aparte del considerable tiempo que pasaba con el papa, también estaba muy ocupado con Roberto Calvi preparando transferencias de grandes cantidades de dinero a Polonia, y en particular a las vacías arcas de Solidaridad. Al menos eso fue lo que se le dijo a Calvi. La realidad es que Solidaridad nunca vio ni utilizó un solo centavo de ese dinero, cantidad que se acercaba a los cien millones de dólares. El destino final que el obispo Hnilica dio a ese dinero y lo que ocurrió después con él sigue siendo un secreto celosamente guardado, sólo conocido por él y sus socios. Calvi fue «suicidado» bajo el puente Blackfriars de Londres en junio de 1982, pero aun en la muerte el obispo vio oportunidad de negocio, particularmente cuando se supo que el maletín negro que estaba repleto de documentos cuando Calvi huyó de Milán se había encontrado vacío al ser registrado por la policía tras la muerte de aquél.

Antes de ese episodio, el obispo sin diócesis empezó a cobrar gran interés en Medjugorje. Fue un asiduo visitante de la fiebre del oro de Medjugorje durante la década de 1980. Los franciscanos de Medjugorje reciclaban «donativos» con regularidad. A lo largo de esa década, cientos de millones de dólares fueron transferidos a Estados Unidos. Hnilica supuestamente lavó dinero tanto en Medjugorje como procedente de esa ciudad en ese mismo periodo, actividad que sólo cesó con la desintegración de la antigua Yugoslavia y el estallido de la guerra en los Balcanes, en no poca medida iniciada por el Vaticano.

A principios de 1984 Hnilica trabajaba con otro de sus buenos amigos, la madre Teresa de Calcuta. En febrero se enteró de que el papa había llamado a los obispos de todo el mundo a unirse a él el 25 de marzo en la consagración de Rusia a la Virgen María, el primer paso, según el papa, para la conversión de ese país y «la solución de todos los problemas del mundo». Hnilica decidió sumarse a esa ceremonia, pero no en una iglesia en la India, sino en la Rusia comunista. Dio entonces un excelente ejemplo de su poder de persuasión. Primero convenció a la embajada rusa en la India para que le concediera un visado, luego se abrió camino con su simpatía por la aduana y la policía de seguridad en Moscú y finalmente convenció a los policías de seguridad de servicio en la iglesia de San Miguel de que lo dejaran entrar con su mochila, que debía haber permanecido en custodia. Dentro de la iglesia, que había sido convertida por el gobierno en museo, sacó una edición de *Pravda*, y de sus páginas interiores una copia del texto que recitarían el papa y sus obispos en todo el mundo, y procedió a recitar las diversas oraciones. Además, luego fue a la iglesia mariana de la Asunción de Nuestra Señora, repitió el ritual de consagración y celebró misa.

Cuando después, en Roma, contó con todo detalle al papa lo que había hecho, al describir cómo en cuanto el pueblo de la Unión Soviética se enteró de que era católico le suplicó que le mandara biblias, el papa se conmovió hasta las lágrimas.

El misterio del maletín negro de Calvi, o más bien de la desaparición de su contenido, seguía sin aclararse. Ese contenido incluía el ya referido informe de Vagnozzi, gran cantidad de documentos que inculpaban a personas tanto en Italia como en el Vaticano y, finalmente, las llaves de una fortuna guardada en varias cajas de seguridad y los números de cuentas bancarias secretas en Suiza y otros países. En 1985, este misterio particular dio otro extraño giro.

Flavio Carboni, una de las últimas personas que vieron vivo a Roberto Calvi, informó con todo sigilo al obispo Hnilica de que «esos documentos serían suyos a cambio de cierta cantidad». Entre aquellos a quienes Hnilica consultó estuvieron el papa y el secretario de Estado, el cardenal Casaroli. Ellos autorizaron al obispo a negociar. El precio acordado fue de un millón de libras esterlinas, aproximadamente un millón y medio de dólares. Hnilica pidió una evidencia que demostrara que Carboni tenía en efecto los documentos genuinos. Entre los objetos que el obispo recibió estaba una carta escrita por Calvi trece días antes de su muerte. Era para el papa.

En el Banco del Vaticano había muchos documentos que llevaban la firma de Calvi. Esa carta, escrita cuando la vida de Calvi estaba cercada por todos lados, era una petición de ayuda al papa en un momento de desesperación. Escribió Calvi: «Yo dispuse de grandes sumas de dinero en favor de muchos países orientales y occidentales y organizaciones político-religiosas». El banquero seguía con una descripción de sus actividades en favor de la Iglesia católica romana. Había «coordinado en toda América Central y del Sur la realización de numerosas operaciones bancarias con objeto de detener, sobre todo, la penetración y extensión de la ideología marxista y otras relacionadas con ella».

Mientras pedía ayuda al Vaticano, la organización a la que, más que cualquier otra, culpó de la crisis a la que hacía frente, Calvi se empeñó en indicar al papa la posible deshonra que él causaría a la Iglesia.

He recibido ofrecimientos de ayuda de muchas personas a condición de que hable de mis actividades en beneficio de la Iglesia. Muchas personas querrían saber si suministré armas y otros medios a algunos regímenes sudamericanos para ayudarlos a combatir a nuestros enemigos comunes. Nunca lo revelaré.

Quienes en el Vaticano estudiaron esta carta no dudaron de que fuera auténtica, y a Hnilica se le dijo que cerrara el trato. Giró varios cheques a nombre de Giulio Lena, criminal bien conocido por la policía italiana. Dos de los cheques eran por trescientas mil libras esterlinas cada uno. Pero dado que el Vaticano no depositó suficientes fondos en las cuentas vaticanas de Hnilica, los cheques fueron devueltos y el trato nunca se cerró, pese a lo cual las partes involucradas habían dejado inculpatorias huellas documentales, y había asimismo grabaciones en las que Carboni hablaba con Hnilica acerca del trato. Luego, en una escena que bien habría podido proceder directamente de la película *The Gang that couldn't Shoot Straight* (La banda sin puntería), en un juicio por un asunto totalmente diferente, Giulio Lena soltó detalles de la conspiración criminal concerniente a los documentos de Calvi. La policía financiera italiana registró su casa, y lo que encontró ahí provocó que Carboni, el obispo Hnilica y Lena fueran inexorablemente acusados.

En Italia, el proceso judicial puede detenerse durante años. Concedida la fianza, el obispo siguió con su agitada vida. Ahí estaban su diócesis mundial, su creación de una cadena de centros religiosos en Rusia, sus actividades en Medjugorje y sus conversaciones con el papa. Ya había pasado un año desde la consagración ceremonial mundial de Rusia por los obispos. La paz mundial aún estaba por llegar, pero había un nuevo hombre al mando en Moscú, Mijaíl Gorbachov. El obispo Hnilica aseguraría después que tanto él como el papa atribuyeron la totalidad de los drásticos cambios que habrían de ocurrir a la Virgen María. Sin embargo, el fallecido papa reconoció públicamente el crucial papel desempeñado por Gorbachov.

La principal tarea del obispo tras el estallido de la guerra en la antigua Yugoslavia en 1990 fue buscar otra fuente de ingresos para reemplazar a Medjugorje, que ya no era el santuario número uno de visita obligada en la lista de los peregrinos. Fue a Estados Unidos en 1992, precedido por uno de sus secretarios, el padre Luciano Alimandi. Las instrucciones del secretario eran identificar a un visionario, a alguien que tuviera contacto mental con la Virgen María en la Universidad Franciscana de Stubenville, Ohio. El padre Luciano encontró felizmente a una, que estudiaba teología con otros miembros de la organización *Pro Fratribus* de Hnilica. Christine Mugridge era una mística autoproclamada. Alimandi tenía evidente talento para detectar visionarios. Pronto tenía a cuatro donde escoger. Aparte de Christine encontró a Verónica García, Sylvia Gregor y Theresa López.

Alimandi seleccionó a Theresa López. Se dice que asuntos de cama influyeron notablemente en su decisión. López admite haber tenido cuatro matrimonios, pero su ex marido Jeff cree que podrían ser cinco, y también ha revelado que ella tiene seis hijos. El cálculo mental no era una de las virtudes de Theresa, puesto que había recibido al menos veinticinco avisos de cobro de crédito y deudas, y en 1990 se declaró culpable en segundo grado de una acusación de falsificación/fraude de cheques. El obispo Hnilica llegó a Denver en mayo de 1992 para ejercer el control sobre Theresa López. Antes de su llegada, su siempre versátil secretario, el padre Alimandi, había concertado una reunión de Hnilica con la Conferencia Nacional de Obispos Católicos (National Conference of Catholic Bishops, NCCB por sus siglas en inglés). La NCCB cayó a los pies del persuasivo parloteo de Hnilica y le otorgó plena autorización para recaudar fondos en Estados Unidos para la «misión de evangelización católica de Rusia».

Poco después de que el obispo conociera a Theresa López, se montó una gran campaña de publicidad para dar a conocer a esa «asombrosa vidente» que «regularmente tiene visiones y se comunica con la Virgen María». Hnilica y Theresa se convirtieron en frecuentes partícipes en el circuito turístico de Medjugorje conforme éste hacía más incursiones en las comunidades católicas. Estimaciones extraoficiales calcularon el valor de esos viajes en cincuenta millones de dólares al año.

En diciembre de 1993, el entonces arzobispo de Denver, Francis Stafford, concluyó una investigación de tres años de duración sobre Teresa, y declaró que las «visiones» de ésta no eran de origen sobrenatural. Absolutamente impávido, Hnilica siguió con sus giras, en las que identificaba a posibles donantes, cuidadosamente investigados. En noviembre de 1993, en un retiro para un grupo de devotos y ricos católicos en Snow Mountain Ranch, Colorado, Theresa López se acercó a la señora Ardath Kronzer y proclamó que la Virgen María tenía un mensaje especial para ella. En una conferencia posterior, en mayo de 1994, celebrada en la Universidad de Notre Dame, el señor y la señora Kronzer estaban de nuevo en primera fila cuando el orador invitado fue el obispo Hnilica. Éste pidió luego a la señora Kronzer que hiciera una donación en efectivo de ochenta mil dólares. Pocos años después, Phillip Kronzer había perdido a su esposa y una empresa muy lucrativa. Sus acciones legales contra el Medjugorje Mir Centre, Caritas de Colafrancesco y más de cien acusados se han prolongado varios años y seguían sin resolverse en mayo de 2006.

Entre sus apariciones con su vidente en Estados Unidos, el obispo se vio obligado a hacer otras, en un tribunal de Milán. En 1993 empezó el juicio contra Hnilica, Carboni y Giulio Lena, este último en ausencia, dado que había incumplido su fianza y huido al extranjero. Uno de los momentos culminantes ocurrió cuando el obispo fue interrogado sobre ciertos cheques que había extendido a Flavio Carboni. Los expedientes revelaban que a lo largo de los años él había extendido gran cantidad de cheques similares. Ciertamente, hizo una magnífica actuación para parecer confundido.

—¿La firma que aparece en este cheque es suya?

—Sí, es mía.

—¿Cuál es el importe del cheque?

El obispo dedicó mucho tiempo a examinar el cheque a través de sus anteojos.

—Diez millones de liras —aproximadamente diez mil dólares— o diez mil millones de liras —unos diez millones de dólares—, no sé cuál.

El obispo observó después: «Esas cosas materiales no significan mucho para mí».

En marzo de 1993, ambos hombres fueron declarados culpables. Flavio Carboni fue sentenciado a cinco años de prisión y el obispo a tres años. Mientras esperaba el resultado de su apelación, el obispo siguió su vida normal. Ahí estaban sus reuniones habituales y sus largas conversaciones con el papa, y las actividades de recaudación de fondos tanto en Medjugorje, en la medida en que la guerra lo permitía, como en Estados Unidos, con su visionaria Theresa López. El tribunal de apelación anuló las sentencias por un tecnicismo: un documento legal resultaba extemporáneo por un día. Un segundo juicio, esta vez con el antes huidizo Giulio Lena, tuvo lugar en marzo de 2000. En esta ocasión Carboni fue nuevamente declarado culpable y sentenciado a cuatro años. Lena también fue declarado culpable y sentenciado a dos años, y el obispo fue absuelto.

El tribunal determinó que el Vaticano había rehusado el trato y se había abstenido de aportar el dinero, y que Hnilica no había tomado posesión de los documentos de Roberto Calvi pese a que él, el cardenal Casaroli y el papa habían conspirado para que lo hiciera. Por lo tanto, en opinión de la corte era técnicamente inocente. Por la forma en que fue recibido en el Vaticano por el papa Juan Pablo II, el cardenal Ratzinger y los demás miembros de la jerarquía, la vida y valores del obispo Paul Hnilica se consideraban obviamente aceptables. Pero tales normas son habituales en la Ciudad del Vaticano.

Para una ciudad en la que la abrumadora mayoría de los habitantes ha hecho voto de celibato, hay una inusual preocupación por los asuntos sexuales. La homosexualidad, si no abundante en el Vaticano, es casi siempre evidente, y es un factor frecuente en el progreso profesional. Los sacerdotes jóvenes y atractivos, invariablemente llamados *Madonni*, usan sus encantos para acelerar su ascenso. Ciertos obispos han descubierto la necesidad de trabajar hasta tarde en una habitación cerrada con llave con sólo un *Madonno* para asistirlos. Misas satánicas han tenido lugar regularmente, con participantes encapuchados semidesnudos, y vídeos porno se han exhibido ante audiencias cuidadosamente seleccionadas. Un confidente me presentó a un elegante romano cuya principal fuente de ingresos consistía en preparar «apartamentos seguros» para citas vaticanas tanto heterosexuales como homosexuales. Su clientela cuenta con dos cardenales homosexuales, un cura alemán que tiene frecuentes citas con su «esposa» y, hasta hace poco, un obispo estadounidense que había mantenido un amorío con una antigua reina de la belleza durante muchos años. También suministra vídeos de pornografía infantil a «varios» residentes del Vaticano.

Los vídeos pedófilos y de pornografía adolescente son un negocio multimillonario en Italia. Los rusos controlan gran parte de esta industria particular. Las películas van desde niños corriendo en traje de baño o desnudos, a un precio de unas cincuenta libras esterlinas, hasta cintas que muestran la tortura y asesinato de niños, aproximadamente a mil quinientas libras esterlinas. En octubre de 2000, cuando el magistrado Alfredo Ormanni lanzó acusaciones contra 831 italianos y 660 extranjeros por venta o descarga de pornografía infantil de internet, se produjo un gran alboroto, entre otras partes en la «camarilla pedófila» de políticos que, según ese magistrado, obstruían su investigación. También hubo considerable ansiedad en el Vaticano. Sabedores de que los ordenadores dejan un registro del historial consultado, un número significativo de éstos fueron reemplazados. Dos fuentes independientes me aseguraron que varios fueron a dar al Tíber.

Un escándalo particular, sintomático de la enfermedad que aqueja a la Ciudad del Vaticano, tuvo lugar en la primavera de 1998. La noche del 4 de mayo, Alois Estermann tenía todas las razones para sentirse satisfecho de su existencia. Apenas unas horas antes había oído el anuncio oficial que confirmaba lo que se le había dicho extraoficialmente el fin de semana anterior: que sería ascendido a comandante de la Guardia Suiza del Vaticano. Había trabajado mucho y presionado aún más por ese puesto; ahora era suyo. Disfrutando del triunfo junto a él estaba su esposa, de origen venezolano, Gladys Meza Romero. Justo después de las 20.45 se recibió una llamada telefónica de un amigo de la familia que se había enterado de la noticia y quería transmitir su regocijo.

El amigo habló con Gladys unos minutos y luego Estermann cogió la llamada. La ordinaria conversación entre ambos versó sobre el deseo del interlocutor de asistir a la ceremonia anual de juramento de la más reciente tanda de reclutas, prevista para dos días después. Pero la conversación fue interrumpida por un ruido inusual, como si Estermann hubiera cubierto el auricular con una mano o se lo hubiera llevado al pecho. El interlocutor sólo pudo oír voces que, al parecer, llegaban desde cierta distancia. Distinguió la voz de Gladys, pero no lo que decía. Hubo un curioso zumbido seguido por dos «golpes secos», y luego más ruido a lo lejos. Suponiendo que Estermann había dejado caer el teléfono por la llegada de un invitado, el interlocutor colgó, con la intención de volver a llamar más tarde.

Precisamente quién llamó y qué fue exactamente lo que tuvo lugar después en el departamento de los Estermann sigue siendo materia de debate y conjetura en la ciudad. Lo cierto es que la vecina, la hermana Anna-Lina, alterada por los inusuales ruidos, entró en lo que parecía el escenario de una carnicería. Justo al cruzar la puerta principal, Gladys estaba tendida en el suelo, con las heridas de bala aún sangrantes. La petrificada monja se quedó paralizada en un momento de terror, y después dio la voz de alarma. El cabo interino Marcel Riedi, de la Guardia Suiza, fue el primero en llegar. Confirmó que Gladys Meza Romero estaba muerta y atravesó el área de entrada hasta la sala. A su izquierda, Estermann estaba tendido en el suelo, cubierto de sangre, y el auricular del teléfono aún se columpiaba colgando desde una mesa próxima. Cerca de ahí estaba un tercer cuerpo que, pese a las heridas de bala en la cabeza y la sangre, fue instantáneamente reconocible para Riedi. No cabía duda de que se trataba del apuesto Cédric Tornay, cabo interino y compañero suyo de la Guardia Suiza. No había nada que Riedi pudiera hacer por ninguno de ellos salvo transmitir la noticia de su espantosa muerte a sus superiores.

En el mundo secular, ciertos procedimientos policiacos básicos se ponen automáticamente en marcha cuando sucede un hecho como ése. «Proteger el escenario. El acceso debe limitarse al personal imprescindible: fotógrafo, experto en huellas digitales, patólogo, oficial a cargo y sus subordinados.» Pero en el Vaticano tienen su propia manera de vivir y morir. Minutos después del descubrimiento de las tres muertes, el apartamento y las áreas circundantes eran un caos. Algunos habían llegado para ayudar, otros a husmear y otros más para asumir el control, función que incluyó alterar pruebas vitales.

De acuerdo con una fuente bien informada, Alois Estermann en realidad seguía vivo cuando los cuerpos fueron descubiertos. De ser así, a nadie se le ocurrió pedir asistencia médica. Uno de los primeros en llegar a la escena fue el portavoz del Vaticano, Joaquín Navarro-Valls. Monseñor Giovanni Battista Re, subsecretario de Estado, apareció de forma casi simultánea. Otros que se presentaron y abarrotaron el apartamento como si hubieran llegado tarde a una fiesta fueron un funcionario más de la Secretaría de Estado, monseñor Pedro López Quintana; tres oficiales del Cuerpo de Vigilancia Vaticana; los expertos forenses Pietro Fuci y Giovanni Arcudi, y el hombre que por feliz coincidencia sería nombrado jefe de la investigación sobre esas tres muertes, Gianluigi Marrone, abogado titulado que nunca había ejercido. Marrone, funcionario público italiano, también tenía un empleo a tiempo parcial como ocasional juez del Vaticano. Monseñor Re llegó con un montón de chocolatinas o fue a por ellas y regresó para ofrecérselas a los espectadores.

Más de dos horas después, el área seguía llena de gente. Algunos testigos recuerdan cuatro copas de vino sobre una mesita en la sala de los Estermann, pero no aparecieron en fotografías posteriores. Las descripciones de la posición de los cadáveres variaban, lo que sugería que habían sido movidos. Un funcionario del gobierno del Vaticano llegó y fotografió la escena con una cámara Polaroid. Esas fotografías originales, como las copas de vino, también desaparecieron, después de que un segundo fotógrafo, del equipo de *L'Osservatore Romano*, se presentara y tomara una segunda serie de fotografías. Éstas fueron las que se utilizaron durante la posterior investigación oficial del Vaticano.

Las autoridades italianas no fueron informadas de lo ocurrido, ni se les pidió asistencia. Aunque Roma tiene al menos tres centros forenses de renombre mundial, el secretario de Estado, el cardenal Sodano, ordenó que las autopsias se realizaran en la muy inapropiada morgue del Vaticano, que carecía de muchos servicios indispensables. Cuando una ambulancia del Vaticano llegó para transportar los cuerpos al politécnico Gemelli de Roma, se le despidió. El secretario de Estado no vio ninguna necesidad de molestar al Fondo Assistenza Sanitaria, el servicio interno de asistencia médica del Vaticano, o a sus médicos y personal especializado. El Cuerpo de Vigilancia, fuerza de policía de ciento veinte miembros totalmente independiente de la Guardia Suiza, se encargó de los procedimientos. Los tres cadáveres fueron trasladados por miembros de la Guardia Suiza a la morgue del Vaticano a medianoche. El departamento de los Estermann fue finalmente sellado.

Mucho antes de esto, de hecho en el curso de los quince primeros minutos tras el descubrimiento, el portavoz del Vaticano, Navarro-Valls, ya sabía la verdad de lo que allí había sucedido. Varios factores fueron de vital ayuda. Primero, el arma de servicio de Cédric Tornay, la pistola SIG de 9 mm de fabricación suiza, había sido descubierta bajo su cuerpo. Segundo, una carta que Tornay había escrito a su madre y luego había entregado a un amigo para que se la diera había sido tomada de la Guardia Suiza, abierta y fotocopiada antes de que el original se sellara de nuevo. En esa carta Tornay se refiere a la medalla *benemerenti*, la cual se concede a los miembros de la Guardia Suiza después de tres años de servicio:

Mamá:

Espero que me perdones por lo que hice, pero ellos me obligaron. Este año yo debía recibir la *benemerenti*, y el teniente coronel me la negó. Después de tres años seis meses y seis días pasados aquí soportando todas las injusticias. Me negaron lo único que quería. Debo hacer este servicio por todos los guardias que quedan, así como por la Iglesia católica. Juré dar mi vida por el papa, y eso es lo que estoy haciendo. Perdón por dejarte sola, pero el deber se impone. Diles a Sara, Melinda y papá que los quiero mucho. Muchos besos a la Mejor Madre del Mundo.

Tu hijo que te quiere,

Tercero, varios miembros de la Guardia Suiza, al ser interrogados y amenazados de ser acusados como cómplices de asesinato, dijeron que poco antes de las muertes Tornay se había mostrado muy molesto al descubrir que la medalla de tres años de servicio que tanto anhelaba le había sido negada por Estermann. Los amigos de Tornay también dijeron que Estermann había hecho de la vida de Cédric Tornay un infierno durante mucho tiempo, aunque éste fue un aspecto que Navarro-Valls prefirió ocultar. El resumen de la versión de los hechos había sido comunicado por el Vaticano a varias de las partes interesadas antes de las 21.30. Se le dio más difusión pública a medianoche, con una declaración a la expectante multitud de reporteros de televisión, radio y prensa:

El capitán-comandante de la Guardia Suiza Pontificia, el coronel Alois Estermann, fue hallado muerto en su casa al lado de su esposa, Gladys Meza Romero, y del vicecabo Cédric Tornay. Los cadáveres fueron descubiertos poco después de las 21.00. por la vecina del apartamento contiguo, que fue atraída por fuertes ruidos. Tras la investigación preliminar es posible informar de que los tres murieron por arma de fuego. Bajo el cuerpo del vicecabo se encontró su arma reglamentaria. De los datos que hemos podido extraer hasta el momento se puede adelantar la hipótesis de un «brote de locura» por parte del vicecabo Tornay.

A la tarde siguiente, Navarro-Valls, también esta vez sin el apoyo de evidencias forenses o una investigación adecuada, se explayó en su veredicto instantáneo. «No hay ningún misterio», dijo a su audiencia.

La hipótesis de brote de locura por parte de Tornay ayer noche sigue en pie, y hoy puedo decir que es mucho más que una hipótesis. El Vaticano tiene la certeza moral de que los hechos ocurrieron tal como yo lo declaré.

Esto se convirtió en una de las mejores actuaciones del portavoz del Vaticano. Navarro-Valls suele ser muy poco realista; pero al igual que cualquier buen asesor de imagen, posee una absoluta seguridad en lo que dice, sea esto lo que fuere. Esta vez dijo a los medios que los dos primeros disparos de Tornay habían sido dirigidos contra Estermann, y el tercero contra Gladys Meza Romero. Luego, tras llevarse el arma a la boca, Tornay se había suicidado disparándose. Las heridas que Estermann había sufrido le habían causado, «en términos prácticos, en términos fisiológicos, la muerte instantánea».

Navarro-Valls llegó entonces a su clímax. El móvil de Tornay era «una largamente arraigada creencia de que sus talentos y habilidades no eran adecuadamente reconocidos por sus superiores». Esta sensación había sido «drásticamente intensificada por una cortés y firme, pero no severa», reprimenda de Estermann tres meses antes, cuando Tornay pasó una noche fuera del cuartel del Vaticano sin permiso. Tras la negativa de Estermann a concederle la medalla acostumbrada por los tres años de servicio, el inestable carácter de Tornay, «un carácter que acumula cosas y explota sin lógica», lo había empujado hasta el extremo. Este instantáneo análisis de una situación que, según la propia versión de Navarro-Valls, había ido degenerando durante meses, «no habría podido ser previsto por nadie». La Guardia Suiza era ejemplar; su proceso de selección, impecable. De acuerdo con Navarro-Valls, «esto fue una tragedia que habría podido suceder en cualquier esfera de la sociedad».

Presionado por un periodista para explicar la demora de siete meses antes del ascenso de Estermann, demora que no sólo había dejado a la Guardia sin comandante sino que también se había vuelto causa de comentarios mucho más allá de la Ciudad del Vaticano, en la prensa internacional, Navarro-Valls murmuró vagamente algo acerca de «un largo y complicado proceso de selección obstaculizado por razones históricas», y luego observó con poca sinceridad: «A veces no se advierte que se tiene al candidato perfecto en las narices».

Después arrojó un bocadito a los medios. Reveló que Cédric Tornay había escrito una carta a su familia y se la había confiado a un amigo.

Sí, el Vaticano tiene una copia, pero no voy a revelar su contenido por respeto a la familia de Tornay. Corresponde a ellos decidir si su contenido debe hacerse público. Diré, sin embargo, que el contenido de esa carta confirma mi diagnóstico de «brote de locura».

De hecho, Navarro-Valls ya había orquestado en secreto la filtración de la carta de Tornay a la prensa italiana. La versión original, escrita en francés, había sido mal traducida al italiano para facilitar aún más las cosas.

En un área al menos, Navarro-Valls se excedió gravemente en los retoques del Vaticano. Subrayó que los tres cadáveres estaban completamente vestidos cuando fueron hallados. Esta observación suscitó muchas especulaciones en los medios tanto italianos como internacionales. ¿El apuesto Cédric y la despampanante ex modelo Gladys habían sido sorprendidos por un marido celoso? Sin embargo, informes acerca de la desenfrenada homosexualidad en el Vaticano llevaron simultáneamente la indagación de los medios en otra dirección. ¿Estermann y Tornay eran amantes?

La reserva con la que el secretario de Estado rodeó las muertes; la marginación de la muy competente policía italiana; la negativa de que las autopsias se realizaran en el Gemelli u otro instituto romano; el hecho de que toda la Guardia Suiza, los expertos forenses y otros individuos hubieran sido obligados a guardar un absoluto voto de silencio; el hecho de que, si Tornay había determinado matar a Estermann y después suicidarse, el asesinato de Meza Romero no tenía sentido ni móvil; la serena redacción de la carta, que contradecía la teoría de Navarro de una explosión de furiosa ira: éstas eran apenas unas cuantas de las noticias que corrían desbocadas por la Ciudad del Vaticano.

Prelados que no habían conocido a Tornay hicieron de inmediato una descalificación moral de él, mientras acumulaban un elogio tras otro sobre el matrimonio Estermann. Gran parte de lo que estaba ocurriendo tenía un aura familiar. Repetía en muchas formas ciertos sucesos de septiembre y octubre de 1978, tras el asesinato de Albino Luciani, el Papa Sonriente, Juan Pablo I. Su cadáver fue casi con toda certeza movido después de su descubrimiento. El secretario de Estado impuso un voto de silencio a la corte papal. Varios objetos desaparecieron de las habitaciones papales. Se sembró una tela de mentiras concernientes al estado de salud del papa en los medios. Una autopsia o detallado examen secreto del cadáver fue realizado a puertas cerradas. Ningún informe al respecto se ha hecho público jamás. También hubo una sostenida descalificación moral del difunto papa. El secretario de Estado mintió acerca de quién encontró el cadáver del papa, a qué hora y sobre la naturaleza de los documentos que se hallaron en las manos del pontífice. Así se tratan esas cosas en ese país totalitario. Siempre ha sido así.

El 22 de junio de 1983, Emanuela Orlandi, de quince años de edad, hija de un empleado del Vaticano, desapareció a las 19.00. mientras regresaba a casa de una clase de música. Más tarde la policía italiana interceptó llamadas telefónicas al Vaticano en las que personas que dijeron ser los secuestradores de Emanuela exigieron la liberación de Mehmet Alí Agca. La mención del nombre de Agca catapultó una mediocre versión de los hechos para los medios internacionales. El papa mantuvo un permanente interés personal en el caso e hizo varios llamamientos públicos a los secuestradores en nombre de los padres. La policía italiana instaló un aparato para interceptar llamadas en el Vaticano cuando los secuestradores (quienes para entonces ya habían revelado datos que confirmaban que efectivamente tenían en su poder a Emanuela) exigieron acceso directo al secretario de Estado Casaroli. Los raptores telefonearon varias veces, pero las cintas, junto con el aparato para interceptar las llamadas, desaparecieron en el Vaticano. El juez italiano Priore, el hombre responsable de investigar todas las ramificaciones del caso Agca, atacó al Vaticano en su informe por obstruir y no cooperar, con excepción de un prelado, el cardenal Oddi, quien testificó que había visto a la joven bajar de un auto con un sacerdote horas después de su desaparición.

El juez descubrió años más tarde que días antes del intento de asesinato del papa, Agca había asistido a una ceremonia religiosa en Roma. Fotos tomadas en ese momento, en las que el papa aparecía en dicha ceremonia, también mostraban a Alí Agca, sentado en primera fila. Una invitación oficial era requisito indispensable para poder tener acceso a esa ceremonia. La de Agca había sido gestionada por Ercole Orlandi, el padre de la joven secuestrada dos años después. Los intentos del juez Priore por seguir esa pista se toparon de nuevo con la obstrucción de funcionarios del Vaticano. Una fuente particular del Vaticano que había repetida y deliberadamente desviado la investigación italiana era el segundo oficial de más alto rango en la oficina central de vigilancia del Vaticano, la misma fuerza de policía que fue puesta al mando del caso Estermann. Ese oficial, Raul Bonarelli, tenía intervenido su teléfono por orden de los magistrados italianos, y una conversación grabada estableció que ciertos documentos sobre el caso Orlandi habían ido a parar «a la Secretaría de Estado del papa». Los magistrados enviaron tres solicitudes al Vaticano pidiendo que se les permitiera interrogar al personal de esa secretaría y a miembros de la Guardia Suiza para establecer qué contenían esos documentos. Todas sus solicitudes fueron rechazadas.

Tal es el estilo del Vaticano, así se trate del asesinato de un papa, el intento de asesinato de un papa, un triple asesinato o un caso de rapto, abuso infantil o delito financiero: encubrimiento. Mentira, engaño, negación. Es casi seguro que Emanuela fue posteriormente asesinada por sus captores.

Así, la maquinaria del Vaticano inició su encubrimiento en la primavera de 1998. Días más tarde se dijo que Estermann había sido espía del servicio secreto de Alemania Oriental, la Stasi. Indudablemente es cierto, y no sorprende en absoluto, que muchas agencias de inteligencia tenían espías en el Vaticano, y aún los tienen. Las mayores potencias mundiales han codiciado desde hace mucho tiempo la extraordinaria calidad y cantidad de información que el Vaticano recibe de sus diplomáticos oficiales y de su red mundial de miembros laicos y clérigos. El alegato de que Estermann espiaba para los comunistas en el corazón del cristianismo se produjo en Berlín, en una carta anónima al periódico *Berliner Kurier*. La carta abundaba en detalles de cómo Estermann se había acercado a la misión comercial de Alemania Oriental en Berna en 1979 y había ofrecido sus servicios. Esto fue antes de entrar en la Guardia Suiza, en mayo de 1980. Un año después, estaba de servicio en la plaza de San Pedro cuando Agca disparó contra el papa Juan Pablo II. La historia acerca de la Stasi causó sorpresa nueve días y después se desvaneció. Ocasionalmente reaparece en la prensa, pero lo cierto es que se trata de una falsificación.

Yo hablé con Peter Brinkmann, el editor alemán que dio a conocer esa historia. «Fue un fiasco. No hay gran cosa que contar», me aseguró. Mediante contactos en la inteligencia alemana, pude confirmar esto por medio de la antigua sección de la Stasi que se encargaba de los agentes extranjeros. Ni una sola evidencia que respalde esta explicación ha salido a la luz desde que aquella carta anónima llegó al escritorio de Peter Brinkmann en mayo de 1998.

El juez Marrone puso la investigación judicial del Vaticano en manos del promotor de justicia Nicola Picardi, estrategia que indicó claramente a los miembros de la curia que ésa sería una operación controlada por el Vaticano mismo. Si Picardi hacía las funciones que correspondían a un fiscal investigador, ¿dónde estaba el abogado defensor? ¿Quién representaba a la madre de Tornay, Muguette Baudat? Divorciada desde mucho tiempo atrás del padre de Cédric, ella, pese a su fe protestante, había cumplido una promesa hecha a su ex esposo y educado a Cédric en la fe católica.

Horas después de ser informada de que «Cédric asesinó a dos personas y después se mató» por su párroco local en Valais, el capellán de la Guardia Suiza, monseñor Alois Jehle, intentó persuadirla de no ir a Roma al funeral ni ver el cadáver de su hijo. Le dijo que la cabeza estaba desprendida, que el cadáver se hallaba en estado de putrefacción, que los hoteles estaban llenos. La madre siguió adelante. Cuando llegó a Roma, fue inmediatamente sometida a la presión tanto de monseñor Jehle como del secretario de Estado, el cardenal Sodano. Era mejor, le insistieron a Muguette, que tras la ceremonia fúnebre el cadáver de Cédric fuera cremado. La conmocionada y afligida madre pidió tiempo para pensar. Le dijeron que ellos prepararían los documentos legales necesarios y que se los harían firmar a la mañana siguiente. Para entonces, ella ya tenía suficiente presencia de ánimo para rechazar el plan del Vaticano para destruir la principal evidencia.

Cuando Muguette vio el cadáver de su hijo en la capilla de la Guardia, le había vestido con su uniforme y parecía en paz con el mundo; sólo sus dos dientes anteriores astillados indicaban violencia en su muerte. Luego llamó su atención un muy acongojado joven sentado en un banco, que lloraba y se lamentaba. Cuando ella intentó consolarlo, él le dijo que se llamaba Yvon Bertorello, que era cura, que debía haber estado ahí para impedir la tragedia y que su hijo había sido asesinado. Le dijo a Muguette que él tenía la prueba en su maletín. Más tarde, funcionarios del Vaticano le dijeron a ella que Bertorello era el «padre espiritual» de Cédric. Fuera cual fuese la verdad, Bertorello desapareció en la niebla del Vaticano.

Al día siguiente, después de la ceremonia fúnebre le dijeron a Muguette que permaneciera en la habitación de su hotel y esperara una llamada del papa, pues él buscaría tiempo para verla. Aún esperaba esa llamada ya de noche, cuando tuvo que tomar su vuelo para regresar a Suiza. Pese a diversas cartas al papa y funcionarios del Vaticano, la llamada papal nunca llegó. Cuando ella notificó a los magistrados investigadores del Vaticano los detalles de su conversación con el «padre espiritual» de su hijo, le dijeron que no tenían idea de quién era Bertorello.

Desde el principio de este caso, el Vaticano, del papa para abajo, tuvo una actitud uunánime ante Cédric Tornay, su madre y el resto de su familia. El Vaticano, sin el beneficio de una investigación o indagación completa, determinó que Tornay era culpable y que, siguiendo un embrollado razonamiento, por asociación también lo eran su madre y sus hermanas. A los Estermann se les otorgó el raro honor póstumo de una misa de réquiem en la basílica de San Pedro. Presidida por el secretario de Estado, el cardenal Sodano, y concelebrada por otros dieciséis cardenales y treinta obispos, en ella no faltó nada.

La ceremonia fúnebre de Tornay se celebró en privado en la pequeña iglesia de Santa Ana, a orillas del Estado. Gran número de sus compañeros de la Guardia Suiza estuvieron ahí, con un conmovedor vacío dejado en sus filas, el correspondiente a Cédric Tornay. La ceremonia fue celebrada por un obispo suizo, monseñor Amédée Grab, quien tampoco abrigaba duda alguna sobre los acontecimientos sucedidos en el apartamento de los Estermann. «Dios lo perdone por lo que hizo a causa de la fragilidad de la condición humana.»

Un día después de que la carta de Tornay a su madre fuera filtrada a la prensa por Navarro-Valls, aquélla apareció en los periódicos italianos. La mayoría de los elogios a Estermann contenían referencias a su valor cuando el papa se presentó a su cita en la plaza de San Pedro en mayo de 1981. Muchos contaban que Estermann, sin pensar en su vida, había saltado al vehículo papal después del primer disparo y protegido el cuerpo de Juan Pablo II. Aquél había sido un acto heroico e inimaginablemente valiente. Pero también era una fantasía. Estermann estaba a una distancia entre noventa y ciento cuarenta metros del vehículo cuando se disparó contra el papa. Los tres hombres que sostuvieron y confortaron a Karol Wojtyla fueron su viejo amigo y secretario, Stanislaw Dziwisz; Francesco Pasanisi, alto oficial de la policía italiana, quien durante varios años había actuado como enlace entre las fuerzas italianas y la seguridad del Vaticano, y el asistente personal del papa, Angelo Gugel. Estermann no estaba en absoluto cerca del jeep y, para cuando llegó, Agca ya estaba desarmado y bajo arresto.

El papel ficticio de Estermann, que él aceptó con ilusión, fue creación de Navarro-Valls y otros miembros del Opus Dei. En otra de las luchas de poder de la Ciudad del Vaticano, ellos estaban determinados a ponerlo a la cabeza de la Guardia Suiza. Aunque no eran miembros de la organización, tanto Alois Estermann como su esposa venezolana eran «próximos al Opus Dei», la frase clásica que sirve para describir a quienes son miembros en todo, menos de nombre.

Cuando Roland Buchs fue nombrado comandante de la Guardia Suiza, pasaron sólo cuarenta y ocho horas para llenar la vacante. El nombramiento de su sucesor, Estermann, tardó siete meses. Se insinuó que la razón se debía a que era «plebeyo» y no de una noble familia suiza. Pero eso no había impedido a Roland Buchs obtener un ascenso instantáneo. En la Ciudad del Vaticano dan dos razones para la demora: primera, una largamente sostenida lucha de poder entre el Opus Dei y los masones del Vaticano, y segunda, serias preocupaciones por la supuestamente muy activa vida homosexual de Estermann. Cédric Tornay había dicho a su madre muchos meses antes que investigaba vínculos entre el Opus Dei y la Guardia Suiza.

Las alegaciones acerca de la triple muerte tanto en su momento como desde entonces parecen interminables. Habría sido de esperar que la investigación judicial establecida veinticuatro horas después de las muertes abordara todas y cada una de esas alegaciones. Cuando la investigación interna secreta publicó sus conclusiones unos diez meses después del suceso, el informe del Vaticano, o al menos las escasas quince páginas que éste se dignó hacer públicas, dejó, como de costumbre, muchas preguntas sin responder. Durante los diez meses de investigación, el promotor de justicia Nicola Picardi y varios expertos elaboraron informes forenses, acumularon cinco informes policiales y entrevistaron a cerca de cuarenta testigos, entre ellos, exhaustivamente, a Yvon Bertorello, el padre espiritual de Tornay. Todo eso se redujo a quince páginas, que en esencia confirmaban la versión divulgada por el jefe de prensa del Vaticano menos de quince minutos después de ocurrir las tres muertes.

El informe mismo estaba lleno de conclusiones sumamente especulativas. Algunos testigos dijeron que habían visto cuatro copas de vino sobre la mesa inmediatamente después de que llegara la vecina, Anna-Linna, lo que sugería que una cuarta persona había estado presente en la habitación en el momento de las muertes, o que se esperaba su llegada. El «promotor de justicia» descartó la posibilidad de que hubiera habido cuatro copas ya que no estaban ahí cuando se puso en marcha la investigación, ignorando la posibilidad de que hubieran sido deliberadamente retiradas. Picardi intentó eliminar la presencia de la cuarta persona diciendo que «el reducido tamaño [del apartamento] no habría permitido la presencia de una cuarta persona, y, sobre todo, no se habían encontrado señales de forcejeo y todo estaba en orden». Eso suponía ignorar la presencia de varios prelados e investigadores durante el registro de la sala. Este informe parece menos un recuento objetivo basado en evidencias forenses que una serie de suposiciones diseñadas para apoyar una conclusión previa. No se sostendría cinco minutos en un tribunal italiano, inglés o estadounidense.

Muguette Baudat ha pedido en numerosas ocasiones al Vaticano que se ponga a su disposición el informe íntegro elaborado por Picardi, junto con todas las demás evidencias que el Vaticano posee acerca de este caso, en particular el informe sobre la autopsia secreta. Pero sistemáticamente todo esto se le ha negado, y la madre que enterró a su hijo no tiene idea de por qué murió. El ubicuo Navarro-Valls dijo: «Comprendemos y respetamos su dolor, pero la verdad es la verdad y hay que aceptarla».

En un artículo publicado semanas después de la triple muerte en la revista italiana *L'Espresso*, Sandro Magister, experimentado observador del Vaticano, expresó una cáustica opinión sobre el informe de Navarro-Valls. Estaba sorprendido, dijo, de que la versión de los asesinatos del jefe de prensa del Vaticano estuviera, «por una vez, cerca de ser verosímil. Lo que en su caso es una rareza». Muguette Baudat, todavía convencida de que «la verdad aún está por establecerse», contrató a los destacados abogados Jacques Vergès y Luc Brossollet, quienes en enero de 2005 declararon que intentarían que se llevara a cabo una investigación del homicidio conforme al sistema judicial suizo. Más de un año después, Muguette seguía buscando «la verdad».

Navarro-Valls ejercía un poder absoluto sobre el sustento de todos los periodistas acreditados en el Vaticano, y no vacilaba en abusar de él. Cuando este hombre retiraba su acreditación a un periodista, éste ya no podía seguir trabajando para su empleador. Esto le ocurrió a Domenico Del Rio, de *La Repúbblica*, cuando Navarro-Valls le impidió acompañar al papa en un vuelo a América Latina. Su pecado fue entrevistar y grabar a teólogos e historiadores que habían expresado opiniones críticas sobre los comentarios del cardenal Ratzinger en los que llamó a un retorno a los valores de la restauración. Del Rio fue reemplazado en el vuelo por un periodista del Opus Dei, Alberto Michelini.

El vaticanólogo italiano Sandro Magister contó que en septiembre de 1988, durante un viaje del papa a África, mientras el papa y varios elementos de la prensa recorrían las afueras de Harare, Navarro-Valls se quedó a cortejar a los restantes miembros de la prensa en la piscina del hotel Sheraton. Quizá ese día al español le dio demasiado el sol. Fue espectacularmente indiscreto al referirse a iniciativas del Vaticano en Mozambique, Angola y Sudáfrica. Al día siguiente, periódicos de todo el mundo publicaron informes de la que hasta entonces había sido una muy secreta agenda del Vaticano. El secretario de Estado Casaroli se puso furioso, y de pronto la Ciudad del Vaticano había llegado al continente africano. Recriminaciones, acusaciones y contraacusaciones volaron como misiles no dirigidos. Los reporteros que habían acompañado al papa se habían perdido una excelente noticia, así que también ellos estaban enojados. En medio de la histeria, Navarro-Valls se materializó de repente. Después de haber sido censurado tanto por el secretario de Estado como por un gran número de reporteros, negó rotundamente que hubiera hablado de ninguno de aquellos temas, y dijo que las afirmaciones que habían partido de él carecían de «todo fundamento. Son fantasías». Cuando ante él se reprodujo una cinta magnetofónica, negó que fuera él. Cuando se le señaló que parte de su informe había sido reproducido en la radio italiana, siguió negando que hubiera hablado en algún momento con alguien en la piscina.

Cuando Tullio Meli dio a conocer esa debacle, el representante de *Giornale* en el Vaticano, Navarro-Valls lo excluyó del siguiente viaje papal. En 1989, durante un viaje a Bratislava, el papa se esmeró en transmitir sus ideas sobre la Europa cristiana y su iniciativa de celebrar un sínodo paneuropeo. Curiosamente, la cobertura internacional del día siguiente sobre el viaje papal ignoró la iniciativa del pontífice y se concentró en la primicia dada por Navarro, de que el siguiente viaje del papa sería para reunirse con Fidel Castro en La Habana. La realidad fue que el papa no llegó a La Habana hasta nueve años después.

En septiembre de 1996, mientras el papa estaba de visita en Hungría, Navarro-Valls omitió toda mención al viaje papal y optó por revelar algo que había negado durante muchos años: que el papa sufría el mal de Parkinson. Entusiasmado por la atención que recibía, Navarro-Valls dijo a los medios que el papa padecía también un misterioso virus no identificado en el intestino. Cuatro días después, el médico del papa, el doctor Renato Buzzonetti, quien considera a Navarro-Valls su cruz personal, desechó la versión del misterioso virus. «Éste no existe más que en la febril mente de su inventor.» El papa sufría apendicitis.

En muchas ciudades del Tercer Mundo aún es posible encontrar al cuentista, el hombre que, a la vista de un público expectante, es capaz de hilar fantasías y tejer un mito. Encontrar a un hombre así en la Ciudad del Vaticano está garantizado. A principios de 2005, la Ciudad del Vaticano parecía hallarse en un curioso estado de agitación que había quedado en suspenso. Aunque ciertamente seguían ocurriendo cambios, eran mínimos. Traslados y ascensos se producían en gran medida en los márgenes del tablero de juego.

Los principales jugadores, las piezas clave, parecían estar congelados en el tiempo y en el espacio. El pontificado del papa Juan Pablo II había terminado, a efectos reales, varios años antes. El cardenal Ratzinger seguía publicando declaraciones sobre el dogma católico; por controvertidos o divisores que fueran, se aseguraba a los fieles que habían sido aprobados por el Santo Padre.

Lo cierto es que desde hace muchos años impera la práctica de que los papas cuenten con personas que escriban por ellos. Como el desaparecido papa observó: «Desde que soy papa, todo es mucho más fácil, porque otras personas escriben por mí». Unos cuantos pasajes esenciales, un breve esquema, y Wojtyla delegaba la tarea a otros. El misionero Piero Gheddo escribió *Redemptoris Missio* en 1990; el teólogo y obispo Carlo Caffarra, *Veritas Splendor* en 1993, y el también teólogo y obispo Rino Fisichella hizo ese favor con *Fides et Ratio* en 1998. Estas tres encíclicas fueron publicadas como documentos infalibles a nombre del papa.

El miembro del Opus Dei y cardenal Julián Herranz Casado seguía organizando reuniones muy discretas bien en la ciudad o algo más lejos, en una villa apartada en Grottarossa. Quienes asistían eran invariablemente cardenales «de cierta edad», hombres que aún podían votar en el cónclave. Los demás miembros de la camarilla continuaban cumpliendo sus respectivos papeles, pero sobre todos ellos estaba el hombre que era papa en todo menos en el nombre: el arzobispo Stanislaw Dziwisz. «Es deseo del Santo Padre (…)», era la reiterada frase que se le escuchaba al hijo que se había vuelto padre. En octubre de 2003, cuando el cardenal Ratzinger dijo públicamente que el papa estaba muy enfermo, el cardenal, al que Karol Wojtyla había descrito en un raro tributo como «amigo de confianza», llegó a las lágrimas por las represiones verbales que recibió de Dziwisz. He aquí un extraordinario ejemplo del verdadero poder del «otro papa», el siervo que se había convertido en amo.

La noche del 2 de abril de 2005, la vida terrenal del papa Juan Pablo II llegó a su fin. Antes de que el cadáver del hombre de «un país lejano» fuera colocado en su último lugar de reposo, las intrigas, las especulaciones, los codazos para coger una buena posición se desplegaban en todo su esplendor.

El ascenso del cardenal Ratzinger al trono papal no fue en absoluto el sereno camino que los reportajes de los medios de comunicación describieron; pero una vez que el papa Benedicto XVI pasó a residir en las habitaciones papales, parecía en la superficie que poco había cambiado en la Ciudad del Vaticano. La mafia polaca había sido en gran medida reemplazada por un séquito alemán. Monseñor Georg Gänswein, de la Selva Negra, reemplazó al «otro papa», quien retornó a Polonia como arzobispo de Cracovia. Dziwisz fue ascendido a cardenal en marzo de 2006, lo que lo convirtió en candidato para el próximo papado. En el Vaticano el forcejeo es, si acaso, más frenético. La delación —la práctica de denunciar en secreto a un superior o rival— va en aumento. Cualquier ciudad en el mundo puede cobijar a un malicioso memorialista. Pocas pueden igualar a la ciudad situada al otro lado del Tíber.

La más reciente batalla por alcanzar mayor poder entre las diversas fuerzas de seguridad del Vaticano comenzó poco después de la elección de Benedicto. La Guardia Suiza busca establecerse como «la fuerza primaria». La policía del Vaticano, con unos veinte hombres más, insiste en ser la fuerza policiaca italiana *número uno*, frecuentemente obligada a hacer frente al sueño de las dos partes de apoderarse del absoluto control de la seguridad del Vaticano. Otras cruentas guerras acechan a varios altos cargos en los que el retiro del titular ya debería haberse producido. El secretario de Estado, el cardenal Sodano, encabeza a un eminente grupo de importantes funcionarios del Vaticano que ya pasan de setenta y cinco años, la edad de retiro. Pero él es sólo un ejemplo. Ningún observador del Vaticano que espere mayor grado de sinceridad como resultado de esta marcha en particular debería apostar mucho por ello.

→ Epílogo

A finales de enero de 2005, el papa contrajo fiebre; sus audiencias públicas se suspendieron por un día o dos a causa de síntomas similares a los de la gripe. Ese lapso de tiempo fue más largo, porque la noche del martes 1 de febrero Karol Wojtyla fue llevado a urgencias del hospital Gemelli de Roma. Tan rápida fue su partida que el prefecto de la corte pontificia no fue informado de la decisión de llamar a una ambulancia hasta que el papa ya estaba ausente. Predeciblemente, el portavoz del Vaticano, Navarro-Valls, declaró el miércoles por la mañana que no había «motivo de alarma».

A la gripe suele llamársela «la amiga de los ancianos», por su capacidad para llevar la vida a su conclusión final. Para un hombre que se acercaba a su octogésimo quinto cumpleaños y que, durante al menos quince años, había sufrido mal de Parkinson, la probabilidad de sobrevivir a tan plebeya enfermedad era alarmantemente baja. En ese lapso, su respiración se había vuelto cada vez más fatigosa, su garganta y pecho, cada vez más oprimidos, y su postura siempre encorvada comprimían el diafragma, impidiendo a sus músculos funcionar de manera normal. Cualquier infección respiratoria que atacara a ese cuerpo tan frágil podía resultar fatal.

La prensa de todo el mundo se precipitó a Roma. Se activaron reservas hechas hacía mucho tiempo en hoteles y puntos estratégicos en toda la ciudad. Simultáneamente comenzó la especulación en los medios. ¿Era ése el último capítulo? Si el papa sobrevivía, ¿debía renunciar? Si moría, ¿quién lo sucedería? ¿Quiénes eran los principales *papabile*? Los diversos síntomas del mal de Parkinson eran, con una excepción, públicamente comentados con todo detalle. La excepción era el grado de demencia que se presenta a causa de las cada vez mayores dosis de medicamentos específicos necesarios para síntomas avanzados.

Tras nueve días en el hospital Gemelli, la salud del papa había mejorado ostensiblemente y él regresó al Vaticano. La atención de los medios se dirigió entonces a un debate sobre si Wojtyla debía renunciar o no y dejar vacío el trono papal. Este debate se aceleró cuando el secretario de Estado, el cardenal Sodano, respondió a preguntas sobre la renuncia papal con: «ésa es una cuestión que debemos dejar a la conciencia del papa». Aparte del sentido ético de Karol Wojtyla, para asistirlo tenía a su alrededor a los hombres que por un tiempo habían estado al mando de la Iglesia católica romana, un círculo íntimo que había sufrido algunos cambios y desplazamientos de poder desde 2003: los cardenales Ratzinger, Re, Ruini y Sodano. También estaba el hombre con más poder tras el trono: el secretario papal y portero de todo acceso al papa, el arzobispo Stanislaw Dziwisz, quien durante algún tiempo había dirigido la batalla contra la presión para que el papa renunciara.

En los días siguientes, varias declaraciones del Vaticano aseguraron al público que el papa se había recuperado por completo. La realidad, como suele ser el caso en las declaraciones del Vaticano, era algo distinta. La infección seguía activa y la respiración del papa era muy trabajosa. La confiada imagen del portavoz de prensa del Vaticano acerca de un Wojtyla en rápida recuperación se desmoronó cuando el 2 de febrero el papa fue ingresado de urgencia nuevamente en el hospital Gemelli y en menos de una hora se le practicaba una traqueotomía. Se le intubó la garganta para ayudarle a respirar. Días más tarde, el domingo, un papa ya sin voz y pálido fue llevado en silla de ruedas hasta una de las ventanas del hospital poco después de la bendición del ángelus, que por primera vez en veintiséis años se había llevado a cabo sin el papa. Unas pantallas gigantes en la plaza mostraron a un joven y vigoroso Karol Wojtyla.

El 8 de marzo se anunció que el papa no presidiría ninguna de las grandes celebraciones litúrgicas de la Semana Santa y la Pascua. Mientras el mes avanzaba y Karol Wojtyla, un hombre evidentemente cerca de la muerte, volvía de nuevo a su hogar en el Vaticano, yo recordaba con frecuencia una particular conversación con uno de los residentes. Fue poco después de la visita de Karol Wojtyla a Eslovaquia en septiembre de 2003. Yo había considerado que el espectáculo del papa sufriente era sumamente perturbador, y expresé la opinión de que ese viaje nunca debía haberse realizado y que sin duda debía haberse suspendido. El espectáculo había continuado, me dijo mi informante, «porque el papa desea que siga. El actor que hay dentro del Santo Padre se resiste a morir. Simplemente rehúsa dejar el escenario. Es un hombre fatalmente adicto a la adulación del público».

Durante todo el mes de marzo, gran parte del mundo contempló lo que más de un comentarista llamó «su mejor actuación». No es verdad que todos luchemos por la vida, que nadie busque la muerte. En realidad algunos lo hacen con elegancia, pero el papa Juan Pablo II se debatió contra la última oscuridad de una forma que evocaba los dos levantamientos de Varsovia durante la guerra, cuando hombres, mujeres y niños se resistieron a la ocupación del enemigo una semana tras otra.

La lucha personal de Karol Wojtyla llegó a su apogeo el Domingo de Pascua cuando se esforzó, con gran congoja y angustia, por pronunciar una bendición a la multitud reunida bajo su ventana en la plaza de San Pedro. Se golpeó la frente exasperado, pero no pudo pronunciar una sola sílaba. El «gran comunicador» había sido permanentemente silenciado.

Días después, durante la tarde del sábado 2 de abril, Karol Wojtyla murmuró: «Déjenme marchar a la casa del Padre». Cayó en coma y murió seis horas más tarde, a las 21.37 p.m.

Esa manera tan pública de aproximarse a la muerte inspiró a algunos y escandalizó a otros. Muchos católicos opuestos a la eutanasia empezaron a reconsiderar su posición. Algunos comentaristas informaron a sus lectores de que el papa había querido que «los fieles extrajeran lecciones de su agonía». Una cosa es cierta: ésta fue marcadamente diferente a la sombría y solitaria muerte de su abandonado predecesor, Albino Luciani.

La hipérbole que siguió a la muerte del papa Juan Pablo II fue ilimitada. «El mayor papa de todos los tiempos.» «Un coloso.» «Un Atlas solitario, sosteniendo a la Iglesia y el mundo.» «Un faro dorado para una juventud brillante.» Mientras los peregrinos en la plaza de San Pedro coreaban: «¡Santifíquenlo! ¡Santifíquenlo ya!», llegaban noticias de nuevos milagros atribuidos al poder de Karol Wojtyla: la capilla de Kalwaria «salvada de un incendio por un icono bendecido por el Santo Padre»; un televisor averiado en Ucrania de pronto «volvió a la vida justo cuando el papa llegó al país. Siguió funcionando durante toda la estancia papal, y luego se averió de nuevo». En cuanto a su legado, en la muerte se reclamó para él tanto como se había reclamado en vida. Gran parte de esas peticiones chocan con las evidencias objetivas contenidas en este libro.

El fin de ese papado el 2 de abril ha sido visto como el fin de una época. De hecho, el papado de Juan Pablo II había terminado para numerosas personas mucho antes de esa fecha. Exactamente cuándo depende de dónde se mire y qué parte del legado de Wojtyla se considere.

En Austria, no sólo ese papado sino también los lazos formales con la Iglesia católica terminaron para cientos de miles de personas durante el escándalo de abuso sexual en que incurrió el cardenal Groer en 1995. Para otros cincuenta mil austriacos, terminó cuando abandonaron la Iglesia en 2004 tras los escándalos de pederastia en la diócesis de St. Pölten que forzaron la renuncia del obispo Krenn. Para muchos otros austriacos, el papado de Wojtyla había terminado aun antes, con el inicial nombramiento por el papa de Groer en 1986 y de Krenn en 1987, así como de George Eder como arzobispo de Salzburgo en 1989. Esos tres nombramientos fueron ejemplos de un Wojtyla que ignoraba la fuerte resistencia local y que se empecinaba en nombrar a ultraconservadores. Eder, por ejemplo, culpaba a la educación sexual de promover la «toma de nuestra sociedad por los comunistas», y consideraba el sida «una forma de castigo divino». Austria no fue en absoluto el único país al que se le impusieron prelados conservadores de línea dura. Ésta fue la consigna para los enviados papales, quienes obedecían, en palabras de una fuente del Vaticano, «básicamente órdenes ocultas de nombrar a conservadores. Así ocurrió en Brasil, Francia, Alemania y Estados Unidos, e incluso en nombramientos menores».

El pontificado del papa Juan Pablo II terminó para muchos en América Latina a principios de la década de 1980, cuando resultó obvio que Karol Wojtyla aprobaba las tácticas de contrainsurgencia del gobierno de Reagan. Más de un cuarto de millón de personas murieron en sólo dos de los países —Guatemala y El Salvador— en los que operaban los escuadrones de la muerte, respaldados por Estados Unidos. La «opción de El Salvador» fue reactivada en 2005, y para principios de febrero era seriamente considerada por el Pentágono para Irak. El objetivo propuesto esta vez era la población sunita, o la facción que supuestamente apoyaba a los insurgentes.

En Chile, el papado de Wojtyla terminó para un significativo sector de la población en 1987, cuando él se convirtió en el segundo jefe de Estado, después del presidente de Uruguay, en poner pie en ese país desde que el general Pinochet había llegado por medios homicidas a la presidencia. La presencia de Wojtyla aseguró una cobertura de los medios muy favorable al régimen de Pinochet, a causa, entre otras cosas, de que el papa evitó cuidadosamente cualquier crítica pública a la junta militar, y sólo hizo una pasajera referencia a los torturados y a los desaparecidos. Una misa al aire libre fue violentamente interrumpida por fuerzas de seguridad cuando, con tanques, autos blindados y cañones de agua, atacaron a una minoría de unos quinientos estudiantes que se manifestaban contra Pinochet, provocando que el papa, el séquito del Vaticano y la jerarquía chilena se asfixiaran con gas lacrimógeno. El cardenal Fresno, nombrado por Wojtyla en Santiago, declaró que consideraba a la policía la principal víctima. Condenó «este increíble asalto contra la policía, los guardias papales, periodistas, sacerdotes y fieles». Más tarde se establecería que, durante la época de Pinochet, más de treinta y cinco mil ciudadanos fueron torturados, la abrumadora mayoría de las tres mil cuatrocientas mujeres detenidas fueron víctimas de violencia sexual y entre cinco mil y diez mil chilenos fueron asesinados.

En su viaje a América Latina en 1987, Karol Wojtyla había asombrado a la prensa en el avión que volaba a Chile cuando comparó favorablemente la situación de ese país con el comunismo en su patria. «En Chile hay un sistema que en el presente es dictatorial, pero este sistema es por su propia definición transitorio.» Cuando se le sugirió que en Polonia ya estaba en marcha la transición, el papa discrepó: «No hay bases para la esperanza a ese respecto. En Polonia, la lucha es mucho más difícil, mucho más exigente». Para un hombre del que muchos decían que había creado Solidaridad, y que después había destruido prácticamente solo el comunismo europeo, sus observaciones indican una deprimente falta tanto de fe como de visión política. Es indudable que en Polonia ya estaba ocurriendo el cambio; en sólo dos años más habría elecciones libres, y meses después caería el Muro de Berlín.

En Argentina, el pontificado de Wojtyla terminó para muchos fieles mucho antes de su visita de abril de 1987. Para entonces numerosas personas estaban desencantadas con un hombre que había guardado silencio durante cerca de una década sobre las torturas y asesinatos perpetrados por los generales. La extendida complicidad de la jerarquía católica con la junta militar, sin una palabra de crítica del Santo Padre, alejó aún más a los argentinos. Luego, en 1987, cuando el país volvió finalmente a la democracia, el papa eligió ese momento para sermonear al recién elegido Raúl Alfonsín y la población en general sobre la importancia de los derechos humanos.

Wojtyla complicó una situación que muchos habían visto como un mal definido y ofensivo discurso negándose después a reunirse con las Madres de la Plaza de Mayo, mujeres cuyos parientes habían desaparecido sin dejar huella por cortesía de la junta militar. Luego atacó, a su muy particular estilo, una propuesta de ley sobre el divorcio. En su pontificado nunca dio una respuesta aceptable a la democracia cuando la democracia en cuestión había propuesto o promulgado leyes que él reprobaba.

Para México, el fin del pontificado de Wojtyla ya estaba en marcha cuando se produjo el segundo viaje del papa a ese país, en 1990. El «movimiento radical y antirreligioso» que el secretario de Estado Casaroli había predicho en conversaciones secretas con la delegación de Reagan en 1987 era evidente. En esa nación había una creciente conciencia del papel de la Iglesia católica en la desaparición de indígenas mexicanos. Antes de esa visita, trescientos obispos en la ciudad de México habían firmado una carta abierta llamando a la Iglesia a pedir perdón por su «complicidad en la colonización y esclavitud de los pueblos indígenas». En ese país se dejaban oír grupos seculares que expresaban opiniones similares.

Karol Wojtyla, un hombre considerado por muchos de sus admiradores como muy inteligente, exhibió en una ocasión una extraordinaria ignorancia. Al prepararse para su viaje a África de mediados de 1985, que incluiría una visita a Camerún, pidió a un miembro de la curia que le escribiera un discurso. Mientras recibía instrucciones del papa, le objetó: «Su Santidad, usted idealiza demasiado. El comercio de esclavos comenzó precisamente en ese país». El papa se sorprendió. Tras estudiar más tarde los hechos históricos objetivos, escribió y pronunció una sentida súplica, pidiendo perdón al pueblo de Camerún.

Para muchos, no sólo en Camerún sino también en toda África, la vehemente oposición del desaparecido papa al uso del preservativo en la lucha contra la propagación del VIH/sida no sólo aseguró en el corazón y la mente de muchos el prematuro fin del papado de Wojtyla, sino también la prematura muerte de un incalculable número de africanos. En Kenia, el cardenal Maurice Otunga escenificó ceremonias públicas de quema de condones. En Nairobi, el arzobispo Raphael Ndingi Mwana a'Nzeki informó a la población de que los condones causaban sida a sus usuarios, opinión también sostenida por importantes portavoces del Vaticano.

La renuencia del Vaticano, del papa Juan Pablo II para abajo, a reconocer el papel desempeñado por la jerarquía católica romana de Ruanda en el genocidio en ese país es otra parte del legado de Wojtyla: cerca de un millón de personas fueron masacradas, sin un solo seguidor de la teología de la liberación a la vista.

La hostilidad del papa contra la teología de la liberación no surgía sólo de su temor al comunismo. También emanaba de su desconocimiento de la historia de los indígenas americanos. Cuando, durante la década de 1980, leyó por primera vez los textos de Bartolomé de Las Casas, el misionero e historiador español del siglo XVI, admitió sentirse conmocionado. Pero en 1990 aún se aferraba a la defensa del papel histórico de la Iglesia. Durante sus discursos en México, admitió errores del pasado, pero siempre los opuso a ejemplos específicos del bien realizado por figuras religiosas. En Veracruz, al hablar de la historia de México, declaró que «(...) la conquista y la evangelización ocupan un lugar decisivo, brillante cuando se las considera en conjunto, aunque no sin algunas sombras grises».

Describir de esa forma la esclavitud de una nación causó un profundo y duradero malestar en México. En ocasión del siguiente viaje de Wojtyla a ese país, en 1993, hubo frecuentes ataques en los medios contra el papel histórico de la Iglesia católica en México. Se creía que el papa realizaba un peregrinaje de expiación por el trato dado a los indígenas. No cumplió esa expectativa; de nuevo sólo admitió errores en el pasado. Pero a pesar de las abrumadoras evidencias, continuamente intentó distanciar a la Iglesia de las acciones de los colonizadores españoles. Su defensa de la Iglesia fue en todo momento ruidosa y exagerada. No hubo ninguna mención a las conversiones forzadas, la tortura de los indígenas, la destrucción de antiguos libros de la historia maya, la posesión de la tierra por la Iglesia, el brutal aplastamiento de todas las revueltas indígenas bajo la bendición de la cruz. Para 1993, el pontificado del papa Juan Pablo II ya era, para la mayoría de los mexicanos, cosa del pasado.

Cuán profundamente rechazó América Latina el mensaje de Wojtyla puede estimarse mediante las urnas. El fallecido papa condenó con regularidad la teología de la liberación y la política de izquierda. Alineó a la Iglesia con las medidas de política exterior del presidente Reagan para la región. A mediados de 2006, la Casa Blanca se encontraba con seis líderes antiestadounidenses de izquierda en su patio trasero.

En los Países Bajos, la supresión por Wojtyla de la mayoría liberal de los obispos fue para muchos fieles el momento decisivo. El trato que esos obispos recibieron del papa e importantes miembros de la curia durante un periodo de dos semanas en 1980, cuyos detalles se han dado en un capítulo de este libro, fue digno del siglo XVI. Cuando finalmente se filtraron detalles, hubo indignación entre los fieles católicos de los Países Bajos. Cinco años después, durante la visita del papa, aún estaba en gran medida presente. Para los holandeses, el papado de Wojtyla terminó muy pronto. La experiencia de Holanda no fue única. Muchos otros episcopados que también habían abrazado el espíritu de las reformas del Concilio Vaticano II sintieron asimismo sobre ellos el látigo papal. En gran parte de Europa, Estados Unidos y América Latina, el diálogo con el papa fue reemplazado por la directiva papal.

En España, tres millones de personas abandonaron la Iglesia católica en los últimos cuatro años. Tras la elección del gobierno socialista en marzo de 2004, el éxodo se ha acelerado. Un gobierno elegido por mayoría con un mandato que incluía la ampliación de las leyes del aborto y del divorcio produjo una furiosa reacción de Wojtyla y quienes lo rodeaban en el Vaticano. Los planes del gobierno español, que incluían el cambio de la asignatura de religión de obligatoria a opcional y un proyecto de ley para permitir los matrimonios homosexuales, pusieron tanto al Vaticano como a la Iglesia española en pie de guerra. El cardenal Antonio María Rouco proclamó desde el púlpito que «el pecado a gran escala tiene lugar en Madrid». No tenía duda de a quién culpar por lo que claramente veía como un fenómeno reciente: «A las grandes y poderosas corrientes de pensamiento e influyentes instituciones de poder económico y cultural y político», una forma que tienen ellos para nombrar al «gobierno español».

Cuatrocientos setenta y un víctimas de la guerra civil española de 1936-1939 han sido beatificadas como mártires; ninguna de ellas procedía de los miles y miles de republicanos masacrados por los fascistas de Franco y el Tercer Reich. Sólo fueron propuestos por la Iglesia española para su beatificación los partidarios del fallecido general Franco. En éste, como en muchos otros aspectos de su vida, Karol Wojtyla mostró consistencia. Cuando era joven en Cracovia, fue un entusiasta partidario del fascismo español.

Durante muchos años, el mantra recurrente de la Iglesia respecto a su crecimiento había sido referirse a América del Sur y África como el futuro de la Iglesia, regiones en las que podía predecirse tranquilamente un gran aumento en el número de los fieles. En 1985, la Iglesia afirmó que América Latina contaba con 338 millones de católicos romanos. Para fines de 2004, ese mantra se pronunciaba más bien con esperanza que con certeza. En Brasil, las encuestas de 2000 habían revelado una reducción de un 20 por ciento en el número de católicos en los cuarenta años precedentes. El Vaticano culpó de la drástica disminución al agresivo avance de las sectas evangelistas, la indiferencia religiosa y la falta de un efectivo y firme mensaje pastoral. Sólo el 25 por ciento asiste regularmente a misa, y el 50 por ciento sólo acude en ocasiones especiales. La situación es similar en todo el continente. El papa culpó a «la atroz acción de las sectas». Durante su reunión con los obispos, escuchó los problemas sociales a los que la Iglesia debe hacer frente en el hemisferio occidental. Entre ellos estaban el abuso de las drogas, la desintegración familiar, la guerra de guerrillas, el terrorismo internacional, la emigración y la brecha entre ricos y pobres. La propia situación de la Iglesia no estaban en la lista.

Nuevamente, a fines de 2004 el cardenal Ratzinger, durante una arrolladora crítica del secularismo europeo, dijo: «Una sociedad en la que Dios está completamente ausente se autodestruye». Ni el papa ni Ratzinger parecían capaces de comprender el papel de la Iglesia católica en el avance de la actual sociedad secular. El Consejo Pontificio de la Familia atribuye la culpa a los legisladores europeos, los «responsables de minar a la familia». Culpa a los teólogos católicos que han dado apoyo intelectual a ese tipo de leyes. Nadie reconoce el abuso sexual clerical como factor clave. Nadie admite que la persistente corrupción financiera durante buena parte del papado de Wojtyla desempeñó un papel en el éxodo masivo de la Iglesia. En mayo de 2000, el cardenal Biffi, considerado entonces por algunos como uno de los principales rivales para suceder al papa Juan Pablo II, declaró que todos los católicos debían seguir el ejemplo de pobreza de Cristo donando la totalidad de sus bienes a la Iglesia, la cual a su vez sería extremadamente rica. «Cristo puede haber sido un carpintero con un estilo de vida austero, que atacaba a los comerciantes en el templo, pero eso no es razón para que la Iglesia renuncie a la riqueza», dijo el cardenal.

Es precisamente esa mentalidad la que ha dirigido el Vaticano Inc. durante décadas. El afán de lucro de la Iglesia la llevó a enredarse con Sindona y Calvi. Justo una década después, ése también fue el motivo de la participación del Banco del Vaticano en «la madre de todos los sobornos». Ésa es asimismo la causa de la multimillonaria reclamación contra el Vaticano por parte de las aseguradoras de Estados Unidos, que actualmente se abre paso en los tribunales de ese país. También fue la de la multimillonaria reclamación contra el Vaticano a nombre de los ex ciudadanos yugoslavos, que se halla en la actualidad en los tribunales estadounidenses.

Un año después del argumento del cardenal Biffi a favor de una

Iglesia aún más rica, el Vaticano anunció su primer déficit presupuestario en ocho años. El cardenal Sergio Sebastini, presidente de la Prefectura de Asuntos Económicos del Vaticano, culpó de ese hecho a la reducción de los ingresos procedentes de la Bolsa y, sobre todo, a las fluctuaciones en el tipo de cambio. No se hizo ninguna mención al devastador efecto que los incesantes escándalos de abuso sexual clerical estaban teniendo en las finanzas de muchas diócesis en todo el mundo. Pero tampoco se mencionó los miles de millones de dólares retirados de las arcas de la Iglesia católica por cortesía de los contribuyentes de Italia, Alemania, España y otros países.

Una de las características persistentes de la Iglesia durante el pontificado de Juan Pablo II fue su capacidad para ofrecer disculpas por sus errores, siempre y cuando el error en cuestión se hubiera perpetrado cientos de años atrás, y su absoluta renuencia a reconocer pecados más recientes. El predecesor de Wojtyla, Juan Pablo I, observó durante su trágicamente breve pontificado: «He notado que dos cosas parecen hacer mucha falta en el Vaticano: honestidad y una buena taza de café». Nada de esto cambió en los siguientes años.

Los obituarios del papa Juan Pablo II abundan en mitos, fantasías y desinformación. Así como los primeros años de Wojtyla no contienen, en efecto, ningún campo de trabajos forzados, actos heroicos en el gueto de Varsovia ni actitudes valientes ante el Tercer Reich, tampoco los años de la posguerra muestran, en efecto, a un hombre que se hubiera enfrentado continuamente a los comunistas, sino a un hombre tan estimado por el régimen que luego éste resultó clave a la hora de ponerlo camino del trono de San Pedro.

Los expedientes que la policía secreta polaca tenía sobre Wojtyla confirman que era un hombre que buscaba constantemente el sosiego. El legado que ya se había reclamado para este papa aun antes de enterrarlo, el de «Juan Pablo Magno», choca con la realidad. El papado de Wojtyla se ha llenado de nuevos mitos, que nos dicen mucho más sobre los responsables de tan extravagantes afirmaciones que sobre el hombre mismo. Él nunca dijo haber sostenido a Solidaridad durante los primeros meses de esta organización, ni aseguró haber provocado por sí solo el desplome del comunismo europeo. Por el contrario, consta que en varias ocasiones declaró que lo creía indestructible.

Lo cierto es que hay constancia de que Mijaíl Gorbachov, el hombre que desempeñó el papel definitivo, dijo:

> Todo lo sucedido en Europa oriental en los últimos años habría sido imposible sin la presencia de este papa, y sin el importante papel, incluido el papel político, que él desempeñó en la escena mundial.

Es indudable que la contribución del papa fue importante, como también lo fue la de Ronald Reagan y, en menor medida, la de Margaret Thatcher, pero el papel crucial fue desempeñado por Gorbachov, como se demostró en un capítulo de este libro. Al comentar las aseveraciones de muchos autores, entre ellos su dilecto biógrafo, George Weigel, de que el papa fue en gran medida responsable de la caída del comunismo, Karol Wojtyla las describió como «ridículas». Él tenía otras aspiraciones.

Lo que en verdad buscaba este papa era un designio grandioso, no sólo para Europa, sino para el mundo entero. Peregrino determinado a provocar el fortalecimiento espiritual, Wojtyla creyó que podría derribar la idea del materialismo que veía devorar a un país tras otro. Aspiró a convertirse en un evangelizador mundial, llevando el evangelio hasta los confines de la Tierra, haciendo retroceder el reloj cultural a una época anterior mediante la demostración de la supremacía del catolicismo romano no sólo sobre el comunismo, sino también sobre el capitalismo. Si hubiera tenido éxito en esto, habría merecido en efecto el título de «Juan Pablo Magno». Su legado personal contiene, al menos en parte, las razones de su fracaso.

Wojtyla, un hombre que se enorgullecía de hablar muchos idiomas, no escuchaba en ninguno de ellos. Pero tampoco ningún papa en dos mil años había sido escuchado por tantos y atendido por tan pocos. Como comentó el ya desaparecido vaticanólogo Peter Hebblethwaite en los primeros años de ese pontificado, «les gusta el cantante, no la canción». La hilera de teólogos, sacerdotes y monjas que se atrevieron a sostener pareceres y opiniones contrarios a los de Wojtyla, sólo para descubrir que habían sido silenciados, es larga. El tipo de teólogos que el papa Juan Pablo II admiraba eran hombres como el jesuita Avery Dulles, quien se convirtió en el primer teólogo estadounidense en ser nombrado cardenal. Un año antes, consta que Dulles declaró:

Los laicos no deben ser consultados en materias de doctrina, porque en el mundo secular moderno es difícil determinar quiénes son los verdaderos fieles y maduros católicos que merecen la consulta. (…) La fe es la aceptación que se basa en la autoridad, no en la razón; y, además, al defender el razonamiento pueden surgir razones contrarias, lo que conduce a un debate infructuoso.

El cardenal Dulles ejemplifica el legado de Wojtyla, un catolicismo conservador que nunca ha aceptado los mensajes fundamentales del Concilio Vaticano II; hombres que hoy tienen puestas las manos en las palancas del poder en la Iglesia, por cortesía de Wojtyla; hombres que respaldan sinceramente las opiniones contenidas en la observación que el fallecido papa hizo al colaborador de la revista *Time* Wilton Wynn: «Es un error aplicar procedimientos democráticos estadounidenses a la fe y la verdad. La verdad no puede ser sometida a votación. No se debe confundir el *Sensus Fidei* [sentido de fe] con el consenso».

Wojtyla era muy dado a hablar de la verdad. Cuando otro reportero, Marco Politi, le preguntó en el vuelo a Cuba qué le diría a Fidel Castro, el papa contestó: «Le preguntaré cuál es su verdad». Para Wojtyla, ésta era una pregunta retórica. Para el hombre de Polonia sólo había una verdad: no era la palabra de Dios, sino las palabras de Wojtyla. Sólo con grandes dificultades el cardenal Ratzinger pudo persuadir al papa de que declarara *Humanae Vitae* documento infalible. El hecho de que el papa Pablo VI se hubiera abstenido de dar ese paso al prohibir la anticoncepción artificial no disuadió a Wojtyla. Él sabía, como siempre lo había sabido, dónde estaba «la verdad» en cuanto al control de la natalidad o el aborto o la homosexualidad, la ordenación de mujeres o un centenar más de cuestiones que han dividido a tantos. En 1995, Ratzinger confirmó que la carta apostólica de Karol Wojtyla *Sobre la restricción del ministerio sacerdotal únicamente a los hombres* era una declaración infalible del papa, la primera vez en cerca de cuarenta años que la infalibilidad había sido reclamada para una aseveración papal.

El teólogo suizo Hans Küng, uno de los primeros en ser silenciados por el papado de Wojtyla, observó: «Tras la caída del comunismo soviético, la Iglesia católica romana representa hoy el único sistema dictatorial en el mundo occidental (...) el cual confiere un monopolio de poder a un solo hombre». En otra ocasión Küng, que había descrito el papado de Wojtyla como «una nueva fase de la Inquisición», observó: «El presente papa suprime los problemas en lugar de resolverlos». Incluso el cortés y afable comentarista estadounidense sobre el Vaticano, de fama mundial, el padre redentorista Francis X. Murphy, se sintió movido a describir al papa Juan Pablo II como «muy dictatorial».

Éste fue un rasgo que, a pesar del encanto y el carisma, siempre afloraba cuando el antiguo actor estaba «en el escenario». Quizá la mayoría de la inmensa multitud que se congregaba para verlo y oírlo en todo el mundo era mucho más «madura» de lo que los teólogos conservadores de este mundo creían. Ciertamente era capaz de distinguir entre el hombre y su mensaje, un mensaje que con demasiada frecuencia era transmitido sin compasión ni humanidad. La gente abrazaba al hombre; rechazaba el *mensaje*. El culto a la personalidad que tanto deleitaba al papa Juan Pablo II se centraba precisamente en el hombre, a costa de la fe. Cuanto más poderoso se volvía ese culto, con más éxito se tapaba el hecho de que Karol Wojtyla actuaba como un papa de mediados del siglo XIX. Ninguna asociación con sus compañeros obispos. Ninguna colegialidad. Ningún diálogo ni conversación, sólo una incuestionable primacía que inevitablemente terminó atrofiándose.

Los rechazos adoptaron muchas formas. En enero de 1991, dos años después de que Ronald Reagan dejara la Casa Blanca, no había siquiera una ilusión de la mítica alianza con el Vaticano. Para el presidente George Bush, el papado había terminado. En la acumulación progresiva de fuerzas para la primera guerra del Golfo, Bush ignoró los llamamientos tanto privados como públicos del papa para evitar la guerra e iniciar conversaciones de paz para negociar el retiro de Irak de Kuwait.

Cuando se propuso una precursora conferencia de paz en Madrid, la cual representaría las primeras negociaciones frente a frente entre Israel y los palestinos, Israel vetó la presencia de la delegación del Vaticano. Que la Santa Sede tuviera intereses vitales en el área no contaba para nada, al parecer, para el gobierno israelí, que dio como razón del veto el hecho de que no existían relaciones diplomáticas entre los dos países. Israel no tenía relaciones diplomáticas con varias de las naciones árabes que asistirían, pero aparentemente eso no importaba. Éste fue un insulto directo al papa, quien, pese a una serie de pasos en falso, había trabajado arduamente por la reconciliación con la fe judía. En octubre de 1991 la conferencia tuvo puntualmente lugar, sin la representación de la Iglesia católica.

El más descortés de los sarcasmos ocurrió en junio de 1991. Era el cuarto viaje de Wojtyla a su patria y el primero desde las elecciones libres en ésta. Lech Walesa había sido elegido presidente en diciembre de 1990. El país disfrutaba su primera prueba de democracia real. El papa no sólo desconfiaba de la democracia, sino que, además, sus palabras y actos durante las tres décadas anteriores confirmaban que repudiaba activamente la democracia como forma de gobierno. Su fracaso para conciliar una vida vivida y conformada bajo una variedad de influencias totalitarias con la democracia explica al menos en parte su supremo fracaso como evangelizador mundial. Ese fracaso fue objeto de exhibición pública durante esa visita de ocho días en 1991. Exactamente doce años antes, el papa había ido a Polonia, donde había sido aclamado por millones a lo largo de todo el viaje. La gente sabía que, con su inmensa autoridad moral, este papa —su papa— le había dado al país un precioso don, el derecho a la esperanza, el derecho a dejar de lado sus temores colectivos. En los años siguientes, esos temores volverían, pero la esperanza fue inextinguible para muchos. Wojtyla no creó Solidaridad. Las raíces de esta organización están en el pasado, en lugares y fechas memorables: de Poznan en 1956 a Gdansk en 1980. Tampoco el papa ofreció inicialmente apoyo al movimiento de Solidaridad hasta que en el otoño de 1980 se le tranquilizó con el «sí, sobrevivirá».

Pero en 1980, desde el primer día en los astilleros de Gdansk, la autoridad moral de Wojtyla fue simbólicamente evidente. Una gran fotografía del papa protegía las puertas, y en los difíciles meses y años venideros, siempre estuvo presente la certeza entre la gente de que «nuestro hombre en Roma» era uno de ellos, un polaco. Ahora, en 1991, la lucha había llegado a la mayoría de edad: el humilde electricista era presidente. El veterano asesor de Solidaridad, Tadeusz Mazowiecki, se había estrenado el año anterior como primer jefe de Gobierno no comunista en Polonia. Una desorganizada e inestable democracia con muchas imperfecciones tenía hechizada a Polonia. El país estaba revuelto, y en el centro, irónicamente, se hallaba el asunto del aborto.

Como ya se indicó, era la cuestión del aborto, sobre todas las demás controversias, la que más preocupaba a Karol Wojtyla. La Iglesia polaca ya había descubierto que no podía seguir pidiendo una obediencia incondicional de cara al «enemigo común del comunismo», orden imperante desde los primeros años de la posguerra. El antiguo orden había cambiado, y con él se habían ido los supuestos de la lealtad religiosa. El cardenal Glemp y sus colegas habían solicitado que las leyes del aborto introducidas por el régimen comunista durante la década de 1950, leyes que habían permitido a la mayoría de las mujeres, si así lo deseaban, obtener un aborto legal, fueran revocadas y reemplazadas por una completa prohibición. Eso había provocado una gran indignación en el país. Wojtyla, en los meses previos a su cuarto viaje a su país, se había mantenido plenamente informado sobre ese debate.

Para el viaje a su patria, el papa había elegido como tema de su visita los diez mandamientos. Bajo un torrencial aguacero en el club aéreo de Kielce, en Polonia, habló ante una multitud de unas doscientas mil personas. Aunque en realidad no habló. Arengó.

Tiene que haber un cambio en la forma en que ustedes tratan a una criatura recién concebida. Aunque puede presentarse de manera inesperada, nunca es un intruso, nunca un agresor (...) No deben confundir la libertad con la inmoralidad.

Azotado por el viento y la lluvia, pareció ante todo el mundo como un profeta del Antiguo Testamento.

Digo esto porque este país es mi patria; este país es la patria de mis hermanos y hermanas. Este país es mi hogar, y por esa razón me permito hablar de esta manera.

Enfatizando constantemente sus palabras con un puño cerrado, gritó contra el viento:

Todos ustedes deben comprender que la forma en que se enfrentan a estas cuestiones es imprudente. Estas cosas no pueden sino causarme dolor, y también deberían causárselo a ustedes. Es más fácil destruir que construir. La destrucción ya se ha prolongado demasiado. Ahora debemos reconstruir. Ustedes no pueden ignorar esto y destruirlo todo.

El espectáculo del papa perdiendo los estribos no impresionó a su audiencia. Antes de su retorno, a muchos en el país tampoco les había impresionado la creciente arrogancia de la Iglesia polaca ante los laicos. Desde la alta jerarquía hasta el cura local, muchos tenían la impresión de que la Iglesia llenaba el vacío dejado por los comunistas. La gente tenía otras ideas.

Los ataques de Wojtyla en ese viaje no se limitaron al debate del aborto. Atacó el adulterio de los polacos, su preocupación por el materialismo. Culpó a los medios de comunicación; culpó a Europa occidental. Si se enojaba, lo mismo ocurría con quienes lo oían hablar o leían lo que decía. Las mujeres de Polonia estaban particularmente enfadadas; creían que ellas, no la Iglesia, eran quienes debían decidir cuántos hijos tener. Él se las arregló incluso para ofender profundamente a la pequeña comunidad de judíos que no habían sido expulsados de Polonia por el incesante antisemitismo. Logró esto comparando el Holocausto con los «grandes cementerios de los niños aún por nacer, cementerios de los indefensos, cuyo rostro ni siquiera su madre conoció jamás».

Las leyes sobre el aborto, bajo la constante presión de la jerarquía de la Iglesia católica polaca, fueron modificadas. Ahora es muy difícil tener un aborto legal. Uno de los principales ginecólogos de Polonia me explicó cómo han afectado las más estrictas regulaciones a las mujeres polacas. «Las ricas van al extranjero a abortar. Las pobres tienen hijos.»

Durante 2003 y el año siguiente, el papa apostó mucho para ganar la discusión que sostenía con la Comunidad Europea. En cada oportunidad, exigía que el tratado constitucional hiciera pleno reconocimiento de la herencia cristiana de Europa. Si el cardenal Casaroli aún hubiera estado al timón de la Secretaría de Estado, varios miembros del Vaticano creían que esas demandas no habrían llegado a alcanzar tal estruendo, sino que más bien se habría puesto en marcha una «serena diplomacia». El rechazo causó mayor daño a la imagen de la Iglesia católica. Subrayó con elocuencia lo impotente que se había vuelto el papado de Wojtyla.

A mediados de 2003, cuando el cabildeo del Vaticano en la Unión Europea se había vuelto frenético, el papa hizo una nueva exhortación apostólica. Este documento resume los trabajos del sínodo de obispos de Europa, que había concluido sus sesiones en Roma en octubre de 1999. El papa aprovechó la oportunidad para volver a condenar a Europa. Atacar al continente al que simultáneamente se intenta presionar sobre un asunto crucial demuestra cuánta falta le hacía al papa una sabia asesoría. La Europa del documento de Wojtyla estaba «desorientada, incierta, sin esperanza (…)». El mal incluía «una tasa de natalidad que cae en picado, escasez de vocaciones sacerdotales y religiosas, el derrumbe de matrimonios, el desapego por la vida humana y las muchas señales de aislamiento espiritual y psicológico». El cristianismo, «que ha sostenido a Europa durante siglos, ha sido reemplazado por una suerte de agnosticismo práctico e indiferencia religiosa». Wojtyla concluía que Europa pasaba entonces por «una profunda crisis de valores».

Hay mucho de verdad en ese documento. Quizá habría tenido mayor resonancia en Europa si el papa hubiera sido igualmente perceptivo ante el total fracaso de su Iglesia para abordar no sólo lo que afligía a Europa, sino también lo que afligía a la Iglesia católica romana. Habría podido llegar entonces a la conclusión de que la crisis en el Vaticano estaba directamente vinculada con los problemas al otro lado del Tíber. El hecho de que la Iglesia, a causa de su pasividad, es directamente responsable del perdurable abuso clerical, y de que el efecto que éste está teniendo en las sociedades de muchos países es directamente responsable de la profunda pérdida resultante de fe, nunca se le ocurrió al papa Juan Pablo II.

El fallecido papa y sus cardenales habían sabido desde al menos principios de la década de 1980 que tal abuso sexual estaba muy extendido; en realidad, la jerarquía católica lo había sabido siempre. Pero en vez de emprender una firme, pronta y decidida acción, optaron por perpetuar el secretismo, y esa conducta despojó al papa y a muchos de sus príncipes de toda traza de autoridad moral. Conforme nos acercábamos al segundo aniversario de la muerte de Karol Wojtyla, nada se había hecho aún en términos reales.

En muchos países, en particular en Estados Unidos, el fracaso de Karol Wojtyla para afrontar con efectividad el persistente cáncer del abuso ha dado lugar a que desde mediados de la década de 1980 que un creciente número de católicos romanos pensaran que el pontificado del papa Juan Pablo II había terminado mucho antes de abril de 2005.

En cuanto al ataque papal contra la «profunda crisis de valores» de Europa, sólo cabe esperar que el papa Benedicto XVI reflexione sobre esa denuncia a la luz de la reacción de Europa al seísmo y el tsunami ocurridos el 26 de diciembre de 2004. La reacción de los británicos fue donar más de 372 millones de libras esterlinas. Hubo una reacción comparable en toda Europa, Estados Unidos y otros lugares. Gobiernos de todo el mundo contribuyeron con miles de millones de dólares, grandes cantidades de materiales y asistencia médica y voluntaria, un maravilloso ejemplo de la verdadera solidaridad que Wojtyla tanto apreciaba. Esa respuesta instintiva, «un compromiso con el bien común», como describió el fallecido papa el verdadero valor moral de Solidaridad en su encíclica de 1987 *Sollicitudo Rei Socialis* (Sobre la preocupación social); esa reacción global, fue una enérgica ilustración de que ni el cristianismo en general ni el catolicismo en particular tienen el monopolio de la compasión.

El 13 de mayo de 1981, el atentado contra la vida del papa estuvo a punto de tener éxito. Karol Wojtyla y muchos a su alrededor creyeron que la Virgen María había intervenido y dado al papa «una segunda vida». Por los diversos comentarios del pontífice, y también por sus textos, es obvio que la autocrítica no desempeñó un papel significativo ni en la «primera» ni en la «segunda vida» del papa. El niño perfecto se convirtió en el hombre impecable, y luego en el papa infalible.

Para celebrar su octogésimo cuarto cumpleaños en mayo de 2004, Wojtyla publicó *Wstáncie, chodźmy!* (*¡Levántense, vamos!*), obra autobiográfica sobre sus años como obispo en Cracovia. En cierto momento, el autor considera su uso de la autoridad.

La facultad de admonición ciertamente también corresponde al papel del pastor. En estos términos, yo hice muy poco. Siempre había un problema de equilibrio entre la autoridad y el servicio. Quizá debería reprenderme por no haberme esforzado lo suficiente en mandar.

Pero la autocrítica fue fugaz. Líneas más adelante, Wojtyla escribió:

Pese a la interior resistencia que siento por el acto de reprender, creo que tomé todas las decisiones necesarias.

Dejo al lector juzgar, entre los muchos aspectos del pontificado de Wojtyla que este libro examina, si el papa Juan Pablo II tomó o no «todas las decisiones necesarias», pero dos en particular deberían hacer vacilar aun al más devoto partidario del fallecido papa. A causa de su constante fracaso para tomar «las decisiones necesarias», un arzobispo corrupto mantuvo el control del Banco del Vaticano una década más. A causa de la incapacidad de Wojtyla para tomar las «decisiones necesarias», el desenfrenado abuso sexual clerical siguió sin control y dio lugar a deserciones masivas de la Iglesia en muchos países. Desde sus primeros días como obispo de Cracovia, Karol Wojtyla evitó constantemente tomar las «decisiones necesarias». Su papado abundó en incontables ejemplos de fatal vacilación. Ese fracaso para actuar dejó a la Iglesia en crisis, tanto financiera como espiritualmente.

El 13 de mayo de 2005, el papa Benedicto XVI anunció la inmediata apertura de la causa de beatificación del papa Juan Pablo II. El habitual periodo de espera de cinco años que se requiere tras la muerte del candidato a la beatificación fue descartado. Como corresponde a un papa que fue estrella pop, su ascensión será por la vía rápida. Ya empezó la carrera hacia la santidad.

Lo que la Iglesia necesitaba después de la muerte del papa Juan Pablo II era un líder que ejecutara la hercúlea tarea de limpiar los establos de Augías que había heredado. Pero lo que recibió fueron hombres que permitieron que el desacreditado cardenal Law, el ex arzobispo de Boston, presidiera la misa que marcó el cuarto día de los *novendiales*, el periodo de nueve días de luto formal. Ésa fue una marca oficial de aprobación para un hombre que había mentido, engañado y aplicado el sistema del secretismo para encubrir a numerosos sacerdotes que abusaron sexualmente, permitiéndolos así seguir, en algunos casos durante décadas, hiriendo y traumatizando a inocentes.

Lo que la Iglesia recibió subsecuentemente fue al cardenal Ratzinger, el más cercano socio del fallecido papa durante más de veinte años. La elección del papa Benedicto XVI demostró que sí hay vida después de la muerte. El nombre en el membrete puede haber cambiado. La administración es la misma. El ala conservadora, para absoluto deleite del Opus Dei y los demás elementos reaccionarios de la Iglesia, venció fácilmente a los liberales reformistas y eligió a un hombre de setenta y ocho años, más de tres años mayor de la edad habitual de retiro y con un historial médico que incluye al menos dos ataques de apoplejía. Su historia personal incluye haber sido voluntario —contra las afirmaciones de Ratzinger, no era obligatorio afiliarse— en el movimiento juvenil de Hitler. Su propia versión acerca de sus posteriores actividades en la *Wehrmacht* es también poco convincente.

El cardenal Ratzinger, como director de la Congregación de la Doctrina de la Fe, rehusó en varias ocasiones investigar repetidos alegatos, entre ellos declaraciones juradas, de que el fundador de los Legionarios de Cristo, Marcial Maciel, había cometido constantes abusos sexuales contra jóvenes miembros de su organización. El cardenal sabía muy bien en qué alta estima tenía el papa Juan Pablo II a Maciel. Muerto Wojtyla y elegido debidamente Ratzinger como su sucesor, las evidencias contra Marcial Maciel, que durante años habían sido desdeñadas, finalmente tuvieron su fruto. El 19 de mayo de 2006, el Vaticano anunció que, después de un intenso examen de las diversas acusaciones, la Congregación de la Fe, bajo la guía de su nuevo prefecto, el cardenal William Levada, había decidido, «temiendo en cuenta la avanzada edad del reverendo Maciel y su delicado estado de salud, abstenerse de emprender acción alguna contra él», a cambio de lo cual se le invitó a «una vida reservada de oración y penitencia, renunciando a todo ministerio público». Ésta no fue, sin embargo, la señal de que las muy necesarias reformas sobre el abuso sexual clerical estaban a punto de aplicarse. Se sabe también que Ratzinger emitió una advertencia por escrito a todos los obispos católicos romanos del mundo acerca de las estrictas penas a las que se exponen quienes remitan alegatos de abuso sexual a las autoridades civiles. Se aseguró de este modo la continuidad en el Vaticano del deseo de su predecesor de que la Iglesia encubriera tales actividades, opinión que Karol Wojtyla había expresado ante los obispos austriacos en 1998: «Como toda casa que tiene cuartos especiales que no están abiertos a los invitados, la Iglesia también necesita cuartos para las conversaciones que requieren privacidad».

Un indicio de algunas de las prioridades del papa Benedicto XVI puede desprenderse del hecho de que en la primavera de 2006 convocó a los cardenales de todo el mundo a Roma para «un día de oración y reflexión», celebrado a puertas cerradas. Esa sesión de un día con los cardenales era para discutir «los cuatro asuntos clave con que se enfrenta la Iglesia: una propuesta para cerrar las heridas con los tradicionalistas católicos, relaciones entre el cristianismo y el islam, la condición de los obispos retirados y preparación y uso de textos litúrgicos». Para fines de 2006, también había indicios de que una reforma del Banco del Vaticano y otras ramificaciones financieras de la Santa Sede estaban presentes en la agenda papal. Mucho más abajo en la lista están la aprobación del uso de preservativos para combatir la moderna plaga del sida. Aspectos como un examen honesto del papel de la Iglesia católica en el derrumbe mundial del cristianismo están completamente fuera lugar.

En una serie de reflexiones que hizo el Viernes Santo de 2005, el entonces cardenal Ratzinger dijo: «Cuánta suciedad hay en la Iglesia, y aun entre quienes, en el sacerdocio, deberían pertenecer completamente a Cristo». Cuánta, en verdad, Santo Padre. Cuánta.

Como resultado directo del papado de Karol Wojtyla, el poder de la Iglesia se ha visto profundamente reducido y su gloria severamente empañada.

David A. Yallop

27 de enero de 2007

→ Nota de autor

El Vaticano Inc. (agosto de 1978)

Estas notas son un resumen extremadamente conciso de un fragmento de una exhaustiva investigación originalmente publicada como parte de *En nombre de Dios* en 1984 y años siguientes. Se incluye aquí por considerarlo útil para los lectores que no lo han leído aún. Esbozan brevemente la naturaleza del escándalo que afrontaron el papa Juan Pablo I y su sucesor.

La Iglesia que Albino Luciani heredó había andado un largo camino desde la Iglesia de Cristo para los pobres. El Vaticano controlaba una inmensa riqueza secreta, no sólo en obras de arte y edificios, sino también en activos productivos, en una enorme cartera de acciones, valores y bienes raíces en todo el mundo. Operaba con dos bancos, el Banco del Vaticano (formalmente llamado Instituto de Obras de Religión) y la APSS, la sección extraordinaria de la Administración del Patrimonio de la Santa Sede.

Cimentada en privilegios especiales, la riqueza del Vaticano es-

taba oculta de la vista (incluso de sí mismo) por un arcano y opa-
co sistema de contabilidad, y era ferozmente negada por sus portavoces. En 1970, una estimación realizada en Suiza calculó el
capital productivo total del Vaticano en trece mil millones de dólares, sin contar los inmensos activos en el mundo bajo propiedad o control del Banco del Vaticano.

Esa nueva riqueza de la Iglesia empezó con Mussolini. En 1929,
con el Tratado de Letrán, él puso fin a cerca de sesenta años de
conflicto entre la Santa Sede y el Estado italiano. Ese tratado con-
firió a la Iglesia un ingreso regular en efectivo y bonos y, sobre todo, una serie de exenciones fiscales y el compromiso de no tener
que informar. En 1942, Mussolini concedió a las «corporaciones
eclesiásticas» del Vaticano un trato aún más favorable en impuestos y derecho de sociedades mercantiles. Esto convirtió a tales corporaciones en un muy atractivo conducto para toda clase
de fondos y transacciones, incluidos los criminales. La Iglesia tuvo igualmente éxito en sus negociaciones con Hitler. El concorda-
to de 1933 con la Alemania nazi otorgó a la Iglesia un ingreso regular procedente del Estado alemán, un «impuesto eclesial» dedu-
cido en origen de casi todos los ingresos alemanes.

En 1929, Pío XI nombró a un laico, Bernardino Nogara, «administrador de los fondos» de la Iglesia. Nogara aceptó el puesto sólo a condición de que tuviera completa libertad para invertir, sin
ninguna restricción debido a las doctrinas de la Iglesia. En los
treinta años siguientes se desempeñó en los mercados de oro y
otros emergentes con inmenso éxito: adquirió las participaciones
del Vaticano en una serie de bancos, una enorme cartera de acciones y valores y valiosos bienes inmuebles en el mundo entero.

No es de sorprender que esa inmensa y nueva riqueza haya atraído la atención del Estado italiano. De 1962 a 1968, el Vaticano sostuvo una larga disputa con sucesivos gobiernos italianos por el pago de impuestos sobre los dividendos de sus acciones. La Iglesia
fue atacada por políticos, medios de comunicación y opinión pública. Quedó al descubierto por la magnitud de sus bienes en la industria italiana, entre los que se incluían servicios esenciales como

agua y electricidad (áreas en las que la Iglesia no tenía intención de responder a las quejas de los consumidores) y artículos prohibidos, como anticonceptivos. En 1968, buscando combinar mayores beneficios con menor controversia, el Vaticano decidió dar un gran cambio en su política, lejos de los activos italianos y en favor de inversiones en Estados Unidos y otros países extranjeros.

Esta decisión condujo a la Iglesia a una serie de escandalosas, criminales y financieramente desastrosas relaciones que le costaron incalculables millones y amenazaron toda su reputación moral. Los recursos de la Iglesia y, sobre todo, sus inmunidades y privilegios fueron utilizados intencionadamente a gran escala para la evasión de impuestos y del control de cambios, el lavado de dinero, la estafa y el fraude. La Iglesia se benefició colectivamente de esa actividad criminal, como también lo hicieron personalmente sus principales miembros. Sus socios hacían sistemático uso del chantaje, el homicidio y el terror en sus actividades.

Los principales protagonistas es esas relaciones fueron: el obispo Paul Marcinkus, Michele Sindona, Licio Gelli y Roberto Calvi.

Marcinkus pasó de ser guardaespaldas del papa Pablo VI a mayordomo y luego director del Banco del Vaticano, sin que demostrara nunca la necesaria capacidad o integridad moral para ninguno de sus ascensos. Ofrecía respetabilidad y encubrimiento a las arriesgadas o criminales empresas de Sindona y Calvi, al tiempo que buscaba incrementar los bienes del Banco del Vaticano.

Sindona realizó una exitosa carrera como servidor y testaferro de la mafia, y luego usó sus excelentes relaciones, particularmente con el Vaticano, para erigir un inmenso imperio fraudulento. Le ayudó en ello Licio Gelli, maestro del chantaje, fascista, no sólo doble sino múltiple agente, socio de nazis fugados, narcotraficantes y regímenes militares ultraderechistas en América Latina.

Gelli fue maestro de la secreta, misteriosa e inmensamente poderosa logia masónica P2. Entre sus miembros se encontraban Sindona y Umberto Ortolani, abogado y hombre de negocios con amigos bien colocados en el Vaticano. A través de Ortolani, la logia P2 formó una red de contactos en el Vaticano.

Roberto Calvi fue tesorero de P2. También era banquero y defraudador y lavaba dinero para la mafia. Antiguo socio de Sindona, se convertiría luego en su más encarnizado rival.

Cuando Albino Luciani asumió el papado como Juan Pablo I, el imperio financiero edificado por Michele Sindona se había derrumbado, dejando a miles de inversionistas arruinados. El imperio de Calvi era vulnerable. Se basaba en un castillo de naipes llamado Banco Ambrosiano. El Vaticano estaba sumamente involucrado en ambos imperios. Esos dos hombres se hallaban bajo investigación penal en Estados Unidos e Italia; Sindona intentaba evitar la extradición.

Lo único que los protegía era su relación con el Vaticano a través de Marcinkus. Pero Albino Luciani estaba determinado a despedir a Marcinkus, limpiar las finanzas del Vaticano y volverlas transparentes. Sus reformas, de haberse aplicado, habrían destruido las criminales alianzas que habían existido entre el Banco del Vaticano y el crimen organizado durante más de una década.

Capítulo 1: ¿Voluntad de Dios?

1. Un recuento completo de la investigación que condujo a mi conclusión puede encontrarse en *En nombre de Dios*.
2. Véase «Nota del autor».
3. *Witness to Hope*.
4. *Sabiduría de Salomón* 7, 15.
5. Michele Sindona había organizado las cuentas en el Banco del Vaticano de las familias Gambino, Inzerillo y Spatola.

Capítulo 2: «Depende de qué teología de la liberación...»

1. *Catholic Social Ethics* (Ética social católica), 2 volúmenes, por Karol Wojtyla.
2. *Juan* 8, 32.
3. *Juan* 2, 19.

Capítulo 7: El mercado

1. La Virgen María también fue nombrada «coronela honoraria» en el ejército polaco de preguerra.

Capítulo 8: La cuestión judía

1. Marek Halter en declaraciones para PBS TV.

Capítulo 9: Más allá de lo creíble

1. La carrera del padre Doyle en el servicio diplomático del Vaticano finalizó de forma súbita a principios de 1986, tras presiones de una camarilla del episcopado estadounidense. Luego se le comisionó como capellán de las Fuerzas Aéreas de Estados Unidos. El padre Peterson estaba destinado a morir prematuramente, en abril de 1987.

Capítulo 11: No...

1. Carl Bernstein y Marco Politi en «His Holiness».

Capítulo 13: La ciudad

1. Padre Marcial Maciel Degollado, fundador de los Legionarios de Cristo. Véase el capítulo «Más allá de lo creíble».

→ Bibliografía

Addis, William E., y Thomas Arnold, *A Catholic Dictionary. Some Account of the Doctrine, Discipline, Rites, Ceremonies, Councils, and Religious Orders of the Catholic Church*, Virtue & Co. Ltd., Londres, 1928.

Agencia Central de Inteligencia (CIA), *The Holocaust Revisited: A Retrospective Analysis of the Auschwitz-Birkenau Extermination Complex*, Washington, 1979.

Agustín, San, *The Confessions*, Collier Books, Macmillan, Nueva York, 1961.

Andreotti, Giulio, *A ogni morte di Papa*, Rizzoli, Milán, 1982.

Andrew, Christopher, y Oleg Gordievsky, *Instructions from the Centre. Top Secret Files on KGB Foreign Operations 1975-1985*, Hodder & Stoughton, Londres, 1991.

—, *KGB: History of Foreign Political Operations from Lenin to Gorbachev*, 1992.

—, *KGB: The Inside Story of its Foreign Operations from Lenin to*

Gorbachev, Hodder & Stoughton, Londres; Harper & Row, Nueva York, 1990.

Andrew, Christopher, y Vasili Mitrokhin, *The Mitrokhin Archive. The KGB in Europe and the West*, Allen Lane/The Penguin Press, Londres, 1999.

Armstrong, Karen, *A History of God*, Knopf, Nueva York, 1993.

Ascherson, Neil, *The Polish*, Penguin Books, Harmondsworth, 1983.

Ash, Timothy Garton, *The Polish Revolution: Solidarity*, Penguin Books, Londres, 1999.

Bakalar, Nick, y Richard Balkin, *The Wisdom of John Paul II. The Pope on Life's Most Vital Questions*, HarperSan Francisco, San Francisco, 1995.

Ballardini, Bruno, *Gesù lava più bianco*, Edizioni Minimun Fax, 2000.

Bardecki, Andrzej, *Kosciól Epoki Dialogu*, Znak, Cracovia, 1966.

Barrett, David B., *World Christian Encyclopedia: A Comparative Study of Churches and Religions in the Modern World 1900-2000*, Oxford University Press, Nueva York, 1982.

Bautista, Felix B., *Cardinal Sin and the Miracle of Asia*, Vera-Reyes, Manila, 1987.

Bax, Mart, *Medjugorje: Religion, Politics, and Violence in Rural Bosnia*, VU Uitgeverij, Amsterdam, 1995.

Bernstein, Carl, «Reagan at Intermission», *New Republic*, 20 de enero de 1985.

—, «Holly Alliance», *Time*, 24 de febrero de 1992.

Bernstein, Carl, y Marco Politi, *His Holiness: John Paul II and the History of our Time*, Penguin Group, 1997.

Berry, Jason, *Lead us not into Temptation. Catholic Priests and the Sexual Abuse of Children*, pref. de Andrew M. Greeley, University of Illinois Press, Urbana y Chicago, 2000.

Bianchi, Eugene C., y Rosemary Radford, *A Democratic Catholic Church: The Reconstruction of Roman Catholicism*, Crossroad, Nueva York, 1992.

Blondiau, Heribert, y Udo Gümpel, *Der Vatikan heiligt die Mittel*, Patmos Verlag, Düsseldorf, 1999.

Blum, William, *The CIA, a Forgotten History*, Zed Books, Londres, 1986.

Boff, Leonardo, *Church: Charisma & Power, Liberation Theology and the Institutional Church*, The Crossroad Publishing Company, Nueva York, 1986.

Boniecki, Adam, *Notes Rzymski*, Znak, Cracovia, 1988.

Boniecki, Adam, comp., *The Making of the Pope of the Millennium: Kalendarium of the Life of Karol Wojtyla*, MIC, Marian Press-Marians of the Immaculate Conception & Association of Marian Helpers, Stockbridge, 2000.

Borkin, Joseph, *The Crime and Punishment of I. G. Farben. The Birth, Growth and Corruption of a Gigant Corporation*, Doubleday y The Catholic Truth Society, Londres, 1997.

Brierley, Peter W., doctor, *Future Church. A Global Analysis of the Christian Community to the year 2010*, Monarch Books and Christian Research, Londres, 1998.

—, *The Tide is running out*, Christian Research, Londres, 2000.

Brierley, Peter, ed., *UK Christian Handbook: Religious Trends 1998/99 N.º 1, 2000/2002 N.º 2, 2002/2003 N.º 3*, Christian Research.

Brummberg, Abraham, «The Achivements of General Jaruzelski», *New Leader*, 26 de diciembre de 1983.

Brzezinski, Zbigniew, *Power and Principle*, Farrar, Straus and Giroux, Nueva York, 1983.

Bukovsky, Vladimir, *Jugement à Moscou: Un dissident dans les archives du Kremlin*, Laffont, París, 1995.

Burrin, Philippe, profesor, «Strands of Nazi Anti-Semitism», conferencia europea dictada en el Taylorian Lecture Theatre, Oxford University, 16 de mayo de 2001.

Buttiglione, Rocco, *Karol Wojtyla: The Thought of the Man who became Pope John Paul II*, Eerdmans, Grand Rapids, 1997.

Carnahan, Ann, *The Vatican, the History of the Holy City*, Odhams Press Limited, Londres, 1950.

Carter, Stephen L., *The Culture of Disbelief. How American Law and Politics trivialize Religious Devotion*, Basic Books, Nueva York, 1993.

Casaroli, Agostino, *Nella Chiesa per il mondo: Omelie e discorsi*, Rusconi Libri, Milán, 1987.

Cavallari, Alberto, *The Changing Vatican*, Faber and Faber, Londres, 1966.

Cimbala, Stephen J., *Russia and Armed Persuasion*, Rowman and Littlefield, 2001.

Città del Vaticano, *Annuario Pontificio, per l'anno 2001*, Libreria Editrice Vaticana, Roma, 2001.

Conway, J. S., *The Nazi Persecution of the Churches, 1933-1945*, Regent College, 2001.

Coyne, George V., S. J., Robert John Russell y William R. Stoeger, S. J., eds., *John Paul II on Science and Religion: Reflections on the New View from Rome*, Vatican Observatory, Roma, 1990.

Cozzens, Donald B., *The Changing Face of the Priesthood*, The Liturgical Press, Collegeville, 2000.

Crimes in the Jasenovac Camp, Comisión del Estado de Croacia para Establecer los Crímenes de Fuerzas de Ocupación y sus Asistentes, Baja Luka, 2000.

Chadwick, Owen, *Catholicism and History. The Opening of the Vatican Archives*, Cambridge University Press, 1978.

Champman, Colin, *August 21st, The Rape of Czechoslovakia*, Cassell, Londres, 1968.

Chirico, Peter, *Infallibility: The Crossroads of Doctrine*, Sheed, Andrews and McMeel, Kansas City, 1977.

D'Antonio, William V., *Religion, Revolution and Reform: New Forces for Change in Latin America*, Frederick A. Praeger, Nueva York, 1964.

Dahm, Charles W., en colaboración con Robert Ghelardi, *Power and Authority in the Catholic Church. Cardinal Cody in Chicago*, University of Notre Dame Press, Notre Dame, 1981.

Daim, Wilfried, *The Vatican and Eastern Europe*, Frederick Ungar, Nueva York, 1970.

Del Rio, Domenico, *Wojtyla: Un pontificato itinerante*, Edizioni Dehoniane Bologna, Bolonia, 1994.

Discepoli di Veritá, *Bugie di sangue in Vaticano*, Kaos Edizioni, 1999.

—, *Ihr habt getötet (Orginalausgabe: Bugie di sangue in Vaticano)*, trad. de Christian Försch, Aufbau-Verlag, 2003.

Duffy, Eamon, *Saints and Sinners: A History of the Popes*, Yale University Press, New Haven, 1997.

—, *The Stripping of the Altars: Traditional Religion in England c. 1400-c. 1580*, Yale University Press, New Haven y Londres, 1992.

Escrivá, Josemaría, *The Way*, Little Press, Sidney, 2003.

Falconi, Carlo, *The Popes in the Twentieth Century, from Pius X to John XXIII*, trad. de Muriel Grindrod, Weidenfeld and Nicolson, Londres, 1967.

Fisher, Eugene J., y Leon Klenicki, eds., *Spiritual Pilgrimage: Texts on Jews and Judaism 1979-1995*, Crossroad, Nueva York, 1995.

Follain, John, *City of Secrets. The Truth behind the Murders at the Vatican*, HarperCollins, Nueva York, 2003.

Freemantle, Brian, *CIA, the «Honorable» Company*, Michael Joseph, Londres, 1983.

Frossard, André, *«Be Not Afraid», André Frossard in Conversation with John Paul II*, The Bodley Head, Londres, y St. Martin's Press, 1994.

Gates, Robert M., *From the Shadows*, Simon & Schuster, Nueva York, 1996.

Gaustad, Edwin S., ed., *A Documentary History of Religion in America since 1865*, 2.ª ed., William B. Eerdmans, Grand Rapids, 1993.

Gilbert, Martin, *The Macmillan Atlas of the Holocaust*, Macmillan, Nueva York, 1982.

Gill, Robin, *Churchgoing & Christian Ethics*, The Press Syndicate of the University of Cambridge, Reino Unido, 1999.

Gorbachov, Mijaíl, *Memoirs*, Doubleday, Nueva York, 1995.

—, *Perestroika: New Thinking for our Country and the World*, Harper and Row, Nueva York, 1987.

Greeley, Andrew M., *A Catholic Myth: The Behaviour and Beliefs of American Catholics*, Collier Books, Nueva York, 1990.

—, *The Making of the Popes*, Futura Publications, Londres, 1979.

—, *White Smoke*, Forge Bokks, 1997 (reimpresión).

Greeley, Andrew, William C. McCready y Katheleen McCourt, *Catholic Schools in a Declining Church*, Sheed & Ward, Kansas City, 1976.

Gromyko, Andrei, *Memories*, trad. de Harold Shukman, Century Hutchinson Ltd., Londres, 1989.

Groupe «Les Millénaires», *Le Vatican mis à nu*, trad. de Pierre-Emmanuel Dauzat, Éditions Robert Laffont, París, 1999. (Edición original: *Via col vento in Vaticano*, Kaos Edizioni, Milán, 1999.)

Guarino, Mario, *I Mercanti del Vaticano. Affari e scandali: L'impero economico delle anime*, Kaos Edizioni, 1998.

Gutiérrez, Gustavo, Francis McDonagh, Candido Padin, O. S. B., y John Sobrino, S. J., *Santo Domingo and After: The Challenges for the Latin American Church*, Catholic Institute for International Relations, Londres, 1993.

Haig, Alexander, *Caveat: Realism, Reagan, and Foreign Policy*, Macmillan, Nueva York, 1984.

Hangraff, Hank, *Christianity in Crisis*, Harvest House, Eugene, 1993.

Hasler, August Bernhard, *How the Pope became Infallible. Pius IX and the Politics of Persuasion*, trad. de Peter Heinegg, introd. de Hans Küng, Doubleday, Nueva York, 1981.

Havel, Vaclav, *Disturbing the Peace: A Conversation with Karel Huizdala*, Vintage Books, Nueva York, 1991.

Hayden, Jacqueline, *Poles Apart, Solidarity and the New Poland*, Irish Academic Press, Dublín, 1994.

Hayes, Peter, *Industry and Ideology, IG Farben in the Nazi Era*, Cambridge University Press, 2001.

Hebblethwaite, Peter, *In the Vatican*, Sidgwick & Jackson, Londres, 1986.

—, *Paul VI: The Firts Modern Pope*, Paulist Press, Nueva York / Mahwah, 1993.

—, *Synod Extraordinary, The Inside Story of the Rome Synod, November/December 1985*, Darton, Longman and Todd, Londres, 1986.

—, *The Next Pope: An Enquiry*, HarperCollins, Londres, 1995.

—, *The Runaway Church*, Collins, Londres, 1975.

—, *The Year of Three Popes*, Collins, Glasgow, 1979.

Henze, Paul B., *The Plot to kill the Pope*, Charles Scribner's Sons, Nueva York, 1983.

Herman, Edward S., y Frank Brodhead, *The Rise and Fall of the Bulgarian Connection*, Sheridan Square, Nueva York, 1986.

Hofmann, Paul, *Anatomy of the Vatican. An Irreverent View of the Holy See*, Robert Hale Limited, Londres, 1985.

Hutchison, Robert, *Their Kingdom come. Inside the Secret World of Opus Dei*, Transworld, Londres, 1997.

Irani, George E., *The Papacy and the Middle East: The Role of the Holy See in the Arab-Israeli Conflict 1962-1984*, University of Notre Dame Press, 1986.

Jeffery, Ron, *Red Runs the Vistula*, Nevron Associates, Peterborough, 1989.

Jenkins, Philip, *Beyond Tolerance: Child Pornography on the Internet*, New York University Press, 2001.

Jenkins, Philip, *Pedophiles and Priests*, Oxford University Press, 1996.

Johnson, Paul, *A History of Christianity*, Weidenfeld & Nicolson, Londres, 1976.

Jones, Tobias, *The Dark Heart of Italy. Travels through Time and Space across Italy*, Faber and Faber, Londres, 2003.

Juan Pablo II, *Ad Limina Addresses: The Addresses of His Holiness Pope John Paul II to the Bishops of the United States during their Ad Limina Visits*, 5 de marzo-9 de diciembre de 1988, Conferencia Católica de Estados Unidos, Washington D.C., 1989.

—, *Auf, lasst uns gehen!*, trad. de Ingrid Stampa, Verlagsgruppe Weltbild, 2004.

—, *Crossing the Threshold of Hope*, Knopf, Nueva York, 1994.

—, *Gift and Mystery: On the Fiftieth Anniversary of my Priestly Ordination*, André Deutsch, Londres, 1979.

—, *John Paul II for the Middle East*, Libreria Editrice Vaticana, Ciudad del Vaticano, 1991.

—, *Letters to my Brother Priests: Holy Thursday (1979-1994)*, Scepter Publishers/Midwest Theological Forum, Princeton/Chicago, 1994.

—, *Pilgrim to Poland*, St. Paul Editions, 1979.

—, *Puebla: A Pilgrimage of Faith*, St. Paul Editions, Boston, 1979.

—, *The Encyclicals of Pope John Paul II*, Our Sunday Visitor, Huntington, 1996.

—, *The Holy See at the Service of Peace: Pope John Paul II Addresses to the Diplomatic Corps* (varios), Consejo Pontificio para la Justicia y la Paz, Ciudad del Vaticano, 1988.

—, *The Pope speaks to the American Church: John Paul II's Homilies, Speeches and Letters to Catholics in the United States*, HarperSan Francisco, San Francisco, 1992.

Juan Pablo II, con la colaboración de Vittorio Messori, *Entrez dans l'espérance*, Poln6Mame, París, 1994.

Juan XXIII, *Pope John XXIII, Letters to his Family*, trad. de Dorothy White, Geoffrey Chapman, Londres, 1970.

Kaiser, Robert, *Inside the Council: The Story of Vatican II*, Burns & Oates, Londres, 1963.

Kennan, George F., *American Diplomacy*, University of Chicago Press, Chicago, 1984.

Kijowski, A., y J. J. Szczepanski, con la colaboración de Krzysztof Zanussi, *From a Far Country: The History of Karol Wojtyla of Poland*, Eri/Neff, Santa Mónica, 1981.

Kleim, Emma, *The Battle for Auschwitz. Catholic-Jewish Relations under Strain*, Frank Cass, Londres, 2001.

Knopp, Guido, *Vatikan, Die macht der Päpste*, Wilhem Goldmann Verlag, Munich, 1998.

Kosmin, Barry A., y Seymour P. Lachman, *One Nation under God: Religion in Contemporary American Society*, Harmony Books, Nueva York, 1993.

Kraljeic, Svetozar, *The Apparitions of our Lady at Medjugorje*, Informativini Centar Mir, Medjugorje, 1999.

Küng, Hans, *Why Priests?*, The Fontana Library of Theology and Philosophy, 1972; nueva edición: Fount Papersbacks, Londres, 1977.

Kurón, Jacek, *Spoko! Czyli Kwadratura Kola*, Polska Oficyna Wydawnicza «BGW», Varsovia, 1992.

Ledl, Leopold, *Der Fall Ledl: Im Auftrag des Vatikans*, Fama-Verlag, Viena, 1989.

Lercaro, Giacomo, y Gabriele De Rosa, *John XXIII Simpleton or Saint?*, Geoffrey Chapman, Londres, 1967.

Lernoux, Penny, *In Banks we Trust*, Anchor Press/Doubleday, Nueva York, 1984.

Lernoux, Penny, *People of God. The Struggle for World Catholicism*, Penguin Books, Nueva York, 1989.

Likoudis, Paul, *Amchurch comes out. The US Bishops, Pedophile Scandals and the Homosexual Agenda*, Roman Catholic Faithful, Petersburg, 2002.

Listy Pasterskie Episkopatu Polski 1945-1974, Éditions Du Dialogue, París, 1975, pp. 829-836.

Lo Bello, Nino, *The Vatican Empire. The Authoritative Report that reveals the Vatican as a Nerve-Center of High Finance and Penetrates the Secret of Papal Wealth*, Simon & Schuster, Nueva York, 1968.

—, *The Vatican Papers*, New English Libary, Sevenoaks, 1982.

Luciani, Alberto, *Illustrissimi: Letters from Pope John Paul I*, Little Brown, Boston, 1978.

Lustiger, Jean-Marie, *Choosing God-Chosen by God*, Ignatius Press, San Francisco, 1991.

Malinski, Mieczyslaw, *Pontifikat Jana Pawla II: 1983-1988*, Ksiegarnia Sw. Wojciecha, Poznan, 1991.

—, *Pope John Paul II: The Life of Karol Wojtyla*, Seabury, Nueva York, 1979.

Martin, Malachi, *Windswept House*, Main Street Books, 1998.

Mayer, Jane, y Doyle McManus, *Landside. The Unmaking of the President, 1984-1988*, Collins, Londres, 1988.

McAffe Brown, Robert, *Observer in Rome: A Protestant Report on the Vatican Council*, Doubleday, Garden City, 1964.

McBrien, Richard P., *Lives of the Popes: The Pontiffs from St. Peter to John Paul II*, HarperSan Francisco, San Francisco, 1997.

McCord, Peter J., ed., *A Pope for all Christians? An Inquiry into the Role of Peter in the Modern Church*, SPCK, Londres, 1977.

McGhee, Ralph W., *Deadly Secrets: My 25 Years in the CIA*, Sheridan Square, Nueva York, 1983.

Micewski, Andrzej, *Cardinal Wyszynski: A Biography*, Harcourt Brace Jovanovich, Orlando, 1984.

Michnik, Adam, *Letters from Prision and other Essays*, University of California Press, Berkeley, 1987.

—, *The Church and the Left*, University of Chicago Press, Chicago, 1993.

Moore, R. Laurence, *Selling God. American Religion in the Marketplace of Culture*, Oxford University Press, 1994.

Morahan, Basil, *Burning Truths, an Update on: Immoral Celibacy: John Paul I's Sudden Death; Segregations; «Infallibility»; Vatican and Parish Finances; «Scandal-Dread»; Sham; Squirming Assets...*, ed. de autor, Ballina, 1993.

Mumford, Stephen D., *American Democracy & the Vatican: Population Growth & National Security*, Humanist Press, Amherst, 1980.

—, *The Pope and the New Apocalypse. The Holy War against Family Planning*, Center for Research on Population and Security, Research Triangle Park, 1986.

Murphy, Francis X., *The Papacy Today*, Weidenfeld and Nicolson, Londres, 1981.

Neustadt, Richard, *Presidential Power and the Modern President: The Politics of Leadership from Roosevelt to Reagan*, The Free Press, Nueva York, 1991.

Nicotri, Pino, *Mistero vaticano: La scomparsa di Emanuela Orlandi*, Kaos Edizioni, 2002.

Nichols, Peter, *The Pope's Divisions. The Roman Catholic Church Today*, Penguin Books, Harmondsworth, 1982.

Noel, Gerard, *The Anatomy of the Catholic Church*, Hodder and Stoughton, Londres, 1980.

Novak, Michael, *The Catholic Ethic and the Spirit of Capitalism*, The Free Press, Nueva York, 1993.

O'Brien, Darcy, *The Hidden Pope. The Untold Story of a Lifelong Friendship that is changing the Relationship between Catholics and Jews: The Personal Journey of John Paul II and Jerzy Kluger*, Daybreak Books, Estados Unidos, 1998.

Ockrent, Christine, y Alexandre de Marenches, *Dans le secret des Princes*, Édition Stock, París, 1986.

Oschwald, Hanspeter, *Vatikan - Die Firma Gottes*, Piper Verlag, 2000.

Pasotti, Ezekiel, *The Neocatechumenal Way according to Paul VI and John Paul II*, St. Pauls, Middleborough, 1996.

Pedro Damián, San, *The Book of Gomorrah*, trad. de Owen J. Blum, The Catholic University of America Press, 1990.

Peters, Edward, doctor, *The 1971 Pio-Benedictine Code of Canon Law in English Translation with Extensive Scholarly Apparatus*, Ignatius Press, San Francisco, 2001.

Pipes, Richard, ed., *The Unknown Lenin: From the Secret Archive*, Yale University Press, New Haven, 1996.

Poll, James y Suzanne, *Who Financed Hitler. The Secret Funding of Hitler's Rise to Power 1919-1933*, Macdonald and Jane's Publishers, Gran Bretaña, 1979.

Pollock, Robert C., ed., *The Mind of Pius XII*, 1.ª ed., W. Foulsham, Londres, 1955.

Ratzinger, Joseph, cardenal, *Turning Point for Europe?*, Ignatius Press, San Francisco, 1994.

Ratzinger, Joseph, y Vittorio Messori, *The Ratzinger Report: An Exclusive Interview on the State of the Church*, Ignatius Press, San Francisco, 1985.

Reese, Thomas J., *Inside the Vatican: The Politics and Organization of the Catholic Church*, Harvard University Press, 1998.

Regan, Donald T., *For the Record, from Wall Street to Washington*, Hutchinson, Londres, 1988.

Richter, Philip, y Leslie J. Francis, *Gone but not Forgotten, Church Leaving and Returning*, Darton Longman & Todd, Londres, 1998.

Ritner, Carol, Stephen D. Smith e Irena Steinfeldt, *The Holocaust and the Christian World*, Kuperard, Londres, 2000.

Rolicki, Janusz, *Edward Gierek Replika*, Polska Oficyna Wydawnicsa «BGW», Varsovia, 1990.

—, *Edward Gierek: Przerwana Dekada*, Polska Oficyna Wydawnicsa «BGW», Varsovia, 1990.

Romero, Óscar, *Archbishop Oscar Romero: A Shepherd's Diary*, trad. de Irene B. Hodgson, CAFOD, Londres, 1993.

Roques, Valeska, von, *Mord im Vatikan*, Hoffmann und Campe Verlag, 2003.

—, *Verschwörung gegen den Papts*, Karl Blessing Verlag, 2001.

Rosenbaum, Eli M., con William Hoffer, *Betrayal. The Untold Story of the Kurt Waldheim Investigation and Cover-up*, St. Martin's Press, Nueva York, 1993.

Rynne, Xavier, *Letters from Vatican City, Vatican Council II (First Session); Background to Debates*, Faber and Faber, Londres, 1963.

—, *The Fourth Session, The Debates and Decrees of Vatican Council II, September 14 to December 8, 1965*, Farrar, Straus and Giroux, Nueva York, 1966.

—, *The Second Session, The Debates and Decrees of Vatican Council II, September 29 to December 4, 1963*, Farrar, Straus and Company, Nueva York, 1964.

—, *The Third Session, The Debates and Decrees of Vatican Council II, September 14 to November 21, 1964*, Farrar, Straus & Giroux, Nueva York, 1965.

Sajarov, Andrei, *Moscow and beyond: 1986-1989*, Vintage Books, Nueva York, 1992.

Sampson, Anthony, *The Money Lenders. Bankers in a Dangerous World*, Hodder and Stoughton, Sevenoaks, 1981.

Santini, Alceste, *Agostino Casaroli: Uomo del dialogo*, Edizioni San Paolo, Turín, 1993.

Sasuly, Richard, *IG Farben*, Boni & Gaer, Nueva York, 1947.

Sayer, Ian, y Douglas Botting (con el *Sunday Times*), *Nazi Gold*, Granada Publishing, Londres, 1984.

Schweizer, Peter, *Victory: The Reagan Administration's Secret Strategy that hastened the Collapse of the Soviet Union*, Atlantic Monthly Press, 1996.

Sencourt, Robert, *The Genius of the Vatican*, Jonathan Cape, Londres, 1935.

Sipe, Richard A. W., *A Secret World: Sexuality and the Search for Celibacy*, Brunner-Mazel, Nueva York, 1990.

Suenens, Léon Joseph, cardenal, *Ecumenism and Charismatic Renewal*, Darton, Longman and Todd, Londres, 1978.

Suzman, Arthur, y Denis Diamond, *Six Million did Die*, South African Jewish Board of Deputies, Johannesburgo, 1978.

Szajkowski, Bogdan, *Next to God*, St. Martin's Press, Nueva York, 1983.

Tapia, María del Carmen, *Beyond the Threshold: A Life in Opus Dei*, Continuum Publishing Group, 1999.

—, *Hinter der Schwelle: Ein Leben im Opus Dei*, Benzinger Verlag, 1994.

The Code of Canon Law in English Translation, Collins Publications, Londres, 1983.

«The Ostpolitik of the Vatican and the Polish Pope», *Religion in Communist Lands* (verano de 1980), Hansjakob Stehle, pp. 13-21.

The Pope Speaks: Dialogues of Paul VI with Jean Guitton, trad. de Anne y Christopher Fremantle, Weidenfeld and Nicolson, Londres, 1968.

The Road to the White House 1996: The Politics of Presidential Elections, St. Martin's Press, Inc., Estados Unidos, 1996.

The «Summa Theologica» of St. Thomas Aquinas Part 1, trad. literal de los padres de la provincia dominica inglesa, Burns Oates & Washbourne Ltd., Londres, 1941.

The Theology of Marriage and Celibacy, St. Paul Editions, Boston, 1986.

Thomas, Gordon, *The Year of Armageddon: The Pope and the Bomb*, Granada, 1984.

Tobias, Madeleine Landau, y Janja Lalich, *Captive Hearts, Captive Minds*, Hunter House, Alameda, 1993.

Tomsky, Alexander, «John Paul II's Ostpolitik?», *Religion in Communist Lands* (verano de 1980), pp. 139-140.

Trepp, Gian, *Swiss Connection: Die verborgene Seite der schweizer Wirschaft*, Wilhelm Heyne Verlag, 1999.

Tymieniecka, Anna-Teresa, *Feature Study*, Phenomenology Information Bulletin (publicado por The World Institute for Advanced Phenomenological Research and Learning), 1979.

Vergès, Jacques, y Luc Brossollet, *Assassinati in Vaticano, 4 Maggio 1998*, trad. de Patricia Scaramuzzino, Kaos Edizioni, 2002.

Wahle, Hedwing, *Wspóne Dziedzictwo: Judaizm i Chzéscianstwo w Kontekscie Dziejów Zbawienia*, Biblos, Tarnów, Polonia, 1993.

Walendowski, Tadeusz, «The Polish Church under Martial Law», *Poland Watch* (otoño de 1982), pp. 54-62.

Weible, Wayne, *Letters from Medjurgorje*, Centre For Peace, Ilford, 1992.

Weigel, George, *Witness to Hope: The Biography of Pope John Paul II*, Harper Perennial, 2005 (edición puesta al día).

When a Pope asks for Forgiveness: The Mea Culpa's of John Paul II, Pauline Books and Media, Boston, 1998.

White, Theodore H., *The Making of the President 1960*, Atheneum House, Estados Unidos, 1962.

Wilke, Manfred, y Reinhardt Gutsche, *«Hart unk kompromilos durchgreifen»: Die SED contra Polen 1980-1981. Geheimakten der SED-Führung über die Unterdrückung der polnischen Demokratiebewegung*, Akademie Verlag Gmbh, Berlín, 1995, proporcionado por el doctor Wolfgang R. Lehner, Viena (*Stenographic Report of the Meeting of Leading Representatives of the Participating States of the Warsaw Pact on 5 December 1980 in Moscow*, pp. 140-195, trad. de Margaret C. Shanks, Londres).

Willebrands, Johannes, cardenal, *The Church and Jewish People: New Considerations*, Paulist Press, Mahwah, 1992.

Wojtyla, Karol, *Die Jugendgedichte des Papstes*, trad. de Blasius Chudoba, Verlag Styria, Burgschmiet-Verlag, 2000.

—, *Faith According to St. John of the Cross*, Ignatius Press, San Francisco, 1981.

—, *Fruitful and Responsible Love*, St. Paul Publications, Slough, 1978.

—, *Love and Responsibility*, trad. de H. T. Willetts, Ignatius Press, San Francisco, 1993.

—, *Sign of Contradiction*, Seabury, Nueva York, 1979.

—, *Sources of Renewal: The Implementation of Vatican II*, Harper And Row, San Francisco, 1980.

—, *The Acting Person*, D. Reidel Publishing Company, Dordrecht, 1979.

—, *The Collected Plays and Writings on Theater*, introd. de Boleslaw Taborski, University of California Press, Berkeley, 1987.

—, *The Jeweler's Shop*, Ignatius Press, San Francisco, 1980.

Woodward, Bob, *Veil, The Secret of the CIA 1981-1987*, Simon & Schuster, Londres, 1987.

Words from Heaven: Messages of our Lady from Medjugorje, A Friend of Medjugorje, Caritas of Birmingham, Alabama, con autorización de Saint James Publishing, 1989.

Wuthnow, Robert, *The Crisis in the Churches. Spiritual Malaise, Fiscal Woe*, Oxford University Press, Nueva York y Oxford, 1997.

Wyszynski, Stefan, *All you who Labor: Work and the Sanctification of Daily Life*, Sophia Institute Press, Manchester, 1995.

Yallop, David, *In God's Name*, Jonathan Cape, Londres, 1984. (*En nombre de Dios*, Planeta, Barcelona, 1985).

—, *To the Ends of the Earth. The Hunt for the Jackal*, Jonathan Cape, Londres, 1993.

Zaslavski, Victor, y Robert Brym, *Soviet Jewish Immigration and Soviet Nationality Policy*, Macmillan, Londres, 1983.

—, *Soviet Jewry in the Decisive Decade, 1971-1980*, Robert O. Freeman, ed., Duke University Press, Durham, 1984.

Zizola, Giancarlo, *I Papi del XX secolo*, Tascabili Economici Newton, Roma, 1995.

—, *Il Conclave*, Newton Compton, Roma, 1993.

—, *La Restaurazione di Papa Wojtyla*, Bari, Laterza, 1985.

—, *Le Successeur*, Desclée De Brouwer, París, 1995.

Actividades antinarcóticas del gobierno de Estados Unidos en la región andina de América del Sur: *Report made by the Permanent Subcommittee on Investigations of the Committee on Governmental Affairs of the United States Senate*, US Government Printing Office Washington, 1990.

Crimen organizado en Asia: *Hearing Before the Permanent Subcommittee on Investigations of the Committee on Governmental Affairs, United States Senate, One Hundred Second Congress, First Session, October 3, November 5-6, 1991*, US Government Printing Office, Washington, 1992.

Departamento de Estado/Embajada en Roma, telegramas, incluidos los enviados entre el embajador Vernon Walters y sucesivos secretarios de Estado, 1980-1988.

Departamento de Estado/Embajada en Roma, telegramas, 1945-1980.

Drogas, aplicación de la ley y política exterior: *Hearings Before the Subcommittees on Terrorism, Narcotics and International Communications and International Economic Policy, Trade, Oceans and Environment of the Committee on Foreign Relations, United State Senate, One Hundredth Congress, First Session, May 27, July 15 and October 30, 1987, Part 1*, US Government Printing Office, Washington, 1988.

Drogas, aplicación de la ley y política exterior: *Panama Hearings Before the Subcommittee on Terrorism, Narcotics and International Communications and International Economic Policy, Trade, Oceans and Environment of the Committee on Foreign Relations, United States Senate, One Hundredth Congress, Second Session, February 8, 9, 10, and 11, 1988, Part 2*, US Government Printing Office, Washington, 1988.

Sumario: *Before the Select Committee on Intelligence of the United States Senate on Nomination of Robert M. Gates, to Be Director of Center Intelligence: February 17 and February 18, 1987*, US Government Printing Office, Washington, 1987.

Informes de inteligencia de la CIA y el Departamento de Estado: Telegramas anteriormente secretos/confidenciales que cubren los aspectos políticos de Polonia y el papado del 19 de octubre de 1978 al 1 de marzo de 1991.

Lavado de dinero: *Hearings Before the Subcommittee on Financial Institutions Supervision, Regulation and Insurance of the Committee on Banking, Finance and Urban Affairs, House of Representatives, One Hundred and First Congress, First Session, November 14 and 15, 1989*, US Government Printing Office, Washington, 1990.

Lavado de dinero: *Legislation Hearing Before the Subcommittee on Financial Institutions Supervision, Regulation and Insurance of the Committee on Banking, Finance and Urban Affairs, House of Representatives, One Hundred and First Congress, Second Session, March 8, 1990*, US Government Printing Office, Washington, 1990.

Respuesta del gobierno federal al lavado de dinero: *Hearings Before the Committee on Banking, Finance and Urban Affairs, House of Representatives, One Hundredth Third Congress, First Session, May 25 and 26, 1993*, US Government Printing Office, Washington, 1993.

DOCUMENTOS PAPALES CONSULTADOS, ENCÍCLICAS

Quanta Cura	1864
Humanae Vitae	1968
Redemptor Hominis	1979
Dives in Misericordia	1980
Laborem Exercens	1981
Slavorum Apostoli	1985
Dominum et Vivificantem	1986
Sollicitudo Rei Socialis	1987
Redemptoris Mater	1987
Redemptoris Missio	1990
Centesimus Annus	1991
Veritatis Splendor	1993

Evangelium Vitae	1995
Ut Unum Sint	1995
Fides et Ratio	1998
Eclesia De Eucharistia	2003

CARTAS DE JUAN PABLO II

| Sobre el combate al aborto y la eutanasia | 1991 |
| *Carta a las mujeres* | 1995 |

EXHORTACIONES APOSTÓLICAS DEL PAPA JUAN PABLO II

Catechesi Tradendae	1979
Familiaris Consortio	1981
Reconciliato et Paenitentia	1984
Christifideles Laici	1988
Pastores Dabo Vobis	1992
Ecclesia in Africa	1995
Vita Consecrata	1996
Ecclesia in Oceania	2001
Ecclesia in Europa	2003
Pastor gregis	2003

CONSTITUCIONES APOSTÓLICAS CONSULTADAS

Sapientia Christiana	1979
Magnum Matrmonii Sacramentum	1982
Sacrae Disciplinae Leges	1983
Divinus Perfectionis Magister	1983
Spirituali militum curae	1986
Pastor Bonus	1988
Ex Corde Ecclesiae	1990
Fidei Depositum	1992
Universi Dominici Gregis	1996
Ecclesia in Urbe	1998

CARTAS APOSTÓLICAS CONSULTADAS

Rutilans Agmen	1979
Dominicae Cenae	1980
Amantissima Providentia	1980
Sanctorum Altrix	1980
Egregiae Virtutis	1980
A Concilio Constantinopolitano	1981
Salvifiic Doloris	1984
Redemptionis Anno	1984
Dilecti Amici	1985
Omnium Ecclesiarum Matri	1987
Sescentesima Anniversaria	1987
Spiritus Domini	1987
Duodecim Saeculum	1987
Iuvenum Patris	1988
Euntes in Mundum	1988
Litterae Encyclicae	1988
Ecclesia Dei	1988
Mulieris Dignitatem	1988
Vicesimus Quintus Annus	1988
Sobre el quincuagésimo aniversario del inicio de la Segunda Guerra Mundial	1989
Carta apostólica para la organización de las jurisdicciones eclesiásticas en Polonia	1992
Ordinatio Sacerdotalis	1994
Tertio Millenio Adveniente	1994
Orientale Lumen	1995
Para el cuarto centenario de la Union of Brest	1995
Operosam Diem	1996
Laetamur Magnopere	1997
Ad Tuendam Fidem	1998
Dies Domini	1998

Apostolo Suos   1998

Inter Munera Academiarum   1999

Novo Millennio Ineunte   2001

Al pueblo católico de Hungría   2001

Misericordia Dei   2002

Rosarium Virginis Mariae   2002

Spiritus et Sponsa   2003

Mane nobiscum Domine   2004

El rápido desarrollo   2005

DOCUMENTOS ECLESIÁSTICOS CONSULTADOS

Lumen Gentium   1964

Nostra Aetate   1965

Dignitatis Humanae   1965

Gaudium et Spes   1965

DOCUMENTOS DE SÍNODOS
Y CONGREGACIONES CONSULTADOS

Instrucción sobre ciertos aspectos de la «teología de la liberación», Congregación de la Doctrina de la Fe, 1984.

Notas sobre la manera correcta de presentar a los judíos y el judaísmo en la predicación y la catequesis en la Iglesia católica romana, Comisión de Relaciones Religiosas con los Judíos, 1995.

Instrucción sobre la libertad cristiana y la liberación, Congregación de la Doctrina de la Fe, 1986.

Domum Vitae, Congregación de la Doctrina de la Fe, 1987.

Vademécum para confesores concerniente a algunos aspectos de la moral de la vida conyugal, Consejo Pontificio de la Familia, 1997.

Nosotros recordamos: una reflexión sobre la Shoah, Comisión de Relaciones Religiosas con los Judíos, 1998.

«Dominus Iesus» sobre la unicidad y universalidad salvífica de Jesucristo y la Iglesia - Declaración, cardenal Joseph Ratzinger, Catholic Truth Society, Publishers to the Holy See, Londres, 2000.

Declaración sobre el aborto provocado, Congregación de la Doctrina de la Fe, 1974.

DISCURSOS DEL PAPA JUAN PABLO II

Discurso del papa Juan Pablo II ante la Asamblea General de la Organización de las Naciones Unidas, 2 de octubre de 1979.

Discurso del papa Juan Pablo II ante la Asamblea General de la Organización de las Naciones Unidas, 5 de octubre de 1995.

ARCHIVOS CONSULTADOS

Archivos del Estado de Polonia, Cracovia y Varsovia, incluidos expedientes comerciales que cubren requerimientos obligatorios de East German Chemical Works (Solvay), diarios y publicaciones periódicas, 1930-1978.

Archivos del Estado de Polonia, sucursal Spytkowice: planos de la planta de Solvay, mapas de localización, mapas ferroviarios, 1935-1950.

British Library, Londres.

British Newspaper Library, Londres.

Expedientes del Estado de Polonia sobre Karol Wojtyla, incluidos los informes de la *Sluzba Bezpieczefstwa* (*SB*, Policía Secreta) que cubren el periodo 1948-1978; los Archivos de Cracovia y Varsovia, incluido el Archiwum Urzledu ds. Wyznaf-Wydzial II: Rzymskokatolicki: *Nasza taktyka w stosunku do kardynalów Wojtyly i Wyszyfskiego (5 VII 1967) (Nuestras tácticas respecto a los cardenales Wojtyla y Wyzsyfski)*.

Fachbibliothek für Geschichtswissenschaften, Universidad de Viena, Viena.

Proyecto de Archivos Soviéticos: información de Vladimir Bukovsky, documentos rusos de la Secretaría del Politburó y Protocolos del Politburó sobre Polonia 1980-1984 (trad. de Margaret C. Shanks, Londres).

Proyecto de Historia Internacional de la Guerra Fría: Woodrow Wilson Center for Scholars, Washington.

Universidad Jaguelloniana, Cracovia.

DECLARACIONES/TRANSCRIPCIONES
/DOCUMENTOS LEGALES

Expedientes diocesanos de Lafayette, que cubren Glen Gastel *et al.*, individualmente y a nombre de sus hijos menores de edad *versus* la Archidiócesis de Nueva Orleans y otros, incluido el padre Gilbert Gaute.

Alperin v the Vatican Bank, demanda presentada ante el tribunal federal de San Francisco, noviembre de 1999, por sobrevivientes del Holocausto servios, judíos y ucranianos contra el Banco del Vaticano, la orden franciscana y el Movimiento de Liberación de Croacia con objeto de recuperar el botín nazi robado de Yugoslavia durante la guerra. Gran cantidad de documentos, entre ellos: declaración, Dallas, diciembre de 2005, del ex agente especial William Gowen, que cubre el transporte de oro y otros objetos valiosos robados de la Hacienda de Croacia y llevados al Vaticano.

The Reagan Papers: documentos anteriormente secretos que cubren una amplia variedad de actividades, 1980-1988, cortesía de The Ronald Reagan Library, Texas.

Transcripciones del gran jurado, declaraciones juradas, acusaciones y transcripciones judiciales concernientes a Martin Frankel y otros acusados de 24 cargos de corrupción federal y del robo de doscientos millones de dólares.

The Sipe Report: A. W. Richard Sipe, *Executive Summary*, 1986.

Propuesta confidencial de crisis, del reverendo Thomas Doyle, OP, Ray Mouton y el doctor Michael Peterson, 1985.

Memo legal Doyle-Demarest, mayo de 1996.

Informe judicial del Vaticano, declaraciones de los testigos y declaraciones concernientes a la muerte, el 4 de mayo de 1998, del coronel Alois Estermann, Gladys Meza Romero y el vicecabo Cédric Tornay.

PUBLICACIONES PERIÓDICAS - FUENTES

National Catholic Documentary Service, Washington, 1978-1983.
Catholic World News Agency, 2000-2005.

INFORMES

Baars, Conrad W., doctor, *The Role of the Church in the Causation and Treatment and Prevention of the Crisis in the Priesthood*, informe basado en los expedientes de mil quinientos sacerdotes tratados por problemas mentales, noviembre de 1971.

Balboni, Barbara Susan, doctora, *Through the Lens of the Organisational Culture Perspective: A Descriptive Study of American Catholic Bishops' Understanding of Clergy, Sexual Molestation and Abuse by Children and Adolescents*, tesis de doctorado, Boston North Eastern University, 1998.

Crimine Sollicitationis, emitido por el papa Juan XXIII; esboza el procedimiento a seguir en casos de sacerdotes que abusan sexualmente bajo el pretexto de la confesión, 1962.

Cuidadosa selección y formación de candidatos a los estados de perfección y las órdenes sagradas, Sagrada Congregación de Religiosos, febrero de 1961.

Doyle, Thomas, reverendo, *Roman Catholic Clericalism, Religious Duress and Clerical Sexual Abuse*, marzo de 2001.

Informes anuales de The Catholic Office for the Protection of Children and Vulnerable Adults, publicados en el Reino Unido en 2002, 2003 y 2004.

John Jay College of Criminal Justice Report on Clerical Sexual Abuse in the United States, 2004.

Kennedy, Eugene, doctor, y Victor Heckler, doctor, *The Catholic Priest in the United States: Psychological Investigations*, 1972.

Le Moyne College/Zogby International «Contemporary Catholic Trends» Poll Report, 2002.

MacDonald, Marie, hermana, *The Problem of the Sexual Abuse of African Religious in Africa and Rome*, 1998. (Este informe fue puesto a disposición del autor por fuentes del Vaticano.)

Nolan Report, abril de 2001.

O'Donohue, Maura, hermana, doctora, *The Sexual Abuse of Religious and Non-Religious Women by Priests*, febrero de 1994. (Este informe fue puesto a disposición del autor por fuentes del Vaticano.)

Presupuesto anual consolidado de la Santa Sede, 1985-1989.

The BCCI Affair. A Report to the Committee on Foreign Relations, United States Senate, by Senator John Kerry and Senator Hank Brown, December 1992, US Government Printing Office, Washington, 1993.

The Crisis in the Catholic Church in the United States, informe elaborado por la National Review Board for the Protection of Children and Young People, febrero de 2004.

The Ferns Report, octubre de 2005: indagación del gobierno de Irlanda sobre más de cien alegatos de abuso sexual infantil entre 1962 y 2002 presentados contra veintiún sacerdotes que operaban en la diócesis de Ferns.

DIARIOS, PUBLICACIONES PERIÓDICAS Y SERVICIOS EN LÍNEA CONSULTADOS

Alemanes: *Berliner Kurier, Berliner Morgenpost, Der Spiegel, Die Zeit, Frankfurter Allgemeine Zeitung, Hamburger Abendblatt, Hamburger Morgenpost, Stuttgarter Zeitung, Süddeutsche Zeitung.*

Austriacos: *Der Standard, Die kleine Zeitung, Die Presse, Format, Kirche Intern, Kronenzeitung, Kurier, profil* (proporcionado por el doctor Wolfgang R. Lehner, Viena).

En lengua inglesa: *America, Commonweal, The Tablet, The Washington Post.*

Españoles: *Avui, El Informador (México), El Mundo, La Vanguardia, Tiempo de Hoy.*

Franceses: *La Croix, L'Express, Le Monde, Le Monde Diplomatique, Libération.*

Italianos: *L'Osservatore Romano, Corriere della Sera, Famiglia Cristiana, Il Giornalino, Il Giorno, Il Mattino, Il Messaggero, Il Mondo, L'Espresso, La Nazione, la Repúbblica, 30 Giorni.*

Polacos: *Forum, Gazeta Krakovska, Tygodnik Powszechny, Tribuna Ludu.*

Suizos: *Blick, Facts, L'Echo, Le Temps, Neue Zürcher Zeitung, Sonntagszeitung, Wochenzeitung.*

OTROS DOCUMENTOS

Romero, Óscar A., monseñor, *La liberación integral en América Latina*, Opiniones Latinoamericanas, Coral Gables, 1979.

Soviet Deliberations during the Polish Crisis, 1980-1981, edición, traducción, notas e introducción del profesor Mark Kramer, Woodrow Wilson International Center for Scholars, Washington, D.C. Veintidós documentos y quince transcripciones de reuniones del politburó del Partido Comunista Soviético (PCUS). [Nota del autor: el Woodrow Wilson Center posee una rica fuente de materiales para todos los interesados en la guerra fría. Muchos otros documentos, demasiado numerosos para citarlos, también fueron consultados.]

The Draft Constitutional Treaty for the European Union, Presented to Parliament by the Secretary of State for Foreign and Commonwealth Affairs by Command of Her Majesty, 2003, Crown Copyright 2003.

The Millennial Pope, transcripciones de los programas de televisión de PBS.

→ Índice onomástico